KB149560

법학적성시험 문제 해설

문제 해설

언어이해 II

2019~2014
학년도

법학전문대학원협의회 엮음

Legal Education Eligibility Test

에피스테메
EPISTEME

법학적성시험 문제 해설

LEET 언어이해 II (2019~2014학년도)

ⓒ법학전문대학원협의회, 2023

제1판 1쇄 펴낸 날 2011년 4월 1일
제14판 1쇄 펴낸 날 2023년 11월 30일

엮은이 법학전문대학원협의회
펴낸이 고성환
펴낸곳 (사) 한국방송통신대학교출판문화원
　　　　우03088 서울시 종로구 이화장길 54
　　　　전화 | 02-3668-4764
　　　　팩스 | 02-742-0956
　　　　출판등록 | 1982년 6월 7일 제1-491호
　　　　홈페이지 | press.knou.ac.kr

출판위원장 박지호
편집 박혜원·김양형
본문디자인 한진인쇄공사
표지디자인 김민정

ISBN 978-89-20-04875-3 13360
값 18,000원

머리말

　법학적성시험은 법학전문대학원에서 학습할 수 있는 수학 능력을 평가하기 위한 시험입니다. 2009학년도부터 2024학년도까지 총 16회의 시험이 치러졌으며, 출제의 전문성과 시행의 안정성이란 측면에서 신뢰를 받고 있습니다.

　시험은 언어이해, 추리논증, 논술의 세 영역으로 이루어져 있습니다. 언어이해 영역은 비교적 긴 분량의 글을 읽고 분석하여 이해하는 능력을, 추리논증 영역은 주어진 정보를 바탕으로 새로운 정보를 추리해 내는 능력과 제시된 논증을 분석하고 비판하는 능력을 측정합니다. 논술 영역은 논증적인 글쓰기 능력을 평가합니다.

　법학적성평가연구원은 시험을 안정적으로 출제하고 시행하는 데 그치지 않고 법조인으로서의 자질 및 적성을 효과적으로 측정하는 시험이 될 수 있도록 꾸준히 노력해 왔으며, 시험의 타당도와 신뢰도 제고를 위해 앞으로도 문항에 대한 연구를 진행하여 이를 시험에 반영할 것입니다.

　이 책은 제6회부터 제11회(2014~2019학년도)까지 출제된 법학적성시험 문제와 이에 대한 해설을 담고 있습니다. 문항 유형의 일부 차이에도 불구하고 예전 기출문제 또한 응시자의 독해력과 논리적 사고력을 측정하기 위한 것이라는 점에서 최근 기출문제와 본질적으로 다르지 않습니다. 기출문제를 혼자 힘으로 풀어 본 후 자신의 풀이와 이 책의 해설을 비교하면서 학습하는 것은 법학적성시험을 효과적으로 준비하는 일인 동시에 그 자체로서 지적 흥미와 만족을 주리라 기대합니다.

　시험을 준비하는 여러분들이 미래 법률가를 향한 원대한 목표를 이루어 나가시기를 기원합니다.

법학전문대학원협의회 법학적성평가연구원장
정병호

CONTENTS

법학적성시험
언어이해 영역

2019

2019학년도 언어이해 영역 출제 방향

1. 출제의 기본 방향

언어이해 영역은 법학전문대학원 학생 및 법률가들에게 필요한 언어 소양과 통합적 언어 능력을 평가하는 것을 기본 방향으로 삼는다. 특히 법학전문대학원에서 원활하게 수학하려면 학부 전공과 상관없이 공적 가치 판단이 요구되는 전문적인 글들을 독해하고 평가할 수 있는 능력이 요구된다. 이를 중요하게 고려하여 2019학년도 법학적성시험 언어이해 영역은 수험생이 텍스트를 능동적으로 이해하고 비판적으로 대하며 새로운 문제 상황에 적용할 수 있는 능력을 갖추고 있는지를 점검하는 데 출제의 기본 방향을 두었다. 구체적인 출제 원칙은 다음과 같다.

- 통합적이며 심층적인 독해 및 사고 능력을 평가한다.
- 제시문의 핵심 정보나 주요 세부 정보들을 이해하고, 제시문의 대의를 파악하며, 정보들 간의 유기적 관련성을 분석·종합하는 능력을 평가한다.
- 제시문에서 획득한 정보를 바탕으로 제시문에 없는 사항을 추론하거나, 그 정보를 문제 상황에 적용하여 그 적실성을 판단하는 능력을 평가한다.

2. 출제 범위

언어이해 영역은 독해를 기반으로 한 언어이해 능력을 평가하는 영역이다. 이 능력은 다양한 주제를 다룬 여러 유형의 글들을 정확히 읽어 내는 능력, 그 글을 바탕으로 적절한 추론과 비판을 이끌어낼 수 있는 능력, 제시문의 정보를 관련 상황에 적용하는 능력 모두를 뜻한다. 이를 평가하기 위해 이번 시험에서는 다양한 전문 분야에서 제시문의 제재를 구하되, 중요한 공적 가치를 지닌 주제들을 우선적으로 선정하였고, 언어이해 영역의 여러 평가 목표를 균형 있게 다룰 수 있도록 하였다.

3. 제시문 및 문항

언어이해 영역의 출제에서는 가독성이 뛰어나고 논지가 분명하며 완결성이 높은 제시문을 개발하는 것이 중요하다. 개발 시 고려한 주요 사항은 다음과 같다.

첫째, 대학 교양 교육의 충실한 이수를 유도하고 제시문 독해만으로도 교육적 효과를 얻을 수 있게 하기 위하여 여러 학문 분야에 두루 사용되는 기본적인 개념이나 범주들을 제대로 이해했는지 평가할 수 있게 하였다.

둘째, 법학의 배경 지식을 요구하는 제시문 대신 학제적 내용 분야와 각 주제들을 연계함으로써 통합적 사고력과 문제해결 능력을 평가할 수 있게 하였다.

셋째, 법적 문제들과 연관될 수 있는 다양한 제시문을 작성함으로써 법의 이론적·현실적 연관성을 폭넓게 사고하게 하였다.

이번 시험에서는 '인문', '사회', '과학기술', '규범'으로 분류된 4개 내용 영역에서 10개 문항 세트(총 30문항)를 출제하였다. 각각의 문항 세트는 '주제, 구조, 관점 파악' 능력, '정보의 확인과 재구성' 능력, '정보의 추론과 해석' 능력, '정보의 평가와 적용' 능력을 균형 있게 평가하도록 설계하였다.

특히 이번 시험에서는 제시문의 다양한 정보들과 〈보기〉의 형태로 제시되는 정보들을 연결시켜 해결하는 문항들을 다수 출제하였다. 종합적인 판단 및 추론 능력, 비판 및 적용 능력을 측정하기 위한 것이다. 이 문항들은 수험생들의 논리력과 분석력, 종합적 판단력을 점검하는 데 중점을 두었다.

각 내용 영역별 제시문은 다음과 같다.

'인문' 영역에서는 먼저 아리스티데스의 「로마 송사(頌辭)」를 소개하는 글을 제시하였다. 로마 제국이 지배하던 그리스 출신 지식인이 제국의 통치를 바라보는 태도를 비판적 시선으로 분석하고 있는 이 글은 수험생들에게 올바른 역사관이 무엇인가를 되돌아보는 계기가 될 것이다.

이어 현대 문학의 주요 주제 중 하나인 멜랑콜리의 개념과 그 의의를 소개하는 이론 중심의 비평문을 제시하였다. 현대 예술가나 문학인들이 직면하는 멜랑콜리의 감정을 사회적 현실과 관련시켜 분석하는 이 비평문은 법률가에게 필요한 인간에 대한 이해, 인문적 교양을 갖추게 하는 데 도움이 될 것이다.

다음으로 정신과 물질의 관계에 대한 해명을 시도한 '뒤집힌 감각질 사고 실험'을 비판적으로 소개하는 글을 제시하였다. 사고 실험의 과정과 결과, 그리고 그에 대한 비판을 이해하고 평가할 수 있는 논리적 사고력의 함양을 특히 요구하는 글이다.

'사회' 영역에서는 먼저 경제 주체들의 행동에 나타나는 '이상 현상'에 대한 전통적 경제학과 행동경제학의 상이한 해석을 소개하는 글을 제시하였다. 사람들이 생애에 걸친 소비의 계획을 수립하고 그에 따라 소비 생활을 하는 데 있어서 '심적 회계'가 어떻게 작동하는지를 분석하는 이 글을 통해 수험생들은 우리 사회의 경제 현상을 보다 깊이 이해하는 기회를 얻게 될 것이다.

이어 최근 유럽의 일부 정치 현상으로서 극우민족주의에서 나타나는 네이션의 구성 및 정치적 작동 방식을 비판적 시선으로 분석하고 있는 글을 제시하였다. 신자유주의 시대에 잉여로 간주되는 존재들을 통해 극우민족주의를 극복할 새로운 형태의 정치질서와 연대의식의 가능성을 타진하는 이 글은 올바른 정치 체제와 이념이 무엇인가에 대한 비판적 성찰의 기회를 제공할 것이다.

'과학기술' 영역에서는 먼저 첨단 소재 분야의 연구에서 활용되는 전자 현미경에 대해 소개하는 글을 제시하였다. 광학 현미경의 원리와의 비교, 유추를 통해 전자 현미경의 원리를 재미있게 설명해 주는 이 글은 수험생들이 과학적 내용을 담은 글에 대해서도 흥미를 느끼는 계기가 될 것이다.

이어 '온톨로지'에 대해 소개하는 글을 제시하였다. 특정 영역의 지식을 모델링하여 구성원들의 지식 공유 및 재사용을 가능하게 하는 온톨로지의 개념, 표현 언어, 응용 분야와 사례 등을 설명하는 이 글은 최근 우리 사회에서 관심이 고조되고 있는 인공지능 및 시맨틱 웹 기술을 이해하는 데 도움을 줄 것이다.

'규범' 영역에서 먼저 법의 유래와 기원, 본질의 문제를 해명하려는 다양한 이론적 시도들을 소개하고 각각의 이론이 지닌 논리적 근거를 비판적으로 검토하는 글을 제시하였다. 관습이론, 구조이론, 갈등이론 등을 중심으로 우리 사회에서 법이 차지하는 의미가 무엇인가를 성찰하고 있는 이 글은 법의 사회적 의미에 대한 교양을 넓혀 줄 것이다.

이어 동물에 대한 윤리적 대우와 의무의 문제를 다룬 글을 제시하였다. 동물감정론과 동물권리론을 소개하는 것은 물론, 두 이론이 제기한 윤리적 문제를 포식의 문제를 중심으로 논박하는 비판론을 함께 제시하여 자연에 대한 인간의 윤리적 의무에 대한 근원적 성찰의 기회를 제공하려고 하였다.

다음으로 명확성의 원칙을 중심으로 근대법의 기획을 비판적으로 다루는 글을 제시하였다. 법문의 의미 해석과 적용에서 제기되는 다양한 실천적 문제들을 통해 법문에 대한 국민의 이해 가능성 문제에 대해 새로운 인식을 제공받을 수 있을 것이다.

4. 난이도

　2019학년도 법학적성시험에서는 2018학년도와 유사한 수준으로 난이도를 조정하고자 했다. 특히 난삽한 제시문을 통해서 난이도를 조정하는 것을 지양하고 실질적인 독해 능력을 측정하는 문항을 통해서 난이도를 조정하였다. 또한 고난도의 문항과 평이한 문항을 골고루 배치하여 변별력을 실질적으로 높이려고 하였다. 이를 위해 제시문의 가독성은 최대한 높이되, 제시문을 비판적 관점에서 심도 깊게 이해하고 새로운 상황에 적용하는 능력을 세밀하게 측정하고자 문제를 설계하였다.

　특히 추론과 적용 영역에서 단순한 추론이나 적용을 묻는 것이 아니라, 제시문의 여러 정보들을 종합적으로 연결하여 추론하거나 적용·비판하는 문항을 다수 제시함으로써 실질적인 사고력 측정이 이루어지도록 하였다.

　한편, 시중 수험서나 모의고사를 중심으로 한 편협한 학습 경험에 의존해서는 문제를 쉽게 해결할 수 없게끔 출제하였다. 수험생이 단순 지식을 통해 제시문에 접근하지 못하도록 정보를 분석적·비판적으로 재구성하고 새로운 상황에 적용하여 의미를 낯설게 하는 방식을 채택했다. 고차원의 사고 능력은 결국 평소에 풍부한 독서 경험을 쌓지 않으면 불가능함을 재차 확인하는 계기가 될 수 있을 것이다.

　아울러 특정 전공자가 아니면 해결할 수 없는 문항이 없도록 출제진은 세심한 노력을 기울였다. 문제해결에 필요한 관련 정보를 빠짐없이 제공하여 해당 전공자가 아니라 하더라도 문제를 푸는 데 어려움이 없게 하였다.

5. 문항 출제 시의 유의점 및 강조점

- 언어이해 영역에서 평가하고자 하는 능력이 주로 통합적 이해력과 심층 분석력에 있다는 점을 고려하여 제시문 분량과 세부 문항 설계 방식에 융통성을 두었다.
- 제시문의 내용과 문항 구성에 있어서 시중 수험서나 모의고사를 중심으로 학습한 경험에 의존해서는 풀리지 않도록 하였으며, 특정 전공에 따른 유불리도 나타나지 않도록 하였다.
- 출제의 의도를 감추거나 오해하게 하는 질문의 선택을 피하고, 평가하고자 하는 능력을 정확히 평가할 수 있도록 간명한 형식을 취하였다.
- 문항 및 선택지 간의 간섭을 최소화하고, 선택지 선택에서 능력에 따른 변별이 이루어질 수 있도록 하였다.

[01~03] 다음 글을 읽고 물음에 답하시오.

　　법의 본질에 대해서는 많은 논의들이 있어 왔다. 그 오래된 것들 가운데 하나가 사회에 형성된 관습에서 그 본질을 파악하려는 견해이다. 관습이론에서는 이런 관습을 확인하고 재천명하는 것이 법이 된다고 본다. 곧 법이란 제도화된 관습이라고 보는 것이다. 관습을 재천명하는 역할은 원시 사회라면 족장 같은 권위자가, 현대 법체계에서는 사법기관이 수행할 수 있다. 입법기관에서 이루어지는 제정법 또한 관습을 확인한 결과이다. 예를 들면 민법의 중혼 금지 조항은 일부일처제의 사회적 관습에서 유래하였다고 설명한다. 나아가 사회의 문화와 관습에 어긋나는 법은 성문화되어도 법으로서의 효력이 없으며, 관습을 강화하는 법이어야 제대로 작동할 수 있다고 주장한다. 성문법이 관습을 변화시킬 수 없다는 입장을 취하는 것이다.

　　법을 사회구조의 한 요소로 보고 그 속에서 작용하는 기능에서 법의 본질을 찾으려는 구조이론이 있다. 이 이론에서는 관습이론이 법을 단순히 관습이나 문화라는 사회적 사실에서 유래한다고 보는 데 대해 규범을 정의하는 개념으로 규범을 설명하는 오류라 지적한다. 구조이론에서는 교환의 유형, 권력의 상호 관계, 생산과 분배의 방식, 조직의 원리들이 모두 법의 모습을 결정하는 인자가 된다. 이처럼 법은 구조화의 결과물이며, 이 구조를 유지하고 운영할 수 있는 합리적 방책이 필요하기에 도입한 것이다. 따라서 구조이론에서는 상이한 법 현상을 사회 구조의 차이에 따른 것으로 설명한다.

　　1921년 팔레스타인 지역에 세워진 모샤브 형태의 정착촌 A와 키부츠 형태의 정착촌 B는 토지와 인구의 규모가 비슷한 데다, 토지 공유를 바탕으로 동종의 작물을 경작하였고, 정치적 성향도 같았다. 그런데도 법의 모습은 서로 판이했다. A에서는 공동체 규칙을 강제하는 사법위원회가 성문화된 절차에 따라 분쟁을 처리하고 제재를 결정하였지만, B에는 이러한 기구도, 성문화된 규칙이나 절차도 없었다. 구조이론은 그 차이를 이렇게 ⊙분석한다. B에서는 공동 작업으로 생산된 작물을 공동 소유하는 형태를 지니고 있어서 구성원들 사이의 친밀성이 높고 집단 규범의 위반자를 곧바로 직접 제재할 수 있었다. 하지만 작물의 사적 소유가 인정되는 A에서는 구성원이 독립적인 생활 방식을 바탕으로 살아가기 때문에 비공식적인 규율로는 충분하지 않고 공식적인 절차와 기구가 필요했다.

　　법의 존재 이유가 사회 전체의 필요라는 구조이론의 전제에 의문을 제기하면서, 법과 제도로 유지되고 심화되는 불평등에 주목하여야 한다는 갈등이론도 등장한다. 갈등이론에서 법은 사회적 통합을 위한 합의의 산물이 아니라, 지배 집단이 억압 구조를 유지·강화하여 자신들의 이익을 영위하려는 하나의 수단이라고 주장한다. 19세기 말 미국에서는 아동의 노동을 금지하는 아동 노동 보호법을 만들려고 노력하여 20세기 초에 제정을 보았다. 이것은 문맹, 건강 악화, 도덕적 타락을 야기하는 아동 노동에 대한 개혁 운동이 수십 년간 지속된 결과이다. 이에 대해 관습이론에서는 아동과 가족생활을 보호하여야 한다는 미국의 전통적 관습을 재확인하는 움직임이라고 해석할 것이다. 구조이론에서는 이러한 법 제정을 사회구조가 균형을 이루는 과정으로 설명하려 할 것이다. 하지만 갈등이론에서는 법 제정으로 말미암아 값싼 노동력에 근거하여 생존하는 소규모 기업이 대거 퇴출되었다는 점, 개혁 운동의 많은 지도자들이 대기업 사장의 부인들이었고 운동 기금도 대기업의 기부에 많이 의존하였다는 점을 지적한다.

이론 상호 간의 비판도 만만찮다. 관습이론은 비합리적이거나 억압적인 사회·문화적 관행을 합리화해 준다는 공격을 받는다. 구조이론은 법의 존재 이유가 사회적 필요에서 나온다는 단순한 가정을 받아들이는 것일 뿐이고, 갈등이론은 편향적인 시각으로 흐를 수 있을 것이라고 비판받는다.

01.

윗글에 대한 이해로 가장 적절한 것은?

① 관습이론은 지배계급의 이익을 위한 억압적 체계를 합리화한다는 비판을 받는다.
② 구조이론은 법이 그런 모습을 띠는 이유보다는 법이 발생하는 기원을 알려 주려 한다.
③ 구조이론은 규범을 정의하는 개념으로 규범을 설명하기 때문에 논리적 문제가 있다고 공격을 받는다.
④ 갈등이론은 사회관계에서의 대립을 해소하는 역할에서 법의 기원을 찾는다.
⑤ 갈등이론은 법 현상에 대한 비판적 접근을 통해 전체로서의 사회적 이익을 유지하는 기능적 체계를 설명한다.

문항 성격	문항유형 : 주제, 구조, 관점 파악
	내용영역 : 규범
평가 목표	이 문항은 제시문의 주제인 법의 본질에 관한 견해, 즉 관습이론, 구조이론, 갈등이론의 일반적 특징을 이해하였는지 평가하는 문항이다.
문제 풀이	정답 : ①

제시문을 통해 각 이론들의 일반적 특징을, 마지막 단락에서 이들 상호 간 비판의 요지를 파악해야 한다.

정답 해설 ① 제시문 첫 번째 단락에서 관습이론은 관습을 확인하고 재천명하는 것이 법이며, 이런 법은 관습이나 문화와 부합하여야 한다는 입장임을 확인할 수 있다. 그런데 이런 태도는 비합리적이거나 억압적인 사회·문화적 관행까지도 합리화시켜 준다는 비판도 받고 있다는 점이 마지막 단락에 나타난다. 또한 네 번째 단락의 "지배 집단이 억압 구조를 유지·강화하여 자신들의 이익을 영위하려는"이라는 표현에서 '억압적 체계'에 대한 의미를 보충적으로 얻을 수 있다. 따라서 적어도 갈등이론은 관습이론에 대해 지배계급의 이익을 위한 억압적 체계를 합리화한다는 비판을 하고 있음이 명백하다.

오답 해설 ② 구조이론이 법을 구조화의 결과물로 보고 있다고 요약하는 점에서 "법이 그런 모습을 띠는 이유"라는 입장에 가깝고, "법이 발생하는 기원을 알려 주려 한다."는 것은 사회에 형성된 관습을 확인하고 재천명하는 것이 법이 된다고 보는 관습이론의 태도와 상통한다.

③ 오히려 구조이론은 관습이론이 "규범을 정의하는 개념으로 규범을 설명하는 오류"라고 비판한다.

④ 갈등이론은 지배계급의 이익을 옹호하는 억압적 대립 구도를 해소하기보다는 드러내려 하는 데 주안점을 두며, 그런 해소 기능을 법의 기원으로 삼고 있지도 않다.

⑤ 갈등이론은 전체로서의 사회적 이익을 추구한다는 관점에서 보고 있지 않기 때문에 "법은 사회적 통합을 위한 합의의 산물이 아니라"고 이야기하며, 오히려 특정한 "지배 집단이 억압 구조를 유지·강화하여 자신들의 이익을 영위하려는 하나의 수단이라고 주장"하고 있다.

02.

㉠의 내용으로 적절하지 않은 것은?

① A의 사법위원회가 지닌 사회 구조 유지의 기능이 사적 소유제의 도입에 따른 가정 간 빈부 격차를 고착시키는 역할을 수행하였다고 규명한다.

② B의 공동생활 방식은 구성원들이 일상적인 비난과 제재의 가능성에 놓이도록 만들기 때문에 천명되지 않은 관습도 법처럼 지켜졌다고 파악한다.

③ A와 B는 사회의 조직이나 구조가 상이하기 때문에 서로 다른 법체계를 가졌다고 설명한다.

④ B와 달리 A에서 성문화된 규칙이 발전한 모습을 보고 사회 관행과 같은 비공식적 규율은 독립적인 생활 방식의 규율에 적합하지 않았다고 해석한다.

⑤ B와 달리 A는 구성원이 함께 하는 생활 속에서 규범을 체득하는 구조가 아니라서 규율 내용을 명시하여야 규범을 둘러싼 갈등을 억제할 수 있었다고 이해한다.

문항 성격 문항유형 : 정보의 확인과 재구성

내용영역 : 규범

평가 목표 이 문항은 구조이론의 분석 방식을 정밀하게 파악하고 있는지 확인하는 문항이다.

문제 풀이 정답 : ①

제시문 두 번째 단락의 일반적 설명과 세 번째 문단의 예시를 통해 구조이론과 그 분석의 방식을 파악할 수 있다.

정답 해설 ① 갈등이론은 법과 제도로 유지되고 심화되는 불평등에 주목한다. 예컨대 갈등이론은 아동 노동 금지법의 사례를 중소기업의 퇴출과 대기업의 이익이라는 측면에서 이해하고자 한다. 따라서 "사법위원회가 지닌 사회 구조 유지의 기능이 사적 소유제의 도입에 따른 가정 간 빈부 격차를 고착시키는 역할을 수행하였다고 규명"하는 것은 갈등이론의 분석에 해당하는 것이라 할 수 있다.

오답 해설 ② 공동생활 방식을 가진 B는 성문화된 절차나 규칙이 없는 체제이다. 이처럼 성문화되지 않은 규범으로 통제될 수 있는 이유를 "공동생활 방식은 구성원들이 일상적인 비난과 제재의 가능성에 놓이도록 만들기 때문"이라 하여 사회 구조에서 찾는 것은 구조이론의 태도라 할 수 있다.

③ 구조이론은 법을 구조화의 결과로 보고 있다. 따라서 구조가 다르면 법이 달라진다는 설명은 구조이론의 분석 태도라 할 수 있다.

④ 성문화된 규칙과 절차로 규율되는 A와 비공식적 사회 규범으로 통제되는 B의 차이가 나타나는 이유를 독립적인 생활 방식과 공동생활 방식의 차이라고 해석하는 것은 법 현상이 달리 나타나는 이유를 사회 조직 원리의 차이로 해석하려는 구조이론의 분석에 해당한다.

⑤ 갈등 해소 기능을 하는 법 절차가 A에서는 명시적으로 성문화되어 있지만, B에서는 그렇지 않은 그 이유를 규범을 익히게 되는 사회적 구조에서 찾는 것은 구조이론의 분석 방식이라 할 수 있다.

03.

[관습이론]에 관한 추론으로 적절하지 않은 것은?

① 구조이론이나 갈등이론이 법을 자연적으로 발생한 것이 아니라고 보는 데 대하여 관습이론도 동의할 것이다.

② 상이한 법체계를 가진 두 사회에 대하여 구조이론이 조직 원리상의 차이로 그 원인을 설명할 때, 관습이론은 관습이 서로 다르기 때문이라고 이를 반박할 것이다.

③ '여성발전기본법', '남녀차별금지및구제에관한법률'의 제정이 한국 사회에서 여성에 대한 차별 관행의 전환을 이끌어 냈다는 평가는 관습이론의 논거를 강화할 것이다.

④ 과거 남계 혈통 중심의 호주제가 현재의 변화된 가족 문화에 맞지 않기 때문에 개정 민법으로 폐지되었다는 분석에 대해, 관습이론은 관습을 재천명하는 법의 역할을 보여 준다고 하여 지지할 것이다.

⑤ 허례허식을 일소하기 위하여 1993년 제정된 '가정의례에관한법률'이 금지한 행위들이 국민들 사이에서 여전히 지속되다가 1999년에 그 법률이 폐지되었다는 사실에서, 성문법이 관습을 변화시킬 수 없다는 주장은 힘을 얻을 것이다.

문항 성격 문항유형 : 정보의 평가와 적용

내용영역 : 규범

평가 목표 이 문항은 관습이론에 대하여 구조이론과 갈등이론의 관계 속에서 전체적으로 이해하여 선택지 사례들에 적용할 수 있는지 평가하는 문항이다.

문제 풀이 정답 : ③

특히 선택지 ③~⑤의 사례들을 주의 깊게 살피고 이것들이 관습이론과 어떤 관계에 있는지 추론해 낼 수 있어야 한다.

정답 해설 ③ 관습이론은 "사회의 문화와 관습에 어긋나는 법은 성문화되어도 법으로서의 효력이 없으며, 관습을 강화하는 법이어야 제대로 작동할 수 있다고 주장한다." 즉, "성문법이 관습을 변화시킬 수 없다는 입장을 취하는 것이다." 이에 대하여 법의 제정이 기존 관행을 전환시켰다는 사실을 드는 것은 관습이론의 논거를 약화하려는 시도이다.

오답 해설 ① 관습이론은 법을 "제도화된 관습"이라 하여 자연발생적인 것이 아니라 제도화된 것으로 보고 있으며, 구조이론이나 갈등이론에서도 법을 "사회 전체의 필요에 따라" 또는 "지배 집단이 억압 구조를 유지·강화"하기 위해 도입한 것으로 보고 있다.

② 구조이론과 관습이론의 차이는 한마디로 법 현상에 차이가 나는 이유를 구조 때문으로 보는지 관습 때문으로 보는지에 있다.

④ 관습이론은 법을 "제도화된 관습"이라 보고 있다. 따라서 전통적인 호주제가 현재의 가족 문화적 관행에 맞지 않아서 폐지하는 개정 민법의 입법을 할 수밖에 없었다는 분석에 대해 관습이론은 지지할 것이다.

⑤ '가정의례에관한법률'을 제정했지만 동법이 국민들의 문화에 맞지 않아 지켜지지 못했고 국민은 여전히 관습대로 행동한 결과 동법이 폐지되고 말았다는 역사는 성문법이 관습을 변화시킬 수 없다는 관습이론의 주장과 일치한다.

[04~06] 다음 글을 읽고 물음에 답하시오.

서기 2세기 중엽, 로마의 속주 출신 그리스인 아리스티데스는 로마 통치의 특징을 묘사하는 「로마 송사(頌辭)」라는 연설문을 남긴다. 이 글은 로마 제국에 대한 동시대인의 증언이자, 정복자가 아닌 속주, 즉 식민지 지식인의 논평이라는 점에서 흥미롭다. 그렇지만 로마의 통치 원리에 대한 그의 설명은 정작 로마인에게는 익숙한 것이 아니었다. 예를 들어 그는 '보편 시민'을 구현하려는 시민권 정책의 개방성 원리를 칭찬하지만, 로마인은 그 정책 배후의 이념을 숙고하지 않았다. 로마인에게 속주 엘리트들에 대한 시민권 개방은 분리 통치를 위한 '지배 비결'이었을 뿐이다.

하지만 아리스티데스는 로마의 정책을 이념의 측면에서 볼 필요가 있었다. 이미 300여 년간 그리스 지식인들은 로마 권력의 속성과 그리스인이 로마 통치에 관해 취할 태도에 대한 담론을 지속해 왔기 때문이다. 우선 로마의 지배에 들어간 기원전 2세기 중엽 이래 그리스 지식인들은 그리스인의 대처 자세에 대해 고민했다. 가장 먼저 이를 논의한 이들은 기원전 2~1세기의 철학자 파나이티오스와 포세이도니오스였다. 그들의 논리는 최선자(最善者)의 지배가 약자에게 유익하다는 것이었다. 그로써 그리스인은 로마인에 대해 지배의 도덕적 정당성을 인정하면서 ㉠순응주의를 드러냈다. 하지만 과연 로마인은 최선자였던가? 속주에 배치된 군 지휘관과 관리들에 대한 속주민의 고발이 잦았던 당시 현실에서 보면 그 대답은 어렵지 않다.

한편 서기 1세기 초 로마의 정체(政體)가 공화정에서 제정으로 바뀐 뒤, 그때까지 통치하기보다는 그저 점령해 온 지역에서 실질적 행정이 시작되었다. 그 결과 로마의 통치가 공고해지고, 로마가 가져온 평화의 혜택이 자명해졌다. 그리스 문화를 존중하는 로마 황제들의 배려가 늘어가면서, 그리스인의 자유 상실감은 상당히 약화되었다. 이제 그들은 문학과 철학에서의 문화 권력을 인정받는 대가로 권력과 타협할 준비가 되어 있었다. 이를 ㉡타협주의라고 부를 수 있을 것이다.

예컨대 서기 1세기 초의 역사가 디오니시우스는 실체적 근거도 없이 로마인의 뿌리는 사실 그리스인이라며 일종의 동조론(同祖論)을 제기했다. 그렇지만 이는 로마인에 대한 아부가 아니라 그리스인을 위한 타협의 신호였다. 정복자로 성공한 로마인을 불편하게 대할 이유가 없다는 것이었다. 거의 같은 시기의 수사학자 디오는 황제들이 타락하지 않으면, 로마가 관대한 통치를 펴고 그리스인의 이상인 '화합'을 실현할 것이라고 전망하였다. 아직까지는 자신들의 정체성을 지키기 위한 노력을 포기하지 않았기 때문이다.

그러나 아리스티데스의 시기에 이르면 속주 지식인들의 기조는 ⓒ동화주의로 변했다. 역사가 아피아누스는 제정이 안정과 평화, 풍요를 안겨 주었다고 보았고, 그런 의미에서 로마가 공화정에서 제정으로 전환된 것을 축복이라고 묘사했다. 이는 그가 아직도 옛 정체에 대한 향수를 짙게 간직하고 있던 로마의 전통적 지배 계층보다 새로운 체제와 일체감을 더 지녔음을 보여 준다. 그리고 아리스티데스는 「로마 송사」에서 그리스에 대한 혜택과 배려를 더 이상 논하지 않고, 제국 시민으로서의 관점을 강조한다. 그리고 제국 통치가 가져다 준 평화의 전망 속에서 그리스의 지역 엘리트들은 더 이상 통치할 권리를 두고 서로 싸우지 않는다고 말한다. 요컨대 아리스티데스는 식민지 엘리트들의 탈정치화를 상정하고 있다. 그는 모든 속주 도시의 정치적 자립성이 세계 제국 안에서 소멸되는 상태를 꿈꾸는 것이다.

게다가 그가 보기에 로마는 이전의 다른 제국인 페르시아에 비해 행정 조직과 지배 이념에 있어서 비교 우위를 지녔다. 로마의 행정 조직은 거대하지만 동시에 체계적인 점이 특징이라는 것이다. 이 체계적인 면이란 곧 통치의 탈인격성을 가리키며, 바로 페르시아 왕의 전횡과 대척을 이루는 것이다. 이렇게 「로마 송사」는 '팍스 로마나'가 절정에 달해 있던 서기 2세기 중엽의 로마 정책에 대해 공감하고 동조하며 결국 동화되었던 그리스 지식인들의 자세를 잘 보여 주고 있다.

04.

윗글의 내용과 일치하는 것은?

① 공화정 말기에 로마의 속주 행정은 페르시아와 달리 전횡성을 극복하였다.
② 공화정 말기에 속주민은 로마 군 지휘관과 관리들의 통치에 이견을 표하지 못했다.
③ 제정 초기에 로마의 상류층은 평화와 안정을 보장하는 체제의 변화를 환영하였다.
④ 제정 초기에 그리스 지식인들은 로마의 그리스 문화 존중을 바탕으로 자존감을 지켰다.
⑤ '팍스 로마나' 절정기의 시민권 정책은 '보편 시민' 양성이라는 통치 원리의 산물이었다.

문항 성격	문항유형 : 주제, 구조, 관점 파악
	내용영역 : 인문
평가 목표	이 문항은 제시문의 구조와 소주제들을 정확하게 파악하고 있는지 확인하는 문항
	이다.
문제 풀이	정답 : ④

제시문에 나와 있는 정보들을 시기별로 정리하여 그 내용을 이해하고, 다른 곳에 있는 정보들과 같이 파악하면 정답을 알 수 있다.

| 정답 해설 | ④ 서기 1세기 초인 제정 초기에 그리스 지식인들은 "그리스 문화를 존중하는 로마 황제들의 배려"를 받았고, "문학과 철학에서의 문화 권력을 인정받는 대가로 권력과 타협"하여 자존감을 지켰다. 다시 말해, 그리스인은 로마 황제들의 배려와 존중을 받아들여 자존감만은 지킬 수 있게 되었기에 로마의 통치에 타협적 태도를 보인 것이다. |

| 오답 해설 | ① 제시문 세 번째 단락 "서기 1세기 초 로마의 정체(政體)가 공화정에서 제정으로 바뀐 뒤, 그때까지 통치하기보다는 그저 점령해 온 지역에서 실질적 행정이 시작되었다."에서 공화정 말기까지 행정은 아직 제대로 시행되지 않았음을 알 수 있다. |

② 기원전 2~1세기, 즉 공화정 말기에 "속주에 배치된 군 지휘관과 관리들에 대한 속주민의 고발이 잦았던 당시 현실"을 본다면 이견을 표하지 못한 정도가 아니라 적극적으로 이견을 표했다는 것을 알 수 있다.

③ 아리스티데스의 시기, 즉 제정 초기에 "아직도 옛 정체에 대한 향수를 짙게 간직하고 있던 로마의 전통적 지배 계층"은 예전의 체제인 공화정을 그리워하고 있었으므로 새로운 체제인 제정을 환영하지 않았다는 것을 알 수 있다.

⑤ '팍스 로마나' 절정기인 서기 2세기 중엽은 아리스티데스의 시기이다. 제시문 첫 번째 단락 "그(아리스티데스)는 '보편 시민'을 구현하려는 시민권 정책의 개방성 원리를 칭찬하지만, 로마인은 그 정책 배후의 이념을 숙고하지 않았다. 로마인에게 속주 엘리트들에 대한 시민권 개방은 분리 통치를 위한 '지배 비결'이었을 뿐이다."로부터 로마의 시민권 정책은 '보편 시민' 양성이라는 통치 원리에서 나온 것이 아님을 알 수 있다.

05.

㉠~㉢에 대한 설명으로 적절하지 <u>않은</u> 것은?

① ㉠에서는 지배의 정당성을 윤리적 정당성과 일치시키는 논리를 내세웠다.
② ㉡에서는 그리스 정체성의 유지를 중시한다는 특징을 갖고 있다.
③ ㉢에서는 제국 행정 시스템의 체계적인 면을 높이 평가했다.
④ ㉡과 ㉢에서는 자유보다 평화와 안전을 중시한다는 공통점을 지녔다.
⑤ ㉠, ㉡, ㉢ 모두 로마의 정체 변화를 긍정적으로 파악하고 있다.

문항 성격	문항유형 : 정보의 확인과 재구성
	내용영역 : 인문
평가 목표	이 문항은 제시문의 주요 개념인 순응주의, 타협주의, 동화주의의 내용을 정확하게 파악하고 재구성해 낼 수 있는지 평가하는 문항이다.
문제 풀이	정답 : ⑤

제시문에 나와 있는 세 가지 주요 개념들에 대한 정보들을 시기별로 정리하여 그 내용을 이해하고, 다른 곳에 있는 정보들과 함께 파악하면 적절한 설명을 가려낼 수 있다.

정답 해설	⑤ ㉠의 시기는 기원전 2~1세기이므로 서기 1세기 초에 있었던 로마의 정체 변화, 즉 공화정에서 제정으로 변화가 있기 전에 있었던 일이다. 따라서 ㉠은 그 시기에 일어나지 않았던 사건에 대해서 긍정적으로 파악할 수 없다
오답 해설	① ㉠의 시기인 기원전 2~1세기에 파나이티오스와 포세이도니오스는 "최선자(最善者)의 지배가 약자에게 유익하다."며 지배의 정당성을 윤리적 정당성과 같이 보는 논리를 전개했다.
	② ㉡의 시기에는 "아직까지는 자신들의 정체성을 지키기 위한 노력을 포기하지 않았"기 때문에 적절하다.
	③ ㉢의 시기인 서기 2세기 중반에 아리스티데스는 "로마의 행정 조직은 거대하지만 동시에 체계적인 점이 특징"이었고, "페르시아에 비해 행정 조직과 지배 이념에 있어서 비교 우위를 지녔다."고 보았다.
	④ 먼저 ㉡의 시기에는 "평화의 혜택이 자명"해졌고, "자유 상실감은 상당히 약화"되었으며, "문화 권력을 인정받는 대가로 권력과 타협"할 준비가 되어 있었다. 따라서 이는 자유보다 평화를 중시한다는 의미가 된다. 또 ㉢의 시기에는 "모든 속주 도시의 정치적 자립성이 세계 제국 안에서 소멸되는 상태를 꿈꾸"고 있었

다. '정치적 자립성'이란 정치적으로 자유롭게 스스로의 의사를 구현하는 것으로, 이것의 소멸을 꿈꾸는 것은 자유를 포기하는 것으로 볼 수 있다. 또한 "제정이 안정과 평화, 풍요를 안겨 주었다."고 파악하고 있으므로, 이 두 가지 정보를 종합하면 자유보다 평화와 안정을 중시하였다는 점을 알 수 있다.

06.
윗글을 바탕으로 〈보기〉를 평가한 내용으로 가장 적절한 것은?

보기

　　정치가는 자신과 출신 도시가 로마 통치자들에게 책잡히지 않도록 해야 함은 물론, 로마의 고위 인사 중에 친구를 가지도록 해야만 한다. 로마인은 친구들의 정치적 이익을 증대시켜 주는 데 열심이기 때문이다. 우리가 거물들과의 우정에서 이득을 보게 되었을 때, 그 이점이 우리 도시의 복지에 이어지도록 하는 것도 좋다. …… 우리 그리스 도시들이 누리는 축복들인 평화, 번영, 풍요, 늘어난 인구, 질서, 화합을 생각해 보라. 그리스인이 이민족들과 싸우던 모든 전쟁은 자취를 감추었다. 자유에 관한 한, 우리 도시 주민들은 통치자들이 허용해 주는 커다란 몫을 누리고 있다. 아마 그 이상의 자유는 주민들을 위해서도 좋지 않을 것이다.

– 플루타르코스, 「정치가 지망생을 위한 권고」

① '우리 도시'와 '화합'을 말하고 있다는 점에서, 그리스인의 정체성 지키기를 포기하지 않은 디오와 같은 자세를 견지한다고 보아야겠군.
② '자신과 출신 도시', '평화'와 '풍요'를 거론하고 있다는 점에서, 황제의 통치를 환영한 아피아누스와 동시대인의 주장이라고 보아야겠군.
③ 로마는 '친구들'의 '정치적 이익'을 지켜 준다고 한다는 점에서, 시민권 확대에 주목한 아리스티데스와 같은 태도를 보이고 있다고 보아야겠군.
④ 그리스인이 '이민족들'과 싸우던 전쟁이 사라졌음을 강조한다는 점에서, 로마인과 그리스인이 한 뿌리를 가졌다고 보는 디오니시우스의 주장을 지지한다고 보아야겠군.
⑤ '통치자들'의 눈치를 보고 그들이 준 '번영'과 '질서'를 상기시킨다는 점에서, 약자에게 유익한 점을 고민한 파나이티오스, 포세이도니오스와 동시대인의 견해라고 보아야겠군.

내용영역 : 인문

이 문항은 〈보기〉의 정보를 제시문의 내용과 연계하여 합리적으로 이해할 수 있는지

를 평가하기 위한 문항이다.

정답 : ①

〈보기〉는 플루타르코스의 작품 내용 중 일부이다. 〈보기〉에서 플루타르코스는 그리스의 정치가 지망생들에 대한 권고에서 로마의 통치를 인정하고, 오히려 로마인 중 권력자들과 친분을 맺으라고 충고한다. 그래야 그리스 도시들과 본인이 혜택을 본다고 판단하기 때문이다. 또한 로마의 통치가 많은 혜택을 가져다 주었으며 자유의 일부만으로 만족하라고 말하고 있다. 이는 전형적인 타협주의의 입장이며, 그 중에서도 디오의 견해와 일치한다.

① 〈보기〉는 "로마가 관대한 통치를 펴고 그리스인의 이상인 '화합'을 실현할 것이라고 전망"한다는 점에서 "자신들의 정체성을 지키기 위한 노력을 포기하지 않았"던 디오와 같은 입장이다.

② 아피아누스는 "제정이 안정과 평화, 풍요를 안겨 주었다고 보았고, 그런 의미에서 로마가 공화정에서 제정으로 전환된 것을 축복이라고" 보았던 서기 2세기 중엽의 인물이다. 이 시기에는 이미 그리스인의 정체성을 포기하고 세계 제국의 시민으로 살아가기를 바랐던 때이기 때문에, 〈보기〉처럼 '우리 도시'를 중시하지 않았다.

③ 아리스티데스는 서기 2세기 중엽의 인물로서 〈보기〉와 달리, "그리스에 대한 혜택과 배려를 더 이상 논하지 않고, 제국 시민으로서의 관점을 강조"한다.

④ 플루타르코스는 디오니시우스처럼 그리스인과 로마인이 같은 조상을 가졌다고 주장하고 있지는 않다. 〈보기〉의 "그리스인이 이민족들과 싸우던 모든 전쟁은 자취를 감추었다."는 표현은 그리스인이 외부 국가들과 전쟁을 더 이상 하지 않는 평화의 상태에 있다는 것이지, 같은 조상을 가졌다는 것이 아니다.

⑤ 플루타르코스는 디오와 같이 타협주의의 입장을 견지하고 있으므로 서기 1세기의 인물이라고 추론하는 것이 가장 합리적이다. 반면 파나이티오스와 포세이도니오스는 순응주의를 취한 기원전 2~1세기의 인물들이다. 따라서 플루타르코스는 이들과 동시대인이 아니라고 볼 수 있다.

첨단 소재 분야의 연구에서는 마이크로미터 이하의 미세한 구조를 관찰할 수 있는 전자 현미경이 필요하다. 전자 현미경과 광학 현미경의 기본적인 원리는 같다. 다만 광학 현미경은 관찰의 매체로 가시광선을 사용하고 유리 렌즈로 빛을 집속하는 반면, 전자 현미경은 전자빔을 사용하고 전류가 흐르는 코일에서 발생하는 자기장을 이용하여 전자빔을 집속한다는 차이가 있다.

광학 현미경은 시료에 가시광선을 비추고 시료의 각 점에서 산란된 빛을 렌즈로 집속하여 상(像)을 만드는데, 다음과 같은 이유로 미세한 구조를 관찰하는 데 한계가 있다. 크기가 매우 작은 점광원에서 나온 빛은 렌즈를 통과하면서 회절 현상에 의해 광원보다 더 큰 크기를 가지는 원형의 간섭무늬를 형성하는데 이를 '에어리 원반'이라고 부른다. 만약 시료 위의 일정한 거리에 있는 두 점에서 출발한 빛이 렌즈를 통과할 경우 스크린 위에 두 개의 에어리 원반이 만들어지게 되며, 이 두 점의 거리가 너무 가까워져 두 에어리 원반 중심 사이의 거리가 원반의 크기에 비해 너무 작아지면 관찰자는 더 이상 두 점을 구분하지 못하고 하나의 점으로 인식하게 된다. 이 한계점에서 시료 위의 두 점 사이의 거리를 '해상도'라 부른다. 일반적으로 현미경에서 얻을 수 있는 최소의 해상도는 사용하는 파동의 파장, 렌즈의 초점 거리에 비례하며 렌즈의 직경에 반비례한다. 따라서 사용하는 파장이 짧을수록 최소 해상도가 작아지며, 더 또렷한 상을 얻을 수 있다. 광학 현미경의 경우 파장이 가장 짧은 가시광선을 사용하더라도 그 해상도는 파장의 약 절반인 200nm보다 작아질 수가 없다. 반면 전자 현미경에 사용되는 전자빔의 전자도 양자역학에서 말하는 '입자-파동 이중성'에 따라 파동처럼 행동하는데 이 파동을 '드브로이 물질파'라고 한다. 물질파의 파장은 입자의 질량과 속도의 곱인 운동량에 반비례하는데 전자 현미경에서 가속 전압이 클수록 전자의 속도가 크고 수십 kV의 전압으로 가속된 전자의 물질파 파장은 대략 0.01nm 정도이다. 하지만 전자 현미경의 렌즈의 성능이 좋지 않아 해상도는 보통 수 nm이다.

전자 현미경의 렌즈는 전류가 흐르는 코일에서 발생하는 자기장을 사용하여 전자의 이동 경로를 휘게 하여 전자를 모아 준다. 전하를 띤 입자가 자기장 영역을 통과할 때 속도와 자기장의 세기에 비례하는 힘을 받는데 그 방향은 자기장에 대해 수직이다. 전자 렌즈는 코일을 적절히 배치하여 특별한 형태의 자기장을 발생시켜 렌즈를 통과하는 전자가 렌즈의 중심 방향으로 힘을 받도록 만든다. 코일에 흐르는 전류를 증가시키면 코일에서 발생하는 자기장의 세기가 커지고 전자가 받는 힘이 커져 전자빔이 더 많이 휘어지면서 초점 거리가 줄어드는 효과를 얻을 수 있다. 대물렌즈의 초점 거리가 작아지면 현미경의 배율은 커진다. 따라서 광학 현미경에서는 배율을 바꿀 때 대물렌즈를 교체하지만 전자 현미경에서는 코일에 흐르는 전류를 조절하여 일정 범위 안에서 배율을 마음대로 조정할 수 있다. 하지만 렌즈의 중심과 가장자리를 통과하는 전자가 받는 힘을 적절히 조절하여 한 점에 모이도록 하는 것이 어려우므로 광학 현미경에 비해 초점의 위치가 명확하지 않다.

전자 현미경은 고전압으로 가속된 전자빔을 사용하므로 현미경의 내부는 기압이 대기압의 $1/10^{10}$ 이하인 진공 상태여야 한다. 전자는 공기와 충돌하면 에너지가 소실되거나 굴절되는 등 원하는 대로 제어하기 어렵기 때문이다. 또한 절연체 시료를 관찰할 때 전자빔의 전자가 시료에 축적되어 전자빔을 밀어내는 역할을 하게 되므로 이미지가 왜곡될 수 있다. 이 때문에 보통 절연체 시료의 표면을 금 또는 백금 등의 도체로 얇게 코팅하여 사용한다.

광학 현미경에서는 실제의 상을 눈으로 볼 수 있지만, 전자 현미경에서는 시료에서 산란된 전자의 물질파를 검출기에 집속하여 상이 맺힌 지점에서 전자의 분포를 측정함으로써 시료 표면의 형태를 디지털 영상으로 나타낸다. 이러한 전자 현미경의 특성을 활용하면 다양한 검출기 및 주변 기기를 장착하여 전자 현미경의 응용 분야를 확장할 수 있다.

07.

윗글의 내용과 일치하는 것은?

① 광학 현미경의 해상도는 시료에 비추는 빛의 파장에 의존하지 않는다.
② 전자 현미경에서 진공 장치 내부의 기압이 높을수록 선명한 상을 얻을 수 있다.
③ 전자 현미경에서 렌즈의 중심과 가장자리를 통과한 전자는 같은 점에 도달한다.
④ 전자 현미경에서 시료의 표면에 축적되는 전자가 많을수록 상의 왜곡이 줄어든다.
⑤ 광학 현미경과 전자 현미경은 모두 시료에서 산란된 파동을 관찰하여 상을 얻는다.

문항 성격	문항유형 : 주제, 구조, 관점 파악
	내용영역 : 과학기술
평가 목표	이 문항은 제시문의 주제인 현미경의 작동 원리를 이해하고 있는지 확인하는 문항이다.
문제 풀이	정답 : ⑤

제시문을 통해 광학 현미경과 전자 현미경이 각각 가시광선과 전자의 드브로이 물질파를 사용하고 있음을 알 수 있다. 또 사용하는 파동 및 렌즈의 특성과 해상도 사이의 관계를 파악할 수 있다. 그리고 전자 현미경에서 고전압으로 가속된 전자를 사용하기 위한 진공의 필요성과 시료 표면에서 전자 축적에 따른 영향을 확인할 수 있다.

⑤ 제시문 두 번째 단락 "광학 현미경은 시료에 가시광선을 비추고 시료의 각 점에서 산란된 빛을 집속하여 상을 만드는데, …"와 마지막 단락 "… 전자 현미경에서는 시료에서 산란된 전자의 물질파를 검출기에 집속하여 상이 맺힌 지점에서 …"로부터 광학 현미경과 전자 현미경 모두 시료에서 산란된 파동을 관찰하여 상을 얻는다는 것을 알 수 있다.

① 제시문 두 번째 단락 "일반적으로 현미경에서 얻을 수 있는 최소의 해상도는 사용하는 파동의 파장, 렌즈의 초점 거리에 비례하며 …"에서 광학 현미경의 해상도는 빛의 파장에 의존한다는 것을 알 수 있다.

② 제시문 네 번째 단락으로부터 기압이 높으면 공기와의 충돌에 의한 전자의 에너지 손실이 크고 굴절이 많이 일어나므로 상이 또렷해지지 않으리라는 것을 알 수 있다.

③ 제시문 세 번째 단락 "하지만 렌즈의 중심과 가장자리를 통과하는 전자가 받는 힘을 적절히 조절하여 한 점에 모이도록 하는 것이 어려우므로 광학 현미경에 비해 초점의 위치가 명확하지 않다."에서 렌즈의 중심과 가장자리를 통과한 전자가 같은 점에 도달하지 않음을 알 수 있다.

④ 제시문 네 번째 단락 "또한 절연체 시료를 관찰할 때 전자빔의 전자가 시료에 축적되어 전자빔을 밀어내는 역할을 하게 되므로 이미지가 왜곡될 수 있다."에서 표면에 축적되는 전자가 많을수록 상의 왜곡이 커짐을 알 수 있다.

08.

윗글에서 이끌어 낼 수 있는 전자 현미경의 특성만을 〈보기〉에서 있는 대로 고른 것은?

보 기

ㄱ. 전자의 물질파 파장이 길수록 전자가 전자 렌즈를 지날 때 더 큰 힘을 받는다.
ㄴ. 전자의 가속 전압을 증가시키면 상에서 에어리 원반의 크기를 더 작게 할 수 있다.
ㄷ. 전자 렌즈의 코일에 흐르는 전류를 감소시키면 상의 해상도를 더 작게 할 수 있다.

① ㄱ   ② ㄴ   ③ ㄷ
④ ㄱ, ㄴ   ⑤ ㄱ, ㄴ, ㄷ

문항 성격	문항유형 : 정보의 추론과 해석
	내용영역 : 과학기술
평가 목표	이 문항은 전자 현미경을 사용함에 있어, 이런저런 조건이 바뀜에 따라 일어나는 현상들을 추론할 수 있는지 평가하는 문항이다.
문제 풀이	정답 : ②

여러 변수 사이의 관계, 다시 말해 파장, 초점 거리와 해상도 사이의 관계, 물질파 파장과 속도 사이의 관계, 속도와 전자 렌즈에서 받는 힘의 관계로부터 〈보기〉에 주어진 변수들 사이의 관계를 추론할 수 있다. 특히 '해상도'는 제시문에서 "이 한계점에서 시료 위의 두 점 사이의 거리"로 정의되어 있음에 유의해야 한다.

〈보기〉해설
ㄱ. 물질파 파장과 속도는 반비례하므로 전자의 물질파 파장이 더 길다는 것은 전자의 속도가 더 작다는 것이다. 전자 렌즈를 지날 때 전자가 받는 힘은 속도에 비례하므로 전자가 전자 렌즈를 지날 때 더 작은 힘을 받는다.

ㄴ. 전자의 가속 전압을 증가시키면 전자의 속도가 커지고 물질파 파장은 속도에 반비례하므로 전자의 물질파 파장이 작아진다. 이 경우 해상도는 파장에 비례하므로 전자 현미경의 해상도가 작아지는데 이는 에어리 원반이 더 가까이 접근해도 구분이 된다는 의미이다. 거리가 더 가까워도 구분이 되려면 에어리 원반의 크기가 더 작아야 한다. 따라서 가속 전압을 증가시키면 에어리 원반의 크기를 더 작게 할 수 있다.

ㄷ. 전자 렌즈의 코일에 흐르는 전류를 감소시키면 전자가 받는 힘이 감소하고 경로의 휘어짐이 작아져 초점 거리가 길어지게 된다. 해상도는 초점 거리에 비례하므로 해상도를 더 작게 할 수 없다.

09.

〈보기〉에 대한 설명으로 가장 적절한 것은?

보 기

(가)와 (나)는 크기가 일정한 미세 물체가 일정한 간격으로 배치된 구조를 전자 현미경으로 각각 찍은 사진이며 (나)는 (가)에서 사각형 부분에 해당한다.

(가)   (나)

① (가)의 해상도는 30nm보다 크다.

② (가)에서 전자 현미경 내부의 기압은 대기압보다 크다.

③ (나)에서 사용된 전자의 물질파 파장은 20nm보다 크다.

④ (나)에서 렌즈의 코일에 흐르는 전류는 (가)의 경우보다 크다.

⑤ (나)에서 사용된 전자의 속력은 (가)에서 사용된 전자의 속력보다 3배 작다.

문항 성격 | 문항유형 : 정보의 평가와 적용
내용영역 : 과학기술

평가 목표 | 이 문항은 전자 현미경의 작동 원리를 〈보기〉의 전자 현미경 사진에 적용하여 해석할 수 있는지 평가하는 문항이다.

문제 풀이 | 정답 : ④

(가)에서는 하나의 점으로 보이는 물체가 (나)에서는 서로 다른 네 개의 점으로 구분되어 보인다는 사실로부터 사용된 전자 현미경의 상태 혹은 조건을 파악할 수 있다.

정답 해설 | ④ (나)가 (가)보다 배율이 더 크다. 제시문 세 번째 단락 "대물렌즈의 초점 거리가 작아지면 현미경의 배율은 커진다."와 "코일에 흐르는 전류를 증가시키면 … 초

점 거리가 줄어드는 효과를 얻을 수 있다."로부터 전자 코일에 흐르는 전류가 (나)에서 더 크다는 것을 알 수 있다.

① (가)에서 간격이 약 15nm인 구조가 구분되어 관찰되므로 해상도는 30nm보다 클 수 없다.

② 전자 현미경이 작동되기 위해서는 내부 기압이 대기압보다 매우 낮은 진공 상태에 있어야 하므로, (가)를 촬영한 전자 현미경 내부 기압이 대기압보다 클 수는 없다.

③ 최소 해상도는 파장의 반이고 (나)에서 간격이 약 5nm인 구조가 구분되어 관찰되므로 해상도는 10nm보다 클 수 없고 물질파 파장은 20nm보다 클 수 없다.

⑤ 최소 해상도는 파장의 반이고 물질파 파장은 속력(속도의 크기)에 반비례한다. (나)가 (가)보다 해상도가 작으므로 물질파 파장이 작고 속력은 더 크다.

[10~12] 다음 글을 읽고 물음에 답하시오.

현대 문학의 주요 비평 개념 중 하나인 멜랑콜리는 본래 '검은 담즙'을 뜻하는 고대 그리스의 의학 용어였다. 그 당시 검은 담즙은 '우울과 슬픔에 젖는 기질'의 원인으로 간주되었고, 나태함, 게으름, 몽상 등은 '우울질'의 표현이자 멜랑콜리의 속성이라 분류되었다. 이런 속성들은 열정처럼 적극적으로 분출되는 감정이 아니라 열정의 결여 상태, 즉 감정을 느낄 수 있는 능력이 쇠락해진 상태와 관련된다는 공통점이 있다. 멜랑콜리가 야기하는 정신적 무능에 대해 키드케고르는 "멜랑콜리는 무사태평한 웃음 속에서 메아리치는 이 시대의 질병이며, 우리로부터 행동과 희망의 용기를 앗아 간다."라고 평하기도 했다.

멜랑콜리는 상실을 인식하고 그 상실감에 자발적으로 침잠하는 태도이다. 일회적이고 찰나적이어서 다시는 돌이킬 수 없는 대상들을 향한 상실감에서 멜랑콜리는 유래한다. 그럼에도 멜랑콜리는 다만 어둡지만은 않으며 매혹적인 면을 가지고 있다. 삶과 죽음, 사랑과 이별처럼 인식 불가능한 타자성을 외면하기보다 차라리 자기 안에 가두려는 욕망이기 때문이다. 멜랑콜리는 대상의 상실에 따른 퇴행적 반응이라기보다는 오히려 상실된 대상을 살아 있게 만드는 몽환적인 능력이다. 따라서 이처럼 타자성을 자기 속에 가두고 관조하면서 자기만의 세계로 빠져 들려는 자, 즉 멜랑콜리커(Melancholiker)가 진정으로 추구하는 것은 상실된 대상 자체가 아니라 그 대상의 부재이며, 이 대상이 현존하지 않는 한에서 그것은 늘 점유를 향한 멜랑콜리커의 욕망을 추동하는 힘으로 작용한다.

멜랑콜리의 몽환적 능력은 현실을 대하는 태도의 측면에서 여러 견해를 낳았다. 벤야민이 "멜랑콜리커의 고독과 침잠, 즉 외면적 부동성(不動性)은 단순한 무기력이 아니라 사물을 꿰뚫어 보는 깊이 있는 사유를 상징"한다고 한 것은 대표적이다. 그는 멜랑콜리커의 고독이 곧 사물에 대한 통찰의 깊이를 나타낸다고 본다. 프로이트는 충분히 슬퍼한 후에 일상으로 귀환하는 애도와 달리 멜랑콜리는 "상실한 대상과 자아가 하나가 되어 버리는 감정"이라 말하면서, 결과적으로 자아를 일상에서 격리한다는 점을 강조했다. 물론 무기력한 슬픔이라는 멜랑콜리의 특성은 이성적인 절제를 강조해 온 근대 사회에서는 결코 환영받을 만한 것이 못 되었다. 하이데거가 근대에 유일하게 남은 열정이 있다면 '열정의 소멸에 대한 열정'이라고 말한 것도 근대 사회의 이러한 이성주의적 특성과 밀접한 관련이 있다.

그러므로 멜랑콜리는 미래에 대한 낙관과 혁신에 대한 자신감 위에 설립된 근대의 진보적 세계관의 필연적인 그림자가 되었다. 근대가 창출한 ⓐ사회적 모더니티는 국민국가, 자본주의 그리고 시민주의를 축으로 하는 공적 제도의 영역에서, 베버의 언급을 따르자면 '정신(Geist) 없는 전문가'와 '가슴 없는 향락가'들을 양산해 낸다. 그러나 사회적 모더니티의 지배적 가치들에 저항하는 태도라 할 ⓑ문화적 모더니티는 진보하는 부르주아지의 공적 세계가 은폐한 사적 공간에서 멜랑콜리커들을 키워 낸다. 문화적 모더니티는 부르주아지의 근대가 아니라 소위 사회적 부적응자들, 즉 몰락한 귀족, 룸펜 프롤레타리아트, 실패한 예술가, 부유(浮遊)하는 지식인들처럼 세계의 바깥에서 떠도는 존재들의 근대이다. 사회적 모더니티의 주체는 계산적 합리성에 근거하여 세계와 대면하고, 규율의 엄격성에 따라 세계에 질서를 부여함으로써 세계의 주인이 된다. 그러나 멜랑콜리커들은 세계의 주인이 되기보다는 자신이 상실했다고 생각하는 그 무엇을 찾는 데에 몰두하고자 한다. 이에 멜랑콜리커는 흔히 탐구자 혹은 수집가의 모습으로 나타난다. 사회적 모더니티는 과학과 기술의 힘으로 외적 자연을 탈신비화하고, 열정을 이해관계로 치환하여 인간의 내적 자연마저 감정의 횡포로부터 해방시켰다. 그러나 문화적 모더니티는 이러한 해방의 역설적 결과로 나타난 환멸감 속에서, 도리어 잃어버린 것들을 우울의 감정으로 보존하려고 한다.

이로써 멜랑콜리는 일종의 문명 비판적인 태도가 된다. 멜랑콜리는 사회적 모더니티가 빠른 속도로 일소한 근원적 가치들과 대상들을 문화적 모더니티의 영역에서 보존한다. 더 이상 지상에 존재하지 않는 것들 앞에서 우리는 우울하다. 그러나 더 정확하게 표현하자면, 우울한 자들에게만 이러한 가치들은 부재하는 현존이라는 역설적 방식으로 살아남는다. 상실된 가치와 대상들을 아직 신앙하는 자는 우울하지 않다. 또한 이들이 완벽하게 소멸되었다고 믿는 자 역시 우울할 수 없다. 멜랑콜리커는 그 중간에 머물면서 '소멸됨으로써 살아있는 어떤 것'을 끝없이 추구하는 것이다.

10.

윗글의 내용과 일치하는 것은?

① 키르케고르는 멜랑콜리의 정신적 무능이 실존적 세계관을 형성하고 절망을 해소하는 요인이 된다고 보았다.
② 벤야민은 고독과 침잠에 빠진 멜랑콜리커의 무기력에서 사물의 본질에 도달할 수 있는 사유의 가능성을 발견하였다.
③ 프로이트는 상실된 대상과 자아가 통합된 애도를 그것이 분리된 멜랑콜리와 구분함으로써 근대인의 몽환적 능력을 강조하였다.
④ 하이데거는 능동적 절제를 통해 감정을 억누르는 것이 감정에 대한 근대인의 근본적 자세가 되어야 한다고 주장하였다.
⑤ 베버는 근대 사회의 모든 영역이 숙련된 기술을 갖춘 엘리트들로 채워져야 한다고 보았다.

문항 성격	문항유형 : 주제, 구조, 관점 파악
	내용영역 : 인문
평가 목표	이 문항은 제시문에 인용된 주요 철학자들의 관점을 정확하게 이해하고 있는지 평가하는 문항이다.
문제 풀이	정답 : ②

제시문의 정확한 독해를 통해 근대 사회의 성격과 멜랑콜리의 특성 및 시대적 의의에 대한 철학자들의 관점을 파악해야 한다.

정답 해설	② 벤야민은 멜랑콜리커의 고독과 침잠에 빠진 멜랑콜리커의 외면적 부동성을 그대로 무기력하다고 간주하지 않고, 이로부터 사물을 꿰뚫어 보는 사유의 상징성을 읽어 내고 있다. 벤야민은 멜랑콜리커의 부동성에서 도리어 사색의 가능성을 발견해 내는 역발상을 시도했다고 할 수 있다.
오답 해설	① 키르케고르가 "멜랑콜리는 무사태평한 웃음 속에서 메아리치는 이 시대의 질병이며, 우리로부터 행동과 희망의 용기를 앗아 간다."고 말한 것은 멜랑콜리가 야기하는 정신적 무능을 강조한 표현이다. 선택지 ①은 '절망을 해소하는 요인'이라는 치료적 목적이라고 그 의미를 반대로 이해하였다.
	③ 프로이트는 '충분히 슬퍼한 후에 일상으로 귀환하는 애도와 달리 멜랑콜리는 상실한 대상과 자아가 하나가 되어 버리는 감정'이라 설명하였다. 선택지 ③은 애

도를 상실된 대상과 자아가 통합된 감정으로, 멜랑콜리를 대상과 자아가 분리된 감정이라 하여, 두 개념을 혼동하여 반대로 서술하였다.

④ 하이데거가 근대에 유일하게 남은 열정이 있다면 '열정의 소멸에 대한 열정'일 뿐이라고 말한 것은 근대 이성중심주의적 사고의 폭력성에 대해 지적하고, 일방적으로 감정을 소멸시키려 하는 태도가 문제적이라 생각했기 때문이다. 선택지 ④는 하이데거가 감정을 억누르고 이성중심주의적 사고를 해야 한다고 당위적으로 주장하였다는 내용을 포함하고 있으므로 제시문에 어긋나는 서술이라 할 수 있다.

⑤ 베버가 '정신 없는 전문가'와 '가슴 없는 향락가'에 대해 언급한 것은 근대의 '공적 제도의 영역'이 '정신'과 '가슴', 즉 영혼과 열정을 결여한 반쪽짜리의 지식인들, 즉 불완전한 엘리트로 채워지고 있음을 비판하기 위한 것이었다. 선택지 ⑤는 베버의 언급을, 공적 영역이 아닌 '모든 영역'에 적용한다는 점에서 확대 해석했다고 할 수 있으며, 또한 불완전한 엘리트가 양산되는 사태를 경계해야 한다는 입장이 아니라 숙련된 엘리트로 채워지고 있는 현상을 지지한다는 입장으로 오독하고 있다.

11.

㉠과 ㉡에 대한 설명으로 적절하지 <u>않은</u> 것은?

① ㉠은 외적 자연과 내적 자연을 구분하지만 이들 모두를 계산적 합리성으로 지배한다.
② ㉡은 이성으로부터의 해방이 가져온 역설적 결과로 나타난 환멸감을 근간으로 성립된다.
③ ㉠과 ㉡은 세계에 질서를 부여하려는 주체가 존재하느냐의 유무에서 차이를 보인다.
④ ㉠과 ㉡은 공적 영역과 사적 영역에서 근대가 만들어낸 대립적 인간상이 출현하는 양상과 관련된다.
⑤ ㉠은 외적 자연을 변화의 대상으로 삼고, ㉡은 근대적 발전이 앗아간 것들을 부재하는 현존의 상태로 보존한다.

문항 성격　문항유형 : 정보의 확인과 재구성
　　　　　　내용영역 : 인문
평가 목표　이 문항은 근대성의 상이한 두 측면을 구분하고, 각각의 특징적인 요인을 확인하여 재구성할 수 있는 능력을 평가하는 문항이다.

제시문 네 번째 단락의 사회적 모더니티와 문화적 모더니티의 특징에 대한 서술을 통해, 자연, 감정, 구성원 등 제반 양상의 공통점과 차이점을 추출해 내야 한다.

정답 해설 ② "사회적 모더니티는 과학과 기술의 힘으로 외적 자연을 탈신비화하고, 열정을 이해관계로 치환하여 인간의 내적 자연마저 감정의 횡포로부터 해방시켰다. 그러나 문화적 모더니티는 이러한 해방의 역설적 결과로 나타난 환멸감 속에서, 도리어 잃어버린 것들을 우울의 감정으로 보존하려고 한다."는 설명을 참조할 수 있다. 문화적 모더니티는, 감정을 통제하며 오로지 이성으로 세계를 지배하려고 했으나 그러한 이성의 지배가 전혀 만족스럽지 않았다는 사실, 다시 말해 '감정의 횡포를 몰아내고 획득한 이성적 지배'가 곧 환멸감을 낳았다는 상황으로부터 유래한다. 이때의 환멸감은 원치 않은 사회상에서 유래한 환멸감이 아니라, 동경하고 바랐던 사회상에서 유래한 환멸감이라는 점에서 역설적이다. 이로부터 문화적 모더니티는, 감정의 횡포로부터의 해방이 가져온 역설적 결과로 나타난 환멸감을 근간으로 성립되었다고 할 수 있다. 답지는 감정의 횡포로부터의 해방이 아니라, 이성으로부터의 해방이라고 문맥을 혼동하고 있으므로 부적절한 기술이라 할 수 있다.

오답 해설 ① "사회적 모더니티는 과학과 기술의 힘으로 외적 자연을 탈신비화하고, 열정을 이해관계로 치환하여 인간의 내적 자연마저 감정의 횡포로부터 해방시켰다."는 설명을 참조해 볼 수 있다. 이에 따르면 사회적 모더니티는 외적 자연과 내적 자연을 구분하고 있음을, 다만 각각 '과학과 기술의 힘', '열정을 이해관계로 치환' 함으로써 자연이라는 대상에 대하여 공통적으로 도구적이며 계산적인 합리성을 무기로 삼아 지배하려 든다는 것을 추론할 수 있다.

③ "사회적 모더니티의 주체는 계산적 합리성에 근거하여 세계와 대면하고, 규율의 엄격성에 따라 세계에 질서를 부여하면서 세계의 주인이 된다. 그러나 멜랑콜리커들은 세계의 주인이 되기보다는 자신이 상실했다고 생각하는 그 무엇을 찾는 데에 몰두한다."는 설명에서, 사회적 모더니티와 문화적 모더니티의 주역들이 자기 앞에 펼쳐진 세계에 대하여 전혀 상반된 태도로 대응한다는 사실을 확인할 수 있다. 전자가 계산과 규율, 질서를 무기로 삼아 이성적으로 세계를 장악하면서 세계의 주인이 된다는 주체적 태도를 보이는 데 대하여, 후자는 세계에 질서를 부여하는 데 대하여 개입 의사가 없으며 자신이 잃어버린 그 무엇을 찾아 자기 내면으로 무기력하게 침잠하는 태도를 보인다는 점을 알 수 있다. 이에 따라, 전자와 후자를 '세계에 질서를 부여하는 주체가 존재하느냐의 유무'로 구분할 수 있다.

④ "근대가 창출한 사회적 모더니티는 국민국가, 자본주의 그리고 시민주의를 축으로 하는 공적 제도의 영역에서, 베버의 표현을 따르자면 '정신(Geist) 없는 전문가'와 '가슴 없는 향락가'들을 양산해 낸다. 그러나 사회적 모더니티의 지배적 가치들에 저항하는 태도라 할 문화적 모더니티는 진보하는 부르주아의 공적 세계가 은폐한 사적 공간에서 멜랑콜리커들을 키워 낸다. 문화적 모더니티는 부르주아지의 근대가 아니라 소위 사회적 부적응자들, 즉 몰락한 귀족, 룸펜 프롤레타리아트, 실패한 예술가, 부유하는 지식인들처럼 세계의 바깥에서 떠도는 존재들의 근대이다."라는 설명에서, 두 모더니티가 공적 영역과 사적 영역(사적 공간)의 이원성을 바탕으로 성립되었음을 알 수 있다. 또한 전자는 영혼과 열정을 소거한 전문가와 향락자들, 즉 "미래에 대한 낙관과 혁신에 대한 자신감 위에 설립된 근대의 진보적 세계관"을 보유한 "세계의 주인들"로 구성되어 있는 반면, 후자는 사회의 지배질서에 무관심한 채 세계의 바깥에서 부유하는 소위 사회적 부적응자들을 구성원으로 삼고 있음을 확인할 수 있다.

⑤ "사회적 모더니티는 과학과 기술의 힘으로 외적 자연을 탈신비화하고, 열정을 이해관계로 치환하여 인간의 내적 자연마저 감정의 횡포로부터 해방시켰다. 그러나 문화적 모더니티는 이러한 해방의 역설적 결과로 나타난 환멸감 속에서, 도리어 잃어버린 것들을 우울의 감정으로 보존하려고 한다."와 제시문 다섯 번째 단락 "우울한 자들에게만 이러한 가치들은 부재하는 현존이라는 역설적 방식으로 살아남게 된다."를 연결시킴으로써, 전자가 자연을 과학과 기술의 힘을 동원하여 변화시키려는 대상으로 삼는 반면, 후자는 이러한 변화의 과정(기술의 발전과 진보의 과정)에서 상실된 가치들을 부재의 현존이라는 방식으로 보존함을 추론할 수 있다.

12.

윗글을 바탕으로 〈보기〉를 이해한 내용으로 적절하지 <u>않은</u> 것은?

보기

　최명익의 「비 오는 길」(1936)은 식민지 근대화가 진행되는 도시의 풍경을 그린다. 표제는 주인공 병일의 내면을 '우울한 장맛비'로 비유한 것이다. 작가는 정치적 저항이 불가능해진 상황에서 과거의 이상을 잃고 슬퍼하는 청년을 주인공으로 선택했다. 병일의 상실감은 특정 대상에 집착하는 증세인 독서벽(讀書癖)으로 나타난다. 그의 독서벽은 독서회를 조직하여 삶의 목표와 정치의식을 고민하던 학생 시절의 유산이다. 궁핍하게 살아가는 병일에게 이웃 사내는 책 살 돈으로 저축하라 훈계하지만, 병일은 책이 없으면 최소한의 자기 생활도 없을 것이라고 답한다. 그의 태도는 돈을 모아 '세상살이'를 하는 것이 행복이라는 이웃 사내의 인생관과 대조를 이룬다. 병일은 자신의 무능력을 인정하지만 이웃 사내의 생활이 행복은 아니라고 생각한다. 군중 속에서 홀로 '방향 없이 머뭇거리는 고독감'에 잠기면서도 병일은 책을 읽는다.

① 병일이 느끼는 '방향 없이 머뭇거리는 고독감'에서, 상실된 가치에 대한 믿음과 불신 사이에 끼어 있는 중간자의 모습을 엿볼 수 있군.

② 병일이 '세상살이'를 외면하고 독서에 집착한다는 사실에서, 과거에 지향했던 가치에서 여전히 벗어나지 못하는 탐구자로서의 면모를 찾아볼 수 있군.

③ 이웃 사내가 병일에게 저축의 중요성을 훈계하는 모습에서, 식민지 근대 도시의 일상적 가치에 순응하는 보통 사람의 모습을 떠올릴 수 있군.

④ 이웃 사내가 '세상살이'의 중요성을 강조하고 있다는 사실에서, 그가 '감정'을 느낄 수 있는 능력이 쇠약해진 상태의 인물임을 확인할 수 있군.

⑤ 작가는 정치적 저항이 불가능한 상황에서 방황하는 청년을 통해, 근원적 가치가 부재의 상태로 보존된다는 창작 의도를 드러내려 했다고 해석할 수 있군.

문항 성격	문항유형 : 정보의 평가와 적용
	내용영역 : 인문
평가 목표	이 문항은 제시문의 주요 개념 및 설명을 구체적인 작품에 적용하여 해석할 수 있는지 평가하는 문항이다.
문제 풀이	정답 : ④

〈보기〉에 소개된 현대 한국 단편소설 「비 오는 길」(최명익, 1936)에 대한 작품 해설을 읽고, 이를 바탕으로 제시문에 주어진 멜랑콜리의 주요 개념과 근대 모더니티의 특성과 연결시켜 심층적으로 작품을 해석해야 한다.

정답 해설 ④ 이웃 사내가 '세상살이'를 강조하는 것은 식민지 통치 체제에 순응하면서 일상의 행복을 추구하라는 권유이다. '행복'을 적극적으로 추구한다는 점에서 이웃 사내의 감정이 쇠약해졌다는 서술은 부적합하다. 한편 제시문에 따르면 "'감정'을 느낄 수 있는 능력이 쇠락해진 상태"는 멜랑콜리의 속성에 해당하므로 이 또한 이웃 사내의 성격과는 어울리지 않는 진술임을 알 수 있다.

오답 해설 ① 식민지 근대에 적응하지 못하고 방향을 잃은 채 어디로 갈지 주저한다는 점에서 병일은 멜랑콜리커에 해당한다. 그는 과거의 자신이 추구했던 가치를 버리지 못하지만, 그렇다고 과거의 잃어버린 가치가 장차 반드시 실현되리라는 확신을 가지고 있지도 않다. 이러한 평가를 제시문의 "상실된 가치와 대상들을 아직 신앙하는 자는 우울하지 않다. 또한 이들이 완벽하게 소멸되었다고 믿는 자 역시 우울할 수 없다. 멜랑콜리커는 그 중간에 머물면서 '소멸됨으로써 살아있는 어떤 것'을 끝없이 추구하는 것이다."에 적용해 볼 수 있다. 병일의 '방향 없이 머뭇거리는 고독감'을, 제시문 마지막 단락에서 설명된 상실된 가치와 대상에 대한 유효성을 여전히 믿지도 그렇다고 완벽히 소멸되었다고 믿지도 않는 멜랑콜리커의 존재 방식과 연결시켜, 병일은 믿음과 불신 사이에 끼어 있는 '중간자'라는 평가를 끌어낼 수 있다.

② '세상살이'를 외면하고 독서에 집착한다는 점은 특정 대상에 대한 상실감이 특정한 습관으로 표면화된 것이라 할 수 있다. 책 살 돈으로 저축을 하라는 이웃 사내의 제안에도 그는 책이 없다면 최소한의 자기 생활도 없을 것이라면서, 자기 세계를 확보하고 지키려는 모습을 보인다. 이상의 내용은 제시문에 주어진 바 있는 "멜랑콜리커들은 그러한(세계의) 질서에 순응하기보다는 자신이 상실했다고 생각하는 그 무엇을 찾는 데에 몰두한다. 이에 멜랑콜리커는 흔히 탐구자 혹은 수집가의 모습으로 나타난다."라는 내용과 연결된다. 상실감에 빠져 독서를 통해서라도 자기 세계를 지켜 보려고 노력하는 병일의 태도로부터, 그가 '과거에 지향했던 가치에서 여전히 벗어나지 못하는 탐구자'이자 멜랑콜리커라는 해석이 가능하다.

③ 이웃 사내는 병일에게 책을 살 돈으로 저축을 하라거나, 돈을 모아 '세상살이'를 하는 것이 행복이라고 훈계한다. 그의 시선으로 본다면 병일은 적극적으로 사회 생활에 뛰어들지 않고, 자신의 미래에 대비하지 않는 특이한 사람이다. 이와 반대로 이웃 사내는 당대 사회 대부분의 사람들이 따르는 가치에 어긋나지 않으

며, 남들보다 더 잘 살기 위해 노력하면서 살아가는 평범한 인물이다. 이에 따라 이웃 사내를, 이 소설의 배경으로 주어진 식민지 근대 도시의 일상적 가치에 순응하며 살아가는 보통 사람이라 설명할 수 있다.

⑤ 작가는 상실한 대상에 대해 집착하고 그 슬픔에 빠져 무기력해진 인물인 병일을 주인공으로 삼았다. 평범하고 세속적이지만 안정적인 이웃 사내의 삶과 자기 세계를 구축하려 하지만 방향을 잃고 불안정한 병일의 삶은 작중에서 선명한 대조를 이룬다. 식민지 근대화가 진행되면서 이웃 사내를 비롯한 대부분의 사람들은 일신의 부와 행복을 추구하느라 점차 정치적 저항에 무관심해지고 삶의 목표와 정치의식을 갖는 일의 소중함을 잊는다. 작가는 주인공 병일을 자기 세계를 관조하면서 잃어버린 이상을 찾아 방황하는 무기력한 멜랑콜리커로 설정하여, 이로써 식민지화된 조선의 한 도시에서 여전히 옛 흔적으로 남아 있기는 하지만 더 이상 시대적으로 유효하지도 않고 관심의 대상이 되지도 못하는 민족적 정치의식의 존재 방식을 보여 주고자 하였다. 이러한 작가의 창작 의도를 제시문에 언급된 '부재하는 현존', 즉 근원적 가치가 부재의 상태로 보존된다는 것으로 해석할 수 있다.

[13~15] 다음 글을 읽고 물음에 답하시오.

동물은 쾌락, 고통 등을 느낄 수 있는 만큼 그들도 윤리적으로 대우해야 한다는 주장이 ㉠동물 감정론이다. 한편 ㉡동물권리론에 따르면 동물도 생명권, 고통받지 않을 권리 등을 지닌 존재인 만큼 그들도 윤리적으로 대우해야 한다. 하지만 동물도 윤리적 대상으로 고려해야 한다는 두 이론을 극단적으로 전개하면 새로운 윤리적 문제가 발생한다. ㉢포식에 관련한 비판은 그러한 문제를 지적하는 대표적인 입장이다.

인간은 동물을 음식, 의류 등으로 이용해 왔지만, 인간만이 동물에게 고통을 주며 권리를 침해한 것은 아니다. 야생의 포식 동물 또한 피식 동물을 잔인하게 잡아먹는다. 피식 동물이 느끼는 고통은 도살에서 동물이 느끼는 고통보다 훨씬 클 수도 있다. 동물의 권리에 대한 침해 문제 또한 마찬가지로 설명할 수 있다. 인간의 육식이나 실험 등이 고통 유발이나 권리 침해 때문에 그르다면, 야생 동물의 포식이 피식 동물의 고통을 유발하거나 그 권리를 침해하는 것 또한 그르다고 해야 할 것이다. 그른 것은 바로잡아야 한다는 점에서 인간의 육식 등은 막아야 하는 것일 수 있다. 그렇다 해도 동물의 포식까지 막아야 한다고 하는 것은 터무니없다. 예컨대 사자가 얼룩말을 잡아먹지 못하도록 일일이 막는 것은 우선 우리의 능력을 벗어난다. 설령 가능해도 그렇게 하는 것은 자연 질서를 깨뜨리므로 올바르지 않다. 동물감정론과 동물권리론이 야생 동물의 포식을 방지해야 한다는 과도한 의무까지 함축할 수 있다는 점만으로도 그 이론을 비판할 충분한 이유가 된다.

동물감정론은 윤리 결과주의에 근거한다. 이것은 행동의 올바름과 그름 등은 행동의 결과에 의거하여 평가되어야 한다는 입장이다. 전형적 윤리 결과주의인 공리주의에 따르면 행동의 효용, 곧 행동이 쾌락을 극대화하는지의 여부가 그 평가에서 가장 주요한 기준이 된다. 이때 효용은 발생할 것으로 기대되는 고통의 총량을 차감한 쾌락의 총량에 의해 계산한다. 동물감정론이 포식 방지와 같은 의무를 부과한다는 지적에 대한 공리주의자의 응답은 다음과 같다. 포식 동물의 제거 등을 통해 피식 동물을 보호함으로써 얻을 수 있는 쾌락의 총량보다 이러한 생태계의 변화를 통해 유발될 고통의 총량이 훨씬 클 것이다. 따라서 동물을 이유 없이 죽이거나 학대하지 않는 것으로 인간이 해야 할 바를 다한 것이며 동물의 행동까지 규제해야 할 의무는 없다.

하지만 공리주의를 동원한 동물감정론은 포식 방지가 인간의 의무가 될 수 없음을 증명하는 데 성공하지 못한다. 기술 발전 등으로 인해 포식에 대한 인간의 개입이 더욱 수월해지고, 그로 인해 기대할 수 있는 쾌락의 총량이 고통의 총량보다 실제 더 커질 수 있기 때문이다. 쾌락 총량의 극대화를 기치로 내건 동물감정론에서의 효용 계산으로 포식 방지의 의무가 산출될 수도 있다.

한편 동물권리론은 행동의 평가가 '의무의 수행' 등 행동 그 자체의 성격에 의거해야 한다는 윤리 비결과주의를 근거로 내세운다. 전형적 윤리 비결과주의인 의무론에 따르면 행위의 도덕성은 행위자의 의무가 적절히 수행되었는지의 여부에 따라 결정된다. 동물권리론이 포식 방지와 같은 의무를 부과한다는 지적에 대한 의무론자의 응답은 다음과 같다. 도덕 행위자는 자신의 행동을 조절하고 설명할 수 있는 능력을 지닌 반면, 포식 동물과 같은 도덕 수동자는 그런 능력이 결여된 존재이다. 의무를 지니려면 그렇게 할 수 있는 능력을 지녀야 한다. 도덕 수동자는 도덕에 맞춰 자신의 행동을 조절할 수 없으므로 그런 의무를 지니지 않는 것이다. 인간의 육식에서나 동물의 포식에서도 동물의 권리가 침해된 것이기는 마찬가지이다. 그러나 동물은 자신의 행동을 조절할 능력을 갖지 않기에 다른 동물을 잡아먹지 않을 의무도 없다. 결국 사자가 얼룩말을 잡아 포식하는 것을 막을 인간의 의무 또한 없다는 것이다.

하지만 의무론을 동원한 동물권리론은 포식에 관련한 비판을 오해했다는 문제점 을 갖는다. 포식 방지에 대한 비판의 핵심은 사자가 사슴을 잡아먹는다고 할 때 우리가 그것을 그만 두게 할 의무가 있는지의 문제이지, 사자가 그만 두어야 할 의무가 있는지의 여부는 아니기 때문이다. 그저 재미로 고양이를 괴롭히는 아이는 도덕 수동자이니 그 행동을 멈춰야 할 의무가 없다고 하더라도 과연 그 부모 또한 이를 막을 의무가 없다고 하겠는가?

13.

㉠~㉢에 대한 설명으로 가장 적절한 것은?

① ㉠에서는 동물의 포식 때문에 생겨나는 야생의 고통은 효용 계산에서 무시해도 된다고 본다.
② ㉡에서는 인간이 동물에 대해 의무가 있는지를 판단할 때 인간의 도덕 행위자 여부를 고려해야 한다고 본다.
③ ㉢에서는 인간의 육식은 그르지만 야생 동물의 포식은 그르지 않다고 본다.
④ ㉠과 ㉡에서는 모두 동물에게 포식 금지의 의무가 있다고 본다.
⑤ ㉠과 ㉢에서는 모두 포식을 방지하는 행동이 그른 까닭을 생명 공동체의 안정성 파괴에서 찾는다.

문항 성격	문항유형 : 주제, 구조, 관점 파악
	내용영역 : 규범
평가 목표	이 문항은 동물감정론, 동물권리론, 그리고 포식에 관련한 비판의 관점을 정확하게 파악하고 있는지 평가하는 문항이다.
문제 풀이	정답 : ②

제시문 두 번째 단락, 세 번째 단락, 다섯 번째 단락을 통해 각각의 입장에서 주장하는 바를 확인할 수 있다.

정답 해설 ② 제시문 다섯 번째 단락 "동물권리론은 … 윤리 비결과주의를 근거로 내세운다. 전형적 윤리 비결과주의인 의무론에 따르면 행위의 도덕성은 행위자의 의무가 적절히 수행되었는지의 여부에 따라 결정된다."에서 적절한 설명임을 확인할 수 있다.

오답 해설 ① 제시문 세 번째 단락 "동물감정론은 윤리 결과주의에 근거한다. … 포식 동물의 제거 등을 통해 피식 동물을 보호함으로써 얻을 수 있는 쾌락의 총량보다 이러한 생태계의 변화를 통해 유발될 고통의 총량이 훨씬 클 것이다."에서 적절하지 않은 설명임을 확인할 수 있다.

③ 제시문 두 번째 단락 "인간의 육식이나 실험 등이 고통 유발이나 권리 침해 때문에 그르다면, 야생 동물의 포식이 피식 동물의 고통을 유발하거나 그 권리를 침해하는 것 또한 그르다고 해야 할 것이다."에서 적절하지 않은 설명임을 확인할 수 있다.

④ 제시문 다섯 번째 단락 "동물은 자신의 행동을 조절할 능력을 갖지 않기에 다른 동물을 잡아먹지 않을 의무도 없다."에서 동물권리론에서는 동물에게 포식 금지의 의무가 없다고 본다는 것을 확인할 수 있다.

⑤ 제시문 세 번째 단락 "포식 동물의 제거 등을 통해 피식 동물을 보호함으로써 얻을 수 있는 쾌락의 총량보다 이러한 생태계의 변화를 통해 유발될 고통의 총량이 훨씬 클 것이다."에서 동물감정론에서는 포식을 방지하는 행동이 그른 까닭을 생명 공동체의 안정성 파괴가 아니라 쾌락 총량의 극대화에서 찾는다는 것을 확인할 수 있다.

14.

윗글을 바탕으로 추론할 때, 적절한 것만을 〈보기〉에서 있는 대로 고른 것은?

> **보 기**
>
> ㄱ. 공리주의에 따르면, 포식 동물의 제거로 늘어날 쾌락의 총량이 고통의 총량보다 커지면 포식 동물을 제거해야 할 것이다.
> ㄴ. 공리주의에 따르면, 동물에 대한 윤리적 대우의 범위는 야생에 개입할 수 있는 인간의 기술 발전 수준에 반비례할 것이다.
> ㄷ. 의무론에 따르면, 인간에게 피식 동물을 구출할 수 있는 능력이 있다면 인간은 반드시 그렇게 할 의무가 있을 것이다.
> ㄹ. 의무론에 따르면, 동물을 대하는 인간 행동의 올바름, 그름 등은 결과가 아닌 행동 그 자체의 성질에서 찾을 수 있을 것이다.

① ㄱ, ㄴ   ② ㄱ, ㄹ   ③ ㄴ, ㄷ
④ ㄱ, ㄷ, ㄹ   ⑤ ㄴ, ㄷ, ㄹ

문항 성격 문항유형 : 정보의 확인과 재구성
내용영역 : 규범

평가 목표 이 문항은 동물감정론과 동물권리론 및 각각의 근거인 공리주의와 의무론을 이해하고 그들 사이의 관계를 파악하고 있는지 평가하기 위한 문항이다.

〈보기〉 ㄷ에 대한 판단이 핵심이다. 의무론에 따르면 인간이든 동물이든 의무를 지니려면 능력을 지녀야 한다. 하지만 이는 능력의 소지가 의무의 소지를 함축한다는 주장과는 별개의 주장이다.

〈보기〉 해설   ㄱ. 공리주의에 따르면 행동의 올바름과 그름을 평가하는 가장 중요한 기준은 쾌락 총량의 극대화 여부이므로, ㄱ은 적절한 추론이다.

ㄴ. 제시문 네 번째 단락 "기술 발전 등으로 인해 포식에 대한 인간의 개입이 더욱 수월해지고, 그로 인해 기대할 수 있는 쾌락의 총량이 고통의 총량보다 실제 더 커질 수 있기 때문이다. … 효용 계산으로 포식 방지의 의무가 산출될 수도 있다."로부터 ㄴ은 적절하지 않은 추론임을 알 수 있다.

ㄷ. 의무론에 따르면 "의무를 지니려면 그렇게 할 수 있는 능력을 지녀야 한다." 이와 동일한 진리치를 갖는 내용은 "그러한 능력이 없다면 의무도 없다."는 것이다. '능력이 있다면 의무도 있다.'는 제시문으로부터 필연적으로 이끌어 낼 수 있는 내용이 아니므로 ㄷ은 적절하지 않은 추론이다.

ㄹ. 제시문 다섯 번째 단락 "동물권리론은 행동의 평가가 '의무의 수행' 등 행동 그 자체의 성격에 의거해야 한다는 윤리 비결과주의를 근거로 내세운다. 전형적 윤리 비결과주의인 의무론에 따르면 행위의 도덕성은 행위자의 의무가 적절히 수행되었는지의 여부에 따라 결정된다."에서 ㄹ은 적절한 추론임을 알 수 있다.

15.

문제점 의 내용으로 가장 적절한 것은?

① 도덕 수동자에게는 책임이 없다는 사실로부터 도덕 행위자에게도 도덕 수동자의 행동에 대한 책임이 없다고 단정했다.
② 어린 아이가 도덕 수동자라는 사실로부터 어린 아이에게는 도덕적 책임을 물을 수 없다고 단정했다.
③ 포식 동물도 어린 아이와 마찬가지로 행동 조절 능력을 결여한 도덕 수동자라는 점을 간과했다.
④ 야생에서의 권리 침해가 인간 세계에서의 그것에 비해 더욱 잔인하다는 점을 간과했다.
⑤ 피식 동물도 인간과 마찬가지로 쾌락과 고통을 느끼는 능력이 있다는 점을 간과했다.

문항 성격	문항유형 : 정보의 추론과 해석
	내용영역 : 규범
평가 목표	이 문항은 비유를 해석하고 이것이 의미하는 바를 추론하는 능력을 평가하는 문항 이다.
문제 풀이	정답 : ①

다섯 번째 단락과 여섯 번째 단락을 통해, 포식에 관련한 비판에 대한 의무론의 응답이 지니는 문제점에 대한 비유의 내용을 구체화할 수 있다.

정답 해설 ① 제시문 여섯 번째 단락 "… 아이는 도덕 수동자이니 그 행동을 멈춰야 할 의무가 없다고 하더라도 과연 그 부모 또한 이를 막을 의무가 없다고 하겠는가?"에서 아이가 도덕 수동자라면 부모는 도덕 행위자로 해석하는 것이 자연스럽다. 따라서 선택지 ①은 문제점의 내용으로 적절하다.

오답 해설 ② 비유가 어린 아이의 의무와 그 부모의 의무를 비교하고 있다는 점을 제대로 이해하지 못하고 있다.

③ 비유가 도덕 행위자와 도덕 수동자의 의무를 비교하고 있다는 점을 제대로 이해하지 못하고 있다.

④ 비유가 도덕 행위자이든 도덕 수동자이든, 인간 세계에서든 야생에서든 동물의 권리가 침해된 점에서는 같아서 비교의 대상이 되지 않는다는 점을 제대로 이해하지 못하고 있다.

⑤ 비유가 쾌락을 느끼는 능력이 아닌, 의무를 지니는 존재가 지녀야만 할 능력에 대한 것이라는 점을 이해하지 못하고 있다.

[16~18] 다음 글을 읽고 물음에 답하시오.

경제 이론은 경제 주체들의 행동에 관한 예측을 시도하는데, 현실에서 관찰되는 사람들의 행동이 이론에서의 예측과 다르게 나타나는 경우도 적지 않다. 경제학은 이들 '이상 현상'을 분석하고 토론하는 과정에서 발전했는데, 최근 이 흐름은 사람들의 행동에 관한 ㉠전통적 경제학의 가정을 문제 삼는 ㉡행동경제학에 의해 주도되었다.

전통적 경제학과 행동경제학의 차이가 본격적으로 확인되는 대표적 영역이 저축과 소비에 관련한 분야이다. 전통적 경제학에서는 사람들이 자신에게 무엇이 최선인지를 잘 알면서 전 생애 차원에서 최적의 소비 계획을 세우고 불굴의 의지로 실행한다고 가정한다. 이들은 또한 돈에는 사용 범위를 제한하는 꼬리표 같은 것이 붙어 있지 않아 전용(轉用)이 가능하다고 가정하며, 이러한 '전용 가능성'이 자유롭고 유연한 선택을 촉진함으로써 후생을 높여 준다고도 믿는다. 전통적 경제학은 이러한 인식을 근거로 사람들이 일생 동안 소비 수준을 비교적 고르게 유지할 것이며 소득의 경우 나이가 들면서 점점 증가하다가 퇴직 후 급속히 감소하는 패턴을 보인다는 점에 착안해, 연령에 따른 소비 패턴은 연령에 따른 소득 패턴과 독립적으로 유지될 것이라고 예측했다. 그러나 사람들의 연령에 따른 실제 소비 패턴은 연령에 따른 소득 패턴과 상당히 유사하게 나타났다. 전통적 경제학에서는 이러한 이상 현상을 '유동성 제약' 개념을 통해 해명했다. 즉 금융 시장이 완전치 않아 미래 소득이나 보유 자산 등을 담보로 현재 소비에 충분한 유동성을 조달하는 데 제약이 존재하므로, 소비 수준이 이론의 예측에 비해 낮다는 것이다.

행동경제학에서는 청년 시절과 노년 시절의 소비가 예측보다 적은 것은 외부 환경의 제약에 따른 어쩔 수 없는 행동이 아니라 자발적 선택의 결과물이라며, 이를 '심적 회계'에 의해 설명한다. 사람들은 현금, 보통 예금, 저축 예금, 주택 등 각종 자산을 마음 속 별개의 계정에 배치하고 그 사용에도 상이한 원리를 적용한다는 것이다. 자산의 피라미드 중 맨 아래층에는 지출이 가장 용이한 형태인 현금이 있는데, 이는 대부분 지출에 사용된다. 많은 이들은 급전이 필요할 경우 저축 예금이 있는데도 연리 20%가 넘는 신용카드 현금 대출 서비스를 받아 해결한다. 금융적으로 바람직한 방법은 예금을 인출해 지출을 하는 것임에도, 높은 금리로 돈을 빌리고 낮은 금리로 저축을 하는 비합리적 행동을 하는 것이다. 마음속 가장 신성한 계정에는 퇴직 연금이나 주택과 같이 노후 대비용 자산들이 놓여 있는데, 이들은 최악의 사태가 발생하지 않는 한 마지막까지 인출이 유보되는 자산들이다. 심적 회계가 이런 방식으로 작동하는 경우 자산의 전용 가능성은 현저히 떨어지며, 특정 연도에 행하는 소비는 일생 동안의 소득 총액뿐 아니라 그 소득을 낳는 자산들이 마음속 어느 계정에 있는가에 따라서도 달라진다.

행동경제학에 따르면, 사람들은 자신에게 무엇이 최선인지 잘 알고 전 생애에 걸친 최적의 소비 계획을 세우지만, 미래보다 현재를 더 선호하고 유혹에 빠지기 쉽다. 사람들은 자신과 가족의 장기적 안전을 지키기 위해 행동을 제약하기 위한 속박 장치를 마음속에 만들어 내는데, 이러한 자기 통제 기제가 바로 심적 회계이다. 심적 회계의 측면에서 본다면, 전통적 경제학이 주목했던 유동성 제약은 장기적으로 자신에게 불리한 지출 행위를 사전에 차단하기 위한 자발적 선택의 결과로 이해될 수 있다. 심적 회계가 당장의 유혹을 억누르고 현재의 지출을 미래로 미루는 행위, 곧 저축을 스스로 강제하는 기제라면, 퇴직 연금이나 국민 연금 제도는 이런 기제가 사회적 차원에서 구현된 것이다.

16.

윗글의 내용과 일치하지 <u>않는</u> 것은?

① 이상 현상에 대한 분석은 경제학을 발전시키는 자양분으로 작용했다.
② 퇴직 연금 제도는 개인의 심적 회계가 사회적 차원으로 확장된 것이다.
③ 저축은 현재의 소비를 미룸으로써 미래의 지출 능력을 높이려는 행위이다.
④ 심적 회계는 미래보다 현재를 중시하는 본능을 억제하려는 자기 통제 기제이다.
⑤ 자산 피라미드의 하층부에 있는 자산일수록 인출을 하지 않으려는 계정에 배치된다.

문항 성격	문항유형 : 주제, 구조, 관점 파악
	내용영역 : 사회
평가 목표	이 문항은 주어진 제시문 주제인 '심적 회계'를 정확하게 이해하고 있는지 평가하는 문항이다.
문제 풀이	정답 : ⑤

제시문 세 번째 단락과 네 번째 단락을 통해 '심적 회계'라는 행동경제학 개념을 정확하게 파악하도록 한다.

정답 해설	⑤ 세 번째 단락 "자산의 피라미드 중 맨 아래층에는 지출이 가장 용이한 형태인 현금이 있는데, 이는 대부분 지출에 사용된다."에서 윗글의 내용과 일치하지 않음을 알 수 있다.
오답 해설	① 첫 번째 단락 "경제학은 이들 '이상 현상'을 분석하고 토론하는 과정에서 발전했는데 …"에서 윗글의 내용과 일치함을 확인할 수 있다.
	② 네 번째 단락 "심적 회계가 … 저축을 스스로 강제하는 기제라면, 퇴직 연금이나 국민 연금 제도는 이런 기제가 사회적 차원에서 구현된 것이다."에서 윗글의 내용과 일치함을 확인할 수 있다.
	③ 네 번째 단락 "심적 회계가 당장의 유혹을 억누르고 현재의 지출을 미래로 미루는 행위, 곧 저축을 스스로 강제하는 기제라면"에서 윗글의 내용과 일치함을 확인할 수 있다.
	④ 네 번째 단락 "사람들은 자신과 가족의 장기적 안전을 지키기 위해 행동을 제약하기 위한 속박 장치를 마음속에 만들어 내는데, 이러한 자기 통제 기제가 바로 심적 회계이다."에서 윗글의 내용과 일치함을 확인할 수 있다.

17.

㉠과 ㉡을 비교한 내용으로 가장 적절한 것은?

① ㉠과 ㉡에서는 사람들이 유혹에 취약한 존재라고 여긴다는 점에서 의견을 같이할 것이다.
② ㉠에서는 연령대별 소비의 특성을 자발적 선택으로 이해하고, ㉡에서는 그 특성을 외부적 제약 요인에서 찾을 것이다.
③ ㉠에서는 유동성 제약의 원인을 금융 시장의 불완전성에서 찾고, ㉡에서는 그 원인을 개인의 심리적 요인에서 찾을 것이다.
④ ㉠에서는 ㉡에서와 달리 유동성 제약이 심화되면 소비가 자유롭고 원활하게 행해진다고 볼 것이다.
⑤ ㉠과 ㉡에서는 모두 급전이 필요한 상황에서 신용카드 현금 대출 서비스를 받는 대신 저축 예금을 인출하는 선택이 금융적으로 바람직한 방법이라는 것을 부정적으로 판단할 것이다.

문항 성격	문항유형 : 정보의 확인과 재구성
	내용영역 : 사회
평가 목표	이 문항은 제시문에서 제공된 정보에 근거하여 전통적 경제학과 행동경제학을 적절하게 비교할 수 있는지 확인하는 문항이다.
문제 풀이	정답 : ③

소비와 저축을 둘러싼 이상 현상을 해명하는 과정에서 전개된 전통적 경제학과 행동경제학의 논의와 주요 개념들을 파악하고 이해하도록 한다.

정답 해설	③ 두 번째 단락 "전통적 경제학에서는 이러한 이상 현상을 '유동성 제약' 개념을 통해 해명했다. 즉 금융 시장이 완전치 않아 미래 소득이나 보유 자산 등을 담보로 현재 소비에 충분한 유동성을 조달하는 데 제약이 존재하므로, 소비 수준이 이론의 예측에 비해 낮다는 것이다."와 네 번째 단락 "심적 회계의 측면에서 본다면, 전통적 경제학이 주목했던 유동성 제약은 장기적으로 자신에게 불리한 지출 행위를 사전에 차단하기 위한 자발적 선택의 결과로 이해될 수 있다."는 내용을 함께 고려하면, 적절한 진술임을 확인할 수 있다.

① 제시문 두 번째 단락 "전통적 경제학에서는 사람들이 자신에게 무엇이 최선인지를 잘 알면서 전 생애 차원에서 최적의 소비 계획을 세우고 불굴의 의지로 실행한다고 가정한다."에서 적절하지 않은 진술임을 확인할 수 있다.

② 제시문 두 번째 단락 "사람들의 연령에 따른 실제 소비 패턴은 연령에 따른 소득 패턴과 상당히 유사하게 나타났다."와 "전통적 경제학에서는 이러한 이상 현상을 '유동성 제약' 개념을 통해 해명했다. 즉 금융 시장이 완전치 않아", 그리고 세 번째 단락 "행동경제학에서는 청년 시절과 노년 시절의 소비가 예측보다 적은 것은 외부 환경의 제약에 따른 어쩔 수 없는 행동이 아니라 자발적 선택의 결과물"이라는 내용을 함께 고려하면, 적절하지 않은 진술임을 확인할 수 있다.

④ 제시문 두 번째 단락 "금융 시장이 완전치 않아 미래 소득이나 보유 자산 등을 담보로 현재 소비에 충분한 유동성을 조달하는 데 제약이 존재하므로, 소비 수준이 이론의 예측에 비해 낮다."는 내용에 비춰 볼 때, 적절하지 않은 진술임을 확인할 수 있다.

⑤ 제시문 세 번째 단락 "많은 이들은 급전이 필요할 경우 저축 예금이 있는데도 연리 20%가 넘는 신용카드 현금 대출 서비스를 받아 해결한다. 금융적으로 바람직한 방법은 예금을 인출해 지출을 하는 것임에도"라는 내용에 비춰 볼 때, 적절하지 않은 진술임을 확인할 수 있다.

18.

윗글을 바탕으로 〈보기〉를 설명한 내용으로 적절하지 <u>않은</u> 것은?

보 기

　A 국가에서는 1980년대 후반에 세법을 개정하여, 세금 공제 대상을 줄였다. 자동차·카드·주택 등 여러 영역에서 허용되던 공제 대상을 주택 담보 대출로 제한함으로써 주택 소유의 확대를 유도했다. 은행들은 주택가액과 기존 담보 대출액의 차액을 담보로 한 2차 대출 상품을 내놓는 방식으로 이에 대응하였다. 그 결과 다양한 대출 상품들이 생겨나고 주택 가격 거품이 부풀어 오름에 따라 주택을 최후의 보루로 삼던 사회적 규범이 결국 붕괴했고 노인 가구들도 2차 주택 담보 대출을 받는 상황이 초래되었다. 또한 주택 가격 상승에 따른 미실현 이익을 향유하며 지출을 늘리는 가구가 늘어나면서 경제의 불안정성은 커졌고 마침내 20여 년 후 금융 위기 사태가 발발했다. 그 결과 가계의 소득 감소와 소비 위축 등으로 경기 침체가 나타났다.

① 1980년대 후반의 새로운 조세 정책이 촉진한 새로운 대출 상품에 대한 A 국가 국민들의 대응으로 볼 때, 주택 자산이 전통적으로 지니던 '마음속 가장 신성한 계정'으로서의 성격이 약화되었겠군.

② 정부 정책과 금융 관행의 변화가 야기한 위기로 볼 때, 금융 위기 이후의 A 국가는 주택 소유자들이 '유동성 제약'을 완화하게끔 '심적 회계'의 작동 방식을 바꾸도록 유도하는 정책을 필요로 했겠군.

③ '자산의 전용 가능성' 제고가 경제의 불안정성 심화로 이어졌던 것으로 볼 때, A 국가에서 '자발적 선택 가능성'의 확대는 장기적으로 경제 활동을 위축시키는 부정적 결과를 낳았다고 평가할 수 있겠군.

④ 부동산 거품 현상으로 초래된 '사회적 규범'의 변화로 볼 때, 금융 위기 이전의 은행들은 주택을 저축이 아닌 소비 확대의 수단으로 바꾸도록 유도함으로써 A 국가 국민들이 장래를 대비할 여력을 약화시켰겠군.

⑤ 현재 소득이 없는 경제 주체들도 2차 주택 담보 대출 상품을 통해 추가적인 지출을 했던 것으로 볼 때, 전통적 경제학에서는 '소비 패턴은 연령에 따른 소득 패턴과 독립적으로 유지'되리라는 예측이 실현되었다고 여겼겠군.

문항 성격 문항유형 : 정보의 평가와 적용
　　　　　　　　내용영역 : 사회

평가 목표 이 문항은 제시문의 정보를 〈보기〉에서 주어진 새로운 내용에 적용하여 해석할 수 있는 능력을 평가하는 문항이다.

문제 풀이 정답 : ②

정부 정책의 변화 속에서 금융 기관이 대출 방식에 혁신을 꾀하고 이것이 다시 사람들의 저축에 관한 의사 결정을 바꿈으로써 대대적인 경제적 변화가 발생하는 일련의 과정들을 제시문의 주요 개념을 통해 해석하도록 한다.

정답 해설 ② 유동성 제약의 지나친 완화로 금융 위기가 발생했다는 점에서 이를 방지하는 정책의 기본 방향은 유동성 제약을 강화하게끔 심적 회계의 작동 방식을 바꾸도록 유도하는 것이 타당하다.

오답 해설 ① 제시문 세 번째 단락 "마음속 가장 신성한 계정에는 퇴직 연금이나 주택과 같이 노후 대비용 자산들이 놓여 있는데, 이들은 최악의 사태가 발생하지 않는 한 마지막까지 인출이 유보되는 자산들이다."와 〈보기〉에서 2차 주택 담보 대출이 크게 늘어났다는 내용을 함께 고려하면, 적절한 설명이다.

③ 제시문 두 번째 단락 "'전용 가능성'이 자유롭고 유연한 선택을 촉진함으로써 후생을 높여 준다고도 믿는다."와 〈보기〉의 "그 결과 가계의 소득 감소와 소비 위축 등으로 경기 침체가 나타났다."를 함께 고려하면, 적절한 설명이다.

④ 제시문 세 번째 단락 "마음속 가장 신성한 계정에는 퇴직 연금이나 주택과 같이 노후 대비용 자산들이 놓여 있는데, 이들은 최악의 사태가 발생하지 않는 한 마지막까지 인출이 유보되는 자산들이다."에 비춰 볼 때, 적절한 설명임을 알 수 있다.

⑤ 제시문 두 번째 단락 "전통적 경제학은 연령에 따른 소비 패턴은 연령에 따른 소득 패턴과 독립적으로 유지될 것이라고 예측했다."와 "유동성을 조달하는 데 제약이 존재하므로, 소비 수준이 이론의 예측에 비해 낮다는 것이다", 그리고 2차 주택 담보 대출 상품을 통한 추가적 지출이 유동성 제약의 완화임을 함께 고려하면, 적절한 설명임을 확인할 수 있다.

[19~21] 다음 글을 읽고 물음에 답하시오.

심신 문제는 정신과 물질의 관계에 대해 묻는 오래된 철학적 문제이다. 정신 상태와 물질 상태는 별개의 것이라고 주장하는 이원론이 오랫동안 널리 받아들여졌으나, 신경 과학이 발달한 현대에는 그 둘은 동일하다는 동일론이 더 많은 지지를 받고 있다. 그러나 똑같은 정신 상태라고 하더라도 사람마다 그 물질 상태가 다를 수 있고, 인간과 정신 상태는 같지만 물질 상태는 다른 로봇이 등장한다면 동일론에서는 그것을 설명할 수 없다는 문제가 생긴다. 그래서 어떤 입력이 들어올 때 어떤 출력을 내보낸다는 기능적·인과적 역할로써 정신을 정의하는 기능론이 각광을 받게 되었다. 기능론에서는 정신이 물질에 의해 구현되므로 그 둘이 별개의 것은 아니라고 주장한다는 점에서 이원론과 다르면서도, 정신의 인과적 역할이 뇌의 신경 세포에서든 로봇의 실리콘 칩에서든 어떤 물질에서도 구현될 수 있음을 보여 준다는 점에서 동일론의 문제점을 해결할 수 있기 때문이다.

그래도 정신 상태에는 물질 상태와 다른 무엇인가가 있다고 생각하는 이원론에서는 '나'가 어떤 주관적인 경험을 할 때 다른 사람에게 그 경험을 보여줄 수는 없지만 나는 분명히 경험하는 그 느낌에 주목한다. 잘 익은 토마토를 봤을 때의 빨간색의 느낌, 시디신 자두를 먹었을 때의 신 느낌, 꼬집힐 때의 아픈 느낌이 그런 예이다. 이런 질적이고 주관적인 감각 경험, 곧 현상적인 감각 경험을 철학자들은 '감각질'이라고 부른다. 이 감각질이 뒤집혔다고 가정하는 사고 실험을 통해 기능론에 대한 비판이 제기된다. 나에게 빨강으로 보이는 것이 어떤 사람에게는 초록으로 보이고 나에게 초록으로 보이는 것이 그에게는 빨강으로 보인다는 사고 실험이 그것이다. 다만 각자에게 느껴지는 감각질이 뒤집혀 있을 뿐이고 경험을 할 때 겉으로 드러난 행동과 하는 말은 똑같다. 예컨대 그 사람은 신호등이 있는 건널목에서 똑같이 초록 불일 때 건너고 빨간 불일 때는 멈추며, 초록 불을 보고 똑같이 "초록 불이네."라고 말한다. 그러나 그는 자신의 감각질이 뒤집혀 있는지 전혀 모른다. 감각질은 순전히 사적이며 다른 사람의 감각질과 같은지를 확인할 수 있는 방법이 없기 때문이다. 그렇다면 나와 어떤 사람의 정신 상태는 현상적으로 다르지만 기능적으로는 같으므로, 현상적 감각 경험은 배제하고 기능적·인과적 역할만으로 정신 상태를 설명하는 기능론은 잘못된 이론이라는 논박이 가능하다.

　㉠뒤집힌 감각질 사고 실험에 의한 기능론 논박이 성공하려면 감각질이 뒤집힌 사람이 그렇지 않은 사람과 색 경험이 현상적으로는 다르지만 기능적으로 다르지 않다는 조건이 성립해야 한다. 두 경험이 기능적으로 다르지 않다면 두 사람의 색 경험 공간이 대칭적이어야 한다. 다시 말해서 색들이 가지는 관계들의 구조는 동일한 패턴을 가져야 하는 것이다. 예를 들어 나의 빨간색 경험과 노란색 경험 사이의 관계를 보여 주는 특성들이 다른 사람의 빨간색 경험(사실은 초록색 경험)과 노란색 경험 사이의 관계를 보여 주는 특성들과 동일해야 한다. 그래야 두 사람이 현상적으로 다른 경험을 하더라도 기능적으로 동일하기에 감각질이 뒤집혔다는 것이 탐지 불가능하다. 그러나 색을 경험한다는 것은 색 외적인 속성들, 예컨대 따뜻함과 생동감 따위와도 복잡하게 관련되어 있는데, 그것 때문에 색 경험 공간이 비대칭적이게 된다. ㉡빨강-초록의 감각질이 뒤집힌 사람은 익지 않은 초록색 토마토가 빨간색으로 보일 것인데, 이 경우 그가 초록이 가지는 색동감 대신 빨강이 가지는 따뜻함을 지각할 것이기 때문에 감각질이 뒤집히지 않은 사람과 다른 행동을 보일 것이다.

　뒤집힌 감각질 사고 실험은 색 경험 공간이 대칭적이어야 성공하지만, 앞에서 제시한 문제점을 안고 있어서 　비판 　을 받기도 한다. 그런 까닭에 이 사고 실험에 의한 기능론 논박은 성공하지 못한다고 평가할 수 있다.

19.

윗글의 내용과 일치하는 것은?

① 동일론에서는 물질 상태가 같으면 정신 상태도 같다는 것을 설명할 수 없다.
② 이원론에서는 어떤 사람의 행동과 말을 통해서 그 사람의 감각질이 어떠한지 확인한다.
③ 기능론에서는 인간과 로봇이 물질 상태는 달라도 정신 상태는 같을 수 있음을 설명할 수 있다.
④ 뒤집힌 감각질 사고 실험은 기능론으로는 정신의 인과적 측면을 설명할 수 없다는 것을 보여 주려고 한다.
⑤ 이원론과 기능론은 정신 상태를 갖는 존재의 물질 상태를 인정하지 않는다는 점에서 일치한다.

문항 성격　문항유형 : 주제, 구조, 관점 파악
　　　　　　　내용영역 : 인문
평가 목표　이 문항은 심신 문제에 대한 이론들과 뒤집힌 감각질 사고 실험을 정확하게 이해하고 있는지 평가하는 문항이다.
문제 풀이　정답 : ③

제시문 첫 번째 단락과 두 번째 단락을 통해 심신 문제에 대한 이론들과 뒤집힌 감각질 사고 실험의 내용을 알 수 있다.

정답 해설　③ 제시문 첫 번째 단락에서 "똑같은 정신 상태라고 하더라도 사람마다 그 물질 상태가 다를 수 있고, 인간과 정신 상태는 같지만 물질 상태는 다른 로봇이 등장한다면 동일론은 그것을 설명할 수 없다는 문제가 생긴다."고 했는데, 기능론은 "정신의 인과적 역할이 뇌의 신경 세포에서든 로봇의 실리콘 칩에서든 어떤 물질에서도 구현될 수 있음을 보여 준다" 장점이 있다. 따라서 기능론은 인간과 로봇이 물질 상태는 달라도 정신 상태는 같을 수 있음을 그 기능이 같다는 방식으로 설명할 수 있다.

오답 해설　① 동일론은 정신 상태와 물질 상태가 동일하다고 주장하는 이론이다. 따라서 동일론에서는 물질 상태가 같으면 정신 상태도 같다는 것을 충분히 설명할 수 있다. 물질 상태가 곧 정신 상태이기 때문이다.

② 이원론은 감각질을 도입하면서 이것은 "주관적인 경험을 할 때 다른 사람에게 보여줄 수는 없지만 나는 분명히 경험하는 느낌"이지만, "경험을 할 때 겉으로 드러난 행동과 하는 말은 똑같다"라고 말했다. 따라서 어떤 사람의 감각질이 어떠한지를 그의 행동과 말을 통해서는 확인할 수 없다.

④ 이원론은 뒤집힌 감각질 사고 실험을 통해 "현상적 감각 경험은 배제하고 기능적·인과적 역할만으로 정신 상태를 설명하는 기능론은 잘못된 이론이라"고 비판한다. 따라서 뒤집힌 감각질 사고 실험은 기능론이 정신의 인과적 측면이 아니라 현상적 측면을 설명할 수 없다는 것을 보여 주려고 한다.

⑤ 이원론은 정신 상태와 물질 상태는 별개의 것이라고 주장하는 이론이다. 따라서 이원론은 정신 상태를 갖는 존재의 물질 상태를 인정하지 않는 것은 아니다. 다만 그 둘이 별개라고 주장할 뿐이다. 한편 기능론은 "정신의 인과적 역할이 뇌의 신경 세포에서든 로봇의 실리콘 칩에서든 어떤 물질에서도 구현될 수 있음을 보여 준다"고 했다. 곧 기능론은 정신 상태를 갖는 각 종(또는 개체)마다 물질 상태가 다르다고 주장하는 것뿐이지 물질 상태를 인정하지 않는 것은 아니다.

20.

비판 의 내용으로 가장 적절한 것은?

① 색 경험 공간은 대칭적이어서, 감각질이 뒤집힌 사람이 그렇지 않은 사람과 현상적으로 동등하고 기능적으로 다를 경우는 발생할 수 없다.

② 색 경험 공간은 비대칭적이어서, 감각질이 뒤집힌 사람이 그렇지 않은 사람과 현상적으로 다르고 기능적으로 동등할 경우는 발생할 수 없다.

③ 감각질이 뒤집히지 않은 사람은 입력이 같으면 출력도 같으므로, 그의 감각질이 뒤집히지 않았다는 사실은 탐지할 수 없다.

④ 감각질이 뒤집힌 사람은 입력이 같아도 출력이 다르므로, 그의 감각질이 뒤집혔다는 사실은 탐지할 수 없다.

⑤ 정신 상태의 현상적 감각 경험을 배제할 수 없으므로, 기능적 역할만으로 정신 상태를 설명할 수 없다.

문항 성격	문항유형 : 정보의 추론과 해석
	내용영역 : 인문
평가 목표	이 문항은 뒤집힌 감각질 사고 실험에 의한 기능론 논박을 이해하고 그것에 대한 저자의 비판 요지를 추론할 수 있는지 평가하는 문항이다.
문제 풀이	정답 : ②

제시문 세 번째 단락에서 뒤집힌 감각질 사고 실험에 의한 기능론 논박이 안고 있는 '문제점'을 읽어 낼 수 있으면 '비판'으로 적절한 내용을 바로 추론할 수 있다.

정답 해설 ② 제시문 세 번째 단락은 "뒤집힌 감각질 사고 실험에 의한 기능론 논박이 성공하려면 감각질이 뒤집힌 두 사람의 색 경험이 현상적으로는 다르지만 기능적으로 다르지 않다는 조건이 성립해야 한다. 두 경험이 기능적으로 다르지 않다면 두 사람의 색 경험 공간이 대칭적이어야 한다."라고 시작하고 있다. 이어 색을 경험하는 것은 색 외적인 속성들과 관련되어 있기 때문에 색 경험 공간은 비대칭적이라는 주장이 뒤따른다. 이에 따르면 감각질이 뒤집힌 사람은 그렇지 않은 사람과 다른 행동을 보일 것이다. 다시 말해, 현상적으로는 다르지만 기능적으로는 다르지 않다는 조건은 성립할 수 없다.

오답 해설 ① 정답 해설에서 밝힌 바대로 비판은 색 경험 공간은 비대칭적이라는 주장을 하고 있다. 따라서 "색 경험 공간은 대칭적이어서"라는 진술은 비판의 내용으로 적절하지 않다.

③ 제시문은 결국 뒤집힌 감각질 사고 실험이 성공하지 못함을 보여 주고자 한다. 따라서 '감각질이 뒤집히지 않은 사람'에 대해서는 '문제점'을 지적하지 않는다.

④ 제시문 세 번째 단락은 뒤집힌 감각질 사고 실험은 감각질이 뒤집힌 사람이 뒤집히지 않은 사람과 "현상적으로 다른 경험을 하더라도 기능적으로 동일하기에 감각질이 뒤집혔다는 것이 탐지 불가능"해야 하는데, 실제로는 탐지 가능하다 ("감각질이 뒤집히지 않은 사람과 다른 행동을 보일 것이다")는 것을 말해 주고 있다. 따라서 감각질이 뒤집힌 사람의 감각질이 뒤집혔다는 것을 탐지할 수 없다는 진술은 적절하지 않고 '문제점'이 아니다.

⑤ "정신 상태의 현상적 감각 경험을 배제할 수 없으므로 기능적·인과적 역할만으로 정신 상태를 설명할 수 없다."는 것은 뒤집힌 감각질 사고 실험을 도입한 이원론자의 주장이다. '문제점'은 그 주장에 기반해 제시한 사고 실험에 대해 제시된 것으로 이 주장은 '문제점'이 될 수 없다.

21.

윗글과 〈보기〉를 바탕으로 ⊙과 ⓒ을 설명할 때, 적절하지 <u>않은</u> 것은?

보기

　빨강과 초록의 감각질이 뒤집힌 사람이 따뜻한 물로 손을 씻으러 세면대로 갔다. 세면대에는 따뜻한 물이 나오는 꼭지는 빨간색으로, 차가운 물이 나오는 꼭지는 파란색으로 되어 있었다.

① ⊙이 성공한다는 측은 ⓒ에게는 빨간색 꼭지가 초록색으로 보인다고 설명하겠군.

② ⊙이 성공한다는 측은 ⓒ이 빨간색 꼭지를 보고 "이게 빨간색이구나."라고 말한다고 설명하겠군.

③ ⊙이 실패한다는 측은 ⓒ이 빨간색 꼭지를 보고 따뜻함을 지각하지 못할 것이라고 설명하겠군.

④ ⊙이 성공한다는 측과 실패한다는 측 모두 ⓒ이 빨간색 꼭지를 틀지 않을 것이라고 설명하겠군.

⑤ ⊙이 성공한다는 측과 실패한다는 측 모두 ⓒ이 빨간색 꼭지와 파란색 꼭지를 구별할 수 있다고 설명하겠군.

문항 성격	문항유형 : 정보의 평가와 적용
	내용영역 : 인문
평가 목표	이 문항은 뒤집힌 감각질 사고 실험에 의한 기능론 논박과 그것에 대한 저자의 비판을 구체적 상황에 적용할 수 있는지 평가하는 문항이다.
문제 풀이	정답 : ④

제시문 두 번째 단락에서 ⊙이 성공한다는 측의 생각을, 세 번째 단락에서 ⊙이 실패한다고 생각하는 측의 생각을 파악한 후, 이를 〈보기〉 상황에 적용하여 선택지들의 진위를 판단해야 한다.

> **정답 해설**　④ ⊙이 성공한다는 측은 빨강과 초록의 감각질이 뒤집힌 사람은 뒤집히지 않은 사람과 빨간색을 초록색으로 느끼는 것만 차이가 있지 그 외의 행동은 똑같다고 생각한다. 따라서 ⊙이 성공한다고 생각하는 측은 ⓒ이 빨간색 꼭지를 틀 것이라고 설명할 것이다. 한편 ⊙이 실패한다고 생각하는 측은 ⓒ이 감각질이 뒤집히지 않은 사람과 다른 행동을 보일 것이라고 했는데, 이 경우에는 초록색의 생동감을 동시에 느낄 것이므로 빨간색 꼭지를 틀지는 않는다고 설명할 것이다.

① ㉠이 성공한다는 측은 "나에게 빨강으로 보이는 것이 어떤 사람에게는 초록으로 보이고 나에게 초록으로 보이는 것이 그에게는 빨강으로 보인다."는 입장이므로 ㉡에게는 빨간색 꼭지가 초록색으로 보인다고 설명할 것이다.

② ㉠이 성공한다는 측은 빨강과 초록의 감각질이 뒤집힌 사람은 뒤집히지 않은 사람과 빨간색을 초록색으로 느끼는 것만 차이가 있지 그 외의 행동은 똑같다고 생각한다. 따라서 그는 ㉡이 빨간색 꼭지를 보고 "이게 빨간색이구나."라고 말한다고 설명할 것이다.

③ ㉠이 실패한다는 측은 "색을 경험한다는 것은 색 외적인 속성들, 예컨대 따뜻함과 생동감 따위와도 복잡하게 관련되어 있"으므로 "익지 않은 초록색 토마토가 빨간색으로 보일 것인데, 이 경우 그가 초록이 가지는 생동감 대신 빨강이 가지는 따뜻함을 지각할 것이기 때문에 감각질이 뒤집히지 않은 사람과 다른 행동을 보일 것이다."라고 생각한다. 이 내용을 〈보기〉 상황에 적용해 보면 "빨간색 꼭지에서 초록색을 지각할 것인데, 이 경우 그는 초록이 가지는 생동감을 동시에 지각할 것이기 때문에 감각질이 뒤집히지 않은 사람과 다른 행동을 보일 것이다."라고 말할 수 있다. 따라서 ㉠이 실패한다고 생각하는 측은 ㉡이 빨간색 꼭지를 보고 생동감을 지각할 것이라고 설명할 것이다.

⑤ ㉠이 성공한다는 측은 빨강과 초록의 감각질이 뒤집힌 사람은 뒤집히지 않은 사람과 빨간색을 초록색으로 느끼는 것만 차이가 있지 그 외의 행동은 똑같다고 생각한다. 따라서 그는 ㉡이 빨간색 꼭지와 파란색 꼭지를 구별하는 데 문제가 없다고 설명할 것이다. 한편 ㉠이 실패한다는 측은 ㉡이 빨간색 꼭지를 초록색으로 느낄 때 거기서 생동감을 느낀다고 주장한다. 그러나 생동감은 파란색과 관련된 색 외적인 속성들은 아니므로 그는 빨간색 꼭지와 파란색 꼭지를 구별하지 못한다고 설명하지는 않는다.

[22~24] 다음 글을 읽고 물음에 답하시오.

1990년대 이후 온톨로지(ontology)는 인공지능 연구에서 각광을 받고 있다. 연구자들마다 '온톨로지'란 용어를 조금씩 다른 의미로 사용하고 있지만, 널리 받아들여지는 정의는 "관심 영역 내 공유된 개념화에 대한 형식적이고 명시적인 명세"다. 여기서 '관심 영역'은 특정 영역 중심적이라는 것을, '공유된'은 관련된 사람들의 합의에 의한 것이라는 것을, '개념화'는 현실 세계에 대한 모형이라는 것을 뜻한다. 즉 특정 영역의 지식을 모델링하여 구성원들의 지식 공유 및 재사용을 가능하게 하는 것이 바로 온톨로지인 것이다. 또 '형식적'은 기계가 읽고 처리할 수 있는 형태로 온톨로지를 표현해야 한다는 것을 뜻한다. 그 결과로서 얻어지는 '명시적인 명세'는 일종의 공학적 구조물로서 다양한 용도로 사용된다.

온톨로지를 사전과 비교하면 '개념화'를 쉽게 이해할 수 있다. 사전에는 각각의 표제어에 대해 뜻풀이, 동의어, 반대어 등 언어적 특성들이 정리되어 있다. 온톨로지에는 표제어 대신 개념이, 그리고 언어적 특성들 대신 개념들 간 논리적 특성들이 기록된다. '개념(class)'은 어떤 공통된 속성들을 공유하는 '개체들(instances)'의 집합이고, 개체는 세상에 존재하는 구체적인 개별자이다. 온톨로지에서 개념은 관계를 통해 다른 개념들과 연결된다. 필수적인 관계는 개념 간의 계층 구조를 형성하는 상속 관계이다. 상속 관계에서 하위 개념은 상위 개념의 모든 속성을 물려받는다. 예컨대 '스누피'라는 특정 개체가 속한 견종 '몰티즈'라는 개념은 '개'의 하위 개념이므로, '몰티즈'는 상위 개념인 '개'가 가진 모든 속성을 물려받는다. 널리 사용되는 또 다른 관계로 부분–전체 관계가 있다. 이외에도 온톨로지에는 관계를 포함한 다양한 논리적 특성들을 기록할 수 있다.

온톨로지 표현 언어는 대부분 일차 술어 논리에 기초를 두고 있다. 일차 술어 논리는 '모든'과 '어떤'을 변수와 함께 사용하는 언어로 표현력이 매우 뛰어나다. 예컨대 "진짜 이탈리아 피자는 오직 얇고 바삭한 베이스만을 갖는다."를 일차 술어 논리로 옮기면 "모든 x에 대해, 만약 x가 진짜 이탈리아 피자라면, 얇고 바삭한 베이스인 어떤 y가 존재하고 x는 y를 베이스로 갖는다."가 된다. 그런데 이것이 반드시 장점인 것은 아니다. 일차 술어 논리로 정교하고 복잡하게 표현된 온톨로지를 막상 기계는 효율적으로 다룰 수 없는 경우가 발생하기 때문이다. 따라서 온톨로지 표현 언어는 일차 술어 논리에 각종 제약을 두어 표현력을 줄이는 대신 취급을 용이하도록 한 것이 대부분이다. 예컨대 월드 와이드 웹 컨소시움의 권고안인 '웹 온톨로지 언어' OWL에는 Lite, DL, Full의 세 가지 버전이 있는데, 후자로 갈수록 표현력이 커진다. 즉 OWL DL은 OWL Lite의 확장이고 OWL Full은 OWL DL의 확장이다. OWL DL까지는 계산학적 완전성과 결정 가능성이 보장된다. 이는 OWL DL로 표현된 온톨로지에서는 추론 엔진이 유한한 시간 내에 항상 해를 찾을 수 있음을 뜻한다.

OWL을 쓰면 복잡하고 다양한 논리적 특성들을 표현할 수 있지만 논리학에 익숙하지 않은 사용자에게 OWL은 너무 어렵다. 이로 인해 그 이름과는 달리, 웹에서 OWL이 널리 쓰이는 것은 아직까지 요원해 보인다. 오히려 전문 지식에 대한 정교한 논리적 표현이 요구되는 영역에서는 OWL이 이용되는 경우가 있다. 예컨대 미국 국립암센터에서 개발한 의료 영역 온톨로지인 NCI 시소러스는 OWL 포맷으로도 제공되는데, 이것은 약 4만 개의 개념과 백 개 이상의 관계로 이루어져 있다. 이외에도 의료 영역은 일찍부터 여러 그룹에서 각기 목적에 맞는 온톨로지를 발전시켜 왔다. 대표적인 것으로는 UMLS, SNOMED–CT 등이 있다.

> 온톨로지는 일반적으로 특정 영역 종사자들의 관심과 필요에 의해 구축되나 반드시 그런 것은 아니다. 1984년 개발이 시작된 Cyc는 인간의 모든 지식을 담고자 하는 대규모 온톨로지다. 지식공학자 소와(Sowa)는 철학의 연구 성과를 적극적으로 수용한 상위 수준 온톨로지를 제시한 바 있다. 세상에 존재하는 모든 것을 분류하려면 시간, 공간과 같은 일반적인 개념들을 다루어야만 하는데, 이는 철학자들이 이런 개념들에 대해 가장 오랫동안 깊이 사유했기 때문이다.

22.

온톨로지 에 대한 설명으로 적절하지 <u>않은</u> 것은?

① 지식의 공유와 재사용을 위해 설계된 인공물이다.
② 대상 체계의 개념 구조를 명시적으로 드러내고자 한다.
③ 실제 사용되려면 기계가 처리할 수 있는 형태로 표현되어야 한다.
④ 개념과 그 개념에 속한 개체들은 상속 관계에 의해 서로 연결된다.
⑤ 동일한 영역에서도 종사자들의 관심과 필요에 따라 서로 다른 온톨로지가 구축될 수 있다.

문항 성격	문항유형 : 주제, 구조, 관점 파악
	내용영역 : 과학기술
평가 목표	이 문항은 제시문의 주제인 온톨로지를 정확하게 이해하고 있는지 확인하는 문항이다.
문제 풀이	정답 : ④

첫 번째 단락에서 '온톨로지'가 정의된 후, 두 번째 단락에서는 '개념'과 '관계', 특히 '상속 관계'에 대해 설명되고 있다. 이 두 단락의 내용을 중심으로 각 선택지의 진위 여부를 확인하도록 한다.

정답 해설 ④ 제시문 두 번째 단락 "온톨로지에서 개념은 관계를 통해 다른 개념들과 연결된다."에서 확인할 수 있다. 상속 관계 또한 관계이므로 이를 통해 개념과 개념이 연결된다. 개념과 개체가 연결되는 것이 아니다.

오답 해설 ① "특정 영역의 지식을 모델링하여 구성원들의 지식 공유 및 재사용을 가능하게 하는 것이 바로 온톨로지"이고 이것은 "일종의 공학적 구조물", 즉 설계된 인공물이다.

② 온톨로지의 정의인 "관심 영역 내 공유된 개념화에 대한 형식적이고 명시적인
   명세"로부터 명백하다.

③ 제시문 첫 번째 단락 "또 '형식적'은 기계가 읽고 처리할 수 있는 형태로 온톨로
   지를 표현해야 한다는 것을 뜻한다. … '명시적인 명세'는 일종의 공학적 구조물
   로서 다양한 용도로 사용된다."로부터 확인할 수 있다.

⑤ 특정 영역 내에서도 "관련된 사람들"이 누구냐에 따라, 그들 간 "합의"의 내용
   에 따라, "관심과 필요"에 따라 얼마든지 다른 온톨로지가 만들어질 수 있다. 제
   시문 네 번째 단락 "(NCI 시소러스) 이외에도 의료 영역은 일찍부터 여러 그룹
   에서 각기 목적에 맞는 온톨로지를 발전시켜 왔다. 대표적인 것으로는 UMLS,
   SNOMED-CT 등이 있다."에서 이를 확인할 수 있다.

23.

온톨로지 표현 언어에 대해 추론한 내용으로 적절한 것만을 〈보기〉에서 있는
대로 고른 것은?

보 기

ㄱ. 동일한 온톨로지를 서로 다른 두 개의 언어로 각각 표현하기 위해서는 이들 언어의
   표현력이 동등해야 한다.
ㄴ. 일차 술어 논리 표현 "모든 x에 대해, x가 빵이면 x는 장미이다."는 '빵'이 상위 개
   념, '장미'가 하위 개념인 상속 관계를 나타낸다.
ㄷ. 계산학적 완전성에 대한 보장 없이 최대의 표현력을 활용하여 온톨로지 구축을 원
   하는 사용자는 OWL Lite보다는 OWL Full을 사용할 것이다.

① ㄱ　　　　　　　② ㄴ　　　　　　　③ ㄷ
④ ㄱ, ㄴ　　　　　　⑤ ㄴ, ㄷ

문항 성격　문항유형 : 정보의 확인과 재구성
　　　　　　　내용영역 : 과학기술
평가 목표　이 문항은 온톨로지 표현 언어에 대한 정보를 제시문에서 확인하고 재구성하는 능력
　　　　　　　을 평가하기 위한 문항이다.

제시문 두 번째 단락에서 '상속 관계'를 이해하고 세 번째 단락에서 '일차 술어 논리' 및 'OWL'에 관한 정보를 파악한 후에 〈보기〉 각 선택지의 진위를 판단한다.

〈보기〉 해설 ㄱ. OWL DL에 비해 OWL Full은 표현력이 크다. 그런데 OWL DL로 표현된 온톨로지는 모두 OWL Full로 표현할 수 있다. 따라서 동일한 온톨로지를 서로 다른 두 개의 언어로 각각 표현할 경우에 있어 반드시 이들 언어의 표현력이 동등해야 하는 것은 아니다.

ㄴ. 다이어그램을 그려 보면 일차 술어 논리 표현이 의미하는 바를 쉽게 알 수 있다. 여기서는 '빵'이 하위 개념이고 '장미'가 상위 개념이다. 모든 빵은 장미지만, 그 역은 아니기 때문이다.

ㄷ. 세 가지 종류의 OWL 중 표현력이 가장 큰 것은 OWL Full이고 가장 작은 것은 OWL Lite이다. 그런데 OWL DL까지만 계산학적 완전성과 결정 가능성이 보장되고, OWL Full은 그렇지 못하다.

24.

윗글과 〈보기〉를 바탕으로 소와의 상위 수준 온톨로지에 대해 이해한 것으로 적절하지 <u>않은</u> 것은?

보 기

소와의 상위 수준 온톨로지를 그림으로 나타내면 다음과 같다.

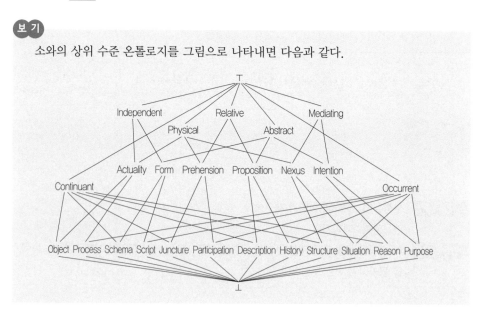

⊤는 세상에 존재하는 모든 것들의 집합을, ⊥는 공집합을 뜻한다. ⊤ 바로 아래 원초적 개념으로 'Independent'와 'Relative'와 'Mediating', 'Physical'과 'Abstract', 'Continuant'와 'Occurrent' 이렇게 7가지가 있다. 하나의 선으로 연결된 두 개념 중 위쪽이 상위 개념, 아래쪽이 하위 개념이다.

한편 상속 관계는 추이성(transitivity)을 갖는 대표적인 관계다. 즉 A, B, C가 각각 개념이라 할 때, 하위 개념 A가 상위 개념 B와 상속 관계를 맺고 하위 개념 B가 상위 개념 C와 상속 관계를 맺으면, 하위 개념 A는 상위 개념 C와 상속 관계를 맺는다.

① 상위 개념으로 원초적 개념을 단 한 개만 갖는 개념은 없고, 오직 2개의 원초적 개념을 갖는 개념은 모두 6개다.

② ⊤는 세상에 존재하는 모든 것들이므로 이 개념은 존재하는 모든 속성을 다 가지고 있고, ⊥에는 어떠한 개체도 속하지 않으므로 이 개념은 어떠한 속성도 갖지 않는다.

③ 'Continuant'와 'Occurrent'의 공통 하위 개념은 오직 ⊥뿐이므로, 'Continuant'의 속성과 'Occurrent'의 속성을 모두 갖는 개체는 존재하지 않는다.

④ 'Object'는 'Actuality'의 하위 개념이고 또한 'Continuant'의 하위 개념이기도 하므로, 'Actuality'의 속성과 'Continuant'의 속성을 모두 물려받는다.

⑤ 'Process'는 'Actuality'의 하위 개념이고 'Actuality'는 'Physical'의 하위 개념인데, 상속 관계는 추이성을 가지므로, 'Process'는 'Physical'의 하위 개념이다.

문항 성격	문항유형 : 정보의 추론과 해석
	내용영역 : 과학기술
평가 목표	이 문항은 제시문의 내용을 소와의 상위 수준 온톨로지에 적용하여 구체적인 정보를 추론하고 해석해 내는 능력을 평가하는 문항이다.
문제 풀이	정답 : ②

그림의 전체 구조 및 개념들 간 연결 여부를 파악하고, 제시문의 '상속 관계'와 〈보기〉의 '추이성'을 적용하여 각 선택지의 진위 여부를 판단한다.

정답 해설 ② 하위 개념은 상위 개념의 속성을 상속받으므로, 최하위 개념 ⊥는 자신을 제외한 모든 개념들이 가진 속성, 즉 존재하는 모든 속성을 상속받는다. ⊤는 세상에 존재하는 모든 것들이 공유하는 속성만을(만약 그러한 속성이 있다면) 가진다.

① 최상위 개념 및 7개의 원초적 개념들은 상위 개념으로 원초적 개념을 단 한 개도 갖지 않는다. 'Actuality'가 위치한 줄의 6개 개념들은 상위 개념으로 원초적 개념을 각각 2개씩만 갖는다. 'Object'가 위치한 줄의 12개 개념들은 상위 개념으로 원초적 개념을 각각 3개씩만 갖는다. 최하위 개념인 ⊥는 상위 개념으로 원초적 개념을 7개 갖는다.

③ 그림에서 'Continuant'와 'Occurrent'의 공통 하위 개념은 ⊥뿐임을 확인할 수 있다. ⊥는 공집합이므로 'Continuant'와 'Occurrent'는 상호 배타적인 개념이고, 이 두 개념의 속성을 모두 갖는 개체는 존재하지 않는다.

④ 그림으로부터 'Object'는 'Actuality'의 하위 개념이고 'Continuant'의 하위 개념임을 확인할 수 있다. 상속 관계에 관한 제시문의 설명으로부터 'Object'는 이 두 개념의 속성을 모두 물려받음을 알 수 있다.

⑤ 그림으로부터 'Process'는 'Actuality'의 하위 개념이고 'Actuality'는 'Physical'의 하위 개념임을 확인할 수 있다. 추이성에 관한 〈보기〉의 설명으로부터 'Process'는 'Physical'의 하위 개념이라는 것을 알 수 있다.

[25~27] 다음 글을 읽고 물음에 답하시오.

최근 프랑스 극우민족주의 세력인 국민연합은 과거의 인종주의적 경향에서 탈피하여 프랑스 공화주의의 수호자로 자처하기 시작했다. 국민연합은 공화주의의 핵심적 원칙이라고 할 수 있는 '라이시테', 즉 정치와 종교의 엄격한 분리라는 세속화를 새롭게 강조하고 있다. 1905년 법률로 확정된 라이시테 원칙은 당시 보수적 가톨릭이 정치 및 교육에 개입하는 것을 제어하기 위해 제시된 것이다. 그런데 최근 프랑스 사회에서는 이 원칙에 의거하여 공공장소에서 종교적 표지를 드러내는 것을 금지하여 결과적으로 무슬림에 대한 억압이 이루어지고 있다. 이와 더불어 시민권 획득에서 프랑스어 및 프랑스 법과 가치에 대한 의무가 강조됨으로써 통합을 위한 국가의 역할보다는 통합되는 자의 책임과 의지가 중시되기 시작했다.

원래 국민국가 시기에 인민은 동일성에 기반한 '네이션(nation)', 즉 '민족/국민'이라는 틀을 통해 권리를 부여받으면서 민주주의적 주체로서 구성되었다. 네이션의 동일성은 문화적 기반을 강조하는 폐쇄적 '민족' 개념과 정치적 원칙에 대한 동의만을 조건으로 하는 개방적 '국민' 개념으로 구분되어 형성되어 왔다. 후자가 전자보다 공화주의적 논리에 기반하고 있다는 점 때문에 바람직한 것으로 여겨져 왔다. 하지만 최근의 극우민족주의 에서 제시하는 네이션은 문화적 개념과 시민적 개념 사이의 차이를 없애고 경계를 갖는 포섭과 배제의 논리로만 작동하고 있다. 극우민족주의는 네이션을 새로운 상징, 가치 등을 중심으로 재구성하면서 네이션에 대한 호명을 시도한다. 네이션의 구성에서 극우민족주의자들은 과거처럼 종교, 문화 등의 기준을 통한 적극적 방식이 아니라 소극적 방식, 즉 이러저러한 것은 네이션의 특성이 될 수 없으며, 그렇기 때문에 네이션의 구성원이 아니라는 방식으로 네이션을 재구성한다. 그들에게 네이션은 존재하지 않는 '망령'일 뿐이다.

또한 그렇게 구성된 네이션은 시민들의 집합체, 연대와 삶의 공동체로서 국민국가의 주권자라는 위상을 잃고, 정치적 주체로서보다는 치안과 통치의 대상으로 전락하고 있다. 오늘날 국가는 시장이 야기한 삶의 불확실성과 불안에 대한 개입을 중단하고, 비경제적 유형의 개인 안전에 대한 책임을 수행함으로써 자신의 정당성을 확보하고자 한다. 결국 정치(politics)는 사라지고 치안(police)만이 남는다. 국민국가 수준에서 '사회적인 것'을 해결하기 위해 밑바탕이 되었던 공화주의와 케인즈주의의 사회적 국민국가는 후퇴하고, 이민 노동자 등 잉여 노동력의 공급을 통한 노동 유연성 확대와 그 관리를 위한 방편으로 사회적 배제의 정치 전략이 작동한다. 즉 극우민족주의는 신자유주의와의 동거를 통하여 국민/비국민 혹은 시민/비시민의 구분 전략을 구사하고 있다. 극우민족주의자들은 신자유주의적 세계에 '잉여'로서 존재하는 이민 노동자나 '위험한 외국인'을 통합 불가능한 자들로 여겨 배제의 대상으로 삼았다. 신자유주의 속에서 유색 인종 노동자들은 사회의 안전을 위협할 수 있는 잠재적 범죄자이자 위험한 계급으로서 국가 권력이 수행하는 '안전의 정치'의 대상으로 확정된다. 안전의 위협이라는 비상 상황이 일상적인 것이라고 강조되면서 '위험한 계급'으로서 이주 노동자에 대한 권력이 예외적인 행사 역시 일상화된다

극우민족주의는 기존 좌우 정당의 틀을 넘어서 특정 집단을 공동의 적으로 만들면서 세력화를 추구한다. 극우민족주의 정당에 대한 지지 세력의 30~40%가 과거 좌파 정당을 지지했던 노동자 계급이라는 사실에서도 그것을 알 수 있다. 또한 극우민족주의는 포퓰리즘의 한 유형으로 볼 수 있는데, 이는 포퓰리즘의 출발이 근대 대의제의 거부와 인민의 직접적 정치 실천에 대한 욕망의 발현이기 때문이다. 하지만 극우민족주의자들은 여전히 근대 대의제 정치가 '상징적'으로 전제하는 대표되는 자의 단일성을 위해 내부의 타자를 부정하고 있다. 하지만 국가가 구성하는 주권적 인민의 배치 안에는 국민과 같은 형태의 공식적 인민으로 실존하지 않는 많은 인민이 존재한다. 두 차례 세계 대전 전후에 등장했던 전체주의적 권력은 단일성을 위한 상징적 권력과 사회적, 계급적 분할에 의해 단일화될 수 없는 실재적 권력을 동일시함으로써 인류 역사에 불행한 결과를 초래하였다.

25.

윗글의 내용과 일치하지 <u>않는</u> 것은?

① 최근 프랑스 극우민족주의는 공화주의 원칙을 무슬림에 대한 배제의 기준으로 활용하고 있다.
② 최근 프랑스 시민권 획득의 조건에서 통합을 위한 국가의 역할보다는 이주자의 책임이 강조되고 있다.
③ 최근 극우민족주의는 기존에 좌파 정당을 지지했던 노동자 계급을 흡수하면서 세력을 확장하고 있다.
④ 국민국가 시기에 정치적 원칙에 기반한 국민 개념은 문화적 민족 개념보다 개방적인 것으로 간주되었다.
⑤ 신자유주의 시대에 들어와 네이션은 주권자로서의 위상을 강화하면서 직접적 정치 실천을 확대하고 있다.

문항 성격	문항유형 : 정보의 확인과 재구성
	내용영역 : 사회
평가 목표	이 문항은 제시문의 세부 내용 파악이 제대로 이루어졌는지 평가하기 위한 문항이다.
문제 풀이	정답 : ⑤

단락별 핵심 내용을 정리하고 기억하여 되도록 제시문을 한 번만 읽고 선택지들의 진위를 판단하도록 한다.

정답 해설	⑤ 제시문 세 번째 단락 "(신자유주의 시대에 들어와) 네이션은 시민들의 집합체, 연대와 삶의 공동체로서 국민국가의 주권자라는 위상을 잃고, 정치적 주체로서보다는 치안과 통치의 대상으로 전락하고 있다."에서 제시문 내용과 일치하지 않음을 확인할 수 있다.
오답 해설	① 제시문 첫 번째 단락 "최근 프랑스 극우민족주의 세력인 국민연합은 … 프랑스 공화주의의 수호자로 자처하기 시작했다. … 최근 프랑스 사회에서는 이 원칙(라이시테 원칙)에 의거하여 공공장소에서 종교적 표지를 드러내는 것을 금지하여 결과적으로 무슬림에 대한 억압이 이루어지고 있다."에서 확인할 수 있다.
	② 제시문 첫 번째 단락 "시민권 획득에서 프랑스어 및 프랑스 법과 가치에 대한 의무가 강조됨으로써 통합을 위한 국가의 역할보다는 통합되는 자의 책임과 의지가 중시되기 시작했다."에서 확인할 수 있다.

③ 제시문 네 번째 단락 "극우민족주의는 기존 좌우 정당의 틀을 넘어서 특정 집단을 공동의 적으로 만들면서 세력화를 추구한다. 극우민족주의 정당에 대한 지지 세력의 30~40%가 과거 좌파 정당을 지지했던 노동자 계급이라는 사실에서도 그것을 알 수 있다."에서 확인할 수 있다.

④ 제시문 두 번째 단락 "네이션의 동일성은 문화적 기반을 강조하는 폐쇄적 '민족' 개념과 정치적 원칙에 대한 동의만을 조건으로 하는 개방적 '국민' 개념으로 구분되어 형성되어 왔다."에서 확인할 수 있다.

26.

윗글을 바탕으로 $\boxed{\text{최근의 극우민족주의}}$ 를 이해한 내용으로 가장 적절한 것은?

① 문화적 민족 개념과 시민적 국민 개념의 차이를 없애면서 국민적 동일성에 기반한 정치를 제거하려고 시도하고 있다.

② 위험한 계급에 대한 새로운 호명을 통해 치안을 위한 장치이자 연대의 공동체로서 국민국가의 위상을 강조하고 있다.

③ 네이션을 재구성하여 근대의 대의제 정치를 폐기하고 직접적 정치를 통해 민주주의의 위기를 극복하고자 한다.

④ 이주 노동자 등을 공동의 '적'으로 호명하여 사회의 안전에 대한 위협을 강조함으로써 국가 권력의 예외적 행사를 정당화하려 한다.

⑤ '사회적인 것'을 해결하기 위해 시민들의 경제적 삶의 안정성을 확보하고 실종된 정치를 회복함으로써 안전의 정치를 확대하고자 한다.

문항 성격 문항유형 : 정보의 추론과 해석

내용영역 : 사회

평가 목표 이 문항은 "최근의 극우민족주의"에 대한 제시문 내용을 종합적으로 해석할 수 있는 능력을 평가하기 위한 문항이다.

문제 풀이 정답 : ④

선택지에 따라 진위 판단을 위한 제시문 조회 지점이 여러 군데 있을 수 있으므로, 판단에 확신이 없을 시 반드시 제시문을 재확인하도록 한다.

④ 최근의 극우민족주의가 특정 집단을 공동의 적으로 만들고(네 번째 단락) 사회 안전이 위협받는 비상 상황을 강조하면서 권력의 예외적 행사를 일상화하고 있다(세 번째 단락)는 점에서 선택지 ④는 적절하다.

① 최근의 극우민족주의는 문화적 민족 개념과 시민적 국민 개념의 차이를 없앤 채 네이션에 대한 소극적 정의를 통해 배제해야 할 것이 무엇인가를 찾고 있고(두 번째 단락), 다시 단일성에 기반한 정치를 추구하고 있다(네 번째 단락)는 점에서 선택지 ①은 적절하지 않다.

② '위험한 계급에 대한 새로운 호명'을 치안 장치로 볼 수는 있겠지만, '연대의 공동체로서 국민국가의 위상 강조'와는 거리가 멀다. 세 번째 단락에 따르면, 연대와 삶의 공동체로서 국민국가의 위상은 오히려 약화되고 있다.

③ "근대의 대의제 정치를 폐기하고 직접적 정치를 통해 민주주의의 위기를 극복하고자 한다."는 선택지 표현은 극우민족주의가 좌우 정당의 틀을 넘어선 세력화를 추구하고 여전히 근대 대의제 정치가 전제하는 대표되는 자의 단일성을 위한다는 점(네 번째 단락)에서 적절하지 않다.

⑤ 최근의 극우민족주의에서 제시하는 네이션은 "정치적 주체로서보다는 치안과 통치의 대상"이고, 여기에는 "시장이 야기한 삶의 불확실성과 불안에 대한 개입"이 존재하지 않는다. "결국 정치는 사라지고 치안만이 남는다."(세 번째 단락)는 점에서 적절하지 않다.

27.

윗글을 바탕으로 〈보기〉의 ⓐ를 평가할 때, 가장 적절한 것은?

보 기

근대 정치에 대해 문제 제기하면서 인민을 정치의 전면에 등장시킨 포퓰리즘은 대중영합적 정치로의 변질 가능성뿐만 아니라 ⓐ민주주의적 정치의 확장 가능성도 지닌다. 신자유주의 시대에 새롭게 출현하는 '사회적인 것', 예를 들어 비정규직 노동자, 불법체류자 등의 문제를 해결하고 편협한 동일성의 정치를 극복하기 위해 정치에 대한 새로운 사유와 실천이 필요하다. 국민국가라는 경계를 가로질러 새로운 민주주의를 실천할 주체를 모색하고 민주주의를 재구성할 수 있어야 한다. 이 과정에서 포퓰리즘은 편협한 국가주의 이념을 극복하고 신자유주의에 대항하는 새로운 공동체와 국제적 연대를 이끌어 낼 가능성을 함축하고 있다.

① 국민과 계급, 인종의 경계를 넘어서는 새로운 대중이 정치의 전면에 등장한다면, 대중의 안전을 최우선하는 치안의 정치가 실현될 수 있다.

② 정치적·경제적 동기에 의해 생겨나는 이주민을 포용하는 통합의 장치를 작동시킨다면, 국민적 단일성을 강화하는 새로운 형태의 전체주의가 등장할 위험이 있다.

③ 대중이 정치체의 단일성을 확보하기 위한 상징적 권력과 단일화될 수 없는 실재적 권력을 구별한다면, 동일화될 수 없는 인민을 배제하는 동일성의 정치가 구현될 가능성이 높아질 것이다.

④ 공화주의의 정치적 원칙을 기반으로 네이션을 적극적으로 구성하여 새로운 국민국가의 민주주의 정치를 위한 주체로 삼는다면, 신자유주의로 인해 훼손된 국민국가의 이념과 민주주의의 가치가 복원될 것이다.

⑤ 비정규직, 난민, 이주 노동자 등에 의해 생겨난 '사회적인 것'의 해결을 위해 사회적 국민국가 방식의 해결을 넘어서는 민주주의적 실천을 모색한다면, 경계 구분을 통한 배제의 정치를 극복하고 새로운 공동체와 세계 질서가 도래할 수 있다.

문항 성격	문항유형 : 정보의 평가와 적용
	내용영역 : 사회
평가 목표	이 문항은 제시문 내용을 〈보기〉의 제안에 비판적으로 적용할 수 있는 능력을 평가하는 문항이다.
문제 풀이	정답 : ⑤

〈보기〉는 최근 포퓰리즘을 통해 인민이 정치의 전면에 등장하고 있는 현상을 주목하고, 그것이 대중 영합적으로 흐르지 않고 민주주의의 확장의 계기가 되기 위해 국민국가 수준을 넘어서는 '사회적인 것'의 해결과 국민국가라는 경계를 넘어서는 민주주의적 주체의 구성을 제안하고 있다.

정답 해설 ⑤ '사회적인 것'에 대한 국민국가 방식의 해결이 의미를 잃고 있다는 제시문 내용과 이를 극복하기 위한 〈보기〉의 제안을 결합한 것으로 적절한 진술이다.

오답 해설 ① '치안의 정치'란 제시문 표현을 따르면 신자유주의 하에서 국가 권력이 수행하는 '안전의 정치'로 이해할 수 있다. 이것은 '사회적인 것'의 해결과 새로운 민주주의 실천 주체 모색, 그리고 민주주의 재구성을 제안하는 〈보기〉의 취지와 어긋난다.

② 제시문에 따르면 이주민에 대한 '통합의 장치'가 아니라 '배제의 장치'가 작동할 때, 국민적 단일성을 강화하는 새로운 형태의 전체주의가 등장할 위험이 생긴다.

③ 제시문에 따르면 "단일성을 위한 상징적 권력"과 "단일화될 수 없는 실재적 권력"을 동일시할 때 인류 역사에 불행한 결과가 초래하였다. 따라서 대중이 이를 구별한다면, "동일화될 수 없는 인민을 배제하는" 동일성의 정치가 아니라 민주주의 정치가 구현될 가능성이 높아질 것이다.

④ 제시문은 국민국가 이념의 복원을 말하고 있지는 않거니와, 이는 국민국가의 경계를 넘나드는 민주주의 정치의 필요성을 제기하는 〈보기〉와는 맞지 않는 주장이다. 따라서 제시문을 바탕으로 한 적절한 평가라고 볼 수 없다.

[28~30] 다음 글을 읽고 물음에 답하시오.

프랑스 혁명 이후에는 법관의 자의적 해석의 여지를 없애기 위하여 법률을 명확히 기술하여야 한다는 생각이 자리 잡았다. 이러한 근대법의 기획에서 법은 그 적용을 받는 국민 개개인이 이해할 수 있게끔 제정되어야 한다. 법이 정하고 있는 바가 무엇인지를 국민이 이해할 수 있어야 법을 통한 행위의 지도와 평가도 가능하기 때문이다. 이에 따라 형사법 분야에서는 형벌 법규의 내용을 사전에 명확히 정해야 하고, 법문이 의미하는 한계를 넘어선 해석을 금지한다. 법치국가라는 헌법 이념에서도 자의적인 법 집행을 막기 위하여 ㉠법률의 내용은 명확해야 한다는 원리가 정립되었다. 여기서 법률의 내용이 명확해야 한다는 것은 법문이 절대적으로 명확한 상태여야만 한다는 것까지 뜻하지는 않는다. 입법 당시에는 미처 예상치 못했던 사태가 언제든지 생길 수 있을 뿐 아니라, 바로 그러한 이유 때문에라도 법률은 일반적이고 추상적인 형식을 띨 수밖에 없는 탓이다. 따라서 법률의 명확성이란 일정한 해석의 필요성을 배제하지 않는 개념이다.

일반적으로 해석을 통하여 법문의 의미를 구체화할 때에는 입법자의 의사나 법률 그 자체의 객관적 목적까지 참조하기도 한다. 그러나 이러한 해석 방법은 언뜻 타당한 것처럼 보이지만, 실제로 이에 대해서는 많은 비판이 제기되고 있다. 우선 입법자의 의사나 법률 그 자체의 객관적 목적이 과연 무엇인지를 확정하는 작업부터 녹록하지 않을 것이다. 더욱 심각한 문제는 그것까지 고려해서 법이 요구하는 바가 무엇인지 파악할 것을 법의 전문가가 아닌 여느 국민에게 기대할 수는 없다는 점이다. 법률의 명확성이 말하고 있는 바는 법문의 의미를 구체화하는 작업이 국민의 이해 수준의 한계 내에서 이루어져야 한다는 것이지, 구체화한 만큼 실제로 국민이 이해할 것이라고 추정할 수 있다는 것은 아니기 때문이다. 나아가 입법자의 의사나 법률 그 자체의 객관적 목적을 고려한 해석은 법문의 의미를 구체화하는 데 머물지 않고 종종 법문의 한계를 넘어서는 방편으로 활용되며 남용의 위험에 놓이기도 한다.

한편 법의 적용을 위한 해석을 이미 주어져 있는 대상에 대한 인식에 지나지 않는 것으로 여기는 시각이 아니라, 법문의 의미를 구성해 내는 활동으로 보는 시각에서는 근본적인 문제를 제기한다. 입법자가 법률을 제정할 때 그 규율 내용이 불분명하여 다의적으로 해석될 수 있게 해서는 안 되는데, 이러한 기대와 달리 법률의 규율 내용이 실제로는 법관의 해석을 거친 이후에야 비로소 그 의미가 구성되는 것이라면 국민이 행위 당시에 그것을 알고 자신의 행동 지침으로 삼는다는 것은 원천적으로 불가능하기 때문이다. 이뿐만 아니라 법률의 제정과 그 적용은 각각 입법기관과 사법기관의 영역이라는 권력 분립 원칙 또한 처음부터 실현 불가능하다.

그렇다면 근대법의 기획은 그 자체가 허구적이거나 불가능한 것으로 포기되어야 하는가? 이 물음에 대해서는 다음과 같이 대답할 수 있다. 첫째, 법의 해석이 의미를 구성하는 기능을 갖는다는 통찰로부터 곧바로 그와 같은 구성적 활동이 해석자의 자의와 주관적 판단에 완전히 맡겨져 있다는 결론을 내릴 수는 없다. 단어의 의미는 곧 그 단어가 사용되는 방식에 따라 확정되는 것이지만, 이 경우의 언어 사용은 사적인 것이 아니라 집단적인 것이며, 따라서 언어 사용 그 자체가 사회적 규칙에 의해 지도된다는 사실과 마찬가지로 법의 해석과 관련한 다양한 방법론적 규칙들 또한 해석자의 자유를 적절히 제한하기 때문이다. 둘째, 해석의 한계나 법률의 명확성 원칙은 법의 해석을 담당하는 법관과 같은 전문가를 겨냥한 것으로 파악함으로써 문제를 감축하거나 해소할 수 있다. 다시 말해서 법률이 다소 모호하게 제정되어 평균적인 일반인이 직접 그 의미 내용을 정확히 파악할 수 없다 하더라도 법관의 보충적인 해석을 통해서 그 의미 내용을 확인할 수 있다면 크게 문제되지 않는다는 것이다.

[A]   다만 이와 같은 대답에 대하여는 여전히 의문이 생긴다. 국민 각자가 법이 요구하는 바를 이해할 수 있어야 된다는 이념은 사실 '일반인'이라는 추상화된 개념의 도입을 통해 한 차례 타협을 겪은 것이었다. 그런데 '전문가'라는 기준을 도입함으로써 입법자의 부담을 재차 줄이면 근대법의 기획이 제기한 문제의 본질로부터 너무 멀어져 버릴 수도 있는 것이다.

28.

근대법의 기획 에 관한 설명으로 가장 적절한 것은?

① 사법 권력으로 입법 권력의 통제를 꾀하였다.
② 금지된 행위임을 알고도 그 행위를 했다는 점을 형사 처벌의 기본 근거로 삼는다.
③ 법관의 해석 없이도 잘 작동하는 법률을 만들고자 했던 기획은 마침내 성공하였다.

④ 이해 가능성이 없는 법률에 대한 해석의 부담을 법관이 아니라 국민에게 전가하고 있다.
⑤ 자의적 해석 가능성만 없다면 국민이 이해할 수 없는 법률로도 국민의 행위를 평가할 수 있다고 본다.

문항 성격	문항유형 : 주제, 구조, 관점 파악
	내용영역 : 규범
평가 목표	이 문항은 제시문의 주제인 근대법의 기획에 대해 정확히 이해하고 있는지 평가하는 문항이다.
문제 풀이	정답 : ②

제시문 첫 번째 단락에 근대법의 기획인 법률의 명확성의 원칙에 대해 설명되어 있다. 근대법의 기획이 성공했는지는 두 번째 단락을 통해서 알 수 있다.

정답 해설 ② 근대법의 기획에 따르면 "법은 그 적용을 받는 국민 개개인이 이해할 수 있"어야 법을 통한 행위의 지도와 평가가 가능하다. 따라서 어떠한 행위가 금지되고 있는지에 대한 이해 가능성이 전제되어야 형사 처벌을 할 수 있다.

오답 해설 ① 제시문 첫 번째 단락 "법관의 자의적 해석의 여지를 없애기 위하여 법률을 명확히 기술하여야 한다는 생각"에서 입법 권력에 의해 사법 권력의 통제를 꾀하고자 했음을 알 수 있다.

③ 제시문 첫 번째 단락에 따르면 근대법의 기획인 "법률의 명확성이란 일정한 해석의 필요성을 배제하지 않는 개념이다." 그리고 두 번째 단락 "일반적으로 해석을 통하여 법문의 의미를 구체화할 때에는 입법자의 의사나 법률 그 자체의 객관적 목적까지 참조하기도 한다. 그러나 이러한 해석 방법은 언뜻 타당한 것처럼 보이지만, 실제로 이에 대해서는 많은 비판이 제기되고 있다."에서 근대법의 기획이 이루어지지 못했다는 것을 알 수 있다.

④ 법률의 해석은 그것을 담당하는 전문가인 법관이 할 수밖에 없다. 국민이 이해할 수 있는 한도까지 법관은 해석해야 한다. 그 해석의 부담을 국민에게 지울 수는 없는 것이다. 또한 이해 가능성이 없는 법률은 이미 근대법의 기획에서 벗어난 법률이다.

⑤ 자의적 해석 가능성이 없다고 하더라도 근대법의 기획 자체가 "국민 개개인이 이해할 수 있게끔" 법이 제정되어야 한다는 것이므로, 이해 가능성이 없는 법률로 국민의 행위를 평가할 수는 없다.

29.

윗글을 바탕으로 ㉠을 비판할 때, 논거로 사용하기에 적절하지 <u>않은</u> 것은?

① 전문가인 법관에 의해 법문의 의미가 구성되지 않으면 자의적 법문 해석에서 벗어나기 어렵다.
② 법관의 해석을 통해서야 비로소 법의 의미가 구성될 경우에는 권력 분립 원칙이 훼손될 수 있다.
③ 법의 객관적 목적을 고려한 법문 해석은 법문 의미의 한계를 넘어서는 방편으로 남용되기도 한다.
④ 법관의 해석을 통해서야 비로소 법의 의미가 구성된다고 하면 법을 국민의 행동 지침으로 삼기 어렵다.
⑤ 국민이 입법자의 의사까지 일일이 확인하여 법문의 의미를 이해한다는 것은 현실적으로 기대하기 어렵다.

문항 성격 문항유형 : 정보의 평가와 적용
내용영역 : 규범

평가 목표 이 문항은 법률 명확성의 원칙에 대한 비판을 정확히 이해하고 있는지 평가하는 문항이다.

문제 풀이 정답 : ①

제시문 두 번째 단락과 세 번째 단락은 근대법의 기획에서 나온 법률 명확성의 원칙에 대한 비판이다. 따라서 그 비판 논거를 여기서 찾아야 한다. 특히 세 번째 단락은 법의 의미가 구성된다는 입장에 대한 설명임에 유의해야 한다.

정답 해설 ① 제시문 세 번째 단락에 따르면 "법문의 의미를 구성해 내는 활동으로 보는 시각"은 법률 명확성 원칙이 허구가 아닌가라는 근본적인 문제를 제기하고 있다. "입법자가 법률을 제정할 때 그 규율 내용이 불분명하여 다의적으로 해석될 수 있게 해서는 안 되는데, 이러한 기대와 달리 법률의 규율 내용이 실제로는 법관의 해석을 거친 이후에야 비로소 그 의미가 구성되는 것이라면 국민이 행위 당시에 그것을 알고 자신의 행동 지침으로 삼는다는 것은 원천적으로 불가능하기 때문이다." 따라서 법관에 의해 법문의 의미가 구성된다 해도 여전히 자의적 법문 해석에서 벗어나기 어렵다는 것이 법률 명확성 원칙에 대한 비판 논거이다.

② 제시문 세 번째 단락 "법률의 규율 내용이 실제로는 법관의 해석을 거친 이후에야 비로소 그 의미가 구성되는 것이라면 … 법률의 제정과 그 적용은 각각 입법기관과 사법기관의 영역이라는 권력 분립 원칙 또한 처음부터 실현 불가능하다."를 통해 법률 명확성 원칙에 대한 비판 논거임을 확인할 수 있다.

③ 제시문 두 번째 단락 "법률 그 자체의 객관적 목적을 고려한 해석은 … 종종 법문의 한계를 넘어서는 방편으로 활용되며 남용의 위험에 놓이기도 한다."를 통해 법률 명확성 원칙에 대한 비판 논거임을 확인할 수 있다.

④ 제시문 세 번째 단락 "이러한 기대와 달리 법률의 규율 내용이 실제로는 법관의 해석을 거친 이후에야 비로소 그 의미가 구성되는 것이라면 국민이 행위 당시에 그것을 알고 자신의 행동 지침으로 삼는다는 것은 원천적으로 불가능하기 때문이다."를 통해 법률 명확성 원칙에 대한 비판 논거임을 확인할 수 있다.

⑤ 제시문 두 번째 단락 "입법자의 의사나 법률 그 자체의 객관적 목적이 과연 무엇인지를 확정하는 작업부터 녹록하지 않을 것이다. … 법이 요구하는 바가 무엇인지 파악할 것을 법의 전문가가 아닌 여느 국민에게 기대할 수는 없다."를 통해 법률 명확성 원칙에 대한 비판 논거임을 확인할 수 있다.

30.

[A]로부터 추론한 내용으로 가장 적절한 것은?

① 가장 이상적인 법은 '일반인'이 이해할 수 있는 법일 것이다.
② 법치국가의 이념을 구현하기 위해서는 법률 전문가의 역할이 확대되어야 할 것이다.
③ '일반인'이 이해할 수 있는 입법은 국민 각자가 이해할 수 있는 입법보다 입법자의 부담을 경감시킬 것이다.
④ 입법 과정에서 일상적인 의미와는 다른 법률 전문 용어의 도입을 확대하여 법문의 의미를 명확히 해야 할 것이다.
⑤ 행위가 법률로 금지되는 것인지 여부를 행위 당시에 알 수 있었는지에 대하여 법관은 입법자의 입장에서 판단해야 할 것이다.

문항 성격 문항유형 : 정보의 추론과 해석

내용영역 : 규범

평가 목표 이 문항은 특정 관점 [A]에서 합리적으로 추론할 수 있는 능력을 평가하는 문항이다.

문제 풀이 정답 : ③

[A]는 근대법의 기획인 법률 명확성 원칙에 대한 비판에 대한 대답이다. 즉 '전문가'라는 기준을 도입하여 우회하는 것은 결국 근대법의 기획을 잠탈하는 것이라는 것이다. 결국 근대법의 기획이 애초 의도한 바와 같이 국민 개개인이 이해할 수 있는 법률 명확성의 원칙으로 회귀해야 하는 것이라는 점을 에둘러 표현한 것이다.

정답 해설 ③ "'전문가'라는 기준을 도입함으로써 입법자의 부담을 재차 줄이면"으로부터 국민 개개인 → 일반인 → 전문가의 순으로 입법자의 부담이 줄어든다는 것을 추론할 수 있다.

오답 해설 ① "사실 '일반인'이라는 추상화된 개념의 도입을 통해 한 차례 타협을 겪은 것이었다. 그런데 '전문가'라는 기준을 도입함으로써 입법자의 부담을 재차 줄이면 근대법의 기획이 제기한 문제의 본질로부터 너무 멀어져 버릴 수도 있는 것이다."에서, 특히 '타협', '재차' 등의 단어로부터 '일반인'이 아니라 국민 개개인이 이해할 수 있는 법을 이상적인 법으로 상정하고 있음을 추론할 수 있다.

② "사실 '일반인'이라는 추상화된 개념의 도입을 통해 한 차례 타협을 겪은 것이었다. 그런데 '전문가'라는 기준을 도입함으로써 입법자의 부담을 재차 줄이면 근대법의 기획이 제기한 문제의 본질로부터 너무 멀어져 버릴 수도 있는 것이다."로부터 법률 전문가이 역할을 강조하지 말아야 한다는 것을 추론할 수 있다

④ 법률 전문 용어를 도입하면 결국 법률 전문가의 역할이 강화될 것이다.

⑤ 국민이 이해할 수 있는 입법이 이루어져야 한다는 것, 즉 법률의 명확성 원칙으로 돌아가는 것이 결국 [A]의 관점이다. 그렇다면 행위가 법률로 금지되는 것인지 여부를 행위 당시에 알 수 있었는지에 대하여 법관은 입법자가 아니라 행위자의 입장에서 판단해야 할 것이다.

법학적성시험
언어이해 영역

2018

2018학년도 언어이해 영역 출제 방향

1. 출제의 기본 방향

언어이해 영역은 법률 관련 전문가 및 법학전문대학원 입학자들에게 필요한 기본적인 언어 소양과 통합적 언어 능력을 평가하는 것을 시험의 기본 방향으로 삼는다. 특히 법학전문대학원에서 원활하게 수학하려면 학부 전공과 상관없이 공적 가치 판단이 요구되는 전문적인 글들을 독해하고 평가할 수 있는 능력이 요구된다. 이를 중요하게 고려하여 2018학년도 법학적성시험의 언어이해 영역은 텍스트들을 능동적으로 이해하고 비판적으로 대하며 나아가 적용할 수 있는 능력을 갖추고 있는지를 점검하는 데 출제의 기본 방향을 두었다. 이번 시험의 구체적인 출제 원칙은 다음과 같다.

- 통합적이며 심층적인 독해 및 사고 능력을 평가한다.
- 문학비평, 사학, 철학, 정치학, 경제학, 생물학, 기술, 법철학, 민법학 등의 다양한 분야에서 내용 및 표현 면에서 모범이 될 수 있는 제시문을 선정 또는 개발한다.
- 제시문의 핵심 정보나 주요 세부 정보들을 이해하고, 제시문의 대의를 파악하며, 정보들 간의 유기적 관련성을 분석·종합하는 능력을 평가한다.
- 제시문에서 획득한 정보를 바탕으로 제시문에 없는 사항을 추론하거나, 그 정보를 문제 상황에 적용하여 그 적실성을 판단하는 능력을 평가한다.

2. 출제 범위

언어이해 영역은 독해를 기반으로 한 언어 이해 능력을 평가하기 위한 영역이다. 이 능력은 다양한 주제를 다룬 폭넓은 유형의 글들을 정확히 읽어 내는 능력, 그 글들을 바탕으로 적절한 추론과 비판을 수행할 수 있는 능력, 제시문의 정보를 관련 상황에 적용하는 능력 모두를 뜻한다. 이를 점검하기 위해 이번 시험에서는 다양한 전문 분야에서 제시문의 소재를 구하되, 중요한 공적 가치를 지닌 주제들을 우선적으로 선정하였고, 언어이해 영역의 여러 평가 목표를 균형 있게 다룰 수 있도록 하였다.

이번 시험에서 제시문을 선정할 때 고려한 사항은 다음과 같다.

첫째, 대학 교양 교육의 충실한 이수를 유도하기 위하여 여러 학문 분야에 두루 사용되는 기본적인 개념이나 범주들을 중심으로 하되, 각 학문 분야의 최신 이론이나 시의성 있는 문제 상황을 반영하는 주제로 제시문들을 작성하였다.

둘째, 문항 세트를 원리적 모델들을 기반으로 설계함으로써 제시문에 사용된 개념이나 범주들을 제대로 이해했는지 평가할 수 있게 하였다.

셋째, 법학의 배경지식을 요구하는 제시문 대신 학제적 내용 분야와 각 주제들을 연계함으로써 통합적 사고력과 문제 해결 능력을 평가할 수 있게 하였다.

넷째, 다양한 학문 분야들이 법적 문제들과 연관될 수 있음을 보여주는 제시문을 선정함으로써 법의 이론적·현실적 연관성을 폭넓게 사고하게 하였다.

다섯째, 최근의 시사와 학문적 동향을 반영하여 제시문 독해만으로도 교육적 효과를 얻을 수 있게 하였다.

3. 제시문 및 문항

언어이해 영역의 시험은 지식이 아니라 능력을 측정하는 데 주요한 목표가 있다. 따라서 이번 출제에서는 가독성이 뛰어나고 취지가 분명한 제시문을 바탕으로 독해와 사고 능력을 측정하는 데 중점을 두었다. 이 같은 방향은 실질적인 독해 능력을 제대로 점검하는 데 기본 원칙이 될 것으로 생각한다.

이번 시험에서는 '인문', '사회', '과학기술', '규범'으로 분류된 4개 내용 영역으로 문학비평, 서양사, 철학, 정치, 경제, 윤리, 생물, 기술, 법철학, 차별 금지법, 상속법 등의 분야에서 11개 문항 세트(총 35문항)를 출제하였다. 각각의 문항 세트는 세부 정보 이해, 대의 파악, 관점과 의도 파악, 추론, 비판과 적용 등 독해와 관련된 5개 영역을 전제로 제시문 특성에 따라 구성하였다.

특히 이번 시험에서는 제시문의 다양한 정보들을 〈보기〉의 상황에 따라 종합적으로 판단하고 추론하는 적용 문제를 다수 출제하였다. 정치, 경제, 법철학 등의 분야에 제시된 이 문제들은 수험생들의 논리력과 분석력, 종합적 판단력을 점검하는 데 중점을 두었다.

이제 각 분야별로 제시문 선택의 주안점을 제시하면 다음과 같다.

'인문' 분야에서 문학비평은 황매천·이육사·윤동주를 서양의 비극 개념에 견주어 비교하는 비평문을 제시문으로 선택하였다. 현실을 대하는 시인의 다양하고도 원칙 있는 면모를 분석하는 이 비평문은 법률가에게 필요한 인문적 교양을 갖추게 하는 데 도움이 될 것이다. 다음으로, 사학은 폴란드의 역사 서술 방식의 변화를 다룬 글을 제시문으로 선택하였다. 20세기 역사의 격변을 배경으로 약소국인 폴란드의 역사 서술을 타산지석으로 살펴보는 이 글은 수험생들에게 보다 타당한 역사의식을 갖추게 하는 데 일조할 것이다. 다음으로, 철학은 "태어나는 것이 좋은가, 좋지 않은가"에 대한 베나타의 논증을 비판적으로 소개하는 글을 제시문으로 택하였다. 이 글을 통해 논리적 능력 외에 태어남 자체가 지니는 가치에 대한 재인식이 필요함을 깨달아 법률가로서 지녀야 할 인본주의적 태도에 대해 생각해 보게 하였다.

'사회' 분야에서 우선 경제는 신고전주의 기업 이론에 맞선 거래 비용 기업 이론을 다루는 글을 제시문으로 택하였다. 기업의 존재 이유를 시장 메커니즘과 구별하여 파악하는 이론을 다룬 이 글을 통해 수험생들은 경제 주체인 기업이 어떻게 움직이는지에 대한 보다 깊은 이해를 할 수 있을 것이다. 다음으로, 정치는 합의제 민주주의를 중심으로 헌정 설계가 어떻게 이루어지는지를 다룬 글을 제시문으로 택하였다. 다양한 정치 체제를 합의제와 다수제라는 틀로 분석한 이 글은 국가의 정치체계와 작동 방식에 대한 새로운 이해를 제공할 것이다.

'규범' 분야에서 우선 윤리는 칸트와 헤겔에 이르는 현대윤리학의 이론 체계를 다루는 글을 제시문으로 택하였다. 이성에 의한 의지가 칸트에서 헤겔로 넘어오면서 보다 현실적으로 구체적인 체계를 갖추는 과정을 다룬 이 글은 현대 세계에서 윤리학이 구상하는 개인과 시민사회 그리고 국가의 존재 양상에 대한 이해를 도울 것이다. 다음으로, 법철학에서는 법 해석의 방법론을 비판적으로 다루는 글을 택하였다. 명확한 것으로 여겨지는 법 해석 방식들이 실상은 그 근거가 박약하며 혼란스러울 수 있음을 보여준 이 글을 통해 수험생들은 개론적 지식을 넘어선 새로운 안목을 제공받을 수 있을 것이다. 다음으로, 차별 금지법에서는 차별 금지법을 노동과 고용을 중심으로 살펴보는 글을 제시문으로 택하였다. 소수자 인권 보호를 원칙으로 하는 차별 금지법을 다룬 이 글은 법의 취지와 내용, 그리고 판단 및 적용에 대한 시야를 넓혀 줄 것이다. 마지막으로, 상속법에서는 유류분 제도의 성립과 변화를 다룬 글을 제시문으로 택하였다. 프랑스와 우리나라의 유류분 제도를 사적으로 분석하는 이 글은 제도의 역사와 내용 그리고 적용에 이르기까지 상속제도를 종합적으로 이해하는 데 도움을 줄 것이다.

'과학기술' 분야에서 생물은 성 결정 과정을 사람을 중심으로 소개하는 글을 제시문으로 택하였다. 염색체에서 각 성 기관의 형성을 다룬 이 글은 기본 모델에서 구체적 성이 결정되는 과정에 대한 이해를 하게 해 줄 것이다. 다음으로, 기술은 DNA 컴퓨팅에 대해 소개하는 글을 제시문으로 택하였다. 기존의 컴퓨팅과 달리 DNA를 활용한 사진법 계산을 기반으로 한 컴퓨팅을 다룬 이 글은 생물학과 전산학이 융합되는 사례를 통해 최근 기술의 발전을 잘 보여줄 것이다.

4. 난이도

2018학년도 법학적성시험에서는, 적정한 난이도를 유지했다고 판단되는 2017학년도의 난이도와 같은 수준으로 난이도를 조정하고자 했다. 특히 난삽한 제시문을 통해서 난이도를 조정하는 것이 아니라 독해 능력을 실질적으로 측정하는 문항을 통해서 난이도를 조정하였다. 따라서 제시문의 가독성은 최대한 높이되, 문항의 독해 능력 점검 정도를 세밀하게 측정하는 문제를 내는 데 중점을 두었다.

특히 추론과 적용 영역에서 단순한 추론이나 적용을 묻던 예년의 수준을 벗어나, 제시문의 여러 정보들을 종합적으로 연결하여 추론하거나 적용하는 문항을 다수 제시함으로써 실질적인 사고력 측정이 이루어지도록 하였다.

한편 기출 문제나 사설 문제집을 푼 경험으로 문제를 쉽게 푸는 경우도 최대한 방지하였다. 그리하여 대표적으로 법철학 제시문에서 보듯이 제시문의 제재를 새로운 관점에서 재구성하여 실질적으로는 전혀 유사하지 않게 하고, 나아가 문항 구성도 기출 문제를 푼 사전 경험이나 지식으로는 절대 해결될 수 없게 하였다. 그리하여 설사 부분적으로 겹치는 내용을 미리 학습한 경우가 있다고 하더라도 그것이 이번 시험을 보는 데 유리한 영향을 미칠 수 없게끔 출제하였다.

아울러 그리고 특정 전공에게 유리한 경우가 없게 하는 것에도 이번 출제진은 세심한 노력을 기울였다. 해당 전공이 아니라 하더라도 필요한 관련 정보를 빠짐없이 제공하여 문제를 푸는 데 어려움이 없게 하였다.

5. 문항 출제 시의 유의점 및 강조점

• 언어이해 영역에서 평가하고자 하는 능력이 주로 통합적 이해력과 심층 분석력

에 있다는 점을 고려하여 제시문 분량과 제시문당 문항 수에 융통성을 두었다.

- 제시문의 내용과 문항 구성에 있어서 기존 문제나 사설 문제집을 푼 경험에 의존해서는 풀리지 않도록 하였으며, 특정 전공에 따른 유·불리도 나타나지 않도록 하였다.
- 출제의 의도를 감추거나 오해하게 하는 질문의 선택을 피하고, 평가하고자 하는 능력을 정확히 평가할 수 있도록 간명한 형식을 취하였다.
- 문항 및 선택지 간의 간섭을 최소화하고, 선택지 선택에서 능력에 따른 변별이 이루어질 수 있도록 하였다.

[01~03] 다음 글을 읽고 물음에 답하시오.

　전통적인 의미에서 차별은 성별, 인종, 종교, 사상, 장애, 사회적 신분 등에 따라 특정 집단을 소수자로 낙인찍고 불리하게 대우하는 것을 말한다. 일반적으로 민주 국가의 헌법 질서에는 인권 보호의 취지에서 위와 같은 사유에 따른 차별을 금지해야 한다는 가치판단이 포함되어 있다. 이에 따라 우리 헌법도 선언적 의미에서, "누구든지 성별·종교 또는 사회적 신분에 의하여 정치적·경제적·사회적·문화적 생활의 모든 영역에 있어서 차별을 받지 아니한다."라고 규정했다. 특히 고용과 관련된 분야는 소수자에 대한 차별의 문제가 첨예하게 대두하는 대표적인 규범 영역이다. 고용 관계에서의 차별 금지 역시 근로자의 인권 보호가 무엇보다 강조된다. 따라서 노동 시장의 공정한 경쟁과 교환 질서의 확립을 위한 정책적 목적에 의존하더라도, 근로자에 대한 인권 보호의 취지에 부합하지 않는 경우에는 근로자에 대한 차별 금지 입법은 그 정당성이 상실된다.

　차별 금지 원칙 내지 평등의 개념은 고용 관계에서도 같은 것을 같게 대우해야 한다는 것이다. 다만 무엇이 같은지를 제시해 주는 구체적인 기준이 존재하지 않는 한, 차별을 금지하는 사유가 어떤 속성을 갖는지에 따라 차별 금지 원칙으로부터 근로자가 보호되는 효과는 달라질 수 있다. 즉 장애인은 그에 대한 차별 금지 법규가 존재함에도 근로의 내용과 관련된 장애의 속성 때문에 근로자로 채용되는 데 차별을 받을 수도 있다. 그리고 구체적인 고용 관계의 근로 조건이 강행 규정에 의하여 제한되는 경우와 당사자의 자유로운 의사에 의거하여 결정되는 경우 중 어디에 해당하는지에 따라, 차별 금지로 인한 근로자의 보호 정도가 달라진다. 강행 규정이 개별 근로자에 대한 임금 차별을 금지하고 있는 경우, 그 차별의 시정을 주장하는 근로자는 비교 대상자와 자신의 근로가 동등하다는 것을 증명함으로써 평등한 대우를 받을 권리를 확인받을 수 있다. 반면 개별 근로자의 임금 차이가 사용자와 근로자 사이의 자유로운 계약에 따른 것이라면, 동일 조건의 근로자에 대한 임금 차별을 금지하는 강행 규정이 없는 한, 그러한 계약이 개별 근로자에 대한 임금 차이를 정당화하는 합리적 이유가 될 수도 있다.

　차별 금지 법규가 강행 규정이어서 근로자에 대한 보호가 강화되는 영역에서도, 다시 차별 금지 법규의 취지에 따라 근로자에 대한 보호 정도는 달라진다. 예를 들어, 「남녀고용평등과 일·가정 양립 지원에 관한 법률」에 있는 '남녀의 동일 가치 노동에 대한 동일 임금 지급 규정'이 사용자가 설정한 임금의 결정 요소 중 단지 여성이라는 이유로 불리하게 작용하는 임금 체계를 소극적으로 수정하기 위한 것이라면, 이는 여성에 대한 차별 금지의 보호 정도가 상대적으로 약하게 적용되는 국면으로 볼 수 있다. 반면 위 규정의 취지가 실제 시장에서 여성 노동자의 가치가 저평가되어 있음을 감안하여, 이에 대한 보상을 상향 조정함으로써 남녀 간 임금의 결과적 평등을 도모하려는 것이라면, 이는 차별 금지 원칙의 보호 정도가 강한 범주에 포함된다고 할 수 있다.

같은 근로관계라도 연령이나 학력·학벌에 따른 근로자의 차별 금지는 성별 등 전통적 차별 금지 사유들에 비하여 차별의 금지로 인한 근로자의 보호 정도가 약하다고 보아야 한다. 물론 고령자나 저학력자에 대한 차별 금지 법규나 원칙의 취지 역시 전통적인 차별 금지 사유의 취지와 다를 바 없다. 그러므로 특정 연령대의 근로자를 필요로 하는 사용자의 영업 활동을 과도하게 제한하지 않는 한, 노동 시장의 정책적 목적을 달성하기 위하여 차별 금지 법규를 제정하는 것은 가능하다. 그러나 연령에 따른 노동 능력의 변화는 모든 인간이 피할 수 없는 운명이므로 ㉠연령을 이유로 한 차별을 금지하는 것은 정당하지 않다는 주장도 있다.

01.

윗글의 내용과 부합하는 것은?

① 종교적 신념의 차별을 금지하는 법규가 정당하다면 인권 보호라는 취지를 지닌다.
② 장애를 이유로 하는 차별의 금지는 장애의 유형이 다르더라도 보호되는 효과가 달라지지는 않는다.
③ 사회적 신분을 이유로 하는 차별의 금지는 우리 헌법 질서에서 가치 판단의 대상에 포함되지 않는다.
④ 성별에 대한 차별 금지 법규와 연령에 대한 차별 금지 법규는 근로자에 대한 보호의 정도가 동일하다.
⑤ 여성 근로자에 대한 차별 금지 법규는 여성에 대한 차별을 소극적으로 수정하기 위한 경우에는 적용되지 않는다.

문항 성격 문항유형 : 주제, 요지, 구조 파악
내용영역 : 규범
평가 목표 이 문항은 제시문의 주제인 차별 금지를 정확하게 파악하고 있는지 확인하는 문항이다.
문제 풀이 정답 : ①

차별을 금지하고 있는 구체적인 사유, 차별을 금지하는 법규 및 법질서의 취지, 차별 금지의 효과와 정도 등에 대한 제시문의 내용을 이해하고 이에 부합하는 선택지를 골라야 한다.

정답 해설 ① 제시문 첫 번째 단락 "일반적으로 민주 국가의 헌법 질서에는 인권 보호의 취지에서 위와 같은 사유에 따른 차별을 금지해야 한다는 가치판단이 포함되어 있

다.…… 고용 관계에서의 차별 금지 역시 근로자의 인권 보호가 무엇보다 강조된다."로부터 확인할 수 있다.

오답 해설

② 제시문 두 번째 단락 "차별을 금지하는 사유가 어떤 속성을 갖는지에 따라 차별 금지 원칙으로부터 근로자가 보호되는 효과는 달라질 수 있다. 즉 장애인은 그에 대한 차별 금지 법규가 존재함에도 근로의 내용과 관련된 장애의 속성 때문에 근로자로 채용되는 데 차별을 받을 수도 있다."로부터 장애라는 차별 금지 사유의 속성, 즉 근로의 내용과 관련된 장애의 종류에 따라, 채용 여부와 같은 차별 금지의 효과가 달라질 수 있음을 알 수 있다.

③ 제시문 첫 번째 단락 "이에 따라 우리 헌법도 선언적 의미에서, "누구든지 성별·종교 또는 사회적 신분에 의하여 정치적·경제적·사회적·문화적 생활의 모든 영역에 있어서 차별을 받지 아니한다."라고 규정했다."로부터 부합하지 않는 선택지임을 알 수 있다.

④ 제시문 마지막 단락 "같은 근로관계라도 연령이나 학력·학벌에 따른 근로자의 차별 금지는 성별 등 전통적 차별 금지 사유들에 비하여 차별의 금지로 인한 근로자의 보호 정도가 약하다고 보아야 한다."로부터 부합하지 않는 선택지임을 알 수 있다.

⑤ 제시문 세 번째 단락 "「남녀고용평등과 일·가정 양립 지원에 관한 법률」에 있는 '남녀의 동일 가치 노동에 대한 동일 임금 지급 규정'이 사용자가 설정한 임금의 결정 요소 중 단지 여성이라는 이유로 불리하게 작용하는 임금 체계를 소극적으로 수정하기 위한 것이라면,……"으로부터 부합하지 않는 선택지임을 알 수 있다.

02.
윗글을 바탕으로 추론할 때, 적절하지 <u>않은</u> 것은?

① 특정 종교를 갖고 있다는 이유로 기업에서 고용을 거부하는 것은 우리나라의 헌법 질서에 반한다.

② 고령의 전문직 종사자의 노동 시장 참여를 촉진할 목적으로 연령에 대한 차별 금지 법규를 제정하는 것은 가능하다.

③ 동일 조건의 개별 근로자에 대한 임금 차별을 금지하는 강행 규정이 있더라도 당사자들이 자유롭게 계약을 한다면 임금의 차이가 정당화될 수 있다.

④ 근로자에 대한 인권 보호의 취지 및 정책적 목적 없이 연령에 따른 차별을 획일적으로

금지하는 법규는 사용자의 영업에 대한 자유를 침해할 여지가 있다.

⑤ 학력·학벌에 대한 차별 금지 법규가 인권 보호의 취지를 고려하지 않고 특정한 정책적 목적에만 의존하여 제정된 경우에는 그 정당성이 보장되지 않는다.

문항 성격	문항유형 : 정보의 추론과 해석
	내용영역 : 규범
평가 목표	이 문항은 제시문의 정보를 바탕으로 추론 가능한 범위를 명확하게 확정할 수 있는 능력을 평가하는 문항이다.
문제 풀이	정답 : ③

차별 금지 사유를 정확히 이해하고 이를 바탕으로 추론하여 적절한 선택지를 고르도록 한다.

정답 해설 ③ 제시문 두 번째 단락 "구체적인 고용 관계의 근로 조건이 강행 규정에 의하여 제한되는 경우와 당사자의 자유로운 의사에 의거하여 결정되는 경우 중 어디에 해당하는지에 따라, 차별 금지로 인한 근로자의 보호 정도가 달라진다. …… 개별 근로자의 임금 차이가 사용자와 근로자 사이의 자유로운 계약에 따른 것이라면, 동일 조건의 근로자에 대한 임금 차별을 금지하는 강행 규정이 없는 한, 그러한 계약이 개별 근로자에 대한 임금 차이를 정당화하는 합리적 이유가 될 수도 있다."로부터 적절하지 않은 추론임을 알 수 있다.

오답 해설 ① 제시문 첫 번째 단락 "이에 따라 우리 헌법도 선언적 의미에서, "누구든지 성별·종교 또는 사회적 신분에 의하여 정치적·경제적·사회적·문화적 생활의 모든 영역에 있어서 차별을 받지 아니한다."라고 규정했다."로부터 적절한 추론임을 알 수 있다.

② 제시문 마지막 단락 "고령자나 저학력자에 대한 차별 금지 법규나 원칙의 취지 역시 전통적인 차별 금지 사유의 취지와 다를 바 없다. …… 노동 시장의 정책적 목적을 달성하기 위하여 차별 금지 법규를 제정하는 것은 가능하다."로부터 적절한 추론임을 알 수 있다.

④ 제시문 마지막 단락 "특정 연령대의 근로자를 필요로 하는 사용자의 영업 활동을 과도하게 제한하지 않는 한, 노동 시장의 정책적 목적을 달성하기 위하여 차별 금지 법규를 제정하는 것은 가능하다."로부터 적절한 추론임을 알 수 있다.

⑤ 제시문 첫 번째 단락 "일반적으로 민주 국가의 헌법 질서에는 인권 보호의 취지에서 위와 같은 사유에 따른 차별을 금지해야 한다는 가치판단이 포함되어 있다. …… 고용 관계에서의 차별 금지 역시 근로자의 인권 보호가 무엇보다 강조

된다. 따라서 노동 시장의 공정한 경쟁과 교환 질서의 확립을 위한 정책적 목적에 의존하더라도, 근로자에 대한 인권 보호의 취지에 부합하지 않는 경우에는 근로자에 대한 차별 금지 입법은 그 정당성이 상실된다."로부터 적절한 추론임을 알 수 있다.

03.

㉠과 부합하는 진술만을 〈보기〉에서 있는 대로 고른 것은?

보 기

ㄱ. 특정 연령층에게 취업 특혜를 부여함으로써 결과적으로 60대 이상 고령자의 취업 기회를 상대적으로 제한하게 된 법규는 국민의 평등권을 침해하지 않을 것이다.

ㄴ. 사용자와 근로자가 자유로운 계약을 통해 정년을 45세로 정했다면 차별 금지 원칙을 위반하지 않을 것이다.

ㄷ. 50세를 넘은 퇴역 군인은 예비군 관련 직책을 맡을 수 없다는 법규를 제정하더라도 차별 금지 원칙에 위배되지 않을 것이다.

① ㄱ   ② ㄴ   ③ ㄱ, ㄷ

④ ㄴ, ㄷ   ⑤ ㄱ, ㄴ, ㄷ

문항 성격 문항유형 : 정보의 평가와 적용

내용영역 : 규범

평가 목표 제시문에서 소개하고 있는 특정한 주장의 함의를 파악하여 이를 사례에 적용하는 능력을 평가하는 문항이다.

문제 풀이 정답 : ⑤

㉠은 인간은 누구나 노화에 따른 노동 능력의 변화를 겪을 수밖에 없기 때문에, 연령 자체를 차별 금지 사유로 삼을 수 없다는 주장, 즉 연령에 의한 차별은 허용될 수 있다는 주장이다. 이것과 부합하는 진술을 〈보기〉에서 고르도록 한다.

〈보기〉 해설 ㄱ. 60대 이상 고령자에 대한 취업 기회를 제한하는 법규가 국민의 평등권을 침해하지 않는다고 하여, 60대 이상 고령자에 대한 차별을 허용하는 내용이므로 ㉠과 부합한다.

ㄴ. 45세를 넘은 사람들의 취업 기회를 박탈하는 계약을 허용한다는 내용이므로 ㉠
과 부합한다.

ㄷ. 50세를 넘은 사람들의 취업 기회를 박탈하는 법규를 허용한다는 내용이므로 ㉠
과 부합한다.

[04~06] 다음 글을 읽고 물음에 답하시오.

　　1989년 냉전 체제가 해체되면서 동유럽사, 특히 폴란드의 역사 서술은 더 복잡해졌다. 예컨대
소련–폴란드 전쟁을 거론하지 않을 만큼 강했던, '사회주의 모국'을 비판해서는 안 된다는 금기는
사라졌다. 미래보다 과거가 더 변화무쌍하고 예측하기 힘들다는 농담은 실로 그럴듯했다. 당시
동유럽의 '벨벳 혁명'은 가까운 과거에 대한 사회적 이해를 크게 바꾸었기 때문이다. '사회주의 형
제애'라는 공식적 기억의 장막이 걷히자, 개인사와 가족사의 형태로 사적 영역에 숨어 있던 기억
들이 양지로 나왔다.

　　이 현상은 폴란드 연대 노조의 민주화 운동이 시작된 1980년부터 지하 출판되었던 역사서들에
서 이미 찾아볼 수 있다. 그 역사 해석은 다양했는데, 특히 전투적 반공주의 역사가들은 민족주의
를 내세우며 사회주의가 외래 이데올로기라는 점을 강조했다. 그들은 폴란드 공산당 특히 국제주
의 분파를 소련의 이익을 위해 민족을 판 배반자라고 하여 주공격 대상으로 삼았다. 이 분파 지도
부의 상당수가 유대계임을 감안하면, 전투적 반공주의가 반유대주의로 이어지는 것은 자연스러
웠다. 흥미롭게도 이들의 입장과 1968년을 전후한 폴란드 공산당의 공식적 입장은 공통분모를 가
진다. 당시 권력을 장악한 애국주의 분파 역시 민족주의와 반유대주의를 내세웠기 때문이다. 그
러나 '사회주의 모국'에 대한 공격을 용납할 수 없는 것은 국제주의 분파와 마찬가지였다. 그들은
반독일 감정을 키워 소련에 대한 대중적 반감을 해소하려 했다.

　　이 시기 ⓐ공산당의 공식적 역사 서술과 ⓑ전투적 반공주의 역사 서술을 엮는 끈이 민족주의
와 반유대주의였다면, 19세기부터 21세기 초까지 좌우를 막론하고 폴란드의 역사 문화를 아우르
는 집단 심성은 희생자 의식 이었다. 폴란드 낭만주의가 처음 내세운 '십자가에 못 박힌 민족'이
라는 이미지는 폴란드 인이 공유하는 역사 문화 코드였다. 그리고 이차 대전에서 독일의 침공에
의해 오백여만 명이 희생된 사실은 이 의식을 강화했다. 하지만 그 중 삼백여만 명이 유대계였다
는 것은 공식적으로 언급되지 않았다.

　　이 코드가 본격적으로 흔들린 분기점은 2000년의 스톡홀름 선언이었다. 여기에 참여한 유럽
정상들은 홀로코스트 교육의 의무화에 합의했고, 이는 동유럽 국가들이 나토에 가입하는 전제 조

건이 되었다. 이 시기 동유럽에서 때늦은 홀로코스트 책임론이 제기된 것도 이와 무관하지 않다. 동유럽 국가들은 나토와 유럽연합에 가입함으로써 서구화를 추진했다. 정치적 서구화는 문화적 서구화를 낳고, 문화적 서구화는 역사학의 경우 전 유럽적 기억의 공간에 과거를 재배치하는 것을 의미했다. 이를 전통적인 역사 서술 단위인 민족과 국가를 넘어선다는 의미에서 ⓒ'트랜스내셔널 역사 서술'이라고 부를 수 있다. 이제 트랜스내셔널 역사와 충돌하는 민족적, 국가적 기억은 재구성되거나 수정되어야 했다. 폴란드의 경우, 일방적으로 희생당했다는 의식이 재검토되어야 했다. 나치 점령 당시 폴란드 인의 협력이나 방관, 유대인에 대한 공격 등은 어느 정도 자발적이었기 때문이다. 실제로 아우슈비츠 등지에서의 유대인 희생은 공산 정권 시기에 비판적 자기 성찰의 계기는 고사하고 아예 '말소된 기억'이었다. 유대인의 비극을 강조하다가 다른 이들의 고통을 소홀히 할 수 있다는 것이 한 가지 구실이었고, 일부 서구 자본가들의 나치 지지가 더 중요하다는 것이 또 다른 구실이었다. 더구나 빨치산의 반파시즘 투쟁을 강조하는 데 홀로코스트 가담 혹은 방관 문제는 방해가 되는 주제였다.

　그러나 폴란드에서 과거에 대한 자기반성이 자동적으로 나타나지는 않았다. 1941년 같은 마을에 살았던 유대인들을 폴란드 인 주민들이 학살했던 사건을 다룬 『이웃들』이 2000년에 출간되자, 민족의 명예가 손상되었다고 느낀 민족주의자들의 분노가 확산되었다. 그리고 학살의 주체가 나치 비밀경찰이었다거나, 생존자의 증언만으로는 신뢰성이 부족하다는 등의 민족주의에 입각한 반론들이 나타났다. 이와 함께 독일 극우파들이 연합군의 독일 민간인 폭격 등을 역사적 맥락에서 분리하여 강조함으로써 민족주의를 정당화할 때마다, 역설적으로 폴란드에서의 자기 성찰은 약화되었다 상충하는 민족적 기억들이 적대적 갈등 관계를 유지함으로써 서로의 존재 이유를 정당화해 주는 '민족주의의 적대적 공존 관계'가 형성되었던 것이다.

04.
윗글에 대한 이해로 가장 적절한 것은?

① 1960년대 후반에 폴란드가 소련에 대한 반감을 반독일 감정으로 해소하려 한 것은 '민족주의의 적대적 공존 관계'를 보여 주는 사례이다.
② 1980년대에 나타난 폴란드의 다양한 역사 해석은 냉전 체제가 해체되면서 일원화되었다.
③ 1980년대 말의 벨벳 혁명을 계기로 폴란드 역사 서술에서는 소련과의 관계 재설정이

본격화되었다.

④ 1989년 이후에도 사회주의 종주국에 대한 폴란드의 신뢰 관계는 나토 가입 시기까지 이어졌다.

⑤ 2000년에 출간된『이웃들』에 대한 폴란드 민족주의자들의 반응은 전 유럽적 기억 공간으로의 기억 재배치 작업이 완료되었음을 보여 준다.

문항 성격　문항유형 : 정보의 확인과 재구성

　　　　　　내용영역 : 인문

평가 목표　이 문항은 폴란드 역사 서술의 변화를 다룬 제시문으로부터 정보를 확인하여 선택지의 진위를 판단할 수 있는 능력을 평가하는 문항이다.

문제 풀이　정답 : ③

1960년대 후반에는 전반적으로 소련에 대한 반감이 생성되었으나, 당시 공산당 집권 세력은 독일에 대한 반감을 고취함으로써 이를 억제하려 했다. 하지만 이는 서로 상충하는 기억들이 서로의 존재 이유를 정당화해 주는 민족주의의 적대적 공존 개념과는 다르다. 그리고 냉전 체제가 해소된 후 트랜스내셔널 역사 서술이 나타났지만, 민족주의적 반론도 공존하였다. 1980년대 말 벨벳 혁명 이후 동유럽은 소련과의 관계를 단절하였으며, 2000년에 출간된『이웃들』에 대한 민족주의자들의 반론은 아직도 트랜스내셔널한 기억들이 마무리되지 못했음을 보여준다.

정답 해설　③ 제시문 첫 번째 단락에서, 1989년 냉전 체제가 해체되었고 당시 동유럽의 '벨벳 혁명'은 가까운 과거에 대한 사회적 이해를 크게 바꾸었으며, '사회주의 모국'을 비판해서는 안 된다는 금기가 사라졌음을 알 수 있다. 사회주의 모국은 소련이므로 이 선택지는 윗글에 대한 이해로 적절하다.

오답 해설　① "반독일 감정을 키워 소련에 대한 대중적 반감을 해결"하려 한, 1968년을 전후한 폴란드 공산당의 공식적 입장은 독일에 대한 반감을 키워 소련에 대한 반감을 해소하려 한 것이므로 "상충하는 민족적 기억들이 적대적 갈등 관계를 유지함으로써 서로의 존재 이유를 정당화해 주는 '민족주의의 적대적 공존 관계'"라고 할 수 없다.

　　　　　　② 냉전 체제가 해체된 후 "전통적인 역사 서술 단위인 민족과 국가를 넘어선다는 의미에서 '트랜스내셔널 역사 서술'"이 나타났다. 그러한 사례로 "1941년 같은 마을에 살던 유대인들을 폴란드 인 주민들이 학살했던 사건을 다룬『이웃들』"이 있는데, 이 책에 대한 반응으로 "민족주의에 입각한 반론들이 나타났다." 따라서 역사 해석은 일원화된 것이 아니다.

④ "1989년 냉전 체제가 해체되면서" "'사회주의 모국'을 비판해서는 안 된다는 금기는 사라졌"을 정도로 "당시 동유럽의 '벨벳 혁명'은 가까운 과거에 대한 사회적 이해를 크게 바꾸었기 때문"에 신뢰 관계가 이어졌다는 것은 적절하지 않다.

⑤ 이 책에 대한 반응으로 "민족주의에 입각한 반론들이 나타났"으므로 "트랜스내셔널 역사와 충돌하는 민족적, 국가적 기억은 재구성되거나 수정"되어야 했고, "폴란드의 경우, 일방적으로 희생당했다는 의식이 재검토"되어야 했는데 그렇지 못했다.

05.

희생자 의식 에 대한 글쓴이의 견해로 적절하지 않은 것은?

① 폴란드 인은 '희생자 의식'을 벗어나 비판적으로 자기 성찰을 해야 한다.

② 전투적 반공주의 역사가들은 지하 출판한 역사서를 통해 '희생자 의식'을 전복하려 했다.

③ '희생자 의식'을 수정하기 위해서는 나치에 대한 자발적 협력을 역사 서술의 대상으로 삼아야 한다.

④ 이차 대전 시기의 폴란드 인의 희생 중 과반수가 유대계였다는 사실의 공표는 '희생자 의식'을 약화시킬 수 있었다.

⑤ 19세기와 20세기의 폴란드 인의 정서적 기저에는 자신들이 '십자가에 못 박힌 민족'이라는 '희생자 의식'이 자리 잡고 있었다.

문항 성격 문항유형 : 정보의 추론과 해석
내용영역 : 인문
평가 목표 이 문항은 폴란드 인의 오랜 집단 심성인 '희생자 의식'에 대하여 글쓴이가 어떻게 파악하고 평가하는지 추론할 수 있는 능력을 측정하고자 하는 문항이다.
문제 풀이 정답 : ②
폴란드 인이 19세기 낭만주의가 폴란드 민족을 '십자가에 못 박힌 민족'이라고 규정하며 자신들이 일방적 희생을 계속 당해왔다고 보는 것이 폴란드의 '희생자 의식'이다. 글쓴이는 이 의식이 21세기에 이르러서는 희석되고 지워져서 스스로를 비판적으로 돌아보아야 한다고 보았다. 그러기 위해서는 폴란드 인이 아닌 유대인의 희생도 객관적으로 표현해야 하며, 자신들이 행한 나치 협력

이나 유대인 공격도 냉철하게 고백할 수 있어야 했다. 이런 작업은 2000년 이후 시작되었지만 확실하게 완료되지는 않았다.

정답 해설 ② 희생자 의식은 "19세기부터 21세기 초까지 좌우를 막론하고 폴란드의 역사 문화를 아우르는 집단 심성"이고, "동유럽 국가들은 나토와 유럽연합에 가입함으로써 서구화를 추진했다. 정치적 서구화는 문화적 서구화를 낳고, 문화적 서구화는 역사학의 경우 전 유럽적 기억의 공간에 과거를 재배치하는 것을 의미"했으므로 희생자 의식은 2000년 이후에나 바뀌기 시작한다. "전투적 반공주의 역사가들은 민족주의를 내세"웠으므로 적절하지 않다.

오답 해설 ① "유대인 희생은 공산 정권 시기에 비판적 자기 성찰의 계기는 고사하고 아예 말소된 기억"이었으며, "폴란드의 경우, 일방적으로 희생당했다는 의식이 재검토되어야 했다."고 밝히고 있으므로 적절하다.

③ "폴란드의 경우, 일방적으로 희생당했다는 의식이 재검토되어야 했다. 나치 점령 당시의 협력이나 방관, 유대인에 대한 공격 등은 어느 정도 자발적이었기 때문"이었으므로 그것 또한 역사 서술의 대상으로 삼고 자기 성찰을 해야 했다.

④ "이차 대전에서 독일의 침공에 의해 오백여만 명이 희생된 사실은 이 의식을 강화했다. 하지만 그 중 삼백여만 명이 유대계였다는 것은 공식적으로 언급되지 않았"다는 점은 "유대인의 비극을 강조하다가 다른 이들의 고통을 소홀히 할 수 있다는 것이 한 가지 구실이었고, 서구 자본가들의 나치 지지가 더 중요하다는 것이 또 다른 구실이었다. 더구나 빨치산의 반파시즘 투쟁을 강조하는 데 홀로코스트 가담 혹은 방관 문제는 방해가 되는 주제"여서 적절하다.

⑤ "폴란드 낭만주의가 처음 내세운 '십자가에 못 박힌 민족'이라는 이미지는 폴란드 인이 공유하는 역사 문화 코드"였으므로 적절하다.

06.

윗글을 바탕으로 〈보기〉의 사건들에 대한 ⓐ~ⓒ의 서술 방향을 추론한 것으로 가장 적절한 것은?

보기

㉠ 1943년 나치 점령 하에 있던 폴란드 바르샤바의 유대인 게토에서 나치에 저항하는 봉기가 일어났다.

ⓛ 1979년 폴란드 출신 교황이 비르케나우 강제수용소 자리에서 미사를 집전한 것을 계기로 1984년 가스 저장실 터의 끝자락에 세운 카르멜 수도원은 폴란드 국민의 자부심의 장소가 되었다.

① ⓐ는 국제주의 분파와의 협력이 필요하다고 보아, 유대계 폴란드 인이 ㉠에서 나치에 대한 투쟁을 선도했다고 서술했을 것이다.

② ⓑ는 강제수용소 자리를 역사적 교육의 터로 온전히 활용해야 한다고 보아, ⓛ에 대해 비판적으로 서술했을 것이다.

③ ⓒ는 홀로코스트 교육에 필요하다고 보아, ㉠의 봉기 지역이 유대인 구역이라는 점을 객관적으로 서술했을 것이다.

④ ⓐ와 ⓒ는 모두 정치적인 이유에서 ㉠에 대해서는 사실을 왜곡하여 서술하고, ⓛ에 대해서는 찬성하는 논조로 서술했을 것이다.

⑤ ⓐ, ⓑ, ⓒ는 모두 역사 서술의 기본 원칙을 준수하기 위하여, ㉠, ⓛ에 대해서 있는 그대로 서술했을 것이다.

문항 성격	문항유형 : 정보의 평가와 적용
	내용영역 : 인문
평가 목표	이 문항은 폴란드 역사에서 실제로 일어났던 사건들을 공산당의 공식적 역사 서술, 전투적 반공주의 서술, 트랜스내셔널 역사 서술이 각기 어떻게 해석할지 제시문의 정보를 적용하여 추론하는 능력을 평가하는 문항이다.
문제 풀이	정답 : ③

〈보기〉의 ㉠은 1943년 바르샤바의 유대인 구역에서 반나치 봉기가 일어난 사건이다. 전투적 반공주의 역사 서술과 공산당의 공식적 역사 서술은 민족주의와 반유대주의적 입장을 공유하고 있었으므로 이 사건을 서술하지 않고 무시했을 것이다. 혹은 유대계라는 것을 밝히지 않고 그저 폴란드 인의 봉기라고 서술했을 것이다. 다만 트랜스내셔널 역사 서술의 측면에서는 있는 사실을 그대로 밝혔을 것이다. ⓛ은 폴란드 인 교황의 방문을 기념하여 세워진 수도원을 말하므로 민족주의적 입장을 공유하는 전투적 반공주의와 공산당의 공식적 역사 서술에서는 이 사실을 찬성하거나 강조하는 서술을 하였을 것이다. 트랜스내셔널 역사 서술은 굳이 그 사실을 강조할 필요는 없으며 따라서 있었던 그대로 객관적 서술을 하였을 것이다.

〈보기〉 해설　㉠ 폴란드의 유대인이 반나치 투쟁을 했다는 점을 나타내는 선택지다.

　　　　　ⓛ 폴란드 출신 교황이 온 것을 기념하는 수도원이 자부심의 장소가 되었으므로 민

족주의를 강화하는 것을 나타내는 선택지다.

정답 해설 ③ ⓒ는 트랜스내셔널 역사 서술이다. "역사학의 경우 전 유럽적 기억의 공간에 과거를 재배치하는 것을 의미"하는 것이 트랜스내셔널 역사 서술인데, 이 서술은 "2000년의 스톡홀름 선언이었다. 여기에 참여한 유럽 정상들은 홀로코스트 교육의 의무화에 합의"에 따르는 것을 따르므로 ㉠의 유대인 봉기를 객관적으로 서술해야 적절하다.

오답 해설 ① ⓐ는 공산당의 공식적 역사 서술이다. 공산당의 공식적 역사 서술은 "이차 대전에서 독일의 침공에 의해 오백여만 명이 희생된 사실은 이 의식을 강화했다. 하지만 그 중 삼백여만 명이 유대계였다는 것은 공식적으로 언급되지 않았"을 정도로 유대인의 희생을 감추려 했다. 따라서 적절하지 않다.

② ⓑ는 전투적 반공주의 역사 서술이다. 이 서술은 "민족주의와 반유대주의"를 "공통분모"로 가지고 있었으므로 민족주의를 강조하였다. 따라서 그들은 비판적으로 서술하지 않았을 것이므로 적절하지 않다.

④ 트랜스내셔널 역사 서술에서는 "희생자 의식을 재검토"해야 하므로 유대인의 봉기를 왜곡하여 서술하지 않았을 것이다. 동시에 트랜스내셔널 역사 서술은 "홀로코스트 교육의 의무화에 합의"한 스톡홀름 선언이 계기가 되어 성립한 것이므로 역사적 교육의 터가 훼손된 것을 찬성하지 않았을 것이다. 따라서 적절하지 않다.

⑤ 전투적 반공주의, 공산당의 공식적 역사 서술에서는 "민족주의와 반유대주의를 내세웠"기에 ㉠에 대해서는 언급하지 않았을 것이다. 따라서 적절하지 않다.

[07~09] 다음 글을 읽고 물음에 답하시오.

한 가닥의 DNA는 아데닌(A), 구아닌(G), 시토신(C), 티민(T)의 네 종류의 염기를 가지고 있는 뉴클레오티드가 선형적으로 이어진 사슬로 볼 수 있다. 보통의 경우 〈그림 1〉과 같이 두 가닥의 DNA가 염기들 간 수소 결합으로 서로 붙어 있는 상태로 존재하는데, 이를 '이중나선 구조'라 부른다. 이때 A는 T와, G는 C와 상보적으로 결합한다. 온도를 높이면 두 가닥 사이의 결합이 끊어져서 각각 한 가닥으로 된다.

```
G G A A G G C C
| | | | | | | |
C C T T C C G G
```
〈그림 1〉 염기들 간 상보적 결합의 예

정보과학의 관점에서는 DNA도 정보를 표현하는 수단으로 볼 수 있다. 한 가닥의 DNA 염기서열을 4진 코드로 이루어진 특정 정보로 해석할 수 있기 때문이다. 즉, 'A', 'G', 'C', 'T'만을 써서 순서가 정해진 연속된 n개의 빈칸을 채울 때, 총 4^n개의 정보를 표현할 수 있고 이 중 특정 연속체를 한 가지 정보로 해석할 수 있다.

DNA로 정보를 표현한 후, DNA 분자들 간 화학 반응을 이용하면 연산도 가능하다. 1994년 미국의 정보과학자 에이들먼은 『사이언스』에 DNA를 이용한 연산에 대한 논문을 발표했고, 이로써 'DNA 컴퓨팅'이라는 분야가 열리게 되었다. 이 논문에서 에이들먼이 해결한 것은 정점(예 : 도시)과 간선(예 : 도시 간 도로)으로 이루어진 그래프에서 시작 정점과 도착 정점이 주어졌을 때 모든 정점을 한 번씩만 지나는 경로를 찾는 문제, 즉 '해밀턴 경로 문제(HPP)'였다. HPP는 정점의 수가 많아질수록 가능한 경로의 수가 급격하게 증가하기 때문에 소위 '어려운 문제'에 속한다.

DNA 컴퓨팅의 기본 전략은, 주어진 문제를 DNA를 써서 나타내고 이를 이용한 화학 반응을 수행하여 답의 가능성이 있는 모든 후보를 생성한 후, 생화학적인 실험 기법을 사용하여 문제 조건을 만족하는 답을 찾아내는 것이다. 에이들먼이 HPP를 해결한 방법을 〈그림 2〉의 그래프를 통해 단순화하여 설명하면 다음과 같다. 〈그림 2〉는 V0이 시작 정점, V4가 도착 정점이고 화살표로 간선의 방향을 표시한 그래프를 보여 준다. 즉, V0에서 V1로는 갈 수 있으나 역방향으로는 갈 수 없다. 먼저 그래프의 각 정점을 8개의 염기로 이루어진 한 가닥 DNA 염기서열로 표현한다. 그리고 각 간선을 그 간선이 연결하는 정점의 염기서열로부터 취하여 표현한다. 즉, V0(〈CCTTGGAA〉)에서 출발하여 V1(〈GGCCAATT〉)에 도달하는 간선의 경우는 V0의 뒤쪽 절반과 V1의 앞쪽 절반을 이어 붙인 염기서열 〈GGAAGGCC〉의 상보적 코드 〈CCTTCCGG〉로 나타낸다. 이렇게 6개의 간선 각각을 DNA 코드로 표현한다.

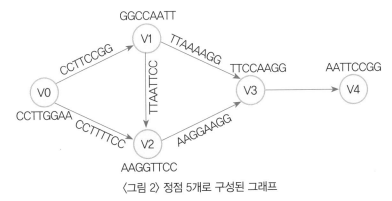

〈그림 2〉 정점 5개로 구성된 그래프

이제 DNA 합성 기술을 사용하여 이들 코드를 종류별로 다량 합성한다. 이들을 하나의 시험관에 넣고 서로 반응을 시키면 DNA 가닥의 상보적 결합에 의한 이중나선이 형성되는데, 이것을 '혼성화 반응(hybridization)'이라 한다. 혼성화 반응의 결과로 경로, 즉 정점들의 연속체가 생성된다. 시험관 안에는 코드별로 막대한 수의 DNA 분자들이 있기 때문에, 이들 사이의 이러한 상호 작용은 대규모로 일어난다. ㉠이상적인 실험을 가정한다면, 혼성화 반응을 통해 〈그림 2〉 그래프의 가능한 모든 경로에 대응하는 DNA 분자들이 생성된다. 경로의 예로 (V0, V1), (V1, V2), (V0, V1, V2) 등이 있다. 이와 같이 생성된 경로들로부터 해밀턴 경로를 찾아 나가는 절차는 다음과 같다.

[1단계] V0에서 시작하고 V4에서 끝나는지 검사한 후, 그렇지 않은 경로는 제거한다.
[2단계] 경로에 포함된 정점의 개수가 5인지 검사한 후, 그렇지 않은 경로는 제거한다.
[3단계] 경로에 모든 정점이 포함되었는지 검사한다.
[4단계] 지금까지의 과정을 통해 취한 경로들이 문제에 대한 답이라고 결정한다.

에이들먼은 각 단계를 적절한 분자생물학 기법으로 구현했다. 그런데 DNA 분자들 간 화학 반응은 시험관 내에서 한꺼번에 순간적으로 일어난다는 특성을 갖고 있다. 요컨대 에이들먼은 기존 컴퓨터의 순차적 연산 방식과는 달리, 대규모 병렬 처리 방식을 통해 HPP의 해결 방법을 제시한 것이다. 이로써 DNA 컴퓨팅은 기존의 소프트웨어 알고리즘이나 하드웨어 기술로는 불가능했던 문제들의 해결에 대한 잠재적인 가능성을 보여 주었다.

07.

DNA 컴퓨팅에 대한 설명으로 적절하지 <u>않은</u> 것은?

① 창시자는 미국의 정보과학자 에이들먼이다.
② DNA로 정보를 표현하고 이를 이용하여 연산을 하는 것이다.
③ 기본적인 해법은 가능한 모든 경우를 생성한 후, 여기서 답이 되는 것만을 찾아내는 것이다.
④ 기존 컴퓨터 기술의 발상을 전환하여 분자생물학적인 방법으로 접근함으로써 정보 처리 방식의 개선을 모색했다.
⑤ DNA 컴퓨팅을 이용하여 HPP를 풀 때, 간선을 나타내는 DNA의 염기 개수는 정점을 나타내는 DNA의 염기 개수의 두 배다.

문항유형 : 주제, 요지, 구조 파악

내용영역 : 과학기술

평가 목표 이 문항은 제시문의 주제인 DNA 컴퓨팅을 정확하게 이해하고 있는지 확인하는 문항이다.

문제 풀이 정답 : ⑤

선택지들의 진위를 판단하기가 어렵지 않기에, 제시문 재조회 없이 읽은 내용을 떠올려서 부적절한 선택지를 고르는 것이 바람직하다.

정답 해설 ⑤ 간선을 나타내는 DNA의 염기 개수는 8개로 정점을 나타내는 DNA의 염기 개수와 같다. 제시문 네 번째 단락 "즉, V0(⟨CCTTGGAA⟩)에서 출발하여 V1(⟨GGCCAATT⟩)에 도달하는 간선의 경우는 V0의 뒤쪽 절반과 V1의 앞쪽 절반을 이어 붙인 염기서열 ⟨GGAAGGCC⟩의 상보적 코드 ⟨CCTTCCGG⟩로 나타낸다."에서 이를 알 수 있다. ⟨그림 2⟩의 정점과 간선의 DNA 코드를 통해서도 이를 직관적으로 파악할 수 있다.

오답 해설 ① 제시문 세 번째 단락 "1994년 미국의 정보과학자 에이들먼은 『사이언스』에 DNA를 이용한 연산에 대한 논문을 발표했고, 이로써 'DNA 컴퓨팅'이라는 분야가 열리게 되었다."에서 적절한 설명임을 알 수 있다.

② 제시문 세 번째 단락 "DNA로 정보를 표현한 후, DNA 분자들 간 화학 반응을 이용하면 연산도 가능하다."에서 적절한 설명임을 알 수 있다.

③ 제시문 네 번째 단락 "DNA 컴퓨팅의 기본 전략은, 주어진 문제를 DNA를 써서 나타내고 이를 이용한 화학 반응을 수행하여 답이 가능성이 있는 모든 후보를 생성한 후, 생화학적인 실험 기법을 사용하여 문제 조건을 만족하는 답을 찾아내는 것이다."에서 적절한 설명임을 알 수 있다.

④ 제시문 마지막 단락 "요컨대 에이들먼은 기존 컴퓨터의 순차적 연산 방식과는 달리, 대규모 병렬 처리 방식을 통해 HPP의 해결 방법을 제시한 것이다. 이로써 DNA 컴퓨팅은 기존의 소프트웨어 알고리즘이나 하드웨어 기술로는 불가능했던 문제들의 해결에 대한 잠재적인 가능성을 보여 주었다."에서 적절한 설명임을 알 수 있다.

08.

㉠에 대한 설명으로 적절하지 <u>않은</u> 것은?

① (V1, V2, V3, V4)는 정점이 네 개이지만, 에이들먼의 해법 [1단계]에서 걸러진다.
② V3에서 V4로 가는 간선으로 한 가닥의 DNA 〈TTCCTTAA〉가 필요하다.
③ 정점을 두 개 이상 포함하고 있는 경로는 두 가닥 DNA로 나타내어진다.
④ 정점을 세 개 포함하고 있는 경로는 모두 네 개이다.
⑤ 해밀턴 경로는 (V0, V1, V2, V3, V4)뿐이다.

문항 성격	문항유형 : 정보의 확인과 재구성
	내용영역 : 과학기술
평가 목표	이 문항은 에이들먼의 해법 중 경로 생성 및 해(解)의 탐색 과정을 정확하게 인지하고 있는지 확인하는 문항이다.
문제 풀이	정답 : ④

〈그림 2〉의 그래프 및 이에 대한 DNA 코드, 그리고 실제 DNA를 사용한 실험 과정을 이해해야 한다.

정답 해설 ④ 정점을 세 개 포함하고 있는 경로는 모두 여섯 개로 각각은 다음과 같다. (V0, V1, V2), (V0, V1, V3), (V0, V2, V3), (V1, V2, V3), (V1, V3, V4), (V2, V3, V4)

오답 해설 ① (V1, V2, V3, V4)는 시작 정점이 V1이므로 에이들먼의 해법 [1단계]에서 걸러진다.
② V3의 뒤쪽 절반과 V4의 앞쪽 절반을 이어 붙인 염기서열이 〈AAGGAATT〉이므로 이것의 상보적 코드는 〈TTCCTTAA〉이다.
③ 제시문 다섯 번째 단락 "이들을 하나의 시험관에 넣고 서로 반응을 시키면 DNA 가닥의 상보적 결합에 의한 이중나선이 형성되는데, 이것을 '혼성화 반응(hybridization)'이라 한다. 혼성화 반응의 결과로 경로, 즉 정점들의 연속체가 생성된다."에서 적절한 설명임을 알 수 있다.
⑤ 해밀턴 경로란 "정점과 간선으로 이루어진 그래프에서 시작 정점과 도착 정점이 주어졌을 때 모든 정점을 한 번씩만 지나는 경로"다. 〈그림 2〉의 그래프에서 V0이 시작 정점, V4가 도착 정점으로서 모든 정점을 한 번씩 지나는 경로를 실제로 따져보면 (V0, V1, V2, V3, V4)가 유일하다.

09.

〈보기〉의 ⓐ에 대한 설명으로 적절한 것만을 있는 대로 고른 것은?

보 기

DNA 컴퓨팅의 실용화를 위해서는 여러 기술적인 문제점들을 해결해야 한다. 그중 하나는 정보 처리의 정확도다. DNA 컴퓨팅은 화학 반응에 기반을 두는데, ⓐ반응 과정상 오류가 발생할 경우 그릇된 연산을 수행하게 된다.

ㄱ. ⓐ가 발생하지 않는다면, 〈그림 2〉 그래프에서는 에이들먼의 [3단계]가 불필요하다.

ㄴ. 혼성화 반응에서 엉뚱한 분자들이 서로 붙는 것을 방지할 수 있도록 DNA 코드를 설계하는 것은 ⓐ를 최소화하기 위한 방법이다.

ㄷ. DNA 컴퓨팅의 원리를 적용한 소프트웨어를 개발하면, ⓐ를 방지하면서도 대규모 병렬 처리를 통한 문제 해결이 기존 컴퓨터에서 가능하다.

① ㄱ   ② ㄴ   ③ ㄱ, ㄴ

④ ㄱ, ㄷ   ⑤ ㄴ, ㄷ

문항 성격	문항유형 : 정보의 추론과 해석
	내용영역 : 과학기술
평가 목표	이 문항은 에이들먼의 해법을 실제 실험으로 구현할 때 일어날 수 있는 일을 추론해 보게 함으로써 해법 각 단계의 의미를 정확하게 이해하고 있는지 평가하기 위한 문항이다.
문제 풀이	정답 : ③

ㄱ에 대한 판단이 핵심이다. 각 단계에 따라 남아있는 경로를 직접 적어보는 편이 안전하다.

〈보기〉 해설   ㄱ. 이상적인 실험을 가정하면 그래프에서 가능한 모든 경로가 생성된다. 만약 반응 과정상 오류가 없다면, 이들 경로 이외에 다른 경로는 만들어지지 않는다. 이 경우, 시작 정점이 V0, 도착 정점이 V4인 경로는 (V0, V1, V3, V4), (V0, V2, V3, V4), (V0, V1, V2, V3, V4), 이렇게 세 가지로 이들만이 1단계를 통과한다. 2단계를 통해 이 중 정점이 5개인 (V0, V1, V2, V3, V4)만 남게 되며, 이것이 해밀턴 경로이다. 따라서 3단계는 불필요하다. 그러나 실제 실험에서는 반응 과정상 오류가 발생할 수 있기 때문에 3단계가 요구된다. 예컨대 V0, V1, V2, V3, V4)는 1단계와 2단계를 통과하지만, 해밀턴 경로의 조건을 만족하지 않기 때문에 3단계의 검사가 반드시 필요하다.

ㄴ. 화학 반응 과정에서 발생할 수 있는 여러 오류 중 하나로 엉뚱한 분자들이 서로 붙는 것을 생각해 볼 수 있다. 예컨대 A가 T가 아니라 G나 C와 붙는 경우다. 이를 방지하기 위해 DNA 코드 설계를 최적화(optimization)하는 것은 반응 과정상 오류를 최소화하기 위한 방법이다.

ㄷ. DNA 컴퓨팅은 시험관 내에서 한꺼번에 순간적으로 일어나는 화학 반응을 이용하고 있다는 점에서 병렬 처리 방식으로 볼 수 있다. 이것은 기존 시스템의 순차 처리 방식과는 근본적으로 다르다. 따라서 아무리 DNA 컴퓨팅의 원리를 적용한다고 해도, 기존 방식의 소프트웨어를 기존의 하드웨어에서 작동시키는 한, 대규모 병렬 처리를 통한 문제 해결은 불가능하다. 이는 기껏해야 DNA 컴퓨팅을 순차적으로 구현한 모의실험(simulation)에 불과하다.

[10~12] 다음 글을 읽고 물음에 답하시오.

예이츠는 어느 편지에서 "내게 지상 목표는 비극 한가운데서 사람을 환희하게 만드는 신념과 이성에서 우러나오는 행위"라고 하면서, "동양은 언제나 해결이 있고, 그러므로 비극에 대해선 아무것도 모르오. 영웅적인 절규를 발해야 하는 것은 우리지 동양은 아니오."라고 말한 바 있다. 이러한 대조는 기실 동서 양분론에 기초를 둔 흔한 관념 이상의 것은 아니다. 이 대조가 어떤 진실을 담고 있음을 인정하면서도 우리는 예이츠의 견해를 다시 검토할 필요가 있는 것이다. 근대 한국시의 몇몇 순간들은 비극적 황홀 을 볼 수 있는 예이츠의 만년의 시 「유리」에 비길 만하기 때문이다.

햄릿과 리어는 즐겁다
두려움을 송두리째 변모시키는 즐거움
모든 사람들이 노리고 찾고 그리곤 놓쳤다
암흑, 머릿속으로 타들어 오는 천국
비극이 절정에 달할 때

근대 한국시사에서 황매천과 이육사와 윤동주가 보여주는 비극적 황홀의 순간들은 그들이 상황에 참여한 방식에 따라 그 성격이 다소 다르다. 유생이며 전통적 원칙주의자인 황매천은 소극적 저항의 삶을 살면서 비극적인 최후를 선택한다. 그는 일제의 국권 강탈에 항거하여, "난리를 겪어 나온 허여센 머리/죽재도 못 죽는 게 몇 번이더뇨./오늘에는 어찌할 길이 없으니/바람 앞의 촛불이 창공 비추네."라는 절명시를 남기고 자결했다. '바람 앞의 촛불'의 이미지로 자신이 성취한 비극적 황홀의 순간을 표현했던 것이다.

어려서 한학을 배운 이육사의 시는 겉으로는 형식적인 균형과 절제에 바탕을 둔 고전적인 풍격을 보여준다. 동시에 그의 시는 현대적인 혁명가로서의 이상주의를 품고 있다. 혁명가로서의 삶을 가장 힘차게 나타낸 작품 「절정」에서 시인은 자신이 부딪치게 된 식민지 상황을 한계상황으로 표현한다. 시인은 자신이 비극 한가운데 놓여 있음을 깨닫고 '겨울' 즉 '매운 계절'을 '강철로 된 무지개'로 본 것이다. 이 비극적인 비전은 또 하나의 비극적 황홀의 순간을 나타내거니와 여기서 우리는 시인이 자기가 놓인 상황에서 거리를 두고 하나의 객관적인 이미지를 발견함을 본다.

기독교 집안에서 자란 윤동주는 비록 비극적인 종말을 맞기는 했지만, 황매천처럼 가차 없는 비평가도 아니었고, 이육사처럼 두려움을 모르는 투사도 아니었다. 그 대신 그는 자신의 시대를 괴롭게 살다 죽어간 외롭고 양심적인 문학도였다. 그의 생애의 수동적인 외관과는 달리 그는 그리스도와 같은 죽음을 일종의 황홀 가운데서 꿈꿀 정도로 민족주의적이었다. 그의 소원이 실현될 때까지 "모가지를 드리우고/꽃처럼 피어나는 피"(「십자가」)를 흘림으로써 비극적인 상황에서 놓여나기까지 때를 기다리는 것이다.

그러나 이 시인들의 비극적인 비전은 공통된 특징을 가지고 있다. 그 비전은 사유와 관조 또는 명상의 산물이었다. 말을 바꾸면 그것은 시인이 상황을 객관적으로 바라봄으로써 얻은 충분히 자각된 비전이다. 그런데 이것을 가능케 한 것은 동양인의 정신에 특유한 초연함과 달관의 상태로 생각된다. 동양에서 비극적인 순간은 흔히 주인공의 신념에 찬 행위보다 초연한 관조 속에서 드러났던 것이다. 예이츠가 생각한 것처럼 동양에는 비극이 없는 것이 아니라 서양처럼 열정적이거나 야단스럽지는 않을지라도 그 나름의 비극을 가지고 있는 셈이다.

우리가 다룬 모든 시인에게 공통된 또 하나의 특징은 시인이 그러한 비극적 순간의 작자일 뿐만 아니라 그들 자신이 비극의 주인공이라는 점이다. 이것은 동양에 있어서 시의 전통적인 개념 및 성질과 무관하지 않은 듯하다. 중국에서 시에 관한 오래된 정의는 '마음속에 있는 바의 발언', 즉 ㉠언지(言志)이다. 이러한 뜻에서의 시는 작품과 시인 사이의 구별을 용납하지 않는 개인적이며 서정적인 시이다. 허구로서의 '포에시스'의 개념과는 반대로 동양에서 시는 시인 자신의 삶과 하나가 되어 있었다. 그것은 전통적으로 수양의 일부이며 내면생활의 직접적인 음성으로 생각되었다.

그러므로 동양에서는 비극이 허구적인 세계에 형상화된 경우로 존재하지 않고, 비극이 있다면 시인 자신이 주인공이 되는 비극으로 존재한다. 이것은 분명 예이츠가 만년에 시적 계획으로뿐만 아니라 또한 개인적인 이상으로서 매우 골몰했던 바이다. 그것은 그의 '지상 목표'였으며, 그가 "모든 사람들이 노리고 찾고 그리곤 놓쳤다"라고 말하고 있는 것으로 보아 지극히 달성하기 어려운 목표이기도 했다. 그러나 우리가 살펴 본 세 사람의 한국 시인들은 이 어려운 이상을 그들의 삶과 시에서 실현했으며, 적어도 황매천과 이육사의 경우 그들의 비극적 황홀의 시적 가치는 기이하게도 예이츠의 인식과 흡사했다.

10.

윗글의 내용과 일치하는 것은?

① 황매천은 시대 현실에 초연한 덕분에 시적 성취에 성공했다.
② 이육사는 전통적인 것과 현대적인 것의 갈등을 자신의 한계상황으로 인식했다.
③ 황매천과 이육사는 예이츠가 추구했던 시적 계획을 실제 삶에서 구현했다.
④ 황매천과 윤동주는 원칙과 신념에 따라 능동적으로 죽음을 맞이했다.
⑤ 황매천, 이육사, 윤동주는 모두 종교로 인해 빚어지는 내적 갈등을 창작에 담아냈다.

문항 성격	문항유형 : 정보의 확인과 재구성
	내용영역 : 인문
평가 목표	이 문항은 황매천, 이육사, 윤동주의 삶과 문학에 대해 글쓴이가 전달하는 정보를 정확하게 파악하고 있는지 평가하는 문항이다.
문제 풀이	정답 : ③

황매천, 이육사, 윤동주가 보여준 삶의 행로를 비교하면서 공통점과 차이점을 이해하고 평가한 후 그 내용과 부합하는 선택지를 골라야 한다.

정답 해설 ③ 제시문 마지막 단락에 따르면, "예이츠가 만년에 시적 계획으로뿐만 아니라 또한 개인적인 이상으로서 매우 골몰했던 바"는 "시인 자신이 주인공이 되는 비극"이었다. 이것은 시를 통해 구현되는 "시적 계획"이었을 뿐만 아니라 실제의 삶에서 구현되어야 하는 "개인적인 이상"이었지만, "모든 사람들이 노리고 찾고 그리곤 놓쳤다"라고 표현한 것에서 짐작할 수 있듯이 "지극히 달성하기 어려운 목표"였다. 그런데 황매천과 이육사와 윤동주가 "이 어려운 이상을 그들의 삶과 시에서 실현"했다.

오답 해설 ① 제시문 두 번째 단락에 따르면, 황매천이 "소극적 저항의 삶을 살면서"도 "일제의 국권 강탈에 항거"하여 "비극적인 최후를 선택"했다고 하므로, "시대 현실에 초연"했다는 것은 윗글의 내용과 일치하지 않는다.

② 제시문 세 번째 단락에 따르면, "작품 「절정」에서 시인은 자신이 부딪치게 된 식민지 상황을 한계상황으로 표현"했다고 하므로, "전통적인 것과 현대적인 것의 갈등을 자신의 한계상황으로 인식"했다는 것은 윗글의 내용과 일치하지 않는다.

④ 제시문 두 번째 단락에 따르면, 황매천은 "일제의 국권 강탈에 항거하여 …… 절명시를 남기고 자결"했다고 하므로 원칙과 신념에 따라 "능동적으로 죽음을 맞이했다."고 할 수 있다. 네 번째 단락에 따르면, 윤동주는 시를 통해서 "그리스도와 같은 죽음을 일종의 황홀 가운데서 꿈꿀 정도로 민족주의적"이긴 했지만 "자신의 시대를 괴롭게 살다 죽어간 외롭고 양심적인 젊은 문학도"이므로 "수동적인" 삶을 살았다고 할 수 있다. 따라서 황매천과 윤동주가 모두 "원칙과 신념에 따라 능동적으로 죽음을 맞이했다."는 것은 윗글의 내용과 일치하지 않는다.

⑤ 제시문 두 번째 단락에 따르면, 황매천은 "유생"이고 "전통적 원칙주의자"여서 "종교로 인해 빚어지는 내적 갈등"을 겪었다고 보기 어렵다. 세 번째 단락에 따르면, 이육사는 "어려서 한학을 배"웠고 "고전적인 풍격"과 "현대적인 혁명가로서의 이상주의"를 동시에 보여주고 있다는 점에서 내적 갈등을 겪는다고 볼 수 있지만, "상이한 종교로 인해 빚어지는 갈등"이라고 말하기는 어렵다. 네 번째 단락에 따르면, 윤동주는 "기독교 집안에서 자라난" 인물이며 "그리스도와 같은 죽음을 일종의 황홀 가운데서 꿈"꾸고 있으므로, "종교로 인해 빚어지는 내적 갈등"을 겪는다고 말할 수 없다.

11.

㉠에 대한 설명으로 가장 적절한 것은?

① 시를 시인의 도야된 인격을 담는 언어적 구성물로 본다.
② 시를 시인의 개인적인 서정을 담은 허구적 표현물로 본다.
③ 시를 현실을 초월하려는 시인의 의지를 표현한 정신적 생산물로 본다.
④ 시를 세련된 언어를 통해 독자들에게 즐거움을 주는 심미적 구조물로 본다.
⑤ 시를 시인이 살고 있는 현실을 사실적으로 형상화한 문화적 창조물로 본다.

문항 성격	문항유형 : 정보의 추론과 해석
	내용영역 : 인문
평가 목표	이 문항은 '언지'에 관해 제시문에서 주어진 정보를 해석하여, '언지'가 시에 대해 어떤 입장을 지녔는지 추론하는 능력을 평가하는 문항이다.
문제 풀이	정답 : ①

제시문에서 주어진 '언지'에 관한 정보를 바탕으로 하여 현실–작가–작품–독자라는 문학의 네 가지 요소에 기대어, '언지'의 시에 대한 관점을 확인하고, 그 내용과 일치하는 선택지를 골라야 한다.

정답 해설 ① "언지"는 시를 "마음속에 있는 바의 발언", 달리 말해 "수양의 일부이며 내면생활의 직접적인 음성"으로 이해하는 것을 말한다. 따라서 시 창작은 시인의 인격 수양의 일부이며, 이러한 인격 수양의 과정을 언어로 구체화한 것이므로 적절하다.

오답 해설 ② "언지"에 따르면 시를 "개인적인 서정"을 담은 것으로 볼 수도 있지만, "작품과 시인 사이의 구별을 용납하지 않는"다는 점에서 허구적 표현물로 보는 것은 적절하지 않다.

③ "언지"에 따르면 시는 "시인 자신의 삶과 하나"라는 점에서 현실을 초월하려는 시인의 의지를 표현한 생산물로 보는 것은 적절하지 않다.

④ "언지"에 따르면 시는 "마음속에 있는 바의 발언", 곧 시인의 정신세계를 표현하는 것에 관심을 기울이고 있기에 독자들에게 즐거움을 주는 심미적 구조물로 보는 것은 적절하지 않다.

⑤ "언지"에 따르면 시는 "마음속에 있는 바의 발언", 곧 시인의 정신세계를 표현하는 것에 관심을 기울이고 있기에 시인이 살고 있는 현실을 형상화한 문화적 창조물로 보는 것은 적절하지 않다.

12.

비극적 황홀에 대한 글쓴이의 입장으로 가장 적절한 것은?

① 시인의 비극적 삶은 시에서의 비극적 황홀에 도달하기 위한 필수 조건이다.

② 비극적 황홀은 작품 속에 등장하는 주인공의 삶 외에 작품을 창작하는 작가의 삶에서도 발견할 수 있다.

③ 비극적 상황에 놓인 주인공의 비극적 황홀을 통해 독자들의 현실 참여를 이끌어내는

것이 이상적인 서정시이다.

④ 비극적 황홀은 주인공의 신념에 찬 행위에 바탕을 두고 있기 때문에 상황에 대한 관조
만으로는 도달할 수 없다.

⑤ 햄릿이나 리어 같은 주인공이 도달한 비극적 황홀은 절망적 상황을 극적으로 해결함으
로써 얻어지는 체험이다.

문항 성격	문항유형 : 의도, 관점, 입장 파악
	내용영역 : 인문
평가 목표	이 문항은 예이츠의 '비극적 황홀'의 개념과 세 명의 한국 시인을 분석하면서 보여준 글쓴이의 '비극적 황홀'의 개념 사이에 존재하는 공통점과 차이점을 파악함으로써 글쓴이의 의도와 관점, 입장을 종합적으로 파악하는 능력을 평가하는 문항이다.
문제 풀이	정답 : ②

'비극적 황홀'의 개념을 둘러싼 예이츠와 글쓴이의 개념적 차이를 확인하여 글쓴이의 '비극적 황홀'의 정확한 내포에 해당하는 선택지를 골라야 한다.

정답 해설	② 글쓴이는 예이츠의 비극 개념을 받아들이지만, 동양에는 비극이 존재하지 않는다는 예이츠와 달리 동양에서도 "나름의 비극을 가지고" 있다는 주장을 펼친다. 그 결과 "동양에서는 비극이 허구적인 세계에 형상화된 경우로 존재하지 않고, 비극이 있다면 시인 자신이 주인공이 되는 비극으로 존재"한다고 보고 있다는 점에서 비극적 황홀은 작품 속에 등장하는 주인공의 삶에서 발견하는 경우와 작품을 창작하는 작자의 삶에서 발견하는 경우로 구분되어질 수 있다.
오답 해설	① 주인공의 비극적 황홀에 주목하는 서양의 경우와, 작자와 작품의 일치에 바탕을 두고 시인의 비극적인 삶이 작품에서의 비극적 황홀로 이어지는 동양의 경우를 함께 고려했을 때, 시인의 비극적 삶은 시에서의 비극적 황홀에 도달하기 위한 필수 조건이라고 한 것은 동양의 경우에만 해당하기 때문에 이 선택지는 적절하지 않다.
	③ 글쓴이는 "동양에서는 비극이 허구적인 세계에 형상화된 경우로 존재하지 않고, 비극이 있다면 시인 자신이 주인공이 되는 비극으로 존재한다. 이것은 분명 예이츠가 만년에 시적 계획으로뿐만 아니라 또한 개인적인 이상으로서 매우 골몰하였던 바"라고 말하고 있다. 즉, 시인이 시를 창작하거나 혹은 시인이 현실을 살아가는 과정에서 비극적 황홀에 도달하는 것을 시인의 계획이자 목표이며 이상으로 바라보고 있을 뿐이다. 독자에게 "현실 참여"와 같은 '영향'을 미치고자 하는 것은 글쓴이의 입장이라 볼 수 없다.

④ 글쓴이는 황매천과 이육사와 윤동주의 예를 통해서 "이 시인들의 비극적인 비전은 공통된 특징을 가지고 있다. 그 비전은 사유와 관조 또는 명상의 산물이었다. 말을 바꾸면 그것은 시인이 상황을 객관적으로 바라봄으로써 얻은 충분히 자각된 비전이다."라고 말하고 있다. 따라서 동양의 경우에는 '(시인이 놓여 있는) 상황에 대한 관조'를 통해서도 비극적인 황홀에 도달할 수 있다고 글쓴이는 보고 있다.

⑤ 글쓴이는 예이츠의 비극 개념을 인정한다. 그런데 예이츠는 "동양은 언제나 해결이 있고, 그러므로 비극에 대해선 아무것도 모르오. 영웅적인 절규를 발해야 하는 것은 우리지 동양은 아니오."라고 말한 바 있다. 따라서 햄릿이나 리어가 비극적인 존재로 될 수 있었던 것은 절망적 상황에 대해 맞서면서도 해결에 이르지 못한 상태 때문이었다. 따라서 절망적 상황을 극적으로 해결했다는 것은 글쓴이의 입장으로 적절하지 않다.

[13~15] 다음 글을 읽고 물음에 답하시오.

서양 근대 윤리학에서 칸트의 도덕 철학과 헤겔의 윤리 이론은 각기 도덕성과 인륜성의 개념으로 대표되며 오늘날에도 여전히 논란거리를 제공하고 있다.

이 가운데 칸트의 도덕 철학이 갖는 우선적 목표는 '보편도덕'을 확립하는 것이다. 그는 신과 같은 초월적 존재의 권위에 기대지 않고, 인간 존재에게 '이성'이 그 자체로 이미 주어졌다는 사실에 의거하여 '보편도덕'을 세운다. 그는 인간과 도덕으로부터 ⊙경험 세계의 모든 우연적 요소들을 제거한다. 인간이 피와 살을 가진 물리적 세계의 존재이고, 감정이나 취향과 같은 경향성을 가지며, 다른 사람들과 함께 살아가는 존재라는 사실을 모두 소거한다. 이로써 인간이 이성적 존재라는 단 하나의 사실에 초점을 맞춘다. '이성' 이외에 그 어떤 것도 필요로 하지 않는 '의지'의 개념을 도출하고 그것을 '이성적 의지'라고 부른다. 이성적 의지는 순수한 의지이며 자유로운 의지이자 자율적 의지이다. 여기서 자유란 스스로 법칙을 제정하고 동시에 자신이 제정한 법칙에 스스로 예속되는 '자기입법'과 '자기예속'으로서 '자율'의 능력을 의미한다. 그리고 행위를 강제하는 의무는 ⓒ'법칙에 대한 존경으로부터 생겨난 행위의 필연성'에서 비롯하며, 도덕적 행위의 유일한 판단 기준이 된다.

'이성적 주체'로서 개인은 인류 전체를 대표하고 나아가서 모든 이성적 존재를 대변할 수 있는 '자기 완결적' 존재이고, 그의 주관적 행위 원리인 준칙이 도덕 세계의 필연적 보편 법칙이 됨으로써 ⓒ도덕적 주체가 된다. 칸트는 도덕 원리이자 의무를 ⓔ'정언명법'이라 부르며 다음과 같이 정식화한다. "네 의지의 준칙이 동시에 보편적 입법의 원리로서 타당하도록 행위하라." 이에 따르면 도덕성의 핵심은 ⓜ'보편화 가능성'에 있다.

헤겔은 칸트의 도덕성 개념을 비판 하며 '윤리적 삶'의 가치를 높이 평가한다. 윤리적 삶은 진정한 자유의 실현이며, 이는 끝없이 전진하는 자기의식이 도달하는 지점이다. 도덕적 질서와 달리 윤리적 질서는 실재하는 내용을 지닌다. 그리하여 추상적인 또는 형식적인 이성의 원리에 기초하여 무엇이 의무인지 결정할 수 없는 어려움이 윤리의 수준에서는 사라진다. 가족이나 시민사회, 국가와 같은 윤리적 공동체에 참여한다는 것은, 인간 본성의 이성적인 본질이 외적으로 실현되는 것이며, 이 공동체의 구성원으로서 특정 역할을 받아들여 그에 따른 의무와 책임을 인정하게 됨을 의미한다. 그리고 각자가 지닌 특수한 의지가 보편적 의지로서의 윤리적 질서와 일치하게 됨을 확인하기만 하면, 윤리적 질서 안에서 의무와 권리는 하나가 되어 의무는 더 이상 강제가 아니게 된다.

헤겔은 윤리적 삶의 영역을 ⓐ인륜이라 부른다. 인륜이 발전하는 계기는 세 단계로 이루어진다. 첫 번째 단계는 가족이다. 개인은 가족을 통해서 윤리적 삶으로 들어간다. 가족 안에서 개체성에 대한 자기의식을 비로소 얻게 되며 독립적인 개인이 아니라 가족의 한 구성원임을 알게 되고, 부부 간 그리고 부모와 자식 간에 존재하는 권리와 의무를 받아들이게 된다. 두 번째 단계는 시민사회이다. 시민사회는 스스로 존재하는 개인들의 필요에 따른 연합과 법률적 체계화 그리고 그들의 특수한 공통 이익을 얻기 위한 외적인 조직체를 통해서 발생한다. 개인은 자기 자신의 실재하는 정신이 시민사회 안에 구체화되어 있음을 발견할 때, 일정 수준의 자유에 도달한다. 시민사회에서 개인은 각자의 사회적 지위에 따라 특수하게 구체화된 존재이지만, 법적 체계에서는 모두 동등한 권리를 지닌 존재이다. 세 번째 단계는 국가이다. 개인의 개체성과 특수한 관심은 자신의 완전한 발전의 성취와 권리의 분명한 인식을 추구한다. 이와 함께 개인은 자기 이익을 넘어서서 보편의 이익과 일치하려 하며, 보편을 인식하고 의욕하려 한다. 개인이 국가 안에서 진정한 개체성을 지니고 보편을 자기 자신의 실재하는 정신으로 인식하며 보편을 자신의 목표로 간주하여 적극적으로 추구할 때, 국가란 그에게 자유의 실현이 된다.

13.

㉠~㉤에 관한 설명으로 가장 적절한 것은?

① ㉠을 제거하기 위해 도덕적 주체는 개인적 취향, 전통과 관행, 추론 능력과 무관하게 도덕 법칙을 정초한다.
② ㉡에 따른 행위란 이성의 요구에 따라 우리가 하여야 할 바를 행하는 것으로 이런 행위만 진정한 도덕적 행위가 된다.
③ ㉢은 외부의 사건이나 다른 행위자가 원인이 되어 행위를 하지 않으며 자신의 경향성을 행위의 동기로 한다.
④ ㉣은 '네가 어떤 목적을 성취하고 싶다면 그 목적에 맞는 수단으로 행위하면 된다'는 뜻이다.
⑤ ㉤을 통해 초월적 존재에 의해 선험적으로 주어진 권위로부터 행위의 도덕성이 확보된다.

문항 성격 문항유형 : 정보의 확인과 재구성
내용영역 : 규범

평가 목표 이 문항은 칸트의 도덕철학의 핵심적 개념을 설명한 제시문으로부터 정보를 확인하여 선택지의 진위를 판단할 수 있는 능력을 평가하는 문항이다.

문제 풀이 정답 : ②

칸트의 도덕성에 관한 다섯 가지 개념을 제시문의 해당 부분 내용을 조회하여 파악하도록 한다.

정답 해설 ② 제시문 두 번째 단락 "행위를 강제하는 의무는 '법칙에 대한 존경으로부터 생겨난 행위의 필연성'에서 비롯하며, 도덕적 행위의 유일한 판단 기준이 된다."에 따르면, '법칙에 대한 존경으로부터 생겨난 행위의 필연성'은 의무이고 의무만이 행위를 도덕적 행위로 만드는 유일한 기준이다.

오답 해설 ① 제시문 두 번째 단락 "그는 인간과 도덕으로부터 경험 세계의 모든 우연적 요소들을 제거한다. 인간이 피와 살을 가진 물리적 세계의 존재이고, 감정이나 취향과 같은 경향성을 가지며, 다른 사람들과 함께 살아가는 존재라는 사실을 모두 소거한다. 이로써 인간이 이성적 존재라는 단 하나의 사실에 초점을 맞춘다."에 따르면, 이성에 속하는 추론 능력을 도덕 주체로부터 제거해서는 안 된다.

③ 제시문 두 번째 단락 "인간이 피와 살을 가진 물리적 세계의 존재이고, 감정이나 취향과 같은 경향성을 가지며, 다른 사람들과 함께 살아가는 존재라는 사실을

모두 소거한다."에 따르면, 도덕적 주체는 경향성에 따른 행위를 하지 않아야 하며, 따라서 경향성을 행위의 동기로 삼을 수도 없다.

④ 제시문 세 번째 단락 "칸트는 도덕 원리이자 의무를 '정언명법'이라 부르며 다음과 같이 정식화한다. "네 의지의 준칙이 동시에 보편적 입법의 원리로서 타당하도록 행위하라." 이에 따르면 도덕성의 핵심은 '보편화 가능성'에 있다."에 따르면, 정언명법은 아무 다른 조건 없이 다만 의지의 준칙이 보편적 입법의 원리로 타당할 것만을 요구하고 있다. 반면에 "네가 어떤 목적을 성취하고 싶다면 그렇게 행위하라."는 명령은 '네가 어떤 목적을 성취하고 싶다면'이라는 조건이 붙어 있다. 따라서 이는 '정언명법'에 대한 설명이 아니라 조건이 따라 붙는 가언적 명령에 대한 설명이다.

⑤ 제시문 두 번째 단락 "그는 신과 같은 초월적 존재의 권위에 기대지 않고, 인간 존재에게 '이성'이 그 자체로 이미 주어졌다는 사실에 의거하여 '보편도덕'을 세운다."에 따르면, 도덕 혹은 도덕성은 초월적 존재의 권위에 기대지 않고 오직 그 자체로 이미 주어진 이성에 의거하여 구성된다. 또한 제시문 세 번째 단락에 따르면, 보편화 가능성이란 준칙이 보편법칙이 되는 것으로 내 행위의 원리가 모든 이성적 존재의 행위 원리가 될 수 있는 것을 말한다. 따라서 보편화 가능성을 통해 초월적 존재에 의해 선험적으로 주어진 권위로부터 행위의 도덕성이 확보된다는 설명은 적절하지 않다.

14.

비판 의 내용으로 적절하지 않은 것은?

① 이성의 형식에만 호소하기에 이성의 내용을 실질적으로 갖추지 못하고 있다.
② 도덕 원리를 구성할 때 의무와 권리를 함께 고려하지 않고 일방적으로 의무를 부각하고 있다.
③ 인간의 자유를 이성적 존재의 보편성으로 한정하여 윤리적 삶의 구체적인 자유를 설명하지 못하고 있다.
④ 인간에게 본성으로 주어진 이성 능력을 발휘하여 보편의지를 함양하는 과정에 논증이 편중되어 균형을 잃고 있다.
⑤ 고립적인 자기동일성의 차원에 머무름으로써 윤리적 삶의 각 단계를 거쳐 자기의식에 도달하는 자아 형성의 가능성을 도외시하고 있다.

문항 성격 문항유형 : 정보의 평가와 적용

내용영역 : 규범

평가 목표 이 문항은 헤겔의 관점을 적용하여 칸트의 도덕 철학에 대해 적절하게 비판할 수 있는지 평가하는 문항이다.

문제 풀이 정답 : ④

헤겔의 윤리적 삶은 실재하는 내용을 지닌다. 가족이나 시민사회, 국가와 같은 윤리적 공동체에 참여한다는 것은 공동체의 구성원으로서 특정 역할을 받아들여 그에 따른 의무와 책임을 인정하는 것이다. 각자가 지닌 특수한 의지가 보편적 의지로서의 윤리적 질서와 일치함을 확인하기만 하면, 윤리적 질서 안에서 의무와 권리는 하나가 되어 의무는 더 이상 강제가 아니게 된다. 그 결과 윤리적 삶은 진정한 자유의 실현이며, 이는 끝없이 전진하는 자기의식이 도달하는 지점이다. 헤겔의 이러한 입장으로부터 그가 칸트의 도덕 철학을 추상적인 또는 형식적인 이성의 원리에 기초하여 무엇이 의무인지 결정할 수 없으며, 독립적인 자기 완결성에 한정되어 있음을 비판하고 있음을 추론할 수 있다.

정답 해설 ④ 제시문 두 번째 단락 "인간 존재에게 '이성'이 그 자체로 이미 주어졌다는 사실에 의거하여 '보편도덕'을 세운다. 그는 인간과 도덕으로부터 경험 세계의 모든 우연적 요소들을 제거한다."와 세 번째 단락 "'이성적 주체'로서 개인은 인류 전체를 대표하고 나아가서 모든 이성적 존재를 대변할 수 있는 '자기 완결적' 존재이고, 그의 주관적 행위 원리인 준칙이 도덕 세계의 필연적 보편 법칙이 됨으로써 도덕적 주체가 된다."는 칸트와 관련한 내용으로 여기에 따르면, 이성에 의거한 보편성은 함양하는 것이 아니라 그 자체로 이미 주어져 있는 것이다. 한편 제시문 네 번째 단락 "도덕적 질서와 달리 윤리적 질서는 실재하는 내용을 지닌다. 그리하여 추상적인 또는 형식적인 이성의 원리에 기초하여 무엇이 의무인지 결정할 수 없는 어려움이 윤리의 수준에서는 사라진다."는 헤겔 관련 내용으로 이에 따르면, 헤겔은 칸트의 도덕성에 대해 이성의 능력의 한계를 간과하고 있음을 비판하는 것이 아니라 이성이 형식적이고 추상적으로 한계 지워져 있음을 비판하고 있음을 알 수 있다.

오답 해설 ① 제시문 네 번째 단락 "헤겔은 칸트의 도덕성 개념을 비판하며 '윤리적 삶'의 가치를 높이 평가한다. 윤리적 삶은 진정한 자유의 실현이며, 이는 끝없이 전진하는 자기의식이 도달하는 지점이다. 도덕적 질서와 달리 윤리적 질서는 실재하는 내용을 지닌다. 그리하여 추상적인 또는 형식적인 이성의 원리에 기초하여 무엇이 의무인지 결정할 수 없는 어려움이 윤리의 수준에서는 사라진다."에 따르면, 헤겔은 칸트의 도덕적 질서가 형식적인 이성의 원리에 기초한 까닭에 이성의 내용으로 무엇이 의무인지 결정할 수 없는 어려움이 따른다고 보고 있음을 알 수 있다. 따라서 이 선택지는 비판으로 적절하다.

② 칸트에 따르면, 도덕적 행위는 의무에 따른 행위에 한정된다. 그런데 제시문 네 번째 단락 "가족이나 시민사회, 국가와 같은 윤리적 공동체에 참여한다는 것은, 인간 본성의 이성적인 본질이 외적으로 실현되는 것이며, 이 공동체의 구성원으로서 특정 역할을 받아들여 그에 따른 의무와 책임을 인정하게 됨을 의미한다. 그리고 각자가 지닌 특수한 의지가 보편적 의지로서의 윤리적 질서와 일치하게 됨을 확인하기만 하면, 윤리적 질서 안에서 의무와 권리는 하나가 되어 의무는 더 이상 강제가 아니게 된다."에 따르면, 헤겔은 의무와 권리를 함께 고려하고 있음을 알 수 있다. 따라서 이 선택지는 비판으로 적절하다.

③ 제시문 두 번째 단락에 따르면, 칸트는 이성적 존재의 이성적 의지는 자유로운 의지와 같은 것으로, 이성 곧 자유에 의거하여 도덕의 보편성이 성립한다고 파악하고 있음을 알 수 있다. 그런데 제시문 네 번째 단락 "윤리적 삶은 진정한 자유의 실현이며, 이는 끝없이 전진하는 자기의식이 도달하는 지점이다. 도덕적 질서와 달리 윤리적 질서는 실재하는 내용을 지닌다."와 "이 공동체의 구성원으로서 특정 역할을 받아들여 그에 따른 의무와 책임을 인정하게 됨을 의미한다. 그리고 각자가 지닌 특수한 의지가 보편적 의지로서의 윤리적 질서와 일치함을 확인하기만 하면, 윤리적 질서 안에서 의무와 권리는 하나가 되어 의무는 더 이상 강제가 아니게 된다.", 그리고 마지막 단락 "개인이 국가 안에서 진정한 개체성을 지니고 보편을 자기 자신의 실재하는 정신으로 인식하며 보편을 자신의 목표로 간주하여 적극적으로 추구할 때, 국가란 그에게 자유의 실현이 된다."에서, 헤겔은 윤리적 삶 속의 윤리적 질서는 실재하는 내용을 지니고 있을 뿐더러 이 내용은 구체적임을 부연설명하고 있음을 알 수 있다. 따라서 이 선택지는 비판으로 적절하다.

⑤ 제시문 두 번째와 세 번째 단락에서, 칸트는 인간은 이성이 그 자체로 이미 주어져 있고, 이성적 존재로서 '자기 완결적'이어서 다른 어떤 것을 필요로 하지 않는 주체로 보고 있음을 알 수 있다. 그런데 제시문 네 번째와 마지막 단락에서, 헤겔은 윤리적 삶은 가족에서 시작하여 시민사회와 국가로 단계가 발전함에 따라 끝없이 전진하는 자기의식이 도달하는 지점으로 파악하고 있음을 확인할 수 있다. 따라서 이 선택지는 비판으로 적절하다.

15.

ⓐ에 대한 설명으로 적절하지 <u>않은</u> 것은?

① 가족의 단계에서 자녀들은 양육될 권리를 지닌다.
② 시민사회의 단계에서 모든 구성원들의 사회적 지위는 동등하다.
③ 국가의 단계에서 개체성은 사유와 구체적 현실 모두에서 보편성으로 통일된다.
④ 시민사회보다 국가에서 개인의 자유는 고양된 형태로 구현된다.
⑤ 가족, 시민사회, 국가는 이성이 외적으로 발현되는 단계들을 나타낸다.

문항 성격	문항유형 : 정보의 확인과 재구성
	내용영역 : 규범
평가 목표	이 문항은 헤겔의 인륜성의 계기인 가족, 시민사회, 국가에 대한 설명으로부터 정보를 확인하고 재구성하는 능력을 평가하는 문항이다.
문제 풀이	정답 : ②

인륜의 계기인 가족, 시민사회, 국가는 인간 본성의 이성적인 본질이 외적으로 실현되는 것으로, 이 계기는 단계적으로 발전한다. 가족을 통해서 개인은 부부 간 그리고 부모와 자식 간에 존재하는 권리와 의무를 받아들이게 된다. 이로부터 부모가 자식을 양육해야 할 의무가 따름을 추론할 수 있다. 시민사회에서 개인은 각자의 사회적 지위에 따라 특수하게 구체화된 존재이지만 법적 체계에서는 모두 동등한 권리를 지닌 존재이다. 이로부터 개인의 사회적 지위가 동등하지 않음을 확인할 수 있다. 국가 안에서 개인은 진정한 개체성을 지니고 현실적으로 보편을 자기 자신의 실재하는 정신으로 인식하며 보편을 자신의 목표로 간주하여 추구한다.

정답 해설	② 제시문 마지막 단락 "시민사회에서 개인은 각자의 사회적 지위에 따라 특수하게 구체화된 존재이지만, 법적 체계에서는 모두 동등한 권리를 지닌 존재이다."로부터 적절하지 않음을 쉽게 확인할 수 있다.
오답 해설	① 제시문 마지막 단락으로부터 가족 안에서 부모와 자식 간에는 권리와 의무가 있으며 윤리적 공동체의 질서는 실재하는 내용을 가지므로, 부모가 자식에게 지는 의무로서 자식의 양육은 가장 기본적인 의무임을 추론할 수 있다.
	③ 제시문 마지막 단락으로부터 국가에서 개인은 진정성을 지니고 보편을 자기 자신의 실재하는 정신으로 인식한다고 함으로써, 개체성이 '실재하는 구체적 현실'에서 그리고 정신으로서 '사유'의 측면에서 모두 보편성이 됨을 알 수 있다.

④ 제시문 마지막 단락 "인류가 발전하는 계기는 세 단계로 이루어진다. 첫 번째 단계는 가족이다. …… 두 번째 단계는 시민사회이다. …… 개인은 자기 자신의 실재하는 정신이 시민사회 안에 구체화되어 있음을 발견할 때, 일정 수준의 자유에 도달한다. …… 세 번째 단계는 국가이다. …… 개인이 국가 안에서 진정한 개체성을 지니고 보편을 자기 자신의 실재하는 정신으로 인식하며 보편을 자신의 목표로 간주하여 적극적으로 추구할 때, 국가란 그에게 자유의 실현이 된다."로부터 시민사회는 일정 수준의 자유를 그리고 국가는 시민사회와 같은 제한이 따르지 않는 자유를 실현할 수 있게끔 발전한다는 것을 알 수 있다.

⑤ 제시문 네 번째 단락 "가족이나 시민사회, 국가와 같은 윤리적 공동체에 참여한다는 것은, 인간 본성의 이성적인 본질이 외적으로 실현되는 것이며, 이 공동체의 구성원으로서 특정 역할을 받아들여 그에 따른 의무와 책임을 인정하게 됨을 의미한다."와 마지막 단락 "인류가 발전하는 계기는 세 단계로 이루어진다."로부터 윤리적 공동체이자 인류의 계기인 가족, 시민사회, 국가는 인간 본성의 이성적인 본질이 외적으로 실현되는 것임을 알 수 있다.

[16~18] 다음 글을 읽고 물음에 답하시오.

일반적이고 추상적인 형태의 법을 개별 사례에 적용하려 한다면 이른바 해석을 통해 법의 의미 내용을 구체화하는 작업이 필요하다. 어떤 새로운 사례가 특정한 법의 규율을 받는지 판단하기 위해서는 선례들, 즉 이미 의심의 여지없이 그 법의 규율을 받는 것으로 인정된 사례들과 비교해 볼 필요가 있는데, 그러한 비교 사례들을 제공할 뿐 아니라 구체적으로 어떤 비교 관점이 중요한지를 결정하는 것도 바로 해석 의 몫이다.

넓은 의미에서는 법이 명료한 개념들로 쓰인 경우에 벌어지는 가장 단순한 법의 적용조차도 해석의 결과라 할 수 있지만, 일반적으로 문제 되는 것은 법이 불확정적인 개념이나 근본적으로 규범적인 개념, 혹은 재량적 판단을 허용하는 개념 등을 포함하고 있어 그것의 적용이 법문의 가능한 의미 범위 내에서 이루어지고 있는지 여부가 다투어질 경우이다. 그러한 범위 내에서 이루어지는 해석적 시도는 당연히 허용되지만, 그것을 넘어선 시도에 대해서는 과연 그 같은 시도가 정당화될 수 있는지를 따로 살펴봐야 한다.

하지만 언어가 가지는 의미는 고정되어 있는 것이 아니기 때문에, 애초에 법문의 가능한 의미 범위라는 것은 존재하지 않는다고 볼 수도 있다. 따라서 그것을 기준선으로 삼아, 당연히 허용되는 '법의 발견'과 별도의 정당화를 요하는 이른바 '법의 형성'을 구분 짓는 태도 또한 논란으로부터 자유롭다고 말할 수는 없다. 더욱이 가장 단순한 것에서 매우 논쟁적인 것까지 모든 법의 적용이 해석적 시도의 결과라는 공통점을 지니고 있는 한, 기준선의 어느 쪽에서 이루어지는 것이든 법의 의미 내용을 구체화하려는 활동의 본질에는 차이가 없을 것이다.

예컨대 법의 발견과 형성 과정에서 동일하게 법의 축소와 확장을 두고 고민하게 된다. 이를 통해서 특정 사례에 그 법의 손길이 미치는지 여부가 결정될 것이기 때문이다. 다만 그것이 법문의 가능한 의미 범위 내에서 이루어지는 경우와, 법의 흠결을 보충하기 위해 불가피하게 그 범위를 넘어서는 경우의 구분에 좀 더 주목하는 견해가 있을 뿐이다. 이렇게 보면 결국 법의 적용을 위한 해석적 시도란 법문의 가능한 의미 범위 안팎에서 법을 줄이거나 늘림으로써 그것이 특정 사례를 규율하는지 여부를 정하려는 것이라 할 수 있다.

흥미로운 점은 ㉠법의 축소와 확장이라는 개념마저 그다지 분명한 것이 아니라는 데 있다. 특히 형벌 법규와 관련해서는 가벌성의 범위가 줄어들거나 늘어나는 것을 가리킬 경우가 있는가 하면, 법규의 적용 범위가 좁아지거나 넓어지는 것을 지칭할 경우도 있다. 혹은 법문의 의미와 관련하여 언어적으로 매우 엄격하게 새기는 것을 축소로 보는가 하면, 명시되지 않은 요건을 덧붙이게 되는 탓에 확장이라 일컫기도 한다. 한편 이른바 법의 실질적 의미에 비추어 시민적 자유와 권리에 제약을 가하거나 법적인 원칙에 예외를 두는 것을 축소로 표현하기도 하며, 학설에 따라서는 입법자의 의사나 법 그 자체의 목적과 비교함으로써 축소와 확장을 판정하기도 한다.

가령 법은 단순히 '자수를 하면 형을 면제한다'라고만 정하고 있는데, 이를 '범행이 발각된 후에 수사기관에 자진 출두하는 것은 자수에 해당하지 않는다'라고 새기는 경우를 생각해 보자. 그러한 해석적 시도는 가벌성을 넓힌다는 점에서는 확장이지만, 법규의 적용 범위를 좁힌다는 점에서는 축소에 해당한다. 한편 자수의 일차적이고도 엄격한 의미는 '범행 발각 전'의 그것만을 뜻한다고 할 수 있다면, 그와 같은 측면에서는 법문의 의미를 축소하는 것이지만, 형의 면제 요건으로 단순히 자수 이외에 '범행 발각 전'이라고 하는 명시되지 않은 요소를 추가하여 법문의 의미를 파악하고 있는 점에서는 확장이다. 나아가 형의 면제 기회가 줄어드는 만큼 시민적 자유의 제약을 초래한다는 점에서는 축소이지만, 자수를 통한 형의 면제가 어디까지나 자신의 행위 결과에 대하여 책임을 져야 한다는 대원칙의 예외에 불과하다면, 그와 같은 예외의 폭을 줄이고 원칙으로 수렴한다는 점에서는 확장이라 말할 수 있다.

이렇듯 법의 해석과 적용을 인도하는 주요 개념들, 즉 법문의 가능한 의미 범위 및 그 안팎에서 시도되는 법의 축소와 확장은 대체로 정체가 불분명할 뿐 아니라 그 존재론적 기초를 의심받기도 하지만, 여전히 많은 학설과 판례가 이들의 도구적 가치를 긍정하고 있다. 그것은 규범적 정당성과 실천적 유용성을 함께 추구하는 법의 논리가 법적 사고의 과정 자체에 남긴 유산인 것이다.

16.

[해석]에 관한 윗글의 입장과 일치하는 것은?

① 법의 발견과 법의 형성 사이에 본질적인 차이는 없다.
② 법의 해석은 법의 흠결을 보충하는 활동에서 비롯한다.
③ 법문의 가능한 의미 범위를 넘어선 해석적 시도는 정당화될 수 없다.
④ 법문이 명료한 개념들로만 쓰인 경우라면 해석이 개입할 여지가 없다.
⑤ 법이 재량적 판단을 허용하는 개념을 도입함으로써 해석적 논란을 차단할 수 있다.

문항 성격	문항유형 : 의도, 관점, 입장 파악
	내용영역 : 규범
평가 목표	이 문항은 법학방법론의 기본이라 할 수 있는 법의 해석과 적용 문제에 관한 학설 내용을 제시문의 입장에서 정확히 파악하고 있는지 평가하는 문항이다.
문제 풀이	정답 : ①

기본적으로 넓은 의미의 해석 개념에 의존하면서, 법의 적용을 위해서는 언제나 해석이 필요하다는 입장을 취하고 있는 제시문의 입장은 법의 발견과 법의 형성 사이에 본질적인 차이는 없다고 본다. 하지만 법의 형성의 경우는 법의 흠결을 보충하는 작업을 수반하고, 그러한 작업이 적절한 것이었음을 보여주기 위한 정당화의 요구가 뒤따른다는 점에서 일부 구별되는 점도 있다.

정답 해설 ① "법문의 가능한 의미 범위"라는 기준선을 경계로 하여 일견 법이 발견과 법이 형성을 구별하기는 하지만 그것은 모두 해석적 시도의 결과라는 공통점을 지니며, 법의 의미 내용을 구체화하려는 활동의 본질에는 차이가 없다는 것이 제시문의 입장이다. 기준선의 어느 쪽에서 이루어지는 것이든 법의 의미 내용을 구체화하려는 활동의 본질에는 차이가 없을 것이다.

오답 해설 ② 법의 해석은 일반·추상적인 법 규범을 구체적인 사례에 적용하는 과정에서 반드시 거쳐야 하는 것이다. 특히 제시문의 입장에서는 가장 단순한 법의 적용도 해석의 과정을 거친 결과로 보고 있다. 따라서 법문의 가능한 의미 범위를 넘어서 법의 흠결을 보충하기 위한 법의 형성 과정에 이르지 않고서도 해석은 이루어진다.

③ 법문의 가능한 의미 범위를 넘어서 해석적 시도가 이루어지는 경우는 불가피하게 그래야 한다는 점에 대한 정당화가 수반되어야 한다. 이는 그러한 시도가 원천적으로 정당화될 수 없다는 단정과는 구별해야 하며, 필요·적절한 상황에서

불가피하게 이루어진 그러한 시도는 충분히 정당화될 수 있다는 것이 제시문의 입장이다.

④ 법문이 명료한 개념들로 쓰여 가장 단순하게 법의 적용만이 문제되는 경우조차도 제시문은 넓은 의미의 해석 개념에 포함되는 것으로 파악하고 있다. 이는 여전히 일반·추상적인 법 규범을 구체적인 사례에 적용하는 과정에서 반드시 거쳐야 하는 것이기 때문이다.

⑤ 제시문에 의하면 법이 불확정적인 개념, 근본적으로 규범적인 개념, 재량적 판단을 허용하는 개념 등을 포함하고 있을 경우에는 그것의 적용 과정에서 다툼이 생기게 된다. 즉 당연히 허용되는 법의 발견과 별도의 정당화를 요하는 법의 형성의 한계선에 대해서도 해석 주체들 사이에서 견해가 일치하지 않을 것이기 때문이다.

17.
윗글을 바탕으로 〈보기〉의 견해를 평가한 것으로 적절하지 <u>않은</u> 것은?

보 기

　엄밀히 말해서 모든 면에서 동일한 두 사례란 있을 수 없다. 다양한 사례들은 서로 어떤 면에서는 유사하지만, 다른 면에서는 그렇지 않다. 따라서 법관이 참조하는 과거의 유사 사례들 중 해결해야 할 새로운 사례와 동일한 사례는 어떤 것도 없으며, 심지어 제한적인 유사성 탓에 서로 상반된 해결 지침을 제시하기 일쑤다. 법관의 역할이란 결국 어느 유사 사례가 관련성이 더 높은지를 정하는 데 있으며, 사례 비교를 통한 법의 구체화란 과거의 유사 사례들로부터 새로운 사례에 적용할 지혜를 빌리는 일일 뿐이다. 진정한 의미에서 법관을 구속하는 선례는 없으며, 법의 해석이라는 것은 실상 유추에 불과한 것이다.

① 법의 발견에 대해 추가적 정당화를 요구하고 있다.
② 법관의 임의적인 법 적용을 사실상 허용하고 있다.
③ 규범 대 사례의 관계를 사례 대 사례의 관계로 대체하고 있다.
④ 선례로 확립된 사례들과 단순한 참조 사례들을 구별하지 않고 있다.
⑤ 참조 사례들 간의 차이가 법적으로 의미가 있을지 판단하는 것은 해석의 몫임을 간과하고 있다.

문항유형 : 정보의 평가와 적용

내용영역 : 규범

이 문항은 제시문의 입장에서 〈보기〉의 견해를 적절히 평가할 수 있는지를 점검하고, 특정한 관점이나 원칙의 적용을 통해 문제를 풀어나갈 수 있는지를 확인하고자 하는 문항이다.

정답 : ①

〈보기〉의 주장은 사실 모든 해석 활동이 단지 유사 사례들 사이의 유추에 불과하다는 것이다. 〈보기〉는 전적으로 동일한 두 사례는 존재할 수 없다는 일반적인 관점에서 출발하여, 엄밀한 의미에서 구속적인 선례란 존재할 수 없다고 결론짓는다. 어차피 동일하지 않은 사례들 사이에서 해당 법의 적용 과정에서 법관이 반드시 따라야 하는 것으로서 일반적으로 확립된 선례라는 것은 의미가 없다는 것이다. 이렇게 〈보기〉의 입장은 법관의 창조적인 사례 동원에 주목할 뿐이다. 이러한 〈보기〉의 입장에 대하여 선례의 구속성과 법의 실천적 유용성 및 규범적 정당성에 무게를 두는 제시문의 입장에서 평가한 것의 적절성 여부를 파악해야 한다.

① 〈보기〉의 관점은 제시문에서 법의 발견이라고 부른 활동, 즉 추가적인 정당화 없이 당연히 수행할 수 있는 해석적 활동의 기본적 중요성을 따로 인정하지 않고 있다. 하지만 이것은 모든 해석적 시도에 대하여 별도의 추가적 정당화를 인정한다는 의미에서 그러한 것이 아니라, 반대로 해석이라고 불리는 활동의 가능성을 본질적으로 부정한다는 의미에서 그러한 것이다. 〈보기〉에 의하면 법관의 역할은 단지 유사 사례들 중 관련성이 높은 것을 취사선택하는 데 한정될 뿐이다.

② 〈보기〉의 입장은 결국 구속적 선례를 인정하지 않고, 어차피 모두 다를 수밖에 없는 유사 사례들 사이에서 법관이 취사선택하는 것을 종래 해석이라 불렀던 활동의 본질이라고 보고 있다. 이는 곧 법관의 임의적인 법 적용을 사실상 허용하는 견해라 할 수 있다.

③ 통상 해석을 말할 때 일반·추상적인 법 규범을 구체적·개별적 사례에 적용하는 과정에서 일어나는 활동으로 이해하는데, 〈보기〉의 견해는 단지 법관이 유사 사례들 사이의 관련성을 정하는 과정, 즉 과거의 사례에 비추어 새로운 사례에 대처하는 것만이 가능하다고 본다. 여기에는 사례들 사이의 유사성에 대한 판단만을 인정하는 태도가 전제되어 있다.

④ 〈보기〉는 법관을 구속하는 선례의 존재를 인정하지 않고 있다. 이는 일반적으로 확립된 사례를 구속성 있는 선례로 받아들이는 제시문의 입장과 다르다.

⑤ 〈보기〉는 어떠한 사례도 동일하지 않다는 전제에서 출발하여 구속적인 선례란 있을 수 없다는 결론에 이르고 있다. 그러나 비록 사례들의 사실 관계가 부분적

으로 다를 수밖에 없는 것은 필연적이라 하더라도, 많은 경우의 사실적 차이는 법적인 의미에서 볼 때 그저 무시할 수 있는 것에 불과할 수 있다. 그렇기 때문에 사건의 당사자라는 사실적 요소의 차이에도 불구하고 선례의 구속성이 여전히 인정되는 것이다. 따라서 사례들의 필연적인 불일치성으로부터 곧바로 선례의 존재 불가능성, 고유한 의미의 해석의 불가능성 등의 결론에 도달하는 것은 잘못이며, 오히려 해석을 통해 무의미한 사실적 차이와 의미 있는 차이를 선별해 내는 것이 필요하다고 볼 수 있다. 요컨대 제시문의 입장에서는, 다양한 사례들 사이의 비교 과정이 법의 해석 과정에서 필요하기는 하지만, 법의 해석이 오로지 사례 비교에 불과한 것은 아니며, 그와 같은 개념으로 포착되지 않는 고유한 해석의 몫이 있다는 것을 〈보기〉가 제대로 반영하지 못하고 있다고 평가할 수 있는 것이다.

18.

〈보기〉의 ⓐ에서 ⓑ로의 변화에 대하여 ㉠을 판단할 때, 적절하지 <u>않은</u> 것은?

보 기

"공공연히 사실을 적시하여 사람의 명예를 훼손한 자도, 오로지 공익을 위해 진실한 내용만을 적시했다면 처벌하지 않는다."라는 법은 ⓐ언론의 공익적인 활동을 보호하려는 취지로 제정·적용되었으나, ⓑ이후 점차 일반 시민들에게도 적용되는 것으로 해석되어 왔다.

① 가벌성의 범위를 기준으로 삼으면, 처벌의 대상이 줄어든다는 점에서 법의 축소라고 할 수 있다.
② 시민적 자유의 제약 가능성을 기준으로 삼으면, 시민이 누리는 표현의 자유를 제한한다는 점에서 법의 축소라고 할 수 있다.
③ 법규의 적용 범위를 기준으로 삼으면, 언론에서 일반 시민으로 적용 범위가 넓어진다는 점에서 법의 확장이라고 할 수 있다.
④ 입법자가 의도했던 법의 외연을 기준으로 삼으면, 법의 보호를 받는 대상이 늘어난다는 점에서 법의 확장이라고 할 수 있다.
⑤ 법문에 명시된 요건을 기준으로 삼으면, 명시되지 않은 부가 조건이 더 이상 적용되지 않는다는 점에서 법의 축소라고 할 수 있다.

문항유형 : 정보의 추론과 해석

내용영역 : 규범

평가 목표 이 문항은 법의 축소와 확장 개념의 불명확성 또는 다양성을 이해하고, 그러한 이해를 바탕으로 〈보기〉의 사례에 대한 함의를 도출할 수 있는지 평가하는 문항이다.

문제 풀이 정답 : ②

법의 축소와 확장을 이해하는 기준은 매우 다양할 수 있다. 제시문에서 '자수'의 의미에 관한 예를 통해 설명하고 있는 기준들이 〈보기〉의 사례에 적용될 때의 상황을 추론하여 각각의 기준에 따른 적용이 제대로 이루어진 것인지 여부를 가려내도록 한다.

정답 해설 ② 본래 언론의 공익적 활동에 대해서만 명예훼손을 이유로 한 처벌의 위험을 감수하지 않고 활발하게 활동할 수 있도록 하던 법이 모든 시민들에게도 그러한 면제 혜택을 부여하는 것으로 달리 해석되고 있는 것은, 시민들의 공익적 사실 제보·폭로 활동을 위축시키는 것이 아니라 장려하는 효과가 있다는 점에서 시민적 자유의 제약 가능성을 줄여 주는 것이라 할 수 있다. 따라서 이는 법의 확장이라고 볼 수 있다.

오답 해설 ① 명예훼손 행위를 실제로 할 경우에도 일정한 공익적 판단의 견지에서 처벌받지 않도록 하는 법을 몇몇 언론에 대해서만 적용하다가 모든 시민들에게 확대 적용했다면 이는 가벌성의 관점에서는 범위가 전반적으로 축소될 수 있도록 한 것이므로 법의 축소로 볼 수 있다.

③ 법의 적용 대상이 몇몇 언론에 한정되어 있던 것에서 널리 모든 시민들을 대상으로 넓이지므로 법의 확장이라 할 수 있다.

④ 입법자의 의도는 공익적 언론에 한해서만 면제 사유를 적용하는 것이었는데, 그렇게 되면 이러한 면제 조항의 적용을 받는 대상의 외연은 몇몇 언론에 한정된다. 그런데 이를 모든 일반 시민들에 대해서 확대 적용한다면, 면제 조항의 적용을 받는 대상의 외연은 확장될 것이다.

⑤ 법문에 명시되지 않았던 "공익적 언론"이라는 요소를 초기에는 법문에 추가하여 해석함으로써, 이른바 명시되지 않은 부가 조건의 추가라는 점에서 법의 확장이 이루어지고 있었다고 할 수 있는데, 나중에 더 이상 이러한 부가 조건을 추가하지 않는 것으로 바뀌었기 때문에 명시되지 않은 부가 조건의 제거를 통해 법의 축소가 이루어진 것으로 이해할 수 있다.

사람의 성염색체에는 X와 Y 염색체가 있다. 여성의 난자는 X 염색체만을 갖지만, 남성의 정자는 X나 Y 염색체 중 하나를 갖는다. 인간의 성은 여성의 난자에 X 염색체의 정자가 수정되는지, 아니면 Y 염색체의 정자가 수정되는지에 따라 결정된다. 전자의 경우는 XX 염색체의 여성으로, 후자의 경우는 XY 염색체의 남성으로 발달할 수 있게 된다.

인간과 같이 두 개의 성을 갖는 동물의 경우, 하나의 성이 성 결정의 기본 모델이 된다. 동물은 종류에 따라 기본 모델이 되는 성이 다르다. 조류의 경우 대개 수컷이 기본 모델이지만, 인간을 포함한 포유류의 경우 암컷이 기본 모델이다. ㉠기본 모델이 아닌 성은 성염색체 유전자의 지령에 의해 조절되는 일련의 단계를 거쳐, 개체 발생 과정 중에 기본 모델로부터 파생된다. 따라서 남성의 형성에는 여성 형성을 위한 기본 프로그램 외에도 Y 염색체에 의해 조절되는 추가적인 과정이 필요하다. Y 염색체의 지령에 의해 생성된 남성 호르몬의 작용이 없다면 태아는 여성이 된다.

정자가 난자와 수정된 초기에는 성 결정 과정이 억제되어 일어나지 않는다. 약 6주가 지나면, 고환 또는 난소가 될 단일성선(單一性腺) 한 쌍, 남성 생식 기관인 부고환·정관·정낭으로 발달할 볼프관, 여성 생식 기관인 난관과 자궁으로 발달할 뮐러관이 모두 생겨난다. 볼프관과 뮐러관은 각기 남성과 여성 생식 기관 일부의 발생에만 관련이 있으며, 두 성을 구분하는 외형적인 기관들은 남성과 여성 태아의 특정 공통 조직으로부터 발달한다. 이러한 공통 조직이 남성의 음경과 음낭이 될지, 아니면 여성의 음핵과 음순이 될지는 태아의 발생 과정에서 추가적인 남성 호르몬 신호를 받느냐 받지 못하느냐에 달려 있다.

임신 7주쯤에 Y 염색체에 있는 성 결정 유전자가 단일성선에 남성의 고환 생성을 명령하는 신호를 보내면서 남성 발달 과정의 첫 단계가 시작된다. 단일성선이 고환으로 발달하고 나면, 이후의 남성 발달 과정은 새로 형성된 고환에서 생산되는 호르몬에 의해 조절된다. 적절한 시기에 맞춰 고환에서 분비되는 호르몬 신호가 없다면 태아는 남성의 몸을 발달시키지 못하며, 심지어 정자를 여성에게 전달하는 데 필요한 음경조차 만들어내지 못한다.

고환이 형성되고 나면 고환은 먼저 항뮐러관형성인자를 분비하여 뮐러관을 없애라는 신호를 보낸다. 이 신호에 반응하여 뮐러관이 제거될 수 있는 때는 발생 중 매우 짧은 시기에 국한되기 때문에 이 신호의 전달 시점은 매우 정교하게 조절된다. 그 다음에 고환은 남성 생식기의 발달을 촉진하기 위해 볼프관에 또 다른 신호를 보낸다. 주로 대표적인 남성 호르몬인 테스토스테론이 이 역할을 담당하는데 이 호르몬이 수용체에 결합하면 볼프관은 부고환·정관·정낭으로 발달한다. 이들은 모두 고환에서 음경으로 정자를 내보내는 데 관여하는 기관이다. 만약 적절한 시기에 고환으로부터 이와 같은 호르몬 신호가 볼프관에 전달되지 않으면 볼프관은 임신 후 14주 이내에 저절로 사라진다. 이외에도 테스토스테론이 효소의 작용에 의하여 변화되어 생긴 호르몬인 디하이드로테스토스테론은 전립선, 요도, 음경, 음낭 등과 같은 남성의 생식 기관을 형성하도록 지시한다. 형성된 음낭은 임신 후기에 고환이 복강에서 아래로 내려오면 이를 감싼다. 여성 태아에서 단일성선을 난소로 만드는 변화는 남성 태아보다 늦은 임신 3~4개월쯤에 시작한다. 이 시기에 남성의 생식 기관을 만드는 데 필요한 볼프관은 호르몬 신호 없이도 퇴화되어 사라진다. 여성 신체의 발달은 남성에서처럼 호르몬 신호에 전적으로 의존하지는 않지만, 여성 호르몬인 에스트로젠이 난소의 적절한 발달과 정상적인 기능 수행에 필수적인 요소로 작용한다고 알려져 있다.

19.

윗글의 내용과 일치하는 것은?

① 포유류는 X 염색체가 없으면 수컷이 된다.
② 사람의 고환과 난소는 각기 다른 기관으로부터 발달한다.
③ 항뮐러관형성인자의 분비는 테스토스테론에 의해 촉진된다.
④ Y 염색체에 있는 성 결정 유전자가 없으면 볼프관은 퇴화된다.
⑤ 뮐러관이 먼저 퇴화되고 난 후 Y 염색체의 성 결정 유전자에 의해 고환이 생성된다.

문항 성격	문항유형 : 정보의 확인과 재구성
	내용영역 : 과학기술
평가 목표	이 문항은 동물의 성 분화 과정에 관여하는 성염색체와 호르몬의 역할에 대한 제시문 정보를 확인하여 선택지의 진위를 파악하는 능력을 평가하는 문항이다.
문제 풀이	정답 : ④

인간의 경우 성 발달의 기본 모델은 여성이고, Y 염색체의 성 결정 유전자의 발현으로 단일성선이 고환으로 발달하면서 남성으로의 발달이 시작된다. 고환에서 분비된 항뮐러관형성인자의 작용으로 인해 여성 생식 기관을 만들게 될 뮐러관이 퇴화하고, 역시 고환에서 분비된 테스토스테론에 의해 볼프관이 남성 생식 기관으로 발달하게 된다. 이 점을 유념하여 선택지의 진위를 판단하도록 한다.

정답 해설 ④ 제시문 네 번째 단락 "Y 염색체에 있는 성 결정 유전자가 단일성선에 남성의 고환 생성을 명령하는 신호를 보내면서 남성 발달 과정의 첫 단계가 시작된다."와 다섯 번째 단락 "만약 적절한 시기에 고환으로부터 이와 같은 호르몬 신호가 볼프관에 전달되지 않으면 볼프관은 임신 후 14주 이내에 저절로 사라진다."로부터 Y 염색체의 성 결정 유전자에 의해 고환이 생성되는데, 만약 고환으로부터의 호르몬 신호가 없으면 남성 생식 기관을 만들게 될 볼프관이 퇴화한다는 것을 확인할 수 있다. 따라서 Y 염색체에 있는 성 결정 유전자가 없으면, 고환이 생성되지 않아 고환으로부터의 호르몬 신호도 있을 수 없으므로 볼프관은 퇴화된다.

오답 해설 ① 제시문 첫 번째 단락에서 X 염색체는 포유류 암컷, 수컷이 모두 갖고 있음을 알 수 있다. 두 번째 단락에서 포유류는 암컷이 기본 모델인데, Y 염색체의 지령에 의해 수컷으로의 발달이 개시됨을 알 수 있다.

② 제시문 세 번째 단락에 따르면, 고환과 난소는 모두 단일성선으로부터 발달한다.

③ 제시문 다섯 번째 단락 "고환이 형성되고 나면 고환은 먼저 항뮐러관형성인자를 분비하여 뮐러관을 없애라는 신호를 보낸다. …… 그 다음에 고환은 남성 생식기의 발달을 촉진하기 위해 볼프관에 또 다른 신호를 보낸다. 주로 대표적인 남성 호르몬인 테스토스테론이 이 역할을 담당하는데 이 호르몬이 수용체에 결합하면 볼프관은 부고환·정관·정낭으로 발달한다."로부터 항뮐러관형성인자의 분비가 테스토스테론의 분비보다 선행한다는 것을 알 수 있다.

⑤ 제시문 다섯 번째 단락 "고환이 형성되고 나면 고환은 먼저 항뮐러관형성인자를 분비하여 뮐러관을 없애라는 신호를 보낸다."로부터 고환 생성은 뮐러관 퇴화보다 선행한다는 것을 알 수 있다.

20.
윗글을 바탕으로 〈보기〉의 '사람'에 대해 추론한 것으로 가장 적절한 것은?

보 기

'남성 호르몬 불감성 증후군'을 가진 사람은 XY 염색체를 가지고 있어 항뮐러관형성인자와 테스토스테론을 만들 수 있다. 하지만 이 사람은 남성 호르몬인 테스토스테론과 디하이드로테스토스테론이 결합하는 수용체에 돌연변이가 일어나 남성 호르몬에 반응하지 못하여 음경과 음낭을 만들지 못한다. 그리고 부신에서 생성되는 에스트로젠의 영향을 받아 음핵과 음순이 만들어져 외부 성징은 여성으로 나타난다.

① 몸의 내부에 고환을 가지고 있다.

② 부고환과 정관, 정낭을 가지고 있다.

③ 난소가 생성되어 발달한 후에 배란이 진행된다.

④ Y 염색체의 성 결정 유전자가 발현하지 않는다.

⑤ 뮐러관에서 발달한 여성 내부 생식기관을 가지고 있다.

문항 성격	문항유형 : 정보의 추론과 해석
	내용영역 : 과학기술
평가 목표	이 문항은 테스토스테론을 분비하는 고환을 가지고 있음에도 불구하고 여성의 외부 생식기를 가진 까닭에 외관상 여자로 보이는 사람에 대해 적절히 추론하는 능력을 평가하는 문항이다.
문제 풀이	정답 : ①

제시문과 〈보기〉에 제공된 정보를 조합하면, '남성 호르몬 불감성 증후군'을 가진 사람에 대해 추론한 내용인 선택지들이 적절한지를 어렵지 않게 판단할 수 있다.

정답 해설	① 이 사람은 Y 염색체를 갖고 있으므로 몸의 내부에 고환을 가지고 있다는 것을 추론할 수 있다. 만약 그렇지 않다면, 항뮐러관형성인자와 테스토스테론도 만들 수 없을 것이다.
오답 해설	② 제시문 다섯 번째 단락 "주로 대표적인 남성 호르몬인 테스토스테론이 이 역할을 담당하는데 이 후르모이 수용체에 결합하며 볼프관은 부고환·정관·정낭으로 발달한다."로부터 이 사람은 부고환, 정관, 정낭을 갖고 있지 않다는 사실을 추론할 수 있다. 왜냐하면 돌연변이로 인해 수용체가 남성 호르몬과 결합하지 못하기 때문이다.
	③ Y 염색체의 지령으로 인해 이 사람의 단일성선은 고환이 되므로, 난소는 생성되지 않는다는 것을 알 수 있다.
	④ 이 사람은 테스토스테론을 만들 수 있으므로 고환을 가지고 있다는 것을 알 수 있다. 그런데 고환을 가지고 있기 위해서는 Y 염색체의 성 결정 유전자가 발현해야 한다. 따라서 이 사람의 경우, Y 염색체의 성 결정 유전자가 발현한다는 것을 알 수 있다.
	⑤ 제시문 다섯 번째 단락 "고환이 형성되고 나면 고환은 먼저 항뮐러관형성인자를 분비하여 뮐러관을 없애라는 신호를 보낸다."로부터 이 사람은 뮐러관이 퇴화한 까닭에 뮐러관에서 유래하는 여성 내부 생식기관을 가지고 있지 않다는 것을 추론할 수 있다.

21.

㉠의 이론을 강화하는 내용으로 볼 수 있는 것은?

① 한 마리의 수컷과 여러 마리의 암컷으로 이루어진 물고기 집단에서 수컷을 제거하면 암컷 중 하나가 테스토스테론을 에스트로젠으로 전환하는 효소인 아로마테이즈 유전자의 발현을 줄여 수컷으로 성을 전환한다.

② 붉은귀거북의 경우 28℃ 이하의 온도에서는 수컷만, 31℃ 이상의 온도에서는 암컷만 태어나고 그 중간 온도에서는 암컷과 수컷이 50 : 50의 비율로 태어난다.

③ 제초제 아트라진에 노출된 수컷 개구리는 테스토스테론이 에스트로젠으로 전환되어 암컷 개구리로 성을 전환한다.

④ 생쥐의 수컷 성 결정 유전자를 암컷 수정란에 인위적으로 삽입하면 고환과 음경을 가진 수컷 생쥐로 발달한다.

⑤ 피리새 암컷에 테스토스테론을 인위적으로 투여하면 수컷처럼 노래한다.

문항 성격 문항유형 : 정보의 평가와 적용

내용영역 : 과학기술

평가 목표 이 문항은 사례로 주어진 경험적 증거가 제시문에 소개된 이론을 강화하는지 판단하는 능력을 평가하는 문항이다.

문제 풀이 정답 : ④

선택지에 제시된 각 동물들의 성 결정 과정이 "㉠ 기본 모델이 아닌 성은 성염색체 유전자의 지령에 의해 조절되는 일련의 단계를 거쳐, 개체 발생 과정 중에 기본 모델로부터 파생된다."는 이론에 부합하는지 판단해야 한다. 부합하지 않거나 무관한 선택지는 이 이론을 강화하지 않는다.

정답 해설 ④ 포유류인 생쥐의 기본 모델은 암컷이다. 인위적으로 삽입된 수컷 성 결정 유전자에 의해 수정란이 고환과 음경을 가진 수컷 생쥐로 발달한다는 내용은 ㉠을 잘 뒷받침하므로 ㉠을 강화한다.

오답 해설 ① 이 선택지는 환경의 영향으로 발현 양상이 변하는 유전자에 의하여 물고기의 성이 전환되는 과정을 설명하는 내용으로 성체에서 일어나는 현상에 대한 것이다. 따라서 발생 과정 중의 성 결정을 설명하는 ㉠과는 무관하다.

② 이 선택지는 파충류인 붉은귀거북의 성이 온도라는 환경 요인에 의해 주로 결정된다는 것을 보여주는 내용이다. 실제로 대부분의 거북이는 발생 과정 중 특정 시기의 온도에 따라 성이 결정된다. 암컷과 수컷을 모두 발생 가능하게 하는 중

간 온도에서는 성염색체에 따라 성이 정해지나, 낮은 '수컷' 온도와 높은 '암컷' 온도에서는 온도의 영향력이 염색체의 영향력을 뛰어 넘는다. 따라서 이 선택지는 ㉠을 오히려 약화하는 사례로 볼 수 있다.

③ 이 선택지 또한 환경 요인에 의한 동물 성체의 성 전환을 설명하고 있으므로 발생 과정 중 유전자 발현에 의한 성 결정 이론인 ㉠과는 무관하다.

⑤ 이 선택지는 남성 호르몬 투여에 의해 수컷 행동을 모방하는 현상에 대한 것으로 발생 과정에서의 성 결정과는 무관한 내용이다. 따라서 ㉠과도 아무 관련이 없다.

[22~25] 다음 글을 읽고 물음에 답하시오.

결혼을 하면 자연스럽게 아이를 낳지만, 아이들은 이 세상에 태어남으로써 해를 입을 수도 있다. 원하지 않는 병에 걸릴 수도 있고 험한 세상에서 살아가는 고통을 겪을 수도 있다. 이렇게 출산은 한 인간 존재에게 본인의 동의를 얻지 않은 부담을 지운다. 다른 인간을 존재하게 하여 위험에 처하게 만들 때는 충분한 이유를 가져야 할 도덕적 책임이 있다. 출산이 윤리적인가 하는 문제에 대해, 아이를 낳으면 아이를 기르는 즐거움과 아이가 행복하게 살 것이라는 기대가 있어 아이를 낳아야 한다고 주장하는 사람도 있고, 반면에 아이를 기르는 것은 괴로운 일이며 아이가 이 세상을 행복하게 살 것 같지 않다는 생각으로 아이를 낳지 말아야 한다고 주장하는 사람도 있다. 그러나 이것은 개인의 주관적인 판단에 따른 것이니 이런 근거를 가지고 아이를 낳는 것과 낳지 않는 것 중 어느 한쪽이 더 낫다고 주장할 수는 없다. 철학자 베나타는 이렇게 경험에 의거하는 방법 대신에 쾌락과 고통이 대칭적이지 않다는 논리적 분석을 이용하여, 태어나지 않는 것이 더 낫다고 주장하는 논증을 제시한다.

베나타의 주장은 다음과 같은 생각에 근거한다. 어떤 사람의 인생에 좋은 일이 있을 경우는 그렇지 않은 인생보다 풍요로워지긴 하겠지만, 만일 존재하지 않는 경우라도 존재하지 않는다고 해서 잃을 것은 하나도 없을 것이다. 무엇인가를 잃을 누군가가 애초에 없기 때문이다. 그러나 그 사람은 존재하게 됨으로써 존재하지 않았더라면 일어나지 않았을 심각한 피해로 고통을 받는다. 이 주장에 반대하고 싶은 사람이라면, 부유하고 특권을 누리는 사람들의 혜택은 그들이 겪게 될 해악을 능가할 것이라는 점을 들 것이다. 그러나 베나타의 반론은 선의 부재와 악의 부재 사이에 비대칭이 있다는 주장에 의존하고 있다. 고통 같은 나쁜 것의 부재는 곧 선이다. 그런 선을 실제로 즐길 수 있는 사람이 있을 수 없더라도 어쨌든 그렇다. 반면에 쾌락 같은 좋은 것의 부재는 그 좋은 것을 잃을 누군가가 있을 때에만 나쁘다. 이것은 존재하지 않음으로써 나쁜 것을 피하는 것은 존재함에 비해 진짜 혜택인 반면, 존재하지 않음으로써 좋은 것들이 없어지는 것은 손실이 결코 아니라는 뜻이다. 존재의 쾌락은 아무리 커도 고통을 능가하지 못한다. 베나타의 이런 논증은 아래 〈표〉가 보여주듯 시나리오 A보다 시나리오 B가 낫다고 말한다. 결국 이 세상에 존재하지 않는 것이 훨씬 더 낫다.

〈표〉

시나리오 A : X가 존재한다	시나리오 B : X가 존재하지 않는다
⑴ 고통이 있음 (나쁘다)	⑵ 고통이 없음 (좋다)
⑶ 쾌락이 있음 (좋다)	⑷ 쾌락이 없음 (나쁘지 않다)

베나타의 주장을 반박하려면 선의 부재와 악의 부재 사이에 비대칭이 있다는 주장을 비판해야 한다. ㉠첫 번째 비판을 위해 천만 명이 사는 어떤 나라를 상상해 보자. 그중 오백만 명이 끊임없는 고통에 시달리고 있고, 다른 오백만 명은 행복을 누리고 있다. 이를 본 천사가 신에게 오백만 명의 고통이 지나치게 가혹하다고 조치를 취해 달라고 간청한다. 신도 이에 동의하여 시간을 거꾸로 돌려 불행했던 오백만 명이 고통에 시달리지 않도록 다시 창조했다. 하지만 베나타의 논리에 따르면 신은 시간을 거꾸로 돌려 천만 명이 사는 나라를 아예 존재하지 않게 할 수도 있다. 그러나 신이 천만 명을 아예 존재하지 않게 하는 식으로 천사의 간청을 받아들이면 천사뿐만 아니라 대부분의 사람들은 공포에 질릴 것이다. 이 사고 실험은 베나타의 주장과 달리 선의 부재가 나쁘지 않은 것이 아니라 나쁠 수 있다는 점을 보여 준다. 생명들을 빼앗는 것은 고통을 제거하기 위한 대가로는 지나치게 크다.

첫 번째 비판은 나쁜 일의 부재나 좋은 일의 부재는 그 부재를 경험할 주체가 없는 상황에서조차도 긍정적이거나 부정적인 가치를 지닐 수 있다는 베나타의 전제를 받아들였지만, ㉡두 번째 비판은 그 전제를 비판한다. 평가의 용어들은 간접적으로라도 사람을 언급함으로써만 의미를 지닌다. 그렇다면 좋은 것과 나쁜 것의 부재가 그 부재를 경험할 주체와는 관계없이 의미를 지닌다고 말하는 것은 무의미하고 바람직하지도 않다. 베나타의 이론에서는 '악의 부재'라는 표현이 주체를 절대로 가질 수 없다. 비존재의 맥락에서는 나쁜 것을 피할 개인이 있을 수 없기 때문이다.

만일 베나타의 주장이 옳다면 출산은 절대로 선이 될 수 없으며 출산에 관한 도덕적 성찰은 반드시 출산의 포기로 이어져야 한다. 그리고 우리는 이 세상에 태어나게 해 준 부모에게 감사할 필요가 없게 된다. 따라서 그 주장의 정당성은 비판적으로 논의되어야 한다.

22.

베나타의 생각과 일치하지 <u>않는</u> 것은?

① 누군가에게 해를 끼치는 행위에는 윤리적 책임을 물을 수 있다.
② 아이를 기르는 즐거움은 출산을 정당화하는 근거가 되지 못한다.
③ 태어나지 않는 것보다 태어나는 것이 더 나은 이유가 있어야 한다.
④ 고통보다 행복이 더 많을 것 같은 사람도 태어나게 해서는 안 된다.
⑤ 좋은 것들의 부재는 그 부재를 경험할 사람이 없는 상황에서조차도 악이 될 수 있다.

문항 성격	문항유형 : 주제, 요지, 구조 파악
	내용영역 : 인문
평가 목표	이 문항은 제시문의 핵심 주제를 정확하게 파악하고 있는지 평가하는 문항이다.
문제 풀이	정답 : ⑤

베나타의 생각과 일치하는 바를 찾는다. 제시문 첫 번째 단락에서는 베나타의 주장이 나오게 된 배경이 설명되고 있으므로, 이 단락의 내용 또한 베나타가 동의하고 있다는 점을 놓치면 안 된다.

정답 해설 ⑤ 제시문 두 번째 단락 "반면에 쾌락 같은 좋은 것의 부재는 그 좋은 것을 잃을 누군가가 있을 때에만 나쁘다."에 따르면 이 선택지는 베나타의 생각과 일치하지 않는다.

오답 해설 ① 제시문 첫 번째 단락 "다른 인간을 존재하게 하여 위험에 처하게 만들 때는 충분한 이유를 가져야 할 도덕적 책임이 있다."에서 누군가에게 해를 끼치는 행위에는 윤리적 책임을 물을 수 있다는 것을 알 수 있다.

② 제시문 첫 번째 단락 "출산이 윤리적인가 하는 문제에 대해, 아이를 낳으면 아이를 기르는 즐거움과 아이가 행복하게 살 것이라는 기대가 있어 아이를 낳아야 한다고 주장하는 사람도 있고, 반면에 아이를 기르는 것은 괴로운 일이며 아이가 이 세상을 행복하게 살 것 같지 않다는 생각으로 아이를 낳지 말아야 한다고 주장하는 사람도 있다. 그러나 이것은 개인의 주관적인 판단에 따른 것이니 이런 근거를 가지고 아이를 낳는 것과 낳지 않는 것 중 어느 한쪽이 더 낫다고 주장할 수는 없다."로부터 알 수 있다.

③ 제시문 첫 번째 단락 "다른 인간을 존재하게 하여 위험에 처하게 만들 때는 충분한 이유를 가져야 할 도덕적 책임이 있다."에서 태어나지 않는 것보다 태어나는 것이 더 나은 이유가 있어야 한다는 것을 알 수 있다.

④ 제시문 두 번째 단락 "이 주장에 반대하고 싶은 사람이라면, 부유하고 특권을 누리는 사람들의 혜택은 그들이 겪게 될 해악을 능가할 것이라는 점을 들 것이다. 그러나 베나타의 반론은 선의 부재와 악의 부재 사이에 비대칭이 있다는 주장에 의존하고 있다."로부터 알 수 있다.

23.

베나타가 ㉠에 대해 할 수 있는 재반박으로 가장 적절한 것은?

① 전적으로 고통에 시달리는 사람도, 전적으로 행복을 누리는 사람도 없다.
② 쾌락으로 가득 찬 삶인지 고통에 시달리는 삶인지 구분할 객관적인 방법이 없다.
③ 삶을 지속할 가치가 있는지 묻는 것은 삶을 새로 시작할 가치가 있는지 묻는 것과 다르다.
④ 경험할 개인이 존재하지 않는 까닭에 부재하게 된 쾌락은 이미 존재하는 인간의 삶에 부재하는 쾌락을 능가한다.
⑤ 어떤 사람이 다른 잠재적 인간에게 존재에 따를 위험을 안겨 주는 문제와 어떤 사람이 그런 위험을 스스로 안는가 하는 문제는 동일한 문제가 아니다.

문항 성격	문항유형 : 정보의 확인과 재구성
	내용영역 : 인문
평가 목표	베나타에 대한 첫 번째 비판의 요지를 파악하고 베나타의 입장에서 이에 대해 어떻게 재반박할 것인지를 묻는 문항이다. 이를 통해 논증을 효과적으로 재구성할 수 있는 능력을 평가하고자 한다.
문제 풀이	정답 : ③

첫 번째 비판은 이미 존재하는 천만 명에 대한 사고 실험에 기초하고 있다. 이것이 베나타의 의도와 맞지 않는다는 것을 파악해야 한다.

정답 해설	③ 베나타는 태어나지 않는 것이 더 낫다고 주장하는 논증을 펼치고 있다. 그런데 베나타는 이미 존재하는 사람이 고통을 느낄 때 그들을 존재하지 않게 하는 것에 대해서는 말하지 않고 있다. 그러나 첫 번째 비판은 이미 존재하는 천만 명을 없애는 것에 대한 사고 실험을 통해 "생명들을 빼앗는 것은 고통을 피하기 위한 대가로는 지나치게 크다."라고 주장한다. 따라서 베나타는 자신의 '삶을 새로 시

작할 가치가 있는지 묻는 것'은 첫 번째 비판이 말하는 '삶을 지속할 가치가 있는지 묻는 것'과는 다르다고 재반박을 할 것이다.

오답 해설　① 두 번째 단락에서 "이 주장에 반대하고 싶은 사람이라면, 부유하고 특권을 누리는 사람들의 혜택은 그들이 겪게 될 해악을 능가할 것이라는 점을 들 것이다."에 이어 베나타가 여기에 반대한다고 하고 있다. 따라서 베나타는 행복이 고통보다 얼마나 많으냐와 상관없이 태어나는 것 자체에 반대하므로, 이 진술은 베나타가 할 수 있는 재반박이 아니다.

② 〈표〉에서 보듯이 쾌락과 고통이 있고 없을 때 좋은지 나쁜지가 베나타의 주된 관심 사항이다. 따라서 베나타는 쾌락으로 가득 찬 삶인지 고통에 시달리는 삶인지 구분할 객관적인 방법이 있다고 보므로, 이 진술은 그가 할 수 있는 재반박이 될 수 없다.

④ 베나타의 입장에서 '경험할 개인이 존재하지 않는 까닭에 부재하게 된 쾌락'은 〈표〉의 (4)에서 보듯이 나쁘지 않은 정도다. 그러나 '이미 존재하는 인간의 삶에 부재하는 쾌락'은 〈표〉의 (3)에서 보듯이 좋다. 그러므로 전자가 후자를 능가한다는 것은 베나타의 입장에서 틀린 진술이고, 따라서 이것은 재반박으로 적절하지 않다.

⑤ 첫 번째 단락 "이렇게 출산은 한 인간 존재에게 본인의 동의를 얻지 않은 부담을 지운다."는 어떤 사람이 다른 잠재적 인간에게 존재에 따를 위험을 안겨 주는 문제와 어떤 사람이 그런 위험을 스스로 안는가 하는 문제는 동일한 문제가 아니라는 것을 함축한다. 그런데 이것은 베나타뿐 아니라 첫 번째 비판 또한 동의하는 생각으로 제시문 도입부에 소개되어 있다. 따라서 선택지는 베나타가 할 수 있는 재반박으로 적절하지 않다.

24.

ⓛ이 〈표〉에 대해 생각하는 것으로 가장 적절한 것은?

① (2)와 (4) 모두 좋다고 생각한다.
② (2)와 (4) 모두 좋지도 않고 나쁘지도 않다고 생각한다.
③ (2)는 좋지만 (4)는 좋기도 하고 나쁘기도 하다고 생각한다.
④ (2)는 좋지만 (4)는 좋지도 않고 나쁘지도 않다고 생각한다.
⑤ (2)는 좋기도 하고 나쁘기도 하다고 생각하지만 (4)는 나쁘다고 생각한다.

두 번째 비판이 지니고 있는 의미를 그림으로 표현할 수 있어야 한다. 좋은 것과 나쁜 것의 부재나 회피를 경험할 주체가 없으면 어떻게 되는지 이해해야 한다.

② 두 번째 비판은 "나쁜 일의 부재나 좋은 일의 부재는 그 부재를 경험할 주체가 없는 상황에서조차도 긍정적이거나 부정적인 가치를 지닐 수 있다는 베나타의 전제"를 비판한다고 했다. 즉, "좋은 것과 나쁜 것의 부재가 그 부재를 경험할 주체와는 관계없이 의미를 지닌다고 말하는 것은 무의미하고 바람직하지도 않다."라는 것이다. 따라서 시나리오 B처럼 좋은 것과 나쁜 것의 부재나 회피를 경험할 주체가 없으면, 고통이나 쾌락의 부재, 곧 (2)와 (4)는 좋지도 않고 나쁘지도 않아야 한다.

25.

〈보기〉와 같은 주장의 근거로 가장 적절한 것은?

　다음 두 세계를 상상해 보자. 세계 1에는 갑과 을 단 두 사람만 존재하는데, 갑은 일생 동안 엄청난 고통을 겪고 쾌락은 조금만 경험한다. 반대로 을은 고통을 약간만 겪고 쾌락은 엄청나게 많이 경험한다. 그러나 세계 2에는 갑과 을 모두 존재하지 않는데, 그들의 고통이 없다는 것은 좋은 반면, 그들의 쾌락이 없다는 것은 나쁘지 않다. 베나타에 따르면 세계 2가 갑에게만 아니라 을에게도 언제나 분명히 더 좋다. 그러나 나는 적어도 을에게는 세계 1이 훨씬 더 좋다고 생각한다.

① 나쁜 것이라면 그것이 아무리 작아도 언제나 좋은 것을 능가할 수 있기 때문이다.
② 쾌락은 단순히 고통을 상쇄하는 것이 아니라 고통을 훨씬 능가할 수 있기 때문이다.
③ 고통의 없음은 좋기는 해도 매우 좋지는 않지만 쾌락의 없음은 매우 좋기 때문이다.
④ 인간은 고통이 쾌락에 의해 상쇄되지 않아 고통이 쾌락을 능가하는 시점이 있기 때문이다.

⑤ 고통의 없음은 매우 좋지만 쾌락의 없음은 나쁘기는 해도 매우 나쁜 것은 아니기 때문이다.

내용영역 : 인문

평가 목표   이 문항은 베나타의 논증 및 그에 대한 두 가지 비판의 내용을 〈보기〉에 주어진 제삼의 비판에 적용하여 그것의 논증 구조를 파악하는 능력을 평가하는 문항이다.

문제 풀이   정답 : ②

베나타와는 달리, 〈보기〉는 적어도 을에게는 세계 1(시나리오 A)이 훨씬 더 좋다고 생각한다. 이는 두 논증의 전제가 다르기 때문이다. 베나타에 따르면, 존재의 쾌락은 아무리 커도 고통을 능가하지 못하므로, 을이 고통을 겪는 한 을에게도 세계 2(시나리오 B)가 더 좋다. 〈보기〉의 주장이 성립하기 위해서는 베나타의 전제가 어떤 것으로 대체되어야 할지 생각해 보도록 한다.

정답 해설   ② 쾌락이 단순히 고통을 상쇄하는 것이 아니라 고통을 훨씬 능가할 수 있다면, 다시 말해 쾌락이 있는 정도가 고통이 있는 정도보다 훨씬 높다고 한다면, 〈보기〉에서와 같이 을에게는 세계 1이 훨씬 더 좋다는 주장이 도출된다. 따라서 이 선택지는 〈보기〉 주장의 근거로 적절하다.

오답 해설   ① 나쁜 것이라면 그것이 아무리 작아도 언제나 좋은 것을 능가할 수 있다고 한다면, 쾌락이 있는 정도가 고통이 있는 정도보다 어떤 경우에라도 높을 수 없다.

③ 고통의 없음은 좋기는 해도 심하게 좋지는 않지만 쾌락의 없음은 매우 좋다는 것은 쾌락이 있는 정도가 고통이 있는 정도보다 훨씬 높다는 것과 무관하다.

④ 인간은 고통이 쾌락에 의해 상쇄되지 않아 고통이 쾌락을 능가하는 시점이 있다고 한다면, 쾌락이 있는 정도가 고통이 있는 정도보다 훨씬 높다는 것과는 반대되는 내용이 될 수 있다.

⑤ 고통의 없음은 매우 좋지만, 쾌락의 없음은 나쁘기는 해도 매우 나쁜 것은 아니라는 것은 쾌락이 있는 정도가 고통이 있는 정도보다 훨씬 높다는 것과 무관하다.

[26~29] 다음 글을 읽고 물음에 답하시오.

주어진 조건에서 자신의 이익을 최대화하는 합리적인 경제 주체들의 선택에서 출발하여 경제 현상을 설명하는 신고전파 경제학의 방법론은 오랫동안 경제학에서 주류의 위치를 지켜 왔다. 신고전파 기업 이론은 이 방법론에 기초하여 생산의 주체인 기업이 주어진 생산 비용과 기술, 수요 조건에서 이윤을 극대화하는 생산량을 선택한다고 가정하여 기업의 행동과 그 결과를 분석한다. 그런데 이런 분석은 한 사람의 농부의 행동과, 생산을 위해 다양한 역할을 담당하는 사람들이 참여하는 기업의 행동을 동일한 것으로 다룬다. 이에 대해 여러 의문들이 제기되었고 이를 해결하기 위해 다양한 기업 이론이 제시되었다.

㉠코즈는 가격에 기초하여 분업과 교환이 이루어지는 시장 시스템과 권위에 기초하여 계획과 명령이 이루어지는 기업 시스템은 본질적으로 다르다고 보았다. 이 때문에 그는 모든 활동이 시장에 의해 조정되지 않고 기업이라는 위계 조직을 필요로 하는 이유를 설명해야 한다고 생각했다. 예를 들어 기업이 생산에 필요한 어떤 부품을 직접 만들어 조달할 것인지 아니면 외부에서 구매할 것인지 결정한다고 생각해 보자. 생산 비용 개념만 고려하는 신고전파 기업 이론에 따르면, 분업에 따른 전문화나 규모의 경제를 생각할 때 자체 생산보다 외부 구매가 더 합리적인 선택이다. 생산에 필요한 모든 활동에 이런 논리가 적용된다면 기업이 존재해야 할 이유를 찾기 어렵다. 따라서 기업이 존재하는 이유는 생산 비용이 아닌 ㉡거래 비용에서 찾아야 한다는 것이 코즈의 논리이다.

코즈는 거래 비용을 시장 거래에 수반되는 어려움으로 정의했다. 그리고 수요자와 공급자가 거래할 의사와 능력이 있는 상대방을 만나기 위해 탐색하거나, 서로 가격을 흥정하거나, 교환 조건을 협상하고 합의하여 계약을 맺거나, 계약의 이행을 확인하고 강제하는 모든 과정에서 겪게 되는 어려움을 그 내용으로 들었다. 거래 비용이 너무 커서 분업에 따른 이득을 능가하는 경우에는 외부에서 구매하지 않고 기업 내부에서 자체 조달한다. 다시 말해 시장의 가격이 아니라 기업이라는 위계 조직의 권위에 의해 조정이 이루어진다는 것이다. 코즈가 제시한 거래 비용 개념은 시장 시스템으로만 경제 현상을 이해하지 않는 새로운 방법론의 가능성을 제공했다. 그러나 코즈의 설명은 거래 비용의 발생 원리를 명확하게 제시하지 않았고, 주류적인 경제학 방법론도 '권위'와 같은 개념을 수용할 준비가 되어 있지 않았다.

윌리엄슨은 거래 비용 개념에 입각한 기업 이론을 발전시키기 위해 몇 가지 새로운 개념들을 제시했다. 먼저 '합리성'이라는 가정을 '기회주의'와 '제한적 합리성'이라는 가정으로 대체했다. 경제 주체들은 교활하게 자기 이익을 최대화하고자 하지만, 정보의 양이나 정보 처리 능력 등의 이유로 항상 그렇게 할 수 있는 것은 아니라는 것이다. 그리고 코즈가 시장 거래라고 뭉뚱그려 생각한 것을 윌리엄슨은 현물거래와 계약으로 나누어 설명하면서 계약의 불완전성이란 개념을 제시했다. 계약은 현물거래와 달리 거래의 합의와 이행 사이에 상당한 시간이 걸린다. 그런데 제한적 합리성으로 인해 사람들은 미래에 발생할 수 있는 모든 상황을 예측할 수 없고, 예측한 상황에 대해 모든 대비책을 계산할 수도 없으며, 언어는 원래 모호할 수밖에 없다. 따라서 계약의 이행 정도를 제삼자에게 입증할 수 있는 방식으로 사전에 계약을 맺기 어렵기 때문에 통상적으로 계약에는 빈구석이 있을 수밖에 없다.

상대방이 계약을 이행하지 않을 경우에는, 그가 계약을 이행할 것이라고 신뢰하고 행했던 준비, 즉 관계특수적 투자의 가치는 떨어질 것이다. 이 때문에 윌리엄슨은 계약 이후에는 계약 당사자들 사이의 관계에 근본적인 전환이 일어난다고 말했다. 그 가치가 많이 떨어질수록, 즉 관계특수성이 클수록 계약 후에 상대방이 변화된 상황을 기회주의적으로 활용할 가능성에 대한 우려가 커져 안전장치가 마련되지 않을 경우 관계특수적 투자가 이루어지기 어렵다. 윌리엄슨은 이를 '관계특수적 투자에 따른 속박 문제'라고 부르고, 계약의 불완전성으로 인해 통상적인 수준의 단순한 계약을 통해서는 사전에 이 문제를 방지하기 어렵다고 보았다. 따라서 이 문제가 심각한 결과를 초래하는 경우에는 단순한 계약과는 다른 복잡한 계약을 통해 안전장치를 강구할 것이고, 그런 방식으로도 해결할 수 없다면 아예 자체 조달을 선택할 것이라고 보았다.

이렇게 본다면 안전장치가 필요 없는 거래만 존재하는 상황이 신고전파 경제학이 상정하는 세계이고, 다양한 안전장치를 고려하지 않고 기업의 자체 생산만 대안으로 존재하는 상황이 코즈가 상정하는 세계라고 할 수 있다. 윌리엄슨의 기업 이론 이 거둔 성과 덕분에 거래 비용 경제학이 서서히 경제학 방법론의 주류적 위치를 넘볼 수 있게 되었다.

26.

㉠이 신고전파 기업 이론의 비판을 통해 해결하려고 한 의문으로 가장 적절한 것은?

① 누가 기업의 의사 결정을 담당하는 것이 바람직한가?
② 분석해야 할 기업의 행동에는 생산량의 선택밖에 없는가?
③ 기업에 참여하는 모든 사람들이 기업의 이윤 극대화를 추구하는가?
④ 왜 어떤 활동은 기업 내부에서 일어나고 어떤 활동은 외부에서 일어나는가?
⑤ 다수가 참여하는 기업과 한 사람의 생산자 사이에 생산량의 차이는 없는가?

내용영역 : 사회

평가 목표 이 문항은 코즈가 제기하고 해결하고자 한 의문이 무엇이었는지, 즉 코즈의 의도와 관점을 파악하는 능력을 평가하는 문항이다.

문제 풀이 정답 : ④

신고전파 기업 이론은 한 개인 생산자의 행동과 다수의 사람들이 참여하는 기업의 행동을 동일하게 다룬다. 이에 대해 코즈가 제기하고 해결하고자 한 의문이 무엇이었는지 파악하도록 한다.

정답 해설 ④ 제시문 두 번째 단락에 '코즈의 논리'가 상세히 설명되어 있다. 코즈의 문제의식은 "모든 활동이 시장에 의해 조정되지 않고 기업이라는 위계 조직을 필요로 하는 이유를 설명해야" 하는 것이다. 그에 따르면, "기업이 존재하는 이유는 생산 비용이 아닌 거래 비용에서 찾아야 한다는 것"이다. 따라서 코즈가 신고전파 기업 이론의 비판을 통해 해결하려고 한 의문으로 가장 적절한 것은 "왜 어떤 활동은 기업 내부에서 일어나고 어떤 활동은 외부에서 일어나는가?"이다.

오답 해설 ①, ②, ③, ⑤, 즉 정답을 제외한 모든 선택지는 신고전파 기업 이론에 대해 제기할 수 있는 의문이지만, 코즈가 신고전파 기업 이론과 다른 설명을 제시하기 위해 제기한 의문이라고 볼 수는 없다. 실제로 ①은 재산권 이론이, 그리고 ③은 대리인 이론이 제기한 의문이라고 할 수 있으며 이 이론들은 코즈의 기업 이론과 다른 방향으로 기업 이론을 발전시켰다.

27.

ⓛ에 대한 진술로 가장 적절한 것은?

① 거래량과 반비례 관계이다.
② 현물거래의 경우에는 발생하지 않는다.
③ 계약 제도의 발달을 통해 줄일 수 있다.
④ 기업 내부에서 권위의 행사에 수반되는 비용이다.
⑤ 거래되는 재화의 시장 가치가 확실할수록 더 커진다.

문항 성격 문항유형 : 정보의 추론과 해석

내용영역 : 사회

이 문항은 '거래 비용' 개념에 대한 진술의 진위 여부를 제시문을 통해 추론할 수 있는 능력을 평가하는 문항이다.

문제 풀이 정답 : ③

코즈의 '거래 비용' 개념에 대해서는 제시문 세 번째 단락에서 다음과 같이 설명하고 있다. "코즈는 거래 비용을 시장 거래에 수반되는 어려움으로 정의했다. 그리고 수요자와 공급자가 거래할 의사와 능력이 있는 상대방을 만나기 위해 탐색하거나, 서로 가격을 흥정하거나, 교환 조건을 협상하고 합의하여 계약을 맺거나, 계약의 이행을 확인하고 강제하는 모든 과정에서 겪게 되는 어려움을 그 내용으로 들었다." 이 설명으로부터 합리적인 추론을 통해 선택지의 적절성을 판단해 보도록 한다.

정답 해설 ③ 계약 제도의 발달을 통해 거래 비용에 속하는 "계약을 맺거나 계약의 이행을 확인하고 강제하는 모든 과정에서 겪게 되는 어려움"을 줄일 수 있으므로 적절하다.

오답 해설 ① 거래 비용은 거래에 수반되는 어려움이므로 거래 횟수나 거래 건수에 비례하여 늘어날 것으로 생각할 수 있다. 물론 거래마다 어려움의 정도가 다르므로 거래 건수와 정비례하지는 않을 것이다. 그러나 한 번 거래할 때 거래량이 많든 적든 거래할 때 수반되는 비용은 일정한 경우가 많을 수는 있어도 줄어드는 경우는 없다. 따라서 거래비용이 "거래량과 반비례 관계이다."라는 진술은 적절하지 않다.

② 거래 비용 가운데에는 계약과 관련된 거래 비용도 있지만 수요자와 공급자 사이에 필요한 상대방을 탐색하거나 가격을 흥정하는 것과 같이 계약이든 현물거래이든 상관없이 수반되는 어려움도 있기 때문에 거래 비용이 "현물거래의 경우에는 발생하지 않는다."는 진술은 적절하지 않다.

④ 거래 비용은 시장 거래에 수반되는 어려움이므로 "기업 내부에서 권위의 행사에 수반되는 비용이다."는 진술은 적절하지 않다.

⑤ 거래되는 재화의 시장 가치가 불확실할수록 "서로 가격을 흥정"하는 과정에서 겪는 어려움이 커지므로 거래 비용이 "거래되는 재화의 시장 가치가 확실할수록 더 커진다."는 진술은 적절하지 않다.

28.

보기 윌리엄슨의 기업 이론 에 대한 평가로 적절하지 않은 것은?

① 권위의 원천에 대한 설명을 제시하는 데까지 나아가지는 못했다.
② 경제 주체의 합리성을 대체하는 새로운 가정을 제시하는 수준으로 나아갔다.

③ 현물거래와 자체 생산 이외에도 다양한 계약들이 존재하는 현실을 이해하게 해주었다.

④ 관계특수성이나 계약의 불완전성이 큰 거래일수록 거래 비용이 적어진다는 것을 알게 해주었다.

⑤ 시장 거래를 현물거래와 계약으로 구분하여 새로운 측면에서 거래 비용의 속성을 이해하게 해주었다.

문항 성격	문항유형 : 정보의 평가와 적용
	내용영역 : 사회
평가 목표	이 문항은 윌리엄슨의 기업 이론에 대한 설명을 바탕으로 이 이론의 성과를 적절하게 평가하는지 확인하기 위한 문항이다.
문제 풀이	정답 : ④

코즈의 거래 비용 개념에 입각한 기업 이론에 대한 평가와 윌리엄슨의 기업 이론에 대한 설명을 읽고, 제시된 선택지들이 적절한지 판단하도록 한다.

정답 해설	④ 제시문 다섯 번째 단락 "관계특수성이 클수록 계약 후에 상대방이 변화된 상황을 기회주의적으로 활용할 가능성에 대한 우려가 커져 안전장치가 마련되지 않을 경우 관계특수적 투자가 이루어지기 어렵다."와 "계약의 불완전성으로 인해 통상적인 수준의 단순한 계약을 통해서는 사전에 이 문제를 방지하기 어렵다고 보았다. 따라서 이 문제가 심각한 결과를 초래하는 경우에는 단순한 계약과는 다른 복잡한 계약을 통해 안전장치를 강구할 것"에 따르면, 윌리엄슨의 기업 이론은 관계특수성이나 계약의 불완전성이 큰 거래일수록 거래 비용이 커진다는 것을 알게 해주었다.
오답 해설	① 윌리엄슨은 코즈를 계승하여 거래 비용에 대한 설명을 발전시켰지만 윌리엄슨의 기업 이론에 대한 제시문의 설명에서 권위의 원천에 대한 설명은 제시되지 않고 있다.
	② 윌리엄슨은 '합리성'이라는 가정을 '기회주의'와 '제한적 합리성'이라는 가정으로 대체했다. 따라서 적절한 평가다.
	③ 제시문 마지막 단락에서 "다양한 안전장치를 고려하지 않고 기업의 자체 생산만 대안으로 존재하는 상황이 코즈가 상정하는 세계라고 할 수 있다."고 했고, 윌리엄슨은 "'관계특수적 투자에 따른 속박 문제' …… 가 심각한 결과를 초래하는 경우에는 단순한 계약과는 다른 복잡한 계약을 통해 안전장치를 강구할 것이고, 그런 방식으로도 해결할 수 없다면 아예 자체 조달을 선택할 것이라고 보았다."

고 했으므로, 윌리엄슨의 기업 이론이 "현물거래와 자체 생산 이외에도 다양한 계약들이 존재하는 현실을 이해하게 해주었다."는 것을 알 수 있다.

⑤ 제시문 네 번째 단락에서 "코즈가 시장 거래라고 뭉뚱그려 생각한 것을 윌리엄슨은 현물거래와 계약으로 나누어 설명"함으로써 거래 비용에 대한 새로운 설명을 제시한 데 대해 밝히고 있으므로, "시장 거래를 현물거래와 계약으로 구분하여 새로운 측면에서 거래 비용의 속성을 이해하게 해주었다."는 진술은 윌리엄슨의 기업 이론에 대한 적절한 평가임을 알 수 있다.

29.

윗글을 바탕으로 〈보기〉의 조사 결과를 해석할 때, 적절하지 <u>않은</u> 것은?

보기

화력 발전소의 설비는 특정 종류의 석탄에 맞춰 설계되며, 여러 종류의 석탄을 사용하려면 추가적인 건설 비용이 많이 소요된다. 한편 탄전(炭田) 근처에 발전소를 건설한 전력 회사는 송전 비용을 많이 부담해야 하고, 소비지 근처에 발전소를 세운 전력 회사는 석탄 운반 비용을 많이 부담해야 한다. 다음은 1980년대 초에 미국에서 화력 발전 전력 회사들의 석탄 조달 방법을 조사한 결과이다.

[조사 결과]
ⓐ 미국 화력 발전에 쓰인 석탄 가운데 15% 정도는 전력 회사가 자체 조달한 것이었다.
ⓑ 전체 계약 건수 가운데 1년 미만의 초단기 계약은 10%에 못 미쳤고, 1년 이상의 계약 건수 가운데 6년 이상의 장기 계약이 83%였고, 21년 이상의 계약도 34%였다.
ⓒ 특정 탄광에 접한 곳에 발전소를 건설한 경우에는 예외 없이 자체 조달 또는 복잡한 장기 계약을 통한 조달이었는데, 이 경우 평균 계약 기간은 35년, 최대 계약 기간은 50년이었다.
ⓓ ⓒ에서 복잡한 장기 계약의 경우, 품질과 가격에 관한 조건은 매우 복잡하게 설정하면서도 최소 공급 물량은 단순하게 명시했다.

① ⓐ는 탄광의 직접 경영에 따르는 문제보다 복잡한 장기 계약으로도 대처하기 어려운 문제에 대한 우려가 더 커서 거래 비용을 줄이는 방안을 모색한 결과이겠군.
② ⓑ에서 1년 미만의 초단기 계약은, 거래 당사자들 간의 신뢰가 형성되지 않아서 관계 특수적 투자에 따른 속박이 심각한 문제를 초래할 가능성이 가장 높은 경우에 맺은 것

이겠군.

③ ⓒ는 특정 탄광으로부터 석탄을 공급받을 것을 전제하고 행한 투자의 가치가 떨어질 가능성을 우려하여 특정 탄광과의 계속적인 거래를 보장받고자 한 것이겠군.

④ ⓓ에서 품질과 가격의 계약 조건이 복잡한 것은, 공급되는 석탄의 품질과 가격에 관련된 기회주의적 행동을 제삼자가 판단하기 어렵다고 우려했기 때문이겠군.

⑤ ⓓ에서 최소 공급 물량의 계약 조건이 단순한 것은, 공급 물량의 경우에는 예측 가능성이나 언어의 모호성에 따른 문제가 크지 않아서 계약을 이행하지 않았을 때 법원과 같은 제삼자에게 쉽게 입증할 수 있다고 생각했기 때문이겠군.

문항 성격	문항유형 : 정보의 평가와 적용
	내용영역 : 사회
평가 목표	이 문항은 윌리엄슨의 기업이론에 대한 설명을 바탕으로 〈보기〉에 소개된 화력 발전에서 석탄 조달 방식의 구체적인 실태를 제대로 해석할 수 있는 능력을 평가하는 문항이다.
문제 풀이	정답 : ②

〈보기〉는 MIT의 Paul Joskow 교수가 1980년대 초에 미국에서 화력 발전 전력 회사들의 석탄 조달 방법을 조사한 결과를 소개한 것이다. 이 조사 결과는 전력 회사들이 탄광을 직접 경영하여 석탄을 자체 조달한 경우와 계약을 통해 독립적인 탄광으로부터 구매한 경우의 실태를 보여주고 있는데, 탄광과 접한 곳에 발전소를 건설한 경우에는 자체 조달이나 복잡한 장기 계약을 통해 조달한다는 사실을 보여줌으로써 윌리엄슨의 기업이론에 대한 실증적 증거를 제시하고 있다. 이에 대해 자체 조달, 단기 계약과 장기 계약, 단순한 계약 조건과 복잡한 계약 조건 등과 관련하여 해석한 바가 적절한지 판단해 보도록 한다.

정답 해설	② 제시문 다섯 번째 단락에서 "'관계특수적 투자에 따른 속박 문제'……가 심각한 결과를 초래하는 경우에는 단순한 계약과는 다른 복잡한 계약을 통해 안전장치를 강구할 것"이라고 밝히고 있다. 그런데 관계특수적 투자에 따른 속박이 심각한 문제를 초래할 가능성이 클 경우에는 투자를 할 때 염두에 둔 특정 상대방과 계속적인 거래를 할 수 있도록 보장받기 위해 장기 계약을 맺을 것이다. 그러므로 석탄 조달 방식 가운데에서 현물거래에 해당하는 1년 미만의 초단기 계약은 장기 계약에 비해 관계특수적 투자에 따른 속박이 심각한 문제를 초래할 가능성이 더 낮은 경우에 맺은 계약이다. 따라서 이 선택지는 〈보기〉의 조사 결과에 대한 해석으로 적절하지 않다. ①, ③, ④, ⑤는 모두 〈보기〉의 조사 결과에 대한 해석으로 적절하다.

[30~32] 다음 글을 읽고 물음에 답하시오.

민주주의 체제는 권력의 집중과 분산 혹은 공유의 정도에 따라 ㉠합의제 민주주의와 ㉡다수제 민주주의로 분류된다. 전자는 주로 권력을 공유하는 정치 주체를 늘려 다수를 최대화하고 그들 간의 동의를 기반으로 정부를 운영하는 제도이다. 이에 반해 후자는 주로 과반 규칙에 의해 집권한 단일 정당 정부가 배타적인 권력을 행사하며 정부를 운영하되 책임 소재를 분명하게 하는 제도이다.

레이파트는 민족, 종교, 언어 등으로 다원화되고 이를 대표하는 정당들에 의한 연립정부가 일상화된 국가들을 대상으로 합의제 민주주의에 대해 연구했다. 그는 '당-집행부(행정부)' 축과 '단방제-연방제' 축을 적용해 권력이 집중되거나 분산되는 양상을 측정했다. 전자의 경우 정당 체계, 선거 제도, 정부 구성 형태, 입법부-행정부 관계, 이익집단 체계가 포함되고 후자의 경우 지방 분권화 정도, 단원제-양원제, 헌법 개정의 난이도, 위헌 재판 기구의 독립성 유무, 중앙은행의 존재가 고려되었다. 각 요인들은 제도 내에 내포된 권력의 집중과 분산 정도에 따라 대조적인 경향성을 띤다. 예를 들면, 정당 수가 상대적으로 많고, 의회 구성에서 득표와 의석 간의 비례성이 높고, 연립정부의 비율이 높고, 행정부의 권한이 약하며, 지방의 이익집단들의 대표 체계가 중앙으로 집약된 국가는 합의제적 경향을 더 많이 띤다고 평가된다. 반대로 단방제와 같이 중앙 정부로의 권력이 집중되고, 의회가 단원제이고, 헌법 개정의 난이도가 일반 법률 개정과 유사하고, 사법부의 독립적 위헌 심판 권한이 약하며, 중앙은행의 독립성이 약한 국가는 다수제적 경향을 더 많이 띤다고 평가된다.

두 제도는 정책 성과에서 차이를 보였다. 합의제는 경제 성장에서 의미 있는 차이를 보이지 않지만 사회·경제적 평등, 정치 참여, 부패 감소 등에서는 우월하다는 평을 받고 있다. 자칫 불안정해 보일 수 있는 권력 공유가 오히려 민주주의 본연의 가치에 더 충실하다는 경험적 발견은 관심을 끌었다. 합의제 정치 제도를 채택하기 위한 시도가 사회 분열이 심한 신생 독립 국가나 심지어 다수제 민주주의로 분류되던 선진 국가에도 다양하게 나타났다.

그러나 권력의 분산과 공유가 권력의 집중보다 반드시 나은 것은 아니다. 오히려 한 나라의 정치 제도를 설계할 때 각 제도들이 내포한 권력의 원심력과 구심력 그리고 제도들의 상호 작용 효과를 고려해야 한다. 대통령제에서의 헌정 설계를 예로 들어 살펴보자. 여기에서는 '대통령의 단독 권한'이라는 축과 대통령과 의회 간의 '목적의 일치성/분리성'이라는 축이 주요하게 고려된다. 첫째, 대통령의 (헌)법적 권한은 의회와의 협력에 영향을 미친다. 권한이 강할수록 대통령이 최후의 정책 결정권자임을 의미하고 소수당의 입장에서는 권력 공유를 통해 정책 영향력을 확보하기 어렵게 된다. 반면, 권한이 약한 대통령은 효율적 정책 집행을 위해 의회의 협력을 구하는 과정에서 소수당도 연합의 대상으로 고려하게 된다.

둘째, 목적의 일치성/분리성은 대통령과 의회의 다수파가 유사한 정치적 선호를 지니고 사회적 다수의 요구에 함께 반응하며 책임을 지는 정도를 의미한다. 의회의 의석 배분 규칙, 대통령과 의회의 선거 주기 및 선거구 규모의 차이, 대통령 선거 제도 등이 대표적인 제도적 요인으로 거론된다. 예를 들어, 의회의 단순 다수 소선거구 선거 제도, 동시선거, 대통령과 의회의 지역구 규모의 일치, 대통령 결선투표제 등은 목적의 일치성을 높이는 경향을 지니며, 상호 결합될 때 정부 권력에 다수제적 구심력을 강화한다. 결과적으로 효율적인 책임정치가 촉진되지만 단일 정당에 의한 배타적인 권력 행사가 증가되기도 한다. 반면, 비례대표제, 분리선거, 대통령과 의회 선거구 규모의 상이함, 대통령 단순 다수제 선거제도 등은 대통령이 대표하는 사회적 다수와 의회가 대표하는 사회적 다수를 다르게 해 목적의 분리성을 증가시키며, 상호 결합될 때 정부 권력의 원심력은 강화된다. 이 경우 정치 주체들 간의 합의를 통한 권력 공유의 필요성이 증가하나 과도한 권력 분산으로 인해 거부권자의 수를 늘려 교착이 증가할 위험도 있다.

기존 연구들은 대체로 목적의 분리성이 높을 경우 대통령의 권한을 강화할 것을, 반대로 목적의 일치성이 높을 경우 대통령의 권한을 축소할 것을 권고하고 있다. 그러나 제도들의 결합이 낳은 효과는 어떤 제도를 결합시키는지와 어떤 정치적 환경에 놓여 있는지에 따라 다르게 나타날 수 있다.

30.

㉠을 ㉡과 비교하여 설명할 때, 가장 적절한 것은?

① 다당제 국가보다 양당제 국가에서 더 많이 발견된다.
② 선진 국가보다 신생 독립 국가에서 더 많이 주목받고 있다.
③ 사회 평등 면에서는 유리하나 경제 성장 면에서는 불리하다.
④ 권력을 위임하는 유권자의 수를 가능한 한 최대화할 수 있다.
⑤ 거부권자의 수가 늘어나서 정치적 교착 상태가 빈번해질 수 있다.

문항 성격	문항유형 : 정보의 확인과 재구성
	내용영역 : 사회
평가 목표	이 문항은 합의제 민주주의의 특징을 정확하게 파악하고 있는지 확인하는 문항이다.
문제 풀이	정답 : ⑤

합의제 민주주의와 다수제 민주주의의 차이점을 파악해야 한다. 각각의 선택지에 대해 제시문의 해당 지점을 일일이 조회하는 것보다는 양자의 특징에 대한 이해를 바탕으로 선택지의 진위를 판단하는 것이 바람직하다.

정답 해설 ⑤ 합의제 민주주의는 정치 주체들, 특히 정당 간 연합으로 권력을 공유하여 정치적으로 대표하는 시민들의 수를 최대화하여 최대 다수의 민주주의를 만들고자 하는 제도이다. 따라서 제도의 원심력을 최대한 이용한다. 그러나 자칫 권력이 과도하게 분산될 때, 거부권자의 수를 증가시켜 정치적 불안정을 야기할 수도 있다.

오답 해설 ① 제시문 두 번째 단락 "정당 수가 상대적으로 많고, 의회 구성에서 득표와 의석 간의 비례성이 높고, 연립정부의 비율이 높고, 행정부의 권한이 약하며, 지방의 이익집단들의 대표 체계가 중앙으로 집약된 국가는 합의제적 경향을 더 많이 띤다고 평가된다."에 따르면 합의제 민주주의는 다당제 국가에서 정당들 간의 연합에 의한 연립정부를 구성할 때 발견되는 경향이 있다.

② 제시문 세 번째 단락 "합의제 정치 제도를 채택하기 위한 시도가 사회 분열이 심한 신생 독립 국가나 심지어 다수제 민주주의로 분류되던 선진 국가에도 다양하게 나타났다."에서 확인할 수 있다.

③ 제시문 세 번째 단락 "합의제는 경제 성장 측면에서는 의미 있는 차이를 보이지 않지만 사회·경제적 평등, 정치 참여, 부패 감소 등에서는 우월하다는 평을 받고 있다."에서 확인할 수 있다.

④ 제시문 첫 번째 단락에 따르면, "전자(합의제 민주주의)는 주로 권력을 공유하는 정치 주체를 늘려 다수를 최대화하고 그들 간이 동의를 기반으로 정부를 운영하는 제도"이다. 유권자들은 주권을 위임하며, 한 사회에서 주권을 위임하는 유권자의 수는 동일하므로 최대화될 수 없다.

31.

'합의제'를 촉진하는 효과를 지닌 제도 개혁으로 가장 적절한 것은?

① 의회가 지닌 법안 발의권을 대통령에게도 부여한다.
② 의회 선거 제도를 비례대표제에서 단순 다수 소선거구제로 변경한다.
③ 이익집단 대표 체계의 방식을 중앙 집중에서 지방 분산으로 전환한다.
④ 헌법 개정안의 통과 기준을 의회 재적의원 2/3에서 과반으로 변경한다.
⑤ 의회와 대통령이 지명했던 위헌 심판 재판관을 사법부에서 직선제로 선출한다.

문항유형 : 정보의 추론과 해석

내용영역 : 사회

이 문항은 '합의제' 촉진 효과를 가질 것으로 예상되는 방안을 합리적으로 추론할 수 있는지 평가하는 문항이다.

정답 : ⑤

제시문 두 번째 단락 "각 요인들은 제도 내에 내포된 권력의 집중과 분산 정도에 따라 대조적인 경향성을 띤다. 예를 들면, 정당 수가 상대적으로 많고, 의회 구성에서 득표와 의석 간의 비례성이 높고, 연립정부의 비율이 높고, 행정부의 권한이 약하며, 지방의 이익집단들의 대표 체계가 중앙으로 집약된 국가는 합의제적 경향을 더 많이 띤다고 평가된다. 반대로 단방제와 같이 중앙 정부로의 권력이 집중되고, 의회가 단원제이고, 헌법 개정의 난이도가 일반 법률 개정과 유사하고, 사법부의 독립적 위헌 심판 권한이 약하며, 중앙은행의 독립성이 약한 국가는 다수제적 경향을 더 많이 띤다고 평가된다."로부터 '합의제'를 촉진하는 효과를 지닌 제도 개혁으로 적절한 것과 그렇지 않은 것을 구분하도록 한다.

⑤ 합의제 민주주의 국가는 위헌 심판을 하는 기관(우리나라의 경우 헌법재판소)의 독립성이 강한 경향이 있다. 기존 행정부와 의회가 지명했던 위헌 심판 재판관을 사법부(혹은 헌법재판소)에서 직선으로 선출한다면, 이는 사법부(혹은 헌법재판소)의 독립성을 강화하여 정부 구성에 있어 독립적인 거부권자로 존재할 가능성이 높아진다.

① 행정부의 권한이 약할 경우 합의제적 경향을 더 많이 띤다. 제시문 네 번째 단락에 따르면, "권한이 강할수록 대통령이 최후의 정책 결정권자임을 의미하고 소수당의 입장에서는 권력 공유를 통해 정책 영향력을 확보하기 어렵게 된다."

② 합의제는 의회의 선거 제도로 득표와 의석 간의 비율이 높은 비례대표제를 의회 선거제도로 채택한 경우에 잘 구현된다. 이에 반해 단순 다수 소선거구제는 비례성이 상당히 낮고 양당제를 유인하는 구조를 지녀 다수제를 구성하는 주요 요인 중 하나이다.

③ 합의제는 지방에 분산되어 있는 이익집단의 이익 대표 체계를 중앙으로 집약해 조합주의적 정부 운영(예. 노사정위원회)에 참여하는 국가에서 많이 발견된다.

④ 합의제는 중요한 국가 정책(헌법의 경우 가장 중요한 정책이라고 볼 수 있음)을 최대한의 다수의 동의를 기반으로 결정하는 제도이다. 따라서 헌법 개정의 기준을 과반으로 하향 조정하는 것은 오히려 다수제적 성격이 강해지는 제도 변경이다.

32.

윗글을 바탕으로 〈보기〉의 A국 상황을 개선하기 위한 방안을 추론한 것으로 적절하지 <u>않은</u> 것은?

보 기

A국은 4개의 부족이 35%, 30%, 20%, 15%의 인구 비율로 구성되어 있으며, 각 부족은 자신이 거주하는 지리적 경계 내에서 압도적 다수이다. 과거에는 국가 통합을 위해 대통령제를 도입하고 대통령은 단순 다수제로 선출하되 전체 부족을 대표하게 했으며, 의회 선거는 전국 단위의 비례대표제로 대통령 임기 중반에 실시했었다. 아울러 대통령에게는 내각 구성권, 법안 발의권, 대통령령 제정권 등의 권한을 부여했고, 의회는 과반 규칙을 적용해 정책을 결정했었다.

그런데 부족들 간의 갈등이 증가하면서 각 부족들은 자신의 부족을 대표하는 정당을 압도적으로 지지하는 경향을 보였다. 이에 따라 정책 결정과 집행 과정에서 의회 내 정당 간, 그리고 행정부와 의회 간에 교착 상태가 일상화되었다. 이를 극복하기 위해 정치 개혁이 요구되었고 정치 주체들도 서로 협력하기로 했지만 현재는 대통령제의 유지만 합의한 상태이다.

① 의회의 과반 동의로 선출한 총리에게 내치를 담당하게 하면, 의회 내 정당 연합을 유도해 교착 상태를 완화할 수 있겠군.
② 대통령령에 법률과 동등한 효력을 부여하면, 의회와의 교착에도 불구하고 대통령이 국가 차원에서 책임정치를 효율적으로 실현할 수 있겠군.
③ 의회 선거를 대통령 선거와 동시에 실시하면, 대통령 당선자의 인기가 영향을 끼쳐 여당의 의석이 증가해 정책 결정과 집행에 있어 효율성이 증가하겠군.
④ 상위 두 후보를 대상으로 한 대통령 결선투표제를 도입하면, 결선투표 과정에서 정당 연합을 통해 연립정부가 구성되어 정치적 갈등을 완화할 수 있겠군.
⑤ 비례대표제를 폐지하고 부족의 거주 지역에 따라 단순 다수 소선거구제로 의회를 구성하면, 목적의 일치성이 증가해 정책 결정이 신속하게 이루어질 수 있겠군.

문항 성격	문항유형 : 정보의 평가와 적용
	내용영역 : 사회
평가 목표	이 문항은 제시문의 정보를 가상의 국가에 적용하여 문제를 해결하는 능력을 평가하는 문항이다.

가상의 국가 A는 네 개 부족이 지리적 경계로 구별되며 그 어느 민족도 과반이 아닌 나라로 권력의 분산이 강하도록 헌정 제도가 설계되어 있다. 부족 간의 갈등이 증가되면서 부족을 대표하는 정당을 압도적으로 지지하는 경향은 결국 행정부와 의회, 의회 내 정당 간의 교착을 증가시킨다. 이러한 교착을 해결하기 위해서는 제도의 구심력을 통해 목적의 일치성을 증가시키거나 대통령에 의한 책임정치를 강화시키는 방향의 재설계가 필요하다. 다만, 제도의 결합이 자아내는 구체적인 결과를 추론해서 답을 찾아가야 한다.

정답 해설　⑤ 단순 다수제는 구심력이 강해 목적의 일치성을 증가시키는 효과가 있다. 그러나 〈보기〉에 제시된 A국의 제도 개혁이 "부족의 거주 지역에 따라 단순 다수 소선거구제"로 의회를 구성하면, 각 부족의 거주지에서 선출되는 의원들의 정당별 비율은 비례대표제로 선출한 의원들의 정당별 비율과 다르지 않고 의회의 환경에 그 어떤 변화를 주지 못한다. 따라서 원래 지니고 있던 구심력을 제대로 발휘하지 못한다.

오답 해설　① 행정부의 권력을 분리해 의회에서 선출된 총리에게 내치를 담당하게 하는 것 자체는 대통령의 단독권력의 약화를 의미한다. 이는 의회의 다수 연합의 형성을 촉진하는데, 총리를 과반으로 선출하기 위해 부족 정당들 간의 연합은 필수적이다. 그리고 이는 총리를 중심으로 한 연립내각을 구성해 정부 운영을 주도해 나간다. 따라서 행정부와 의회 간의 목적의 일치성이 증가해 정국의 안정을 도모하게 된다.

② A국의 교착 상태는 행정부와 의회의 목적 일치성의 증가뿐만 아니라 대통령이 단독권한을 강화함으로써도 해소 가능하다. 〈보기〉에서 대통령은 전체 부족을 대표하는 존재로 묘사되어 있어 대통령령으로 전체 부족을 위하는 공공재를 제공할 수 있으므로 교착상태를 해소할 수 있다.

③ 대통령 선거와 의회 선거를 동시에 치르게 되면, 대통령 당선자의 후광(後光) 효과로 인해 대통령의 소속 정당의 지지율이 올라 의회 선거에서 선전하게 된다. 그 결과로 여당의 의석이 증가하게 된다. 따라서 목적의 일치성이 증가하게 된다.

④ 결선투표제는 과반의 득표로 선출되기에 어떤 형태든 당선자를 내기 위해서는 부족 정당 간의 연합이 형성될 수밖에 없다. 이러한 제도적 기회구조는 1차 선거와 2차 선거 사이에 정당 간 연합을 통해 연립정부를 구성할 수 있는 유인을 창출한다. 이에 의회와의 협력을 모색하는 대통령은 의회 내 정당연합을 통해 연립정부를 구성할 수 있는 구조를 지니게 된다. 따라서 의회 내 정당 간의 교착이나 행정부와 의회 간의 교착을 완화할 수 있는 기회를 가질 수 있다.

[33~35] 다음 글을 읽고 물음에 답하시오.

　사유재산 제도에서 개인은 자기 재산을 임의로 처분할 수 있다. 다만 생전의 제한 없는 재산 처분은 유족의 생존을 위협할 수 있다. 이에 재산 처분의 자유와 상속인 보호를 조화시키기 위해 최소한의 몫이 상속인에게 유보되도록 보호할 필요가 있는데, 이를 위한 제도가 유류분(遺留分) 제도이다.

　프랑스는 대혁명을 거치면서도 예전처럼 유언에 의한 재산 처분의 자유를 크게 인정하는 것이 일반적인 사회 관념이었다. 그러나 가부장의 전횡을 불러오는 이런 자유는 가정불화의 원인이 되기도 했다. 이로 인해 혁명기의 입법자는 유언의 자유에 대해 적대적인 태도를 취했다. 입법자는 피상속인의 재산을 임의처분이 가능한 자유분과 상속인들을 위해 유보해야 하는 유류분으로 구분하여 자유분을 최소한으로 규정했다.

　1804년의 나폴레옹 민법전에서는 배우자와 형제자매를 제외하고 직계비속 및 직계존속에 한해 유류분권을 인정했다. 유류분은 상속인의 자격과 수에 따라 달라지게 했다. 피상속인의 생전 행위 또는 유언에 의한 무상처분은 자녀를 한 명 남긴 경우에는 재산의 절반을, 두 명을 남기는 경우에는 1/3을 초과할 수 없도록 했다. 상속을 포기한 자녀는 유류분권자에서 배제되지만 유류분 계산 시 피상속인의 자녀 수에는 포함되도록 하여, 상속 포기가 있어도 자유분에는 변동이 없었다. 유류분권은 피상속인이 가족에 대한 의무를 이행하는 것이었으며, 특히 직계비속을 위한 유류분 제도는 젊은 상속인의 생활을 위한 것이었다.

　2006년에는 큰 변경이 있었다. 피상속인의 생전 처분이 고령화로 인해 장기에 걸쳐 진행되므로, 유류분 부족분을 상속 재산 자체로 반환하는 방식을 고수할 경우 영향 받는 제삼자가 그만큼 더 많아졌다. 상속 개시 시기가 늦어졌어도 상속인들이 생활 기반을 갖춘 경우가 일반화되었다. 또 이혼이나 재혼으로 가족이 재편되는 경우도 많아졌다. 이를 배경으로 유류분의 사전 포기를 허용하고, 직계존속에 대한 유류분을 폐지했다. 피상속인의 처분의 자유도 증대시켰다. 상속을 포기한 자녀는 유류분 계산 시 피상속인의 자녀 수에서 제외되어 상속 포기가 있으면 자유분이 증가하도록 했다. 유류분 반환 방식도 제삼자를 고려하여 유류분 부족액만큼을 금전으로 반환하는 방식으로 변경하였다.

　우리의 유류분 제도는 1977년에 신설되었다. 우리 민법은 상속을 포기하지 않고 상속 결격 사유도 없는 한, 피상속인의 직계비속과 배우자, 직계존속, 형제자매까지를 유류분권자의 범주에 포함하되 최우선 순위인 상속권자를 유류분권자로 인정한다. 그리고 직계비속은 1순위, 직계존속은 2순위, 형제자매는 3순위, 배우자는 직계비속·직계존속과는 동일 순위이지만 형제자매에 대해서는 우선순위의 상속인으로 인정한다. 유류분권자가 된 상속인의 법정 상속분 중 일정 비율을 유류분 비율로 정한다. 법정 상속분은 직계비속들 사이에서는 균분이고, 이들의 유류분 비율은 법정 상속분의 반이다. 구체적 유류분액을 확정하여 실제 받은 상속 재산이 이에 미달하는 경우에 그 부족분 한도에서 유증(遺贈) 또는 증여 받은 자에게 부족분에 해당하는 상속재산 자체의 반환을 청구하게 된다.

최근 우리의 유류분 제도 에 대해서도 개정 필요성이 제기되고 있다. 도입 당시에는 호주 상속인만의 재산 상속 풍조가 만연한 탓에 다른 상속인의 상속권을 보장해 주어야 한다는 점이 강조되었고, 법 적용에서도 배우자와 자녀들에게 유류분권을 보장하는 점이 중시되었다. 하지만 현재는 호주제가 폐지되고 장자 단독 상속 현상이 드물어졌다. 이와 관련하여 대법원도 판례를 통해 유류분 제도가 상속인들의 상속분을 보장한다는 취지 아래 피상속인의 자유의사에 따른 재산 처분을 제한하는 것인 만큼, 제한 범위를 최소한으로 그치게 하는 것이 피상속인의 의사를 존중하는 의미에서 바람직하다고 보았다.

33.

윗글의 내용과 일치하지 <u>않는</u> 것은?

① 프랑스 혁명기 입법자의 유언의 자유에 대한 태도는 자유분의 최소화로 나타났다.
② '1804년 나폴레옹 민법전'은 젊은 상속인의 생활을 보장하는 것이 피상속인의 의무라는 점을 들어 생전 재산 처분의 자유에 대한 제한을 정당화했다.
③ '2006년 프랑스 민법전'은 고령화 및 이혼·재혼 가정의 증가 현상에 대처하기 위해 피상속인의 재산 처분의 자유를 강화했다.
④ 우리 민법에 따르면 직계비속 및 배우자가 유류분권을 주장할 수 있는 경우에는 형제자매도 유류분권을 주장할 수 있다.
⑤ 우리의 유류분 제도 입법 취지는 호주 상속인이 단독으로 재산을 상속하여 배우자 등 상속인들의 권익이 보호받지 못하는 문제에 대처하기 위한 것이었다.

문항 성격	문항유형 : 주제, 요지, 구조 파악
	내용영역 : 규범
평가 목표	이 문항은 민법상 유류분 제도에 관한 제시문의 주제 및 요지를 파악하는 능력을 평가하는 문항이다.

제시문에는 프랑스에서 유류분 제도의 변천 과정을 설명한 후, 우리 민법상 유류분 제도의 내용과 도입 취지, 그리고 최근 대법원 판결의 입장이 소개되어 있다. 이어 현재 우리 사회상의 변화에 비추어 어떠한 방향의 개정이 필요한지 생각해 볼 수 있도록 하였다.

정답 해설 ④ 제시문 다섯 번째 단락에서 우리 민법은 상속을 포기하지 않고 상속 결격 사유도 없는 한, 피상속인의 직계비속과 배우자, 직계존속, 형제자매까지를 한도로 최우선 순위인 상속권자를 유류분권자로 인정한다고 하였다. 그리고 상속순위는 직계비속이 1순위, 직계존속은 2순위, 형제자매는 3순위, 배우자는 직계비속·직계존속과는 동일 순위, 형제자매에 대해서는 우선순위의 상속인으로 인정한다고 하였다. 이러한 내용에 비추어 보면 직계비속 및 배우자가 유류분을 주장할 수 있는 경우는 이들이 곧 최우선순위상속권자라는 의미이므로 이들에 대해 후순위상속권자인 형제자매는 유류분권자로 인정될 수 없음을 알 수 있다. 따라서 그 경우 형제자매도 유류분권을 주장할 수 있다고 한 ④는 제시문의 내용과 일치하지 않는다.

오답 해설 ① 제시문 두 번째 단락 "혁명기의 입법자는 유언의 자유에 대해 적대적인 태도를 취했다. 입법자는 피상속인의 재산을 임의처분이 가능한 자유분과 상속인들을 위해 유보해야 하는 유류분으로 구분하여 자유분을 최소한으로 규정했다."에서 확인할 수 있다.

② 제시문 세 번째 단락 "유류분권은 피상속인이 가족에 대한 의무를 이행하는 것이었으며, 특히 직계비속을 위한 유류분 제도는 젊은 상속인의 생활을 위한 것이었다."에서 확인할 수 있다.

③ 제시문 네 번째 단락 "2006년에는 큰 변경이 있었다. 피상속인의 생전 처분이 고령화로 인해 장기에 걸쳐 진행되므로, 유류분 부족분을 상속 재산 자체로 반환하는 방식을 고수할 경우 영향 받는 제삼자가 그만큼 더 많아졌다. 상속 개시 시기가 늦어졌어도 상속인들이 생활 기반을 갖춘 경우가 일반화되었다. 또 이혼이나 재혼으로 가족이 재편되는 경우도 많아졌다. 이를 배경으로 유류분의 사전 포기를 허용하고, 직계존속에 대한 유류분을 폐지했다. 피상속인의 처분의 자유도 증대시켰다."에서 확인할 수 있다.

⑤ 제시문 마지막 단락 "(우리의 유류분 제도는) 도입 당시에는 호주 상속인만의 재산 상속 풍조가 만연한 탓에 다른 상속인의 상속권을 보장해 주어야 한다는 점이 강조되었고, 법 적용에서도 배우자와 자녀들에게 유류분권을 보장하는 점이 중시되었다."에서 확인할 수 있다.

34.

윗글에 제시된 각 입장에 따라 우리의 유류분 제도 에 대한 개정 방향을 논의할 때, 추론의 내용으로 가장 적절한 것은?

① 프랑스 혁명기의 사회 관념에 따를 경우, 유류분권자의 권익은 현재보다 강화될 것이다.
② '1804년 나폴레옹 민법전'의 입장에 따를 경우, 배우자가 지니는 유류분권자로서의 권익은 현재보다 강화될 것이다.
③ '2006년 프랑스 민법전'의 입장에 따를 경우, 직계존속이 지니는 유류분권자로서의 권익은 현재보다 강화될 것이다.
④ '2006년 프랑스 민법전'의 입장에 따를 경우, 피상속인의 생전 처분으로 증여받은 제삼자의 권익은 현재보다 강화될 것이다.
⑤ 우리 대법원의 판례에 따를 경우, 상속 개시 전에 이해관계를 형성했던 제삼자가 고려해야 하는 유류분권자의 권익이 현재보다 강화될 것이다.

문항 성격	문항유형 : 정보의 추론과 해석
	내용영역 : 규범
평가 목표	이 문항은 제시문의 각 입장을 해석한 후 이를 바탕으로 우리 유류분 제도에 관한 개정 방향의 결과를 추론하는 능력을 평가하는 문항이다.
문제 풀이	정답 : ④

유류분 제도와 관련한 문제로 피상속인의 재산처분의 자유의 인정 범위, 생전처분으로 재산을 취득한 제3자의 보호 정도, 상속인으로서 직계존속과 배우자, 형제자매 중 어느 범위까지 유류분권자로 인정될 수 있는지 등이 있다. 제시문에서 프랑스 혁명기 일반 관념이나 혁명기 입법자, 나폴레옹 민법전, 2006년 개정 프랑스 민법전과 최근 우리 대법원 판례에서 각각 유류분권자의 인정 범위나 피상속인의 재산처분의 자유가 제한되는 정도 또는 유류분권이 보호받는 정도가 상이할 수 있음을 알 수 있다. 따라서 이를 바탕으로 우리 민법상 유류분 제도의 개정에 관해 논의할 때 각 법제에서 배우자나 직계존속이 유류분 권리자에 해당하는지, 현재보다 유류분 권리자나 제3자의 권익이 보호되는 정도가 어떠할 것인지에 관해 추론해 보도록 한다.

정답 해설	④ 제시문 네 번째 단락에서 '2006년 프랑스 민법전'은 "유류분 부족분을 상속 재산 자체로 반환하는 방식을 고수할 경우 영향 받는 제삼자가 그만큼 더 많아"진 현상을 배경으로, "유류분 반환 방식도 제삼자를 고려하여 유류분 부족액만큼을 금전으로 반환하는 방식으로 변경하였다."고 하였다. 따라서 '2006년 프랑스 민

법전'에 따를 경우, 피상속인의 생전 처분으로 증여받은 제삼자의 권익은 현재보다 강화될 것이다.

① 제시문 두 번째 단락에서 프랑스 혁명기의 사회 관념은 피상속인의 유언에 의한 재산 처분의 자유를 크게 인정하였고, 이것이 가부장의 전횡과 가정불화를 초래하였다고 하였다. 따라서 이에 따를 경우, 유류분 권리자의 권익은 현재보다 약화될 것이다.

② 제시문 세 번째 단락에서 '1804년 나폴레옹 민법전'은 배우자를 유류분권자에서 배제하였다고 하였다. 따라서 이 입장에 따를 경우, 배우자의 유류분권은 인정되지 않을 것이다.

③ 제시문 네 번째 단락에서 '2006년 프랑스 민법전'은 직계존속을 유류분권자에서 배제하였다고 하였다. 따라서 이 입장에 따를 경우, 직계존속의 유류분권은 인정되지 않을 것이다.

⑤ 제시문 마지막 단락에서 "(우리) 대법원도 판례를 통해 유류분 제도가 상속인들의 상속분을 보장한다는 취지 아래 피상속인의 자유의사에 따른 재산 처분을 제한하는 것인 만큼, 제한 범위를 최소한으로 그치게 하는 것이 피상속인의 의사를 존중하는 의미에서 바람직하다고 보았다."고 하였으므로 제삼자가 고려해야 하는 유류분권자의 권익은 그만큼 약화될 것이다.

35.

윗글을 바탕으로 〈보기〉에 대해 평가할 때, 적절한 것을 고른 것은?

> **보기**
>
> A가 사망했고 장남 B, 차남 C, A의 동생 D가 남아 있다. B는 사업에 실패하여 극심한 생활 곤란을 겪고 있고, C는 경제 능력을 갖추고 있으며, D는 고령으로 인해 생활 위기에 직면해 있다.
>
> ㄱ. '1804년 나폴레옹 민법전'에 의하면, B가 상속을 포기할 경우 B는 유류분 계산시 A의 자녀 수에서 제외되지 않는다.
>
> ㄴ. '1804년 나폴레옹 민법전'에 의하면, D는 유류분권을 주장할 수 없다.
>
> ㄷ. '2006년 프랑스 민법전'에 의하면, C가 상속을 포기하더라도 자유분에는 변동이 없다.
>
> ㄹ. 우리 현행 민법에 의하면, B와 C가 모두 유류분권자라고 할 때 두 사람의 유류분 비율은 동일하지 않다.

① ㄱ, ㄴ   ② ㄱ, ㄷ   ③ ㄴ, ㄷ

④ ㄴ, ㄹ   ⑤ ㄷ, ㄹ

문항 성격 문항유형 : 정보의 평가와 적용

내용영역 : 규범

평가 목표 이 문항은 상속 포기가 유류분 또는 자유분에 미치는 영향, 형제자매가 유류분권자에 해당하는지 여부, 직계비속 간 유류분 비율의 동일 여부에 관해 제시문에서 관련된 정보를 찾아 사례에 적용하는 능력을 평가하는 문항이다.

문제 풀이 정답 : ①

제시문에서 1804년 나폴레옹 민법전, 2006년 개정 프랑스 민법전과 우리 현행 민법에서 각각 유류분권자의 범위, 상속 포기의 효과, 유류분의 비율에 관한 정보를 찾아 〈보기〉의 사례에 적용하여 ㄱ~ㄹ을 판단해 보도록 한다.

〈보기〉 해설 ㄱ. '1804년 나폴레옹 민법전'에서 상속인인 자녀가 상속을 포기하면 그는 상속권자는 아니게 되지만 유류분 계산 시에는 피상속인의 자녀의 수에 계속 포함된다고 하였으므로, ㄱ은 적절한 평가다.

        ㄴ. '1804년 나폴레옹 민법전'은 피상속인의 형제자매를 유류분권자에서 배제하였다고 하였으므로 동생인 D는 유류분권을 주장할 수 없다는 ㄴ은 적절한 평가다.

        ㄷ. '2006년 프랑스 민법전'에서 유류분의 사전 포기를 허용하고 이 경우 자유분이 증가하도록 했으므로, ㄷ은 적절하지 않은 평가다.

        ㄹ. 우리 현행 민법에 의하면, 직계비속들 사이의 상속분은 균등하고 이들의 유류분 비율은 법정상속분의 반이라 하였으므로, 유류분권자인 직계비속들 사이의 유류분 비율이 동일함을 알 수 있다. 따라서 ㄹ은 적절하지 않은 평가다.

법학적성시험
언어이해 영역

2017

2017학년도 언어이해 영역 출제 방향

1. 출제의 기본 방향

언어이해 영역은 미래의 법률가에게 요구되는 기본적인 언어 소양과 법학전문대학원 수학에 필요한 통합적 언어 능력을 평가하는 것을 기본 방향으로 삼고 있다. 특히 법학전문대학원에서 원활하게 수학하려면 학부에서의 전공과 상관없이 공적 가치 판단이 요구되는 전문적인 글들을 독해하고 평가할 수 있는 능력을 가지고 있어야 한다. 이 점을 중요하게 고려하여 텍스트를 능동적으로 이해하고 비판적으로 대하는 능력을 갖추고 있는지 점검하는 것을 출제의 기본 방향으로 삼았다. 구체적인 출제 원칙은 다음과 같다.

- 통합적이며 심층적인 독해 및 사고 능력을 평가한다.
- 인문, 사회, 과학기술, 규범 등의 다양한 분야에서 내용 및 표현 면에서 모범이 될 수 있는 제시문을 선정·개발한다.
- 제시문의 핵심 정보나 주요 세부 정보들을 파악하고, 정보들 간의 유기적 관련성을 분석·종합하며, 주어진 단서를 바탕으로 다양한 문제 상황에 대응할 수 있는 문제 해결 능력을 평가한다.
- 기본 독해 능력에 대해서는 동일한 유형의 문항을 활용하되, 제시문을 통해 획득한 단서를 바탕으로 새로운 상황에 적용하여 판단할 수 있게 하는 비판적·창의적 문제를 개발한다.

2. 출제 범위

언어이해 영역은 독해를 기반으로 한 언어 이해 능력을 평가하기 위한 영역이다. 이 능력은 다양한 주제를 다룬 폭넓은 유형의 글들을 정확히 읽어 내는 능력과, 그 글들을 바탕으로 적절한 추론과 비판을 수행할 수 있는 능력을 포함한다. 이러한 능력을 점검하기 위해 다양한 전문 분야에서 제시문의 소재를 구하되, 중요한 공적 가치를 지닌 주제들을 우선적으로 선정하였고, 언어이해 영역의 여러 평가 목표를 균형 있게 다룰 수 있도록 하였다.

이번 시험에서 제시문을 선정할 때 고려한 사항은 다음과 같다.

첫째, 대학 교양 교육의 충실한 이수를 유도하기 위하여 여러 학문 분야에 두루 사용되는 기본적인 개념이나 범주들을 중심으로 하되, 각 학문 분야의 최신 이론이나 시의성 있는 문제 상황을 반영하는 주제로 제시문을 작성하였다.

둘째, 문항 세트 설계를 원리적 모델들을 기반으로 제시문에 사용된 개념이나 범주들을 제대로 이해했는지 평가할 수 있게 하였다.

셋째, 법학의 배경 지식을 요구하는 제시문 대신 학제적 내용 분야와 각 주제를 연계함으로써 통합적 사고력과 문제 해결 능력을 평가할 수 있게 하였다.

넷째, 다양한 내용 분야가 법적 문제들과 연관될 수 있음을 보여 주는 제시문을 선정함으로써 법의 이론적·현실적 연관성을 폭넓게 사고하게 하였다.

다섯째, 최근의 시사와 학문적 동향을 반영하여 제시문 독해만으로도 교육적 효과를 얻을 수 있게 하였다.

3. 제시문 및 문항

이번 출제에서는 기왕의 출제 경향이 난삽하거나 현학적인 제시문을 출제하는 차원에 머물렀던 것을 지양하여, 가독성이 뛰어나고 취지가 분명한 제시문을 바탕으로 독해와 사고 능력을 측정하는 데 중점을 두었다. 이 시험이 지식이 아니라 능력을 측정하는 데 주요한 목표가 있다는 점에서 이와 같은 방향이야말로 독해 능력을 제대로 점검하는 데 도움이 될 것으로 생각한다.

이번 시험에서는 '인문', '사회', '과학기술', '규범'으로 분류된 4개 내용 영역의 문학, 사학, 철학, 경제, 정치, 윤리, 법철학, 물리, 생물 등의 분야에서 11개 문항 세트(총 35문항)를 출제하였다. 각각의 문항 세트는 대의 파악, 정보 재구성, 관점과 의도 파악, 추론, 비판과 적용 등 독해와 관련된 5개 영역을 전제로 제시문의 특성에 따라 구성하였다. 각 분야별로 제시문 선택 및 문항 구성의 주안점을 제시하면 다음과 같다.

'인문' 분야에서는 먼저 문학은 이청준 소설을 제시문으로 선택하였다. 이청준 소설을 택한 것은 이 소설이 현대사회의 모순이 개인의 내면에 미치는 영향을 잘 보여주기 때문이며, 법률가로서 필요한 섬세하고 구체적인 상황 판단 및 인간 심리 이해를 측정하기에 적합한 것으로 판단하였기 때문이다. 다음으로, 사학은 조선 시대에 재가 관련 규정이 성립되는 과정을 보여 주는 사료를 재구성하여 제시문으로 삼았다. 이 제시문은 논쟁점을 둘러싼 구체적 사실들과 그에 대한 다양한 의견을 제대로 파악할 수 있는지 점검하는 데 적합하다고 판단하여 선택하였다. 그리고 철학에서는 감각과 인지 과정에 대한 두 이론을 비교하는 내용을 제시문으로 구성하였다. 감각과 인지 과정을 대하는 대비적인 이론은 상반되는 입장의 공통점과 차이점을 정확하게 이해하는지 측정하는 데 적합한 것으로 판단하였다. 이러한 제시문을 바탕으로, 상반되는 입장 근저에 존재하는 공통된 전제의 파악, 상호 쟁점에 대한 구체적 이해, 다른 사례에 대한 적용을 점검하게 하였다.

'사회' 분야에서는 먼저 경제는 금융위기를 설명하는 네 가지 이론적 입장을 바탕으로 제시문을 구성하였다. 현대 자본주의의 중요한 문제를 다룬 이 글이 논제를 다루는 각 입장의 상이한 이론적 출발점을 비교·이해하는 능력과, 이를 바탕으로 실제 사례를 비판적으로 접근할 수 있는 능력을 점검하는 데 적합하다고 판단하였기 때문이다. 다음으로, 정치에서는 후기 현대사회로의 전환을 알려 주는 현상으로 '새로운 전쟁'을 다룬 글을 제시문으로 삼았다. 새로운 전쟁의 양상을 바탕으로 유럽에서 발원한 근대의 국민국가 체제가 균열됨을 보여 주는 이 글이 세계사적 변화와 인류 사회의 목표라는 대의를 읽어 낼 수 있는지 점검하는 데 적합하다고 판단하였기 때문이다.

'규범' 분야에서는 먼저 '카르네아데스의 널'을 재구성한 사례를 바탕으로 범죄 여부를 논한 글을 제시하였다. 정당방위와 긴급피난을 구성 요건, 위법성, 책임을 중심으로 논하는 이 글이 세밀한 논리적 연관 관계 및 사례에 대한 적용과 추론, 주요 개념에 대한 비판적 이해를 측정하기에 적합하다고 판단하였기 때문이다. 특히 법학의 사전 지식과 무관하게 문항을 구성함으로써 독해와 사고 능력을 제대로 측정하게 하는 것을 이 문항 세트 설계의 중점으로 삼았다. 두 번째 제시문은 개인의 복지 수준을 파악하는 여러 이론을 제시하고, 각 이론의 세부 내용을 제시하는 것으로 구성하였다. 각 이론에서 복지를 설명하는 방식의 차이를 다룬 이 글이 복지의 구성 요소에 대한 이론적 차이와 각 이론에 대한 비판적 추론을 묻기에 적합하다고 판단하였기 때문이다. 세 번째는 공화주의와 헌법 간의 관계를 다룬 글을 제시하였다. 공화주의와 헌법이 현대 민주주의 구현에 미치는 영향을 다룬 이 글이 역사적이고도 개념적인 진술 속에 나타난 기본 입장을 파악하고, 나아가 현대 민주주의가 나아갈 방향을 추론하는 데 적합하다고 판단하였기 때문이다. 마지막으로, 형사 절차에서의 변호인의 역할을 다룬 글을 제시문으로 삼았다. 변호인의 성실 의무를 쟁점으로 한 이 글은 미국에서 이루어진 각 판례의 주요 근거 파악, 판례들의 전체적인 흐름 파악, 우리나라와 미국 간의 공통점 추론 등을 측정하는 데 적합하다고 보았다.

'과학ㆍ기술' 분야에서 물리는 성운과 지구 간의 거리 측정을 다룬 글을 제시하였다. 변광성을 중심으로 성운의 거리를 측정하는 방법을 과학사적으로 다룬 이 글이 우주의 크기, 성운에 대한 천문학적 사실, 성운을 설명하는 두 가설 등을 중심으로 객관적 사실 파악, 과학 이론의 전제 파악, 세부적 사실의 추론 등을 측정하는 데 적합하다고 보았기 때문이다. 그리고 생물에서는 창자의 상피세포와 성체장줄기세포의 분화 과정을 다룬 글을 제시문으로 구성하였다. 분화 과정을 이루는 세부적인 과정과 결과를 다룬 이 글이 과학적 사실의 파악, 생리학적 과정의 정보 추출, 과학적 이론의 세부적인 추론 등을 점검하는 데 적합하다고 판단하였기 때문이다.

4. 난이도

2017학년도 법학적성시험에서는, 적정한 난이도를 유지했다고 판단되는 2016학년도와 같은 수준으로 난이도를 조정하고자 했다. 그러나 예년과 다른 점이 있다면, 출제 방향에서 중요한 준거로 난삽한 제시문을 통해서가 아니라 독해 능력을 실질적으로 측정하는 문항을 통해서 난이도를 조정하고자 했다는 점이다. 그 때문에 출제진은 제시문의 가독성을 예년보다 훨씬 높여서 제시문의 난삽함 때문에 실질적인 독해 능력 측정에 방해받는 경우가 없도록 하는 데 노력을 기울였다. 가독성이 높은 제시문으로 인해 정답률이 다소 높아질 수는 있지만, 그럼에도 불구하고 독해 능력 측정이라는 언어이해 영역의 본래 목적을 달성하는 데에는 더 효과적이라고 본다. 물론 제시문의 가독성을 높인다고 하더라도 제시문이 다루는 내용은 심도 있게 함으로써 국내의 시험 가운데 가장 수준이 높은 법학적성시험에 걸맞게 하였다.

한편, 개별 문항의 난이도를 확보함에 있어서도 제시문의 정보를 정확하게 이해했는지를 점검하는 데 중점을 기울였다. 제시문의 가독성이 높아 수험생들의 체감 난이도는 예년보다 쉬워질 수 있지만, 실질적인 난이도는 거의 차이가 없을 것으로 본다.

또 하나 강조할 것은, 제시문의 내용이 기출 문제나 사설 문제집과 부분적으로 겹치는 경우에 대해서이다. 이번 시험에서는 제시문의 제재를 새로운 관점에서 재구성하여 표면적인 유사성은 있더라도 실질적으로는 유사하지 않게 하고, 나아가 문항 구성도 기출 문제를 푼 사전 경험이나 지식으로는 절대 해결될 수 없게 하였다. 그리하여 설령 부분적으로 겹치는 내용을 미리 학습한 경우가 있다고 하더라도 그것이 이번 시험을 보는 데 유리한 영향을 미칠 수 없게끔 출제하였다. 그리고 특정 전공에 유리한 경우가 없게 하는 데에도 이번 출제진은 세심한 노력을 기울였다.

5. 문항 출제 시의 유의점 및 강조점

- 언어이해 영역에서 평가하고자 하는 능력이 주로 통합적 이해력과 심층 분석력에 있다는 점을 고려하여 제시문 분량과 제시문당 문항 수에 융통성을 두었다.
- 제시문의 내용과 문항 구성에 있어서 기존 문제나 사설문제집을 푼 경험에 의존해서는 풀리지 않도록 하였으며, 특정 전공에 따른 유불리도 나타나지 않도록 하였다.

- 출제의 의도를 감추거나 오해하게 하는 질문의 선택을 피하고, 평가하고자 하는 능력을 정확히 평가할 수 있도록 간명한 형식을 취하였다.
- 문항 및 선택지 간의 간섭을 최소화하고, 선택지 선택에서 능력에 따른 변별이 이루어질 수 있도록 하였다.

[01~03] 다음 글을 읽고 물음에 답하시오.

　　넓은 바다에서 여러 사람을 태운 배가 난파하였다. 바다에 빠진 선원 A는 바다 위에 떠 있는 널판을 발견하였다. 널판은 한 사람을 겨우 지탱할 만큼밖에 되지 않았다. 선원 A가 널판으로 헤엄쳐 갈 때, 마침 미처 붙잡을 만한 것을 찾지 못한 선원 B도 널판 쪽으로 헤엄쳐 왔다. 선원 A와 선원 B는 동시에 그 널판을 붙잡게 되었다. 두 사람이 계속 붙잡고 있다가는 널판이 가라앉을 것이기 때문에 선원 A는 둘 다 빠져 죽을까 걱정하여 선원 B를 널판에서 밀어내었다. 선원 B는 결국 물에 빠져 죽었고 선원 A는 구조되었다. 이는 고대 그리스의 철학자 카르네아데스가 만든 가상의 사건 '카르네아데스의 널'을 바탕으로 재구성한 사례 이다. 이 사례는 윤리적으로 허용될 수 있는지도 논란거리가 되지만, 형법상 처벌되어야 하는지도 따져 볼 만하다.

　　범죄는 '(1) 구성요건에 해당하고, (2) 위법하며, (3) 유책한 행위'라고 정의된다. 이 세 가지 요소 가운데 하나라도 빠지면 범죄는 성립하지 않는다. 이 중 구성요건이란 형벌을 부과할 대상이 되는 위법한 행위를 형법에 유형화하여 기술해 놓은 것을 말한다. 예를 들면, 형법 제250조 제1항은 "사람을 살해한 자는 사형, 무기 또는 5년 이상의 징역에 처한다."라고 규정하는데, 여기서 사람을 살해한다는 것이 구성요건이다. 따라서 구체적인 사실이 구성요건에 해당할 때에는 일반적으로 위법하다.

　　구성요건에 해당하더라도 위법하다고 볼 수 없을 때가 있다. 잘 알려진 것으로는 정당방위, 긴급피난에 해당하는 경우가 있다. 정당방위는 자기 또는 타인의 법익을 현재의 위법한 침해로부터 방위하기 위하여 상당한 이유가 있는 행위를 하는 것을 말한다. 여기에는 법이 불법에 양보할 필요가 없다는 전제가 깔려 있다. 긴급피난은 자기 또는 타인의 법익에 대한 현재의 위난을 피하기 위하여 상당한 이유가 있는 행위를 하는 것을 말한다. 생명과 같이 대체할 수 없는 큰 법익을 지키기 위해 어쩔 수 없이 재산과 같은 법익을 희생시킨 일을 가지고 사회적인 해악을 일으킨 위법한 행위라 하지 않는 것이다. 긴급피난은 꼭 위법한 침해 행위로 일어난 위난에 대하여만 인정하는 것이 아니라는 점에서 정당방위와 다르다.

　　앞의 사례에서 선원 A와 선원 B가 동시에 널판을 잡은 행위는 저마다의 생명을 생각할 때 불가피한 일이었다. 이 상황은 선원 A의 입장에서 급박한 위난이었고, 선원 A의 이어진 행위는 위난을 피하는 데 절실한 것이었다. 이러한 선원 A의 행위에 대해 ㉠ 정당방위가 인정된다고 생각하는 이나, ㉡ 긴급피난이 성립하여 위법성이 없다고 파악하는 이가 있을지 모른다. 그러나 그 어느 쪽도 해당하지 않는다고 해야 한다.

　　우선 정당방위의 요건을 생각할 때 위난에 빠진 선원 B의 행위에 대한 선원 A의 행위를 정당방위로 볼 수는 없으며, 또한 긴급피난이 성립하려면 보호한 법익이 침해한 법익보다 훨씬 커야 하는 데 이 사례는 여기에 해당하지 않는다. 그렇다고 해서 곧바로 선원 A에게 범죄가 성립한다고 단정할 수는 없다. 범죄가 성립하기 위해서는 '책임'이라고 하는 점도 고려해야 하기 때문이다. 범죄는 유책한 행위, 곧 행위자에게 책임을 물을 수 있는 행위여야 성립할 수 있는 것이다. 따라서 유책하지 않은 행위를 들어 형벌을 부과할 수 없다.

위법성은 개인의 행위를 법질서와의 관계에서 판단하는 것이어서, 행위자 개인의 특수성은 위법성 판단의 기준이 되지 않는다. 형법에서 위법한 행위를 한 행위자 개인을 비난할 수 있는가 하는 것이 바로 책임의 문제이다. 형법상 책임은 행위자에 대한 법적 비난 가능성의 문제인 것이다. 이는 구체적인 상황에서 행위자가 위법한 행위 말고 다른 행위를 할 수 있었겠는가 하는 기대 가능성으로 볼 수 있다. 적법한 행위를 할 수 있었는데도 위법한 행위를 한 데에 대하여는 윤리적인 비판뿐만 아니라 법적인 비난이 가해져야 하기 때문이다. '카르네아데스의 널'을 재구성한 사례에서 선원 A가 자신의 목숨을 희생하는 쪽을 선택하였다면 숭고한 선행임에 틀림없지만, 그렇게 하지 않은 데 대하여 윤리적인 비판은 몰라도 법적인 비난을 하기는 어렵다고 보는 것이 일반적이다.

01.

[사례]에 관한 윗글의 이해로 적절한 것은?

① 선원 A나 선원 B의 행위는 모두 위난을 벗어나고자 한 것이라 할 수 있다.
② 선원 B가 만약 선원 A를 밀어 빠져 죽게 하였다면 그 행위는 범죄가 된다.
③ 선원 A와 선원 B의 행위는 형법상 살인죄의 구성요건에 해당하지 않는다.
④ 선원 B에 대한 선원 A의 행위는 윤리적으로 타당하기 때문에 형법상 비난받지 않는 것이다.
⑤ 선원 A가 선원 B를 살리는 선택을 하였더라도 그것을 윤리적으로 드높은 덕행이라 할 수 없다.

문항 성격	문항유형 : 주제, 요지, 구조 파악
	내용영역 : 법·규범
평가 목표	이 문항은 전체적 맥락에서 주어진 사례를 잘 이해하였는지 확인하는 문항이다.
문제 풀이	정답 : ①

동일한 위난 상황에 처한 선원 A와 B의 행위를 범죄 성립 여부의 관점에서 판단하고, 윤리적 차원과 법적인 차원에서 평가한다.

정답 해설 ① 선원 A나 B는 모두 배의 난파라는 위난을 벗어나고자 했지만, 결국 A만 성공했다. 그러므로 ①은 적절하다.

오답 해설 ② 선원 B의 가정된 행위는 선원 A의 실제 행위와 일치한다. 제시문은 선원 A의 행위에 대해 범죄가 되지 않는다고 평가하고 있기 때문에 선원 B의 행위도 마찬가지로 범죄가 되지 않는다고 보아야 할 것이다.

③ 제시문 두 번째 문단에서 "사람을 살해한다는 것이 구성요건이다."라고 밝히고 있다. 선원 B는 사람을 죽인 것이 아니기 때문에 당연히 구성요건에 해당하지 않고, 선원 A의 행위는 살인죄의 구성요건에는 해당하지만 유책하지 않다.

④ 선원 A의 행위는 윤리적으로 타당하기 때문이 아니라 기대 가능성이 없기 때문에 책임이 없다는, 곧 형법상 비난할 수 없다는 평가를 받는 것이다. 더욱이 제시문 마지막 문단의 "윤리적인 비판은 몰라도 법적인 비난을 하기는 어렵다."는 진술은 A의 행위가 윤리적 비판에는 열려 있음을, 즉 윤리적으로는 타당하지 않을 수 있음을 함의한다.

⑤ 첫 번째 문단에서 "널판은 한 사람을 겨우 지탱할 만큼밖에 되지 않았다."고 나와 있기 때문에 선원 B를 살리기 위해서는 선원 A는 자신의 목숨을 버릴 수밖에 없는 상황이다. 제시문 마지막 문단에는 "선원 A가 자신의 목숨을 버리는 쪽을 선택하였다면" 이는 "숭고한 선행임에 틀림없"다고 명시되어 있다.

02.

㉠, ㉡에 대해 추론한 내용으로 적절하지 <u>않은</u> 것은?

① ㉠은 선원 B의 행위가 위법한 침해라고 주장할 것이다.
② ㉠은 선원 A의 행위가 현재 자기에게 닥친 침해를 해결하려 한 것이라고 주장할 것이다.
③ ㉡은 선원 B의 행위가 위법한 침해라고 주장하지 않아도 된다.
④ ㉡은 선원 A의 행위에 대한 범죄 성립 여부는 그의 책임에 대한 문제까지 따져야 결정될 것이라고 볼 것이다.
⑤ ㉠과 ㉡은 모두 선원 A의 행위가 현재 직면한 위난을 해결하는 데 상당한 이유가 있는 것이었다고 볼 것이다.

문항유형 : 정보의 추론과 해석

내용영역 : 법·규범

이 문항은 입장을 달리하는 두 주장의 공통점과 차이점을 파악하고 있는지 평가한다.

정답 : ④

위법성이 없다고 평가되는 사안인 정당방위와 긴급피난의 개념을 제시문에 주어진 사례에 적용하여 꼼꼼하게 따져 본다.

④ 제시문 두 번째 문단에서 "형법상 범죄는 '(1) 구성요건에 해당하고, (2) 위법하며, (3) 유책한 행위'라고 정의된다. 이 세 가지 요소 가운데 하나라도 빠지면 범죄는 성립하지 않는다."고 하였다. 따라서 ⓛ의 주장처럼 긴급피난이 성립하게 되면, 책임을 따지지 않아도 범죄는 성립하지 않는다.

① 제시문 세 번째 문단에서는 정당방위에 대해 "위법한 침해로부터 방위하기 위하여" 하는 것이라 설명하고 있으므로, 정당방위가 성립하려면 상대방의 행위가 위법하여야 한다. 따라서 정당방위의 성립을 주장하는 ㉠은 B의 행위가 위법하다고 주장할 것이다.

② 제시문 세 번째 문단에서는 정당방위에 대해 "자기 또는 타인의 법익을 현재의 위법한 침해로부터" 방위하기 위한 것이라 하고 있으므로, 정당방위의 성립을 주장하는 ㉠은 선원 A의 행위가 자기의 법익(생명)에 닥친 현재의 침해를 지키기 위한 행동이라고 주장할 것이다.

③ 긴급피난의 성립에는 꼭 위법한 침해에 대해 이루어진 행위일 것이 요구되지 않으므로, 긴급피난의 성립을 주장하는 ㉡은 상대방의 행위가 위법하였다는 주장을 반드시 해야 되는 것은 아니다.

⑤ 정당방위나 긴급피난으로 평가받기 위해서는 대상 행위가 목적을 달성하는 데 "상당한 이유가 있는 행위"여야 하기 때문에 적절한 진술이다.

03.

윗글에 따를 때, 선원 A의 '책임'에 대한 설명으로 가장 적절한 것은?

① 구성요건에 해당하지 않는 행위는 책임을 따질 필요가 없기 때문에 선원 A의 책임은 인정되지 않는다.

② 형법상 책임이 있다는 것은 적법한 다른 행위를 할 수 있는 상황임을 전제하기 때문에

선원 A는 책임이 있다.

③ 선원 A의 책임 유무를 따지는 것은, 자신의 생명에 대한 위난을 피하기 위해 남의 생명을 침해한 행위가 위법하다고 인정되기 때문이다.

④ 유책하지 않은 행위에 대하여는 정당방위가 성립할 수 없기 때문에 선원 A의 행위에 대하여는 정당방위를 따지지 않고 책임의 문제를 검토하는 것이다.

⑤ 선원 A의 행위가 위법한지는 따져 보지 않아도 되는 것은, 위법성은 행위에 대한 법규범적 판단인 데 반하여 책임은 행위자에 대한 윤리적인 비난 가능성을 검토하는 것이기 때문이다.

문항 성격 문항유형 : 정보의 평가와 적용

내용영역 : 법·규범

평가 목표 이 문항은 제시문의 논지를 세부 내용에 평가하고 적용하는 능력을 확인하는 문항이다.

문제 풀이 정답 : ③

유책한 행위의 요건을 제시문에 주어진 다른 개념들과의 관계 속에서 정확히 파악하고, 이로부터 선원 A의 '책임'을 검토한다.

정답 해설 ③ 제시문 마지막 문단에 "위법성은 개인의 행위를 법질서와의 관계에서 판단하는 것이어서, 행위자 개인의 특수성은 위법성 판단의 기준이 되지 않는다."고 나와 있다. 따라서 개인적인 책임을 따지는 문제는 구성요건에 해당하며, 위법성이 없다고 판단되지 않는 경우에 생각해 볼 수 있는 문제이다.

오답 해설 ① 선원 A의 행위는 구성요건에 해당하기 때문에 유책한지 따져 보아야 한다.

② 선원 A의 행위는 다른 선택을 하도록 요구하기 어려운 상황이었다고 평가되기 때문에 유책하지 않다.

④ A의 행위는 정당방위에 해당하지 않는 위법한 행위라고 판단되기 때문에 책임의 문제를 따지게 되는 것이다.

⑤ 선원 A의 행위는 구성요건에 해당하므로 일반적으로 위법하다고 판단되는 상황이다. 위법성이 없다고 볼 만한 사유가 예외적으로 있을 수 있는지 따져 보아야 하는데, 제시문 네 번째 문단에 따르면 위법성이 있다고 판단되었다.

개인의 복지 수준이 향상되었다거나 또는 한 개인의 복지 수준이 다른 사람들보다 높다고 할 때, 이는 무엇을 의미하는가? 이 물음에 대한 답변은 인간 복지의 본성이나 요건에 대한 이해를 요구하는데, 이와 관련된 대표적인 도덕철학적 입장은 다음과 같다.

첫째, '쾌락주의적 이론'은 긍정적인 느낌으로 구성된 심리 상태인 쾌락의 정도가 복지 수준을 결정한다고 본다. 어떤 개인이 느끼는 쾌락이 증진될 때 그의 복지가 향상된다는 것이다. 둘째, '욕구 충족 이론'은 개인이 욕구하는 것이 충족되는 정도에 따라 복지 수준이 결정된다고 본다. 어떤 개인이 지닌 욕구들이 좌절되지 않고 더 많이 충족될 때 그의 복지가 향상된다는 것이다. 셋째, '객관적 목록 이론'은 개인의 삶을 좋게 만드는 목록을 기준으로 그것이 실현되는 정도에 따라 복지 수준이 결정된다고 본다. 그러한 목록에는 통상적으로 자율적 성취, 지식, 친밀한 인간관계, 미적 향유 등이 포함되는데, 그것의 내재적 가치는 그것이 개인에게 쾌락을 주는지 또는 그것이 개인에 의해 욕구되는지 여부와는 직접적 관련이 없다. 이 중에서 '쾌락주의적 이론'과 '객관적 목록 이론'은 어떤 것들이 내재적 가치가 있는지를 말해 준다는 점에서 실질적인 복지 이론이며, '욕구 충족 이론'은 사람들에게 좋은 것들을 찾아내는 방법을 알려주지만 그것들이 무엇인지를 말해 주지 않는다는 점에서 형식적인 복지 이론이라고 할 수 있다.

이러한 복지 이론들 중에서 많은 경제학자들의 지지를 받는 것은 '욕구 충족 이론'이다. 그들은 이 이론을 바탕으로 복지 수준의 높고 낮은 정도를 평가할 수 있다고 본다. 그리고 우리가 직관적으로 복지의 증가에 해당한다고 믿는 모든 활동과 계기들이 쾌락이라는 심리 상태를 항상 동반하는 것은 아니기 때문에 '쾌락주의적 이론'은 복지에 관해서 너무 협소하다고 비판하면서 더 개방적인 입장을 가져야 한다고 주장한다. 욕구의 대상이 현실에서 구현되는 것이 중요하지 그 구현 사실이 인식되어 개인들이 어떤 느낌을 갖게 되는 것이 필수적이지는 않다고 보기 때문이다. 그 이론의 옹호자들은 '객관적 목록 이론'도 한계를 지니고 있다고 비판한다. 복지 목록에 있는 항목들이 대체로 개인들의 복지에 기여한다는 점은 인정할 수 있지만 그 항목들이 복지에 기여하는 이유에 대해서는 제대로 해명하지 못하고 있다는 것이다. 또한 개인들이 실제로 욕구하는 것들 중에는 그 목록에 포함되지 않지만 복지에 기여하는 경우도 있다는 것이다.

하지만 이러한 '욕구 충족 이론'도 다음과 같은 문제점을 갖고 있다. 첫째, 욕구의 충족과 복지가 어느 정도 연관성이 있기는 하지만 모든 욕구의 충족이 복지에 기여하는 것은 아니라는 문제가 있다. 사람들이 정보의 부족이나 잘못된 믿음으로 자신에게 나쁜 것을 욕구할 수 있으며, ㉠ 타인의 삶에 대해 내가 원하는 것이 이루어졌다고 할지라도 그것이 나의 복지 증진과는 무관할 수 있기 때문이다. 둘째, 사람들이 타인에 대한 가학적 욕구와 같은 반사회적인 욕구를 추구하는 경우도 문제가 된다. 셋째, ⓒ 개인이 일관된 욕구 체계를 갖고 있지 않아서 욕구들 사이에 충돌이 발생할 때 이를 해결하기 어렵다는 문제가 있다.

이러한 문제들에 대응하는 방식으로는 '욕구 충족 이론'을 버리고 다른 복지 이론을 수용하는 방식도 있지만 그 이론을 변형하는 방식도 있다. '욕구 충족 이론'과 구별되는 '합리적 욕구 충족 이론'은 개인들이 가진 모든 욕구들의 충족이 아니라, 관련된 정보에 입각하여 타인이 아닌 자기에게 이익이 되는 합리적인 욕구의 충족만이 복지에 기여한다고 본다. 이것은 사람들이 욕구하는 것이 합리적이라면 그것이 바로 좋은 것이라는 입장이다. 이 이론은 '욕구 충족 이론'이 봉착한 난점들을 상당히 해결해 준다는 점에서 장점을 갖고 있다. 하지만 이 이론은 어떤 욕구가 합리적인지에 대해 답변을 해야 하는 부담을 안고 있다. 만약 이 이론의 옹호자가 이에 대한 답변을 시도한다면 이 이론은 형식적 복지 이론에서 실질적 복지 이론으로 한 걸음 나아가게 된다.

04.

윗글에서 이끌어낼 수 있는 내용으로 적절하지 않은 것은?

① '쾌락주의적 이론'은 개인의 쾌락이 감소하면 복지도 감소한다고 본다.
② '욕구 충족 이론'은 개인들 간의 복지 수준을 서로 비교할 수 없다고 본다.
③ '객관적 목록 이론'은 쾌락이 증가하더라도 복지 수준은 불변할 수 있다고 본다.
④ '객관적 목록 이론'은 내재적 가치를 지닌 것들이 복지를 증진할 수 있다고 본다.
⑤ '합리적 욕구 충족 이론'은 모든 욕구의 충족이 복지에 기여하는 것은 아니라고 본다.

문항 성격	문항유형 : 의도, 관점, 입장 파악
	내용영역 : 법·규범
평가 목표	이 문항은 복지의 본성이나 의미와 관련된 여러 도덕철학적 입장을 이해하고, 이러한 입장들로부터 이끌어낼 수 있는 주장을 묻는 문항이다.
문제 풀이	정답 : ②

제시문에서 설명하고 있는 복지의 본성에 대한 '쾌락주의적 이론', '욕구 충족 이론', '객관적 목록 이론', '합리적 욕구 충족 이론'의 입장을 파악한 후에 각각의 입장으로부터 이끌어낼 수 있는 내용으로 적절하지 않은 것을 찾으면 된다.

② '욕구 충족 이론' 및 개인들 간의 복지 수준 비교에 대한 설명은 제시문의 첫 번째, 두 번째, 세 번째 문단에 나와 있다. "개인이 복지 수준이 향상되었거나 또는 한 개인의 복지 수준이 다른 사람들보다 높다고 할 때, 이는 무엇을 의미하는가?", "'욕구 충족 이론'은 개인이 욕구하는 것이 충족되는 정도에 따라 복지 수준이 결정된다고 본다. 어떤 개인이 지닌 욕구들이 좌절되지 않고 더 많이 충족될 때 그의 복지가 향상된다는 것이다.", "그들은 이 이론을 바탕으로 복지 수준의 높고 낮은 정도를 평가할 수 있다고 본다." '욕구 충족 이론'에 따르면, 어떤 개인의 욕구가 충족되는 정도를 기준으로 그 사람의 복지 수준을 알 수 있다. 또한 마찬가지로 다른 개인들의 복지 수준도 알 수 있다. 그래서 누구의 복지 수준이 높은지를 서로 비교하여 평가할 수 있다. 이처럼 '욕구 충족 이론'은 개인들 간의 복지 수준을 서로 비교할 수 있다고 본다. 그러므로 '욕구 충족 이론'이 개인들 간의 복지 수준을 서로 비교할 수 없다고 보는 ②는 적절하지 않다.

① '쾌락주의 이론'에 대한 설명은 제시문의 두 번째 문단에 나와 있다. "쾌락주의적 이론'은 긍정적인 느낌으로 구성된 심리 상태인 쾌락의 정도가 복지 수준을 결정한다고 본다. 어떤 개인이 느끼는 쾌락이 증진될 때 그의 복지가 향상된다는 것이다." '쾌락주의 이론'에 따르면 쾌락의 정도에 따라 복지 수준이 결정된다. 따라서 쾌락이 증가하면 복지가 증가하고, 반대로 쾌락이 감소하면 복지도 감소한다. 그러므로 ①은 적절하다.

③ '객관적 목록 이론'에 대한 설명은 제시문의 두 번째 문단에 나와 있다. "'객관적 목록 이론'은 개인의 삶을 좋게 만드는 목록을 기준으로 그것이 실현되는 정도에 따라 복지 수준이 결정된다고 본다. 그러한 목록에는 통상적으로 자율적 성취, 지식, 친밀한 인간관계, 미적 향유 등이 포함되는데, 그것의 내재적 가치는 그것이 개인에게 쾌락을 주는지 또는 그것이 개인에 의해 욕구되는지 여부와는 직접적 관련이 없다." '객관적 목록 이론'에 따르면 복지를 증진시키는 데 기여하는 항목들은 그것들이 쾌락을 주는지 여부와는 관련이 없다. 따라서 목록에 쾌락이 포함되어 있지 않다면 쾌락이 증가하더라도 개인의 복지 수준은 변하지 않을 수 있다. 그러므로 ③은 적절하다.

④ '객관적 목록 이론'에 대한 설명은 제시문의 두 번째 문단에 나와 있다. '객관적 목록 이론'에 따르면 복지를 증진시키는 항목에는 자율적 성취, 지식 등이 있는데, 그것들은 내재적 가치를 지니고 있다. 따라서 내재적 가치를 지닌 것들이 복지를 증진시키는 데 기여한다. 그러므로 ④는 적절하다.

⑤ '합리적 욕구 충족 이론'에 대한 설명은 제시문의 다섯 번째 문단에 나와 있다. "'합리적 욕구 충족 이론'은 개인들이 가진 모든 욕구들의 충족이 아니라, 관련

된 정보에 입각하여 타인이 아닌 자기에게 이익이 되는 합리적인 욕구의 충족만이 복지에 기여한다고 본다." 즉, 이 이론에서는 모든 욕구의 충족이 복지에 기여하는 것은 아니라고 본다. 그러므로 ⑤는 적절하다.

05.

'욕구 충족 이론'의 관점과 부합하는 주장만을 〈보기〉에서 있는 대로 고른 것은?

보 기

ㄱ. 욕구를 충족하는 것은 복지 증진의 필요조건이기는 하지만 충분조건은 아니다.
ㄴ. 복지에 기여하는 행위는 그 전후로 개인의 심리 변화를 유발하지 않아도 된다.
ㄷ. 미적 향유가 복지에 기여한다면 그 자체가 좋은 것이기 때문이 아니라 그것이 내가 원하는 것이기 때문이다.

① ㄱ   ② ㄴ   ③ ㄷ
④ ㄱ, ㄴ   ⑤ ㄴ, ㄷ

문항 성격   문항유형 : 정보의 확인과 재구성
               내용영역 : 법 · 규범
평가 목표   이 문항은 복지에 대한 도덕철학적 견해들 중의 하나인 '욕구 충족 이론'의 관점을 제대로 이해하고 있는지를 묻는 문항으로, 이를 통해 학생들의 정보 파악 및 재구성 능력을 평가한다.
문제 풀이   정답 : ⑤

제시문에서 설명하고 있는 '욕구 충족 이론'의 입장을 파악한 후에 그것과 부합하는 주장만을 〈보기〉에서 있는 대로 모두 고르면 된다.

〈보기〉 해설   ㄱ. ㄱ과 관련된 '욕구 충족 이론'에 대한 설명은 두 번째, 세 번째 문단에 나와 있다. "'욕구 충족 이론'은 개인이 욕구하는 것이 충족되는 정도에 따라 복지 수준이 결정된다고 본다. 어떤 개인이 지닌 욕구들이 좌절되지 않고 더 많이 충족될 때 그의 복지가 향상된다는 것이다.", "욕구의 대상이 현실에서 구현되는 것이 중요하지 그 구현 사실이 인식되어 개인들이 어떤 느낌을 갖게 되는 것이 필

수적이지는 않다고 보기 때문이다." 여기서 알 수 있듯이 '욕구 충족 이론'에서는 욕구가 충족되면 복지가 증진되며, 복지 증진을 위해서는 다른 요인이 추가적으로 필요하지는 않다. 따라서 욕구의 충족은 복지 증진을 위한 필요충분조건이다. 그러므로 욕구의 충족이 복지 증진의 필요조건이기는 하지만 충분조건은 아니라는 ㄱ은 '욕구 충족 이론'의 관점과 부합하지 않는다.

ㄴ. ㄴ과 관련된 '욕구 충족 이론'에 대한 설명은 세 번째 문단에 나와 있다. "이 이론의 옹호자들은 우리가 직관적으로 복지의 증가에 해당한다고 믿는 모든 활동과 계기들이 쾌락이라는 심리 상태를 항상 동반하는 것은 아니기 때문에 '쾌락주의적 이론'은 복지에 관해서 너무 협소하다고 비판하면서 더 개방적인 입장을 가져야 한다고 주장한다. 욕구의 대상이 현실에서 구현되는 것이 중요하지 그 구현 사실이 인식되어 개인들이 어떤 느낌을 갖게 되는 것이 필수적이지는 않다고 보기 때문이다." 여기서 알 수 있듯이 '욕구 충족 이론'은 복지에 기여하는 행위가 쾌락과 같은 심리 상태를 반드시 동반하는 것은 아니라고 본다. 따라서 복지에 기여하는 행위가 그 전후로 개인의 심리 변화를 유발하지 않아도 된다는 ㄴ은 '욕구 충족 이론'의 관점과 부합한다.

ㄷ. ㄷ과 관련된 '욕구 충족 이론'에 대한 설명은 두 번째 문단에 나와 있다. "'욕구 충족 이론'은 개인이 욕구하는 것이 충족되는 정도에 따라 복지 수준이 결정된다고 본다. 어떤 개인이 지닌 욕구들이 좌절되지 않고 더 많이 충족될 때 그의 복지가 향상된다는 것이다." 즉, '욕구 충족 이론'은 미적 향유가 복지에 기여한다면 그것이 내재적 가치, 즉 그 자체로서 가치를 지닌 것이기 때문이 아니라 개인이 욕구하는 것이기 때문이라고 본다. 개인이 욕구하는 것만이 복지에 기여하는데, 미적 향유가 복지에 기여하려면 미적 향유도 개인이 욕구하는 것, 즉 원하는 것이어야 하기 때문에 ㄷ은 '욕구 충족 이론'의 관점과 부합한다.

06.

〈보기〉의 사례들에 대한 반응으로 적절하지 <u>않은</u> 것은?

(가) '갑'은 기차에서 우연히 만난 낯선 사람의 질병이 낫기를 간절히 원하였는데, 그 후에 그를 다시 만난 적이 없어서 그의 질병이 나았다는 것을 전혀 모른다. 그래서 그의 질병이 나았다는 사실은 갑에게 아무런 영향도 주지 않았다.

(나) '을'은 A학점을 받기 위해 시험 전날 밤에 밤새워 공부하기를 원하면서도, 친구들과 어울리는 것이 좋아 밤늦게까지 파티에 참석하기도 원한다. 그래서 그는 어떻게 해야 할지 갈등하고 있다.

(다) '병'은 인종 차별적 성향 때문에, 의약품이 더 필요한 흑인보다는 그렇지 않은 백인에게 의약품을 분배하기를 원한다. 그래서 그는 백인에게만 그 의약품을 분배하였다.

① (가)는 '욕구 충족 이론'의 문제점과 관련하여 ㉠의 사례로 활용할 수 있겠군.
② (가)는 '쾌락주의적 이론'과 '합리적 욕구 충족 이론' 모두의 관점에서는 갑의 복지가 증진된 사례로 활용할 수 없겠군.
③ (나)는 '욕구 충족 이론'의 문제점과 관련하여 ㉡의 사례로 활용할 수 있겠군.
④ (나)에 나타난 갈등은 항목들 간의 우선순위를 설정하지 않은 '객관적 목록 이론'에서는 해결하기 어렵겠군.
⑤ (다)는 '욕구 충족 이론'의 관점에서는 병의 복지가 증진된 사례가 될 수 없겠군.

문항 성격	문항유형 : 정보의 평가와 적용
	내용영역 : 법·규범
평가 목표	이 문항은 복지에 대한 여러 도덕철학적 입장을 이해한 다음에 각각의 입장에서 구체적인 사례들을 비판적 시각으로 판단할 것을 요구하는 문항으로, 이를 통해 학생들의 종합적인 정보 평가 및 적용 능력을 평가한다.
문제 풀이	정답 : ⑤

복지와 관련된 〈보기〉의 사례들을 분석한 후에 제시문의 '쾌락주의적 이론', '욕구 충족 이론', '객관적 목록 이론', '합리적 욕구 충족 이론'의 관점에서 그 사례들을 평가한 내용 중 적절하지 않은 것을 찾으면 된다.

⑤ '욕구 충족 이론'에 대한 설명은 제시문 두 번째 문단에 나와 있다. "'욕구 충족 이론'은 개인이 욕구하는 것이 충족되는 정도에 따라 복지 수준이 결정된다고 본다." 따라서 (다)에서는 백인에게만 의약품을 분배하기를 원하는 병의 욕구가 실제로 충족되었기 때문에 병의 복지가 증진되었다고 볼 수 있다. 병의 욕구가 인종 차별과 같은 반사회적 욕구이기 때문에 문제가 있다는 비판을 받을 수 있지만, '욕구 충족 이론'의 관점에서는 병의 욕구가 실현되었다는 점에서 병의 복지가 증진된 것으로 볼 수 있다. 따라서 '욕구 충족 이론'의 관점에서 (다)가 병의 복지가 증진된 사례가 될 수 없다는 ⑤는 적절하지 않다.

① '욕구 충족 이론'에 대한 설명은 제시문 세 번째 문단에 나와 있다. "욕구의 대상이 현실에서 구현되는 것이 중요하지 그 구현 사실이 인식되어 개인들이 어떤 느낌을 갖게 되는 것이 필수적이지는 않다고 보기 때문이다." '욕구 충족 이론'은 개인의 욕구가 충족되면 복지가 증진된 것으로 보며, 그러한 복지의 증진은 그 사람이 욕구 충족의 사실을 인식하고 있는지 여부와는 상관이 없다고 본다. 따라서 '욕구 충족 이론'에 따르면, (가)는 낯선 사람의 질병이 치료되기를 원하는 갑의 욕구가 충족되었다는 점에서 갑의 복지 증진 사례이다. 하지만 갑이 자신의 욕구가 충족된 사실을 알지 못하고 있으며 어떤 영향도 받지 않았다는 점에서 갑의 복지 증진과는 무관하다는 비판을 받을 수 있다. 따라서 (가)는 '욕구 충족 이론'의 문제점인 "타인의 삶에 대해 내가 원하는 것이 이루어졌다고 할지라도 그것이 나의 복지 증진과는 무관할 수 있다."는 ㉠의 사례로도 활용될 수 있다. 그러므로 ①은 적절하다.

② '쾌락주의 이론'의 관점에서는 쾌락이 증진되어야 복지가 증진된 것으로 본다. 그런데 (가)의 갑은 낯선 사람의 질병이 치료된 것을 통해 어떠한 영향도 받지 않았기 때문에, 즉 어떠한 쾌락도 얻지 못했기 때문에 갑의 복지가 증진되었다고 볼 수 없다. '합리적 욕구 충족 이론'의 관점에서는 "타인이 아닌 자기에게 이익이 되는 합리적 욕구의 충족만이 복지에 기여한다."고 본다. 그런데 (가)의 낯선 사람의 질병이 낫기를 바라는 갑의 욕구는 자기의 이익이 아니라 타인의 이익에 기여하는 욕구이며, 또한 그 타인의 질병이 치료된 사실을 통해 갑이 어떠한 영향도 받지 않았기 때문에, 즉 갑에게 어떠한 이익도 되지 않았기 때문에 갑의 복지가 증진되었다고 볼 수 없다. 따라서 (가)는 '쾌락주의 이론'과 '합리적 욕구 충족 이론' 모두의 관점에서 갑의 복지가 증진된 사례로 활용될 수 없다. 그러므로 ②는 적절하다.

③ '욕구 충족 이론'에서는 개인의 욕구가 충족되면 복지가 증진된 것으로 본다. 그런데 (나)의 을은 A학점을 받기 위해 밤새워 공부하려는 욕구와 친구들과 어

울리기 위해 파티에 참석하고 싶은 욕구를 갖고 있어서 어떤 선택을 할지 갈등을 하고 있다. 두 가지 욕구 모두 갑이 원하는 것으로서 갑의 복지 증진에 도움이 되지만, 그중에서 한 욕구를 선택하면 다른 욕구를 포기해야 하는 상황이어서 두 욕구가 서로 충돌하는 문제가 발생하고 있다. 따라서 (나)는 '욕구 충족 이론'의 문제점인 "개인이 일관된 욕구 체계를 갖고 있지 않아서 욕구들 사이에 충돌이 발생할 때 이를 해결하기 어렵다."는 ⓒ의 사례로 활용될 수 있다. 그러므로 ③은 적절하다.

④ '객관적 목록 이론'에서는 목록에 제시된 내재적 가치를 지닌 항목들이 실현되면 복지가 증진된다. 그런데 (나)의 을은 A학점을 받기 위해 밤새워 공부할지, 아니면 친구들과 어울리기 위해 밤늦게까지 파티에 참석할지를 두고 갈등하고 있다. 만약 '객관적 목록 이론'에서 지식이나 우정(친밀한 인간관계)과 같은 항목들 사이에 어떤 것이 더 가치가 있는지를 밝혀 주는 우선순위가 설정되어 있지 않다면 그러한 을의 갈등은 해결되기 어렵다. 따라서 (나)에 나타난 갈등이 항목들 간의 우선순위가 설정되지 않은 '객관적 목록 이론'에서는 해결하기 어렵다는 ④는 적절하다.

[7~10] 다음 글을 읽고 물음에 답하시오.

명식의 밤 외출은 날이 갈수록 짖어 깄다. 2층 시재도 숨어 들이기 그의 기면 뒤에서 이상스런 휴식에 젖는 것도 마찬가지였다. 그렇게 하여 그는 사무실에서 묻어 온 피곤기를 가면 뒤에서 말끔히 씻어낸 다음 지연을 찾아 ⓐ 밤늦은 2층 계단을 내려오곤 했다.

[A] ┌ 명식은 분명 그 가면 뒤에서라야 비로소 휴식을 얻을 수 있는 듯했다. 그것은 어쩌면 자기 변신의 연극기 같은 것에서 오는, 그 가면 뒤에서 세상을 바라보고 새삼스럽게 자기를 느끼는 └ 시간이 되고 있는지도 모를 일이었다.

그것은 어쨌든, 이제 지연이 명식을 속속들이 다 만나는 것은 그가 그 밤 외출에서 이상스런 방법으로 피로를 씻고 새 힘을 얻어 돌아오는 날뿐이었다.

이윽고 지연에게도 한 가지 변화가 생기기 시작했다. 명식을 만나고 싶은 밤의 소망은 반드시 그의 가면을 연상시켜 주곤 했다. 지연은 명식의 가면을 사랑하기 시작했다. 그녀는 명식의 가면을 만나고 싶어 하고 있었다. 그녀에게는 명식의 가면이 어느새 그렇게 익숙하게 느껴지기 시작하고 있었고, 어찌된 셈인지 그녀는 명식의 동기까지를 포함하여 그러는 자신을 스스로 수긍해 버리고 있었던 것이다. 명식에게서도 혹시 그런 기미가 엿보이고 있었기 때문일까. ⊙ 지연은 이제 오히려 명식의 맨얼굴 쪽에서 어떤 불편스런 가면이 느껴지고 있을 지경이었다. 그녀에게는 명식이 맨얼굴로 대문을 들어설 때의 표정이야말로 영락없이 가면을 쓰고 있는 것처럼 뻣뻣하고 변화 없고 그리고 어떤 뻔뻔스런 피곤기 같은 것이 온통 그를 가려 버리고 있는 듯한 느낌이 들곤 했다.

그러나 지연은 그토록 익숙해진 명식의 가면을 아직도 똑똑히 본 일이 없었다.

그 첫날 한 번밖엔 명식이 자기의 가면 뒤에서 편안히 쉬고 있는 모습을, 그것이 진짜 자기의 얼굴이나 되는 양 익숙해져 버린 가면으로 의기양양 밤 외출에서 돌아오곤 한 명식을 다시 본 일이 없었다.

지연은 보지 않아도 그것을 알고 있었다. 그리고 이미 그 명식의 얼굴을 자신 속에다 깊이 지녀 버리고 있었다. 문득문득 그것을 만나고 싶은 밤이 많았다. 이날도 지연은 그런 명식을 기다리고 있었다.

[중략 부분의 줄거리] 잠시 후 명식이 밤 외출에서 돌아온다.

한참을 기다렸다. 역시 기척이 없다. 이상한 일이었다.

ⓒ 오늘 밤에도 또?

지연은 갑자기 초조해지기 시작했다. 문득 어떤 별난 밤의 일이 떠올랐다. 그날도 명식은 썩 오랜만의 밤 외출에서 돌아와 소리 없이 2층으로 올라간 다음이었다. 지연은 물론 그녀의 침대 속에서 명식을 기다리고 있었다. 아무리 기다려도 그가 계단을 내려오는 기척이 없었다. 지연은 불쑥 상서롭지 못한 예감이 들었다. 술이 너무 지나쳤나 싶기도 했고, 그런 일이 워낙 처음이라 다른 심상찮은 변고가 생기지 않나 싶기도 했다. 그녀는 기다리다 못해 결국 자기가 먼저 침대를 내려오고 말았다. 여자가 먼저 남편을 찾는 것처럼 보이기가 여간 쑥스럽지 않았지만, 어쨌든 그녀는 명식을 살피고 와야 한다고 생각했다. 마루에서 잠깐 발길을 망설이던 그녀는 ⓑ 가만가만 2층 계단을 올라갔다.

ⓒ 지연이 명식의 방문 앞까지 다가갔을 때 방안의 반응은 그녀가 예상했던 것과는 너무도 딴판이었다.

"좀 들어오지그래."

기다리고 있기나 했었던 듯 문을 열기도 전에 명식의 소리가 먼저 흘러나왔다. 술이 취해 있기는 커녕 너무도 정연하고 조용한 목소리였다. 지연은 쑥스러움도 잊고 끌리듯 문을 열고 방안으로 들어섰다.

명식은 불을 켜지 않은 채 창문 근처의 어둠 속에 조용히 파묻혀 있었다.

"앉지 않구."

168

어둠 속이라 모습은 잘 보이지 않고 목소리만 들려왔다.

"오늘 밤은 여기서 좀 이렇게 지내다 가."

어떤 분명한 의미가 담긴 말이었다. 지연은 감히 명식의 곁으로는 갈 수가 없었다. 공연히 그가 두려웠다. 변장을 하고 있을 그의 얼굴을 만나 버리기가 두려웠다. 그녀는 명식과 멀찌감치 떨어져 있는 등 없는 둥글의자 위로 몸을 주저앉혔다. 그러나 지연은 그러고 앉아서도 명식의 어떤 분명한 얼굴을 보고 있었다.

[B] 명식은 아직 변장을 풀지 않고 있었다. 그는 목소리가 너무 잔잔했다. 어딘가 한숨 같은 것이 묻어 있는 잔잔한 음성이었다.

지연은 명식의 그 음성으로 그가 지금 자기는 보지도 않고 창밖으로 시선을 내보낸 채, 그녀로서는 도저히 알 수도 없고 설명할 수도 없는 어떤 깊은 갈망에 젖고 있다는 것을 어슴푸레 느낄 수 있었다.

─ 이렇게 불을 끄고 앉아 있으니 밤이 좋군. ⓔ 대낮은 얼굴이 너무 따가워서…… 누구나 결국은 그렇게 되는 거지만 사실 사람들이 얼굴 가득히 그 엄청난 대낮의 햇빛을 스스럼없이 견디어 낼 수 있도록 잘 단련이 되고 있는 건 다행인 일이지.

─ 하지만 그건 다행스럽다고만은 할 수가 없다면…… 그런 식으로 사람들은 제각기 자기의 가면을 든든하게 단련시켜 가고 있거든. 눈물을 흘릴 수가 없어…….

─ 가면이 우는 걸 보았을까. 물론 그런 일은 있을 수가 없지. 가면의 눈물은 속으로만 흐르게 마련이거든.

명식은 역시 취기가 좀 숨어 있었던 모양이었다. 그는 어둠 속에서 혼잣말처럼 띄엄띄엄 중얼거리고 있었는데 앞뒤가 닿는 소리만 추려 보면 대강 그런 식이었다. ⓜ 지연이 보아 온 대로였다. 대낮을 다니는 맨얼굴에서 가면을 느끼는 대신, 가발과 콧수염으로 변장을 하고 있는 당장의 자신에 대해서는 전혀 이질감을 느끼지 않고 있는 기미였다. 그리고, 그래서 명식은 그러한 변장 속에서 비로소 자신의 고뇌를 가장 정직하게 안을 수 있는 듯한 태도였다.

지연은 아무 말도 하지 않았다. 조용히 입을 다물고 앉아서 어둠에 싸인 명식의 희미한 모습만 더듬고 있었다. 그러다가 방을 나오고 말았다.

─ 이청준, 『가면의 꿈』

07.

[A]와 [B]에 대한 설명으로 가장 적절한 것은?

① [A]는 인물 자신이 보고 들은 사건을 주관적 시각에서 직접적으로 서술한다.
② [A]는 인물의 독백적 발화를 통해 다른 인물의 내면 심리를 생생하게 제시한다.
③ [B]는 사건을 작중 상황 안에서 목격하는 인물과 그 사건을 전달하는 서술자가 서로 다르다.
④ [B]는 작중 상황 안의 서술자가 인물의 심리를 추측하여 전달함으로써 독자의 상상력을 제한한다.
⑤ [B]는 서술자가 인물의 행동과 심리를 작중 상황 밖에서 전달하다가 작중 상황 안으로 이동하여 전달한다.

문항 성격	문항유형 : 주제, 요지, 구조 파악 내용영역 : 인문
평가 목표	이 문항은 소설이 사건을 전달하는 방식에 대한 문항이다. 사건을 작중 상황에서 직접 경험하는 인물과 그 사건을 전달하는 서술자가 일치하는지, 서술자가 작중 상황에 등장하는 1인칭 인물인지, 아니면 작중 상황 바깥의 인물인지 등과 관련된 서술 구조에 대한 이해를 평가한다.
문제 풀이	정답 : ③

소설의 시점 중에서 3인칭 전지적 작가 시점은 서술자가 작중 상황의 바깥에서 인물의 행동뿐만 아니라 심리까지 제시하며, 때로는 인물의 눈을 빌려 그가 보고 들은 바를 전달한다는 점을 바탕으로 선택지를 골라야 한다.

정답 해설	③ [B]는 바로 앞의 문장에서 "지연은 그러고 앉아서도 명식의 어떤 분명한 얼굴을 보고 있었다."라고 했으므로 지연이가 보고 있는 내용이다. 하지만 이 문장을 서술하는 사람은 같은 문장에서 드러나듯이 지연이 아니라, 작중 상황에 등장하지 않는 작중 상황 밖의 전지적 서술자이다. 만약 지연이었다면 [B]나 그 앞뒤에 '나'라는 단어가 나왔을 것이다. 그래서 [B]는 사건을 목격하는 것은 작중 상황 안의 지연이고 그 사건을 전달하는 서술자는 작중 상황 밖의 서술자로, 두 인물은 일치하지 않는다.
오답 해설	① [A]는 작중 상황에 등장하는 인물이 아니라, 작중 상황 밖의 전지적 서술자가 인물의 내면까지 파악하여 전달하는 부분이다. 만약 인물 자신이 직접적으로 서

술했다면 1인칭 시점이 되어야 하므로 [A]나 그 앞뒤에 '나'라는 단어가 나왔을 것이다.

② [A]는 작중 상황 밖의 전지적 서술자가 인물의 내면까지 추측하여 전달하는 부분이다. 전지적 서술자는 작중 상황 안의 인물이 아니며, 만약 [A]가 명식의 내면 심리를 전달하는 지연의 독백적 발화라면 [A]나 그 앞뒤에 지연이 등장해야 한다. 지연이 등장하지 않은 상황인데 지연이 독백적 발화를 한다는 것은 이치에 맞지 않다.

④ [B]는 작중 상황 안의 지연이 목격한 사건을 작중 상황 밖의 전지적 서술자가 전달하는 부분이다. 만약에 서술자가 작중 상황 안에서 사건을 전달한다면 그것은 1인칭 시점이 될 것이며, 반드시 1인칭임을 나타내는 '나'라는 단어가 나와야 한다. 하지만 [B]나 그 앞뒤에 '나'라는 단어는 등장하지 않는다.

⑤ [B]는 작중 상황 안의 지연이 목격한 사건을 작중 상황 밖의 전지적 서술자가 전달하는 부분이기에, 서술자는 시종일관 작중 상황 밖에 있다. 만약 서술자가 작중 상황 안으로 이동한다면 그것은 1인칭 시점이 될 것이며, 반드시 1인칭임을 나타내는 '나'라는 단어가 존재해야 한다. 하지만 [B]나 그 앞뒤에 '나'라는 단어는 전혀 등장하지 않는다.

08.

㉠~㉤의 문맥적 의미로 가장 적절한 것은?

① ㉠: 귀가할 때 다른 가면을 지어내는 '명식'에게 불편을 느끼고 있다.
② ㉡: 가면을 쓴 '명식'과의 대화가 누차 반복되었음을 나타내고 있다.
③ ㉢: '명식'에 대한 불길한 예감이 들어맞지 않았음을 보여 주고 있다.
④ ㉣: 타인들의 시선 때문에 낮에도 변장을 하게 되었음을 나타내고 있다.
⑤ ㉤: '명식'의 사회적 지위에 대한 '지연'의 부정적 인식을 드러내고 있다.

문항 성격 문항유형 : 의도, 관점, 입장 파악
　　　　　　내용영역 : 인문
평가 목표 이 문항은 소설에서 중요한 역할을 하는 특정 구절들이 어떤 문맥적 의미를 지니고 있는지를 묻는 문항이다. 인물 간의 대화나 한 인물의 독백, 서술자의 묘사나 해설 등을

대상으로 그 속에 담긴 인물의 주관적인 의도나 관점, 입장 등을 이해하고 있는지 평가한다.

정답 : ③

특정 구절의 문맥적 의미를 파악하기 위해서는 그 구절 자체가 지닌 정확한 의미를 파악해야 할 뿐만 아니라, 그 구절 앞뒤에 위치한 문장을 읽고 그 의미까지 정확하게 파악한 뒤에 선택지를 골라야 한다.

정답 해설 ③ ㉢에서 지연이 2층 계단을 올라가 방문 앞으로 다가가기 전에 그녀는 "불쑥 상서롭지 못한 예감이 들었다. 술이 너무 지나쳤나 싶기도 했고, 그런 일이 워낙 처음이라 다른 심상찮은 변고가 생기지 않았나 싶기도 했다."고 하였다. 이는 그녀가 불길한 예감에 휩싸였음을 보여 준다. 하지만 2층 방문 앞까지 갔을 때 방안의 반응은 너무도 딴판이었다. "술이 취해 있기는커녕 너무도 정연하고 조용한 목소리"가 들려 왔던 것이다. 이로 보면 ㉢은 명식에 대한 지연의 불길한 예감이 어긋났음을 보여 주는 것이라고 할 수 있다.

오답 해설 ① 명식은 대낮에 "햇빛을 스스럼없이 견디어 낼 수 있도록 단련"이 되었는데, 이는 곧 "자신의 가면을 든든하게 단련"시킨 것이다. 물론 이 가면은 실제 손으로 만져지는 가면이 아니라 자신의 참된 모습을 숨기고 있다는 것을 우회적으로 표현한 것이다. 명식은 ㉠에서 퇴근할 때도 그 가면을 벗지 못하는데, 지연은 그러한 그의 모습에 불편을 느끼고 있다. 명식은 피곤한 모습으로 낮의 가면을 그대로 쓴 채 귀가하기 때문이므로, 다른 가면을 지어낸다고 보는 것은 적절하지 않다.

② 제시문 여섯 번째 문단에서 지연이 "그 첫날 한 번밖엔 명식이 자기의 가면 뒤에서 편안히 쉬고 있는 모습"을 본 적이 없다고 하였다. 그 일은 바로 ㉡의 뒤에 나오는 "별난 밤의 일"이다. 다시 말해 지연은 가면을 쓴 명식과 오직 한 번만 대화를 나누었을 뿐이다.

④ ㉣에서 명식의 얼굴이 너무 따가운 이유는 "대낮의 햇빛" 때문이다. 이 햇빛은 실제의 햇빛이 아니라 다른 사람들의 시선을 우회적으로 표현한 것이다. 명식은 "햇빛을 스스럼없이 견디어 낼 수 있도록" 하기 위하여 "자신의 가면을 든든하게 단련"시키는데, 이때의 가면은 실제 손으로 만져지는 가면이 아니라 자신의 참된 모습을 숨기고 있는 것에 대한 우회적 표현이다. 그러므로 그가 낮에 가면을 썼다고 하면 맞는 진술이지만, 밤처럼 "가발과 콧수염"으로 변장을 하였다고 하면 사실과 부합하지 않는 진술이 된다.

⑤ ㉤의 바로 다음 문장을 보면 지연은 명식의 "대낮을 다니는 맨얼굴에서 가면을

느끼는 대신, 가발과 콧수염으로 변장을 하고 있는" 모습에 대해서는 전혀 이질 감을 느끼지 않는다. 그녀는 명식이 낮에 사회적 활동을 하면서 타인의 시선이 두려워 가면을 쓴 것처럼 느끼며 참된 자신을 숨기는 태도를 어색하게 여기지만, 그의 사회적 지위를 부정적으로 생각하는 것은 아니다.

09.

@와 ⓑ에 제시된 행위에 대한 설명으로 가장 적절한 것은?

① @는 아래층 인물이 위층 인물을 전과 달리 대하는 결과를 낳는다.
② @는 위층 인물이 자신의 가면을 보여 주기 위하여 하는 행위이다.
③ @는 위층 인물이 일상의 고단함을 탈피하기 위하여 하는 행위이다.
④ ⓑ는 아래층 인물의 내적 욕망과 행동의 괴리가 일어나게 한다.
⑤ ⓑ는 아래층 인물이 부부에 대한 전통적 관념을 비판적으로 인식하게 한다.

문항 성격 문항유형 : 정보의 추론과 해석
내용영역 : 인문

평가 목표 이 문항은 소설에 등장하는 인물의 행위에 담긴 내재적 의미를 추론하고 해석하는 문항이다. 인물들이 서로 주고받는 행동에 들어 있는 특정 인물의 내면적 욕망이나 상대 인물의 욕망을 제대로 파악하고 있는지, 행동과 욕망의 관계나 인물의 행동에 담긴 의미를 제대로 이해하고 있는지 평가한다.

문제 풀이 정답 : ①

인물의 행위에 담긴 내재적 의미를 추론하고 해석하기 위해서는 먼저 그 행동이 어떤 원인 때문에 일어났고 어떤 내용을 지니고 있는지를 파악하고, 그 행동이 이후에 어떤 결과를 가져오는지를 파악한 뒤에 적절한 선택지를 골라야 한다.

정답 해설 ① @의 바로 앞 문장을 보면 명식은 2층 서재로 숨어들어 가면을 쓰거나 가면을 쓴 채 밤 외출을 하는 행위를 통하여 피곤기를 "말끔히 씻어낸 다음"에 지연을 찾는다. 제시문의 네 번째 문단을 보면, 이런 행동이 거듭되면서 "이윽고 지연에게도 한 가지 변화가 생기기 시작"한다. 즉, "지연은 명식의 가면을 사랑하기 시작했다." 이처럼 @는 아래층 인물인 지연이 이전과 달리 가면을 쓴 명식을 다르게 대하는 결과를 낳고 있다.

오답 해설 ② 제시문의 첫 번째 문단을 보면 명식은 2층 서재로 숨어들어 가면을 쓰거나 가면을 쓴 채 밤 외출을 하는 행위를 통하여 사무실에서 묻어 온 피곤기를 가면 뒤에서 "말끔히 씻어 낸 다음"에 지연을 찾는다. 그러므로 그가 아래층으로 내려오는 것은 "피로를 씻고 새 힘"을 얻었기 때문이다. 아래층으로 내려올 때 그는 가면을 쓰지 않는다. 만약 가면을 보여 주기 위해 아래층으로 내려왔다면 지연이 명식의 가면을 한 번밖에 보지 못했을 리가 없다.

③ 명식은 일상의 고단함을 탈피하기 위하여 2층 서재로 숨어들어 가면을 쓰거나 가면을 쓴 채 밤 외출을 한다. 그리고 '밤늦게' 2층 계단을 내려올 때는 이미 "피곤기를 말끔히 씻어 낸 다음"이다. 그러므로 일상의 고단함을 탈피하기 위하여 하는 행위라는 진술은 적절하지 않다.

④ ⓑ의 바로 앞부분을 보면, 지연은 2층 계단을 올라가기 전에 "여자가 먼저 남편을 찾는 것처럼 보이기가 여간 쑥스럽지 않았지만, 어쨌든 그녀는 명식을 살피고 와야 한다고 생각했다." 즉, 그녀는 내적 욕망과 일치되는 행동을 한다. 2층 계단을 올라간 이후 명식과 만났을 때 그녀의 내적 욕망은 "변장을 하고 있을 그의 얼굴을 만나 버리기가 두려웠다." 그래서 그녀는 명식의 곁으로 가지 않는다. 이처럼 그녀의 내적 욕망과 행동은 일치한다.

⑤ ⓑ의 바로 앞부분에 나타난 것처럼 지연은 "여자가 먼저 남편을 찾는 것처럼 보이기가 여간 쑥스럽지" 않았다고 여기는 남성 위주의 전통적 부부 관념을 지닌 인물이다. 그래서 2층 계단을 올라간 뒤에도 명식의 앞에 나서지 않고 "멀찌감치 떨어져 있는 등 없는 둥글의자 위"에 앉아 "아무 말도 하지 않았다. 조용히 입을 다물고 앉아서 어둠에 싸인 명식의 희미한 모습만 더듬고 있었다. 그러다가 방을 나오고 말았다." 이는 전형적으로 부부에 대한 전통적 관념을 따르는 행동이지, 그 관념을 비판적으로 인식하는 것이 아니다.

10.

〈보기〉를 바탕으로 윗글을 감상할 때, 적절하지 <u>않은</u> 것은?

> **보 기**
>
> 소설 속 인물의 변신 모티프는 그가 겪는 갈등의 크기를 드러내고 그것을 해소하려는 깊은 소망을 내보이는 방편일 뿐, 소망의 실현을 목적으로 하지 않는다. 변신은 갈등의 일시적 해소 효과가 없지 않지만, 가짜 해결의 속임수이고 상상적 희망의 기호에 불과하다. 결국 갈등을 극복할 수 있는 길은 참된 자아의 진실을 근거로 하여 그것에 맞서는 것뿐이다.
>
> −작가의 말 중에서

① '지연'이 '명식'과 멀찌감치 떨어져 있는 의자에 앉은 것은 '명식'의 참된 자아를 발견할까 두려웠기 때문이다.

② '명식'의 밤 외출이 잦아지는 것은 현실 세계와의 불화로 인하여 갈등이 고조되었음을 우회적으로 나타낸다.

③ '명식'이 가면의 눈물은 속으로만 흐른다고 말한 것은 참된 자아를 숨긴 채 살아가는 자기 삶에 대한 고백이다.

④ '명식'의 가면을 똑똑히 보지 않고도 그를 기다리는 '지연'의 행위는 '명식'의 상상적 희망을 자기화한 것이다.

⑤ '명식'이 가면을 쓴 자신에게 이질감을 느끼지 않는 것처럼 보였던 것은 그가 일시적 속임수에 도취되었음을 의미한다.

문항 성격　문항유형 : 정보의 평가와 적용

　　　　　　내용영역 : 인문

평가 목표　이 문항은 먼저 소설 작품 바깥의 참고 자료인 작가의 말 속에 들어 있는 각종 정보를 파악한 뒤, 이 정보를 바탕으로 소설에 등장하는 다양한 인물의 대화나 행동 속에 담겨 있는 내재적 의미를 제대로 이해하고 객관적 입장에서 해석할 수 있는지를 평가한다.

문제 풀이　정답 : ①

〈보기〉는 작품을 감상할 때 반드시 참고해야 하는 자료이므로 그 의미를 정확하게 이해한 뒤, 반드시 그 의미에 바탕을 두고 작중 상황 속의 인물이 지닌 심리나 그가 하는 행동의 의미를 정확하게 파악해야 한다.

〈보기〉에서 작가는 '명식'이 변장을 하는 것은 그가 커다란 갈등을 겪고 있지만, 그 변장이 갈등의 해소를 목적으로 하지 않는다고 본다. 그렇기 때문에 변장은 일시적 갈등이 해결된 것처럼 보이게 하며, 상상을 통하여 인물이 갈등을 해결하고 싶다는 희망을 보여 줄 뿐이다. 작가에 따르면, '명식'은 참된 자아를 바탕으로 갈등을 해결하기 위하여 그 갈등에 맞서는 행동을 하지는 않는다.

① 지연이 명식과 멀찌감치 떨어져 앉은 이유는 "변장을 하고 있을 그의 얼굴을 만나 버리기가 두려웠"기 때문이다. 한편 〈보기〉에 따르면, 명식이 가면을 쓰는 것, 즉 변장을 하는 것은 참된 자아와 만나지 않고 일시적으로 가짜 해결의 속임수에 빠지는 것이고 상상적 희망을 하는 것이다. 그러므로 지연의 행동은 참된 자아를 발견할까 두려운 것이 아니라, 가짜 해결의 속임수에 빠진 명식의 얼굴을 보게 될까 두려운 것이다. 그 이유는 그녀 자신도 그러한 명식의 행동에 빠져들었기 때문이다. 다시 말해 지연은 자신도 동의하고 있는 명식의 상상적 희망이 깨질까 봐 두려웠기에 명식과 떨어져 앉았던 것이다.

② 명식은 밤 외출을 할 때 가면을 쓴다. 그런데 그가 가면을 쓰는 것, 즉 변신을 하는 것은 〈보기〉에서 그가 겪는 갈등의 크기를 드러내는 것이라고 하였다. 그러므로 그의 밤 외출이 잦아지는 것은 그의 갈등이 고조되었음을 간접적으로 나타내는 것이다.

③ 명식에 따르면, 낮에 사람들이 가면을 쓰는 이유는 다른 사람의 시선 때문이다. 이런 사람들은 눈물을 가면 속으로만 흘린다. 왜냐하면 참된 자아, 즉 자신의 진짜 얼굴을 숨겼기 때문이다. 이러한 사람들에는 명식 자신도 포함된다. 왜냐하면 명식과 지연 모두 명식의 "대낮을 다니는 맨얼굴에서 가면을 느끼"고 있기 때문이다. 이를 통해서 보면, 가면의 눈물은 속으로만 흐른다는 것은 자신의 진짜 얼굴, 즉 참된 자아를 숨기고 사는 명식의 자기 고백이라고 할 수 있다.

④ 지연이 명식의 가면을 보지 않고도 그를 기다리는 것은 "이미 그 명식의" 가면 쓴 "얼굴을 자신 속에다 깊이 지녀 버리고 있었"기 때문이다. 이로 보면, 자신의 참된 자아 대신에 가면을 쓰고 일시적으로 갈등을 해결한 것처럼 여기는 명식의 모습을 지연도 좋아하게 되었다는 것이다. 다시 말하면, 〈보기〉에서 말한 변장이라는 명식의 "상상적 희망의 기호"를 지연 자신도 받아들이게 되었다는 것이다. 지연 자신이 명식의 가면을 수용하게 된 것은 바로 명식의 가짜 모습을 자기화한 것이다. 지연 입장에서 보면, 자기화란 자기도 명식이 상상 속에서 갈등을 일시적으로 해결했다고 믿게 되었다는 뜻이다.

⑤ 〈보기〉에 따르면, 명식이 가면을 쓰는 것은 "갈등의 일시적 해소"이고 "가짜 해결의 속임수이고 상상적 희망"을 나타내는 기호이다. 그러므로 명식이 가면을

쓴 자신에게 이질감을 느끼지 않는 것은 그가 갈등이 일시적으로 해소되었다는 가짜 해결의 속임수에 빠져들었음을 보여 주는 것이다.

[11~13] 다음 글을 읽고 물음에 답하시오.

공화주의란 공동선을 추구하는 시민의 정치 참여에 기초하여 공동체적 삶에서 자의적 권력에 의한 지배를 배제하고 자치를 실현하고자 하는 사상이다. 이에 적합한 형태의 공동체에 관해서는 주로 그 규모와 관련하여 오랫동안 논의가 이어져 왔다. 시민적 덕성이 제대로 발휘되어 파벌이 통제되기 위해서는 공화국의 크기가 작아야 하지만, 외세의 침략 위험에 맞서 충분한 안전을 시민에게 제공하기 위해서는 그 크기가 커야 할 것이다. 미국 헌법 제정기의 [연방주의자]인 『페더럴리스트 페이퍼』(1787. 10~1788. 8)의 저자들은 바로 연방 공화국의 형태가 공동체 내부의 부패와 대외적 취약성을 둘러싼 공화주의의 딜레마를 해결해 줄 수 있다고 보았다. 그것은 파벌 지도자의 영향력이 확산되지 못하게 막는 분할의 이익과, 한데 뭉쳐 외부의 적에 대항하도록 하는 결집의 이익을 함께 가져다준다는 것이다.

공동체에 대한 시민들의 이해관계가 복잡해지는 것을 나쁘게 볼 것만은 아니지만, 가까이 있어서 서로를 잘 아는 사람들보다 불가피하게 소원한 거리에 놓인 사람들이 우정과 연대의 공적 정신을 유지하기란 더 어려울 수 있다. 광대한 영토 위에서 공화주의 정부가 유지되기 위해서는 시민들로 하여금 사익의 추구를 자제하고 공동선을 지향하도록 하는 보다 강력한 소치가 필요할 것이나. 결국 연방주의자들은 대의제와 권력분립 등 헌정주의의 요소를 가미함으로써 이성과 법의 지배를 통하여 파벌과 전제적(專制的) 다수의 출현을 방지하고자 했다. 자치에 대한 시민들의 열정이 사그라지거나 폭주하지 않도록 헌법의 틀을 씌웠던 것이다.

그런데 헌법이라는 것에 대한 공화주의자들의 이해는 오늘날의 지배적인 견해와는 매우 다른 것이었다. 오늘날 헌법은 주로 정치 공동체의 실질적인 가치 기준과 운영 원칙을 정하는 견고한 문서로 이해되고 있다. 여기서 헌법은 헌법적 논쟁들에 대해 판단해 줄 누군가를 필요로 하게 된다. 그의 해석과 판단에 따라 헌법과 충돌하는 것으로 보이는 행정작용이나 법률은 그 효력을 잃게 될 것이다. 이처럼 지극히 법적인 의미로 이해된 헌법과는 달리, 공화주의자들이 생각하고 있던 헌법이란 단순히 정치 공동체 내에서 권력이 분할되는 방식을 나타내거나 그렇게 구성된 특수한 정부 형태를 지칭하는 정치적인 의미의 것이었다. 통치자의 선출과 정치적 지분의 할당을 통해 경쟁적 사회 집단 사이에 이해관계의 균형을 도모하는 것은 로마의 혼합정체 이래 지속 가능한 공화국의 골자를 이루게 되었다고 할 수 있다. 따라서 18세기 후반에 비로소 등장한 법적 의미의 헌법 개념은 당시 미국의 공화주의적 헌법을 구상하는 과정에서조차 의도되었던 바가 아니며, 성문의 헌법을 채택하면서도 여전히 그것은 사법적 헌장이라기보다는 시민의 헌장을 갖는다는 의미였을 것이다.

공화주의와 관련하여 우리가 헌법의 의미에 주목해야 하는 이유는 법적 의미의 헌법 개념을 과거의 공화주의 사상가들이 알지 못했기 때문만은 아니다. 그것은 오히려 헌법을 법적인 의미로 이해하는 전제에서 공화주의를 위하여 제안되는 이른바 ⊙ 헌정주의적 수단들이 역으로 공화주의의 핵심적 목적과 충돌하게 된다는 문제 때문이다. 예컨대, 그러한 수단의 하나로 제안되는 법률의 헌법 기속 개념은 기본적으로 시민의 대표들이 다수결로 도출하는 합의를 불신한다는 면에서 공동체적 삶의 향배를 시민들의 손에 맡기고자 하는 공화주의의 이상에 반하는 것이며, 그보다는 차라리 국가로부터 개인의 권리를 보호하고자 하는 자유주의적 사고의 장치에 가깝다는 비판을 받고 있다. 바꿔 말해서 소수의 현자들에 의한 사법 심사의 과정으로 뒷받침되는 헌법은 더 이상 공화주의적이지 않으며, 나아가 미국의 민주정치가 발전하는 데도 방해가 되어 왔다는 것이다.

그러나 현대 민주정치의 상황에서 시민의 정치 참여는 통치자의 선출이나 할당된 지분의 행사에서처럼 투표 과정을 중심으로 이루어져야 하는 것은 아니며, 오히려 공적인 토론의 과정을 중심으로 이루어질 수도 있다. 만약 사법 심사의 장이 그와 같은 토론의 과정을 촉발시키고 이끎으로써 궁극적으로 법의 지배에 기여하는 것이라면 그에 대한 평가는 달라질 것이다. 무엇보다 여기서 민주주의의 가치를 공동선에 관한 이성적 숙의에서 찾고자 했던 공화주의자들의 관점을 다시 발견할 수 있기 때문이다.

11.

윗글의 내용과 일치하는 것은?

① 공화국의 광대한 영토는 대외적 방어에 불리하다.
② 공화주의자는 시민으로서의 삶보다 개인으로서의 삶을 중시한다.
③ 『페더럴리스트 페이퍼』의 저자들은 안전보다 연대를 추구하였다.
④ 연방주의자는 공화주의의 딜레마가 지닌 정치적 함의를 간과하였다.
⑤ 로마의 혼합정체는 공화국의 대내적 균형을 확보해 주는 장치였다.

문항유형 : 정보의 확인과 재구성

내용영역 : 법 · 규범

이 문항은 공화주의 사상의 핵심 내용과 그 구현 사례를 통하여 주어진 정보와 사례 속에서 추상적인 사상과 구체적인 제도의 연결 양상을 파악하고 이해하는 능력을 평가한다.

정답 : ⑤

공화주의 사상의 핵심적인 아이디어와 이념에 관한 진술을 확인하고, 공화국의 규모와 관련한 딜레마와 함께 그것에 대하여 연방 공화국이라는 형태로 적절한 해결책을 제시하고자 했던 미국 헌법 제정기의 문제 상황에 대해 이해한다.

⑤ 제시문 세 번째 문단의 "통치자의 선출과 정치적 지분의 할당을 통해 경쟁적 사회 집단 사이에 이해관계의 균형을 도모하는 것은 로마의 혼합정체 이래 지속 가능한 공화국의 골자를 이루게 되었다."라는 내용은 이해관계가 서로 다름에 따라 분열되고 파벌을 이룰 수 있는 구성원들 사이의 관계를 적절한 정치적 지분의 인정을 통한 상호 견제의 관계로 이행시켜 대내적 균형을 확보함을 보여준다.

① 제시문 첫 번째 문단의 "외세의 침략 위험에 맞서 충분한 안전을 시민에게 제공하기 위해서는 그 크기가 커야 할 것이다."라는 내용으로 보아 광대한 영토가 대외적 안전에 유리함을 알 수 있다.

② 제시문 첫 번째 문단의 "공화주의란 공동선을 추구하는 시민의 정치 참여에 기초하여", 두 번째 문단의 "우정과 연대의 공적 정신을 유지하기", "광대한 영토 위에서 공화주의 정부가 유지되기 위해서는 시민들로 하여금 사익의 추구를 자제하고 공동선을 지향하도록 하는" 등의 표현을 보면, 공화주의자는 공동체 구성원들의 시민으로서의 삶을 중시함을 알 수 있다.

③ 제시문 첫 번째 문단의 "미국 헌법 제정기의 연방주의자인 『페더럴리스트 페이퍼』(1787. 10~1788. 8)의 저자들은 바로 연방 공화국의 형태가 공동체 내부의 부패와 대외적 취약성을 둘러싼 공화주의의 딜레마를 해결해 줄 수 있다고 보았다." 및 두 번째 문단의 "광대한 영토 위에서 공화주의 정부가 유지되기 위해서는…… 보다 강력한 조치가 필요할 것이다. 결국 연방주의자들은 ……."을 보면 『페더럴리스트 페이퍼』의 저자들은 대내적 연대의 문제만이 아니라 대외적 안전 문제를 아울러 고민했을 뿐 아니라, 보다 강한 공화국의 건설을 위해 포기할 수 없었던 전체 연방의 결집을 추진함에 있어, 광대한 영토 위에서는 공화주의가 어렵다고 보는 회의적 견해에 적극 맞서고 있는 것임을 알 수 있다.

④ 제시문 첫 번째 문단의 "미국 헌법 제정기의 연방주의자인 『페더럴리스트 페이퍼』(1787. 10~1788. 8)의 저자들은 바로 연방 공화국의 형태가 공동체 내부의 부패와 대외적 취약성을 둘러싼 공화주의의 딜레마를 해결해 줄 수 있다고 보았다."라는 부분을 보면 연방주의자가 공화주의의 딜레마를 해결하기 위한 문제의식을 가지고 있음을 알 수 있다.

12.

⟨연방주의자⟩의 생각으로 적절하지 <u>않은</u> 것은?

① 연방 공화국의 정부 형태를 출범시키기 위해서 헌법의 개념이 변해야 하는 것은 아니다.
② 선출된 대표가 파벌 지도자로 변질되는 것을 연방이라는 헌정 체제를 통해 견제할 수 있다.
③ 공화국에 대한 내부 위협은 소규모의 파벌이 광대한 영역 기반의 대규모 파벌로 커질 때 오히려 줄어들게 된다.
④ 규모가 커진 공화국은 구성원들의 사회적 다양성도 커져서 정치적 분열이 초래되어 전제적 다수가 형성되기 어렵다.
⑤ 인간 본성에 자리하고 있는 파벌의 싹은 근절될 수 없으므로 그것의 발호를 통제하는 제도적 장치를 갖추어 대응해야 한다.

문항 성격	문항유형 : 의도, 관점, 입장 파악
	내용영역 : 법·규범
평가 목표	이 문항은 미국 헌법 제정기의 연방주의자들이 공화주의 정부를 수립하는 과정에서 강력한 연방의 형태가 필요하다고 생각하게 된 배경과 문제의식을 보여 주는 정보를 통해 그들의 의도와 관점, 그리고 기본 입장을 파악하는 능력을 평가한다.
문제 풀이	정답 : ③

자의적 권력의 지배가 아니라 시민들의 자치를 지향하는 공화주의자이기도 한 미국 헌법 제정기의 연방주의자들이 지녔던 기본적인 입장과 반대자들에 대하여 연방의 결집을 주장하는 과정에서 드러나는 추가적인 입장을 이해한다.

정답 해설 ③ 제시문 첫 문단의 "시민적 덕성이 제대로 발휘되어 파벌이 통제되기 위해서는" 및 "그것은 파벌 지도자의 영향력이 확산되지 못하게 막는 분할의 이익과", 그리고 두 번째 문단의 "결국 연방주의자들은…… 이성과 법의 지배를 통하여 파벌과 전제적 다수의 출현을 방지하고자 했다."와 같은 표현들을 보면, 파벌이 다수로 성장하는 경우, 혹은 그 극단적인 형태인 전제적 다수의 출현은 공화국에 위협이 된다고 연방주의자는 생각했음을 알 수 있다. 파벌이란 기본적으로 공적인 시민의 덕성이 부족해 발생한다는 점에서 그것이 다수가 된다고 하여 공화주의에 적합한 주체 단위가 되는 것은 아니다. 파벌은 반대파에 대한 자의적 배제의 정치를 추구할 것이기 때문에 그것이 장악한 정치체제는 공화주의라 할 수 없을 것이다.

오답 해설 ① 제시문 세 번째 문단의 "따라서 18세기 후반에 비로소 등장한 법적 의미의 헌법 개념은 당시 미국의 공화주의적 헌법을 구상하는 과정에서조차 의도되었던 바가 아니며" 부분을 보면 연방주의자들도 당시 헌법의 의미를 여전히 정치적인 것으로 생각했음을 알 수 있다.

② 제시문 첫 번째 문단의 "바로 연방 공화국의 형태가…… 파벌 지도자의 영향력이 확산되지 못하게 막는" 및 두 번째 문단의 "결국 연방주의자들은…… 이성과 법의 지배를 통하여 파벌과 전제적 다수의 출현을 방지하고자 했다.', 그리고 네 번째 문단의 "그러한 수단의 하나로 제안되는 법률의 헌법 기속 개념은 기본적으로 시민의 대표들이 다수결로 도출하는 합의를 불신한다는 면에서" 부분을 보면 공화주의가 안고 있는 문제에 대응하는 보완 수단으로 연방이라는 체제 형식의 도입을 통해 항시 파벌로 변질될 수 있는 시민의 대표들을 견제하려 했음을 알 수 있다.

④ 제시문 두 번째 문단의 "공동체에 대한 시민들의 이해관계가 복잡해지는 것을 나쁘게 볼 것만은 아니지만…… 소원한 거리에 놓인 사람들이 우정과 연대의 공적 정신을 유지하기란 더 어려울 수 있다." 및 "광대한 영토 위에서 공화주의 정부가 유지되기 위해서는 시민들로 하여금 사익의 추구를 자제하고 공동선을 지향하도록 하는 보다 강력한 조치가 필요할 것이다."라는 부분을 보면 규모가 큰 공화국에서는 다양성의 증가에 따른 정치적 분열이 예상된다. 그러나 그것이 반드시 나쁜 것만이 아니라, 바로 동일한 이유에서 전제적 다수가 출현하기 어려워진다는 긍정적인 면도 있음을 추론할 수 있다.

⑤ 제시문 네 번째 문단의 "시민의 대표들이 다수결로 도출하는 합의를 불신한다." 부분에서 연방주의자들이 공화주의자로서 시민들의 공동선 추구의 덕성을 중시하면서도, 근본적으로 시민들에 대한 견제를 늦추지 않고 대비책을 강구한다는

점에서 인간의 속성에 대한 모종의 불신을 전제하고 있음을 알 수 있다. 즉 그러한 속성은 아예 근절될 수는 없는 인간의 본성이며, 이를 단지 헌정주의적 제도 장치의 도입을 통해 적절히 관리하는 것이 현실적이라고 생각하는 것이다.

13.

㉠에 대한 진술로 적절하지 <u>않은</u> 것은?

① 공적인 토론의 과정을 정치적 대표를 선출하는 투표 과정으로 대체한다.
② 헌법적 가치의 선언을 통해 의회의 결정 권한에 대한 제한을 공식화한다.
③ 성문화된 헌법은 최고법적 효력으로 인해 민주주의와 긴장 관계에 놓일 수 있다.
④ 대통령의 법률안 거부권을 인정하여 상호 견제를 통한 권력의 제한을 꾀한다.
⑤ 법의 지배는 그 누구의 지배도 아니라는 점에서는 자의적 권력의 지배를 거부하는 공화주의 이념과 연결된다.

문항 분류 　문항유형 : 정보의 추론과 해석

내용영역 : 법 · 규범

평가 목표 　이 문항은 전통적인 공화주의 사상의 전제에서 볼 때 그 성공 가능성이 의문스러울 수 있는 대규모의 연방 공화국을 수립하고 운영하기 위해서 동원될 수 있는 헌정주의적 수단들을 추론해 보고, 그것이 어떤 점에서 연방 공화국의 체제에 기여하거나 긴장을 가져오는지 주어진 정보를 통해 해석하는 능력을 평가한다.

문제 풀이 　정답 : ①

연방 공화국의 원활한 운영을 위해 공화주의의 보완을 꾀하며 제안되는 여러 헌정주의적 수단들이 어쩌면 공화주의의 근본적인 이념에 반하는 문제가 있을 수 있다는 지문의 내용에 비추어 그러한 헌정주의적 수단들 자체가 어떠한 것일지를 추론해 볼 수 있다.

정답 해설 　① 제시문 세 번째 문단의 "통치자의 선출…… 을 통해 경쟁적 사회 집단 사이에 이해관계의 균형을 도모하는 것은…… 공화국의 골자를 이루게 되었다." 및 다섯 번째 문단의 "현대 민주정치의 상황에서 시민의 정치 참여는…… 투표 과정을 중심으로 이루어져야 하는 것은 아니며, 오히려 공적인 토론의 과정을 중심으로 이루어질 수도 있다."라는 부분을 보면, 공동체의 정치적 대표를 선출하는 투표 자체는 새롭게 가미된 헌정주의적 수단이라 할 수 없으며, 또한 투표가 있음에도 불구하고 그와 구별되는 공적인 토론의 과정이라는 것을 분명히 상정하고 있음을 알 수 있다.

오답 해설 ② 제시문 세 번째 문단의 "여기서 헌법은 헌법적 논쟁들에 대해…… 헌법과 충돌하는 것으로 보이는 행정작용이나 법률은 그 효력을 잃게 될 것이다." 부분을 보면, 행정부와 입법부의 권한을 제한하는 것이 헌법적 가치의 선언이 가져오는 주요 효과임을 알 수 있다.

③ 제시문 세 번째 문단의 "오늘날 헌법은…… 견고한 문서로 이해되고 있다.", 그리고 네 번째 문단의 "법률의 헌법 기속 개념은 기본적으로 시민의 대표들이 다수결로 도출하는 합의를 불신한다는 면에서" 부분을 보면, 성문의 헌법이라는 것이 법적인 의미로 이해되면서 불가피하게 민주주의와 긴장 관계에 놓임을 알 수 있다.

④ 제시문 두 번째 문단의 "결국 연방주의자들은 대의제와 권력분립 등 헌정주의의 요소를 가미함으로써" 부분을 보면, 대통령의 법률안 거부권을 통해 입법부를 견제하는 것도 헌정주의의 수단이 될 수 있음을 알 수 있다.

⑤ 제시문 첫 번째 문단의 "공화주의란…… 공동체적 삶에서 자의적 권력에 의한 지배를 배제하고 자치를 실현하고자 하는 사상이다." 및 두 번째 문단의 "이성과 법의 지배를 통하여 파벌과 전제적 다수의 출현을 방지하고자 했다.", 그리고 다섯 번째 문단의 "사법 심사의 장이…… 궁극적으로 법의 지배에 기여하는 것이라면" 부분을 보면 법의 지배(법치)라는 것은 근본적으로 자의적 권력으로 변질될 위험성을 갖는 특정인의 지배(인치)를 거부한다는 섬에서 공화주의 이념(자치 이상)과 통할 수 있음을 알 수 있다.

과거에 일어난 금융위기에 대해 많은 연구가 진행되었어도 그 원인에 대해 의견이 모아지지 않는 경우가 대부분이다. 이것은 금융위기가 여러 차원의 현상이 복잡하게 얽혀 발생하는 문제이기 때문이기도 하지만, 사람들의 행동이나 금융 시스템의 작동 방식을 이해하는 시각이 다양하기 때문이기도 하다. 은행위기를 중심으로 금융위기에 관한 주요 시각을 다음과 같은 네 가지로 분류할 수 있다. 이들이 서로 배타적인 것은 아니지만 주로 어떤 시각에 기초해서 금융위기를 이해하는가에 따라 그 원인과 대책에 대한 의견이 달라진다고 할 수 있다.

우선, 은행의 지불능력이 취약하다고 많은 예금주들이 예상하게 되면 실제로 은행의 지불능력이 취약해지는 현상, 즉 ㉠ '자기실현적 예상' 이라 불리는 현상을 강조하는 시각이 있다. 예금주들이 예금을 인출하려는 요구에 대응하기 위해 은행이 예금의 일부만을 지급준비금으로 보유하는 부분준비제도는 현대 은행 시스템의 본질적 측면이다. 이 제도에서는 은행의 지불능력이 변화하지 않더라도 예금주들의 예상이 바뀌면 예금 인출이 쇄도하는 사태가 일어날 수 있다. 예금은 만기가 없고 선착순으로 지급하는 독특한 성격의 채무이기 때문에, 지불능력이 취약해져서 은행이 예금을 지급하지 못할 것이라고 예상하게 된 사람이라면 남보다 먼저 예금을 인출하는 것이 합리적이기 때문이다. 이처럼 예금 인출이 쇄도하는 상황에서 예금 인출 요구를 충족시키려면 은행들은 현금 보유량을 늘려야 한다. 이를 위해 은행들이 앞다투어 채권이나 주식, 부동산과 같은 자산을 매각하려고 하면 자산 가격이 하락하게 되므로 은행들의 지불능력이 실제로 낮아진다.

둘째, ㉡ 은행의 과도한 위험 추구를 강조하는 시각이 있다. 주식회사에서 주주들은 회사의 모든 부채를 상환하고 남은 자산의 가치에 대한 청구권을 갖는 존재이고 통상적으로 유한책임을 진다. 따라서 회사의 자산 가치가 부채액보다 더 커질수록 주주에게 돌아올 이익도 커지지만, 회사가 파산할 경우에 주주의 손실은 그 회사의 주식에 투자한 금액으로 제한된다. 이러한 ⓐ 비대칭적인 이익 구조로 인해 수익에 대해서는 민감하지만 위험에 대해서는 둔감하게 된 주주들은 고위험 고수익 사업을 선호하게 된다. 결과적으로 주주들이 더 높은 수익을 얻기 위해 감수해야 하는 위험을 채권자에게 전가하는 것인데, 자기자본비율이 낮을수록 이러한 동기는 더욱 강해진다. 은행과 같은 금융 중개 기관들은 대부분 부채비율이 매우 높은 주식회사 형태를 띤다.

셋째, ㉢ 은행가의 은행 약탈을 강조하는 시각이 있다. 전통적인 경제 이론에서는 은행의 부실을 과도한 위험 추구의 결과로 이해해왔다. 하지만 최근에는 은행가들에 의한 은행 약탈의 결과로 은행이 부실해진다는 인식도 강해지고 있다. 과도한 위험 추구는 은행의 수익률을 높이려는 목적으로 은행의 재무 상태를 악화시킬 위험이 큰 행위를 은행가가 선택하는 것이다. 이에 비해 은행 약탈은 은행가가 자신에게 돌아올 이익을 추구하여 은행에 손실을 초래하는 행위를 선택하는 것이다. 예를 들어 은행가들이 자신이 지배하는 은행으로부터 남보다 유리한 조건으로 대출을 받는다거나, 장기적으로 은행에 손실을 초래할 것을 알면서도 자신의 성과급을 높이기 위해 단기적인 성과만을 추구하는 행위 등은, 지배 주주나 고위 경영자의 지위를 가진 은행가가 은행에 대한 지배력을 사적인 이익을 위해 사용한다는 의미에서 약탈이라고 할 수 있다.

넷째, ② 이상 과열을 강조하는 시각이 있다. 위의 세 가지 시각과 달리 이 시각은 경제 주체의 행동이 항상 합리적으로 이루어지는 것은 아니라는 관찰에 기초하고 있다. 예컨대 많은 사람들이 자산 가격이 일정 기간 상승하면 앞으로도 계속 상승할 것이라 예상하고, 일정 기간 하락하면 앞으로도 계속 하락할 것이라 예상하는 경향을 보인다. 이 경우 자산 가격 상승은 부채의 증가를 낳고 이는 다시 자산 가격의 더 큰 상승을 낳는다. 이러한 상승작용으로 인해 거품이 커지는 과정은 경제 주체들의 부채가 과도하게 늘어나 금융 시스템을 취약하게 만들게 되므로, 거품이 터져 금융 시스템이 붕괴하고 금융위기가 일어날 현실적 조건을 강화시킨다.

14.

㉠~㉣에 대한 설명으로 적절하지 <u>않은</u> 것은?

① ㉠은 은행 시스템의 제도적 취약성을 바탕으로 나타나는 예금주들의 행동에 주목하여 금융위기를 설명한다.
② ㉡은 경영자들이 예금주들의 이익보다 주주들의 이익을 우선한다는 전제 하에 금융위기를 설명한다.
③ ㉢은 은행의 일부 구성원들의 이익 추구가 은행을 부실하게 만들 가능성에 기초하여 금융위기를 이해한다.
④ ㉣은 경제 주체의 행동에 대한 귀납적 접근에 기초하여 금융위기를 이해한다.
⑤ ㉠과 ㉣은 모두 경제 주체들의 예상이 그대로 실현된 결과가 금융위기라고 본다.

문항 성격 문항유형 : 주제, 요지, 구조 파악
내용영역 : 사회
평가 목표 이 문항은 금융위기를 이해하는 네 가지 시각에 대한 정보를 바탕으로 각 시각의 특징을 제대로 이해하고 있는지, 혹은 두 시각의 차이를 제대로 파악하고 있는지 평가한다.

정답 : ⑤

금융위기를 이해하는 네 가지 시각에 대한 정보를 바탕으로, 금융위기를 이해할 때 각각의 시각이 무엇에 주목하고 있는지, 무엇을 전제하고 있는지, 경제 주체의 행동에 대해 어떤 접근에 기초하고 있는지, 예상이 실현되는 방식과 관련하여 결과적으로 어떤 입장을 취하는 것으로 보아야 하는지 등을 추론하여 각 시각에 대한 설명으로 적절하지 않은 것을 골라야 한다.

정답 해설 ⑤ '자기실현적 예상' 현상을 강조하는 ㉠은 예금주들이 은행의 지불능력이 취약하다고 예상하게 되면 부분준비제도 하에서 예금주들이 남보다 더 일찍 예금을 인출하는 것이 합리적이므로 예금 인출 요구가 한꺼번에 쇄도하게 되고, 은행들이 이에 대응하여 현금 보유량을 늘리기 위해 자산을 앞다투어 매각하면 은행들이 보유한 자산의 가치가 하락하여 은행의 지불능력이 취약해진다고 설명한다. 따라서 경제 주체들이 예상한 대로 현실이 변화한 결과가 금융위기라고 본다. '이상 과열' 현상을 강조하는 ㉣의 경우에는 경제 주체들이 자산 가격이 계속 상승할 것이라고 예상하게 되면 자산을 매입하기 위해 채무를 늘리게 되어 금융 시스템이 취약해져서 금융위기가 일어날 조건이 강화되는 방향으로 현실이 변화한다고 본다. 요컨대 ㉠은 경제 주체들이 예상한 방향으로 현실이 변화되어 금융위기가 일어난다고 보는 반면, ㉣은 경제 주체들의 예상이 예상과 다른 방향으로 현실이 변화되도록 만들어 금융위기가 일어난다고 본다. 따라서 ⑤는 적절하지 않은 설명이다.

오답 해설 ① ㉠은 예금 인출 쇄도라는 예금주들의 행동에 주목하여 금융위기를 설명한다. 예금 인출이 쇄도하지 않는다면 은행들이 앞다투어 자산을 급하게 매각하는 일도 일어나지 않을 것이고, 이렇게 되면 은행의 자산 가치가 하락하여 금융위기가 일어나는 일도 없을 것이기 때문이다. 예금주들이 은행의 지불능력에 대해 비관적인 예상을 갖게 되었을 때 앞다투어 예금을 인출하는 행동을 하는 이유는 은행 시스템의 제도적 특성 때문이다. 만기가 없고 선착순으로 상환하는 독특한 성격의 부채인 예금 형태로 은행이 많은 돈을 빌리고 그에 대한 상환 요구를 충족시키기 위해 예금의 일부분만을 지급준비금으로 보유하는 은행 시스템의 제도적 특성 때문에 예금주가 은행의 지불능력에 대해 비관적인 예상을 갖게 되면 남보다 더 일찍 예금을 인출하는 것이 합리적인 행동이다. 따라서 ㉠은 은행 시스템의 제도적 취약성을 바탕으로 나타나는 예금주들의 행동에 주목하여 금융위기를 설명한다고 해석할 수 있다.

② ㉡은 은행의 과도한 위험 추구를 금융위기의 원인이라고 보는데, 은행이 위험을 과도하게 추구하는 이유를 유한책임제도로 인해 비대칭적 이익 구조를 갖는 주

주들의 위험에 대한 태도로 설명한다. 따라서 이 시각은 은행의 경영자들이 고위험 고수익 사업을 선호하는 주주들의 이익을 반영하여 과도한 위험을 추구한다고 전제하고 있다. 만약 은행의 위험 추구를 결정하는 경영자들이 고위험 고수익 사업을 선호하는 주주들의 이익보다 그로 인해 은행이 직면하게 되는 위험을 떠안게 되는 예금주들의 이익을 우선한다면 은행이 과도한 위험 추구를 하여 금융위기가 일어난다는 설명의 적합성은 떨어지게 된다.

③ ㉢은 은행의 지배주주나 고위 경영자와 같은 일부 구성원들이 은행에 대한 지배력을 자신들의 사적인 이익을 위해 사용함으로써 은행이 부실해진 결과로 금융위기를 이해하고 있다. 즉, ㉡이 은행의 주주들의 이익을 추구한 결과 은행이 부실해진다고 보는 데 비해, ㉢은 은행의 지배주주나 고위 경영자들의 이익을 추구한 결과 은행이 부실해진다고 보는 것이다.

④ ㉠, ㉡, ㉢이 경제 주체의 행동이 합리적으로 이루어진다는 것을 전제로 금융위기를 이해하는 데 비해, ㉣은 "경제 주체의 행동이 항상 합리적으로 이루어지는 것은 아니라는 관찰에 기초하여" 금융위기를 이해한다. 거품의 형성과 붕괴의 기초로 소개되는 "자산 가격이 일정 기간 상승하면 앞으로도 계속 상승할 것이라 예상"하는 행동도 "많은 사람들이" 보이는 "경향"일 뿐, 합리적인 경제 주체에 대한 전제로부터 도출된 법칙성은 아니다. 따라서 ④는 적절하다.

15.

ⓐ와 관련한 설명으로 적절하지 <u>않은</u> 것은?

① 파산한 회사의 자산 가치가 부채액에 못 미칠 경우에 주주들이 져야 할 책임은 한정되어 있다.

② 회사의 자산 가치에서 부채액을 뺀 값이 0보다 클 경우에, 그 값은 원칙적으로 주주의 몫이 된다.

③ 회사가 자산을 다 팔아도 부채를 다 갚지 못할 경우에, 얼마나 많이 못 갚는지는 주주들의 이해와 무관하다.

④ 주주들이 선호하는 고위험 고수익 사업은 성공한다면 회사가 큰 수익을 얻지만, 실패한다면 회사가 큰 손실을 입을 가능성이 높다.

⑤ 주주들이 고위험 고수익 사업을 선호하는 것은, 이런 사업이 회사의 자산 가치와 부채액 사이의 차이가 줄어들 가능성을 높이기 때문이다.

유한책임 주식회사에서 주주들의 '비대칭적 이익구조' 의 내용과 결과를 제시문과 다르게 표현했을 때 적절하지 않은 진술을 골라야 한다.

정답 해설 ⑤ 주주들이 선호하는 고위험 고수익 사업은 저위험 저수익 사업에 비해 큰 수익과 큰 손실을 낼 가능성이 상대적으로 크고 작은 수익과 작은 손실을 낼 가능성이 상대적으로 작다. 이런 사업을 선택할 경우 결과적으로 회사의 자산 가치와 부채액 사이의 차이가 늘어날 가능성이 커진다. 주주는 부채를 상환하고 남은 회사의 자산에 대한 청구권자이고 유한책임을 지기 때문에 회사의 자산 가치가 부채액보다 클수록 이익이 커지지만 회사의 자산 가치가 부채액보다 작을 경우에는 주주의 손실은 주식을 구입하기 위해 투자한 금액으로 한정되어 주주의 이익은 회사의 자산 가치가 부채액보다 얼마나 작은지와 무관하게 된다. 이러한 비대칭적 이익구조 때문에 주주들은 회사의 자산 가치와 부채액 사이의 차이가 늘어날 가능성이 큰 고위험 고수익 사업을 선호하는 것이다.

오답 해설 ① 유한책임으로 인해 초래되는 주주들의 '비대칭적 이익구조' 는 회사의 자산 가치가 부채액보다 작을 경우, 회사가 파산하게 되어 채권자가 회사의 소유자가 되어 회사 자산에 대한 청구권을 갖게 되고 주주들은 그 청구권을 잃게 된다, 다시 말해 회사가 파산할 경우 주주들이 보유한 주식의 가치가 사라지게 되는데, 유한책임제도로 인해 이 경우에 주주들은 회사의 소유권을 잃는 것, 즉 주식을 보유하기 위해 투자한 금액만큼을 잃는 것 이외에 추가적으로 책임을 지지 않는다. 따라서 회사의 자산 가치가 부채액에 못 미칠 경우에 주주들이 져야 할 책임은 자신이 주식을 구입하기 위해 투자한 금액으로 한정된다.

② 회사의 자산 가치가 부채액에 못 미칠 경우에 주주들은 회사의 자산에 대한 청구권을 잃게 되지만, 회사의 자산 가치가 부채액을 능가하는 경우에 회사의 소유자들인 주주들은 부채를 상환하고 남는 회사의 자산 가치에 대한 청구권을 갖는다. 따라서 이 경우에 그 차액은 원칙적으로 주주의 몫이 된다.

③ 회사의 자산을 다 팔아도 부채를 다 갚지 못할 경우, 즉 회사가 파산할 경우에 주주들의 손실은 한정되므로 회사의 자산 가치가 부채액에 얼마나 못 미치는지, 혹은 회사가 자산을 팔아 부채를 갚을 때 얼마나 못 갚는지에 따라 주주의 손실

이 영향을 받지 않는다. 따라서 회사가 파산할 경우 회사가 부채를 얼마나 못 갚
는지는 주주들의 이해와 무관하다.

④ 주주들이 선호하는 고위험 고수익 사업은 저위험 저수익 사업에 비해 큰 수익
과 큰 손실을 낼 가능성이 상대적으로 크고 작은 수익과 작은 손실을 낼 가능성
이 상대적으로 작다. 따라서 고위험 고수익 사업은 회사에 큰 수익을 가져다주
거나 큰 손실을 가져다줄 가능성이 큰 사업이다.

16.

윗글에 제시된 네 가지 시각으로 〈보기〉의 사례를 평가할 때 가장 적절한 것은?

보기

1980년대 후반에 A국에서 장기 주택담보 대출에 전문화한 은행인 저축대부조합들이 대량
파산하였다. 이 사태와 관련하여 다음과 같은 사실들이 주목받았다.

- 1970년대 이후 석유 가격 상승으로 인해 부동산 가격이 많이 오른 지역에서 저축대부조
합들의 파산이 가장 많았다.
- 부동산 가격의 상승을 보고 앞으로도 자산 가격의 상승이 지속될 것을 예상하고 빚을 얻
어 자산을 구입하는 경제 주체들이 늘어났다.
- A국의 정부는 투자 상황을 낙관하여 저축대부조합이 고위험채권에 투자할 수 있도록 규
제를 완화하였다.
- 예금주들이 주인이 되는 상호회사 형태였던 저축대부조합들 중 다수가 1980년대에 주
식회사 형태로 전환하였다.
- 파산 전에 저축대부조합의 대주주와 경영자들에 대한 보상이 대폭 확대되었다.

① ⊙은 위험을 감수하고 고위험채권에 투자한 정도와 고위 경영자들에게 성과급 형태로
보상을 지급한 정도가 비례했다는 점을 들어, 은행의 고위 경영자들을 비판할 것이다.

② ⓛ은 부동산 가격 상승에 대한 기대 때문에 예금주들이 책임질 수 없을 정도로 빚을 늘
려 은행이 위기에 빠진 점을 들어, 예금주의 과도한 위험 추구 행태를 비판할 것이다.

③ ⓒ은 저축대부조합들이 주식회사로 전환한 점을 들어, 고위험채권 투자를 감행한 결
정이 궁극적으로 예금주의 이익을 더욱 증가시켰다고 은행을 옹호할 것이다.

④ ⓒ은 저축대부조합이 정부의 규제 완화를 틈타 고위험채권에 투자하는 공격적인 경영
을 한 점을 들어, 저축대부조합들의 행태를 용인한 예금주들을 비판할 것이다.

⑤ ㉣은 차입을 늘린 투자자들, 고위험채권에 투자한 저축대부조합들, 규제를 완화한 정부 모두 낙관적인 투자 상황이 지속될 것이라고 예상한 점을 들어, 그 경제 주체 모두를 비판할 것이다.

문항 성격	문항유형 : 정보의 평가와 적용
	내용영역 : 사회
평가 목표	이 문항은 〈보기〉에 제시된 금융위기 사례에 대해 금융위기에 대한 네 가지 시각이 각각 어떤 평가를 내릴지를 제대로 이해하는지 평가한다.
문제 풀이	정답 : ⑤

〈보기〉에 제시된 금융위기 사례에 대해 금융위기에 대한 네 가지 시각은 각각 어떤 사실에 주목하여 어떤 경제 주체의 행동을 비판할 것인지 서술한 선택지 가운데 적절한 것을 골라야 한다.

정답 해설 ⑤ ㉣은 경제 주체들이 자산 가격의 상승과 같은 낙관적인 투자 상황이 지속될 것이라고 예상하여 채무를 늘림으로써 거품을 키우는 이상 과열 현상이 금융위기의 현실적 조건을 강화한다고 이해한다. 따라서 이 시각은 저축대부조합이 대량 파산한 〈보기〉의 사례에서 자산 구입을 위해 차입을 늘린 투자자들이나 규제완화를 틈타 고위험채권에 투자한 저축대부조합, 규제완화를 통해 민간 경제 주체들의 투자와 차입을 부추긴 정부 모두가 낙관적인 투자 상황이 지속될 것이라는 예상에 기초하여 이상 과열을 부추겼다고 비판할 것이라고 추론할 수 있다.

오답 해설 ① ㉠은 은행이나 차입자의 상태에 대한 정확한 정보가 경제 주체들 사이에 잘 공유되지 못해 예금 인출 쇄도 사태나 갑작스런 대출 회수 사태가 발생하는 것을 중시할 것이다.

② ㉡은 주식회사로 전환한 저축대부조합들이 과도한 위험을 추구하여 고위험채권에 대한 투자를 늘린 점이나 이들이 고위험채권에 투자할 수 있도록 규제를 완화한 정부의 행동에 주목할 것이다.

③ ㉢은 은행에 대한 지배력을 사적인 이익을 위해 행사한 대주주와 이사들의 행동이나 이들로 하여금 이런 행동을 선택하도록 부추긴 제도적 측면이나 정책에 주목할 것이다.

④ ㉣은 낙관적인 투자 상황이 지속될 것이라는 예상에 기초하여 이상 과열을 부추긴 경제 주체들의 행동에 주목할 것이다.

17.

㉠~㉣에 따른 금융위기 대책에 대한 설명으로 적절하지 <u>않은</u> 것은?

① 은행이 파산하는 경우에도 예금 지급을 보장하는 예금 보험 제도는 ㉠에 따른 대책이다.

② 일정 금액 이상의 고액 예금은 예금 보험 제도의 보장 대상에서 제외하는 정책은 ㉠에 따른 대책이다.

③ 은행들로 하여금 자기자본비율을 일정 수준 이상으로 유지하도록 하는 건전성 규제는 ㉡에 따른 대책이다.

④ 금융 감독 기관이 은행 대주주의 특수 관계인들의 금융 거래에 대해 공시 의무를 강조하는 정책은 ㉢에 따른 대책이다.

⑤ 주택 가격이 상승하여 서민들의 주택 구입이 어려워질 때 담보 가치 대비 대출 한도 비율을 줄이는 정책은 ㉣에 따른 대책이다.

문항 성격 문항유형 : 정보의 추론과 해석

내용영역 : 사회

평가 목표 이 문항은 금융위기에 대한 네 가지 시각에 대한 이해를 바탕으로 각각에 따른 금융위기 대책을 제대로 추론할 수 있는지 평가한다.

문제 풀이 정답 : ②

어떤 시각을 중심으로 금융위기를 이해하느냐에 따라 금융위기의 원인과 대책에 대한 생각도 달라진다. 선택지들에 소개된 대책의 기초가 되는 시각이 적절하지 않게 서술된 것을 골라야 한다.

정답 해설 ② ㉠에 따르면 필요 때문이 아니라 은행이 파산하면 예금을 인출하지 못하게 될 것이라는 예상 때문에 예금주들이 앞다투어 예금을 인출하는 일이 일어나지 않도록 하는 예금 보험 제도가 금융위기에 대한 대책으로 중요하다. 그러므로 고액 예금을 예금 보험 제도의 보장 대상에서 제외하는 정책은 ㉠에 따른 것이 아니다. 이 정책은 예금 보험 제도로 인해 발생할 수 있는 예금주들의 도덕적 해이가 은행의 위험 추구를 부추길 가능성을 완화하기 위한 대책이라 할 수 있으므로, 굳이 말하자면 ㉡에 따른 대책이라 할 것이다.

오답 해설 ① ㉠은 은행의 지불능력에 대한 정보를 공유하지 못한 예금주들이 은행의 지불능력에 대해 부정적인 예상을 함으로써 발생하는 예금 인출 쇄도 사태가 금융위기에서 중요하다고 본다. 그러므로 실질적인 필요 때문이 아니라 은행이 파산하면 예금을 인출하지 못하게 될 것이라는 예상 때문에 예금주들이 앞다투어 예금을 인출하는 일이 일어나지 않도록 하는 것이 중요하다. 따라서 은행이 파산할 경우에도 예금 지급을 보장하는 예금 보험 제도는 ㉠에 기초한 금융위기 대책이다.

③ ㉡은 주주들의 이익 구조에 기인한 은행의 과도한 위험 추구를 중시하는데, 자기자본비율이 낮을수록 이러한 동기가 더욱 강하기 때문에 건전성 규제가 대책이라고 생각한다.

④ ㉢은 대주주나 경영자들이 사적인 이익을 위해 은행에 대한 지배력을 사용함으로써 은행이 부실해지는 것을 중시한다. 그러므로 대주주의 특수 관계인들의 금융 거래가 대중적으로 드러나도록 하는 정책을 대책으로 생각할 수 있다.

⑤ ㉣은 낙관적인 투자 상황이 지속될 것이라고 경제 주체들이 예상하여 차입을 늘림으로써 금융 시스템이 취약해지는 측면을 중시한다. 그런데 주택 가격이 상승했을 때 담보 가치 대비 대출 한도 비율을 줄이는 정책은 낙관적인 예상과 부채의 증가가 상승작용을 일으켜 금융 시스템이 취약해지도록 만드는 것을 방지하기 위한 정책이다. 따라서 이 정책은 ㉣에 따른 대책이다.

[18~20] 다음 글을 읽고 물음에 답하시오.

우주의 크기는 인류의 오랜 관심사였다. 천문학자들은 이를 알아내기 위하여 먼 별들의 거리를 측정하려고 하였다. 18세기 후반에 허셜은 별의 '고유 밝기'가 같다고 가정한 뒤, 지구에서 관측되는 '겉보기 밝기'가 거리의 제곱에 비례하여 어두워진다는 사실을 이용하여 별들의 거리를 대략적으로 측정하였다. 그 결과 별들이 우주 공간에 균질하게 분포하는 것이 아니라, 전체적으로 납작한 원반 모양이지만 가운데가 위아래로 볼록한 형태를 이루며 모여 있음을 알게 되었다. 이 경우, 원반의 내부에 위치한 지구에서 사방을 바라본다면 원반의 납작한 면과 나란한 방향으로는 별이 많이 관찰되고 납작한 면과 수직인 방향으로는 별이 적게 관찰될 것인데, 이는 밤하늘에 보이는 '은하수'의 특징과 일치한다. 이에 착안하여 천문학자들은 지구가 포함된 천체들의 집합을 '은하'라고 부르게 되었다. 별들이 모여 있음을 알게 된 이후에는 그 너머가 빈 공간인지 아니면 또 다른 천체가 존재하는 공간인지 의문을 갖게 되었으며, '성운'에 대한 관심도 커졌다.

성운은 망원경으로 보았을 때, 뚜렷한 작은 점으로 보이는 별과는 다르게 얼룩처럼 번져 보인다. 성운이 우리 은하 내에 존재하는 먼지와 기체들이고 별과 그 주위의 행성이 생성되는 초기 모습인지, 아니면 우리 은하처럼 수많은 별들이 모인 또 다른 은하인지는 오랜 논쟁거리였다. 앞의 가설을 주장한 학자들은 성운이 은하의 납작한 면 바깥에서는 많이 관찰되지만 정작 그 면의 안에서는 거의 관찰되지 않는다는 사실을 근거로 내세웠다. 그들에 따르면, 성운이란 별이 형성되는 초기의 모습이므로 이미 별들의 형성이 완료되어 많은 별들이 존재하는 은하의 납작한 면 안에서는 성운이 거의 관찰되지 않는다. 반면에 이들과 반대되는 가설을 주장한 학자들은 원반 모양의 우리 은하를 멀리서 비스듬한 방향으로 보면 타원형이 되는데, 많은 성운들도 타원 모양을 띠고 있으므로 우리 은하처럼 독립적인 은하일 것이라고 생각하였다. 그들에 따르면, 성운이 우주 전체에 고루 퍼져 있음에도 우리 은하의 납작한 면 안에서 거의 관찰되지 않는 이유는 납작한 면 안의 수많은 별과 먼지, 기체들에 의해 약한 성운의 빛이 가려지기 때문이다.

두 가설 중 어느 것이 맞는지는 지구와 성운 사이의 거리를 측정하면 알 수 있다. 이 거리를 측정하는 방법은 밝기가 변하는 별인 변광성의 연구로부터 나왔다. 주기적으로 밝기가 변하는 변광성 중에는 쌍성이 있는데, 밝기가 다른 두 별이 서로의 주위를 도는 쌍성은 지구에서 볼 때 두 별이 서로를 가리지 않는 시기, 밝은 별이 어두운 별 뒤로 가는 시기, 어두운 별이 밝은 별 뒤로 가는 시기마다 각각 관측되는 밝기에 차이가 생긴다. 이 경우에 별의 밝기는 시간에 따라 대칭적으로 변화한다. 한편, 또 다른 특성을 지닌 변광성도 존재하는데, 이 변광성의 밝기는 시간에 따라 비대칭적으로 변화한다. 이와 같은 비대칭적 밝기 변화는 두 별이 서로를 가리는 경우와 다른 것으로, 별의 중력과 복사압 사이의 불균형으로 인하여 별이 팽창과 수축을 반복할 때 방출되는 에너지가 주기적으로 변화하며 발생한다. 이러한 변광성을 세페이드 변광성이라고 부른다.

1910년대에 마젤란 성운에서 25개의 세페이드 변광성이 발견되었다. 이들은 최대 밝기가 밝을수록 밝기의 변화 주기가 더 길고, 둘 사이에는 수학적 관계가 있음이 알려졌다. 이러한 관계가 모든 세페이드 변광성에 대해 유효하다면, 하나의 세페이드 변광성의 거리를 알 때 다른 세페이드 변광성의 거리는 그 밝기 변화 주기로부터 고유 밝기를 밝혀내어 이를 겉보기 밝기와 비교함으로써 알 수 있다. 이를 바탕으로 ㉠ 어떤 성운에 속한 변광성을 찾아 거리를 알아냄으로써 그 성운의 거리도 알 수 있게 되었는데, 1920년대에 허블은 안드로메다 성운에 속한 세페이드 변광성을 찾아내어 그 거리를 계산한 결과 지구와 안드로메다 성운 사이의 거리가 우리 은하 지름의 열 배에 이른다고 밝혔다. 이로부터 성운이 우리 은하 바깥에 존재하는 독립된 은하임이 분명해지고, 우주의 범위가 우리 은하 밖으로 확장되었다.

18.

윗글에서 알 수 있는 사실로 적절하지 <u>않은</u> 것은?

① 성운은 우주 전체에 고루 퍼져 분포한다.
② 안드로메다 성운은 별 주위에 행성이 생성되는 초기의 모습이다.
③ 밤하늘을 관찰할 때 은하수 안보다 밖에서 성운이 더 많이 관찰된다.
④ 밤하늘에 은하수가 관찰되는 이유는 우리 은하가 원반 모양이기 때문이다.
⑤ 타원 모양의 성운은 성운이 독립된 은하라는 가설을 뒷받침하는 증거이다.

문항 성격	문항유형 : 정보의 확인과 재구성
	내용영역 : 과학 · 기술
평가 목표	이 문항은 천체에 대한 관측 사실과 성운의 정체에 대한 두 가지 가설을 토대로 우리 은하의 특징, 밤하늘에서 은하수가 관찰되는 이유, 성운의 정체를 이해하고 있는지를 평가한다.
문제 풀이	정답 : ②

우리 은하의 모양, 은하와 은하수의 관계, 성운에 대한 관측 사실, 성운의 정체에 대한 두 가설에 대해 제시문에 주어진 정보를 확인하여 그 내용과 부합하는 선택지를 골라야 한다.

정답 해설 ② 제시문 마지막 문단의 "1920년대에 허블은 안드로메다 성운에 속한 세페이드 변광성을 찾아내어 그 거리를 계산한 결과 지구와 안드로메다 성운 사이의 거리가 우리 은하 지름의 열 배에 이른다고 밝혔다. 이로부터 성운이 우리 은하 바깥에 존재하는 독립된 은하임이 분명해지고, 우주의 범위가 우리 은하 밖으로 확장되었다."라는 부분으로부터 안드로메다 성운이 수많은 별들이 모인 독립된 은하(두 번째 가설)이며, 별 주위에 행성이 형성되는 초기의 모습(첫 번째 가설)이 아니라는 것을 확인할 수 있다.

오답 해설 ① 제시문 마지막 문단의 "이로부터 성운이 우리 은하 바깥에 존재하는 독립된 은하임이 분명해지고, 우주의 범위가 우리 은하 밖으로 확장되었다."라는 부분으로부터 성운의 정체에 대한 두 번째 가설이 옳다는 것이 밝혀졌다는 것을 알 수 있다. 두 번째 가설이 소개되는 대목인 "그들에 따르면, 성운이 우주 전체에 고루 퍼져 있음에도 우리 은하의 납작한 면 안에서 거의 관찰되지 않는 이유는 ……" 부분을 보면 성운이 우주에 골고루 분포함을 알 수 있다.

③ 제시문 첫 문단의 "이 경우 원반의 내부에 위치한 지구에서 사방을 바라본다면

…… 이는 밤하늘에 보이는 '은하수'의 특징과 일치한다."로부터 은하수가 은하의 납작한 면을 따라 관찰되는 별들의 집합이라는 것을 알 수 있다. 그리고 두 번째 문단 "앞의 가설을 주장한 학자들은 성운이 은하의 납작한 면 바깥에서는 많이 관찰되지만 정작 그 면의 안에서는 거의 관찰되지 않는다는 사실을 근거로 내세웠다."로부터 밤하늘을 관찰할 때 성운이 은하수 안보다 밖에서 더 많이 관찰된다는 것을 알 수 있다.

④ 제시문 첫 문단의 "이 경우, 원반의 내부에 위치한 지구에서 사방을 바라본다면 원반의 납작한 면과 나란한 방향으로는…… 이는 밤하늘에 보이는 은하수의 특징과 일치한다."로부터 밤하늘에 은하수가 관찰되는 이유는 우리 은하가 원반 모양이기 때문임을 알 수 있다.

⑤ 제시문 두 번째 문단의 "반면에 이들과 반대되는 가설을 주장한 학자들은 원반 모양의 우리 은하를 멀리서 비스듬한 방향으로…… 우리 은하처럼 독립적인 은하일 것이라고 생각하였다."로부터 성운이 타원 모양을 띠는 것이 성운이 독립된 은하라는 가설을 뒷받침하는 증거라는 것을 알 수 있다.

19.

㉠과 같이 우리 은하 밖의 어떤 성운과 지구 사이의 거리를 알아내는 데 이용되는 사실만을 〈보기〉에서 있는 대로 고른 것은?

보 기

ㄱ. 성운의 모양이 원반 형태이다.
ㄴ. 별의 겉보기 밝기는 거리가 멀수록 어둡다.
ㄷ. 밝기가 시간에 따라 대칭적으로 변하는 변광성이 성운 안에 존재한다.

① ㄱ   ② ㄴ   ③ ㄷ
④ ㄱ, ㄴ   ⑤ ㄴ, ㄷ

문항 성격 문항유형 : 정보의 추론과 해석
내용영역 : 과학 · 기술

이 문항은 성운과 지구 사이의 거리를 측정하기 위한 방법을 이해하고 거리 측정을 위해 필요한 사실을 추론할 수 있는지 평가한다.

정답 : ②

세페이드 변광성은 쌍성으로 이루어진 변광성과 달리 밝기 변화가 시간에 따라 비대칭적이라는 사실과, 밝기 변화의 주기로부터 고유 밝기를 알 수 있고 고유 밝기가 같을 때 거리의 제곱에 비례하여 겉보기 밝기가 어두워진다는 사실을 제시문에서 확인하여야 한다.

〈보기〉 해설 ㄱ. 성운 안에 세페이드 변광성이 있으면 변광성의 거리를 측정하여 성운의 거리를 알 수 있다. 성운이 원반 형태라는 것은 변광성의 존재 유무와는 무관하므로 이것은 거리를 측정하는 데 사용되는 사실이 아니다.

ㄴ. 제시문 네 번째 문단의 "어떤 성운에 속한 변광성을 찾아 거리를 알아냄으로써 그 성운의 거리도 알 수 있게 되었는데⋯⋯"와 "이러한 관계가 모든 세페이드 변광성에 대해 유효하다면, 하나의 세페이드 변광성의 거리를 알 때 다른 세페이드 변광성의 거리는 그 밝기 변화 주기로부터 고유 밝기를 밝혀내어 이를 겉보기 밝기와 비교함으로써 알 수 있다.", 그리고 제시문 첫 번째 문단의 "지구에서 관측되는 '겉보기 밝기'가 거리의 제곱에 비례하여 어두워진다는 사실을 이용하여 별들의 거리를 대략적으로 측정하였다."로부터 별의 겉보기 밝기는 거리가 멀수록 어둡다는 사실이 성운과 지구 사이의 거리를 측정하는 데 이용됨을 추론할 수 있다.

ㄷ. 제시문 네 번째 문단의 "어떤 성운에 속한 변광성을 찾아 거리를 알아냄으로써 그 성운의 거리도 알 수 있게 되었는데⋯⋯"와 "이러한 관계가 모든 세페이드 변광성에 대해 유효하다면, 하나의 세페이드 변광성의 거리를 알 때 다른 세페이드 변광성의 거리는 그 밝기 변화 주기로부터 고유 밝기를 밝혀내어 이를 겉보기 밝기와 비교함으로써 알 수 있다.", 그리고 세 번째 문단의 "이와 같은 비대칭적 밝기 변화는 두 별이 서로를 가리는 경우와 다른 것으로⋯⋯ 이러한 변광성을 세페이드 변광성이라고 부른다."로부터 밝기가 시간에 대하여 비대칭적으로 변화하는 변광성이 성운 안에 존재한다는 사실이 거리 측정에 이용됨을 알 수 있다.

20.

두 변광성 A와 B의 시간에 따른 밝기 변화를 관측하여 〈보기〉와 같은 결과를 얻었다. 이에 대한 설명으로 가장 적절한 것은?

① A는 세페이드 변광성이다.
② B는 크기와 밝기가 비슷한 두 별로 이루어져 있다.
③ ⓐ는 밝은 별이 어두운 별을 가리고 있는 시기이다.
④ ⓑ를 측정하여 A의 거리를 알 수 있다.
⑤ ⓒ를 알아야만 B의 최대 겉보기 밝기를 알 수 있다.

문항 성격	문항유형 : 정보의 평가와 적용
	내용영역 : 과학 · 기술
평가 목표	이 문항은 두 종류의 변광성, 즉 쌍성과 세페이드 변광성의 밝기 변화 특성을 제시문에서 확인하여 〈보기〉에 주어진 실제 관측 자료에 적용할 수 있는 능력을 평가한다.
문제 풀이	정답 : ③

〈보기〉의 두 자료가 각각 어떤 종류의 변광성인지 파악하고, 쌍성의 경우에는 밝기 변화에 따른 두 별의 상대적인 위치, 세페이드 변광성의 경우에는 변광성의 밝기 변화 주기가 거리 측정에 이용되는 방식을 이해해야 주어진 선택지들의 적절성을 판단할 수 있다.

정답 해설	③ 제시문 세 번째 문단의 "주기적으로 밝기가 변하는 변광성 중에는 쌍성이 있는데, 밝기가 다른 두 별이 서로의 주위를 도는 쌍성은 지구에서 볼 때 두 별이 서로를 가리지 않는 시기, 밝은 별이 어두운 별 뒤로 가는 시기, 어두운 별이 밝은

별 뒤로 가는 시기마다 각각 관측되는 밝기에 차이가 생긴다."로부터 〈보기〉의 밝기 변화 그래프에서 가장 밝은 시기가 두 별이 서로를 가리지 않을 때이고, 두 번째 밝은 시기(ⓐ)가 밝은 별이 어두운 별을 가릴 때이며, 가장 어두운 시기가 어두운 별이 밝은 별을 가릴 때임을 알 수 있다.

오답 해설   ① 제시문 세 번째 문단의 "이 경우에 별의 밝기는 시간에 따라 대칭적으로 변화한다. 한편, 또 다른 특성을 지닌 변광성도 존재하는데, 이 변광성의 밝기는 시간에 따라 비대칭적으로 변화한다. 이와 같은 비대칭적 밝기 변화는 두 별이 서로를 가리는 경우와 다른 것으로…… 이러한 변광성을 세페이드 변광성이라고 부른다."로부터 〈보기〉의 A는 시간에 따른 밝기 변화가 대칭적이므로 세페이드 변광성이 아니라는 것을 알 수 있다.

② 제시문 세 번째 문단의 "주기적으로 밝기가 변하는 변광성 중에는 쌍성이 있는데, 밝기가 다른 두 별이 서로의 주위를 도는 쌍성은 지구에서 볼 때 두 별이 서로를 가리지 않는 시기, 밝은 별이 어두운 별 뒤로 가는 시기, 어두운 별이 밝은 별 뒤로 가는 시기마다 각각 관측되는 밝기에 차이가 생긴다. 이 경우에 별의 밝기는 시간에 따라 대칭적으로 변화한다. 한편, 또 다른 특성을 지닌 변광성도 존재하는데, 이 변광성의 밝기는 시간에 따라 비대칭적으로 변화한다. 이와 같은 비대칭적 밝기 변화는 두 별이 서로를 가리는 경우와 다른 것으로…… 이러한 변광성을 세페이드 변광성이라고 부른다."로부터 〈보기〉의 B는 시간에 따른 밝기 변화가 비대칭적이므로 쌍성이 아닌 세페이드 변광성이라는 것을 알 수 있다.

④ 제시문에 따르면 〈보기〉의 A는 쌍성으로 이루어진 변광성이고 B는 세페이드 변광성이라는 것을 알 수 있다(선택지 ① , ②에 대한 해설 참조). 제시문 네 번째 문단의 "이러한 관계가 모든 세페이드 변광성에 대해 유효하다면, 하나의 세페이드 변광성의 거리를 알 때 다른 세페이드 변광성의 거리는 그 밝기 변화 주기로부터 고유 밝기를 밝혀내어 이를 겉보기 밝기와 비교함으로써 알 수 있다."로부터, ⓑ를 측정하여 A(쌍성)의 거리를 측정하는 것이 아니라 ⓒ를 측정하여 B(세페이드 변광성)의 거리를 측정하는 것이라는 것을 알 수 있다.

⑤ 제시문 네 번째 문단의 "이러한 관계가 모든 세페이드 변광성에 대해 유효하다면, 하나의 세페이드 변광성의 거리를 알 때 다른 세페이드 변광성의 거리는 그 밝기 변화 주기로부터 고유 밝기를 밝혀내어 이를 겉보기 밝기와 비교함으로써 알 수 있다."로부터 겉보기 밝기는 밝기 변화 주기와 독립적으로 측정되며, 밝기 변화 주기를 알아야만 겉보기 밝기를 알 수 있는 것은 아니라는 것을 알 수 있다.

[21~23] 다음 글을 읽고 물음에 답하시오.

　　조선 성종 8년(1477) 조정에서는 여성의 재가(再嫁)를 둘러싸고 토론이 벌어졌다. 그 계기가 된 것은 이심의 처 조 씨 사건이었다. 이 사건은 조 씨의 오빠인 조식이 전 칠원현감 김주가 과부인 누이 집에 와서 유숙한 것을 두고 강간이라고 고발하면서 시작되었다. 조사 결과 김주와 조 씨는 이미 성혼한 사이였으나, 중매를 거치지는 않았다. 조식은 과부가 된 누이를 돌보지 않다가 그 누이의 재산을 차지하려고 무고한 것이었다. 이렇게 끝날 뻔했던 사건이 부녀자의 재가 문제로 논제가 옮겨가면서 양상이 달라졌다. 당시 성종이 전 · 현직 고위 관료 46명을 불러 부녀자의 재가에 대한 의견을 들었는데, 다음이 대표적인 의견들이었다.

　　㉠ 영돈녕부사 노사신 등이 아뢰기를, "부인의 덕은 한 남편을 섬기는 것보다 더 큰 것이 없습니다. 그러나 젊은 나이에 과부가 된 자에게 재가를 허락하지 않는다면, 부모와 자식이 없어 의지할 곳이 없는 사람은 오히려 절개를 잃게 될 것입니다. 그런 이유로 국가에서 부녀자가 재가하는 것을 금하지 않았으니 그전대로 하는 것이 편하겠습니다."라고 하였다.

　　㉡ 지중추부사 구수영 등이 아뢰기를, "사족(士族)의 여자가 일찍 과부가 되어 생계가 막막해서 부득이 재가한 경우와 부모의 명으로 재가한 경우는 형세상 어쩔 수 없는 것이므로 〈경국대전〉에서도 세 번 시집가는 것에 대해서만 금지하고 있습니다. 그러나 자식이 있고, 집이 가난하지 않은데도 스스로 재가하는 자가 있으니 이는 정욕을 이기지 못한 것입니다. 금후 이 경우는 세 번 시집간 사례로 적용하는 것이 어떻겠습니까?"라고 하였다.

　　㉢ 예조참판 이극돈 등이 아뢰기를, "〈경국대전〉에, '재가한 부녀자에게는 작위를 주지 않고, 세 번 시집간 자는 실행(失行)한 자와 한가지로 아들과 손자에게 과거 응시와 현관(顯官: 득징한 요직) 제수를 허락하지 않는다'고 하였으니, 이는 정상을 참작하여 법을 만든 것으로 풍속을 경계하고 장려하기에 족합니다. 결혼한 여자가 한 남편을 끝까지 섬기는 것이 마땅하지만, 불행히 일찍 과부가 되어서 의탁할 곳이 없으면 그 재가가 부득이한 데서 나온 것입니다. 국가에서 사람마다 절의를 가지고 책임지우는 것은 마땅한 일이지만, 일일이 논죄한다면 또한 어려울 것이니 〈경국대전〉에 따라서 시행함이 어떻겠습니까?"라고 하였다.

　　㉣ 무령군 유자광 등이 아뢰기를, "예전에 정자(程子)가 가로되, '재가는 후세에 굶어 죽을 것을 두려워하여 하는 것이다. 절개를 잃는 것은 지극히 큰 일이고, 굶어 죽는 것은 지극히 작은 일이다'고 하였습니다. 세상 풍속이 절의를 돌아보지 않고 재가하고, 국가에 금령이 없어 절개를 잃은 자의 자손이 현관의 직에 오르는 일이 풍속을 이루며, 혼인을 주선하는 자가 없는데도 스스로 지아비를 구하는 자까지 있습니다. 금후로는 부녀자들의 재가를 금지하고, 이를 어기는 자가 있으면 모두 실행한 것으로 처벌하고, 그 자손도 관직에 오르지 못하게 해야 합니다."라고 하였다.

유자광의 의견에 동조한 사람은 세 명뿐이었다. 성종은, "전(傳)에 이르기를 '신(信)은 부녀자의 덕이니 한 번 함께 하였으면 종신토록 고치지 않는다'고 하였다. 그리하여 삼종지의(三從之義)라는 말이 있는 것인데 세상의 도리가 날로 비속해져 사족의 여자가 예의를 돌보지 않고 스스로 중매하여 다른 사람을 따르니, 이는 가풍을 무너뜨릴 뿐 아니라 유학의 가르침을 더럽히는 것이다. 이제부터는 재가한 여자의 자손은 관직에 임용되지 못하도록 하여 풍속을 바로잡도록 하라."라고 명하였다. 그에 따라 성종 16년(1485)에 수정된 〈경국대전〉에서는 재가한 여자의 아들과 손자는 과거에 응시하지 못하고 어떤 관직에도 임용되지 못하도록 규정되었다.

한편, 이심의 처 조 씨는 친척이 혼인을 주선하지 않았음에도 스스로 시집간 죄로, 김주는 조 씨와 혼인하되 예를 갖추지 않은 죄로 〈대명률〉의 "화간(和姦)한 자는 장 80에 처한다."라는 조항에 따라 모두 처벌하고 이혼시켰다. 조 씨 사건으로 촉발된 논의는 결과적으로 여성의 지위가 하락하게 되는 결정적 계기가 되었다. 이 논의 과정에서, 재가의 상대가 된 남성이나 재혼한 남성에 대한 처벌은 언급조차 되지 않은 점도 당시 사회 분위기를 잘 보여 준다고 할 것이다.

21.

윗글의 내용으로 보아 적절하지 <u>않은</u> 것은?

① 당시에는 〈경국대전〉에 직접적인 처벌 조항이 없어도 다른 법률을 이용하여 처벌하는 것이 가능하였다.
② 수정된 〈경국대전〉은 세 번 시집간 여자에 대한 제재 규정을 두 번 시집간 여자에게 그대로 적용한 것이었다.
③ 〈경국대전〉에서 재가를 규제하는 조항은 관직에 오를 자격이 없는 신분의 사람에게는 실효성이 없었을 것이다.
④ 성종은 부녀자의 재가가 유학의 기준으로 볼 때 풍속을 타락시키는 것이라고 판단하여 소수 의견을 받아들였다.
⑤ 〈경국대전〉에서는 여자가 세 번 시집가는 것에 대해 실행의 경우와 마찬가지로 그 자손들에게 불이익을 주도록 하였다.

문항 성격 　문항유형 : 정보의 확인과 재구성

평가 목표 이 문항은 조선 성종 8년(1477) 여성의 재가 금지를 결정한 조정의 논의 과정 및 그 전후 사실에 대한 설명을 읽고, 제시문 속에 담긴 정보를 정확하게 파악했는지 평가한다.

문제 풀이 정답 : ②

제시문에 포함되어 있는 여러 가지 정보들을 정확하게 파악하여 그 내용과 부합하지 않는 선택지를 골라야 한다.

정답 해설 ② 제시문에서 수정 전 〈경국대전〉의 세 번 시집간 여자에 대한 제재 규정은 "세 번 시집간 자는 실행(失行)한 자와 한가지로 아들과 손자에게 과거 응시와 현관(顯官: 특정한 요직) 제수를 허락하지 않는다."라는 것이다. 이에 비해 재가한 여자에 대한 수정된 제재 규정은 "재가한 여자의 아들과 손자는 과거에 응시하지 못하고 어떤 관직에도 임용되지 못한다."라고 되어 있다. 여기서 제재 대상인 여자의 자손에게 현관 제수를 허용하지 않는 것(수정 전)과, 제재 대상인 여자의 자녀를 어떤 관직에도 임용되지 못하도록 한 것(수정 후)은 다르다. 따라서 "수정된 〈경국대전〉은 세 번 시집간 여자에 대한 제재 규정을 두 번 시집간 여자에게 그대로 적용한 것이었다."라고 한 선택지는 적절하지 않다.

오답 해설 ① 이심의 처 조 씨 및 그녀와 결혼한 김주는 〈대명률〉의 화간율에 의해 처벌받았다. 따라서 답지의 "당시에는 〈경국대전〉에 직접적인 처벌 조항이 없어도 다른 법률을 이용하여 처벌하는 것이 가능하였다."라는 선택지는 적절하다.

③ 여성의 재가를 금지하는 규정은 재가 여성 자신에게 작위를 주지 않거나 소생의 아들과 손자에게 과거 응시와 관직 임용의 기회를 박탈하는 방식으로 이루어졌다. 따라서 "〈경국대전〉에서 재가를 규제하는 조항은 관직에 오를 자격이 없는 신분의 사람에게는 실효성이 없었을 것이다."라는 선택지는 제시문으로부터 충분히 파악할 수 있는 진술이다.

④ 성종은 "세상의 도리가 날로 비속해져 사족의 여자가 예의를 돌보지 않고 스스로 중매하여 다른 사람을 따르니, 이는 가풍을 무너뜨릴 뿐 아니라 유학의 가르침을 더럽히는 것이다."라고 하면서 "이제부터는 재가한 여자의 자손은 관직에 임용되지 못하도록 하여 풍속을 바로잡도록 하라."라고 명하였다. 당시 논의에 참여한 사람들 가운데 이와 동일한 의견을 제출한 사람은 유자광 등 4명에 불과하였다. 따라서 "성종은 부녀자의 재가가 유학의 기준으로 볼 때 풍속을 타락시키는 것이라고 판단하여 소수 의견을 받아들였다."라는 선택지는 적절하다.

⑤ 제시문에 "〈경국대전〉에, '재가한 부녀자에게는 작위를 주지 않고, 세 번 시집간

자는 실행(失行)한 자와 한가지로 아들과 손자에게 과거 응시와 현관(顯官: 특정한 요직) 제수를 허락하지 않는다'고 하였다."라는 진술이 있다. 따라서 〈경국대전〉에서는 여자가 세 번 시집가는 것에 대해 실행의 경우와 마찬가지로 그 자손들에게 불이익을 주도록 하였다."는 선택지는 적절하다.

이 선택지에는 〈경국대전〉이 수정 전인지 수정 후인지가 밝혀져 있지 않으나, 세 번 시집간 여자에 대한 규제 조항은 수정 전의 〈경국대전〉에 이미 포함되어 있었고, 수정 과정에서 이 규정 조항에 대해서는 어떠한 변화가 있었다고 볼 근거가 없다.

22.

㉠~㉣의 주장에 대한 설명으로 가장 적절한 것은?

① ㉠과 ㉡은 재가를 금지할 경우 과부들이 절개를 잃는 일이 더 많아질 것이라고 보는 점에서 일치한다.
② ㉠은 새로운 법령을 만드는 것에 대해 긍정적인 입장이지만, ㉣은 새로운 법령을 만드는 것에 회의적인 입장이다.
③ ㉡은 부득이하지 않은 재가에 대해 기존 법률을 확대 적용하자는 의견이지만, ㉢은 기존 법률의 확대 적용에 반대하는 의견이다.
④ ㉡과 ㉢은 재가의 정황을 참작하지 않고 법률을 일률적으로 적용해야 한다고 보는 점에서는 동일한 입장이다.
⑤ ㉢과 ㉣은 국가가 현실을 고려하기보다 형벌을 강화함으로써 풍속을 지키는 데 적극 개입해야 한다는 입장이다.

문항 성격	문항유형 : 의도, 관점, 입장 파악
	내용영역 : 인문
평가 목표	이 문항은 조선 성종 8년(1477) 조정에서 여성의 재가 금지를 논의할 때 제시된 주장들을 비교하는 과정에서 각 주장의 결론뿐 아니라 논거까지를 제대로 이해하였는지를 평가한다.
문제 풀이	정답 : ③

제시문의 네 가지 주장(㉠~㉣) 각각에 대해 재가 금지 규정의 신설에 대한 입장뿐 아니라 의도와 관점까지를 면밀하게 파악한 후 제시문의 내용에 부합하는 선택지를 골라야 한다.

정답 해설 ③ ㉡은 부득이하지 않은 재가에 대해 〈경국대전〉의 "세 번 시집간 사례로 적용하는 것"을 주장하였고, ㉢은 부득이한 재가가 있음을 인정하면서도 "국가에서 사람마다 절의를 가지고 책임지우는 것은 마땅한 일이지만, 일일이 논죄한다면 또한 어려울 것이니 〈경국대전〉에 따라서 시행할 것"을 주장하였다. 따라서 이 선택지는 제시문의 내용에 부합하므로 적절하다.

오답 해설 ① ㉠은 "그러나 젊은 나이에 과부가 된 자에게 재가를 허락하지 않는다면, 부모와 자식이 없어 의지할 곳이 없는 사람은 오히려 절개를 잃게 될 것입니다."라고 하여 재가를 금지할 경우 과부들이 절개를 잃는 일이 더 많아질 것이라고 하였음을 알 수 있다. 그러나 ㉡은 재가를 금지할 경우 발생할 수 있는 문제에 대해서는 직접적으로 언급하지 않고 있다. 따라서 이 선택지는 적절하지 않다.

② ㉠은 "그전대로 하는 것이 편하겠습니다."라고 하여 새로운 법령을 만드는 것에 반대하였고, ㉣은 "금후로는 부녀자들의 재가를 금지하고, 이를 어기는 자가 있으면 모두 실행한 것으로 처벌하고, 그 자손도 관직에 오르지 못하게 해야 합니다."라고 주장하였다. 여기서 ㉣이 새로운 법령을 만드는 것까지 주장했는지는 직접 확인할 수 없지만, 이들의 주장이 받아들여져 〈경국대전〉에 새로운 규정이 추가된 것으로부터 추정할 수 있다. 이러한 추정과는 무관하게 ㉠에 대한 진술만으로 이 선택지는 적절하지 않음을 알 수 있다.

④ ㉡은 같은 재가라도 부득이한 경우와 그렇지 않은 경우를 나누어 법률을 적용하자는 입장인 데 반하여, ㉢은 국가에서 일일이 논죄하는 것이 어렵다는 이유로 일률적인 법 적용이 불가하다는 입장이다. 따라서 이 선택지는 적절하지 않다.

⑤ ㉢은 부득이한 재가가 있음을 인정하면서도 "국가에서 사람마다 절의를 가지고 책임지우는 것은 마땅한 일이지만, 일일이 논죄한다면 또한 어려울 것이니 〈경국대전〉에 따라서 시행함이 어떻겠습니까?"라고 하여 국가에서 적극 개입하기 어렵다는 입장인 반면, ㉣은 "세상 풍속이 절의를 돌아보지 않고 재가하고, 국가에 금령이 없어 절개를 잃은 자의 자손이 현관의 직에 오르는 일이 풍속을 이루며, 혼인을 주선하는 자가 없는데도 스스로 지아비를 구하는 자까지 있"는 현실을 지적하면서 "금후로는 부녀자들의 재가를 금지하고, 이를 어기는 자가 있으면 모두 실행한 것으로 처벌하고, 그 자손도 관직에 오르지 못하게 해야 합니다."라고 하여 국가가 풍속을 지키는 데 적극 개입해야 한다는 입장이다. 따라서 이 선택지는 적절하지 않다.

23.

윗글의 논의를 바탕으로 〈보기〉의 사례에 대해 추론한 것으로 적절하지 <u>않은</u> 것은?

> **보 기**
>
> 사족의 딸인 목 씨는 첫 남편 강철호가 죽자 오빠 목인수의 중매로 남예건과 혼례를 올렸다. 재혼 당시 목 씨는 부모가 모두 사망하고 친족으로는 목인수만이 있는 상황이었으며, 남예건에게도 자식이 없었다.

① 이심의 처 조 씨 사건과 같은 시기에 일어난 일이라도 목 씨는 조 씨와 같은 죄목으로 처벌받지 않았을 것이다.

② 〈경국대전〉이 수정되지 않았다면 목 씨와 남예건 사이에서 태어날 아들은 관직 진출에 법령상 제한을 받지 않을 것이다.

③ 수정된 〈경국대전〉에 따르면 목 씨와 남예건의 손자는 과거에 응시하는 것이 불가능할 것이다.

④ 〈경국대전〉이 수정된 뒤에는 목 씨의 유죄 여부를 판정하기 위해 목 씨의 나이와 형편을 살폈을 것이다.

⑤ 〈경국대전〉이 수정된 뒤에도 목 씨의 남편 남예건 본인에게 적용될 처벌 규정은 생겨나지 않았을 것이다.

문항 분류	문항유형 : 정보의 평가와 적용
	내용영역 : 인문
평가 목표	이 문항은 조선 성종 8년(1477) 여성의 재가 금지를 논의하는 과정과 그에 따라 〈경국대전〉이 수정되는 과정을 〈보기〉의 구체적인 사례에 적용하여 추론하는 능력을 평가한다.
문제 풀이	정답 : ④

〈보기〉에 주어진 사례와 제시문의 사례를 비교하면서 두 사례의 공통점과 차이점, 그리고 〈경국대전〉 수정 전과 수정 후의 변화를 주의 깊게 생각하면서 제시문의 내용에 부합하지 않는 선택지를 골라야 한다.

> **〈보기〉 해설** 〈보기〉의 목 씨는 제시문의 조 씨과 같은 사족이면서 재가한 여성이다. 그러나 목 씨와 조 씨 사이에는 중매의 유무라는 점에서 결정적인 차이가 있음에 유의해야 한다.

④ 〈경국대전〉이 수정된 뒤에는 재가한 여자의 아들과 손자는 과거에 응시하지 못하
고 어떤 관직에도 임용되지 못하도록 규정되었다. 여기에는 재가한 여자의 여러
가지 상황, 즉 나이나 형편 등이 고려되지 않았다. 따라서 이 선택지는 〈보기〉의
사례에 대해 추론한 것으로 적절하지 않다.

① 이심의 처 조 씨는 단순히 재가했기 때문이 아니라 중매 없이 재가했다는 이유
로 처벌을 받았다. 하지만 목 씨는 오빠의 중매로 재가한 것이므로 조 씨의 경
우와 다르다. 따라서 이 선택지는 〈보기〉의 사례에 대해 추론한 것으로 적절
하다.

② 수정 전 〈경국대전〉에는 "재가한 부녀자에게는 작위를 주지 않고, 세 번 시집간
자는 실행(失行)한 자와 한가지로 아들과 손자에게 과거 응시와 현관(顯官: 특정
한 요직) 제수를 허락하지 않는다."라고 되어 있어서 재가한 부녀자의 자손에
대한 제재 규정이 없었다. 따라서 재가한 목 씨의 자손은 관직 진출에서 어떠한
제한도 받지 않게 되므로 이 선택지는 〈보기〉의 사례에 대해 추론한 것으로 적
절하다.

③ 수정된 〈경국대전〉에서는 "재가한 여자의 아들과 손자는 과거에 응시하지 못하
고 어떤 관직에도 임용되지 못하도록 규정"하였다. 이에 따르면 재가한 부녀자
의 아들과 손자는 과거에 응시하지 못하게 된다. 그러므로 이 선택지는 〈보기〉
의 사례에 대해 추론한 것으로 적절하다.

⑤ 여성의 재가 금지를 논의하는 과정에서 "재가의 상대가 된 남성이나 재혼한 남
성에 대한 처벌은 언급조차 되지 않은 점"이 제시문 마지막 문단에 명시되어 있
다. 이로부터 〈경국대전〉을 수정하면서 재가한 여성의 상대가 된 남성에 대해서
는 어떠한 처벌 규정도 만들지 않았음을 추론할 수 있다. 따라서 이 선택지는
〈보기〉의 사례에 대해 추론한 것으로 적절하다.

[24~26] 다음 글을 읽고 물음에 답하시오.

근대 민주주의는 국민국가라는 정치 공동체 속에서 민족주의, 국민적 정체성, 국적에 수반되는 시민권 등을 중심으로 발전해 왔다. 하지만 최근의 세계화는 국민국가를 기반으로 하는 민주주의와 국제 관계의 질서에 변화를 가져오고 있다. 이 과정에서 국민국가 시대의 전쟁과는 다른 모습의 '새로운 전쟁'이 나타나고 있으며, 그 전쟁은 국민국가의 질서를 동요시키고 있다.

새로운 전쟁은 우선 경계가 불분명한 양상을 띤다. 국민국가 시기처럼 국가들 간에 전쟁이 발생하고 전쟁이 끝난 후 국제법을 통해 평화를 안착시키는 것이 아니라, 전후방 구분 없이 전투가 발생하고 전투원과 민간인, 공과 사의 구분이 사라지며 전쟁의 시작과 끝이 불명확해진 경우가 많다. 또한 현대 사회에서의 용병이라고 할 수 있는 민간 군사 기업이 군사 훈련에서 전후 처리까지 거의 모든 군사 서비스를 제공한다.

이와 함께 정치적, 이데올로기적 원인이 아닌 다양한 원인에 의해 전쟁이 발발하기도 한다. 동유럽에서는 사회주의 체제가 붕괴한 이후 종교, 언어, 문자, 민족 문제가 부각되고, 중동에서는 종교 갈등이 다양한 문제를 발생시키며, 아프리카에서는 부족과 식민지, 신생국들이 얽히고 자원 문제가 개입된다.

그리고 네트워크전, 비대칭전, 게릴라전, 테러 등의 전쟁 형태가 나타나고 있다. 네트워크전은 관료적 명령보다는 공유된 가치나 목표 속에서 움직이는 수평적 조정 메커니즘에 의존하며, 게릴라전은 전선이 불분명하지만 정교하게 조직된다. 1990년대 초 제1차 걸프전에서 보았듯이 미국의 공격으로 이라크 정부의 신경 체계가 몇 시간 만에 무력화되었지만 정작 이라크군은 연합군이 어디에 있는지조차 알지 못한 것에서도 새로운 전쟁의 양상을 알 수 있다.

마지막으로 전쟁 경제도 새로운 양상을 드러낸다. 새로운 전쟁은 국가의 통제 하에 놓이는 공식 경제와 조세를 통한 국가 수입뿐만 아니라 비공식 경제를 통해서도 전쟁 자금을 조달한다. 생산이 붕괴되고 징세가 어려운 상황에서 전투 집단은 약탈, 납치 등과 무기 · 마약 · 자원 등의 불법 거래, 국외 이주자의 송금, 인도적 원조에 대한 '과세', 타국 정부의 후원 등을 통해 자금을 조달한다.

이러한 새로운 전쟁에서 '새롭다'고 제시되는 현상들이 결코 새로운 것이 아니라, 기존 전쟁에서도 존재했지만 주목되지 않았을 뿐이라고 ㉠ 비판하는 이들도 있다. 비판자들은 새로운 전쟁론을 펴는 이들이 그러한 현상에 초점을 맞추고, 미디어 발달로 전쟁의 다양한 측면들이 부각되고 있을 뿐이라고 말한다. 또한 '새로운 전쟁'을 주장하는 연구들이 경험 자료가 불명확하고 자료의 양도 부족한데도 유리한 예만 선택하고 있을 뿐이라고 비판하면서, 오히려 1992년 이래 내전은 감소했으며 '새로운' 현상이 나타난 정도도 제2차 세계대전과 비교할 때 통계적으로 유의미하지 않다고 주장한다.

그럼에도 '새로운 전쟁' 개념은 국제정치의 새로운 위협 요소와 최근 변화를 인식할 수 있게 한다. 왜냐하면 '새로운 전쟁'은 국가를 만들기보다는 해체하는 경향을 갖기 때문이다. 전쟁으로 인해 '실패한 국가'의 예로 거론되는 소말리아의 경우를 보면 국가 붕괴 이후에도 우려되었던 무질서는 나타나지 않았으며, 오히려 사람들의 삶이 개선되어 가는 조짐마저 보인다. 국가 대신 국제협력, 전통 경제 등을 통해 공공재를 공급하고, 관습법과 부족 네트워크 등이 사회 질서 유지에 도움을 주고 있다. 한편, 중동에서는 종교나 부족 같은 요소가 부각된 새로운 민족주의의 양상도 나타난다. 이는 민족주의가 반드시 국가와 결합해야만 작동하는 것이 아님을 보여 준다. 그렇게 본다면 국민국가란 특정한 시기에 한정된 유럽 중심의 모델이며, 역사가 보여주듯이 다양한 정치체들이 존재하며 그것들의 공존도 가능하다. 아프리카나 중동에서 빈발하는 새로운 전쟁은 세계를 도시공동체 · 국가 · 제국 등 다양한 공동체가 공존하던 근대 이전의 혼란스러운 유럽과 같은 모습으로 회귀시키는 듯하다.

[A] 하지만 이는 새로운 공동체의 다양한 가능성을 구체화하기 위한 계기가 될 수 있다. 민주주의는 극우민족주의처럼 국민국가를 강화시키는 방향보다는 국민국가의 한계와 틀을 벗어나 그것들을 가로지르는 방향으로 추구되어야 한다. 다중적 정체성을 지닌 세계시민들이 동등한 시민권을 바탕으로 공존하는 글로벌 시티와 그 네트워크, 그리고 EU와 같은 초국가적 공동체에 이르는 다층적 공간은 민주주의를 위한 새로운 공간이 될 수 있다. 국민국가 시대에 성취한 민주주의는 이제 새로운 공동체들에서 보존되고 동시에 전환되어 새로운 시민과 그들이 만들어 내는 공동체 속에서 더욱 확장되어야 한다.

24.

'새로운 전쟁'의 양상으로 적절하지 <u>않은</u> 것은?

① 민간 군사 업체들이 전쟁 수행에 관여하는 정도가 높아진다.
② 전쟁의 원인이 다양해지고 전쟁 행위자들은 전투원에 한정되지 않는다.
③ 전쟁의 시작과 끝이 불분명해지면서 국제법을 통한 평화 안착이 어려워진다.
④ 전쟁 수행을 위해 국가 공식 경제 이외에도 다양한 재원 마련 방식이 동원된다.
⑤ 전후방이 없는 전투와 게릴라전 등으로 네트워크에 의존하면서 비조직적으로 전개된다.

문항 성격	문항유형 : 정보의 확인과 재구성
	내용영역 : 사회
평가 목표	이 문항은 '새로운 전쟁'의 특징을 설명하는 제시문의 세부 정보를 정확하게 파악하는 능력을 평가한다.
문제 풀이	정답 : ⑤

주어진 선택지들이 새로운 전쟁의 다양한 양상, 즉 불분명한 경계, 다양한 원인, 네트워크 형태의 전쟁, 새로운 전쟁 경제 등을 정확하게 기술하고 있는지 살펴본다.

정답 해설 ⑤ "비조직적"이 새로운 전쟁의 양상을 표현하는 것으로 적절하지 않다. 제시문 두 번째와 네 번째 문단에 따르면, 전후방 구분 없는 전투나 게릴라전 등은 "전선이 불분명하지만 정교하게 조직된다."

오답 해설 ① 제시문 두 번째 문단에 따르면, 새로운 전쟁에서는 민간 군사 업체가 거의 모든 군사 서비스를 제공한다. 따라서 이 선택지는 적절하다.

② 제시문 두 번째 문단에 따르면, 새로운 전쟁에서는 "전투원과 민간인, 공과 사의 구분이 사라"진다. 또 제시문 세 번째 문단에 따르면, "정치적, 이데올로기적 원인이 아닌 다양한 원인에 의해" 새로운 전쟁이 발발하기도 한다. 따라서 이 선택지는 적절하다.

③ 제시문 두 번째 문단에 따르면, 새로운 전쟁은 경계가 불분명하다. "전쟁의 시작과 끝이 불명확해진 경우"가 많고, "전쟁이 끝난 후 국제법을 통해 평화를 안착시키는 것이 아니"다. 따라서 이 선택지는 적절하다.

④ 제시문 다섯 번째 문단에 따르면, "새로운 전쟁은…… 공식 경제와…… 국가 수입뿐만 아니라 비공식 경제를 통해서도 전쟁 자금을 조달한다." 이러한 재원 마련 방식의 종류로는 약탈, 납치, 불법 거래, 국외 이주자의 송금, 인도적 원조에 대한 과세, 타국 정부의 후원 등이 있다.

25.

㉠이 활용할 수 있는 근거로 적절하지 <u>않은</u> 것은?

① 근대 국가의 경우에도 이민족 용병을 활용한 전쟁의 사례가 있었다.
② 근대 이전의 국가는 물론 근대 국가의 경우에도 내전이 빈번하게 발생하였다.
③ 게릴라전은 제2차 세계 대전 이전에 중국 공산당에 의해 전쟁의 형태로 활용되었다.

④ 국가에 의해 총력전 형태로 수행되는 전쟁이 이미 제1차 세계 대전 당시부터 보편화되었다.

⑤ 최근 IS가 벌인, 민간인과 전투원을 구별하지 않는 무차별 공격의 사례가 기존 전쟁에서도 이미 있었다.

문항 분류 문항유형 : 의도, 관점, 입장 파악

내용영역 : 사회

평가 목표 '새로운 전쟁론'의 비판자들은 이른바 '새로운 전쟁'에서 '새롭다'고 제시되는 현상들을 이미 근대 국민국가 시기의 전쟁에서도 뚜렷하게 발견할 수 있음을 주장한다. 이 문항은 선택지로 주어지는 사례들이 그러한 주장의 근거가 될 수 있는지 판단하는 능력을 평가하는 문항이다.

문제 풀이 정답 : ④

'새로운 전쟁'을 비판하는 학자들은 '새로운 전쟁'을 주장하는 학자들이 최근 전쟁의 특정한 현상에 주목하지만, 그러한 현상은 이미 근대 및 그 이전에도 존재했으며, 양적으로도 증가하지 않았다고 반박하고 있다. 따라서 이러한 반박의 근거 사례로 적절하지 않은 선택지를 골라야 한다.

정답 해설 ④ 제시문 두 번째와 네 번째 문단에 따르면 "국가에 의해 총력전 형태로 수행되는 전쟁"은 '새로운 전쟁'으로 보기 어렵기 때문에, '새로운 전쟁'의 양상이 기존 전쟁에서도 존재했다고 주장의 근거로 활용하기에 적절하지 않다.

오답 해설 ① 근대 국가에서도 이민족 용병을 활용한 사례가 있다면, "현대 사회에서의 용병이라고 할 수 있는 민간 군사 기업"의 군사 서비스 제공이 '새로운 전쟁'의 특징 중 하나라는 입장은 약화된다. 따라서 '새로운 전쟁론'을 비판하는 이들이 활용할 수 있는 근거로 적절하다.

② 제시문 여섯 번째 문단에 따르면, '새로운 전쟁론'을 비판하는 이들은 그 근거로 1992년 이래의 내전 감소를 들고 있다. 이를 통해, '새로운 전쟁론'을 주장하는 이들은 내전을 '새로운 전쟁'의 사례로 생각하고 있음을 알 수 있다. 이것은 두 번째 문단에서 '새로운 전쟁'의 특징으로 경계의 불분명함이 제시되고 있다는 점에서도 또한 알 수 있다. 따라서 내전이 근대나 그 이전 시기에 빈번하게 발생했다는 선택지는 비판자들이 활용할 수 있는 근거로 적절하다.

③ 근대나 그 이전 시기에도 게릴라전의 사례가 있다면, 네트워크전, 비대칭전, 게릴라전, 테러 등이 새로운 전쟁의 특징 중 하나라는 '새로운 전쟁론'은 약화된다. 따라서 '새로운 전쟁론'을 비판하는 이들이 활용할 수 있는 근거로 적절하다.

⑤ 기존 전쟁에서도 민간인과 전투원을 구별하지 않는 무차별적 공격이 있었다면, 전투원과 민간인 간 구분의 불분명함이 새로운 전쟁의 특징 중 하나라는 '새로운 전쟁론'은 약화된다. 따라서 '새로운 전쟁론'을 비판하는 이들이 활용할 수 있는 근거로 적절하다.

26.

[A]의 주장과 〈보기〉의 입장들을 비교한 내용으로 가장 적절한 것은?

보 기

(가) 절대적 환대, 즉 어디에서 온 누구인지를 묻지 않고 보답을 요구하지 않으며, 상대방의 적대에도 불구하고 지속되는 환대에 기초한 사회를 상상해야 한다.

(나) 새로 이주한 사람이 본래 따르는 특정한 종교적 관습이 이주한 국가의 보편적인 가치를 해칠 우려가 있다고 판단될 경우, 공공장소에서 그 관습을 표출하는 것을 금지해야 한다.

(다) 새로운 시대의 애국주의는 민주주의적 헌정 질서의 가치와 원리 및 제도에 대한 사랑과 충성에서 성립해야 규범적으로 정당하며, 결코 기존의 사례처럼 지배적인 문화 양식이나 특정한 윤리적 지향과 결합되어서는 안 된다.

① [A]와 달리 (가)는 특정 공동체가 자기 사회에 새로 편입된 이주민의 정체성을 어떻게 동화시킬 것인지를 중요한 요소로 고려한다.

② [A]와 (나)는 모두 공동체의 유지와 발전을 위해서는 공동체의 구성원들이 단일한 문화적 정체성을 가져야 한다고 판단한다.

③ [A]와 달리 (다)는 기존에 명확하게 정해져 있는 정치적 규범과 질서를 준수하는 것이 민주주의 실현의 전제 조건이라고 판단한다.

④ [A]와 (가)는 새로운 공동체는 정체성을 근거로 사람을 차별하지 않는다는 점에서 공통되며, [A]와 (다)는 공동체에서 국가를 대하는 관점이 바뀌어야 한다고 보는 점에서 공통된다.

⑤ [A]와 (나)는 이주민의 종교적 관습을 존중한다는 점에서 공통되며, [A]와 (다)는 구성원들이 지닌 윤리적 지향의 차이를 용납하지 않는다는 점에서 공통된다.

문항유형 : 정보의 평가와 적용

내용영역 : 사회

이 문항은 제시문의 주장을 이해하고, 〈보기〉의 입장들과의 유사점과 차이점을 정확하게 파악할 수 있는지를 평가하는 문항이다.

정답 : ④

(가)는 이방인에 대해 '절대적 환대'를 주장하는 것으로, 이방인의 정체성이 무엇이든 그것에 대한 고려 없이 무조건적으로 받아들일 것을 주장한다.

(나)는 국가가 추구하는 보편적 가치에 근거하여 그 국가에 새로 이주한 이방인의 문화적 관습을 재단하고자 하는 입장이다.

(다)는 새로운 시대의 애국주의에 대한 주장으로, 문화적 정체성을 최대한 인정하지만, 민주주의적 헌정 질서에 대한 사랑과 충성을 요구한다.

이러한 세 가지 입장에 비추어 보면, 제시문의 입장은 가능한 한 이방인의 정체성을 인정한다는 점에서는 (가)와 유사하며, 민주주의에 대한 적극적 입장을 개진한다는 점에서는 (다)와 유사하다.

④ [A]에서는 국민국가 시대에 성취한 민주주의가 '새로운 공동체'에서 더욱 확장되어야 한다고 본다. 이때 확장의 방향은 "국민국가의 한계와 틀을 벗어나 그것들을 가로지르는 방향"이다. 따라서 새로운 공동체의 구성원들은 다중적 정체성을 지닌 채 동등한 시민권을 바탕으로 공존하게 되므로, 여기서는 정체성(예컨대 국적)을 근거로 사람을 차별하는 일이 있을 수 없다. 그리고 (가)의 공동체에서는 절대적 환대에 기초하여 이주민이 어디에서 온 누구인지를 묻지도 따지지도 않게 된다면, 역시 정체성을 근거로 사람을 차별하는 일이 생길 수 없다. 한편 [A]에서는 국민국가를 넘어 다중적 정체성의 국가를 상정한다는 점에서, 그리고 (다)에서는 새로운 시대의 '애국주의'란 문화적 정체성을 넘어 정치적 민주주의의 원칙에 기초해야 한다고 주장한다는 점에서, 국가를 대하는 공동체의 관점이 바뀌어야 한다는 점을 읽어 낼 수 있다.

① [A]는 '다중적 정체성을 지닌 동등한 시민'이라는 표현에서 보이듯, 정체성의 다양성을 인정한다. (가)는 '절대적 환대'라는 표현에서 나타나듯 공동체에 새로 편입된 이주민의 정체성을 전혀 문제 삼지 않는다. 따라서 [A]와 (가)는 유사한 시각으로, 이주민의 정체성을 어떻게 동화시킬 것인지를 중요한 요소로 고려한다고 볼 수 없다.

② 이주한 국가의 보편적인 가치로의 동화를 주장하는 (나)와 달리 [A]는 '다중적 정체성'을 지닌 시민들의 공존을 바라는 입장이므로, "단일한 문화적 정체성을

가져야 한다고 판단"하는 것으로 볼 수 없다. 따라서 ②는 적절하지 않다.

③ (다)는 "새로운 시대의 애국주의는 민주주의적 헌정 질서의 가치와 원리 및 제도에 대한 사랑과 충성에서 성립해야 규범적으로 정당"하다고 주장하므로, 민주주의 실현을 위해서는 기존의 정치적 규범과 질서를 준수하는 것을 전제 조건으로 삼고 있다고 볼 수 있다. 그런데 [A]의 입장이 이와는 다르다고 볼 근거는 없다. 오히려 〈보기〉 해설에서 설명되었다시피, 민주주의에 대한 적극적 입장을 개진했다는 점에서 (다)와 유사하다. 그리고 [A]에서의 민주주의는 국민국가 시기의 한계와 틀을 넘어설 것이 요구되므로, 이것은 '동등한 시민권'과 같은 정치적 원칙에 근거할 수밖에 없다. 따라서 ③은 적절하지 않다.

⑤ (나)는 "특정한 종교적 관습이 이주한 국가의 보편적인 가치를 해칠 우려가 있다고 판단될 경우, 공공장소에서 그 관습을 표출하는 것을 금지해야 한다."고 주장하므로 이주민의 종교적 관습을 존중한다고 보기 어렵다. 또한 (다)는 "새로운 시대의 애국주의"가 "특정한 윤리적 지향과 결합되어서는 안 된다."고 주장하므로, 공동체의 구성원들이 지닌 윤리적 지향의 차이를 용납하지 않는다고 볼 수 없다. 따라서 ⑤는 적절하지 않다.

[27~29] 다음 글을 읽고 물음에 답하시오.

우리는 빨갛게 잘 익은 사과를 보고서, "그래, 저 사과 맛있겠으니 가족과 함께 먹자."라는 판단을 내린다. 이때 우리는 빨간 사과에 대한 감각 경험을 먼저 한다. 그러고 나서, "저기 빨간 사과가 있네."라거나, "사과가 잘 익었으니 함께 먹으면 좋겠다."라는 판단을 내린다. 이것은 보는 것이 믿는 것에 대한 선행 조건임을 의미한다. 감각 경험에 대한 판단과 추론은 고차원의 인지 과정이며 개념적 절차이고, 판단과 추론이 개입하기 이전의 감각 경험은 비개념적 내용을 가질 뿐이다. 이와 같이 비개념적인 감각 경험이 먼저 주어진 후에 판단과 추론이 이어지는 것을 정상적인 과정으로 보는 견해를 '비개념주의'라고 부른다.

비개념주의는 우리가 알아채는 것보다 실제로 더 많은 것을 본다는 점에 주목한다. 예를 들어 우리는 퇴근 후 아내와 즐겁게 대화를 나누며 저녁 식사를 하면서도 아내가 그날 노랗게 염색한 것을 알아채지 못할 수 있다. 아내의 핀잔을 들은 후 염색한 사실을 새삼스럽게 깨닫고서 어떻게 이를 모를 수 있었는지 의아해한다. 이렇게 현저한 변화를 알아보지 못하는 현상을 변화맹(change blindness)이라고 부른다. 우리가 이러한 특징적인 변화를 정말 보지 못했다고 생각하긴 어렵다.

새로운 시각 경험이 주어졌으나 이 경험을 인지하지 못했으며, 따라서 판단과 추론으로 이어지지 못했다는 설명이 자연스럽다. 우리는 아내의 노란 머리를 단지 알아차리지 못했을 뿐이지 보지 못했다고 말할 수는 없다.

그러나 '개념주의'는 시각 경험과 판단·추론이 별개의 절차가 아니라고 본다. 우리가 무엇인가를 볼 때 여기에는 배경 지식이나 판단 및 추론 같은 고차원의 인지적 요소들이 이미 개입하고 있다는 것이다. 개념주의에서는 우리가 빨간 사과를 지각할 때 일종의 인지 작용으로서 해석이 일어난다고 여긴다. 식탁에 놓인 것을 '빨간 사과'로 보는 것 자체가 일종의 해석이다. 우리가 이 해석 작용 자체를 인식하는 것은 아니지만, 이 작용은 두뇌 곳곳에서 분산되어 일어나는데 이것도 일종의 판단이나 추론이라는 것이다.

개념주의는 베르나르도 벨로토가 그린 ㉠〈엘베 강 오른편 둑에서 본 드레스덴〉을 통해서도 설명된다. 미술관에 걸려 있는 이 그림을 적당한 거리에서 바라볼 때, 원경으로 그려진 다리 위에는 조금씩 다른 모습의 여러 사람들이 보인다. 우리는 작가가 아마도 확대경을 이용하여 그 사람들을 매우 정교하게 그렸을 것이라 생각할지도 모른다. 그런데 그 티끌같이 작은 사람들이 정말 사람의 형태를 하고 있을까? 이 그림의 다리 위 부분을 확대해서 보면 놀랍게도 사람들은 사라지고, 물감 방울과 얼룩과 터치만이 드러난다. 어떻게 보면 작가는 다리를 건너는 사람들을 직접 그렸다기보다는 단지 암시했을 뿐이지만, 우리의 두뇌는 사람과 비슷한 암시를 사람이라고 해석하여 경험한다. 이와 같은 과정을 비유적으로 '채워 넣기'라고 부를 수 있다. 두뇌는 몇몇 단서를 가지고서 세부 사항을 채워 넣으며 이를 통해 다채로운 옷을 입고 여러 동작을 하면서 다리를 건너는 사람들을 보게 되는 것이다. 채워 넣기도 일종의 판단 작용이다. 우리의 시각 경험에 이미 판단 작용이 들어와 있기 때문에, 시각 경험과 판단 작용은 구분되지 않는다. 우리가 이 그림에서 사람들을 지각할 때 이는 이미 해석을 전제한다.

개념주의는 변화맹을 어떻게 설명할까? 개념주의에 따르면 나의 감각 경험에 주어진 두 장면 사이의 차이를 알아채지 못하는 변화맹은 불합리하다. 비개념주의에서는 판단 및 추론에서 독립된 감각 경험이 존재한다고 주장하는데, 판단이나 추론과 달리 나의 감각에 대해서는 나 자신이 특권을 가지므로 내가 나의 감각에 대해서 오류를 범할 수 없어야 한다. 그런데도 나의 감각의 변화를 내가 알아보지 못한다고 주장하는 것은 말이 되지 않는다. 변화를 알아볼 수 있을 때에야 감각하기 때문이다.

결국 개념주의는 비개념주의가 아는 것보다 실제로 더 많은 것을 본다는 근거 없는 자신감을 가지고 있다고 비판하는 셈이다. 반면에 비개념주의는 개념주의가 실제로는 더 많은 것을 보았는데 보지 못했다고 과소평가한다고 생각할 것이다.

27.

'비개념주의'와 '개념주의'가 모두 동의하는 주장은?

① 알아채지 못하는 감각은 불가능하다.
② 판단 과정에 개념적 내용이 들어간다.
③ 무엇인가를 본 뒤에야 믿는 것이 가능하다.
④ 판단 및 추론에 대해 오류를 범하지 않는다.
⑤ 감각 경험이 판단 작용으로 전환될 때 정보의 손실이 발생한다.

문항 성격 문항유형 : 주제, 요지, 구조 파악

내용영역 : 인문

평가 목표 이 문항은 감각 경험의 지위에 대해 비개념주의와 개념주의가 각각 어떤 주장을 하고, 두 이론 사이에 어떤 공통점과 차이점이 있는지 이해하는지를 평가한다.

문제 풀이 정답 : ②

비개념주의와 개념주의가 어떤 공통점과 차이점이 있는지 이해하여, 차이가 나는 주장을 배제하고 두 이론 모두 동의하는 주장을 골라야 한다.

정답 해설 ② 첫 번째 문단에서 "감각 경험에 대한 판단과 추론은…… 개념적 절차"라고 했고 세 번째 문단에서 개념주의는 "시각 경험과 판단·추론이 별개의 절차가 아니라고"했으므로, 개념주의에서 "판단 내용에 개념적 내용이 들어간다."라는 주장에 동의하는 것은 분명하다. 그리고 첫 번째 문단에서 비개념주의는 "비개념적인 감각 경험이 먼저 주어진 후에 판단과 추론이 이어지는 것"을 정상적인 과정으로 보므로 개념적 내용이 들어가는 판단·추론이 있음을 인정한다. 따라서 비개념주의도 위 주장에 동의한다.

오답 해설 ① 세 번째 문단에서 개념주의는 "시각 경험과 판단·추론이 별개의 절차가 아니라고"했다. 이는 개념주의에서 감각과 알아챔은 별개의 것이 아니라는 뜻이므로, 개념주의는 "알아채지 못하는 감각은 불가능하다."에 동의한다. 그러나 두 번째 문단에서 비개념주의는 "우리가 알아채는 것보다 실제로 더 많은 것을 본다는 점에 주목한다."라고 말한 데서 알 수 있듯이 알아채지 못하는 감각도 있다고 주장하므로, 위 주장에 동의하지 않는다.

③ 첫 번째 문단에서 비개념주의는 "비개념적인 감각 경험이 먼저 주어진 후에 판단과 추론이 이어지는 것"을 정상적인 과정으로 본다고 했으므로, "무엇인가를

본 다음에 믿는 것이 가능하다."라는 주장에 동의한다. 그러나 세 번째 문단에서 개념주의는 "시각 경험과 판단·추론이 별개의 절차가 아니라고" 했으므로, 무엇인가를 본 다음에 믿는 것이 아니라, 본 것과 믿는 것이 동시에 일어난다고 주장한다.

④ 다섯 번째 문단에서 개념주의는 "비개념주의에서는 판단 및 추론에서 독립된 감각 경험이 존재한다고 주장하는데, 판단이나 추론과 달리 나의 감각에 대해서는 나 자신이 특권을 가지므로 내가 나의 감각에 대해서 오류를 범할 수 없어야 한다."라고 말한다. 이 말은 판단이나 추론에서는 내 자신이 특권을 가지는 것이 아니므로 오류를 범할 수 있다는 말이다. 따라서 "판단 및 추론에 대해 오류를 범하지 않는다."라는 진술에 개념주의는 동의하지 않는다. 한편, 이 인용문은 개념주의가 비개념주의를 비판하는 맥락에서 사용되는 것이므로 비개념주의가 이 진술에 동의하는지 여부는 알 수 없다. 그러나 적어도 개념주의가 동의하지 않으므로 이 진술은 개념주의와 비개념주의가 모두 동의하는 주장은 아니다.

⑤ 두 번째 문단에서 비개념주의는 "우리가 알아채는 것보다 실제로 더 많은 것을 본다는 점에 주목한다."라고 말한다. 즉, 비개념주의에서는 감각 경험이 판단 경험으로 바뀔 때 정보의 손실이 발생한다는 데 동의한다. 그러나 세 번째 문단에서 개념주의는 "시각 경험과 판단·추론이 별개의 절차가 아니라고" 했으므로, 개념주의에서는 정보의 손실이 발생하지 않는다.

28.

'비개념주의'가 ㉠을 설명한다고 할 때 가장 적절한 것은?

① 사람임을 알고서 확대경으로 들여다보면 여전히 사람으로 보인다.
② 다리 위의 사람과 달리 물감 방울과 얼룩은 비개념적으로 인지해야 한다.
③ 해석이 되지 않은 감각 경험이 다리 위 무엇인가를 사람으로 인지하는 데 필요하다.
④ 가까이서 본 것과 멀리서 본 것의 차이를 통해 다리 위의 사람들을 사람으로 알아차린다.
⑤ 다리 위 무엇인가를 사람으로 인지하기 위해서는 그것이 물감 방울과 얼룩으로 이루어진 것임을 알아차려야 한다.

문항유형 : 의도, 관점, 입장 파악

내용영역 : 인문

평가 목표 제시문에서 베르나르도 벨로토가 그린 〈엘베 강 오른편 둑에서 본 드레스덴〉은 개념주의를 뒷받침하는 사례로 사용된다. 이 문항은 비개념주의에서는 이 그림을 어떻게 설명할 수 있는지 파악하는 능력을 평가한다.

문제 풀이 정답 : ③

비개념주의의 이론이 제시되어 있는 첫 번째 문단과 두 번째 문단을 참조하여 그 이론에 정합적이면서 비개념주의가 위 그림에 대해서 할 수 있는 주장을 골라야 한다.

정답 해설 ③ 비개념주의의 기본 주장은 비개념적인 감각 경험이 먼저 주어지고 그것에 기초하여 판단과 추론이 이루어진다는 것이다. 비개념적인 감각 경험은 개념주의가 말하는 해석이 들어가지 않은 감각 경험을 말한다. 따라서 비개념주의는 멀리서 사람을 보든 가까이서 물감 방울과 얼룩을 보든 간에, 먼저 감상자에게 감각 경험이 발생하면, 그는 그것에 바탕을 두고 판단과 추론을 한다고 주장해야 한다. 다시 말해, "다리 위 무엇인가를 사람으로 인지하는" 데도 "해석이 되지 않은 감각 경험"이 필요하고, 가까이 가서 물감 방울과 얼룩을 인지하는 데도 "해석이 되지 않은 감각 경험"이 필요하다고 주장해야 한다.

오답 해설 ① 비개념주의자이든 개념주의자이든 그림을 확대경으로 들여다보면 물감 방울과 얼룩이 보이는 것은 마찬가지이다. 따라서 이 선택지는 적절하지 않다.

② 비개념주의는 비개념적인 감각 경험이 먼저 주어지고 그것에 바탕을 두고 판단과 추론이 이어진다고 주장한다. 따라서 멀리서 사람을 볼 때나 가까이서 물감 방울과 얼룩을 볼 때나 모두 비개념적인 감각 경험을 인지한다. 따라서 이 선택지에서는 "다리 위의 사람과 달리"가 적절하지 않은 표현이다.

④ 비개념주의는 그림을 멀리서 보나 가까이서 보나 보이는 그대로 감각 경험을 통해 인지한다는 입장이다. 따라서 가까이서 본 것과 멀리서 본 것의 차이를 통해 다리 위의 사람들을 사람으로 알아차린다는 선택지는 적절하지 않다.

⑤ 비개념주의는 그림을 멀리서 볼 때는 사람을 감각하고 그것을 통해 사람을 인지하고, 가까이서 볼 때는 물감 방울과 얼룩을 감각하고 그것을 통해 물감 방울과 얼룩을 인지한다는 입장이다. 따라서 사람으로 인지하기 위해 물감 방울과 얼룩으로 이루어진 것임을 알아차려야 한다는 선택지는 적절하지 않다.

29.

〈보기〉에 대한 설명으로 적절하지 <u>않은</u> 것은?

> **보기**
>
> (가) 관객이 마술사의 화려한 손동작에 집중하느라 조수가 바뀐 것을 알아차리지 못했다.
> (나) 개념적 일반화나 언어적 조작을 하지 못하는 갓난아이나 동물도 감각 경험을 한다.
> (다) 오타가 있는 단어를 볼 때 무엇이 잘못되었는지 알아채지 못하고 제대로 읽는다.
> (라) 같은 상황에서 변화를 알아차린 사람과 알아차리지 못한 사람의 뇌를 비교했을 때, 뇌의 시각 영역이 유사한 정도로 활성화된 것으로 밝혀졌다.

① 개념주의는 (가)에서 관객이 조수가 바뀌는 것을 보지 못했다고 말할 것이다.
② 개념주의는 (다)에서 제대로 읽은 까닭을 채워 넣기가 있었기 때문이라고 설명할 것이다.
③ 비개념주의는 (나)가 감각 경험에 비개념적 내용이 존재함을 보여 주는 사례라고 말할 것이다.
④ 비개념주의는 (다)를 추론 및 판단에서 독립된 감각 경험이 존재한다는 주장을 지지하는 근거로 삼을 것이다.
⑤ 비개념주의는 (라)를 사람들이 실제로는 더 많은 것을 본다는 사례로 활용할 것이다.

문항 성격	문항유형 : 정보의 추론과 해석
	내용영역 : 인문
평가 목표	이 지문의 비개념주의와 개념주의는 각각 자신의 이론을 지지하기 위해 자신에게 유리한 사례들을 들고 있다. 이와 마찬가지로 〈보기〉의 사례들을 각 이론은 어떤 식으로 활용하는지 평가하는 문항이다.
문제 풀이	정답 : ④

비개념주의와 개념주의의 핵심 주장을 토대로 각 이론이 각 사례들에 대해 적절하게 평가를 내리는지를 판단하면 된다.

> **정답 해설**　④ (다)는 개념주의를 지지하는 사례이다. 네 번째 문단의 개념주의에 따르면, 우리의 두뇌는 암시만 주어도 '채워 넣기'를 통해 추론 및 판단을 한다고 했는데, 사례 (다) 역시 오타가 있다고 하더라도 우리 두뇌가 채워 놓기를 통해 제대로 읽기 때문이다. 이 경우 "우리의 시각 경험에 이미 판단 작용이 들어와 있기 때문

에, 시각 경험과 판단 작용은 구분되지 않는다." 한편, (다)는 변화의 사례가 아니기 때문에 변화맹의 사례가 아니고, 따라서 비개념주의를 지지하는 사례로 보기 어렵다.

오답 해설 ① (가)는 변화맹의 사례이다. 다섯 번째 문단에서 개념주의는 변화맹에 대해 "변화를 알아볼 수 있을 때에야 감각"을 한다라고 말함으로써 변화를 알아보지 못했으므로 감각을 하지 못했다고 주장한다. 그러므로 개념주의는 (가)에서 관객이 조수가 바뀌는 것을 보지 못했다고 말할 것이라는 선택지는 적절하다.

② 네 번째 문단에서 우리의 두뇌는 암시만 주어도 '채워 넣기'를 통해 추론 및 판단을 한다고 했는데, (다)에서는 오타가 있다고 하더라도 우리 두뇌가 채워 놓기를 통해 제대로 읽는다고 했으므로 이것은 개념주의를 지지하는 사례이다. 따라서 이 선택지는 적절하다.

③ 첫 번째 문단에서 보듯이 비개념주의는 비개념적 내용이 있음을 주장한다는 점에서 개념주의와 차이점을 보인다. 개념적 일반화나 언어적 조작을 하지 못하는 갓난아이나 동물도 감각 경험을 한다는 (나)의 사례는 비개념적 내용이 존재함을 보여 주므로 이 선택지는 적절하다.

⑤ (라)는 변화맹의 상황을 말하고 있는데, 변화를 알아차린 사람(변화맹을 경험하지 않은 사람)과 변화를 알아차리지 못한 사람(변화맹을 경험한 사람)의 뇌의 시각 영역이 유사한 정도로 활성화되었다는 것은 변화를 알아차리지 못할 때도 사실은 보고 있다는 것을 말해 준다. 따라서 (라)는 비개념주의가 우리가 실제로 더 많은 것을 본다는 것을 말해 주는 사례로 활용할 것이다. 그러므로 이 선택지는 적절하다.

[30~32] 다음 글을 읽고 물음에 답하시오.

양분을 흡수하는 창자의 벽은 작은 크기의 수많은 융모로 구성되어 있다. 융모는 창자 내부의 표면적을 넓혀 영양분의 효율적인 흡수를 돕는다. 융모는 아래의 그림에서 볼 수 있듯이, 한 층으로 연결된 상피세포로 이루어져 있다. 이 상피세포들은 융모의 말단 부위에서 지속적으로 떨어져 나가고, 이 공간은 융모의 양쪽 아래에서 새롭게 만들어져 밀고 올라오는 세포로 채워진다. 새로운 세포를 만드는 역할은 융모와 융모 사이에 움푹 들어간 모양으로 존재하는 소낭의 성체장줄기세포가 담당한다. 소낭의 성체장줄기세포는 판네스세포를 비롯한 주변 세포로부터 자극을 받아 지속적으로 자신과 동일한 성체장줄기세포를 복제하거나, ⊙ 새로운 상피세포로 분화하는 과정을 거친다.

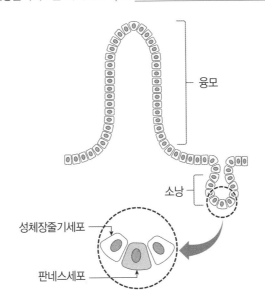

세포의 복제나 분화 과정에서 세포는 주변으로부터 다양한 신호를 받아서 처리하는 신호전달 과정을 거쳐 그 운명이 결정된다. 세포가 외부로부터 받는 신호의 종류와 신호전달 과정은 초파리에서 인간에 이르기까지 대부분의 동물에서 동일하다. 세포 내 신호전달의 일종인 'Wnt 신호전달'은 배아 발생 과정과 성체 세포의 항상성 유지에 중요한 역할을 한다. 이 신호전달의 특이한 점은 세포에서 문비되는 난백실의 하나인 Wnt를 분비하는 세포와 그 딘벡질에 빈응하는 세포가 시로 디르다는 것이다. Wnt 분비 세포 주변의 세포들 중 Wnt와 결합하는 'Wnt 수용체'를 가진 세포는 Wnt 신호전달을 통해 여러 유전자를 발현시켜 자신의 분열과 분화를 조절한다. 그런데 Wnt 신호전달에 관여하는 유전자에 돌연변이가 생길 경우 다양한 종류의 질병이 발생할 가능성이 있다. 만약 Wnt 신호전달이 비정상적으로 활성화되면 세포 증식을 촉진하여 암을 유발하며, 이와 달리 지나치게 불활성화될 경우 뼈의 형성을 저해하여 골다공증을 유발한다.

Wnt 분비 세포의 주변 세포가 Wnt의 자극을 받지 않을 때, APC 단백질이 들어 있는 단백질 복합체 안에서 GSK3β가 β-카테닌에 인산기를 붙여 주는 인산화 과정이 그 주변 세포 내에서 수행된다. 이렇게 인산화된 β-카테닌은 분해되어 세포 내의 β-카테닌의 농도를 낮게 유지하는 기능을 한다. 이와는 달리, Wnt 분비 세포의 주변에 있는 세포 표면의 Wnt 수용체에 Wnt가 결합하게 되면 GSK3β의 활성이 억제되어 β-카테닌의 인산화가 더 이상 일어나지 않는다. 인산화되지 않은 β-카테닌은 자신을 분해하는 단백질과 결합할 수 없으므로 β-카테닌이 분해되지 않아 세포 내의 β-카테닌의 농도가 높게 유지된다. 이렇게 세포 내에 축적된 β-카테닌은 핵 안으로 이동하여 여러 유전자의 발현을 촉진하게 된다. 이런 식으로 유전자 발현이 촉진되면 암이 발생할 수도 있는데, 예를 들어 대장암 환자들은 APC 단백질을 만드는 유전자에 돌연변이가 생긴 경우가 많다. β-카테닌을 인산화하는 복합체가 형성되지 않아 β-카테닌이 많아지고, 그에 따라 세포 증식이 과도하게 일어나기 때문에 암이 생기는 것이다.

한편, 창자의 융모와 융모 사이에 존재하는 소낭에서도 Wnt 신호전달이 일어난다. 판네스세포는 Wnt를 분비하고 그 주변에 있는 성체장줄기세포는 Wnt 수용체를 가진다. 판네스세포에 가장 인접한 성체장줄기세포가 Wnt를 인식하면, 세포 내 β-카테닌의 농도가 높아져 이 단백질에 의존하는 유전자가 발현됨으로써 자신과 똑같은 세포를 지속적으로 복제하도록 한다. 반면에 성체장줄기세포가 분열하면서 생긴 세포가 나중에 생긴 세포에 밀려 판네스세포에서 멀어지면, 상대적으로 Wnt 자극을 덜 받아서 낮은 농도의 β-카테닌을 갖게 된다. 그 결과 자신과 똑같은 세포를 지속적으로 복제하는 데 관여하는 유전자는 더 이상 발현하지 않게 되어 성체장줄기세포가 분열하면서 생긴 세포는 상피세포로 분화한다.

30.

윗글의 내용과 일치하는 것은?

① 창자 내부의 표면적은 융모의 개수와 반비례한다.
② 성체장줄기세포의 위치는 소낭에서 융모로 바뀐다.
③ 성체장줄기세포는 Wnt를 분비하여 상피세포로 분화한다.
④ 융모를 이루는 세포는 소낭의 성체장줄기세포가 분화하여 만들어진다.
⑤ 융모에서 만들어지는 세포는 소낭 쪽으로 이동하여 성체장줄기세포로 전환된다.

문항 성격	문항유형 : 정보의 확인과 재구성
	내용영역 : 과학 · 기술
평가 목표	이 문항은 창자 내 상피세포의 분화 과정에 대한 내용을 다룬 제시문으로부터 세부 정보를 정확하게 파악하는 능력을 평가한다.
문제 풀이	정답 : ④

효과적인 풀이를 위해 이 문항과 관련된 제시문 내용을 요약하면 다음과 같다. 창자 내부의 표면적을 넓혀 영양분의 효율적인 흡수를 돕기 위해 생성된 오톨도톨한 부분인 융모는 한 겹의 상피세포로 이루어져 있는데, 상피세포는 창자 내부의 물질들과의 마찰에 의해 끊임없이 떨어져 나가므로 융모 옆 소낭에 존재하는 성체장줄기세포가 상피세포로 분화하여 보충된다. 이때 성체장줄기세포 주변의 판네스세포와의 Wnt 신호전달이 상피세포로의 분화에 관여하고, 분화한 상피세포는 소낭 쪽에서 융모 방향으로 이동한다.

정답 해설 ④ 제시문 첫 번째 문단의 "융모는 아래의 그림에서 볼 수 있듯이, 한 층으로 연결된 상피세포로 이루어져 있다. 이 상피세포들은 융모의 말단 부위에서 지속적으로 떨어져 나가고……소낭의 성체장줄기세포는 판네스세포를 비롯한 주변 세포로부터 자극을 받아 지속적으로 자신과 동일한 성체장줄기세포를 복제하거나, 새로운 상피세포로 분화하는 과정을 거친다."에서 융모를 이루는 세포는 소낭에 존재하는 성체장줄기세포의 분화를 통해 만들어짐을 알 수 있다.

오답 해설 ① 제시문 첫 번째 문단의 "융모는 창자 내부의 표면적을 넓혀 영양분의 효율적인 흡수를 돕는다."로부터 융모의 개수가 늘어나면 창자 내부의 표면적이 늘어난다는 사실을 알 수 있다.

② 제시문 첫 번째 문단의 "융모는 아래의 그림에서 볼 수 있듯이, 한 층으로 연결된 상피세포로 이루어져 있다. 이 상피세포들은 융모의 말단 부위에서 지속적으로 떨어져 나가고, 이 공간은 융모의 양쪽 아래에서 새롭게 만들어져 밀고 올라오는 세포로 채워진다. …… 소낭의 성체장줄기세포는 판네스세포를 비롯한 주변 세포로부터 자극을 받아 지속적으로 자신과 동일한 성체장줄기세포를 복제하거나, 새로운 상피세포로 분화하는 과정을 거친다."와 마지막 문단의 "반면에 성체장줄기세포가 분열하면서 생긴 세포가 나중에 생긴 세포에 밀려 판네스세포로부터 멀어지면, 상대적으로 Wnt 자극을 덜 받아서 낮은 농도의 β-카테닌을 갖게 된다. 그 결과 자신과 똑같은 세포를 지속적으로 복제하는 데 관여하는 유전자는 더 이상 발현하지 않게 되어 성체장줄기세포가 분열하면서 생긴 세포는 상피세포로 분화한다."로부터 성체장줄기세포는 소낭 내에 계속 존재하고, 소낭의 성체장줄기세포가 소낭에서 멀어져 융모로 가깝게 이동하면서 상피세포로 분화하여 융모에는 상피세포만 존재한다는 것을 알 수 있다.

③ 제시문 두 번째 문단의 "이 신호전달의 특이한 점은 세포에서 분비되는 단백질의 하나인 Wnt를 분비하는 세포와 그 단백질에 반응하는 세포가 서로 다르다는 것이다."와 마지막 문단의 "판네스세포는 Wnt를 분비하고 그 주변에 있는 성체장줄기세포는 Wnt 수용체를 가진다."로부터 성체장줄기세포는 Wnt를 분비하

지 않고 Wnt의 수용체를 가지고 있는 세포라는 것을 알 수 있다.

⑤ 제시문 첫 번째 문단의 "융모는 아래의 그림에서 볼 수 있듯이, 한 층으로 연결된 상피세포로 이루어져 있다. 이 상피세포들은 융모의 말단 부위에서 지속적으로 떨어져 나가고, 이 공간은 융모의 양쪽 아래에서 새롭게 만들어져 밀고 올라오는 세포로 채워진다. …… 소낭의 성체장줄기세포는 판네스세포를 비롯한 주변 세포로부터 자극을 받아 지속적으로 자신과 동일한 성체장줄기세포를 복제하거나, 새로운 상피세포로 분화하는 과정을 거친다."와, 마지막 문단의 "반면에 성체장줄기세포가 분열하면서 생긴 세포가 나중에 생긴 세포에 밀려 판네스세포로부터 멀어지면, 상대적으로 Wnt 자극을 덜 받아서 낮은 농도의 β-카테닌을 갖게 된다. 그 결과 자신과 똑같은 세포를 지속적으로 복제하는 데 관여하는 유전자는 더 이상 발현하지 않게 되어 성체장줄기세포가 분열하면서 생긴 세포는 상피세포로 분화한다."로부터 소낭에서 만들어진 성체장줄기세포가 분열해서 생긴 세포들이 융모 쪽으로 이동하여 융모를 이루는 상피세포로 전환된다는 것을 알 수 있다. 즉, 세포들은 소낭에서 융모 쪽으로 이동한다.

31.

㉠을 유도하는 현상이 <u>아닌</u> 것은?

① 판네스세포에 돌연변이가 생겨 Wnt 분비가 중단된다.
② 판네스세포와 성체장줄기세포의 물리적 거리가 멀어진다.
③ 성체장줄기세포에서 β-카테닌의 인산화가 활발하게 일어난다.
④ 성체장줄기세포에 GSK3β의 활성을 억제하는 물질을 첨가한다.
⑤ 성체장줄기세포의 Wnt 수용체에 돌연변이가 생겨 Wnt와 결합하지 못한다.

문항 성격	문항유형 : 주제, 요지, 구조 파악
	내용영역 : 과학·기술
평가 목표	이 문항은 제시문의 주요한 내용인 성체장줄기세포가 새로운 상피세포로 분화하는 과정을 정확하게 이해하고 있는지, 그리고 제시문의 구조를 숙지하여 관련 내용을 신속하게 조회할 수 있는지를 평가한다.
문제 풀이	정답 : ④

성체장줄기세포로부터 새로운 상피세포가 분화되는 과정에서 Wnt 신호전달이 담당하는 역할을 이해해야 한다. 특히 Wnt 수용체를 지닌 성체장줄기세포가 이웃한 판네스세포로부터 분비된 Wnt의 신호전달을 받는 과정을 입체적으로 파악하여야 한다. 〈Wnt 자극 있음 → GSK3β ↓ → β-카테닌 ↑ → 줄기세포 재생〉의 경로와 〈Wnt 자극 없음 → GSK3β ↑ → β-카테닌 ↓ → 상피세포로의 분화〉의 경로를 주지하여 선택지 각각의 상황을 파악하면 진위 판단이 가능하다.

정답 해설 ④ 제시문 세 번째 문단의 "Wnt 분비 세포의 주변 세포가 Wnt의 자극을 받지 않을 때, APC 단백질이 들어 있는 단백질 복합체 안에서 GSK3β가 β-카테닌에 인산기를 붙여 주는 인산화 과정이 그 주변 세포 내에서 수행된다. 이렇게 인산화된 β-카테닌은 분해되어 세포 내의 β-카테닌의 농도를 낮게 유지하는 기능을 한다."와, 마지막 문단의 "판네스세포에 가장 인접한 성체장줄기세포가 Wnt를 인식하면, 세포 내 β-카테닌의 농도가 높아져 이 단백질에 의존하는 유전자가 발현됨으로써 자신과 똑같은 세포를 지속적으로 복제하도록 한다. 반면에 성체장줄기세포가 분열하면서 생긴 세포가 나중에 생긴 세포에 밀려 판네스세포에서 멀어지면, 상대적으로 Wnt 자극을 덜 받아서 낮은 농도의 β-카테닌을 갖게 된다. 그 결과 자신과 똑같은 세포를 지속적으로 복제하는 데 관여하는 유전자는 더 이상 발현하지 않게 되어 성체장줄기세포가 분열하면서 생긴 세포는 상피세포로 분화한다."로부터 GSK3β의 활성에 의해 β-카테닌에 인산화가 일어날 경우 성체장줄기세포가 상피세포로 분화한다는 것을 알 수 있다. 이때 GSK3β의 활성을 억제하는 물질을 첨가할 경우 β-카테닌에 인산화가 일어나지 않아 성체장줄기세포가 상피세포로 분화하지 않고 자신과 똑같은 성체장줄기세포로 복제될 것이라는 사실을 알 수 있다.

오답 해설 ① 제시문 마지막 문단의 "한편, 창자의 융모와 융모 사이에 존재하는 소낭에서도 Wnt 신호전달이 일어난다. 판네스세포는 Wnt를 분비하고 그 주변에 있는 성체장줄기세포는 Wnt 수용체를 가진다."와, 세 번째 문단의 "Wnt 분비 세포의 주변에 있는 세포 표면의 Wnt 수용체에 Wnt가 결합하게 되면 GSK3β의 활성이 억제되어 β-카테닌의 인산화가 더 이상 일어나지 않는다."로부터 판네스세포에서 돌연변이가 생겨 Wnt의 분비가 중단될 경우 성체장줄기세포는 Wnt 신호전달을 받지 못해 상피세포로 분화할 것이라는 사실을 추론할 수 있다.

② 제시문 마지막 문단의 "반면에 성체장줄기세포가 분열하면서 생긴 세포가 나중에 생긴 세포에 밀려 판네스세포에서 멀어지면, 상대적으로 Wnt 자극을 덜 받아서 낮은 농도의 β-카테닌을 갖게 된다. 그 결과 자신과 똑같은 세포를 지속적으로 복제하는 데 관여하는 유전자는 더 이상 발현하지 않게 되어 성체장줄기

세포가 분열하면서 생긴 세포는 상피세포로 분화한다."로부터 ②는 ⊙을 유도하는 현상이라는 것을 알 수 있다.

③ 제시문 세 번째 문단의 "Wnt 분비 세포의 주변 세포가 Wnt의 자극을 받지 않을 때, APC 단백질이 들어 있는 단백질 복합체 안에서 GSK3β가 β-카테닌에 인산기를 붙여 주는 인산화 과정이 그 주변 세포 내에서 수행된다. 이렇게 인산화된 β-카테닌은 분해되어 세포 내의 β-카테닌의 농도를 낮게 유지하는 기능을 한다."와, 마지막 문단의 "반면에 성체장줄기세포가 분열하면서 생긴 세포가 나중에 생긴 세포에 밀려 판네스세포에서 멀어지면, 상대적으로 Wnt 자극을 덜 받아서 낮은 농도의 β-카테닌을 갖게 된다. 그 결과 자신과 똑같은 세포를 지속적으로 복제하는 데 관여하는 유전자는 더 이상 발현하지 않게 되어 성체장줄기세포가 분열하면서 생긴 세포는 상피세포로 분화한다."를 종합하면, 성체장줄기세포에서 β-카테닌의 인산화가 활발하게 일어날 경우 성체장줄기세포는 상피세포로 분화한다는 것을 추론할 수 있다.

⑤ 제시문 세 번째 문단의 "Wnt 분비 세포의 주변에 있는 세포 표면의 Wnt 수용체에 Wnt가 결합하게 되면 GSK3β의 활성이 억제되어 β-카테닌의 인산화가 더 이상 일어나지 않는다. 인산화되지 않은 β-카테닌은 자신을 분해하는 단백질과 결합할 수 없으므로 β-카테닌이 분해되지 않아 세포 내의 β-카테닌의 농도가 높게 유지된다."와, 마지막 문단의 "반면에 성체장줄기세포가 분열하면서 생긴 세포가 나중에 생긴 세포에 밀려 판네스세포에서 멀어지면, 상대적으로 Wnt 자극을 덜 받아서 낮은 농도의 β-카테닌을 갖게 된다. 그 결과 자신과 똑같은 세포를 지속적으로 복제하는 데 관여하는 유전자는 더 이상 발현하지 않게 되어 성체장줄기세포가 분열하면서 생긴 세포는 상피세포로 분화한다."를 종합하면, 성체장줄기세포의 Wnt 수용체가 Wnt와 결합하지 못할 경우 β-카테닌의 농도가 낮아져서 성체장줄기세포가 상피세포로 분화한다는 것을 추론할 수 있다.

32.
윗글에서 추론한 내용으로 가장 적절한 것은?

① 성체장줄기세포의 수가 감소하면 창자에서 양분의 흡수가 증가하게 될 것이다.

② Wnt 신호전달을 조절하여 골다공증을 치료하는 약물은 β-카테닌의 양을 증가시킬 것이다.

③ GSK3β의 활성을 위해 필요한 APC 단백질은 인산화된 β-카테닌 단백질의 분해를 막을 것이다.

④ APC에 돌연변이가 일어난 대장암 세포에 Wnt를 처리하면 β-카테닌 단백질의 양이 줄어들 것이다.

⑤ β-카테닌 유전자에 돌연변이가 일어나서 β-카테닌 단백질에 GSK3β에 의한 인산화가 일어나지 않으면 성체장줄기세포의 수가 감소하게 될 것이다.

창자 내에서 성체장줄기세포의 역할을 파악하고 성체장줄기세포의 줄기세포 재생 또는 상피세포로의 분화를 일으키는 메커니즘을 이해하여 선택지들에 추론된 내용의 진위를 판단한다.

정답 해설 ② 제시문 두 번째 문단의 "만약 Wnt 신호전달이 비정상적으로 활성화되면 세포 증식을 촉진하여 암을 유발하며, 이와 달리 지나치게 불활성화될 경우 뼈의 형성을 저해하여 골다공증을 유발한다."를 통해 골다공증에서는 Wnt 신호전달이 약화되어 있다는 것을 알 수 있다. 한편, 세 번째 문단의 "Wnt 분비 세포의 주변에 있는 세포 표면외 Wnt 수용체에 Wnt가 결합하게 되면 GSK3β이 활성이 억제되어 β-카테닌의 인산화가 더 이상 일어나지 않는다. 인산화되지 않은 β-카테닌은 자신을 분해하는 단백질과 결합할 수 없으므로 β-카테닌이 분해되지 않아 세포 내의 β-카테닌의 농도가 높게 유지된다."를 통해 골다공증을 치료하기 위해 Wnt 신호전달을 강화하는 약물을 처리하면 β-카테닌의 양이 증가한다는 것을 알 수 있다. 따라서 이 선택지는 제시문에서 추론 가능한 내용이다.

오답 해설 ① 제시문 첫 번째 문단의 "융모는 창자 내부의 표면적을 넓혀 영양분의 효율적인 흡수를 돕는다. 융모는 아래의 그림에서 볼 수 있듯이, 한 층으로 연결된 상피세포로 이루어져 있다."와 "소낭의 성체장줄기세포는 판네스세포를 비롯한 주변 세포로부터 자극을 받아 지속적으로 자신과 동일한 성체장줄기세포를 복제하거나, 새로운 상피세포로 분화하는 과정을 거친다."로부터 양분의 흡수를 증가시키기 위해서는 창자 내부의 표면적을 늘려야 하고, 다시 이를 위해서는 융모를 구성하는 상피세포가 계속 만들어져야 한다는 것을 알 수 있다. 상피세포는 성체장줄기세포가 분화하여 생성되므로 성체장줄기세포의 수가 감소하면 창자에서 양분의 흡수가 줄어들게 될 것이다.

③ 제시문 세 번째 문단의 "Wnt 분비 세포의 주변 세포가 Wnt의 자극을 받지 않을 때, APC 단백질이 들어 있는 단백질 복합체 안에서 GSK3β가 β-카테닌에 인산기를 붙여 주는 인산화 과정이 그 주변 세포 내에서 수행된다. 이렇게 인산화된 β-카테닌은 분해되어 세포 내의 β-카테닌의 농도를 낮게 유지하는 기능을 한다."와, "예를 들어 대장암 환자들은 APC 단백질을 만드는 유전자에 돌연변이가 생긴 경우가 많다. β-카테닌을 인산화하는 복합체가 형성되지 않아 β-카테닌이 많아지고"로부터 APC 단백질은 GSK3β의 활성을 도와 β-카테닌을 인산화하여 분해되도록 한다는 것을 추론할 수 있다.

④ 제시문 세 번째 문단의 "예를 들어 대장암 환자들은 APC 단백질을 만드는 유전자에 돌연변이가 생긴 경우가 많다. β-카테닌을 인산화하는 복합체가 형성되지 않아 β-카테닌이 많아지고"와, "Wnt 분비 세포의 주변에 있는 세포 표면의 Wnt 수용체에 Wnt가 결합하게 되면 GSK3β의 활성이 억제되어 β-카테닌의 인산화가 더 이상 일어나지 않는다."를 통해 APC의 돌연변이와 Wnt 처리 모두 β-카테닌의 인산화 저해를 통해 β-카테닌 단백질의 양 증가에 기여한다는 것을 알 수 있다.

⑤ 제시문 세 번째 문단의 "Wnt 분비 세포의 주변 세포가 Wnt의 자극을 받지 않을 때, APC 단백질이 들어 있는 단백질 복합체 안에서 GSK3β가 β-카테닌에 인산기를 붙여 주는 인산화 과정이 그 주변 세포 내에서 수행된다. 이렇게 인산화된 β-카테닌은 분해되어 세포 내의 β-카테닌의 농도를 낮게 유지하는 기능을 한다."와, 네 번째 문단의 "판네스세포에 가장 인접한 성체장줄기세포가 Wnt를 인식하면, 세포 내 β-카테닌의 농도가 높아져 이 단백질에 의존하는 유전자가 발현됨으로써 자신과 똑같은 세포를 지속적으로 복제하도록 한다."로부터 β-카테닌 단백질에 GSK3β에 의한 인산화가 일어나지 않아야 β-카테닌 단백질의 농도가 증가하고, 그 결과 성체장줄기세포의 복제가 일어난다는 것을 추론할 수 있다. 그러므로 β-카테닌 유전자에 돌연변이가 일어나서 β-카테닌 단백질에 GSK3β에 의한 인산화가 일어나지 않으면 성체장줄기세포의 수가 증가하게 된다.

형사절차에서 변호인은 단순히 '소송대리인'에 그치지 않고 검사에 비하여 열악한 지위에 있는 피고인의 정당한 이익을 보호하는 자이다. 공정한 재판을 위해서는 검사와 피고인이 실질적으로 대등해야 하기 때문에 변호인은 형식적인 존재가 아니라 효과적인 변호를 수행하는 존재이어야 한다. 특히 미국의 형사절차는 당사자인 검사와 피고인이 증거를 신청하지 않는 한 법관이 직권으로 증거 조사를 할 수 없는 등 당사자주의 소송 구조로 되어 있어서 변호인의 역할이 매우 중요하다.

미국의 연방대법원은 이미 1965년 ㉠ 미란다 판결에서, 기소된 피고인뿐 아니라 기소 전에 수사를 받는 피의자도 국선 변호인의 조력을 받을 권리가 있다고 하였다. 하지만 효과적인 변호를 받아야 한다는 데까지는 이르지 않았다. 효과적이지 못해 논란을 일으키는 변호의 유형으로는 (1) 변호인과 피고인의 이익이 충돌하는 변호, (2) 변호가 일정한 기준에 미치지 못하는 불충분하고 불성실한 경우가 있다. (1)의 경우, 미국 판례는 물론 우리 판례도 피고인의 권리 침해를 인정하고 유죄 판결을 파기하였다. 더욱 문제가 되고 있는 것은 (2)의 경우이다.

변호인의 '성실 의무'에는 성실한 업무 처리뿐만 아니라 법률 전문가다운 유능한 업무 수행이 포함된다. 미국에서는 변호인이 불성실한 변호를 하면 징계를 받거나 위임 계약 위반에 따른 배상 책임을 진다. 그런데 성실 의무의 준수 여부에 대한 판단이 주관적이고 성실 의무의 내용도 유동적이어서 그 위반 여부를 사후에 판정하는 것은 곤란하기 때문에 성실 의무 위반이 이른바 효과적인 변호를 받을 피고인의 권리를 침해하는 것인지에 대해서는 논란이 있어 왔다.

1958년 연방대법원은 ㉡ 미첼 판결에서, '변호의 효과'는 변론 기술의 문제이므로 변호를 받을 권리의 내용에 포함되지 않는다고 하였다. 더구나 변호는 고도의 전문성을 발휘하는 임기응변적 기술이기 때문에 변호의 효과는 변호인이 소송 중에 그때그때 상황에 맞추어 적절하게 대응했는지에 따라 결정되는 것이다. 따라서 그 재판이 끝난 후에 변호인의 성실 의무 준수 여부를 다른 재판부가 평가하는 것은 문제가 있다고 하였다.

이후 1984년 연방대법원은 ㉢ 스트릭랜드 판결에서, 변호의 효과를 객관적 합리성의 기준에 따라 판단할 수 있다고 하였다. 다만 변호인이 성실 의무를 위반하였다는 점과 그 위반이 재판의 결과에 영향을 주었다는 점을 피고인이 입증해야 유죄 판결을 파기할 수 있다고 하였다. 나아가 1986년 플로리다 주 대법원은 ㉣ 메이켐슨 판결에서, 변호의 질은 변호인의 보수에 영향을 받는다고 하면서, 정부가 효과적인 변호를 받을 권리를 보장하기 위해 국선 변호인의 보수를 더욱 적극적으로 지원하여야 한다고 하였다.

우리나라의 경우, 헌법재판소는 헌법상 국선 변호인의 조력을 받을 권리가 피고인에게만 인정된다고 좁게 해석하였다. 그리고 변호사법 등에는 변호인의 성실 의무가 규정되어 있다. 따라서 성실 의무를 지키지 않는 것은 윤리 규범뿐만 아니라 실정법을 위반하는 행위이다. 성실 의무의 위반이 재판에 영향을 미치면 형사절차의 공정성과 기본권 보장에 대한 침해가 될 수 있는데도, 우리나라는 이 문제를 변호인 개인에 대한 징계나 손해 배상의 문제로만 취급하고 있다. 이는 변호인의 조력을 받을 권리와 공정한 재판을 받을 권리를 경시하는 태도이다. 헌법이 보장하는 변호인의 조력을 받을 권리는 효과적인 변호를 받을 권리이다. 이제부터 우리나라도 불성실한 변호로 인해 효과적인 변호를 받을 권리가 침해당한 경우 피고인에 대한 유죄 판결을 파기할 수 있어야 한다. 또한 국가는 국선 변호인에 대한 재정 지원도 확대해야 한다. 효과적인 변호의 보장은 국가의 의무이기 때문이다.

33.

윗글의 내용과 일치하지 <u>않는</u> 것은?

① 국선 변호인이 받은 보수가 매우 적어서 성실하지 않은 변호를 하였더라도 징계를 받지 않는다.
② 변호인의 성실 의무에는 변호인이 전문가로서 변호 기술을 충분히 발휘하는 것도 포함된다.
③ 변호인의 조력을 받을 권리'는 조력을 받는 대상의 확대에서 변호의 질 보장으로 발전하여 왔다.
④ 형사절차에서 변호인은 피고인이 실질적으로 검사와 대등한 지위에서 재판을 받을 수 있도록 돕는다.
⑤ 당사자주의 소송 구조에서 법관은 검사나 피고인의 증거 신청 없이 직권으로 증거 조사를 할 수 없다.

문항 성격	문항유형 : 주제, 요지, 구조 파악
	내용영역 : 법·규범
평가 목표	이 문항은 피고인이 변호인의 효과적인 조력을 받을 권리와 변호인의 성실 의무가 무엇인지를 정확히 이해하고 있는지 평가한다.
문제 풀이	정답 : ①

변호인의 의무와 책임, '변호인의 조력을 받을 권리'의 변화 과정, 당사자주의 소송 구조 하에서 법관의 역할 등을 제시문을 통해 확인한 후, 그 내용과 일치하지 않는 선택지를 골라야 한다.

정답 해설 ① 제시문 세 번째 문단의 "미국에서는 변호인이 불성실한 변호를 하면 징계를 받거나 위임 계약 위반에 따른 배상 책임을 진다."와, 여섯 번째 문단의 "우리나라는 이 문제를 변호인 개인에 대한 징계나 손해 배상의 문제로만 취급하고 있다."라는 부분에서 국선 변호인을 포함한 변호인은 보수가 많고 적음을 떠나 동일하게 성실한 변론을 할 의무가 있고, 이를 준수하지 않을 경우 징계를 받는다는 것을 알 수 있다. 따라서 이 선택지는 제시문의 내용과 일치하지 않는다.

오답 해설 ② 제시문 세 번째 문단의 "변호인의 '성실 의무'에는 성실한 업무 처리뿐만 아니라 법률 전문가다운 유능한 업무 수행이 포함된다."라는 내용과 일치한다.

③ 제시문 두 번째 문단의 "1965년 미란다 판결에서 기소된 피고인뿐 아니라 기소 전에 수사를 받는 피의자도 국선변호인의 조력을 받을 권리가 있다고 하였다. 하지만 효과적인 변호를 받아야 한다는 데까지는 이르지 않았다.", 다섯 번째 문단의 "1984년 연방대법원은 스트릭랜드 판결에서, 변호의 효과를 객관적 합리성의 기준에 따라 판단할 수 있다고 하였다.", 같은 문단의 "메이켐슨 판결에서, 변호의 질은 변호인의 보수에 영향을 받는다고 하면서, 정부가 효과적인 변호를 받을 권리를 보장하기 위해 국선 변호인의 보수를 더욱 적극적으로 지원하여야 한다고 하였다."를 종합하면, '변호인의 조력을 받을 권리'는 조력을 받는 대상의 확대에서 변호의 질 보장으로 발전해 왔음을 알 수 있다.

④ 제시문 첫 번째 문단의 "공정한 재판을 위해서는 검사와 피고인이 실질적으로 대등해야 하기 때문에 변호인은 형식적인 존재가 아니라 효과적인 변호를 수행하는 존재이어야 한다."라는 내용과 일치한다.

⑤ 제시문 첫 번째 문단의 "당사자인 검사와 피고인이 증거를 신청하지 않는 한 법관이 직권으로 증거 조사를 할 수 없는 등 당사자주의 소송 구조로 되어 있어서" 부분의 내용과 일치한다.

34.

㉠~㉣에 대한 이해로 적절하지 <u>않은</u> 것은?

① ㉠에서는 효과적이지 않은 변호로 피의자가 국선 변호인의 조력을 받을 권리를 침해 당하는 것을 방지하려고 하였다.

② ㉡에서는 변호인이 소송 과정에서 성실했는지의 여부를 상급 법원의 재판부가 판단하기 어렵다고 보았다.

③ ㉢에서는 변호가 불성실했다는 것을 피고인이 입증하는 것만으로는 유죄 판결이 파기되지 않는다고 하였다.

④ ㉣에서는 변호와 보수의 관계를 고려하여 국선 변호인에 대한 정부의 재정 지원 의무와 노력을 강조하였다.

⑤ ㉢과 ㉣에서 변호인의 조력을 받을 권리라는 말의 '조력'은 효과적인 변호에 따른 조력임을 전제한다.

문항 성격 문항유형 : 의도, 관점, 입장 파악

내용영역 : 법·규범

평가 목표 이 문항은 미국에서 변호인의 조력을 받을 권리의 발전 과정을 각각의 판결을 통해 정확하게 이해하고 있는지를 평가한다.

문제 풀이 정답 : ①

미국에서 변호인의 조력을 받을 권리 보장의 발전 과정을 제시문에서 확인한 후, 그 내용과 부합하지 않는 선택지를 골라야 한다.

정답 해설 ① 제시문 두 번째 문단 "미란다 판결에서, 기소된 피고인뿐 아니라 기소 전에 수사를 받는 피의자도 국선 변호인의 조력을 받을 권리가 있다고 하였다. 하지만 효과적인 변호를 받아야 한다는 데까지는 이르지 않았다."에 따르면, 미란다 판결에서는 효과적이지 않은 변호로 피의자가 국선 변호인의 조력을 받을 권리를 침해당하는 것을 방지하려 한 것은 아님을 알 수 있다.

오답 해설 ② 제시문 네 번째 문단의 "그 재판이 끝난 후에 변호인의 성실 의무 준수 여부를 다른 재판부가 평가하는 것은 문제가 있다고 하였다."에서 확인할 수 있다.

③ 제시문 다섯 번째 문단의 "다만 변호인이 성실 의무를 위반하였다는 점과 그 위반이 재판의 결과에 영향을 주었다는 점을 피고인이 입증해야 유죄 판결을 파기할 수 있다고 하였다."에 따르면 유죄 판결이 파기되기 위해서는 변호인의 성

실 의무 위반이 재판의 결과에 영향을 주었다는 점 또한 입증되어야 한다.

④ 제시문 다섯 번째 문단의 "변호의 질은 변호인의 보수에 영향을 받는다고 하면서, 정부가 효과적인 변호를 받을 권리를 보장하기 위해 국선 변호인의 보수를 더욱 적극적으로 지원하여야 한다고 하였다."에서 확인할 수 있다.

⑤ 제시문 다섯 번째 문단의 "스트릭랜드 판결에서, 변호의 효과를 객관적 합리성의 기준에 따라 판단할 수 있다고 하였다."와, "메이켐슨 판결에서, …… 정부가 효과적인 변호를 받을 권리를 보장하기 위해 국선 변호인의 보수를 더욱 적극적으로 지원하여야 한다." 부분에서 확인할 수 있다.

35.

변호에 관한 우리나라와 미국의 공통점으로 가장 적절한 것은?

① 변호인의 불성실한 변호를 이유로 하여 유죄 판결을 파기한 사례가 있다.
② 불성실한 변호를 할 경우 그 변호인은 민사상 손해 배상 책임을 질 수 있다.
③ 기소되기 전의 모든 피의자는 국선 변호인의 조력을 제공받을 권리가 있다.
④ 불성실한 변호는 윤리 규범을 위반한 것이지만 실정법을 위반한 것은 아니다.
⑤ 국선 변호인과 피고인의 이익이 충돌하는 변호의 경우 유죄 판결을 파기할 수 없다.

문항 성격	문항유형 : 정보의 확인과 재구성
	내용영역 : 법·규범
평가 목표	이 문항은 제시문에 주어진 세부 정보를 확인하여 우리나라의 변론과 미국의 변론을 정확하게 비교할 수 있는지를 평가하는 문항이다.
문제 풀이	정답 : ②

우리나라와 미국 중 어느 한 국가에서만이라도 제시문의 내용과 부합하지 않는 선택지들을 우선적으로 지워 나간다면, 양국의 공통점에 해당하는 선택지를 찾을 수 있다.

정답 해설	② 제시문의 세 번째 문단 "미국에서는 변호인이 불성실한 변호를 하면 징계를 받거나 위임 계약 위반에 따른 배상 책임을 진다"와, 여섯 번째 문단의 "성실 의무의 위반이 재판에 영향을 미치면 형사절차의 공정성과 기본권 보장에 대한 침해가 될 수 있는데도, 우리나라는 이 문제를 변호인 개인에 대한 징계나 손해

배상의 문제로 취급하고 있다."를 볼 때, 불성실한 변호는 우리나라와 미국 모두에서 민사상 손해 배상 책임의 대상임을 알 수 있다.

오답 해설 ① 제시문 여섯 번째 문단 "성실 의무의 위반이 재판에 영향을 미치면 형사절차의 공정성과 기본권 보장에 대한 침해가 될 수 있는데, 우리나라는 이 문제를 변호인 개인에 대한 징계나 손해 배상의 문제로만 취급하고 있다."와, "이제부터 우리나라도 불성실한 변호로 효과적 변호를 받을 권리가 침해당한 경우 피고인에 대한 유죄 판결을 파기할 수 있어야 한다."를 볼 때, 우리나라에서는 성실 의무 위반을 이유로 유죄 판결을 파기한 사례가 없음을 알 수 있다.

③ 제시문 여섯 번째 문단 "우리나라의 경우, 헌법재판소는 헌법상 국선 변호인의 조력을 받을 권리가 피고인에게만 인정된다고 좁게 해석하였다."와, 두 번째 문단 "미국의 연방대법원은 이미 1965년 미란다 판결에서, 기소된 피고인뿐 아니라 기소 전에 수사를 받는 피의자도 국선 변호인의 조력을 받을 권리가 있다고 하였다."에서 우리나라와 미국의 공통점으로 적절하지 않음을 확인할 수 있다.

④ 제시문 여섯 번째 문단 "우리나라의 경우······ 성실 의무를 지키지 않는 것은 윤리 규범뿐만 아니라 실정법을 위반하는 행위이다."에서 공통점으로 적절하지 않음을 확인할 수 있다.

⑤ 제시문 두 번째 문단 "변호인과 피고인의 이익이 충돌하는 변호······의 경우, 미국 판례는 물론 우리 판례도 피고인의 권리 침해를 인정하고 유죄 판결을 파기하였다."에서 공통점으로 적절하지 않음을 확인할 수 있다.

법학적성시험
언어이해 영역

2015

2016학년도 언어이해 영역 출제 방향

1. 출제의 기본 방향

언어이해 영역은 법률가에게 요구되는 기본적인 언어 소양과 법학전문대학원 수학에 필요한 통합적 언어 능력을 평가하는 것을 기본 방향으로 삼았다. 특히 법학전문대학원에서 수학하는 사람이라면 대학에서의 전공과 상관없이 공적 가치 판단이 요구되는 다양한 전문 분야의 글들을 독해하고 평가할 수 있는 능력을 가지고 있어야 한다는 점을 중요하게 고려하였다. 구체적인 출제 원칙은 다음과 같다.

- 통합적이며 심층적인 독해 및 사고 능력을 평가한다.
- 사학, 문학, 예술사학, 정치학, 경제학, 물리학, 생물학, 윤리학, 법제사, 법학 등의 다양한 분야에서 내용 및 표현 면에서 모범이 될 수 있는 제시문을 선정 · 개발한다.
- 제시문의 핵심 정보나 주요 세부 정보들을 파악하고, 정보들 간의 유기적 관련성을 분석 · 종합하며, 주어진 단서를 바탕으로 다양한 문제 상황에 대응할 수 있는 문제 해결 능력을 평가한다.
- 기본 독해 능력에 대해서는 동일한 유형의 문항을 활용하되, 제시문을 통해 획득한 단서를 바탕으로 새로운 상황에 적용하여 판단할 수 있게 하는 비판적 · 창의적 문제를 개발한다.

2. 출제 범위

언어이해 영역은 높은 수준의 독해 능력을 평가하기 위한 영역이다. 이 능력은 다양한 상황에서 폭넓은 유형 및 주제의 글을 접하게 되었을 때 이를 정확히 읽어 낼 뿐 아니라 글이 담고 있는 의미의 함축과 가치를 비판적으로 판단할 수 있는 능력까지 포함한다.

따라서 언어이해 영역에서는 다양한 전문 분야에서 제시문의 소재를 구하되, 중요한 공적 가치를 지닌 주제들을 우선적으로 선정하였고, 언어이해 영역의 여러 평가 목표를 균형 있게 다룰 수 있도록 제시문의 성격을 다양화하였다.

이번 시험에서 제시문 선정 시 고려한 사항은 다음과 같다.

첫째, 대학 교양 교육의 충실한 이수를 유도하기 위하여 여러 학문 분야에 두루 사용되는 기본적인 개념이나 범주들을 중심으로 제시문을 선정하였다.

둘째, 각 학문 분야의 최신 이론이나 시의성 있는 문제 상황을 반영하는 주제로 각 제시문들을 구체화하였으며, 특히 원리적 모델들을 함께 제시함으로써 여기서 사용된 개념이나 범주들을 적용 · 평가할 수 있도록 하였다.

셋째, 법학의 배경 지식을 요구하는 제시문 대신 학제적 내용 분야와 각 주제를 연계시킨 제시문을 출제함으로써 통합적 사고력과 문제 해결 능력을 평가할 수 있게 하였다.

넷째, 다양한 내용 분야가 법적 문제들과 연관될 수 있음을 보여 주는 제시문을 선정함으로써 법의 이론적 · 현실적 연관성을 폭넓게 사고하게 하였다.

다섯째, 최근의 학문 동향을 반영하여 제시문 독해만으로도 교육적 효과를 얻을 수 있게 하였다.

3. 제시문 및 문항

언어이해 영역에서는 '인문', '사회', '과학기술', '법 · 규범'으로 분류된 4개 내용 영역에서 문학, 사학, 예술사학, 정치학, 경제학, 물리학, 생물학, 윤리학, 법제사, 공법학, 형사법학의 분야를 선정하여 11개 제시문을 기반으로 총 35문항을 출제하였다. 문항 세트는 제시문 특성에 따라 종합적인 독해 능력을 평가하거나 특정한 평가 기준을 적용하여 평가하도록 설계하였다.

'인문' 분야에서 문학은 제시문을 통해 김춘수와 김수영이라는 한국 현대시의 두 거목을 비교하면서 이들의 시와 예술관에 대한 심층적인 이해를 도모하고자 하였고, 상징과 역설적 표현이 포함되어 내용적으로 풍부한 추상적인 논의를 독해해 낼 수 있는 능력을 측정하고자 하였다. 순수시와 참여시라는 피상적 구분의 이면을 볼 수 있도록, 두 시인의 공통된 인식을 묻는 문항도 설계하였다. 사학은 신채호의 「조선역사상 일천년래 제일대사건」의 핵심 부분을 원문에 대한 큰 수정 없이 제시문으로 구성하였다. 통상 일면적으로만 알려져 있는 묘청에 대한 역사가 신채호의 평가의 핵심을 이해하고 당시 역사적 사실들을 추론할 수 있게 설계하였다. 예술 관련 제시문은 영국 화가 콘스터블에 대한 다양한 비평적 관점들을 제시하고, 그들 간의 방법론적 차이를 비교한 후 이를 다른 예술 상황에도 적용해 볼 수 있는 문항으로 설계하였다.

'사회' 분야에서는 정치학과 경제학 제시문을 다루었다. 정치학 제시문에서는 책임정치 구현을 위한 정당의 역할과 변모를 다루는 제시문을 통해, 20세기에 들어 대중정당의 모습이 어떻게 변해 가고 그 각각의 특징은 무엇인지를 살펴보게 한 후, 이들의 정치적 역할에 대한 논쟁적 평가를 제시하여 그 장단점을 판단하도록 하였다. 경제학 제시문에서는 '기술과 교육의 경주 이론'의 내용과 그에 따라 설명되는 경제 현상들을 이해할 수 있는지를 물은 후 이론의 한계를 평가하게 함으로써 경제적 문제에 개입된 교육의 역할에 대해 생각해 볼 수 있도록 설계하였다.

'과학기술' 분야에서는 물리와 생물 제시문을 선택하였다. 물리는 레이저 냉각의 원리를 다루었는데, 이에 대한 심층적 설명을 통해 빛과 원자의 특성, 공명과 도플러 효과 등 기본적인 물리적 원리들을 이해하고 적용할 수 있도록 설계하였다. 생물 제시문은 발생 단계에서 각각의 세포가 어떻게 서로 다른 기관으로 발달하게 되는지에 대한 의문을 제시하고 이를 설명하는 기본적인 이론 및 그 한계, 대안이 되는 생물학적 가설들을 검토하게 함으로써 발생에 대한 심화된 이해를 할 수 있도록 설계하였다.

'법·규범'으로 명시된 영역에서는 윤리학, 법제사와 법학에서 공법학과 형사법학에 관한 제시문 등 총 4개의 세트를 다루었다. 윤리학은 철학적 성격을 강화하기 위하여 메타 윤리학을 선택하였고, '선(善)의 존재론'에 관한 대표적인 철학적 입장들의 특징들을 이해하고, 이들을 절충하기 위한 방안을 추론해 보도록 하였다. 법제사는 로마법에 대한 연구사를 배경으로 삼아, 그로부터 인용된 '기판력'과 관련된 흥미로운 사례를 제시하고, 이에 대한 로마법 학자 파울루스와 근대 철학자 라이프니츠 간의 해석의 차이를 판단해 보도록 설계하였다. 공법학에서는 국가배상 제도가 재판에 적용될 때는 어떠한 특수성이 고려되는지를 다루었고 형사법학에서는 범죄 사건에 대한 언론 보도가 예단을 심어준다는 문제에 대해 어떤 방식으로 접근할 수 있는지를 다루었다. 법제사를 포함하여 모든 법학 관련 제시문들은 법학적 사전 지식이 영향을 미치지 않도록 정보를 충분히 제공하고 문항의 설계를 조정하였다.

4. 난이도

2016학년도 법학적성시험에서는, 적정한 난이도를 유지했다고 판단되는 2015학년도의 난이도를 참고하여, 난이도를 그와 같은 수준에 맞추고자 했다. 다만 작년에 비해 전체 글자 수가 다소 줄었기 때문에 수험생들이 시간 활용에 도움을 받게 된다면 원점수의 평균점수는 약간 상승할 수도 있다. 제시문의 심도가 다소 높고 정보량이 다소 많을 것으로 예상되는 내용을 가진 제시문들의 수는 작년과 유사하다. 특히 그 중의 두 지문인 문학과 물리 지문을 선택하여 4개 문항씩을 출제하였다. 이는 수험생들의 독해 시간 부담을 줄이는 대신 형평성과 변별력을 도모하려는 의도에서였다. 개별 문항의 난이도는 이전과 유사한 난이도를 유지하도록 하여 보다 효과적인 독해 능력 측정이 가능하도록 의도하였다. 정보량이 많은 제시문과 비교적 평이한 제시문을 함께 고려하여 다양한 성격의 제시문을 읽을 수 있는 능력을 측정하고자 하는 근본 취지는 예년과 마찬가지로 유지되었다. 또한 특정 전공의 배경 지식이 유리한 변인이 되지 않도록 조정한 것 역시 예년과 같다.

5. 문항 출제 시의 유의점 및 강조점

- 언어이해 영역에서 평가하고자 하는 능력이 주로 통합적 이해력과 심층 분석력에 있다는 점을 고려하여 제시문 분량과 제시문당 문항 수에 융통성을 두었다.
- 선지식에 의해 풀게 되거나 전공에 따른 유·불리가 분명해지는 제시문의 선택

과 문항의 출제를 지양하였다.

- 출제의 의도를 감추거나 오해하게 하는 질문의 선택을 피하고, 평가하고자 하는 능력을 정확히 평가할 수 있도록 간명한 형식을 취하였다.
- 문항 및 선택지 간의 간섭을 최소화하고, 선택지 선택에서 능력에 따른 변별이 이루어질 수 있도록 하였다.

[01~03] 다음 글을 읽고 물음에 답하시오.

　　범죄 사건을 다루는 언론 보도의 대부분은 수사기관으로부터 얻은 정보에 근거하고 있고, 공소 제기 전인 수사 단계에 집중되어 있다. 따라서 언론의 범죄 관련 보도는 범죄사실이 인정되는지 여부를 백지상태에서 판단하여야 할 법관이나 배심원들에게 유죄의 예단을 심어줄 우려가 있다. 이는 헌법상 적법절차 보장에 근거하여 공정한 형사재판을 받을 피고인의 권리를 침해할 위험이 있어 이를 제한할 필요성이 제기된다. 실제로 피의자의 자백이나 전과, 거짓말탐지기 검사 결과 등에 관한 언론 보도는 유죄판단에 큰 영향을 미친다는 실증적 연구도 있다. 하지만 보도 제한은 헌법에 보장된 표현의 자유에 대한 침해가 된다는 반론도 만만치 않다.

　　미국 연방대법원은 ⊙ 어빈 사건 판결에서 지나치게 편향적이고 피의자를 유죄로 취급하는 언론 보도가 예단을 형성시켜 실제로 재판에 영향을 주었다는 사실이 입증되면, 법관이나 배심원이 피고인을 유죄라고 확신하더라도 그 유죄판결을 파기하여야 한다고 했다. 이 판결은 이른바 '현실적 예단'의 법리를 형성시켰다. 이후 ⓒ 리도 사건 판결에 와서는, 일반적으로 보도의 내용이나 행태 등에서 예단을 유발할 수 있다고 인정이 되면, 개개의 배심원이 실제로 예단을 가졌는지의 입증 여부를 따지지 않고, 적법절차의 위반을 들어 유죄판결을 파기할 수 있다는 '일반적 예단'의 법리로 나아갔다. ⓒ 셰퍼드 사건 판결에서는 유죄판결을 파기하면서, '침해 예방'이라는 관점을 제시하였다. 즉, 배심원 선정 절차에서 상세한 질문을 통하여 예단을 가진 후보자를 배제하고, 배심원이나 증인을 격리하며, 재판을 연기하거나, 관할을 변경하는 등의 수단을 언급하였다. 그런데 법원이 보도기관에 내린 '공판 전 보도금지명령'에 대하여 기자협회가 연방대법원에 상고한 ⓐ 네브래스카 기자협회 사건 판결에서는 침해의 위험이 명백하지 않은데도 가장 강력한 사전 예방 수단을 쓰는 것은 위헌이라고 판단하였다.

　　이러한 판결들을 거치면서 미국에서는 언론의 자유와 공정한 형사절차를 조화시키면서 범죄 보도를 제한할 수 있는 방법을 모색하였다. 그리하여 셰퍼드 사건에서 제시된 수단과 함께 형사재판의 비공개, 형사소송 관계인의 언론에 대한 정보제공금지 등이 시행되었다. 하지만 ⓐ 예단 방지 수단들의 실효성을 의심하는 견해가 있고, 여전히 표현의 자유와 알 권리에 대한 제한의 우려도 있어, 이 수단들은 매우 제한적으로 시행되고 있다.

　　그런데 언론 보도의 자유와 공정한 재판이 꼭 상충된다고만 볼 것은 아니며, 피고인 측의 표현의 자유를 존중하는 것이 공정한 재판에 도움이 된다는 입장에서 네브래스카 기자협회 사건 판결의 의미를 새기는 견해도 있다. 이 견해는 수사기관으로부터 얻은 정보에 근거한 범죄 보도로 인하여 피고인을 유죄로 추정하는 구조에 대항하기 위하여 변호인이 적극적으로 피고인 측의 주장을 보도기관에 전하여, 보도가 일방적으로 편향되는 것을 방지할 필요가 있다고 한다. 일반적으로 변호인이 피고인을 위하여 사건에 대해 발언하는 것은 범죄 보도의 경우보다 적법절차를 침해할 위험성이 크지 않은데도 제한을 받는 것은 적절하지 않다고 보며, 반면에 수사기관으로부터 얻은 정보를 기반으로 하는 언론 보도는 예단 형성의 위험성이 큰데도 헌법상 보호를 두텁게 받는다고 비판한다.

미국과 우리나라의 헌법상 변호인의 조력을 받을 권리는 변호인의 실질적 조력을 받을 권리를 의미한다. 실질적 조력에는 법정 밖의 적극적 변호 활동도 포함된다. 따라서 형사절차에서 피고인 측에게 유리한 정보를 언론에 제공할 기회나 반론권을 제약하지 말고, 언론이 검사 측 못지않게 피고인 측에게도 대등한 보도를 할 수 있도록 해야 한다. 이를 위해 우리나라도 미국과 같이 '법원–수사기관–변호사회–보도기관'의 자율 협정을 체결할 필요가 있다.

01.

윗글을 이해한 것으로 적절하지 <u>않은</u> 것은?

① 범죄 관련 언론 보도를 접한 사람들은 피의자를 범죄자라고 생각하기 쉽다.
② 언론에 제공된 변호인의 발언은 공정한 형사재판을 침해할 우려가 상대적으로 적다.
③ 공판 전 보도금지명령은 공정한 형사재판을 위한 최소한의 사전 예단 방지 수단이다.
④ 언론의 범죄에 관한 보도가 재판에 영향을 미칠 가능성은 법관 재판의 경우에도 존재한다.
⑤ 소송 당사자 양측에게 보도 기관에 대한 정보 제공 기회를 대등하게 주어 피고인이 공정한 형사재판을 받을 권리를 보장하여야 한다.

문항 성격	문항유형 : 정보의 확인과 재구성
	내용영역 : 법·규범
평가 목표	이 문항은 언론의 표현자유, 즉 언론이 범죄를 보도할 자유와 형사절차에서 피고인이 공정한 재판을 받을 권리가 서로 충돌할 수 있는 상황에서 이를 조화할 수 있는 방안에 대한 논의에 대해서, 주어진 정보를 확인하고 재구성하는 능력을 평가한다.
문제 풀이	정답 : ③

범죄 사건을 다루는 언론의 보도 행태가 법관이나 배심원에게 유죄의 예단을 심어준다는 것을 이해하고, 이를 제한하여야 하는 이유와 그 방안을 확인하여 그 내용과 부합하지 않는 선택지를 골라야 한다.

정답 해설 ③ 제시문을 보면 '공판 전 보도금지명령'은 공정한 형사재판을 위한 '가장 강력한' 수단이지만 언론의 표현의 자유를 과도하게 제한할 수 있기 때문에 미국에서 위헌이라는 판결이 있었다는 점, 제시문 어디에서도 공판 전 보도금지명령을 예단 방지 수단으로 주장 내지 지지한 바가 없다는 점을 알 수 있기 때문에 이 선택지는 제시문을 옳게 이해한 것으로 볼 수 없다.

오답 해설 ① 제시문의 "범죄 사건을 다루는 언론 보도의 대부분은 수사기관으로부터 얻은 정보에 근거하고 있고, 공소제기 전인 수사 단계에 집중되어 있다."라는 부분, "피의자의 자백이나 전과, 거짓말탐지기 검사 결과 등에 관한 언론 보도는 유죄 판단에 큰 영향을 미친다는 실증적 연구도 있다."라는 부분, "수사기관으로부터 얻은 정보에 근거한 범죄 보도로 인하여 피고인을 유죄로 추정하는 구조" 부분을 보면 당연히 범죄 관련 언론 보도를 접한 사람들은 피의자를 범죄자라고 생각하기 쉽다는 것을 알 수 있다.

② 제시문의 "범죄 보도로 인하여 피고인을 유죄로 추정하는 구조에 대항하기 위하여 변호인이 적극적으로 피고인 측의 주장을 보도기관에 전하여, 보도가 일방적으로 편향되는 것을 방지할 필요가 있다고 한다."라는 부분, "일반적으로 변호인이 피고인을 위하여 사건에 대해 발언하는 것은 범죄 보도의 경우보다 적법절차를 침해할 위험성이 크지 않은데도…"라는 부분을 보면 언론에 제공된 변호인의 발언은 공정한 형사재판을 침해할 우려가 상대적으로 적다는 것을 알 수 있다.

④ 제시문의 "언론의 범죄 관련 보도는 범죄사실이 인정되는지 여부를 백지상태에서 판단하여야 할 법관이나 배심원들에게 유죄의 예단을 심어줄 우려가 있다."라는 부분, "언론 보도가 예단을 형성시켜 실제로 재판에 영향을 주었다는 사실이 입증되면, 법관이나 배심원이 피고인을 유죄라고 확신하더라도 그 유죄판결을 파기하여야 한다."라는 부분을 보면 언론의 범죄에 관한 보도가 법관 재판의 경우에도 영향을 미칠 가능성이 있다는 것을 알 수 있다.

⑤ 제시문의 "법관이나 배심원들에게 유죄의 예단을 심어줄 우려가 있다. 이는 헌법상 적법절차 보장에 근거하여 공정한 형사재판을 받을 피고인의 권리를 침해할 위험이 있어 이를 제한할 필요성이 제기된다."라는 부분, "형사절차에서 피고인 측에게 유리한 정보를 언론에 제공할 기회나 반론권을 제약하지 말고, 언론이 검사 측 못지않게 피고인 측에게도 대등한 보도를 할 수 있도록 해야 한다."라는 부분을 볼 때, 논자가 소송 당사자 양측에게 보도기관에 대한 정보 제공 기회를 대등하게 주어 피고인이 공정한 형사재판을 받을 권리를 보장하여야 한다고 주장하고 있음을 알 수 있다.

02.

㉠~㉣에 대한 진술로 적절하지 <u>않은</u> 것은?

① ㉠과 ㉡ 모두 공정한 형사재판을 통해서 진실이 발견되어야 한다고 보았다.
② ㉡은 예단에 대한 피고인의 입증 책임을 완화하였다.
③ ㉢은 적법절차를 보장하기 위하여 형사절차 내에서 예단의 사전방지 수단을 제시하였다.
④ ㉡에서 ㉢으로 이행은 공정한 형사재판의 측면에서 보면 후퇴한 것이다.
⑤ ㉣은 표현의 자유에 대한 과도한 제한을 경계한 것이다.

문항 성격	문항유형 : 의도, 관점, 입장 파악
	내용영역 : 법·규범
평가 목표	이 문항은 예단 금지와 관련된 미국 연방대법원 판례들의 내용과 취지를 이해하고 있는지 평가한다.
문제 풀이	정답 : ④

미국의 각 판례 중 공정한 형사절차를 중시한 판례와 표현의 자유를 구분하고 그 내용 및 취지를 공정한 형사절차 측면이나 표현의 자유 측면에서 검토하여 적절하지 않은 선택지를 골라야 한다.

정답 해설 ④ 제시문의 ㉡ 리도 사건 판결은 "적법절차의 위반을 들어 유죄판결을 파기할 수 있다."라는 부분, "㉢ 셰퍼드 사건 판결에서는 유죄판결을 파기하면서, '침해 예방'이라는 관점을 제시하였다. 즉, 배심원 선정 절차에서 상세한 질문을 통하여 예단을 가진 후보자를 배제하고, 배심원이나 증인을 격리하며, 재판을 연기하거나, 관할을 변경하는 등의 수단을 언급하였다."라는 부분을 보면 리도 사건 판결보다 오히려 셰퍼드 사건 판결이 공정한 형사재판의 측면에서 보면 진보한 것이라는 점을 알 수 있고, 이와 반대로 진술하는 ④는 적절하지 않은 선택지이다.

오답 해설 ① 제시문 "㉠ 어빈 사건 판결에서 지나치게 편향적이고 피의자를 유죄로 취급하는 언론 보도가 예단을 형성시켜 실제로 재판에 영향을 주었다는 사실이 입증되면, 법관이나 배심원이 '피고인을 유죄라고' 확신하더라도 그 유죄판결을 파기하여야 한다고 했다."라는 부분, "㉡ 리도 사건 판결에 와서는, 일반적으로 보도의 내용이나 행태 등에서 예단을 유발할 수 있다고 인정이 되면, 개개의 배심원이 실제로 예단을 가졌는지의 입증 여부를 따지지 않고, 적법절차의 위반을 들어 유죄판결을 파기할 수 있다."라는 부분을 보면 두 판례 모두 공정한 형사재판을 통하여 진실이 발견되어야 한다고 보았음을 알 수 있다.

② 제시문의 "ⓒ 리도 사건 판결에 와서는, … 개개의 배심원이 실제로 예단을 가졌는지의 입증 여부를 따지지 않고, 적법절차의 위반을 들어 유죄판결을 파기할 수 있다."라는 부분을 보면 리도 사건 판결이 피고인의 입증 책임을 완화한 판결임을 알 수 있다.

③ 제시문의 "ⓒ 셰퍼드 사건 판결에서는 유죄판결을 파기하면서, '침해 예방'이라는 관점을 제시하였다. 즉, 배심원 선정 절차에서 상세한 질문을 통하여 예단을 가진 후보자를 배제하고, 배심원이나 증인을 격리하며, 재판을 연기하거나, 관할을 변경하는 등의 수단을 언급하였다."라는 부분을 보면 셰퍼드 사건 판결이 적법절차를 보장하기 위하여 형사절차 내에서 예단의 사전방지 수단을 제시한 것임을 알 수 있다.

⑤ 제시문의 "법원이 보도기관에 내린 '공판 전 보도금지명령'에 대하여 기자협회가 연방대법원에 상고한 ⓔ 네브래스카 기자협회 사건 판결에서는 침해의 위험이 명백하지 않은데도 가장 강력한 사전 예방 수단을 쓰는 것은 위헌이라고 판단하였다."라는 부분을 보면 네브래스카 기자협회 판결이 표현의 자유의 과도한 제한을 경계한 것임을 알 수 있다.

03.

ⓐ를 뒷받침하는 경우로 보기 <u>어려운</u> 것은?

① 법원이 배심원을 격리하였으나 격리 전에 보도가 있었던 경우
② 법원이 관할 변경 조치를 취하였으나 이미 전국적으로 보도가 된 경우
③ 법원이 재판을 장기간 연기하였으나 재판 재개에 임박하여 다시 언론 보도가 이어진 경우
④ 검사가 피의자의 진술거부권 행사 사실을 공개하려고 하였으나 법원이 검사에게 그 사실에 대한 공개 금지명령을 내린 경우
⑤ 변호사가 배심원 후보자에게 해당 사건에 대한 보도를 접했는지에 대해 질문했으나 후보자가 정직하게 답변하지 않은 경우

내용영역 : 법 · 규범

이 문항은 어떤 상황이 제시문에 소개된 여러 가지 예단 사전방지 수단의 실효성을 의심하게끔 하는지를 올바로 판별할 수 있는 능력을 평가한다.

정답 : ④

제시문에서 소개된 셰퍼드 사건 판결 등에서 제시된 예단 방지 수단, 즉 법관이나 배심원들에게 예단을 줄 수 있는 것을 사전에 방지할 수 있다고 제시된 수단의 실효성에 의심이 가는 상황과 그렇지 않은 상황을 구별할 수 있어야 한다.

④ 제시문의 "사전 예단 방지 수단인 형사소송 관계인의 언론에 대한 정보제공금지"라는 부분을 보면 소송 관계인 중 하나인 검사의 정보제공금지도 사전 예단 방지 수단의 하나임을 알 수 있고, 검사가 '피의자의 진술거부권 행사 사실'을 공개하면 이 정보를 접한 사람들은 피의자가 범죄사실의 일부를 숨기려고 하고 있다는 추측을 할 수 있다는 점을 상식적으로 쉽게 알 수 있다. 따라서 법원이 이를 금지하는 명령을 내렸다면 예단을 방지할 수 있는 실효성 있는 수단이 되므로 ④는 실효성이 의심되는 경우가 아니다.

① 사전 예단 방지 수단의 하나인 "배심원의 격리"와 관련하여 격리 전에 보도가 있었다면 배심원은 이미 예단을 가졌을 가능성이 있으므로, ①은 실효성을 의심할 수 있는 상황이다.

② 사전 예단 방지 수단의 하나인 "관할 변경"과 관련하여 변경 전에 이미 피고인에 대한 범죄사실이 전국적으로 보도가 되었다면 그 보도를 접한 사람들은 이미 유죄의 예단을 가졌을 가능성이 크므로 범죄가 발생했거나 피고인이 체포된 지역 등에서 다른 지역으로 "관할의 변경"을 하더라도 예단 방지의 효과가 약할 것이므로, ②는 관할 변경의 실효성에 의심이 가는 상황이다.

③ 사전 예단 방지 수단의 하나인 "재판의 연기"와 관련하여 이것만으로는 재판을 재개할 무렵의 범죄 보도가 재현되는 것을 막을 수 없고, 실제로 재개에 임박하여 언론이 범죄 보도를 재현한다면 장기간의 재판 연기도 실효성을 거두기 어려울 것이므로, ③은 실효성에 의심이 가는 상황이다.

⑤ 사전 예단 방지 수단의 하나인 "배심원 선정 절차에서 배심원 후보자에게 상세한 질문을 통하여 예단을 가진 후보자를 배제"하는 것과 관련하여 변호사가 배심원 후보자에게 보도로 인한 예단 여부를 질문하면 후보자가 정직하게 답변하여야 효과가 있다. 그러나 배심원 후보자가 정직하게 답변하지 않고 거짓말로 보도를 접하지 않았다고 답변하면 변호사는 그 후보자가 예단을 가졌음을 알지

못하여 그 후보자를 배제할 수 없다. 따라서 이러한 때는 위 수단의 실효성에 의심이 가는 상황이다.

[04~06] 다음 글을 읽고 물음에 답하시오.

　　민족의 성쇠는 매양 그 사상이 지향하는 바에 달린 것이며 사상이 지향하는 바의 혹 좌, 혹 우는 매양 모종 사건의 영향을 입는 것이다. 그러면 조선 근세에 종교나 학술이나 정치나 풍속이 사대주의의 노예가 됨이 무슨 사건에 원인함인가? 나는 일언으로 대답하여 가로되 고려 인종 13년 서경(西京)의 전역(戰役), 즉 묘청이 김부식에게 패함이 그 원인이라 한다.

　　서경 전역을 역대의 사가(史家)들이 다만 국왕의 군대가 반적(反賊)을 친 전역으로 알았을 뿐이었으나 이는 근시안의 관찰이다. 그 실상은 이 전역이 즉 낭가(郎家)·불가(佛家) 대 유가(儒家)의 싸움이며, 국풍파(國風派) 대 한학파(漢學派)의 싸움이며, 독립당 대 사대당의 싸움이며, 진취사상 대 보수사상의 싸움이니, 묘청은 곧 전자의 대표요 김부식은 곧 후자의 대표였던 것이다. 이 전역에 묘청 등이 패하고 김부식이 이겼으므로 조선사가 사대적, 보수적, 속박적 사상 즉 유교사상에 정복되고 말았거니와, 만일 이와 반대로 김부식이 패하고 묘청 등이 이겼더라면 조선사가 독립적, 진취적 방면으로 진전하였을 것이니, ㉠ 이 전역을 어찌 '조선역사상 일천년래 제일대사건'이라 하지 않으랴?

　　인종이 즉위하매 낭가와 불가와 기타 무장과 시인(詩人)의 무리가 분기하여 황제를 징하고 북쪽으로 금나라를 정벌하기를 강경히 주장함에 이르렀다. 칭제북벌론의 영수는 첫째 윤언이니, 윤언이는 곧 윤관의 아들로 유일한 낭가의 계통이라 본 논(論)의 영수됨이 필연코 당연한 일이며, 둘째 묘청이니, 묘청은 서경 승도(僧徒)로 도참(圖讖)의 설을 유포하여 서경에 천도하고 제호(帝號)를 칭한 후 북으로 금을 치자는 자이며, 셋째 정지상이니, 정지상은 당시에 이름을 떨치던 시인이요 강토의 확대를 몽상하던 인물이다. 이 삼인이 칭제북벌에 대한 의견은 동일하나, 다만 묘청과 정지상은 서경 천도까지를 주장하였고, 윤언이는 거기 부동의하던 바이다.

　　『고려사』에 묘청을 요적(妖賊)이라 하였다. 이는 묘청이 음양가의 풍수설로 평양 천도를 앞장서 주장하였기 때문이라 한다. 대개 신라 말엽부터 평양 임원역은 대화(大華)의 세라 여기에 천도하면 36국이 와서 조공을 바치리라는 비결이 유행하였다. 평양을 도읍으로 삼음은 역대 왕조에서 기도하던 바이나 기실은 평양에 천도하면 북쪽 오랑캐에 가까워지니 만일 적기(敵騎)가 압록강을 건너는 때에는 도성이 먼저 병화의 요충(要衝)이 되므로 실로 당시 도성될 지점에 결코 마땅치 않거늘, 칭제북벌론자가 매양 평양 천도를 전제로 함은 비상한 실책이니 윤언이가 전자를 주장하고 후자에 부동의함은 과연 탁견이라 이를 것이다. 그러나 비결과 풍수설로 평양 천도를 주장함은 묘청으로 시작된 것이 아니니 이로써 묘청을 요적이라 함은 너무 억울한 판결이다.

당시 칭제북벌론에 경향(傾向)한 자가 거의 전국인의 반이 지나며 군주 인종도 10의 9분은 묘청을 믿었다. 이같이 성숙한 시기를 선용치 못하고 서경에서 거병하여 국호를 대위라 하고 연호를 천개라 하고 인종에게 서경으로 천도하여 그 국호와 연호를 받기를 요구하니, 그 시대 신하의 예로 그 얼마나 발호(跋扈)한 행동인가? 이같이 발호한 행동을 할 것 같으면 반드시 그 내부가 공고하고 실력이 웅후한 뒤에 발표할 것이 아닌가? 인종이 비록 나약하나 어찌 대위국 황제의 허명을 탐하여 서경으로 즐겨 이어(移御)하였을 것인가? 윤언이가 비록 묘청의 칭제북벌론에 동의하던 일인이나, 어찌 이같이 광망한 거동에야 일치할 수 있을 것인가? 윤언이는 고사하고 묘청의 친당들도 거병의 소식이 처음 송도에 이르렀을 때에는 그런 일이 절대 없을 것이라고 믿었다. 그러나 사실이 차차 분명하여 오매 칭제북벌론자는 모두 와해되고, 반대자 등이 작약하여 김부식이 원수로 묘청 토벌의 길에 오르며 정지상 등은 출병 전에 김부식에게 피살되고, 윤언이는 김부식의 막하가 되어 묘청 토벌자의 일인이 되게 되었다.

묘청이 불교도로서 낭가의 이상을 실현하려다가 패망하고 드디어 사대주의파의 천하가 되어 낭가의 윤언이 등은 겨우 유가의 압박 하에서 그 잔명을 구차히 보존하게 되고, 그 뒤에 몽고의 난을 지나매 더욱 유가의 사대주의가 득세하게 되고, 조선은 창업이 곧 이 주의로 성취되매 낭가는 아주 멸망하여 버렸다. 정치가 이렇게 되매, 종교나 학술이나 기타가 모두 사대주의의 노예가 되어 비록 갑오 · 을미개혁의 시기를 만날지라도 진흥대왕과 같은 경세가가 일어나지 않고 외세를 따라 바뀌는 사회가 될 뿐이니, 아아 서경 전역의 지은 원인을 어찌 중대하다 아니하랴.

– 신채호, 「조선역사상 일천년래 제일대사건」에서

04.

윗글의 내용과 일치하지 <u>않는</u> 것은?

① 묘청이 거병하자 송도의 칭제북벌론자들도 호응해 봉기하였다.
② 갑오 · 을미개혁은 자주적인 근대화 개혁으로 나아가지 못하였다.
③ 조선 왕조는 건국부터 유교사상에 의한 사대주의로 일관하였다.
④ 묘청 이전에도 평양에 천도하면 국운이 흥성한다는 비결이 퍼져 있었다.

⑤ 묘청의 거병 당시 칭제북벌에 찬성하는 사람이 반대하는 사람보다 많았다.

문항 성격 문항유형 : 정보의 확인과 재구성

내용영역 : 인문

평가 목표 이 문항은 신채호의 「조선역사상 일천년래 제일대사건」에서 발췌한 제시문을 읽고 그 내용을 정확하게 파악했는지를 평가한다.

문제 풀이 정답 : ①

고려 인종 13년 '서경의 전역'(일명 묘청의 난)의 전개 과정에 대한 제시문의 진술들을 확인하여 그 내용과 부합하지 않는 선택지를 골라야 한다.

정답 해설 ① 제시문의 "윤언이는 고사하고 묘청의 친당들도 거병의 소식이 처음 송도에 이르렀을 때에는 그런 일이 절대 없을 것이라고 믿었다. 그러나 사실이 차차 분명하여 오매 칭제북벌론자는 모두 와해되고…"라고 한 부분에서 당시 서경에서 묘청의 거병이 송도(개경)에 있던 칭제북벌론자들과 사전 협의가 없었음은 물론이고, 서경 거병 직후 송도의 칭제북벌론자들이 즉시 제거되었음을 알려준다.

오답 해설 ② 제시문의 "정치가 이렇게 되매, 종교나 학술이나 기타가 모두 사대주의의 노예가 되어 비록 갑오ㆍ을미개혁의 시기를 만날지라도 진흥대왕과 같은 경세가가 일어나지 않고 외세를 따라 바뀌는 사회가 될 뿐이니…"라고 한 대목에서 갑오ㆍ을미개혁이 자주적인 개혁으로 나아가지 못했음을 알 수 있다.

③ 제시문의 "이 전역에 묘청 등이 패하고 김부식이 이겼으므로 조선사가 사대적, 보수적, 속박적 사상 즉 유교사상에 정복되고 말았거니와…"와 "조선은 창업이 곧 이 주의로 성취되매 낭가는 아주 멸망하여 버렸다."라고 한 대목에서 조선이 건국부터 멸망까지 유교사상에 의한 사대주의로 일관하였음을 알 수 있다.

④ 제시문의 "대개 신라 말엽부터 평양 임원역은 대화(大華)의 세라 여기에 천도하면 36국이 와서 조공을 바치리라는 비결이 유행하였다."라고 한 대목에서 평양에 천도하면 국운이 흥성할 것이라는 풍수설이 신라 말부터 이미 유포되어 있었음을 알 수 있다.

⑤ 제시문의 "당시 칭제북벌론에 경향(傾向)한 자가 거의 전국인의 반이 지나며 군주 인종도 10의 9분은 묘청을 믿었다."라고 한 대목에서 묘청이 거병할 당시 칭제북벌에 찬성하는 사람이 더 많았음을 알 수 있다.

05.

각 인물들에 대한 글쓴이의 평가로 적절하지 <u>않은</u> 것은?

① 묘청이 서경에서 군사를 일으킨 것은 성급한 행동이었다.
② 윤언이가 서경 천도에 동의하지 않은 것은 탁월한 판단이었다.
③ 정지상이 칭제북벌을 꿈꾼 것은 당대 상황을 오판한 결과였다.
④ 묘청이 국호와 연호를 세운 것은 신하로서 잘못된 행동이었다.
⑤ 풍수설로 서경 천도를 주장했다고 해서 묘청을 요적이라고 하는 것은 지나친 비판이다.

문항 성격	문항유형 : 의도, 관점, 입장 파악
	내용영역 : 인문
평가 목표	이 문항은 글쓴이가 윤언이, 묘청, 정지상에 대해서 어떻게 평가했는지 파악할 수 있는지를 평가한다.
문제 풀이	정답 : ③

글쓴이는 기본적으로 '서경 전역'에서 칭제북벌론과 서경 천도론을 구분하여 달리 평가하였다. 그에 따르면 칭제북벌 주장은 타당한 것이었으나, 서경 천도론은 옳지 못한, 글쓴이의 표현에 따르면 '비상한 실책'이라는 것이다. 이러한 생각은 "윤언이가 전자를 주장하고 후자에 부동의함은 과연 탁견이라 이를 것이다."라고 한 데 집약되어 있다. 여기서 전자는 칭제북벌, 후자는 서경 천도를 가리킨다. 이러한 평가의 기준을 먼저 파악하고 문제에 접근해야 한다.

정답 해설	③ 제시문의 "정지상은 당시에 이름을 떨치던 시인이요 강토의 확대를 몽상하던 인물이다. 이 삼인이 칭제북벌에 대한 의견은 동일하나, 다만 묘청과 정지상은 서경 천도까지를 주장하였고, 윤언이는 거기 부동의하던 바이다."라고 한 데에서 정지상이 칭제북벌론을 주장했음을 알 수 있다. 비단 정지상이 아니더라도 글쓴이는 칭제북벌론에 대해서 긍정적으로 평가하고 있으며, '당대의 상황을 오판한 결과'로 보지 않는다.
오답 해설	① 제시문의 "이같이 발호한 행동을 할 것 같으면 반드시 그 내부가 공고하고 실력이 웅후한 뒤에 발표할 것이 아닌가?"라고 반문한 대목에서 글쓴이가 당시 묘청의 거병이 철저한 사전 준비 없이 성급하게 이루어졌다고 평가하였음을 알 수 있다.
	② 제시문의 "윤언이가 전자를 주장하고 후자에 부동의함은 과연 탁견이라 이를

것이다."라고 한 데에서 글쓴이가, 윤언이가 서경 천도에 동의하지 않은 것이 탁월한 판단이라고 평가했음을 알 수 있다.

④ 제시문의 "서경에서 거병하여 국호를 대위라 하고 연호를 천개라 하고 인종에게 서경으로 천도하여 그 국호와 연호를 받기를 요구하니, 그 시대 신하의 예로 그 얼마나 발호(跋扈)한 행동인가?"라고 한 데서 글쓴이가 묘청이 연호와 국호를 세운 행동을 신하로서 옳지 않은 행동으로 평가했음을 알 수 있다.

⑤ 제시문의 "『고려사』에 묘청을 요적(妖賊)이라 하였다. 이는 묘청이 음양가의 풍수설로 평양 천도를 앞장서 주장하였기 때문이라 한다."라고 한 대목과 "그러나 비결과 풍수설로 평양 천도를 주장함은 묘청으로 시작된 것이 아니니 이로써 묘청을 요적이라 함은 너무 억울한 판결이다."라고 한 대목을 종합해 보면 글쓴이는 묘청이 음양가의 풍수설로 서경 천도를 주장했다고 해서 요적이라고 평가받는 것이 지나치다고 생각했음을 알 수 있다.

06.

㉠과 같이 주장한 핵심적인 이유는?

① 낭가와 불가가 힘을 합쳐 보수적인 유교사상에 대한 저항을 표출했기 때문이다.
② 북진 정책이 좌절되어 고구려의 옛 영토를 회복하지 못하게 되었기 때문이다.
③ 서경 천도의 실패로 음양가의 풍수설이 쇠퇴하는 계기가 되었기 때문이다.
④ 낭가의 독립적이고 진취적인 사상이 소멸하는 계기가 되었기 때문이다.
⑤ 우리 역사상 처음으로 칭제하고 연호를 세운 사건이기 때문이다.

문항 성격	문항유형 : 주제, 요지, 구조 파악
	내용영역 : 인문
평가 목표	이 문항은 제시문에 소개된 신채호의 「조선역사상 일천년래 제일대사건」의 전체적인 요지를 파악할 수 있는지 평가한다.
문제 풀이	정답 : ④

제시문에서 알 수 있듯이 신채호가 '조선역사상 일천년래 제일대사건'이라고 명명한 인종 13년 서경의 전역은 일반적으로 알려져 있는 것처럼 묘청의 서경 거병을 가리키는 것이 아니라, 김부

식이 지휘하는 국왕의 군대가 그 묘청을 진압한 전투를 가리킨다. 제시문을 읽으면서 이 점을 분명히 파악하고, 글의 전체적인 흐름과 글쓴이의 의도를 제대로 이해하고 있어야 한다.

정답 해설 ④ 제시문의 "이 전역에 묘청 등이 패하고 김부식이 이겼으므로 조선사가 사대적, 보수적, 속박적 사상 즉 유교사상에 정복되고 말았거니와, 만일 이와 반대로 김부식이 패하고 묘청 등이 이겼더라면 조선사가 독립적, 진취적 방면으로 진전하였을 것이니, 이 전역을 어찌 '조선역사상 일천년래 제일대사건'이라 하지 않으랴?"라고 한 대목에서 묘청이 진압되어 이후의 역사가 독립적, 진취적인 방향으로 나아가지 못하게 되었기 때문에 이를 '조선역사상 일천년래 제일대사건'이라고 주장하였음을 알 수 있다. 특히 그것이 낭가가 소멸하는 계기가 되었다고 보았음은 제시문의 다른 부분에서 "묘청이 불교도로서 낭가의 이상을 실현하려다가 패망하고 드디어 사대주의파의 천하가 되어 낭가의 윤언이 등은 겨우 유가의 압박 하에서 그 잔명을 구차히 보존하게 되고, 그 뒤에 몽고의 난을 지나매 더욱 유가의 사대주의가 득세하게 되고, 조선은 창업이 곧 이 주의로 성취되매 낭가는 아주 멸망하여 버렸다."고 한 데서 확인할 수 있다.

오답 해설 ① 서경의 전역은 묘청의 서경 거병을 가리키는 것이 아니라, 김부식이 묘청을 진압한 사실을 가리킨다. 따라서 "낭가와 불가가 힘을 합쳐 유교사상에 대한 저항을 표출한 사건이다."는 정답이 될 수 없다.

② 묘청의 거병이 실패로 끝나면서 북쪽으로 영토를 확장하는 일이 어려워진 것은 사실이지만, 제시문에서 북진 정책이나 '고구려의 옛 영토를 회복' 등의 내용은 찾아볼 수 없으므로 "북진 정책이 좌절되어 고구려의 옛 영토를 회복하지 못하게 되었기 때문이다."는 정답이 될 수 없다.

③ 서경 천도가 실패하면서 음양가의 풍수설이 쇠퇴했는지는 알 수 없으며, 글쓴이는 기본적으로 풍수설에 의한 서경 천도 주장을 지지하지 않았으므로 "서경 천도의 실패로 음양가의 풍수설이 쇠퇴하는 계기가 되었기 때문이다."는 정답이 될 수 없다.

⑤ 묘청이 우리 역사상 처음으로 칭제건원한 것은 사실이지만, 이 글에서는 묘청의 서경 거병이 아니라 김부식이 그것을 진압한 사실을 '조선역사상 일천년래 제일대사건'이라고 하고 있으므로 "우리 역사상 처음으로 칭제하고 연호를 세운 사건이기 때문이다."는 정답이 될 수 없다.

　　김춘수와 김수영은 대척되는 위치에서 한국 시의 현대성을 심화시킨 시인들이다. 김춘수는 순수시론의 일종인 ⊙ 무의미시론으로 새로운 해체시를 열어젖혔고, 김수영은 '온몸의 시학'으로 알려진 ⓛ 참여시론으로 현실참여시의 태두가 되었다. 비슷한 시기에 태어나 활동했던 두 시인은 개인의 자유와 실존이 위협을 받던 1960년대의 시대 현실을 비판적으로 인식하고 각자의 실존 의식과 윤리관을 예각화하면서 시적 언어와 창작 방법에 대한 성찰을 제시하였다. 하지만 두 모더니스트가 선택한 미학적 실험은 그 방향이 사뭇 달랐다.

　　김춘수는 「꽃」과 같은 자신의 1950년대 시가 '관념에의 기갈'에 사로잡혀 있었다고 진단한다. 그 결과 시적 언어는 제 구실의 가장 좁은 한계, 즉 관념과 의미 전달의 수단에 한정되었고 시는 대상의 재현과 모방에 머물렀다는 것이다. 추상적인 관념을 전달하는 이미지 · 비유 · 상징과 같은 수사에 대한 집착은 이런 맥락과 관련이 깊다. 하지만 김춘수는 말의 피안에 있는 관념이나 개인의 실존을 짓누르는 이데올로기로 인해 공포를 느꼈다. 이 공포에서 벗어나 자아를 보존하려는 충동이 그를 '생의 구원'으로서의 시 쓰기로 이끈 것이다. 그 방법으로 김춘수는 언어와 이미지의 유희, 즉 기의(記意) 없는 기표(記標)의 실험을 시도하였다. 기의에서 해방된 기표의 유희는 시와 체험, 시와 현실의 연속성을 끊는 것은 물론 역사 현실과 화해할 수 없는 자율적인 시를 만드는 원천이라고 믿었기 때문이다. 이 믿음은 비유와 상징은 물론 특정한 대상을 떠올리게 하는 이미지까지 시에서 배제하는 기법 및 형식 실험으로 이어졌다.

　　구체적으로 그는 이미지를 끊임없이 새로운 이미지로 대체하여 의미를 덧씌울 중심 대상을 붕괴시키고, 마침내 대상이 없는 이미지 그 자체가 대상이 되게 함으로써 무의미 상태에 도달하고자 했다. 물론 대상의 구속에서 벗어나 자유를 얻는 과정에는 창작자의 의식과 의도가 개입해야 한다. 이 점에서 무의미시는 인간의 무의식을 강조한 초현실주의와 차이가 있지만 자유연상 혹은 자동기술과 예술적 효과가 흡사한 결과를 얻을 수 있었다. 한편 김춘수는 언어 기호를 음소 단위로까지 분해하거나 시적 언어를 주문이나 염불 소리 같은 리듬 혹은 소리 이미지에 근접시키기도 하였다. 김춘수의 「처용단장」 제2부는 이런 시적 실험들의 진면목을 드러낸 작품이다.

　　김춘수에게 시 쓰기란 현실로 인해 빚어진 내면의 고뇌와 개인적 실존의 위기를 벗어던지고 자신의 생을 구원하는 현실 도피의 길이었다. 이와 달리 김수영에게 시 쓰기란 자유를 억압하는 군사 정권과 대결하고 정치적 자유의 이행을 촉구하며 공동체의 운명을 노래하는 것이었다. 4·19 직후의 풍자시는 참여시 실험을 알리는 신호탄이었던 셈이다. 참여시론의 핵심은 진정한 자유의 이행을 위해 ⓐ '온몸으로 온몸을 밀고나가는 것'이란 모순어법으로 집약된다. 이는 내용과 형식은 별개가 아니며 시인의 사상과 감성을 생활(현실) 속에서 언어로 표현할 때 그것이 바로 시의 형식이 된다는 의미이다. 그런 까닭에 시의 현대성은 실험적 기법의 우열보다는 현실에 대해 고민하는 시인의 양심에서 찾아야 한다.

　물론 김수영도 김춘수가 추구한 무의미시의 의의를 일부 인정했다. 그 역시 '무의미'란 의미 너머를 지향하는 욕망, 즉 우리 눈에 보이는 것 이상을 보려는 것이고 시와 세계의 화해 불가능성을 드러내려는 것이라고 생각했다. 하지만 그는 김춘수가 시의 무의미성에 도달하기 위해 선택한 방법을 너무 협소한 것이라고 여겼다. 이런 점에서 "'의미'를 포기하는 것이 무의미의 추구도 되겠지만, '의미'를 껴안고 들어가서 그 '의미'를 구제함으로써 무의미에 도달하는 길"도 있다는 김수영의 말은 주목된다. 그는 김춘수처럼 시어의 무의미성에 대한 추구로 시의 무의미성에 도달하는 것도 현대시가 선택할 수 있는 유효한 실험이라고 보았다. 하지만 그는 시어의 의미성을 적극적으로 수용함으로써 마침내 시의 무의미성에 도달하는 것이 더 바람직한 시인의 태도라고 생각했던 것이다. 김수영은 김춘수의 궁극적인 꿈이기도 했던 시와 예술의 본질 혹은 존재 방식으로서의 무의미성까지 도달하기 위해 오히려 시어의 범위를 적극적으로 확대하고 시와 현실의 접촉을 늘려 세계 변혁을 꾀하는 현실 참여의 길로 나아갔던 것이다. 실제로 그의 참여시는 시와 산문의 언어적 경계를 허물어 산문적 의미까지 시에 담아내려 했다. 이를 통해 그는 일상어·시사어·관념어, 심지어 비속어와 욕설까지 폭넓게 시어로 활용하여 세계의 의미를 개진하고 당대 현실을 비판할 수 있었다.

　사실 김춘수의 시적 인식은 김수영의 그것에 대한 대타 의식의 소산이다. 김춘수는 김수영을 시와 생활을 구별하지 못한 '로맨티스트'였지만 자신의 죽음까지도 시 쓰기의 연장선상에 있었던 훌륭한 시인이라고 평가했다. 김춘수는 세계에 대한 허무감에서 끝내 벗어날 수 없었던 자신과 달리 김수영이 현대 사회의 비극적 운명에 '온몸'으로 맞서는 시인의 윤리를 실천한 점에 압박감을 느끼고 있었지만, 김수영의 시와 시론에서 시와 예술에 대한 공유된 인식 을 발견했던 것이다.

07.

㉠과 ㉡에 대한 설명으로 적절하지 <u>않은</u> 것은?

① ㉠은 언어유희를 활용하여 세계에 대한 허무 의식을 극복했다.
② ㉠은 시에서 중요한 것은 내용이나 의미가 아니라 형식이나 기법이라고 여겼다.
③ ㉡은 해체시 실험에 치중하면 현실 극복이 불가능하다고 인식했다.
④ ㉡은 시어의 범위와 시의 내용을 확장하여 시의 현실성을 강화했다.
⑤ ㉠과 ㉡은 모더니스트였던 시인의 예술관과 현실 대응 방식을 보여 준다.

문항 성격	문항유형 : 정보의 확인과 재구성
	내용영역 : 인문
평가 목표	이 문항은 제시문에 주어진 정보를 바탕으로, 글의 중심 제재인 김춘수의 '무의미시론'과 김수영의 '참여시론'이 지닌 각각의 특징을 제대로 파악하고 있는지 평가한다.
문제 풀이	정답 : ①

제시문 전체에 대한 상세한 독해를 바탕으로 무의미시론과 참여시론의 등장 배경, 지향점, 상호 간의 인식 등을 확인하여 그 내용과 부합하지 않는 선택지를 골라야 한다.

정답 해설 ① 제시문의 두 번째 단락에서 "언어와 이미지의 유희, 즉 기의 없는 기표의 실험을 시도했다."는 정보를, 네 번째 단락에서 "시 쓰기란 현실로 인해 빚어진 내면의 고뇌와 개인적 실존의 위기를 벗어던지고 자신의 생을 구원하는 현실 도피의 길"이라는 정보를 찾아, 김춘수의 무의미시론이 지향한 시적 실험이 '언어유희'와 관련이 있고, 시 쓰기의 목표가 '생의 구원'에 있음을 확인할 수 있다. 하지만 마지막 단락에 나타난 정보, 즉 현실 참여를 통해 시인의 윤리를 실천했던 김수영과 달리 김춘수는 "세계에 대한 허무감에서 끝내 벗어날 수 없었던" 시인이라는 사실을 통해 선택지의 "세계에 대한 허무 의식을 극복했다."는 평가가 제시문의 내용과 일치하지 않음을 확인할 수 있다.

오답 해설 ② 제시문의 세 번째 단락에서 "이미지를 끊임없이 새로운 이미지로 대체하여 의미를 덧씌울 중심 대상을 붕괴시키고, 마침내 대상이 없는 이미지 그 자체가 대상이 되게 함", "자유연상 혹은 자동기술과 예술적 효과가 흡사한 결과를 얻을 수 있었다.", "언어 기호를 읍소 단위로까지 분해하거ㅏ 시적 언어를 주문이나 염불 소리 같은 리듬 혹은 소리 이미지에 근접시키기도 하였다." 등은 김춘수의 무의미시(론)가 실험한 시의 형식과 기법에 대해 설명하는 진술이다. 그런데 두 번째 단락에 보면 언어(시어)의 의미로부터 해방되려는 이런 기법 및 형식 실험은 "시와 체험, 시와 현실의 연속성을 끊는 것은 물론 역사 현실과 화해할 수 없는 자율적인 시를 만드는 원천이라고 믿었기 때문"에 시도된 것이란 진술이 나온다. 이와 같이 시어의 의미, 더 나아가 현실 속의 체험이 시에서 배제된다면, 당연히 김춘수의 의도대로 시에 담을 내용과 의미는 사라질 수밖에 없다. 여기에서 김춘수의 무의미시(론)가 시에서 내용과 의미보다 형식이나 기법을 더 중시하였다는 사실을 확인할 수 있다. 따라서 선택지의 설명은 적절하다.

③ 제시문의 다섯 번째 단락에 나타난 "시어의 범위를 적극적으로 확대하고 시와 현실의 접촉을 늘려 세계 변혁을 꾀하는 현실 참여의 길"이란 진술에서 김수영의 참여시론은 시(시 쓰기)를 통해 부정적인 시대 현실을 극복하기 위한 실험이

란 정보를 확인할 수 있다. 이런 관점에서 보면, 김춘수의 '해체시'(첫 번째 단락) 실험, 즉 시어의 의미를 배제하고 대상이 없는 이미지를 만들어 내는 무의미 실험은 시와 현실의 접촉을 끊어내고, 세계의 변혁 대신 현실의 도피를 지향하는 실험으로 여겨질 수밖에 없다. 이는 다섯 번째 단락에서 김수영에 대해 서술한 내용, 즉 "시어의 의미성을 적극적으로 수용함으로써 마침내 시의 무의미성에 도달하는 것이 더 바람직한 시인의 태도라고 생각했던 것이다."라는 진술로도 뒷받침된다. 따라서 선택지의 설명은 적절하다.

④ 제시문의 다섯 번째 단락에 나타난 "그의 참여시는 시와 산문의 언어적 경계를 허물어 산문적 의미까지 시에 담아내려 했다. 이를 통해 그는 일상어·시사어·관념어, 심지어 비속어와 욕설까지 폭넓게 시어로 활용하여 세계의 의미를 개진하고 당대 현실을 비판할 수 있었다."라는 진술에서 관련 정보를 찾을 수 있다. 즉 김수영의 참여시(론)는, 시어의 범위를 극단적으로 축소하고 시어의 의미를 배제하려 했던 김춘수와 달리, 시어의 범위를 확대하여 시와 현실의 접촉을 늘리며 당대 현실을 비판하는 내용을 담아내려 했다는 사실이 확인되는 것이다. 시가 이런 내용을 담아내면 시의 현실성이 강화될 수 있다는 판단을 이끌어 낼 수 있으므로, 선택지의 설명은 적절하다.

⑤ 제시문의 첫 번째 단락에 나타난 "두 시인은 개인의 자유와 실존이 위협을 받던 1960년대의 시대 현실을 비판적으로 인식하고 각자의 실존 의식과 윤리관을 예각화하면서 시적 언어와 창작 방법에 대한 성찰을 제시하였다."라는 진술에서, 김수영과 김춘수가 모두 동시대에 활동한 모더니스트로서, 자신의 시와 예술관을 통해 당대의 시대 현실에 대응하려 했다는 공통점을 확인할 수 있다. 이런 정보를 통해 볼 때, 선택지의 설명은 적절하다.

08.

윗글의 김수영에 대한 서술을 근거로 ⓐ를 설명할 때, 적절하지 <u>않은</u> 것은?

① ⓐ는 동일한 존재가 행위의 수단이자 행위의 대상이 됨을 의미한다.
② ⓐ는 현실 도피 대신에 현실 참여를 시인의 윤리로 받아들이는 태도를 보인다.
③ ⓐ는 정치 현실로 인해 억압된 자유를 되찾으려 했던 시인의 고뇌를 담고 있다.
④ ⓐ의 행위 자체가 형식인 시에서 내용은 시인이 느끼는 사상과 감성에 관련된다.
⑤ ⓐ는 실험적 기법이 시의 현대성을 성취하는 근본 요건이라는 인식을 담고 있다.

문항 성격　문항유형 : 의도, 관점, 입장 파악

　　　　　　　내용영역 : 인문

평가 목표　이 문항은 제시문에 주어진 정보를 바탕으로, 글의 중심 제재 중 하나인 '참여시론'의 핵심 구절이 지닌 함축적 의미를 정확히 파악하고 있는지 평가한다.

문제 풀이　정답 : ⑤

제시문에 나타난 김수영에 대한 서술을 상세하게 독해한 후 참여시론의 핵심적 표현인 "온몸으로 온몸을 밀고나가는 것"이란 구절의 역설적 의미를 파악하고, 이 표현에 나타난 김수영 시와 시론의 의도와 관점, 입장을 판단하여 그에 부합하지 않는 선택지를 골라야 한다.

정답 해설　⑤ 네 번째 단락의 "시의 현대성은 실험적 기법의 우열보다는 현실에 대해 고민하는 시인의 양심에서 찾아야 한다."라는 진술에서, 김수영은 시의 현대성을 성취하려면 시의 형식과 기법보다는 내용과 의미가 더 중요하다고 인식했다는 정보를 확인할 수 있다. 또한, 다섯 번째 단락의 "그는 김춘수처럼 시어의 무의미성에 대한 추구로 시의 무의미성에 도달하는 것도 현대시가 선택할 수 있는 유효한 실험이라고 보았다. 하지만 그는 시어의 의미성을 적극적으로 수용함으로써 마침내 시의 무의미성에 도달하는 것이 더 바람직한 시인의 태도라고 생각했던 것이다."라는 진술에서, 시어의 무의미성을 추구하는 실험적 기법보다 시어의 의미성을 적극적으로 수용하여, 궁극적으로 시와 예술의 존재 방식으로서의 무의미성에 도달하는 길이 바람직하다고 여긴 김수영의 입장을 확인할 수 있다. 김수영은 실험적 기법의 가치를 부정하지는 않았지만, 실험적 기법 그 자체보다는 시의 의미와 내용에 더 깊은 관심을 기울였던 것이다. 이런 입장을 통해, ⓐ에서 실험적 기법이 시의 현대성을 성취하는 근본 요건이라는 인식을 찾아낸 선택지의 진술이 김수영의 입장과 배치가 됨을 확인할 수 있다. 따라서 이 선택지는 적절하지 않다.

오답 해설　① ⓐ는 모순어법에 해당되는 진술이다. 왜냐하면 "온몸으로 온몸을 밀고나가는 것"이라는 진술에서 행위의 주체는 '시'이고, 행위의 수단도 '온몸' 즉 시이며, 행위의 대상 역시 '온몸' 즉 시이기 때문이다. 행위의 주체인 존재가 동시에 행위의 수단이자 대상이 되는 모순된 표현이 성립하고 있는 것이다. 즉 시(쓰기)는 시(쓰기)로 시(쓰기)를 밀고가는 것이라는 논리적 모순이 나타나는 표현인 것이다. 김수영은 이런 모순어법을 통해 "진정한 자유의 이행"을 촉구하는 실천적 태도를 강조한 것은 물론, 시에 있어서 "내용과 형식은 별개가 아니"(네 번째 단락)라는 인식을 역설한 것으로 볼 수 있다. 따라서 이 선택지는 ⓐ의 의미를 정확하게 파악한 것이다.

② 네 번째 단락의 "자유를 억압하는 군사 정권과 대결하고 정치적 자유의 이행을 촉구하며 공동체의 운명을 노래하는 것"이란 진술에서, ⓐ가 추구한 "진정한 자유의 이행"이 시인의 현실 참여 의식을 보여 준 것이라는 정보를 확인할 수 있다. 또한 이것이 "현실에 대해 고민하는 시인의 양심"(네 번째 단락 마지막 문장), 즉 시인의 윤리관과 관련된다는 사실을 확인할 수 있다. 또한, 마지막 단락의 설명, 즉 "김수영이 현대 사회의 비극적 운명에 '온몸'으로 맞서는 시인의 윤리를 실천한 점"이란 진술도 ⓐ에 담긴 윤리적 지향성을 확인하는 단서로 활용될 수 있다. 이런 정보들을 종합할 때 ⓐ는 '현실 도피'(김춘수의 경우)보다 '현실 참여'를 시인의 윤리로 내세운 김수영의 입장에 연결된 것임을 확인할 수 있다. 따라서 이 선택지는 적절하다.

③ 네 번째 단락의 "김수영에게 시 쓰기란 자유를 억압하는 군사 정권과 대결하고 정치적 자유의 이행을 촉구하며 공동체의 운명을 노래하는 것이었다. 4·19 직후의 풍자시는 참여시 실험을 알리는 신호탄이었던 셈이다."에서 관련 정보를 찾아낼 수 있다. 이 정보는 김수영의 참여시론의 핵심적 표현인 ⓐ가 등장한 배경을 가리킨다. 즉 ⓐ는 정치적 자유가 억압된 군사 정권 하에서, 당대의 시인들을 향해, 더 나아가 억압적인 현실을 향해 '자유의 이행'을 촉구하는 내용을 담고 있는 표현인 것이다. 이런 점에서 ⓐ에 담긴 김수영의 입장과 그로 인한 정신적 고뇌를 이끌어 낼 수 있으므로, 이 선택지는 적절하다.

④ 네 번째 단락의 진술, 즉 "온몸으로 온몸을 밀고나가는"(ⓐ) 행위가 "내용과 형식은 별개가 아니며 시인의 사상과 감성을 생활(현실) 속에서 언어로 표현할 때 그것이 바로 시의 형식이 된다는 의미이다."에서 관련 정보를 찾아낼 수 있다. 제시문에서 김수영과 비교의 대상인 김춘수에게, 기법이나 형식 실험은 시에서 내용과 형식을 분리하고, 내용적 요소를 이루는 '의미'를 배제하는 과정이었다. 이로 인해 김춘수가 기법과 형식에만 매몰되는 결과를 낳았다. 반면 김수영의 입장은 극단적인 형식 실험이 아니라, 내용과 형식의 결합을 추구하는 것이었다. 그에게 있어 시의 형식이란 시의 내용적 요소를 언어로 표현하는 행위 그 자체였던 셈이다. 따라서 선택지의 진술처럼 ⓐ의 행위 그 자체가 시의 형식으로 간주되는 참여시에서, 시의 내용은 바로 시인이 자신의 현실(생활) 속에서 느끼는 사상과 감정이라는 판단을 도출할 수 있다. 따라서 이 선택지는 적절하다.

09.

김춘수와 김수영의 공유된 인식 에 해당하지 않는 것은?

① 공동체적인 삶의 지향을 통한 자아의 보존
② 개인의 실존을 억압하는 현실의 부조리성
③ 의미가 제거된 시어의 활용 가능성
④ 시의 존재 방식으로서의 무의미성
⑤ 시와 세계의 화해 불가능성

문항 성격 문항유형 : 주제, 요지, 구조 파악

내용영역 : 인문

평가 목표 이 문항은 제시문 전체에 대한 거시적 독해와 미시적 독해를 결합하여, 제시문의 전체 논리 흐름과 구조를 고려하면서 글의 주제와 요지를 파악하고 있는지 평가한다.

문제 풀이 정답 : ①

제시문에 나타난 김수영과 김춘수의 시와 예술에 대한 인식에 대한 독해를 통해, 김수영과 김춘수의 시와 시론이 지닌 공통점과 차이점, 상대방에 대한 인식을 파악한 후, 두 시인의 시와 시론이 지녔던 '공유된 인식'을 찾아내고, 이에 부합하지 않는 선택지를 골라야 한다.

정답 해설 ① 네 번째 단락의 진술, 즉 "김춘수에게 시 쓰기란 현실로 인해 빚어진 내면의 고뇌와 개인적 실존의 위기를 벗어나서고 자신의 생을 구원하는 현실 도피의 길이었다."에서 김춘수가 공동체적인 삶을 지향하지 않았다는 정보를 이끌어 낼 수 있다. 또한 두 번째 단락의 구절들, 즉 "개인의 실존을 짓누르는 이데올로기로 인해 공포"와 "이 공포에서 벗어나 자아를 보존하려는 충동"이라는 구절 역시 이를 뒷받침한다. "공동체의 운명을 노래하는 것"을 통해 "현대 사회의 비극적 운명에 '온몸'으로 맞서"고자 하였던 김수영과 달리, 김춘수는 현실 도피를 통해 자아의 보존을 추구하는 입장이었던 것이다. 이런 정보들을 종합적으로 고려할 때, 선택지의 진술은 김춘수에게 적용될 수 없는 것이며, 두 시인이 공유하고 있는 시적 인식이라고 판단할 수 없다.

오답 해설 ② 첫 번째 단락의 진술, 즉 "비슷한 시기에 태어나 활동했던 두 시인은 개인의 자유와 실존이 위협을 받던 1960년대의 시대 현실을 비판적으로 인식하고 각자의 실존 의식과 윤리관을 예각화하면서 시적 언어와 창작 방법에 대한 성찰을 제시하였다.", 네 번째 단락의 진술, 즉 "김춘수에게 시 쓰기란 현실로 인해 빚

어진 내면의 고뇌와 개인적 실존의 위기를 벗어던지고 자신의 생을 구원하는 현실 도피의 길이었다. 이와 달리 김수영에게 시 쓰기란 자유를 억압하는 군사 정권과 대결하고 정치적 자유의 이행을 촉구하며 공동체의 운명을 노래하는 것이었다."에서 선택지와 관련된 정보를 확인할 수 있다. 두 시인은 모두 1960년대 시대 현실이 개인의 실존을 억압하는 부조리성을 지녔다는 비판적 인식을 공유했던 것이다. 다만 김춘수는 현실 도피를 통한 개인적 자아의 구원을, 김수영은 현실 참여를 통한 정치적 자유의 이행과 공동체의 구원을 시 쓰기의 목표로 삼은 점에서 서로 어긋난다. 따라서 개인의 실존을 억압하는 현실의 부조리성에 대한 공유된 인식을 확인할 수 있으므로, 이 선택지는 적절하다.

③ 김춘수에게 있어서 '시어의 무의미성에 대한 추구'란 시어와 이미지에서 의미를 제거하는 시어의 실험과 같은 것이고, 이는 시의 본질 혹은 존재 방식으로서의 무의미성에 도달하기 위한 것이다. 한편 다섯 번째 단락의 진술, 즉 "'의미'를 포기하는 것이 무의미의 추구도 되겠지만, '의미'를 껴안고 들어가서 그 '의미'를 구제함으로써 무의미에 도달하는 길'도 있다는 김수영의 말, 더 나아가 "김춘수처럼 시어의 무의미성에 대한 추구로 시의 무의미성에 도달하는 것도 현대시가 선택할 수 있는 유효한 실험이라고 보았다."라는 진술을 통해, 두 시인이 의미가 제거된 시어의 활용 가능성에 대해 인식을 공유했다는 정보를 이끌어 낼 수 있다. 다만 김수영은, 김춘수가 이러한 기법 실험에 매몰되어 언어의 의미성에 대한 추구를 통해 시와 예술의 본질로서의 무의미성에 도달하는 방법을 몰각했다고 여긴 것이다. "김춘수가 시의 무의미성에 도달하기 위해 선택한 방법을 너무 협소한 것이라고 여겼다."는 제시문의 진술은 이런 맥락과 관련이 있다. 따라서 이 선택지는 적절하다.

④ 다섯 번째 단락의 중간 부분, 즉 "김수영은 김춘수의 궁극적인 꿈이기도 했던 시와 예술의 본질 혹은 존재 방식으로서의 무의미성까지 도달하기 위해 오히려 시어의 범위를 적극적으로 확대하고 시와 현실의 접촉을 늘려 세계 변혁을 꾀하는 현실 참여의 길로 나아갔던 것이다."라는 진술에서, 김수영과 김춘수가 시의 본질 혹은 존재 방식으로서의 무의미성에 대한 인식을 공유했다는 판단을 이끌어 낼 수 있으므로, 이 선택지는 적절한 진술이다.

⑤ 다섯 번째 단락의 첫 부분, 즉 "김수영도 김춘수가 추구한 무의미시의 의의를 일부 인정했다. 그 역시 '무의미'란 의미 너머를 지향하는 욕망, 즉 우리 눈에 보이는 것 이상을 보려는 것이고 시와 세계의 화해 불가능성을 드러내려는 것이라고 생각했다."라는 진술에서 시와 세계의 화해 불가능성에 대한 인식이 두 시인에게 공유되고 있다는 정보를 이끌어 낼 수 있다. 따라서 이 선택지는 적절하다.

10.

윗글에 비추어 〈보기〉의 시 쓰기 방법을 평가할 때, 가장 적절한 것은?

보기

불러다오, 멕시코는 어디 있는가
사바다는 사바다, 멕시코는 어디 있는가,
사바다의 누이는 어디 있는가,
말더듬이 일자무식 사바다는 사바다,
멕시코는 어디 있는가,
사바다의 누이는 어디 있는가,
불러다오
멕시코 옥수수는 어디 있는가

- 김춘수, 「처용단장」 제2부에서

① 김춘수는 〈보기〉에 외래어와 관념어를 사용하면 시적 언어를 확장하고 시와 산문의 경계를 허물 수 있다고 보았을 것이다.
② 김춘수는 〈보기〉의 염불 소리 같은 강렬한 청각 영상과 리듬감은 현실이 초래했던 고뇌와 공포를 상징한다고 여겼을 것이다.
③ 김수영은 〈보기〉가 '사바다'를 비하하여 '말더듬이 일자무식'에 비유함으로써 당대 현실을 풍자한다고 평가했을 것이다.
④ 김수영은 〈보기〉의 무의미성이 시어의 의미를 포기한 결과이므로 진정한 자유의 이행이 어려울 것으로 평가했을 것이다.
⑤ 김춘수와 김수영은 모두 〈보기〉가 의미를 덧씌울 대상을 붕괴시킴으로써 새로운 내용적 요소를 담을 여지가 생겼다고 평가했을 것이다.

문항 성격	문항유형 : 정보의 평가와 적용
	내용영역 : 인문
평가 목표	이 문항은 제시문 전체에 나타난 주요 정보에 대한 이해를 바탕으로, 제시문의 정보를 관련 자료에 적용하는 능력을 평가한다.
문제 풀이	정답 : ④

제시문 세 번째 단락에서 〈보기〉의 김춘수 시가 무의미시론에 나타난 "시적 실험들의 진면목을

드러낸 작품"임을 확인한 후, 이런 관점에서 작품을 감상해야 한다. 먼저 제시문에 나타난 김수영과 김춘수의 시와 예술에 대한 인식을 파악한 후, 〈보기〉의 시에 나타난 김춘수의 표현기법과 의도를 찾아내고, 이를 김수영의 입장에서 비판해야 작품 감상이 완료된다. 이를 통해 김춘수와 김수영의 시적 인식에 가장 부합하는 선택지를 골라야 한다.

정답 해설 ④ 다섯 번째 단락의 "'의미'를 포기하는 것이 무의미의 추구도 되겠지만, '의미'를 껴안고 들어가서 그 '의미'를 구제함으로써 무의미에 도달하는 길"이란 김수영의 말에서, 시어의 의미를 포기한 김춘수의 시적 실험이 김수영에게 비판적으로 인식되고 있다는 정보를 이끌어 낼 수 있다. 이런 김수영의 비판적 인식은 그가 "시인의 사상과 감성을 생활(현실) 속에서 언어로 표현"할 때 "자유의 이행"이 가능하다고 본 것과 밀접한 관련이 있다. 따라서 김수영이 〈보기〉의 작품이 지닌 무의미성이 제시문의 세 번째 단락에 서술된 김춘수의 언어와 이미지 실험의 결과라고 인식하고, 이런 실험이 진정한 자유, 즉 정치적 자유의 이행과는 무관한 것이라고 평가했을 것이라고 추론할 수 있다. 따라서 이 선택지는 적절하다.

오답 해설 ① 〈보기〉의 작품에는 외래어(멕시코, 사바다)와 관념어(일자무식)가 시어로 활용되었지만, 제시문에 따르면 이런 시어는 "기의 없는 기표의 실험"(두 번째 단락), 즉 자유로운 언어 및 이미지 유희에 지나지 않는다는 정보를 이끌어 낼 수 있다. 이와 같이 의미가 배제된 시어들은 시인의 시어 활용을 제약하고 시와 현실, 시와 산문의 경계를 강화한다고 판단할 수 있다. 또한, 다섯 번째 단락의 진술, 즉 "실제로 그의 참여시는 시와 산문의 언어적 경계를 허물어 산문적 의미까지 시에 담아내려 했다. 이를 통해 그는 일상어·시사어·관념어, 심지어 비속어와 욕설까지 폭넓게 시어로 활용하여 세계의 의미를 개진하고 당대 현실을 비판할 수 있었다."에서 '시적 언어의 확장'이나 '시와 산문의 경계 해체'는 김춘수의 실험 목적이 아니며 단지 김수영이 시도한 방법이라는 판단을 이끌어 낼 수 있다. 따라서 이 선택지는 김춘수의 창작 의도를 잘못 이해한 것으로서 적절한 진술이 아니다.

② 〈보기〉는 김춘수의 언급처럼 끊임없이 이미지를 해체하고 시적 언어를 마치 "주문이나 염불 소리 같은 리듬 혹은 소리 이미지에 근접"(세 번째 단락)시킨 것이다. 따라서 이런 실험은, 부조리한 현실로 인해 경험한 시인 자신의 고뇌와 공포와 관련된다고 보는 판단은 타당하다. 하지만 김춘수의 실험은 자신이 느꼈던 '고뇌와 공포'로부터 벗어나기 위한 것이었지, 그것을 상징하기 위한 것이었다고 볼 수 없다. 한편 두 번째 단락의 마지막 부분, 즉 "비유와 상징은 물론 특정

한 대상을 떠올리게 하는 이미지까지 시에서 배제하는 기법 및 형식 실험"이란 진술을 통해, 김춘수가 상징의 기법을 거부했다는 정보를 확인할 수 있다. 따라서 김춘수가 자신의 시어와 기법 실험이 "고뇌와 공포를 상징한다고 여겼을 것이다."라고 볼 수 없다. 이런 점에서 이 선택지는 부적절하다.

③ 김춘수의 무의미시론에 의하면 〈보기〉의 '사바다'와 '일자무식'은 모두 특정한 대상이나 의미가 없는 시어들이다. 따라서 '사바다'를 '일자무식'이라는 비하의 말로 지칭한다고 해서, 거기에 어떤 (풍자적) 의미가 발현된다고 볼 수는 없다는 평가를 이끌어 낼 수 있다. 한편 의미가 배제된 시어는 현실 세계를 담아낼 수 없으며 부정적인 현실을 풍자할 수 없다. 네 번째 단락의 진술, 즉 "4·19 직후의 풍자시는 참여시 실험을 알리는 신호탄이었던 셈이다."에서, 김수영의 참여시는 시어의 의미를 확장함으로써 부정적인 현실을 풍자하려 했다는 정보를 이끌어 낼 수 있다. 결국 선택지의 진술처럼 김수영이 〈보기〉에서 비유적 의미를 찾아내거나, 당대 현실에 대한 풍자의 가능성을 찾아냈을 것이라고 판단할 수 없다. 이와 같이 김수영의 시적 인식에 대해 오해하고 있는 선택지의 진술은 부적절하다고 볼 수 있다.

⑤ 〈보기〉의 언어 실험은 세 번째 단락의 진술, 즉 "이미지를 끊임없이 새로운 이미지로 대체하여 의미를 덧씌울 중심 대상을 붕괴시키고, 마침내 대상이 없는 이미지 그 자체가 대상이 되게 함"이란 정보와 관련이 있다. 김춘수의 이런 실험은 시에서 의미, 즉 내용적 요소를 없애기 위한 의도에서 비롯한 것이라고 판단할 수 있다. 따라서 "새로운 내용적 요소를 담을 여지가 생겼다고 평가했을 것"이라는 선택지의 평가는 김춘수의 실험 의도에 비추어 보아 적절한 평가라고 볼 수 없다. 김수영의 입장에서 보더라도 선택지의 판단은 적절하지 않다. 김수영의 입장에서는 의미를 덧씌울 대상이 붕괴되면 시에 새로운 내용적 요소를 담기 어려울 것이라고 판단할 수 있다. 제시문의 정보, 즉 김수영이 "일상어·시사어·관념어, 심지어 비속어와 욕설까지 폭넓게 시어로 활용하여 세계의 의미를 개진하고 당대 현실을 비판"(다섯 번째 단락)해야 한다고 보았다는 정보를 고려하면, 김수영은 시에 새로운(혹은 현대적인) 내용을 담기 위해서는 시어의 의미 추구가 필수적이라고 판단했을 것으로 볼 수 있기 때문이다. 따라서 "새로운 내용적 요소를 담을 여지가 생겼다고 평가했을 것이다."는 김수영과 김춘수의 시론에서 모두 도출될 수 없는 판단으로서, 두 시인에 대한 적절한 이해라고 볼 수 없다. 이런 점에서 이 선택지는 적절하지 않다.

윤리학에서는 선(善, good) 즉 좋음과 관련하여 여러 쟁점이 있다. 선이란 무엇인가? 선을 쾌락이라고 간주해도 되는가? 선은 도덕적으로 옳음 또는 정의와 어떤 관계에 있는가? 이러한 쟁점 중의 하나가 바로 "선은 객관적으로 존재하는가?"의 문제이다.

플라톤은 우리가 감각으로 지각하는 현실 세계는 가변적이고 불완전하지만, 우리가 이성으로 인식할 수 있는 이데아의 세계는 불변하고 완전하다고 보았다. 그에 따르면, 현실 세계는 이데아 세계를 모방한 것이기에 현실 세계에서 이루어지는 인간들의 행위도 불완전할 수밖에 없다. 이데아 세계에는 선과 미와 같은 여러 이데아가 존재한다. 그중에서 최고의 이데아는 선의 이데아이며, 인간 이성의 최고 목표는 선의 이데아를 인식하는 것이다. 선은 말로 표현할 수 없고, 신성하며, 독립적이고, 오랜 교육을 받은 후에만 알 수 있는 것이다. 우리는 선을 그것이 선이기 때문에 욕구한다. 이렇게 인간의 관심 여부와는 상관없이 선이 독립적으로 존재한다고 보는 입장을 선에 대한 ㉠ '고전적 객관주의' 라고 한다.

이러한 플라톤적 전통을 계승한 무어도 선과 같은 가치가 객관적으로 실재한다고 주장한다. 그에 따르면 선이란 노란색처럼 단순하고 분석 불가능한 것이기에, 선이 무엇인지에 대해 정의를 내릴 수 없으며 그것은 오직 직관을 통해서만 인식될 수 있다. 노란색이 무엇이냐는 질문에 노란색이라고 답할 수밖에 없듯이 선이 무엇이냐는 질문에 "선은 선이다."라고 답할 수밖에 없다는 것이다. 무어는 선한 세계와 악한 세계가 있을 때 각각의 세계 안에 욕구를 지닌 존재가 있는지 없는지와 관계없이 전자가 후자보다 더 가치 있다고 믿었다. 선은 인간의 욕구와는 상관없이 그 자체로 존재하며 그것은 본래부터 가치가 있다는 것이다. 그는 선을 최대로 산출하는 행동이 도덕적으로 옳은 행동이라고 보았다.

반면에 ㉡ '주관주의' 는 선을 의식적 욕구의 산물에 불과한 것으로 간주한다. 페리는 선이란 욕구와 관심에 의해 창조된다고 주장한다. 그에 따르면 가치는 관심에 의존하고 있으며, 어떤 것에 관심이 주어졌을 때 그것은 비로소 가치를 얻게 된다. 대상에 가치를 부여하는 것은 관심이며, 인간이 관심을 가지는 대상은 무엇이든지 가치의 대상이 된다. 누가 어떤 것을 욕구하든지 간에 그것은 선으로서 가치를 지니게 된다. 페리는 어떤 대상에 대한 관심이 깊으면 깊을수록 그것은 그만큼 더 가치가 있게 되며, 그 대상에 관심을 표명하는 사람의 수가 많을수록 그것의 가치는 더 커진다고 말한다. 이러한 주장에 대해 고전적 객관주의자는 우리가 욕구하는 것과 선을 구분해야 한다고 비판한다. 만약 쾌락을 느끼는 신경 세포를 자극하여 매우 강력한 쾌락을 제공하는 쾌락 기계가 있다고 해 보자. 그런데 누군가가 쾌락 기계 속으로 들어가서 평생 살기를 욕구한다면, 우리는 그것이 선이 아니라고 말할 수 있다. 쾌락 기계에 들어가는 사람이 어떤 불만도 경험하지 못한다고 하더라도, 그것은 누가 보든지 간에 나쁘다는 것이다.

　이러한 논쟁과 관련하여 두 입장을 절충한 입장도 존재한다. ⓒ '온건한 객관주의'는 선을 창발적인 속성으로서, 인간의 욕구와 사물의 객관적 속성이 결합하여 생기는 것이라고 본다. 이 입장에 따르면 물의 축축함이 H_2O 분자들 안에 있는 것이 아니라 그 분자들과 우리의 신경 체계 간의 상호 작용을 통해 형성되듯이, 선도 인간의 욕구와 객관적인 속성 간의 관계 속에서 상호 통합적으로 형성된다. 따라서 이 입장은 욕구를 가진 존재가 없다면 선은 존재하지 않을 것이라고 본다. 그러나 일단 그러한 존재가 있다면, 쾌락, 우정, 건강 등이 가진 속성은 그의 욕구와 결합하여 선이 될 수 있을 것이다. 하지만 이러한 입장에서는 우리의 모든 욕구가 객관적 속성과 결합하여 선이 되는 것은 아니기에 적절한 욕구가 중시된다. 결국 여기서는 적절한 욕구가 어떤 것인지를 구분할 기준을 제시해야 하는 문제가 발생한다.

　이와 같은 객관주의와 주관주의의 논쟁을 해결하기 위한 한 가지 방법은 불편부당하며 모든 행위의 결과들을 알 수 있는 ⓐ '이상적 욕구자'를 상정하는 것이다. 그는 편견이나 무지로 인한 잘못된 욕구를 갖고 있지 않기에 그가 선택하는 것은 선이 될 것이고, 그가 선택하지 않는 것은 악이 될 것이기 때문이다.

11.

윗글의 내용과 일치하지 <u>않는</u> 것은?

① 플라톤은 선의 이데아를 이성을 통해 인식할 수 있다고 본다.
② 플라톤은 인간이 행한 선이 완전히 선한 것은 아니라고 본다.
③ 무어는 선이 단순한 것이어서 그것을 정의할 수 없다고 본다.
④ 무어는 도덕적으로 옳은 행동을 판별할 기준을 제시할 수 없다고 본다.
⑤ 페리는 더 많은 사람이 더 깊은 관심을 가질수록 가치가 증대한다고 본다.

문항 성격	문항유형 : 정보의 확인과 재구성
	내용영역 : 인문
평가 목표	이 문항은 윤리학의 주요 쟁점 중의 하나인 '선(善)의 객관성' 문제와 관련하여 제시문에 소개된 플라톤, 무어, 페리의 윤리학적 견해를 정확하게 파악하고 있는지를 평가한다.

정답 : ④

제시문에 소개된 플라톤, 무어, 페리의 윤리학적 견해를 파악한 후에 이와 일치하지 않는 내용의 선택지를 찾아야 한다.

정답 해설 ④ 무어는 "선을 최대로 산출하는 행동이 도덕적으로 옳은 행동이라고 보았다."라고 하였다. 여기서 볼 수 있듯이 무어는 도덕적으로 옳은 행동이란 선을 최대로 산출하는 행동이라고 본다. 따라서 무어는 도덕적으로 옳은 행동을 판별할 기준을 제시하고 있다. 그런데 ④는 무어가 그러한 기준을 제시할 수 없다고 본다고 하였기 때문에 제시문의 내용과 일치하지 않는다.

오답 해설 ① 플라톤은 이데아의 세계를 이성으로 인식할 수 있다고 하였으며, 그러한 이데아의 세계에는 '선'(善)의 이데아가 포함된다고 하였다. 따라서 플라톤은 선의 이데아를 이성을 통해 인식할 수 있다고 본 것이다. 따라서 ①은 제시문의 내용과 일치한다.

② 플라톤은 이데아의 세계는 완전하지만 현실 세계는 불완전하며, 현실 세계는 이데아 세계를 모방한 것이기에 현실 세계에서 이루어지는 인간들의 행위는 불완전하다고 하였다. 따라서 현실 세계에서 우리가 행한 선은 완전한 선이라고 볼 수 없다. 그러므로 ②는 제시문의 내용과 일치한다.

③ 무어는 선은 단순해서 선이 무엇인지에 대해 정의를 내릴 수 없다고 하였다. 따라서 ③은 제시문의 내용과 일치한다.

⑤ 페리는 "어떤 대상에 대한 관심이 깊으면 깊을수록 그것을 그만큼 더 가치 있게 되며, 그 대상에 관심을 표명하는 사람의 수가 많으면 많을수록 그것의 가치는 더 커진다."라고 하였다. 페리는 더 많은 사람이 더 깊은 관심을 가질수록 가치가 증대한다고 본 것이다. 따라서 ⑤는 제시문의 내용과 일치한다.

12.

㉠에 대한 ㉡과 ㉢의 공통된 문제 제기로 적절한 것은?

① 사람들이 선호한다고 그것이 항상 선이라고 할 수 있는가?
② 선은 욕구하는 주관에 전적으로 의존하여 형성되지 않는가?
③ 선과 악을 구분할 수 없다면 어떤 행위라도 옳다는 것인가?
④ 사람들이 선을 인식할 수 없다고 보는 것은 과연 타당한가?

⑤ 선을 향유하는 존재가 없다면 그것이 무슨 가치가 있겠는가?

문항 성격 문항유형 : 정보의 평가와 적용

내용영역 : 인문

평가 목표 이 문항은 제시문에 서술된 선에 대한 '고전적 객관주의' 의 입장에 대해 '주관주의'
와 '온건한 객관주의' 가 제기할 수 있는 공통된 문제 의식을 찾아내는 비판 능력을 평
가한다.

문제 풀이 정답 : ⑤

'고전적 객관주의' 의 입장, 그리고 '주관주의' 와 '온건한 객관주의' 의 공통된 입장을 파악한 후
에 후자가 전자에 할 수 있는 적절한 문제 제기를 선택지에서 찾으면 된다. 따라서 문제 제기의
내용이 '고전적 객관주의' 에 대한 비판으로 적절한지, 그리고 비판의 관점이 '주관주의' 와 '온건
한 객관주의' 모두의 공통된 입장에 해당하는지를 파악해야 한다.

정답 해설 ⑤ 제시문에 따르면 '고전적 객관주의' 는 인간의 욕구와는 상관없이 선이 객관적
으로 존재한다고 주장한다. 이에 비해 '주관주의' 는 선을 인간 욕구의 산물로
보면서 선은 인간의 욕구와 관심을 통해 산출된다고 주장한다. 그리고 '온건한
객관주의' 는 선을 인간의 욕구와 사물의 객관적인 속성이 결합하여 형성된 것
으로 보면서 선의 형성에 인간의 욕구가 필요하다고 주장한다. 이처럼 고전적
객관주의는 인간의 욕구와는 상관없이 선이 존재한다고 주장하지만, 주관주의
와 온건한 객관주의는 모두 인간의 욕구가 있어야 선이 존재한다고 주장한다.
따라서 주관주의와 온건한 객관주의는 공통적으로 "선을 향유하는 존재가 없다
면 그러한 선이 무슨 가치가 있겠는가?"라고 고전적 객관주의에 대해 문제를
제기할 수 있다. 그러므로 ⑤는 고전적 객관주의에 대한 주관주의와 온건한 객
관주의의 공통된 문제 제기로 적절하다.

오답 해설 ① 고전적 객관주의는 선이 인간의 욕구와는 상관없이 존재한다고 보며, 사람들이
선호한다고 그것이 항상 선이 된다고 주장하지 않는다. 따라서 "사람들이 선호
한다고 그것이 항상 선이라고 할 수 있는가?"라는 진술은 고전적 객관주의에
대한 적절한 문제 제기가 아니다. 오히려 이것은 '주관주의' 에 대한 문제 제기
라고 할 수 있다.

② 고전적 객관주의는 선이 인간의 욕구와 상관없이 객관적으로 존재한다고 본다.
주관주의는 선이 인간의 욕구에 의존하여 형성된다고 본다. 온건한 객관주의는
선이 사물의 객관적 속성과 인간의 욕구 간의 상호 작용을 통해 형성된다고 보

며, 선이 욕구하는 주관에만 전적으로 의존하여 형성된다고 보지는 않는다. 따라서 "선은 욕구하는 주관에 전적으로 의존하여 형성되지 않는가?"라는 진술은 고전적 객관주의에 대한 주관주의의 문제 제기로는 적절하지만, 고전적 객관주의에 대한 온건한 객관주의의 문제 제기로는 적절하지 않다. 그러므로 ②는 고전적 객관주의에 대한 주관주의와 온건한 객관주의의 공통된 문제 제기로 적절한 것이 아니다.

③ 고전적 객관주의는 선이 인간의 욕구와는 상관없이 객관적으로 존재한다고 보며, 그러한 선을 인식할 수 있다고 본다. 그리고 그러한 선을 증진하는 것이 옳다고 본다. 따라서 "선과 악을 구분할 수 없다면 어떤 행위라도 옳다는 것인가?"라는 진술은 고전적 객관주의에 대한 문제 제기로 적절하지 않다.

④ 고전적 객관주의자인 플라톤은 이성을 통해 선을 인식할 수 있다고 보았으며, 무어도 선을 직관을 통해 인식할 수 있다고 주장하였다. 고전적 객관주의는 선을 인식 가능하다고 본 것이다. 따라서 "사람들이 선을 인식할 수 없다고 보는 것은 과연 타당한가?"라는 진술은 고전적 객관주의에 대한 문제 제기로 적절하지 않다.

13.

ⓐ를 상정한 이유로 가장 적절한 것은?

① 선을 직관할 수 없다고 보는 '고전적 객관주의'의 문제점을 해결하기 위해서이다.
② 욕구의 주체가 없어도 선이 존재한다는 '고전적 객관주의'의 주장을 강화하기 위해서이다.
③ 욕구하는 사람이 존재해야만 선이 형성된다는 '주관주의'의 주장을 약화하기 위해서이다.
④ 무엇을 욕구하더라도 모두 선이라고 간주해야 하는 '주관주의'의 문제점을 해결하기 위해서이다.
⑤ 선의 형성에서 인간과 사물의 상호 통합 작용이 필수적이라는 '주관주의'의 입장을 보완하기 위해서이다.

| 문항 성격 | 문항유형 : 정보의 추론과 해석 |
내용영역 : 인문

| 평가 목표 |
이 문항은 제시문의 전체 내용을 파악한 후에 그것을 바탕으로 '이상적 욕구자'를 상정한 이유에 대해 묻는 것으로서 추론적 사고의 능력을 평가한다.

| 문제 풀이 |
정답 : ④

'선'의 객관적 존재 문제와 관련된 객관주의와 주관주의의 입장을 파악한 후에 '이상적 욕구자'를 상정하면 각각의 입장들이 갖고 있는 어떤 문제점이 해결될 수 있는지를 추론하여 적절한 것을 선택지들 중에서 찾으면 된다.

| 정답 해설 |
④ 주관주의는 인간의 욕구에 의해 선이 형성되며, 누가 무엇을 욕구하든지 간에 그것이 선이 된다고 주장한다. 그런데 이에 대해 고전적 객관주의가 비판하고 있듯이 인간이 욕구하는 모든 것이 선이 된다고 보는 관점은 문제점을 갖고 있다. 예를 들어 어떤 사람이 악을 욕구할 수도 있는데, 그것을 선이라고 볼 수는 없다는 것이다. 그런데 '이상적 욕구자'는 편견이나 무지로 인한 잘못된 욕구를 갖고 있지 않기 때문에 그가 욕구하는 모든 것은 선이 된다. 따라서 "무엇을 욕구하더라도 모두 선이라 간주해야 하는 주관주의의 문제점"을 '이상적 욕구자'를 상정하여 해결하려고 하는 것이다. 그러므로 ④는 '이상적 욕구자'를 상정하는 이유로 적절하다.

| 오답 해설 |
① 고전적 객관주의는 선이 인간의 욕구와는 상관없이 존재한다고 보며, 그러한 선은 직관 등을 통해 인식할 수 있다고 본다. 따라서 "선을 직관할 수 없다."고 보는 것은 고전적 객관주의의 문제점이 아니기에 그러한 문제점을 해결하기 위해 '이상적 욕구자'를 상정했다는 것은 적절하지 않다.

② '이상적 욕구자'도 욕구하는 존재이며, 그러한 존재가 있으면 그가 욕구하는 모든 것은 선이 된다. 물론 그러한 욕구하는 존재가 없으면 선은 존재하지 않게 된다. 따라서 "욕구의 주체가 없어도 선이 존재한다."는 고전적 객관주의의 주장을 강화하기 위해 이상적 욕구자를 상정했다고 보는 것은 적절하지 않다. 오히려 그러한 고전적 객관주의의 주장이 갖고 있는 문제점을 해결하기 위해 이상적 욕구자를 상정한 것이다.

③ '이상적 욕구자'도 욕구하는 사람이며, 그러한 존재가 있으면 그가 욕구하는 모든 것은 선이 된다. 따라서 이것은 "욕구하는 사람이 존재해야만 선이 형성된다."는 주관주의의 주장을 받아들이는 것이지 그 주장을 약화하기 위한 것은 아니다. 그러므로 ③은 이상적 욕구자를 상정한 이유로 적절하지 않다.

⑤ 주관주의는 전적으로 인간의 욕구에 의해 선이 형성된다고 본다. 이에 비해 온

건한 객관주의는 인간의 욕구와 사물의 객관적 속성이 상호 통합적으로 작용하여 선이 형성된다고 본다. 따라서 "선의 형성에서 인간과 사물의 상호 통합 작용이 필수적이다."는 주장은 주관주의가 아니라 온건한 객관주의의 입장이므로 ⑤의 내용은 적절하지 않다.

[14~16] 다음 글을 읽고 물음에 답하시오.

생명체가 다양한 구조와 기능을 갖는 기관을 형성하기 위해서는 수많은 세포들 간의 상호 작용을 통해 세포의 운명을 결정하는 과정이 필요하다. 사람의 경우 눈은 항상 코 위에, 입은 코 아래쪽에 위치한다. 이렇게 되기 위해서는 특정 세포군이 위치 정보를 획득하고 해석한 후 각 세포가 갖고 있는 유전 정보를 이용하여 자신의 운명을 결정함으로써 각 기관을 정확한 위치에 형성되게 하는 과정이 필수적이다. 세포 운명을 결정하는 다양한 방법이 존재하지만, 가장 간단한 방법은 어떤 특정 형태로 분화하게 하는 형태발생물질(morphogen)의 농도 구배(concentration gradient)를 이용하는 것이다. 형태발생물질은 세포나 특정 조직으로부터 분비되는 단백질로서 대부분의 경우에 그 단백질의 농도 구배에 따라 주변의 세포 운명이 결정된다. 예를 들어 뇌의 발생 초기 형태인 신경관의 위쪽에서 아래쪽으로 지붕판세포, 사이신경세포, 운동신경세포, 신경세포, 바닥판세포가 순서대로 발생하게 되는데, 이러한 서로 다른 세포로의 예정된 분화는 신경관 아래쪽에 있는 척색에서 분비되는 형태발생물질인 Shh의 농도 구배에 의해 결정된다〈그림 1〉. 척색에서 Shh가 분비되기 때문에 척색으로부터 멀어질수록 Shh의 농도가 점차 낮아지게 되어서, 그 농도의 높고 낮음에 따라 척색 근처의 신경관에 있는 세포는 바닥판세포로, 그 다음 세포는

〈그림 1〉

신경세포 및 운동신경세포로 세포 운명이 결정된다.

한 개체의 세포가 모두 동일한 유전자를 갖고 있음에도 불구하고 서로 다른 세포 운명을 택하게 되는 것은 농도 구배에 대응하여 활성화되는 전사인자의 종류가 다른 것으로 설명할 수 있다. 전사인자는 유전정보를 갖고 있는 DNA의 특이적인 염기 서열을 인식하여 특정 부분의 DNA로부터 mRNA를 만드는 작용을 하고, 이 mRNA의 정보를 바탕으로 단백질이 만들어진다. 예를 들어 Shh의 농도가 특정 역치 이상이 되면 A전사인자가 활성화되고 역치 이하인 경우는 B전사인자가 활성화되면, A전사인자에 의해 바닥판세포의 형성에 필요한 mRNA와 단백질이 합성되고, B전사인자에 의해 운동신경세포로 분화하는 데 필요한 mRNA와 단백질이 만들어지게 되어 서로 다른 세포 운명이 결정될 수 있는 것이다.

하지만 최근의 연구 결과에 의하면 일부의 형태발생물질이 단순한 확산에 의하여 농도 구배를 형성하지 않고 특정 형태의 매개체를 통하여 이동한다는 사실이 보고되었다. 가령 초파리 배아의 특정 발생 단계에서 합성되는 Wg라는 형태발생물질은 합성되는 장소를 기점으로 앞쪽으로만 비대칭적으로 전달된다〈그림 2-1〉. 만약 단순한 확산에 의해 농도 구배가 형성된다면 Wg 형태발생물질이 합성되는 곳의 앞쪽 및 뒤쪽으로 농도 구배가 형성될 것을 예상할 수 있지만〈그림 2-2〉, 실제로 〈그림 2-1〉에서 보이는 바와 같이 Wg가 뒤쪽으로는 이동하지 않고 앞쪽으로만 분포하는 현상이 관찰되었다.

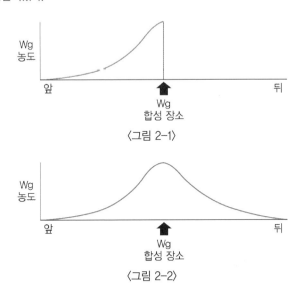

〈그림 2-1〉

〈그림 2-2〉

여러 가지 실험 결과를 바탕으로 초파리 배아에서 이러한 비대칭적인 전달을 설명하는 모델로서 아래와 같은 가설이 제시되었다.

(1) 수용체에 의한 전달 : 형태발생물질을 분비하는 세포 옆에 있는 세포의 표면에 있는 수용체가 형태발생물질을 인식하고 그 다음 세포의 수용체에 형태발생물질을 넘겨준다고 보는 가설이다. 이때 수용체의 양이 이미 비대칭적으로 분포하고 있다면 수용체에 부착된 형태발생물질의 농도 구배가 이루어질 수 있다.

(2) 세포막에 둘러싸인 소낭의 흡수에 의한 전달 : 형태발생물질을 분비하는 세포에서 형태발생물질이 소낭, 즉 작은 주머니에 싸여 앞쪽의 세포로만 단계적으로 전달된다고 보는 가설이다. 이 과정에서 형태발생물질의 일부만이 다음 세포로 전달되면 비대칭적 농도 구배가 이루어질 수 있다.

우리 몸을 구성하는 각 기관의 세포 조성이 다르고 서로 다른 발생 단계에서 각 세포가 처해 있는 환경이 다르므로 위에서 제시한 형태발생물질 농도 구배의 형성을 한 가지 모델로만 설명하는 것은 불가능하다. 특정 발생 단계에서는 단순한 확산에 의해서 농도 구배를 형성하고, 다른 환경이나 발생 단계에서는 위에서 기술한 비대칭적 이동에 의해 형태발생물질의 농도 구배가 형성된다고 설명하는 것이 타당하다. 하지만 어떤 방법에 의해서든지 형태발생물질의 농도 구배의 형성은 각각의 농도에 따른 서로 다른 유전자의 발현을 촉진함으로써 다양한 세포 및 기관의 형성 결정에 기여한다.

14.

윗글의 내용과 일치하지 <u>않는</u> 것은?

① 구형의 수정란은 형태발생물질의 도움으로 신체 구조의 전후 좌우가 비대칭적인 성체로 발생하게 된다.
② 단순 확산으로 전달되는 형태발생물질의 농도는 형태발생물질 분비 조직과의 물리적 거리에 반비례한다.
③ 모든 세포는 동일한 유전자를 가지고 있지만 특정 전사인자의 활성화 여부에 따라 서로 다른 단백질을 만들어낸다.
④ 형태발생물질의 비대칭적 확산을 위해서는 형태발생물질 분비 조직의 주변 세포에 있는 수용체 또는 소낭의 역할이 필요하다.
⑤ 형태발생물질은 척색이 있는 동물의 발생에서는 단순 확산의 형태로, 초파리와 같은 무척추 동물의 발생에서는 비대칭적 확산의 형태로 주로 쓰인다.

문항유형 : 정보의 확인과 재구성

내용영역 : 과학기술

평가 목표 이 문항은 수정란으로부터 개체로 발생하는 과정에 필수적으로 관여하는 형태발생물질의 역할과 발생학의 기본 원리를 주어진 제시문으로부터 확인해 낼 수 있는 능력을 평가한다.

문제 풀이 정답 : ⑤

방사대칭의 수정란이 발생 과정을 통해 전후 좌우의 비대칭적인 성체로 성장하고 각 기관이 올바른 위치에 자리잡도록 하는 형태발생물질의 작용 원리를 제시문에 있는 내용을 토대로 정확하게 파악하여야 한다.

정답 해설 ⑤ 제시문의 마지막 단락의 문장인 "발생 단계에서 각 세포가 처해 있는 환경이 다르므로 위에서 제시한 형태발생물질 농도 구배의 형성을 한 가지 모델로만 설명하는 것은 불가능하다. 특정 발생 단계에서는 단순한 확산에 의해서 농도 구배를 형성하고, 다른 환경이나 발생 단계에서는 위에서 기술한 비대칭적 이동에 의해 형태발생물질의 농도 구배가 형성된다고 설명하는 것이 타당하다."를 통해 척색 동물이나 무척추 동물 모두에서 두 종류의 농도 구배 형성 메커니즘이 모두 사용된다는 것을 알 수 있다.

오답 해설 ① 제시문의 "세포 운명을 결정하는 다양한 방법이 존재하지만, 가장 간단한 방법은 어떤 특정 형태로 분화하게 하는 형태발생물질(morphogen)의 농도 구배를 이용하는 것이다. 형태발생물질은 세포나 특정 조직으로부터 분비되는 단백질로서 대부분의 경우에 그 단백질의 농도 구배에 따라 주변의 세포 운명이 결정된다."를 통해 형태발생물질이 성체로의 발생에 도움을 주는 것을 알 수 있다.

② 〈그림 1〉에 제시된 Shh 형태발생물질의 확산 과정을 이해하면 형태발생물질 분비 조직과의 물리적 거리에 반비례하여 형태발생물질의 농도 구배가 생성된다는 것을 파악할 수 있다.

③ 제시문의 "한 개체의 세포가 모두 동일한 유전자를 갖고 있음에도 불구하고 형태발생물질의 농도 구배에 따라 서로 다른 세포 운명을 택하게 되는 것은 다른 농도의 형태발생물질에 따라 활성화되는 전사인자의 종류가 다른 것으로 설명할 수 있다. 전사인자는 유전정보를 갖고 있는 DNA의 특이적인 염기 서열을 인식하여 특정 부분의 DNA로부터 mRNA를 만드는 작용을 하고 이 mRNA의 정보를 바탕으로 단백질이 만들어진다."를 통해 올바른 서술임을 알 수 있다.

④ 제시문의 "여러 가지 실험 결과를 바탕으로 초파리 배아에서 이러한 비대칭적인 전달을 설명하는 모델로서 아래와 같은 가설이 제시되었다." 이후에 제시된

두 가지 모델의 설명을 통해 수용체 또는 소낭의 역할이 필요하다는 것을 알아낼 수 있다.

15.

윗글을 바탕으로 추론한 것으로 타당한 것을 〈보기〉에서 고른 것은?

보 기

ㄱ. 신경관을 이루는 세포들의 운명이 결정되기 전에 척색을 제거하면 바닥판세포가 형성되지 않을 것이다.

ㄴ. 신경관을 이루는 세포들의 운명이 결정되기 전에 척색을 다른 위치로 이동하면 그 위치와 가장 가까운 곳에서 지붕판세포가 생길 것이다.

ㄷ. 분화되지 않은 신경관에 있는 세포들을, 바닥판세포를 형성하는 Shh의 역치보다 높은 농도의 Shh와 함께 배양하면 사이신경세포보다 바닥판세포가 더 많이 형성될 것이다.

ㄹ. 운동신경세포를 결정짓는 Shh 농도의 역치는 사이신경세포를 결정짓는 Shh 농도의 역치보다 낮을 것이다.

① ㄱ, ㄷ   ② ㄱ, ㄹ   ③ ㄴ, ㄷ

④ ㄴ, ㄹ   ⑤ ㄷ, ㄹ

문항 성격	문항유형 : 정보의 추론과 해석
	내용영역 : 과학기술
평가 목표	이 문항은 형태발생물질 Shh의 농도 구배에 의해 신경관을 이루는 각 세포군들이 독립적으로 발생하는 과정을 이해하고 이러한 정보를 가상의 실험 상황에 적용하여 적절하게 추론할 수 있는지를 평가한다.
문제 풀이	정답 : ①

〈그림 1〉에 도해된 형태발생물질 Shh의 농도에 따른 발생 과정을 이해하고 각 선택지의 진위를 판단해야 한다.

〈보기〉 해설   ㄱ. 제시문의 "이러한 서로 다른 세포로의 예정된 분화는 신경관 아래쪽에 있는 척색에서 분비되는 형태발생물질인 Shh의 농도 구배에 의해 결정된다."를 통하여 척색의 존재가 바닥판세포를 비롯한 신경관 구성 세포들의 형성에 의해 필수적인 것을 알 수 있다. 따라서 ㄱ은 타당한 추론이다.

ㄴ. 〈그림 1〉을 통해 척색에서 가장 가까운 위치에 바닥판세포가 생성된다는 것을 추론해 낼 수 있다. 따라서 ㄴ은 타당한 추론이 아니다.

ㄷ. 제시문의 "예를 들어 Shh의 농도가 특정 역치 이상이 되면 A전사인자가 활성화되고 역치 이하인 경우는 B전사인자가 활성화되면, A전사인자에 의해 바닥판세포의 형성에 필요한 mRNA와 단백질이 합성되고, B전사인자에 의해 운동신경세포로 분화하는 데 필요한 mRNA와 단백질이 만들어지게 되어 서로 다른 세포 운명이 결정될 수 있는 것이다."를 통하여 바닥판세포를 형성하는 Shh의 역치보다 높은 농도의 Shh와 분화되지 않은 신경관에 있는 세포들을 같이 배양하면 바닥판세포가 사이신경세포보다 많이 형성될 수 있다는 것을 추론해 낼 수 있다. 따라서 ㄷ은 타당한 추론이다.

ㄹ. 〈그림 1〉을 통해 운동신경세포가 사이신경세포보다 척색에 가까운 위치에서 발생하는 것을 알 수 있고, 이를 통하여 운동신경세포를 결정짓는 Shh 농도의 역치는 사이신경세포를 결정하는 Shh 농도의 역치보다 높다는 것을 추론할 수 있다. 따라서 ㄹ은 타당한 추론이 아니다.

16.

초파리 배아의 발생 과정에 관하여 추론한 것으로 타당한 것은?

① Wg 수용체의 비대칭적 분포는 Wg의 농도 구배에 기인한다.
② Wg를 발현하는 세포로부터 앞쪽으로 멀어질수록 Wg 수용체의 농도는 높다.
③ 소낭에 의해 전달되는 Wg의 양은 Wg를 발현하는 세포에서 멀어질수록 많다.
④ Wg 합성 장소에서 앞쪽과 뒤쪽으로 같은 거리만큼 떨어진 두 세포에서 만들어지는 mRNA는 동일하다.
⑤ Wg 수용체 유전자 또는 소낭을 통해 Wg 수송을 촉진하는 유전자는 Wg 합성 장소 앞쪽에서 발현한다.

> **문항 성격**　문항유형 : 정보의 추론과 해석
> 　　　　　　　내용영역 : 과학기술

이 문항은 제시문에 소개된 Wg 형태발생물질의 비대칭적 확산이 유지되는 메커니즘에 대한 정보를 토대로 추론하는 능력을 평가하는 문제이다.

정답 : ⑤

초파리 발생 과정에서 비대칭적으로 분포하는 Wg 형태발생물질의 작용 메커니즘과 비대칭 농도 구배 형성 메커니즘에 대한 정확한 이해를 토대로 추론할 수 있어야 한다.

정답 해설 ⑤ 제시문의 "(1) 수용체에 의한 전달 : 형태발생물질을 분비하는 세포 옆에 있는 세포의 표면에 있는 수용체가 형태발생물질을 인식하고 그 다음 세포의 수용체에 형태발생물질을 넘겨주는 방법이다. 이때 수용체의 양이 이미 비대칭적으로 분포하고 있다면 수용체에 부착된 형태발생물질의 농도 구배가 이루어질 수 있다. (2) 세포막에 둘러싸인 소낭의 흡수에 의한 전달 : 형태발생물질을 분비하는 세포에서 형태발생물질이 소낭, 즉 작은 주머니에 싸여 앞쪽의 세포로만 단계적으로 전달되는 방법이다. 이 과정에서 형태발생물질의 일부만이 다음 세포로 전달되면 비대칭적 농도 구배가 이루어질 수 있다."를 통해 Wg 수용체 유전자 또는 Wg 소낭 수송 기능을 담당하는 유전자는 Wg 합성 장소 앞쪽에 존재하는 세포에서 발현된다는 것을 추론해 낼 수 있다.

오답 해설 ① Wg 수용체의 비대칭적 분포에 의해 Wg의 비대칭적 농도 구배가 형성되는 것이다. 따라서 ①은 원인과 결과를 혼동하는 진술로서, 타당한 추론에 의해 얻어진 진술이 아니다.

② Wg 수용체에 의한 비대칭적인 Wg 농도 구배 생성을 위해서는 Wg를 발현하는 세포로부터 앞쪽으로 멀어질수록 Wg 수용체의 농도는 낮아져야 한다. 따라서 ②는 타당한 추론에 의해 얻어진 진술이 아니다.

③ 소낭에 의한 비대칭적인 Wg 농도 구배 생성을 위해서는 Wg를 발현하는 세포로부터 앞쪽으로 멀어질수록 소낭에 의해 전달되는 Wg의 양은 적다. 따라서 ③은 타당한 추론에 의해 얻어진 진술이 아니다.

④ 제시문 "한 개체의 세포가 모두 동일한 유전자를 갖고 있음에도 불구하고 형태발생물질의 농도 구배에 따라 서로 다른 세포 운명을 택하게 되는 것은 다른 농도의 형태발생물질에 따라 활성화되는 전사인자의 종류가 다른 것으로 설명할 수 있다. 전사인자는 유전정보를 갖고 있는 DNA의 특이적인 염기 서열을 인식하여 특정 부분의 DNA로부터 mRNA를 만드는 작용을 하고, 이 mRNA의 정보를 바탕으로 단백질이 만들어진다."라는 진술로부터 서로 다른 세포 운명을 택하게 되는 Wg 합성 장소 앞쪽의 세포와 뒤쪽의 세포는 같은 거리만큼 떨어져 있다고 하더라도 서로 다른 유전자 발현, 즉 서로 다른 mRNA 조성을 가지고

있으리라는 것을 추론할 수 있다. 따라서 ④는 타당한 추론에 의해 얻어진 진술이 아니다.

[17~19] 다음 글을 읽고 물음에 답하시오.

　대의 민주주의에서 정당의 역할에 대한 대표적인 설명은 책임정당정부 이론이다. 이 이론에 따르면 정치에 참여하는 각각의 정당은 자신의 지지 계급과 계층을 대표하고, 정부 내에서 정책 결정 및 집행 과정을 주도하며, 다음 선거에서 유권자들에게 그 결과에 대해 책임을 진다. 유럽에서 정당은 산업화 시기 생성된 노동과 자본 간의 갈등을 중심으로 다양한 사회 경제적 균열을 이용하여 유권자들을 조직하고 동원하였다. 이 과정에서 정당은 당원 중심의 운영 구조를 지향하는 대중정당의 모습을 띠었다. 당의 정책과 후보를 당원 중심으로 결정하고, 당내 교육과정을 통해 정치 엘리트를 충원하며, 정치인들이 정부 내에서 강한 기율을 지니는 대중정당은 책임정당정부 이론을 뒷받침하는 대표적인 정당 모형이었다.

　대중정당의 출현 이후 정당은 의회의 정책 결정과 행정부의 정책 집행을 통제하는 정부 속의 정당 기능, 지지자들의 이익을 집약하고 표출하는 유권자 속의 정당 기능, 그리고 당원을 확충하고 정치 엘리트를 충원하고 교육하는 조직으로서의 정당 기능을 갖추어 갔다. 그러나 20세기 중반 이후 발생한 여러 원인으로 인해 정당은 이러한 기능에서 변화를 겪게 되었다.

　산업 구조와 계층 구조가 다변화됨에 따라 정당들은 특정 계층이나 집단의 지지만으로는 집권이 불가능해졌고 이에 따라 보다 광범위한 유권자 집단으로부터 지지를 획득하고자 했다. 그 결과 정당 체계는 특정 계층을 뛰어넘어 전체 유권자 집단에 호소하여 표를 구하는 포괄정당 체계의 모습을 띠게 되었다. 선거 승리라는 목표가 더욱 강조될 경우 일부 정당은 외부 선거 전문가로 당료들을 구성하는 선거전문가정당 체계로 전환되기도 했다. 이 과정에서 계층과 직능을 대표하던 기존의 조직 라인은 당 조직의 외곽으로 밀려나기도 했다.

　한편 탈산업사회의 도래와 함께 환경, 인권, 교육 등에서 좀 더 나은 삶의 질을 추구하는 탈물질주의가 등장함에 따라 새로운 정당의 출현에 대한 압박이 생겨났다. 이는 기득권을 유지해온 기성 정당들을 위협했다. 이에 정당들은 자신의 기득권을 유지하기 위해 공적인 정치 자원의 과점을 통해 신생 혹은 소수 정당의 원내 진입이나 정치 활동을 어렵게 하는 카르텔정당 체계를 구성하기도 했다. 다양한 정치관계법은 이런 체계를 유지하는 대표적인 수단으로 활용되었다. 정치관계법과 관련된 선거제도의 예를 들면, 비례대표제에 비해 다수대표제는 득표 대비 의석 비율을 거대정당에 유리하도록 만들어 정당의 카르텔화를 촉진하는 데 활용되기도 한다.

이러한 정당의 변화 과정에서 정치 엘리트들의 자율성은 증대되었고, 정당 지도부의 권력이 강화되어 정부 내 자당 소속의 정치인들에 대한 통제력이 증가되었다. 하지만 반대로 평당원의 권력은 약화되고 당원 수는 감소하여 정당은 지지 계층 및 집단과의 유대를 잃어가기 시작했다.

뉴미디어가 발달하면서 정치에 관심은 높지만 정당과는 거리를 두는 '인지적' 시민이 증가함에 따라 정당 체계는 또 다른 도전에 직면하게 되었다. 정당 조직과 당원들이 수행했던 기존의 정치적 동원은 소셜 네트워크 내 시민들의 자기 조직적 참여로 대체되었다. 심지어 정당을 우회하는 직접 민주주의의 현상도 나타났다. 이에 일부 정당은 카르텔 구조를 유지하면서도 공직후보 선출권을 일반 국민에게 개방하는 포스트카르텔정당 전략이나, 비록 당원으로 유입시키지 못할지라도 온라인 공간에서 인지적 시민과의 유대를 강화하려는 네트워크정당 전략으로 위기에 대응하고자 했다. 그러나 이러한 제반의 개혁 조치가 대중정당으로의 복귀를 의미하지는 않았다. 오히려 당원이 감소되는 상황에서 선출권자나 후보들을 정당 밖에서 충원함으로써 고전적 의미의 정당 기능은 약화되었다.

물론 이러한 상황에서도 20세기 중반 이후 정당 체계들이 여전히 책임정당정치를 일정하게 구현하고 있다는 주장이 제기되기도 했다. 예를 들어 국가 간 비교를 행한 연구는 최근의 정당들이 구체적인 계급, 계층 집단을 조직하고 동원하지는 않지만 일반 이념을 매개로 정치 영역에서 유권자들을 대표하는 기능을 강화했음을 보여 주었다. 유권자들은 좌우의 이념을 통해 정당의 정치적 입장을 인지하고 자신과 이념적으로 가까운 정당에 정치적 이해를 표출하며, 정당은 집권 후 이를 고려하여 책임정치를 일정하게 구현하고 있다는 것이다. 이때 정당은 포괄정당에서 네트워크정당까지 다양한 모습을 띨 수 있지만, 이념을 매개로 유권자의 이해와 정부의 책임성 간의 선순환적 대의 관계를 잘 유지하고 있다는 것이다.

이와 같이 정당의 이념적 대표성을 긍정적으로 평가하는 주장에 대해 몇몇 학자 및 정치인들은 대중정당론에 근거한 반론을 제기하기도 한다. 이들은 여전히 정당이 계급과 계층을 조직적으로 대표해야 하며, 따라서 ㉠ 정당의 전통적인 기능과 역할을 복원하여 책임정당정치를 강화해야 한다는 주장을 제기하고 있다.

17.

20세기 중반 이후 정당 체계에서 발생한 정당 기능의 변화로 볼 수 <u>없는</u> 것은?

① 정부 속의 정당 기능의 강화
② 유권자 속의 정당 기능의 약화
③ 조직으로서의 정당 기능의 강화
④ 유권자를 정치적으로 동원하는 기능의 약화
⑤ 유권자의 일반 이념을 대표하는 기능의 강화

문항 성격	문항유형 : 정보의 확인과 재구성
	내용영역 : 사회
평가 목표	이 문항은 20세기 중반 이후 대중정당의 변천 과정에서 발생한 정당의 여러 고유 기능에서의 변화를 정확히 파악하고 있는지를 평가한다.
문제 풀이	정답 : ③

20세기 중반 이후 대중정당은 선거 경쟁력을 강화하기 위해 종래 당원 중심의 운영 구조를 보였던 대중정당으로부터 포괄정당, 선거전문가정당, 카르텔정당, 포스트카르텔정당, 네트워크정당으로 변모해 가면서 종래 대중정당이 지녔던 당원 중심의 정당 기능이 약화되어 가는 과정을 겪는다.

정답 해설	③ 제시문에서 조직으로서의 정당 기능은 "당원을 확충하고 정치 엘리트를 충원하고 교육"하는 기능으로 정의되고 있다. 그리고 "외부 선거 전문가로 당료들을 구성," "평당원의 권력은 약화되고 당원 수는 감소하여," 그리고 "선출권자나 후보들을 정당 밖에서 충원함으로써 고전적 의미의 정당 기능은 약화되었다."는 기술을 통해 조직으로서의 정당 기능이 약화되었음을 진술하고 있다.
오답 해설	① 제시문에서 정부 속의 정당 기능은 정당이 "의회의 정책 결정과 행정부의 정책 집행을 통제"하는 기능으로 정의되어 있다. 그리고 "정치 엘리트들의 자율성은 증대되었고, 정당 지도부의 권력이 강화되어 정부 내 자당 소속의 정치인들에 대한 통제력이 증가되었다."라는 기술을 통해 정부 속의 정당 기능은 강화되었음을 진술하고 있다.
	② 제시문에서 유권자 속의 정당 기능은 "지지자들의 이익을 집약하고 표출하는" 기능이라고 정의되고 있다. 그리고 "특정 계층을 뛰어넘어 전체 유권자 집단에 호소," "이 과정에서 계층과 직능을 대표하던 기존 조직 라인은 당 조직의 외곽

으로 밀려나기도," "지지 계층 및 집단과의 유대를 잃어가기 시작" 등의 기술을 통해 유권자 속의 정당 기능은 약화되었음을 진술하고 있다.

④ 제시문에서 "정당 조직과 당원들이 수행했던 기존의 정치적 동원은 소셜 네트워크 내 시민들의 자기 조직적 참여로 대체되었다. 심지어 정당을 우회하는 직접 민주주의의 현상도 나타났다."라는 기술을 통해 정치적 동원 기능이 약화되었음을 진술하고 있다.

⑤ 제시문에서 "최근의 정당들이 구체적인 계급, 계층 집단을 조직하고 동원하지는 않지만 일반 이념을 매개로 정치 영역에서 유권자들을 대표하는 기능을 강화했음을 보여 주었다."라는 기술을 통해 유권자의 일반 이념을 대표하는 기능이 강화되었음을 진술하고 있다.

18.

〈보기〉에 제시된 진술 가운데 적절한 것만을 있는 대로 고른 것은?

보기

ㄱ. 지난 총선에서 지나치게 진보적인 노선을 제시해 패배했다고 판단한 A당이 차기 선거의 핵심 전략으로 중도 유권자도 지지할 수 있는 노선을 채택한 사례는 선거전문가정당 모형으로 가장 잘 설명될 수 있다.

ㄴ. B당이 선거 경쟁력을 향상시키기 위해 의석수에 비례해 배분했던 선거보조금의 50%를 전체 의석의 30% 이상의 의석을 지닌 정당에게 우선적으로 배분하고, 나머지는 각 정당의 의석수에 비례해 배분하자고 제안한 사례는 카르텔정당 모형으로 가장 잘 설명될 수 있다.

ㄷ. 다당제 아래 원내 의석을 과점하며 집권했던 C당이 지지율이 급감해 차기 총선의 전망이 불투명해지자 이에 대처하기 위해 개방형 국민참여경선제를 도입한 사례는 네트워크정당 모형으로 가장 잘 설명될 수 있다.

① ㄱ   ② ㄴ   ③ ㄷ

④ ㄱ, ㄴ   ⑤ ㄴ, ㄷ

내용영역 : 사회

평가 목표 이 문항은 제시문에서 소개하고 있는 각 정당 모형이 가장 잘 설명할 수 있는 사례를 찾게 함으로써 제시문을 통해 얻은 정보를 적용하는 능력을 평가한다.

문제 풀이 정답 : ②

대중정당의 변화 과정에서 포괄정당은 기존 지지 계층을 뛰어넘어 포괄적인 지지 집단을 구성하려는 전략을 채택하며, 선거전문가정당은 외부의 선거 전문가들로 캠프를 구성하며, 카르텔정당은 소수 정당들의 진입을 가로막는 전략을 채택하며, 포스트카르텔정당은 공직후보의 선출권을 개방하는 전략을 채택하며, 네트워크정당은 온라인에서 지지자들을 조직하는 전략을 채택한다.

〈보기〉 해설 ㄱ. 진보적인 노선을 선택해서 총선에서 패배한 정당이 중도 유권자들도 견인하기 위한 전략을 채택한 것은 전형적인 포괄정당이 채택하는 전략, 즉 "특정 계층이나 집단의 지지만으로는 집권이 불가능해졌고 이에 따라 보다 광범위한 유권자 집단으로부터 지지를 획득하고자"한 전략이라고 볼 수 있다. 따라서 선거전문가정당이 아니라 포괄정당의 주요 특징이라 보아야 한다.

ㄴ. 기존에 의석수에 비례해 배분했던 선거보조금을 우선 50%를 전체 의석의 30% 이상의 의석을 지닌 정당에게 우선적으로 배분하고, 나머지는 각 정당의 의석수에 비례해 배분하자는 제안은 거대정당들이 정치적 자원을 과점하고 신생 정당이나 소수 정당의 진입을 막는 카르텔정당 모형의 주요 특징을 보여준다.

ㄷ. 다당제 아래 원내 의석을 과점하며 집권했던 C당이 지지율이 급감해 차기 총선의 전망이 불투명해지자 이에 대처하기 위해 개방형 국민참여경선제를 도입한 것은 "카르텔 구조를 유지하면서도 공직후보 선출권을 일반 국민에게 개방하는" 전략으로 네트워크정당의 전략이 아니라 포스트카르텔정당의 주요 전략으로 보아야 한다.

19.

㉠의 내용으로 적절하지 <u>않은</u> 것은?

① 당원의 자격과 권한을 강화하면 탈산업화 시대에 다변화된 계층적 이해를 제대로 대표하지 못하게 된다.

② 공직후보 선출권을 일반 시민들에게 개방하면 당의 노선에 충실한 정치 엘리트를 원활하게 충원할 수 없다.

③ 신생 정당의 원내 진입을 제한하는 규칙은 대의제를 통해 이익을 집약하고 표출할 수 없는 유권자들을 발생시킨다.

④ 정당이 유권자의 일반 이념을 대표한다고 할지라도 정당의 외연을 과도하게 확장하면 당의 계층적 정체성을 약화한다.

⑤ 온라인 공간에서 인지적 시민들과 유대를 강화하는 것에 지나치게 집중하면 당의 근간을 이루는 당원 확충에 어려움을 겪게 된다.

문항 성격	문항유형 : 정보의 평가와 적용
	내용영역 : 사회
평가 목표	대중정당론이 책임정당정치를 강화해야 한다고 주장하는 근거가 무엇인지, 즉 대중정당론이 다른 정당 체계 원리들을 어떻게 비판할 수 있는지를 판단하는 능력을 평가한다.
문제 풀이	정답 : ①

20세기 중반 이후 변모한 포괄정당, 선거전문가정당, 카르텔정당, 포스트카르텔정당, 네트워크정당에서 정당 기능의 변화를 대중정당론의 입장에서 비판하는 내용 중 적절하지 않은 것을 찾는다.

정답 해설	① 대중정당론은 당원 중심의 운영 구조를 특징으로 하고 있다. 따라서 유권자 속의 정당 기능을 다시 당원 중심으로 복원하여 비록 다변화되었지만 탈산업화 시대에도 계층적 이해를 그대로 대변하자고 주장할 것이다. 그러나 ①은 이와 반대되는 주장으로서 오히려 대중정당론을 비판하는 입장에서의 진술이다.
오답 해설	② 이 선택지는 대중정당론에 근거해 포스트카르텔정당의 전략을 비판한 것이다. 포스트카르텔정당은 공직후보 선출권을 일반 국민에게 개방하는 전략을 채택하는데, 이 과정에서 "선출권자나 후보들을 정당 밖에서 충원함으로써 고전적 의미의 정당 기능은 약화"될 수밖에 없다. 왜냐하면 당의 노선에 충실한 정치 엘리트가 아니라 일반 시민의 지지를 받고자 하는 후보가 더욱 많이 충원되기 때문이다.
	③ 이 선택지는 대중정당론의 입장에서 카르텔정당론을 비판한 것이다. 대중정당론에 따르면, 정당은 계급과 계층을 고르게 대표해야 한다. 따라서 신생 정당의 진입을 막는 규칙들은 대표되지 못하는 유권자들을 발생시키기에 대중정당론의 입장에서 ③과 같이 비판할 수 있다.

④ 몇몇 연구들이 20세기 중후반 정당들이 유권자의 이념적 대표성을 강화해 왔다고 주장하고 있지만, 정당이 포괄 전략을 채택하는 한, 종래 정치적으로 대표하던 계층적 정체성은 약화될 수밖에 없다. 지지 계층을 중심으로 당의 지지 기반을 확장해 가야 한다고 주장하는 대중정당론의 입장에서 ④와 같이 비판할 수 있다.

⑤ 인지적 시민은 높은 정치적 관심에도 불구하고 정당에의 참여를 거부하는 시민들이다. 이러한 인지적 시민들과 온라인 공간에서 유대를 강화하는 것에 지나치게 집중하면 결국 당원 확충 기능이 약해질 수밖에 없다. 대중정당론은 이러한 전략이 결과적으로 당원 중심의 운영 구조를 약화시킬 것이라고 비판한다.

[20~22] 다음 글을 읽고 물음에 답하시오.

현대 사회에서 국가는 개인의 권리와 이익에 영향을 주는 다양한 행정 작용을 한다. 이에 따라 국가 활동으로 인해 손해를 입은 개인을 보호할 필요성이 커지게 되었다. 국가배상 제도는 국가 활동으로부터 손해를 입은 개인을 보호하기 위해 국가에게 손해배상 책임을 지운다. 이 제도는 19세기 후반 프랑스에서 법원의 판결 곧 판례에 의해 도입된 이래, 여러 나라에서 법률 또는 판례에 의해 인정되었다. 우리나라도 국가배상법을 제정하여 공무원의 법을 위반한 직무 집행으로 손해를 입은 개인에게 국가가 그 손해를 배상하도록 하고 있다.

법관이 하는 재판도 국가 활동에 속하는 이상 재판에 잘못이 있을 때 국가가 전적으로 손해배상 책임을 지는 것이 타당하다고 볼 수도 있다. 그러나 재판에는 일반적인 행정 작용과는 다른 특수성이 있어 재판에 대한 국가배상 책임을 제한할 필요성이 인정된다. 그 특수성으로 먼저 생각할 수 있는 것은 재판의 공정성을 위하여 법관의 직무상 독립이 보장되고 있다는 점이다. 만일 법관이 재판을 함에 있어서 사실관계의 파악, 법령의 해석, 사실관계에 대한 법령의 적용에 잘못을 범하였다는 이유로 국가가 손해배상 책임을 지게 되면, 법관은 이러한 손해배상 책임에 대한 부담 때문에 소신껏 재판 업무에 임할 수 없게 될 것이다.

법적 안정성을 위하여 확정 판결에 기판력이 인정된다는 것도 재판의 특수성의 하나이다. 기판력은 당사자가 불복하지 않아서 판결이 확정되거나 최상급 법원의 판단으로 판결이 확정되면, 동일한 사항이 다시 소송에서 문제가 되었을 때 당사자가 이에 저촉되는 청구를 할 수 없고 법원도 이에 저촉되는 판결을 할 수 없게 되는 구속력을 의미한다. 이는 부단히 반복될 수 있는 법적 분쟁을 일정 시점에서 사법권의 공적 권위로써 확정하여 법질서를 유지하고자 하는 것이다. 만약 일단 기판력이 생긴 확정 판결을 다시 국가배상 청구의 대상으로 삼는 것을 허용한다면, 그것만으로도 법적 안정성이 흔들리게 되기 때문이다.

재판에는 심급 제도가 마련되어 있다는 점도 특수성으로 볼 수 있다. 심급 제도는 법원의 재판에 대하여 불만이 있는 경우 상위 등급의 법원에서 다시 재판을 받을 수 있도록 하는 제도이다. 소송 당사자는 법률에 의하여 정해진 불복 절차에 따라 상급심에서 법관의 업무 수행에 잘못이 있음을 주장하여 하급심의 잘못된 결과를 시정할 수 있다. 심급 제도와 다른 방식으로 잘못된 재판의 결과를 시정하는 것은 인정되지 않는다. 재판에 대한 국가배상 책임을 넓게 인정하면 심급 제도가 무력화되어 법적 안정성을 해치게 된다.

독일에서는 법관의 직무상 의무 위반이 형사법에 의한 처벌의 대상이 되는 경우에만 국가배상 책임이 인정된다고 법률에 명시하고 있다. 이와 달리 우리나라의 국가배상법에는 재판에 대한 국가배상 책임을 부정하거나 제한하는 명문의 규정이 없다. 따라서 재판에 대한 국가배상법의 적용 자체를 부정할 수는 없다. 그러나 ㉠ 우리 대법원은 다음과 같은 방식으로 재판에 대한 국가배상 책임의 인정 범위를 좁히고 있다. 먼저, 대법원은 비록 확정 판결이라고 하더라도 법관이 그에게 부여된 권한의 취지에 명백히 어긋나게 이를 행사하였다고 인정할 만한 특별한 사정이 있는 경우에는 재판의 위법성을 인정한다. 뇌물을 받고 재판한 것과 같이 법관이 법을 어길 목적을 가지고 있었다거나 소를 제기한 날짜를 확인하지 못한 것과 같이 법관의 직무 수행에서 요구되는 법적 기준을 현저하게 위반했을 때가 이에 해당한다. 따라서 법관이 직무상 독립에 따라 내린 판단에 대하여 이후에 상급 법원이 다른 판단을 하였다는 사정만으로는 재판의 위법성이 인정되지 않는다. 그리고 대법원에 따르면, 재판에 대한 불복 절차가 마련되어 있는 경우에는 이러한 절차를 거치지 않고 국가배상 책임을 묻는 것은 인정되지 않는다. 불복 절차를 따르지 않은 탓에 손해를 회복하지 못한 사람은 원칙적으로 국가배상에 의한 보호를 받을 수 없다는 것이다. 단, 불복 절차를 거치지 않은 것 자체가 법관의 귀책사유로 인한 것과 같은 특별한 사정이 있으면 예외적으로 국가배상 책임을 물을 수 있다.

20.
윗글의 내용과 일치하는 것은?

① 프랑스를 비롯한 여러 나라에서 국가배상 제도가 법률로 도입되었다.

② 최하위 등급의 법원이 한 판결도 국가배상 책임의 대상이 될 수 있다.

③ 사실관계 파악은 법관의 직무가 아니므로 국가배상 책임의 대상이 아니다.

④ 독일은 판례를 통해서만 재판에 대한 국가배상 책임의 인정 범위를 제한한다.

⑤ 우리나라의 국가배상법은 별도의 규정으로 재판에 대한 국가배상 책임을 제한한다.

문항 성격 문항유형 : 정보의 확인과 재구성

내용영역 : 법·규범

평가 목표 이 문항은 국가배상 책임 및 재판에 대한 국가배상 책임의 인정 범위에 관한 제시문의
설명을 바탕으로 그에 관한 기본적인 정보를 정확하게 이해하고 있는지를 평가한다.

문제 풀이 정답 : ②

국가배상 책임 제도의 연혁 및 개념, 각국의 재판에 대한 국가배상 책임의 인정 범위에 관한 제시
문의 설명을 정확하게 이해하고 그 내용과 부합하는 선택지를 골라야 한다.

정답 해설 ② 제시문의 "기판력은 당사자가 불복하지 않아서 판결이 확정되거나 최상급 법원
의 판단으로 판결이 확정되면"에서 보면 최하위 등급의 법원도 당사자가 불복
하지 않으면 판결이 확정될 수 있다. 판결이 확정된다면 당연히 국가배상 책임
의 대상이 될 수 있다. 그런데 최하위 등급의 법원의 판결이 확정되는 것은 당
사자가 불복하지 않았기 때문인데, 제시문의 "불복 절차를 따르지 않은 탓에 손
해를 회복하지 못한 사람은 원칙적으로 국가배상에 의한 보호를 받을 수 없다
는 것이다."에 따르면 국가배상 보호를 받을 수 없을 수도 있으나 제시문의 다
음 부분인 "단, 불복 절차를 거치지 않은 것 자체가 법관의 귀책사유로 인한 것
과 같은 특별한 사정이 있으면 예외적으로 국가배상 책임을 물을 수 있다."를
보면 특별한 사정이 있으면 국가배상 책임을 물을 수 있으므로 국가배상 책임
의 대상이 될 수 있다.

오답 해설 ① 제시문의 "이 제도는 19세기 후반 프랑스에서 법원의 판결 곧 판례에 의해 도입
된 이래,"에 따르면 프랑스는 판례에 의해 국가배상이 도입되었다.

③ 제시문의 "법관이 재판을 함에 있어서 사실관계의 파악, 법령의 해석, 사실관계
에 대한 법령의 적용에 잘못을 범하였다는 이유로 국가가 손해배상 책임을 지
게 되면"에 따르면, 사실관계의 파악은 법관의 직무에 포함된다.

④ 제시문의 "독일에서는 법관의 직무상 의무 위반이 형사법에 의한 처벌의 대상
이 되는 경우에만 국가배상 책임이 인정된다고 법률에 명시하고 있다."라는 부
분을 볼 때, 독일은 재판에 대한 국가배상 책임의 인정 범위를 법률로 제한하고

있으며 판례로만 인정 범위를 제한하지 않는다.

⑤ 제시문의 "우리나라의 국가배상법에는 재판에 대한 국가배상 책임을 부정하거나 제한하는 명문의 규정이 없다."라는 부분을 볼 때, 우리나라에서는 재판에 대한 국가배상 책임을 별도의 규정으로 제한하지 않는다.

21.

㉠의 입장에 대해 판단한 것으로 적절하지 <u>않은</u> 것은?

① 국가배상 청구가 심급 제도를 대체하는 불복 절차로 기능하는 것을 허용하지 않는다.

② 법적 절차를 거치지 않은 피해자의 권리를 법적 안정성의 유지를 위해 희생하는 것을 허용한다.

③ 판결이 확정되어 기판력이 발생하면 그 확정 판결로 인해 생긴 손해에 대해서는 국가배상 책임을 인정하지 않는다.

④ 법관이 법을 어기면서 이루어진 재판에 대해서는 법관의 직무상 독립을 보장하는 취지에 어긋나기 때문에 그 위법성을 인정한다.

⑤ 법관의 직무상 독립을 위해, 판결에 나타난 법관의 법령 해석이 상급 법원의 해석과 다르다는 것만으로 재판의 위법성을 인정하지 않는다.

문항 성격	문항유형 : 의도, 관점, 입장 파악
	내용영역 : 법 · 규범
평가 목표	이 문항은 제시문에 명시적으로 서술된, 재판에 대한 국가배상 책임의 인정 범위에 대한 대법원의 견해를 바탕으로 대법원의 입장을 정확히 파악하는 능력을 평가한다.
문제 풀이	정답 : ③

대법원은 불복 절차를 거치지 않으면 재판에 대한 국가배상 책임을 인정하지 않으나 불복 절차를 거치지 않은 것에 특별한 사정이 있는 경우에는 예외로 하고 있다는 제시문의 내용에 착안하여 문항에 접근해야 한다.

정답 해설	③ 제시문의 "대법원은 비록 확정 판결이라고 하더라도 법관이 그에게 부여된 권한의 취지에 명백히 어긋나게 이를 행사하였다고 인정할 만한 특별한 사정이 있는 경우에는 재판의 위법성을 인정한다."에 따르면 대법원은 특별한 사정이

있으면 재판의 국가배상 책임을 인정한다.

① 제시문의 "소송 당사자는 법률에 의하여 정해진 불복 절차에 따라 상급심에서 법관의 업무 수행에 잘못이 있음을 주장하여 하급심의 잘못된 결과를 시정할 수 있다. 심급 제도와 다른 방식으로 잘못된 재판의 결과를 시정하는 것은 인정되지 않는다."를 보면 심급 제도와 다른 방식으로 재판의 잘못을 시정하는 것이 인정하지 않고, 제시문의 "대법원에 따르면, 재판에 대한 불복 절차가 마련되어 있는 경우에는 이러한 절차를 거치지 않고 국가배상 책임을 묻는 것은 인정되지 않는다. 불복 절차를 따르지 않은 탓에 손해를 회복하지 못한 사람은 원칙적으로 국가배상에 의한 보호를 받을 수 없다는 것이다."를 보면 대법원은 불복 절차가 있으면 그것을 국가배상 책임 인정보다 우선한다는 점을 알 수 있다. 따라서 대법원은 국가배상 청구가 심급 제도를 대체하는 것을 허용하지 않는다.

② 제시문의 "재판에 대한 국가배상 책임을 넓게 인정하면 심급 제도가 무력화되어 법적 안정성을 해치게 된다."를 보면 심급 제도가 법적 안정성을 위한 것임을 알 수 있고, "대법원에 따르면, 재판에 대한 불복 절차가 마련되어 있는 경우에는 이러한 절차를 거치지 않고 국가배상 책임을 묻는 것은 인정되지 않는다. 불복 절차를 따르지 않은 탓에 손해를 회복하지 못한 사람은 원칙적으로 국가배상에 의한 보호를 받을 수 없다는 것이다."를 보면 대법원이 법적 안정성을 위하여 법적 절차의 하나인 심급 제도를 거치지 않은 피해자의 권리를 희생할 수 있다는 입장을 취하고 있음을 알 수 있다.

④ 제시문의 "대법원은 비록 확정 판결이라고 하더라도 법관이 그에게 부여된 권한의 취지에 명백히 어긋나게 이를 행사하였다고 인정할 만한 특별한 사정이 있는 경우에는 재판의 위법성을 인정한다. 뇌물을 받고 재판한 것과 같이 법관이 법을 어길 목적을 가지고 있었다거나 소를 제기한 날짜를 확인하지 못한 것과 같이 법관의 직무 수행에서 요구되는 법적 기준을 현저하게 위반했을 때가 이에 해당한다."를 보면 대법원은 법을 어기면서 이루어진 법관의 재판에 대해서는 위법성을 인정한다.

⑤ 제시문의 "대법원은 비록 확정 판결이라고 하더라도 법관이 그에게 부여된 권한의 취지에 명백히 어긋나게 이를 행사하였다고 인정할 만한 특별한 사정이 있는 경우에는 재판의 위법성을 인정한다."와 "따라서 법관이 직무상 독립에 따라 내린 판단에 대하여 이후에 상급 법원이 다른 판단을 하였다는 사정만으로는 재판의 위법성이 인정되지 않는다."를 보면 대법원은 법관의 직무상의 독립을 위해 법관의 직무의 하나인 법령의 해석이 상급 법원의 해석과 다르다는 것만으로 재판의 위법성을 인정하지 않는다.

22.

〈보기〉의 사례에 대한 아래의 판단 중 적절한 것만을 있는 대로 고른 것은?

보 기

A는 헌법재판소에 헌법소원 심판을 청구하였다. A는 적법한 청구 기간 내인 1994년 11월 4일에 심판 청구서를 제출하였으나, 헌법재판소는 청구서에 찍힌 접수 일자를 같은 달 14일로 오인하였다. 헌법재판소는 적법한 청구 기간이 지났음을 이유로 하여 재판관 전원 일치의 의견으로 A의 심판 청구를 받아들이지 않는다는 결정을 하였다. 당시에는 헌법재판소의 결정에 대한 불복 절차가 마련되어 있지 않았기 때문에 A는 위 결정의 잘못을 바로잡을 수 없었다. A는 법을 위반한 헌법재판소 결정으로 인해 손해를 입었다고 하여 1997년에 법원에 국가배상 청구를 하였고, 2003년에 이 청구에 대한 대법원의 판결이 내려졌다.

ㄱ. 법관의 직무상 독립 보장만을 이유로 이 사건에서 국가배상 책임을 부인할 수는 없다.

ㄴ. 법원은 A의 심판 청구서가 적법한 청구 기간 내에 헌법재판소에 제출되었다고 보아 헌법재판소 결정의 위법성을 인정할 수 있다.

ㄷ. 1997년에는 헌법재판소의 결정에 대한 불복 절차가 마련되어 있지 않았기 때문에 A의 국가배상 청구는 법원이 받아들이지 않았을 것이다.

① ㄱ   ② ㄴ   ③ ㄷ

④ ㄱ, ㄴ   ⑤ ㄴ, ㄷ

문항 성격	문항유형 : 정보의 평가와 적용
	내용영역 : 법·규범
평가 목표	이 문항은 재판에 대한 국가배상 책임의 인정 범위를 제한하는 입장 및 대법원의 입장을 정확히 이해하고 그와 같은 입장을 〈보기〉의 사례에 적용할 수 있는 능력을 평가한다.
문제 풀이	정답 : ④

재판에 대한 국가배상 책임의 인정 범위를 제한하는 입장을 이해하고 이를 〈보기〉의 사례에 적용해 보고 이를 바탕으로 선택지의 적절성을 판단해야 한다.

〈보기〉 해설   ㄱ. 〈보기〉의 "헌법재판소는 청구서에 찍힌 접수 일자를 같은 달 14일로 오인하였다."를 보면 헌법재판소는 심판 청구를 한 일자를 오인하였고, 제시문의 "소를 제기한 날짜를 확인하지 못한 것과 같이 법관의 직무 수행에서 요구되는 법적 기준을 현저하게 위반했을 때가 이에 해당한다."에 따르면, 이것이 법관의 직무 수행에서 요구되는 법적 기준을 현저하게 위반한 것에 해당함을 알 수 있다. 제시문의 "법관이 그에게 부여된 권한의 취지에 명백히 어긋나게 이를 행사하였다고 인정할 만한 특별한 사정이 있는 경우에는 재판의 위법성을 인정한다."에 따르면 법관에게 부여된 권한의 취지에 명백히 어긋나게 이를 행사하였다고 인정할 만한 특별한 사정이 있다고 볼 수 있는 이 사건의 경우에는 법관의 직무상 독립 보장만을 이유로 국가배상 책임을 부인할 수 없음을 알 수 있다.

ㄴ. 제시문의 "소를 제기한 날짜를 확인하지 못한 것과 같이 법관의 직무 수행에서 요구되는 법적 기준을 현저하게 위반했을 때가 이에 해당한다."에 따르면 심판 청구 일자를 오인하였다는 점은 재판의 위법성을 인정할 수 있는 사유가 된다. 〈보기〉의 "재판관 전원 일치의 의견으로 A의 심판 청구를 받아들이지 않는다는 결정"의 위법성을 인정하기 위해서는 법원은 A의 심판 청구서가 적법한 청구 기간 내에 헌법재판소에 제출되었다고 판단해야 한다.

ㄷ. 제시문의 "대법원에 따르면, 재판에 대한 불복 절차가 마련되어 있는 경우에는 이러한 절차를 거치지 않고 국가배상 책임을 묻는 것은 인정되지 않는다."를 보면 불복 절차를 거치지 않으면 재판의 국가배상 책임을 인정하지 않는다. 그런데 제시문의 다음 부분 "불복 절차를 거치지 않은 것 자체가 법관의 귀책사유로 인한 것과 같은 특별한 사정이 있으면 예외적으로 국가배상 책임을 물을 수 있다."를 보면 불복 절차를 거치지 않은 것에 특별한 사정이 있으면 예외적으로 국가배상 책임을 물을 수 있다. 이 사례는 불복 절차가 마련되어 있지 않은 것이므로 특별한 사정이 있다고 볼 수 있으므로 법원이 국가배상 청구를 받아들이지 않을 것이라고 단정할 수 없다.

[23~25] 다음 글을 읽고 물음에 답하시오.

건초 더미를 가득 싣고 졸졸 흐르는 개울물을 건너는 마차, 수확을 앞둔 밀밭 사이로 양 떼를 몰고 가는 양치기 소년과 개, 이른 아침 농가의 이층 창밖으로 펼쳐진 청록의 들녘 등, 이런 평범한 시골 풍경을 그린 컨스터블(1776~1837)은 오늘날 영국인들에게 사랑을 받는 영국의 국민 화가이다. 현대인들은 그의 풍경화를 통해 영국의 전형적인 농촌 풍경을 떠올리지만, 사실 컨스터블이 활동하던 19세기 초반까지 이와 같은 소재는 풍경화의 묘사 대상이 아니었다. ⊙ 그렇다면 평범한 농촌의 일상 정경을 그린 컨스터블은 왜 영국의 국민 화가가 되었을까?

컨스터블의 그림은 당시 풍경화의 주요 구매자였던 영국 귀족의 취향에서 어긋나 그다지 인기를 끌지 못했다. 당시 유행하던 픽처레스크 풍경화는 도식적이고 이상화된 풍경 묘사에 치중했지만, 컨스터블의 그림은 평범한 시골의 전원 풍경을 사실적으로 묘사한 것처럼 보인다. 이 때문에 그의 풍경화는 자연에 대한 과학적이고 객관적인 관찰을 바탕으로, 아무도 눈여겨보지 않았던 평범한 농촌의 아름다운 풍경을 포착하여 표현해 낸 결과물로 여겨져 왔다. 객관적 관찰과 사실적 묘사를 중시하는 관점에서 보면 컨스터블은 당대 유행하던 화풍과 타협하지 않고 독창적인 화풍을 추구한 화가이다.

그러나 1980년대에 들어서면서 이와 같은 관점에 대해 의문을 제기하는 ⓐ 비판적 해석이 등장한다. 새로운 해석은 작품이 제작될 당시의 구체적인 사회적 상황을 중시하며 작품에서 지배 계급의 왜곡된 이데올로기를 읽어내는 데 중점을 둔다. 이 해석에 따르면 컨스터블의 풍경화는 당시 농촌의 모습을 있는 그대로 전달해 주지 않는다. 사실 컨스터블이 활동하던 19세기 전반 영국은 산업혁명과 더불어 도시화가 급속히 진행되어 전통적 농촌 사회가 와해되면서 농민 봉기가 급증하였다. 그런데 그의 풍경화에 등장하는 인물들은 거의 예외 없이 원경으로 포착되어 얼굴이나 표정을 알아보기 어렵다. 시골에서 나고 자라 복잡한 농기구까지 세밀하게 그릴 줄 알았던 컨스터블이 있는 그대로의 자연을 포착하려 했다면 왜 농민들의 모습은 구체적으로 표현하지 않았을까? 이는 풍경의 관찰자인 컨스터블과 풍경 속 인물들 간에는 항상 일정한 심리적 거리가 유지되고 있기 때문이다. 수정주의 미술사학자들은 컨스터블의 풍경화에 나타나는 인물과 풍경의 불편한 동거는 바로 이러한 거리 두기에서 비롯한다고 주장하면서, 이 거리는 계급 간의 거리라고 해석한다. 지주의 아들이었던 그는 19세기 전반 영국 농촌 사회의 불안한 모습을 애써 외면했고, 그 결과 농민들은 적당히 화면에서 떨어져 있도록 배치하여 결코 그들의 일그러지고 힘든 얼굴을 볼 수 없게 하였다는 것이다.

여기서 우리는 위의 두 견해가 암암리에 공유하는 기본 전제에 주목할 필요가 있다. 두 견해는 모두 작품이 가진 의미의 생산자를 작가로 보고 있다. 유행을 거부하고 남들이 보지 못한 평범한 농촌의 아름다움을 발견한 '천재' 컨스터블이나 지주 계급 출신으로 불안한 농촌 현실을 직시하지 않으려 한 '반동적' 컨스터블은 결국 동일한 인물로서 작품의 제작자이자 의미의 궁극적 생산자로 간주된다. 그러나 생산자가 있으면 소비자가 있게 마련이다. 기존의 견해는 소비자의 역할에 주목하지 않았다. 하지만 ⓒ 소비자는 생산자가 만들어 낸 작품을 수동적으로 수용하는 존재가 아니다. 미술 작품을 포함한 문화적 텍스트의 의미는 그 텍스트를 만들어 낸 생산자나 텍스트 자체에 내재하는 것이 아니라 텍스트를 수용하는 소비자와의 상호 작용에 의해 결정된다. 다시 말해 수용자는 이해와 수용의 과정을 통해 특정 작품의 의미를 끊임없이 재생산하는 능동적 존재인 것이다. 따라서 앞에서 언급한 해석들은 컨스터블 풍경화가 함축한 의미의 일부만 드러낸 것이고 나머지 의미는 그것을 바라보는 감상자의 경험과 기대가 투사되어 채워지는 것이라고 할 수 있다. 즉 컨스터블의 풍경화가 지니는 가치는 풍경화 그 자체가 아니라 감상자의 의미 부여에 의해 완성되는 것이다. 이런 관점에서 보면 컨스터블의 풍경화에 담긴 풍경이 실재와 얼마나 일치하는가는 크게 문제가 되지 않는다.

23.

컨스터블의 풍경화에 대한 설명으로 적절한 것은?

① 목가적인 전원을 그려 당대에 그에게 큰 명성을 안겨 주었다.
② 사실적 화풍으로 제작되어 당시 영국 귀족들에게 선호되지 못했다.
③ 서정적인 농촌 정경을 담고 있는 전형적인 픽처레스크 풍경화이다.
④ 세부 묘사가 결여되어 있어 그가 인물 표현에는 재능이 없었음을 보여준다.
⑤ 객관적 관찰에 기초하여 19세기 전반 영국 농촌의 현실을 가감 없이 그려 냈다.

문항 성격	문항유형 : 정보의 확인과 재구성
	내용영역 : 인문
평가 목표	이 문항은 제시문에서 소개되는 컨스터블의 풍경화에 대한 다양한 정보를 정확하게 이해하고 있는지 평가한다.
문제 풀이	정답 : ②

컨스터블의 풍경화가 묘사한 대상, 화풍, 역사적 배경 및 해석에 대한 제시문의 진술들을 확인하여 그 내용과 부합하는 선택지를 골라야 한다.

정답 해설 ② 제시문에서 컨스터블의 풍경화는 제작 당시 풍경화의 주요 구매층인 영국 귀족들에게 인기가 없었음을 밝히고 있다. 또한 제시문에서 컨스터블은 당시 유행하던 도식적이고 이상화된 풍경 묘사에 치중하는 픽처레스크 풍경화 제작 전통을 따르지 않고 객관적 관찰에 바탕한 사실적 화풍을 구사했음을 언급하고 있으므로, 컨스터블의 풍경화는 제작 당시 사실적인 화풍 때문에 영국 귀족들에게 인기가 없었던 것으로 이해할 수 있다.

① 제시문의 "컨스터블의 그림은 당시 풍경화의 주요 구매자였던 영국 귀족의 취향에서 벗어나 그다지 인기를 끌지 못했다."라는 진술을 통해 컨스터블은 생존 당시 큰 명성을 얻지 못했음을 알 수 있다.

③ 제시문의 "당시 유행하던 픽처레스크 풍경화는 도식적이고 이상화된 풍경 묘사에 치중했지만, 컨스터블의 풍경화는 평범한 시골의 전원 풍경을 사실적으로 묘사한 것처럼 보인다."라는 구절을 볼 때, 컨스터블의 풍경화는 전형적인 픽처레스크 풍경화와는 대척점에 서 있는 것임을 알 수 있다.

④ 제시문의 "시골에서 나고 자라 복잡한 농기구까지 세밀하게 그릴 줄 알았던 컨스터블이 있는 그대로의 자연을 포착하려 했다면 왜 농민들의 모습은 구체적으로 표현하지 않았을까?"라는 구절을 통해 인물 표현에 재능이 없었던 것이 아니라 재능이 있음에도 불구하고 인물 표현에 집중하지 않았음을 알 수 있다. 수정주의 미술사학자들은 컨스터블 풍경화에서 인물의 세부 묘사가 결여되어 있는 것은 컨스터블의 의도된 거리 두기 때문이라고 주장한다.

⑤ 제시문의 "사실 컨스터블이 활동하던 19세기 전반 영국은 산업혁명과 더불어 도시화가 급속히 진행되어 전통적 농촌 사회가 와해되면서 농민 봉기가 급증하였다. 그런데 그의 풍경화에 등장하는 인물들은 거의 예외 없이 원경으로 포착되어 얼굴이나 표정을 알아보기 어렵다."라는 진술과 컨스터블이 지주의 아들이었다는 점을 고려하면, 그가 당대 영국 농촌의 현실을 가감 없이 그려 낸 것이 아니라 선택적으로 표현했음을 알 수 있다.

24.

㉡을 바탕으로 ㉠에 대해 답한 내용으로 가장 적절한 것은?

① 현대 영국인들은 컨스터블의 풍경화에 담긴 농민의 구체적인 삶에 대해 연대감을 느꼈기 때문이다.

② 컨스터블이 풍경화를 통해 당대의 농촌 현실을 비판적으로 그려 내려 했던 의도에 공감했기 때문이다.

③ 컨스터블의 풍경화는 화가가 인물과 풍경에 대해 심리적 거리를 제거하여 고향의 모습을 담아냈기 때문이다.

④ 컨스터블의 풍경화에 나타난 재현의 기법이 현대 풍경화의 기법과는 달리 감상자가

이해하기 쉽기 때문이다.
⑤ 고향에 대한 향수를 지닌 도시인들이 컨스터블의 풍경화에서 자신이 마음속에 그리는
고향의 모습을 발견했기 때문이다.

문항 성격 문항유형 : 정보의 추론과 해석
내용영역 : 인문
평가 목표 이 문항은 제시문 마지막 문단에서 소개하고 있는 수용 이론적 관점을 정확히 파악하
여 컨스터블의 풍경화에 대한 현대 영국인들의 수용 방식에 관한 수용 이론적 설명을
올바르게 추론할 수 있는지 평가한다.
문제 풀이 정답 : ⑤

수용 이론은 작품 해석에 있어 작품 제작자보다는 이를 소비하는 수요자의 능동적 역할에 주목한
다. 작품의 의미는 제작자가 완성해서 제공하는 것이 아니라 이를 보는 관람자의 경험과 기대가
투영되어 완성된다. 여기서 주의할 것은 수용 이론이 수용자의 자의적 해석을 모두 용인하는 것
은 아니라는 점이다. 작품의 의미는 텍스트와 수용자 간의 "상호 작용"에 의해 결정된다. 즉 수용
자가 일방적으로 부여하는 의미는 가치가 없다. 예를 들어, 시골 농장에 있는 말을 그린 그림을
보고 농장에 같이 있는 소 생각이 났다고 해서 그림의 의미나 주제가 소라고 주장할 수는 없다.
본 문항에 대해 옳게 답하기 위해서는 이러한 수용 이론적 관점을 제대로 이해하고 있어야 한다.

정답 해설 ⑤ "미술 작품을 포함한 문화적 텍스트의 의미는 그 텍스트를 만들어 낸 생산자나
텍스트 자체에 내재하는 것이 아니라 텍스트를 수용하는 소비자와의 상호 작용
에 의해 결정된다. 다시 말해 수용자는 이해와 수용의 과정을 통해 특정 작품의
의미를 끊임없이 재생산하는 능동적 존재인 것이다. 따라서 앞에서 언급한 해석
들은 컨스터블 풍경화가 함축한 의미의 일부만 드러낸 것이고 나머지 의미는
그것을 바라보는 감상자의 경험과 기대가 투사되어 채워지는 것이라고 할 수
있다."라는 제시문의 내용을 통해 우리는 수용 이론적 관점을 파악할 수 있다.
수용 이론적 관점에서 컨스터블의 풍경화에 대한 현대 영국인들의 수용 방식을
생각해 보면, 산업화된 도시에 사는 영국인들은 고향에 대한 향수를 지니고 있
어 컨스터블의 풍경화를 보며 자신이 마음속에 그리는 고향의 모습을 떠올린다
고 볼 수 있다. 산업화된 도시에 사는 영국인들에게 컨스터블의 농촌 풍경화는
비록 자신이 떠나온 혹은 알고 있는 고향 마을의 풍경과 정확히 일치하지는 않
지만 자신의 경험과 기대를 투사시킬 수 있을 정도로 충분히 유사하고 사실적
이므로, 컨스터블의 풍경화는 도시인이 자신의 마음속에 그린 고향의 모습을 대
변할 수 있다.

25.

ⓐ의 시각에 따른 작품 해석과 가장 가까운 것은?

① 시민들의 희생을 추도할 목적으로 제작된 것으로 알려진 로댕의 조각 〈칼레의 시민〉
은 인간의 내면적 고뇌를 독창적으로 표현하려는 작가 정신의 소산이다.

② 원시에의 충동을 잘 표현한 것으로 알려진 고갱의 그림 〈타히티의 여인〉은 그 밑바탕
에 비서구 식민지에 대한 서구인의 우월적 시각이 자리 잡고 있다.

③ 바로크 양식을 충실하게 구현하였다고 알려진 렌의 〈세인트 폴 대성당〉 설계는 건물
의 하중을 지탱하는 과학적 원리의 도입에 중점을 두고 있다.

④ 팬 포커스와 같은 탁월한 촬영 기법을 창안한 것으로 알려진 웰스의 영화 〈시민 케인〉
은 내용과 형식의 완벽한 조화를 추구한 결과이다.

⑤ 레오나르도 다빈치의 〈모나리자〉를 모방한 것으로 알려진 뒤샹의 사진 〈모나리자〉는
원전에 대한 풍자의 의도가 깔려 있다.

문항 성격 문항유형 : 정보의 평가와 적용

내용영역 : 인문

이 문항은 제시문에 소개된 컨스터블의 풍경화를 해석하는 관점 중 하나인 비판적 해석이 무엇인가를 정확히 이해하고 이를 실제 다양한 작품 해석에 적용할 수 있는지 평가한다.

문제 풀이 정답 : ②

수정주의 미술사학자들이 주로 채택한 비판적 해석은 "작품이 제작될 당시의 구체적인 사회적 상황을 중시하며 작품에서 지배 계급의 왜곡된 이데올로기를 읽어내는 데 중점을 둔다." 즉 눈에 보이는 작품의 이면에 숨겨지거나 은폐된 지배 계급의 허위 의식을 찾아내어 폭로하는 관점이라는 것을 제대로 이해하고 있어야 한다.

정답 해설 ② "고갱의 그림 〈타히티의 여인〉은 그 밑바탕에 비서구 식민지에 대한 서구인의 우월적 시각이 자리 잡고 있다."는 작품 해석은 작품이 제작될 당시의 구체적인 사회적 상황을 중시하여 작품에서 서구인의 왜곡된 이데올로기를 읽어내는 데 중점을 두고 있으므로 비판적 해석에 따른 작품 해석으로 간주될 수 있다.

오답 해설 ① 로댕의 조각 〈칼레의 시민〉을 독창성을 추구한 작가 정신의 소산으로 보는 관점은, 작가를 '천재'로 파악하는 작가 개인에 초점을 맞추는 해석으로 사회적 상황을 중시하는 이데올로기적 해석과는 거리가 멀다.

③ 눈에 보이는 건축 작품의 양식보다는 그 이면에 내재한 과학적 원리의 탐구에 주목하는 관점은 작품을 통해 지배 계급의 숨겨진 이데올로기를 탐구하는 해석 방식과는 다분히 거리가 멀다.

④ 독창적인 기법의 탄생을 작품의 내용과 형식의 조화를 추구하는 작가 개인 정신의 소신으로만 파악힐 뿐 구체직인 사회직 싱황이나 왜곡된 이데올로기에 대한 언급이 없다. 비판적 해석으로 간주될 수 없다.

⑤ 원전을 바탕으로 한 모방을 일종의 풍자라고 보는 관점은 지배 계급의 왜곡된 이데올로기를 폭로하는 것과는 다분히 무관하다고 볼 수 있다.

[26~28] 다음 글을 읽고 물음에 답하시오.

지난 세기 미국 경제는 확연히 다른 시기들로 나뉠 수 있다. 1930년대 이후 1970년대 말까지는 소득 불평등이 완화되었다. 특히 제2차 세계 대전 직후 30년 가까이는 성장과 분배 문제가 동시에 해결된 황금기로 기록되었다. 그러나 1980년 이후로는 소득 불평등이 급속히 심화되었고, 경제 성장률도 하락했다. 이러한 변화와 관련해 많은 경제학자들은 기술 진보에 주목했다. 기술 진보는 성장과 분배의 두 마리 토끼를 한꺼번에 잡을 수 있는 만병통치약으로 칭송되기도 하지만, 소득 분배를 악화시키고 사회적 안정성을 저해하는 위협 요인으로 비난받기도 한다. 그러나 어느 쪽을 선택한 연구든 20세기 미국 경제의 역사적 현실을 통합적으로 해명하는 데는 한계가 있다.

기술 진보의 중요성을 놓치지 않으면서도 기존 연구의 한계를 뛰어넘는 대표적인 연구로는 골딘과 카츠가 제시한 '교육과 기술의 경주 이론'이 있다. 이들에 따르면, 기술이 중요한 것은 맞지만 교육은 더 중요하며, 불평등의 추이를 볼 때는 더욱 그렇다. 이들은 우선 신기술 도입이 생산성 상승과 경제 성장으로 이어지려면 노동자들에게 새로운 기계를 익숙하게 다룰 능력이 있어야 하는데, 이를 가능케 하는 것이 바로 정규 교육기관 곧 학교에서 보낸 수년간의 교육 시간들이라는 점을 강조한다. 이때 학교를 졸업한 노동자는 그렇지 않은 노동자에 비해 생산성이 더 높으며 그로 인해 상대적으로 더 높은 임금, 곧 숙련 프리미엄을 얻게 된다. 그런데 학교가 제공하는 숙련의 내용은 신기술의 종류에 따라 다르다. 20세기 초반에는 기본적인 계산을 할 줄 알고 기계 설명서와 도면을 읽어내는 능력이 요구되었고, 이를 위한 교육은 주로 중·고등학교에서 제공되었다. 기계가 한층 복잡해지고 IT 기술의 응용이 중요해진 20세기 후반부터는 추상적으로 판단하고 분석할 수 있는 능력의 함양과 함께, 과학, 공학, 수학 등의 분야에 대한 학위 취득이 요구되고 있다.

골딘과 카츠는 기술을 숙련 노동자에 대한 수요로, 교육을 숙련 노동자의 공급으로 규정하고, 기술의 진보에 따른 숙련 노동자에 대한 수요의 증가 속도와 교육의 대응에 따른 숙련 노동자 공급의 증가 속도를 '경주'라는 비유로 비교함으로써, 소득 불평등과 경제 성장의 역사적 추이를 해명한다. 이들에 따르면, 기술은 숙련 노동자들에 대한 상대적 수요를 늘리는 방향으로 변화했고, 숙련 노동자에 대한 수요의 증가율 곧 증가 속도는 20세기 내내 대체로 일정하게 유지된 반면, 숙련 노동자의 공급 측면은 부침을 보였다. 숙련 노동자의 공급은 전반부에는 크게 늘어나 그 증가율이 수요 증가율을 상회했지만, 1980년부터는 증가 속도가 크게 둔화됨으로써 대졸 노동자의 공급 증가율이 숙련 노동자에 대한 수요 증가율을 하회하게 되었다. 이들은 기술과 교육, 양쪽의 증가 속도를 비교함으로써 1915년부터 1980년까지 진행되었던 숙련 프리미엄의 축소는 숙련 노동자들의 공급이 더 빠르게 늘어난 결과, 곧 교육이 기술을 앞선 결과임을 밝혔다. 이에 비해 1980년 이후에 나타난 숙련 프리미엄의 확대, 곧 교육에 따른 임금 격차의 확대는 대졸 노동자의 공급 증가율 하락에 의한 것으로 보았다. 이러한 분석 결과에 소득 불평등의 많은 부분이 교육에 따른 임금 격차에 의해 설명되었다는 역사적 연구가 결합됨으로써, 미국의 경제 성장과 소득 불평등은 교육과 기술의 '경주'에 의해 설명될 수 있었다.

그렇다면 교육을 결정하는 힘은 어디에서 나왔을까? 특히 양질의 숙련 노동력이 생산 현장의 수요에 부응해 빠른 속도로 늘어나도록 한 힘은 어디에서 나왔을까? 골딘과 카츠는 이와 관련해 1910년대를 기점으로 본격화되었던 중·고등학교 교육 대중화 운동에 주목한다. 19세기 말 경쟁의 사다리 하단에 머물러 있던 많은 사람들은 교육이 자식들에게 새로운 기회를 제공해 주기를 희망했다. 이러한 염원이 '풀뿌리 운동'으로 확산되고 마침내 정책으로 반영되면서 변화가 시작되었다. 지방 정부가 독자적으로 재산세를 거둬 공립 중등 교육기관을 신설하고 교사를 채용해 양질의 일자리를 얻는 데 필요한 교육을 무상으로 제공하게 된 것이다. 이들의 논의는 새로운 대중교육 시스템의 확립에 힘입어 신생 국가인 미국이 부자 나라로 성장하고, 수많은 빈곤층 젊은이들이 경제 성장의 열매를 향유했던 과정을 잘 보여 준다.

교육과 기술의 경주 이론은 신기술의 출현과 노동 수요의 변화, 생산 현장의 필요에 부응하는 교육기관의 숙련 노동력 양성, 이를 뒷받침하는 제도와 정책의 대응, 더 새로운 신기술의 출현이라는 동태적 상호 작용 속에서 성장과 분배의 양상이 어떻게 달라질 수 있는가에 관한 중요한 이론적 준거를 제공해 준다. 그러나 이 이론은 ⊙ 한계도 적지 않아 성장과 분배에 대한 다양한 논쟁을 촉발하고 있다.

26.

윗글에 제시된 미국 경제에 대한 이해로 적절하지 <u>않은</u> 것은?

① 20세기 초에는 강화된 공교육이 경제 성장에 기여했다.
② 20세기 초에는 숙련에 대한 요구가 계산 및 독해 능력에 맞춰졌다.
③ 20세기 초에는 미숙련 노동자가, 말에는 숙련 노동자가 선호되었다.
④ 20세기 말에는 숙련 노동자의 공급이 대학 이상의 고등교육에 의해 주도되었다.
⑤ 20세기 말에는 소득 분배의 악화 및 경제 성장의 둔화 현상이 동시에 발생했다.

문항 성격	문항유형 : 정보의 확인과 재구성
	내용영역 : 사회
평가 목표	제시문에 제시된 정보들을 제대로 파악하고 정확하게 재구성할 수 있는지의 능력을 평가한다.
문제 풀이	정답 : ③

20세기 미국의 경제 성장과 소득 분배를 기술과 교육의 경주에 의해 설명하는 과정에서 제시된 내용들을 제대로 이해했는지를 평가하기 위해 설계된 문항이다.

③ 제시문의 "기술은 숙련 노동자들에 대한 상대적 수요를 늘리는 방향으로 변화했고, 숙련 노동자에 대한 수요의 증가율 곧 증가 속도는 20세기 내내 대체로 일정하게 유지"되었다는 부분을 볼 때, 숙련 노동자는 20세기 내내 미숙련 노동자들에 비해 더 선호되었음을 확인할 수 있다. 또한 제시문의 "20세기 초반에는 기본적인 계산을 할 줄 알고 기계 설명서와 도면을 읽어내는 능력이 요구되었고, 이를 위한 교육은 주로 중·고등학교에서 제공되었다. 기계가 한층 복잡해지고 IT 기술의 응용이 중요해진 20세기 후반부터는 추상적으로 판단하고 분석할 수 있는 능력의 함양과 함께, 과학, 공학, 수학 등의 분야에 대한 학위 취득이 요구되고 있다."는 부분은 미숙련 노동자와 숙련 노동자의 구분에 관한 것이 아니라 신기술의 종류에 따라 요구되는 숙련의 내용에 관한 것이다. 따라서 20세기 초에는 미숙련 노동자가, 말에는 숙련 노동자가 선호되었다는 서술은 적절하지 않다.

① 제시문의 "지방 정부가 독자적으로 재산세를 거둬 공립 중등 교육기관을 신설하고 교사를 채용해 양질의 일자리를 얻는 데 필요한 교육을 무상으로 제공하"였다는 부분과 "새로운 대중 교육 시스템의 확립에 힘입어 신생 국가인 미국이 부자 나라로 성장하고, 수많은 빈곤층 젊은이들이 경제 성장의 열매를 향유했던 과정을 잘 보여 준다."는 부분을 결합하면, 20세기 초 강화된 공교육이 경제 성장에 기여했음을 확인할 수 있다.

② 제시문의 "20세기 초반에는 기본적인 계산을 할 줄 알고 기계 설명서와 도면을 읽어내는 능력이 요구되었"다는 부분을 통해 20세기 초에는 숙련에 대한 요구가 계산 및 독해 능력에 맞춰졌음을 확인할 수 있다.

④ 제시문의 "노동자들에게 새로운 기계를 익숙하게 다룰 능력이 있어야 하는데, 이를 가능케 하는 것이 바로 정규 교육기관 곧 학교에서 보낸 수년간의 교육 시간들" 부분과 "기계가 한층 복잡해지고 IT 기술의 응용이 중요해진 20세기 후반부터는 추상적으로 판단하고 분석할 수 있는 능력의 함양과 함께, 과학, 공학, 수학 등의 분야에 대한 학위 취득이 요구되"었다는 부분을 결합함으로써, 20세기 말에는 숙련 노동자의 공급이 대학 이상의 고등교육에 의해 주도되었음을 확인할 수 있다.

⑤ 제시문의 "1980년 이후로는 소득 불평등이 급속히 심화되었고, 경제 성장률도 하락했다."는 부분을 통해 20세기 말에는 소득 분배의 악화 및 경제 성장의 둔화 현상이 동시에 발생했음을 확인할 수 있다.

27.

'교육과 기술의 경주 이론'에 대한 진술로 적절하지 <u>않은</u> 것은?

① 숙련 프리미엄은 숙련 노동자가 미숙련 노동자에 비해 더 기여한 생산성 부분에 대한 보상의 성격을 지닌다.
② 기술 진보가 경제 성장에 미치는 효과를 높이기 위해서는 신기술에 적합한 숙련 노동자의 공급이 필요하다.
③ 숙련은 장비를 능숙하게 다룸으로써 생산성을 높일 수 있도록 연마된 능력을 뜻한다.
④ 숙련 프리미엄의 변화는 소득 불평등 변화의 주요 지표가 된다.
⑤ 교육의 속도가 기술의 속도를 앞서면 소득 불평등은 심화된다.

문항 성격	문항유형 : 정보의 추론과 해석
	내용영역 : 사회
평가 목표	이 문항은 제시문에서 제시된 내용들을 제대로 이해했는지, 그리고 제시된 정보들을 근거로 추론하여 선택지의 진술이 적절한지를 판단하는 능력을 평가한다.
문제 풀이	정답 : ⑤

'교육과 기술의 경제 이론'은 미국 경제의 성장과 분배를 기술과 교육의 상호 관계에 의해 설명하겠다는 문제 의식 위에 숙련 프리미엄을 경제 성장과 불평등의 핵심 지표로 설정하고 기술 진보에 따른 숙련 노동자에 대한 수요의 변화 속도와 교육에 의한 숙련 노동자의 공급의 변화 속도를 비교함으로써 성장과 분배의 추이 변화를 해명한다. 이 문항은 숙련 및 숙련 프리미엄 개념, 기술 진보가 경제 성장을 촉진하는 과정에서 숙련 노동자가 담당하는 역할, 숙련 프리미엄과 소득 불평등의 관계, 교육과 기술의 경주에 의한 소득 불평등 변화 설명의 논리 등을 정확하게 이해했는지를 평가하기 위해 설계되었다. 이 문항은 선택지의 내용이 제시문의 어느 부분을 담고 있는지를 찾아내고 여기에 간단한 추론을 더함으로써 해결될 수 있다.

정답 해설 ⑤ 제시문의 "기술의 진보에 따른 숙련 노동자에 대한 수요의 증가 속도와 교육의 대응에 따른 숙련 노동자 공급의 증가 속도를 '경주'라는 비유로 비교" 부분과 "숙련 노동자에 대한 수요의 증가율 곧 증가 속도" 부분을 통해 교육의 속도는 숙련 노동자의 공급 증가율, 기술의 속도는 숙련 노동자의 수요 증가율임을 확인할 수 있다. 그리고 "숙련 프리미엄의 확대, 곧 교육에 따른 임금 격차의 확대는" 부분과 "소득 불평등의 많은 부분이 교육에 따른 임금 격차에 의해 설명되었다는 역사적 연구" 부분을 통해 숙련 프리미엄의 확대가 소득 불평등 확대로 연결됨을 확인할 수 있다. 이러한 정보를 바탕으로 제시문의 "1980년부터는 대졸 노동자의 공급 증가율이 숙련 노동자에 대한 수요 증가율을 하회하게 되었다."는 부분과 "1980년 이후로는 소득 불평등이 급속히 심화되었"다는 부분을 연결하면, 대졸 노동자의 공급 증가율, 곧 교육의 속도가 숙련 노동자에 대한 수요 증가율, 곧 기술의 속도에 뒤처졌으며 이것이 교육에 따른 임금 격차의 확대를 낳았고 결국 소득 불평등의 심화로 이어졌음을 확인할 수 있다. 따라서 교육의 속도가 기술의 속도를 앞서면 소득 불평등은 심화된다는 진술이 적절하지 않음을 확인할 수 있다.

오답 해설 ① 제시문의 "학교를 졸업한 노동자는 그렇지 않은 노동자에 비해 생산성이 더 높으며 그로 인해 상대적으로 더 높은 임금, 곧 숙련 프리미엄을 얻게 된다."는 부분을 통해 숙련 프리미엄은 숙련 노동자가 미숙련 노동자에 비해 더 기여한 생산성 부분에 대한 보상의 성격을 지닌다는 진술이 적절함을 확인할 수 있다.

② 제시문의 "신기술 도입이 생산성 상승과 경제 성장으로 이어지려면 노동자들에게 새로운 기계를 익숙하게 다룰 능력이 있어야" 한다는 부분, "기술이 중요한 것은 맞지만 교육은 더 중요하"다는 부분, "이를(숙련을) 가능케 하는 것이 바로 정규 교육기관 곧 학교에서 보낸 수년간의 교육 시간들"이라는 부분을 결합하면, 기술 진보가 경제 성장에 미치는 효과를 높이기 위해서는 신기술에 적합한 숙련 노동자의 공급이 필요하다는 진술이 적절함을 확인할 수 있다.

③ 제시문의 "신기술 도입이 생산성 상승과 경제 성장으로 이어지려면 노동자들에게 새로운 기계를 익숙하게 다룰 능력이 있어야 하는데, 이를 가능케 하는 것이 바로 정규 교육기관 곧 학교에서 보낸 수년간의 교육 시간들"이라는 부분과 "학교를 졸업한 노동자는 그렇지 않은 노동자에 비해 생산성이 더 높으며 그로 인해 상대적으로 더 높은 임금, 곧 숙련 프리미엄을 얻게 된다."는 부분을 결합하면, 숙련은 장비를 능숙하게 다룸으로써 생산성을 높일 수 있도록 연마된 능력을 뜻한다는 진술이 적절함을 확인할 수 있다.

④ 제시문의 "숙련 프리미엄의 확대, 곧 교육에 따른 임금 격차의 확대는" 부분과 "소득 불평등의 많은 부분이 교육에 따른 임금 격차에 의해 설명되었다는 역사적 연구"를 결합하면, 숙련 프리미엄의 변화는 소득 불평등 변화의 주요 지표가 된다는 진술이 적절함을 확인할 수 있다.

28.

㉠을 보여주는 사례로 적절하지 <u>않은</u> 것은?

① 숙련이 직장 내에서 이루어지는 경우
② 임금이 생산성 이외의 요인에 의해서도 결정되는 경우
③ 대학 졸업자의 증가로 노동자 간의 임금 격차가 줄어든 경우
④ 직종과 연령대가 유사한 대학 졸업자 간에 임금 격차가 큰 경우
⑤ 신기술에 의한 자동화로 숙련 노동력에 대한 수요가 줄어든 경우

문항 성격	문항유형 : 정보의 평가와 적용
	내용영역 : 사회
평가 목표	새로운 정보를 제시해 제시문과 비교하도록 함으로써 정보의 적용 능력 및 제시문에 대한 비판적 이해 능력을 평가한다.
문제 풀이	정답 : ③

교육과 기술의 경주 이론은 기술 진보가 숙련 수요를 낳으며 이 숙련 수요가 기업 외부의 교육에 의해 충족되는 과정에서 경제 성장과 소득 분배의 양상이 달라지는 과정을 숙련 프리미엄의 동태적 추이를 중심으로 해명하는 이론이다. 이 이론은 기술 진보에만 주목해 성장과 분배를 해명하는 이론에 비해서는 설명력이 훨씬 높지만 이론적 전제가 비현실적이어서 소득 불평등에 대한 설명력 자체는 높지 않다는 한계가 있다. 또한 숙련 수요가 교육기관에서 충족되었다거나 소득 불평등의 많은 부분이 학력에 따른 임금 격차에 의해 설명되는 등의 역사적 현실에 근거하고 있어 이러한 특수성에 변화가 생길 경우 교육과 기술의 경주로 성장과 분배를 설명하는 데 큰 한계를 보이게 된다. 이 문항은 제시문에 대한 정확한 이해와 더불어 그 이론의 한계를 비판적으로 인식하는 능력 또한 중요하다는 점을 고려해 새로운 정보의 제공을 통해 비판적 이해 능력을 측정하기 위해 설계되었다. 이 문항은 선택지에 새롭게 제시된 정보를 제시문의 해당 부분과 대조하고 이 새로운 정보가 교육과 기술의 경주 이론의 전제나 설명력을 약화하는지 여부에 대해 판단함으로써 해결될 수 있다.

정답 해설 ③ 대학 졸업자의 증가로 노동자 간의 임금 격차가 줄어든 경우는 제시문의 "1915년부터 1980년까지 진행되었던 숙련 프리미엄의 축소는 숙련 노동자들의 공급이 더 빠르게 늘어난 결과"라는 부분을 단순히 반복했을 뿐이며, '교육과 기술의 경주 이론'의 설명력을 약화하는 게 아니라 강화하는 사례라는 점에서 이 이론의 한계를 보여 주는 적절한 사례가 아니다.

① 숙련이 직장 내에서 이루어진다면, 제시문의 "신기술 도입이 생산성 상승과 경제 성장으로 이어지려면 노동자들에게 새로운 기계를 익숙하게 다룰 능력이 있어야 하는데, 이를 가능케 하는 것이 바로 정규 교육기관 곧 학교에서 보낸 수년간의 교육 시간들"이라는 부분, 곧 기술이 필요로 하는 숙련은 정규 교육기관에 의해 제공된다는 전제가 성립하지 않게 된다. 이 경우에는 기업 외부의 교육기관에 대한 수요가 없어짐으로써 대학 등의 교육이 경제 성장이나 소득 분배 문제에서 차지하는 역할이 크게 축소되므로, 교육과 기술의 경주 이론의 한계를 보여 주는 적절한 사례이다.

② 임금이 생산성 이외의 요인에 의해서도 결정된다면, 제시문의 "학교를 졸업한 노동자는 그렇지 않은 노동자에 비해 생산성이 더 높으며 그로 인해 상대적으로 더 높은 임금, 곧 숙련 프리미엄을 얻게 된다."는 부분, 곧 생산성의 차이가 임금 격차를 결정한다는 전제가 성립하지 않게 된다. 이 경우 학력별 임금 격차가 숙련 프리미엄이라는 전제 또한 성립하지 않게 됨으로써 교육에 의해 숙련 노동력의 공급이 늘어나더라도 임금 격차는 줄어들지 않고 소득 불평등도 완화되지 않을 가능성이 커지므로, 교육과 기술의 경주 이론의 한계를 보여 주는 적절한 사례이다.

④ 직종과 연령대가 유사한 대학 졸업자 간에 임금 격차가 크다면, 제시문의 "노동자들에게 새로운 기계를 익숙하게 다룰 능력이 있어야 하는데, 이를 가능케 하는 것이 바로 정규 교육기관 곧 학교에서 보낸 수년간의 교육 시간들" 부분과 "학교를 졸업한 노동자는 그렇지 않은 노동자에 비해 생산성이 더 높으며 그로 인해 상대적으로 더 높은 임금, 곧 숙련 프리미엄을 얻게 된다."는 부분, 곧 숙련은 대학 등 교육기관이 제공하고 대학 교육에 따른 숙련의 차이가 임금 격차를 결정한다는 전제가 성립하지 않게 된다. 직종과 연령대가 유사한 대학 졸업자임에도 숙련 프리미엄인 임금 격차가 크다면, 이는 숙련이 대학이 아닌 다른 곳에서 제공됨을 의미하기 때문이다. 한편, 이러한 상황은 임금이 숙련 프리미엄이 아닌 다른 요인에 의해 결정된다는 것으로 해석될 수도 있다. 어떤 쪽으로 해석되건 직종과 연령대가 유사한 대학 졸업자 간에 임금 격차가 큰 경우에는 대학 등 교육기관이 경제 성장이나 소득 분배 문제에서 차지하는 역할이 크게 축소되므로, 교육과 기술의 경주 이론의 한계를 보여 주는 적절한 사례이다.

⑤ 신기술에 의한 자동화로 숙련 노동력에 대한 수요가 줄어든다면, 제시문의 "기술의 진보에 따른 숙련 노동자에 대한 수요의 증가 속도와 교육의 대응에 따른 숙련 노동자 공급의 증가 속도를 '경주'라는 비유로 비교함으로써, 소득 불평등과 경제 성장의 역사적 추이를 해명한다."는 부분, 곧 교육과 기술의 경주 이론

의 문제 설정 자체가 흔들린다. 이 경우 기술의 숙련 수요에 대응해 숙련 노동력을 제공함으로써 경제 성장을 촉진하고 소득 불평등을 완화한다는 대학 본연의 역할 자체가 크게 약화되며, 숙련 프리미엄의 축소로 불평등의 완화를 설명하는 핵심 메커니즘도 작동하지 않게 된다. 자동화로 숙련 노동력에 대한 수요가 줄어든다면 숙련 프리미엄은 축소하는 경향을 띠게 되는데, 이러한 숙련 프리미엄의 축소가 소득 불평등의 완화로 이어지지 않는다. 숙련 노동력에 대한 수요가 줄어들면 높은 임금을 받는 사람이 줄어들고 저임금을 받거나 실업 상태가 되는 사람들이 늘어남으로써 소득 불평등이 악화되기 때문이다. 이러한 상황에서 대학이 숙련 노동자의 공급을 늘리면 숙련 프리미엄은 더욱 축소되지만, 소득 불평등 문제는 해결하지 못한다. 대학이 반대로 숙련 노동자의 공급을 크게 줄이는 것은 숙련 프리미엄의 확대를 가져올 수 있지만, 이 또한 소득 불평등 문제의 해법이 되지는 못한다. 이처럼 자동화로 숙련 노동자에 대한 수요가 크게 줄어들면, 기술 진보가 경제 성장으로 현실화될 수 있도록 기술 진보를 보완하는 한편, 기술 진보 과정에서 숙련 노동자가 선호됨으로써 발생하는 소득 불평등의 경향을 상쇄시켰던, 교육과 기술의 경주 이론에서 주목했던 교육 본연의 역할은 현저하게 약화될 수밖에 없다. 따라서 신기술에 의한 자동화로 숙련 노동력에 대한 수요가 줄어든 경우는 교육과 기술의 경주 이론의 한계를 보여주는 적절한 사례이다.

[29~32] 다음 글을 읽고 물음에 답하시오.

이론적으로 존재하는 가장 낮은 온도는 −273.16℃이며 이를 절대 온도 0K라고 한다. 실제로 0K까지 물체의 온도를 낮출 수는 없지만 그에 근접한 온도를 얻을 수는 있다. 그러한 방법 중 하나가 '레이저 냉각'이다.

레이저 냉각을 이해하기 위해 우선 온도라는 것이 무엇인지 알아보자. 미시적으로 물질을 들여다보면 많은 수의 원자가 모인 집단에서 원자들은 끊임없이 서로 충돌하며 다양한 속도로 운동한다. 이때 절대 온도는 원자들의 평균 운동 속도의 제곱에 비례하는 양으로 정의된다. 따라서 어떤 원자의 집단에서 원자들의 평균 운동 속도를 감소시키면 그 원자 집단의 온도가 내려간다. 레이저 냉각을 사용하면 상온(약 300K)에서 대략 200m/s의 평균 운동 속도를 갖는 기체 상태의 루비듐 원자의 평균 운동 속도를 원래의 약 1/10000까지 낮출 수 있다.

그렇다면 레이저를 이용하여 어떻게 원자의 운동 속도를 감소시킬 수 있을까? 날아오는 농구공에 정면으로 야구공을 던져서 부딪히게 하면 농구공의 속도가 느려진다. 마찬가지로 빠르게 움직이는 원자에 레이저 빛을 쏘아 충돌시키면 원자의 속도가 줄어들 수 있다. 이때 속도와 질량의 곱에 해당하는 운동량도 작아진다. 빛은 전자기파라는 파동이면서 동시에 광자라는 입자이기도 하기 때문에 운동량을 갖는다. 광자는 빛의 파장에 반비례하는 운동량을 가지며 빛의 진동수에 비례하는 에너지를 갖는다. 또한 빛의 파장과 진동수는 반비례의 관계에 있다. 레이저 빛은 햇빛과 같은 일반적인 빛과 달리 일정한 진동수의 광자로만 이루어져 있다. 레이저 빛을 구성하는 광자가 원자에 흡수될 때 광자의 에너지만큼 원자의 내부 에너지가 커지면서 광자의 운동량이 원자에 전달된다. 실례로 상온에서 200m/s의 속도로 다가오는 루비듐 원자에 레이저 빛을 쏘아 여러 개의 광자를 연이어 루비듐 원자에 충돌시키면 원자를 거의 정지시킬 수 있다. 하지만 이때 문제는 원자가 정지한 순간 레이저를 끄지 않으면 원자가 오히려 반대 방향으로 밀려날 수도 있다는 데 있다. 그런데 원자를 하나하나 따로 관측할 수 없고 각 원자의 운동 속도에 맞추어 각 원자와 충돌하는 광자의 운동량을 따로 제어할 수도 없으므로 실제 레이저를 이용해 원자의 온도를 내리는 것은 간단하지 않아 보인다. 이를 간단하게 해결하는 방법은 도플러 효과와 원자가 빛을 선택적으로 흡수하는 성질을 이용하는 것이다.

사이렌과 관측자가 가까워질 때에는 사이렌 소리가 원래의 소리보다 더 높은 음으로 들리고, 사이렌과 관측자가 멀어질 때에는 더 낮은 음으로 들린다. 이처럼 빛이나 소리와 같은 파동을 발생시키는 파동원과 관측자가 멀어질 때는 파동의 진동수가 더 작게 감지되고, 파동원과 관측자가 가까워질 때는 파동의 진동수가 더 크게 감지되는 현상을 도플러 효과라고 한다. 이때 원래의 진동수와 감지되는 진동수의 차이는 파동원과 관측자가 서로 가까워지거나 멀어지는 속도에 비례한다. 이것을 레이저와 원자에 적용하면 레이저 광원은 파동원이고 원자는 관측자에 해당한다. 그러므로 레이저 광원에 다가가는 원자에게 레이저 빛의 진동수는 원자의 진동수보다 더 높게 감지되고, 레이저 광원에서 멀어지는 원자에게 레이저 빛의 진동수는 더 낮게 감지된다.

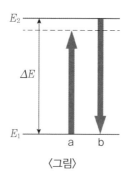

〈그림〉

302

한편 정지해 있는 특정한 원자는 모든 진동수의 빛을 흡수하는 것이 아니고 고유한 진동수, 즉 공명 진동수의 빛만을 흡수한다. 이것은 원자가 광자를 흡수할 때 원자 내부의 전자가 특정 에너지 준위 E_1에서 그보다 더 높은 특정 에너지 준위 E_2로 옮겨가는 것만 허용되기 때문이다. 이때 흡수된 광자의 에너지는 두 에너지 준위의 에너지 값의 차이 ΔE에 해당한다.

그러면 어떻게 도플러 효과를 이용하여 레이저 냉각을 수행하는지 알아보자. 우선 어떤 원자의 집단을 사이에 두고 양쪽에서 레이저 빛을 원자에 쏘되 그 진동수를 원자의 공명 진동수보다 작게 한다. 원자가 한쪽 레이저 빛의 방향과 반대 방향으로 움직이면 도플러 효과에 의해 원자에서 감지되는 레이저 빛의 진동수가 커지는데, 그 값이 자신의 공명 진동수에 해당하는 원자는 레이저 빛을 흡수하게 된다. 이때 흡수된 광자의 에너지는 ΔE보다 작지만(〈그림〉의 a), 원자는 도플러 효과 때문에 공명 진동수를 갖는 광자를 받아들이는 것처럼 낮은 준위 E_1에 있던 전자를 허용된 준위 E_2에 올려놓는다. 그러면 불안정해진 원자는 잠시 후에 ΔE에 해당하는 에너지를 갖는 광자를 방출하면서 전자를 E_2에서 E_1로 내려놓는다(〈그림〉의 b). 이 과정이 반복되는 동안, 원자가 광자를 흡수할 때에는 일정한 방향에서 오는 광자와 부딪쳐 원자의 운동 속도가 계속 줄어들지만, 원자가 광자를 내놓을 때에는 임의의 방향으로 방출하기 때문에 결국 광자의 방출은 원자의 속도 변화에 영향을 미치지 못하게 된다. 그러므로 원자에서 광자를 선택적으로 흡수하고 방출하는 과정이 반복되면, 원자의 속도가 줄어들면서 원자의 평균 운동 속도가 줄고 그에 따라 원자 집단 전체의 온도가 내려가게 된다.

29.

윗글의 내용과 일치하는 것은?

① 움직이는 원자의 속도는 도플러 효과로 인해 더 크게 감지된다.
② 레이저 냉각은 광자를 선택적으로 흡수하는 원자의 성질을 이용한다.
③ 레이저 냉각은 원자와 레이저 빛을 충돌시켜 광자를 냉각시키는 것이다.
④ 레이저 빛을 이용하여 원자 집단을 절대 온도 0K에 도달하게 할 수 있다.
⑤ 개별 원자의 운동 상태를 파악하여 각각의 원자마다 적절한 진동수의 레이저 빛을 쏠 수 있다.

문항 성격	문항유형 : 주제, 요지, 구조 파악
	내용영역 : 과학기술
평가 목표	이 문항은 레이저 냉각의 방법과 원리에 대한 제시문을 읽고 레이저 냉각에 대한 전반적인 이해를 하고 있는지를 평가한다.
문제 풀이	정답 : ②

레이저 냉각의 방법과 원리에 대한 제시문의 진술들을 확인하여 그 내용과 부합하는 선택지를 골라야 한다.

정답 해설 ② 제시문의 세 번째 단락에서 "빛은 전자기파라는 파동이면서 동시에 광자라는 입자이기도 하기 때문에"와 세 번째 단락 마지막 부분에 "이를 간단하게 해결하는 방법은 도플러 효과와 원자가 빛을 선택적으로 흡수하는 성질을 이용하는 것이다."라는 부분을 볼 때, 레이저 냉각은 광자를 선택적으로 흡수하는 원자의 성질을 이용함을 알 수 있다. 그러므로 이 선택지는 옳은 진술이다.

오답 해설 ① 제시문의 네 번째 단락에서 "레이저 광원에 다가가는 원자에게 레이저 빛의 진동수는 원자의 진동수보다 더 높게 감지되고, 레이저 광원에서 멀어지는 원자에게 레이저 빛의 진동수는 더 낮게 감지된다."라고 도플러 효과에 대해서 설명하고 있는 부분에서 도플러 효과는 움직이는 원자의 속도가 바뀌는 것이 아니라 진동수가 바뀌는 것임을 알 수 있다. 그러므로 이 선택지는 틀린 진술이다.

③ 제시문의 두 번째 단락에서 "레이저 냉각을 사용하면 상온(약 300K)에서 대략 200m/s의 평균 운동 속도를 갖는 기체 상태의 루비듐 원자의 평균 운동 속도를 원래의 약 1/10000까지 낮출 수 있다."라고 한 부분에서 레이저 냉각은 광자를 냉각시키는 것이 아니라 물질(원자)을 냉각시키는 것임을 알 수 있다. 그러므로 이 선택지는 틀린 진술이다.

④ 제시문의 첫 번째 단락에서 "실제로 0K까지 물체의 온도를 낮출 수는 없지만 그에 근접한 온도를 얻을 수는 있다."라고 하여 절대 온도 0K까지 온도를 낮출 수는 없다는 것을 알 수 있다. 그러므로 이 선택지는 틀린 진술이다.

⑤ 제시문의 세 번째 단락에서 "그런데 원자를 하나하나 따로 관측할 수 없고 각 원자의 운동 속도에 맞추어 각 원자와 충돌하는 광자의 운동량을 따로 제어할 수도 없으므로"라고 하여 개별 원자의 운동 상태를 파악하여 각각의 원자마다 적절한 진동수의 레이저 빛을 쏠 수 없음을 알 수 있다. 그러므로 이 선택지는 틀린 진술이다.

30.

윗글의 〈그림〉을 이해한 것으로 적절하지 <u>않은</u> 것은?

① 다가오는 원자에 공명 진동수의 레이저 빛을 쏘면 원자 내부의 전자가 E_1에서 E_2로 이동한다.
② 원자의 공명 진동수와 일치하는 진동수를 갖는 광자는 ΔE의 에너지를 갖는다.
③ 원자가 흡수했다가 방출하는 광자의 에너지는 ΔE로 일정하다.
④ 정지한 원자가 흡수하는 광자의 에너지는 ΔE와 일치한다.
⑤ E_1에서 E_2로 전자가 이동할 때 광자가 방출된다.

문항 성격	문항유형 : 정보의 확인과 재구성
	내용영역 : 과학기술
평가 목표	이 문항은 제시문에서 움직이는 원자가 왜 원자의 공명 진동수보다 낮은 진동수의 빛을 흡수했다가 그보다 높은 진동수의 빛을 방출하는지를 설명한 부분의 세부적인 원리를 이해하고 있는지를 평가한다.
문제 풀이	정답 : ①

레이저 냉각의 핵심적인 원리를 설명하는 제시문의 다섯 번째와 여섯 번째 단락에서 〈그림〉을 중심으로 설명하고 있는 부분을 정확하게 이해하여야 한다.

정답 해설 ① 제시문의 여섯 번째 단락에서 "우선 어떤 원자의 십난늘 사이에 누고 양쪽에서 레이저 빛을 원자에 쏘되 그 진동수를 원자의 공명 진동수보다 작게 한다. … 이때 흡수된 광자의 에너지는 ΔE보다 작지만(〈그림〉의 a), 원자는 도플러 효과 때문에 공명 진동수를 갖는 광자를 받아들이는 것처럼 낮은 준위 E_1에 있던 전자를 허용된 준위 E_2에 올려놓는다."라고 서술하여 움직이는 원자에 공명 진동수보다 작은 진동수를 갖는 빛을 쏠 때 전자가 E_1에서 E_2로 이동할 수 있다는 것을 알 수 있다. 그러므로 공명 진동수의 레이저 빛을 쏘면 도플러 효과에 의해 진동수가 올라가서 공명 진동수를 초과하므로 그 빛은 원자에서 흡수되지 않는다. 그러므로 이 선택지는 틀린 진술이다.

오답 해설 ② 제시문의 다섯 번째 단락에서 "한편 정지해 있는 특정한 원자는 모든 진동수의 빛을 흡수하는 것이 아니고 고유한 진동수, 즉 공명 진동수의 빛만을 흡수한다. 이것은 원자가 광자를 흡수할 때 원자 내부의 전자가 특정 에너지 준위 E_1에서 그보다 더 높은 특정 에너지 준위 E_2로 옮겨가는 것만 허용되기 때문이다. 이때 흡수된 광자의 에너지는 두 에너지 준위의 에너지 값의 차이 ΔE에 해당한다."
라고 해서 원자의 공명 진동수와 일치하는 진동수를 갖는 광자는 ΔE의 에너지
를 가짐을 알 수 있다. 그러므로 이 선택지는 옳은 진술이다.

③ 제시문의 여섯 번째 단락에서 "그러면 불안정해진 원자는 잠시 후에 ΔE에 해
당하는 에너지를 갖는 광자를 방출하면서 전자를 E_1에서 E_2로 내려놓는다."라
고 한 것으로부터 원자가 흡수했다가 방출하는 광자의 에너지는 ΔE로 일정하
다는 것을 알 수 있다. 그러므로 이 선택지는 옳은 진술이다.

④ 제시문의 다섯 번째 단락에서 "정지해 있는 특정한 원자는 모든 진동수의 빛을
흡수하는 것이 아니고 고유한 진동수, 즉 공명 진동수의 빛만을 흡수한다. … 이
때 흡수된 광자의 에너지는 두 에너지 준위의 에너지 값의 차이 ΔE에 해당한
다."라고 하여 정지한 원자가 흡수하는 광자의 에너지는 ΔE와 일치함을 알 수
있다. 그러므로 이 선택지는 옳은 진술이다.

⑤ 제시문의 여섯 번째 단락에서 "그러면 불안정해진 원자는 잠시 후에 ΔE에 해
당하는 에너지를 갖는 광자를 방출하면서 전자를 E_1에서 E_2로 내려놓는다."라
고 하여 E_1에서 E_2로 전자가 이동할 때 광자가 방출되는 것을 알 수 있다. 그러
므로 이 선택지는 옳은 진술이다.

31.

윗글에 따를 때, 〈보기〉에서 공명이 일어나는 것만을 있는 대로 고른 것은?

보기

소리굽쇠는 고유한 공명 진동수를 가져서, 공명 진동수와 일치하는 소리를 가해 주면 공
명하고, 공명 진동수에서 약간 벗어난 진동수의 소리를 가해 주면 공명하지 않는다. 그림
과 같이 마주 향한 고정된 두 스피커에서 진동수 498Hz의 음파를 발생시키고, 공명 진동
수가 500Hz인 소리굽쇠를 두 스피커 사이의 중앙에서 오른쪽으로 v의 속도로 움직였더니
소리굽쇠가 공명했다. 그 후에 다음과 같이 조작하면서 소리굽쇠의 공명 여부를 관찰했다.
단, 소리굽쇠는 두 스피커 사이에서만 움직인다.

ㄱ. 소리굽쇠를 중앙에서 왼쪽으로 v의 속도로 움직였다.

ㄴ. 소리굽쇠를 중앙에서 오른쪽으로 $2v$의 속도로 움직였다.

ㄷ. 왼쪽 스피커를 끄고 소리굽쇠를 중앙에서 왼쪽으로 v의 속도로 움직였다.

① ㄱ   ② ㄴ   ③ ㄷ

④ ㄱ, ㄷ   ⑤ ㄴ, ㄷ

문항 성격	문항유형 : 정보의 평가와 적용
	내용영역 : 과학기술
평가 목표	이 문항은 제시문에 소개된 도플러 효과의 원리를 레이저 냉각에서 이용하는 상황과 유사한 음향학적 상황에 적용하여 나타나는 현상을 추론을 통해 예측할 수 있는지를 평가한다.
문제 풀이	정답 : ①

스피커 양쪽에서 일정한 진동수의 소리가 발생하고 그 사이에서 움직이는 소리굽쇠는 움직이는 속도와 방향에 따라 도플러 효과를 일으키는 정도가 달라진다. 제시문의 네 번째 단락에 소개된 도플러 효과에 대한 명확한 이해를 통해 문제를 해결할 수 있다. 제시문의 네 번째 단락에서 "이 처럼 빛이나 소리와 같은 파동을 발생시키는 파동원과 관측자가 멀어질 때는 파동의 진동수가 더 작게 감지되고, 파동원과 관측자가 가까워질 때는 파동의 진동수가 더 크게 감지되는 현상을 도 플러 효과라고 한다. 이때 원래의 진동수와 감지되는 진동수의 차이는 파동원과 관측자가 서로 가까워지거나 멀어지는 속도에 비례한다."라고 하였고 〈보기〉에서 "소리굽쇠는 고유한 공명 진동 수를 가져서, 공명 진동수와 일치하는 소리를 가해 주면 공명하고, 공명 진동수에서 약간 벗어난 진동수의 소리를 가해 주면 공명하지 않는다. … 소리굽쇠는 오른쪽으로 v의 속도로 움직였더니 소리굽쇠가 공명했다."라고 했으므로 소리굽쇠가 v의 속도로 오른쪽으로 이동할 때 오른쪽 스피 커에서 나오는 498Hz의 음파가 2Hz 진동수가 올라가 500Hz로 소리굽쇠에 감지되었음을 알 수 있다.

〈보기〉 해설	ㄱ. 소리굽쇠를 왼쪽으로 v의 속도로 움직일 경우에는 왼쪽 스피커에서 나오는 498Hz의 음파가 역시 2Hz 진동수가 올라가 500Hz로 소리굽쇠에 감지될 것 이므로 공명이 일어난다.
	ㄴ. 소리굽쇠를 오른쪽으로 $2v$의 속도로 이동시킬 때에는 오른쪽 스피커에서 나오 는 498Hz의 소리가 4Hz 진동수가 올라가 502Hz로 소리굽쇠에 감지되어 공 명이 일어나지 않고, 왼쪽 스피커에서 나오는 498Hz의 소리는 4Hz 진동수가

내려가 494Hz로 소리굽쇠에 감지되어 역시 공명이 일어나지 않는다.

　ㄷ. 왼쪽 스피커를 끄고 소리굽쇠를 중앙에서 왼쪽으로 v의 속도로 움직일 때에는 오른쪽 스피커에서 나오는 498Hz의 음파가 2Hz 진동수가 내려가 496Hz로 소리굽쇠에 감지되기 때문에 공명이 일어나지 않는다.

32.

윗글에 비추어 〈보기〉의 리튬 원자의 레이저 냉각에 대해 설명한 것으로 적절하지 않은 것은?

보 기

	루비듐	리튬
원자량(원자의 질량)	85.47	6.94
정지 상태의 원자가 흡수하는 빛의 파장	780nm	670nm

① 리튬의 공명 진동수는 루비듐의 공명 진동수보다 크다.
② 원자가 흡수하는 광자의 운동량은 리튬 원자가 루비듐 원자보다 작다.
③ 같은 속도로 움직일 때 리튬 원자의 운동량이 루비듐 원자의 운동량보다 작다.
④ 루비듐 원자에 레이저 냉각을 일으키는 레이저 빛은 같은 속도의 리튬 원자에서는 냉각 효과가 없다.
⑤ 리튬 원자에 레이저 냉각을 일으킬 때에는 레이저 빛의 파장을 670nm보다 더 큰 값으로 조정한다.

문항 성격　문항유형 : 정보의 평가와 적용
　　　　　　내용영역 : 과학기술
평가 목표　이 문항은 제시문에서 레이저 냉각을 일으키기 위해서 원자가 도플러 효과에 의해 자신의 공명 진동수에 해당하는 빛으로 감지되는 빛만을 흡수한다는 성질을 이용한다는 내용을 정확하게 이해하고 그것을 제시문에 주로 예로 든 루비듐 원자 대신에 리튬 원자에 적용할 수 있는지를 평가한다.

정답 : ②

리튬 원자는 루비듐 원자보다 가볍고 공명을 일으키는 파장이 더 짧다는 정보를 〈보기〉에서 제시하고 제시문에서 제시된 대로 레이저 냉각을 일으키기 위해서 원자가 도플러 효과에 의해 자신의 공명 진동수에 해당하는 빛으로 감지되는 빛만을 흡수한다는 성질과 연관시켜서 선택지의 진위를 판단해야 한다.

정답 해설 ② 제시문의 세 번째 단락에서 "광자는 빛의 파장에 반비례하는 운동량을 가지며"라고 했으므로 정지 상태의 원자가 흡수하는 빛의 파장이 리튬(670nm)이 루비듐(780nm)보다 작으므로 원자가 흡수하는 광자의 운동량은 리튬 원자가 루비듐 원자보다 크다. 그러므로 이 선택지는 틀린 진술이다.

오답 해설 ① 제시문의 다섯 번째 단락에서 "정지해 있는 특정한 원자는 모든 진동수의 빛을 흡수하는 것이 아니고 고유한 진동수, 즉 공명 진동수의 빛만을 흡수한다."라고 했고, 제시문의 세 번째 단락에서 "빛의 파장과 진동수는 반비례의 관계에 있다."라고 하였으므로 공명 진동수는 정지 상태의 원자가 흡수하는 빛의 파장과 반비례의 관계에 있게 된다. 그런데 〈보기〉에서 정지 상태의 원자가 흡수하는 빛의 파장은 리튬(670nm)이 루비듐(780nm)보다 작으므로 리튬의 공명 진동수는 루비듐의 공명 진동수보다 크다. 그러므로 이 선택지는 옳은 진술이다.

③ 제시문의 세 번째 단락에서 "속도와 질량의 곱에 해당하는 운동량"이라고 했으므로 같은 속도로 움직일 때 원자의 운동량은 원자의 질량에 비례한다. 〈보기〉에서 원자량(원자의 질량)은 리튬(6.94)이 루비듐(85.47)보다 작으므로 운동량도 리튬이 루비듐보다 작다. 그러므로 이 선택지는 옳은 진술이다.

④ 제시문의 다섯 번째 단락에서 "정지해 있는 특정한 원자는 모든 진동수의 빛을 흡수하는 것이 아니고 고유한 진동수, 즉 공명 진동수의 빛만을 흡수한다."라고 하였으므로 공명 진동수가 루비듐과 다른 리튬과 관련해서 루비듐 원자에 레이저 냉각을 일으키는 레이저 빛은 같은 속도의 리튬 원자에서는 냉각 효과가 없다. 그러므로 이 선택지는 옳은 진술이다. (여기에서 "같은 속도"라는 제한 조건은 다음과 같은 이유에서 제시되었다. 움직이는 원자가 광자를 흡수할 경우에 공명 진동수보다 작은 진동수를 갖는 광자만을 흡수하는데, 이 두 진동수의 차이는 원자의 속도에 비례한다. 그런데 리튬과 루비듐이 같은 속도로 움직이면 흡수하는 광자의 진동수와 공명 진동수의 차이가 같으므로 리튬에서 흡수가 일어나는 빛의 진동수와 루비듐에서 흡수가 일어나는 빛의 진동수는 둘 모두 함께 동일한 그 차이만큼 달라져서 결코 같아질 수 없다. 그러므로 같은 속도로 움직이는 루비듐 원자와 리튬 원자에서 동시에 냉각 효과를 일으키는 동일한 진

동수를 갖는 레이저 빛은 없다.)

⑤ 제시문의 여섯 번째 단락에서 "어떤 원자의 집단을 사이에 두고 양쪽에서 레이저 빛을 원자에 쏘되 그 진동수를 원자의 공명 진동수보다 작게 한다."라고 하였고 "빛의 파장과 진동수는 반비례 관계에 있다."는 것으로부터 리튬 원자에서 레이저 냉각을 일으킬 때에는 레이저 빛의 파장을 정지 상태의 리튬 원자가 흡수하는 빛의 파장인 670nm보다 더 큰 값으로 조정해야 함을 알 수 있다. 그러므로 이 선택지는 옳은 진술이다.

[33~35] 다음 글을 읽고 물음에 답하시오.

『로마법대전』에 대한 연구는 12세기에 볼로냐를 중심으로 본격적으로 시작되었다. 당시에 이 법서는 '기록된 이성'이라 부를 만큼 절대적인 권위가 인정되었고, 그 가운데 특히 「학설휘찬(Digesta)」 부분이 학자들의 관심을 끌었다. 여기에는 로마 시대의 저명한 법학자들의 저술에서 발췌한 학설들이 수록되어 있다. 초기에 법학은 이를 정확히 이해하는 데 치중하였고, 로마법을 비판적으로 바라보는 것은 금기시되었다. 이러한 학풍은 13세기 중엽 표준 주석서를 집대성하는 성과를 낳았고, 이후로는 로마법을 어떻게 실무에 적용할지의 문제로 법학의 중점이 옮겨 갔다. 16세기에 들어서면서부터는 「학설휘찬」에 대한 맹신에서 벗어나, 그것을 역사적 사료로 보면서 주석서의 해석에 얽매이지 않고 새롭게 접근하는 시도가 나타났으며, 이후에는 이런 경향이 낯설지 않게 되었다. 17세기의 학자인 라이프니츠도 로마법 자료에 대해 비판적으로 접근하여 새로운 논의를 이끌어 내려 하였다. 다음은 「학설휘찬」에 나오는 파울루스의 글이다.

[가]
펠릭스가 자신의 농장에 대해 에우티치아나(A), 투르보(B), 티티우스(C)에게 순차적으로 저당권을 설정해 준 것이 실질적 법률관계이다. 그런데 A는 C와의 소송에서 자신의 순위를 입증하지 못하여 패소하였고, 판결이 확정되었다. 이후 B와 C 사이에 저당권의 순위에 관한 다툼이 생겨 소송을 하게 되었다. 이 경우에 A를 상대로 승소한 C가 B보다 우선한다고 해야 하는가, 아니면 A는 없다고 생각하고 B의 권리를 C보다 앞에 두어야 하는가? ㉠ 어떤 이들은 C가 우선한다고 주장한다. 하지만 ㉡ 나는 그런 결론이 매우 부당하다고 생각한다. A가 방어를 잘못한 탓에 C에게 패소했다고 하자. 그러면 C가 A에게 승소한 판결의 효력이 B에게 미치는가? 이후에 일어난 B와 C 사이의 소송에서 B가 승소하면 그 판결의 효력이 A에게 미치는가? 나는 아니라고 생각한다. 제3순위자는 제1순위자를 배제시켰다고 해서 자기가

제1순위자가 되는 것은 아니며, 당사자 사이의 판결은 그 소송에 관여하지 않은 이에게 유리하게도 불리하게도 작용하지 않는다. 첫 번째 소송의 판결이 모든 것을 해결하는 것은 아니고, 다른 저당권자의 권리는 손대지 않은 채 남겨져 있는 것이다.

ⓐ 라이프니츠는 '손대지 않은 채 남겨져 있는 것'에 대하여 순위를 따져 보려고 하였다. 그는 우선 위 사안을 다음과 같이 정리하였다. 동일한 부동산에 대한 저당권은 설정한 순서에 따라 우선권이 주어지는 것이 로마법의 원칙이므로, (1) 가장 먼저 설정한 A의 권리는 최우선권을 가지므로 B의 권리에 우선한다. (2) 두 번째로 저당권을 설정한 B의 권리는 C의 권리에 우선한다. 하지만 (3) 판결로 확정된 법률관계는 그것이 진실한 것으로 취급될 수밖에 없으므로 C의 저당권은 A의 저당권에 우선한다. 여기서 (1)과 (3)이 충돌하지만 확정 판결의 효력 때문에 (3)이 우선할 수밖에 없으므로, 유효하게 고려하여야 하는 (2)와 (3)을 가지고 따져보면 순위는 간단히 정리될 수 있다고 보았다.

파울루스는 A가 제1순위를 회복할 수 없다고 하면서, C가 B보다 우선한다고도 B가 A보다 우선한다고도 인정할 수 없다고 하였다. 라이프니츠는 B가 A보다 우위라고 확언할 수 없다는 점에 대해 비판하였다. B가 C보다 앞설 경우에 C가 A보다 앞선다면, B는 A보다 앞서는 것이 당연하다는 것이다. 그리고 B가 C보다 후순위가 된다고 가정하는 것은, 판결의 효력이 소송에 관계하지 않은 이에 영향을 미쳐서는 안 된다는 데 위배되는 상황, 곧 파울루스가 피하고자 하는 것을 피하지 못하게 되는 설정이 되기 때문에, 허용될 수 없다고 하였다. 라이프니츠는 이러한 결론이 한 번의 패소로 순위가 두 개나 밀리게 만들지만 부당한 것은 아니라고 말한다. 소송을 잘못한 이에게 두 번 불이익을 주는 것이 잘못이 없는 이에게 한 번 불이익을 주는 것보다 낫기 때문이라는 것이다. 라이프니츠는 파울루스가 현자라는 사실이 의심된다는 익살까지 부린다.

라이프니츠의 이러한 작업은 로마법이 끼친 영향과 함께 그에 대하여 자유롭게 접근했던 당시의 분위기를 짐작하게 해 준다. 18세기 이후에는 로마법 연구의 전통을 기반으로 하여 새로운 이론과 법체계를 성립시키는 발전이 이어진다.

33.

윗글의 내용과 일치하는 것은?

① 12세기의 법학자들은 파울루스의 학설에 대하여 시대적 간극을 초월하여 받아들일 수

있는 이성적인 결과물로 여겼다.

② 13세기에는 「학설휘찬」보다 앞서 편찬된 『로마법대전』이 주요한 연구 대상으로 선택되었다.

③ 17세기 이후의 법학은 당시의 실정에 맞지 않는 로마법에 대한 연구를 버리고 법률 실무를 중심으로 한 새로운 방법론을 추구하였다.

④ 라이프니츠가 활동하던 시기에는 「학설휘찬」에 대한 비판이 금기시되었다.

⑤ 라이프니츠는 로마법을 역사적 사료로 보기보다는 시공을 뛰어넘어 적용할 수 있는 보편적인 법전으로 보았다.

문항 성격	문항유형 : 정보의 확인과 재구성
	내용영역 : 법·규범
평가 목표	이 문항은 서양법사에서 로마법이 차지하는 역할과 위상의 변화에 관한 제시문의 내용을 정확히 파악했는지를 평가한다.
문제 풀이	정답 : ①

서양법제사에서 로마법이 차지하는 역할과 위상의 변화를 개략적으로 이해하는가에 대한 물음이다. 특히 17세기에서 18세기까지 생존한 라이프니츠의 로마법 연구의 의의를 역사적 맥락에서 이해하여야 한다.

정답 해설	① 제시문에서는 12세기에 로마법 연구가 시작되었고, 이 때 『로마법대전』은 '기록된 이성'이라 불릴 만큼 절대적인 권위가 인정되었다고 말한다. 특히 이 가운데 「학설휘찬」이 주목되었고, 이는 예시된 파울루스를 비롯한 로마 시대 저명한 법학자들이 저술한 것들이 모아져 있다고 했다. 따라서 12세기의 법학자들은 파울루스의 학설에 대하여 시대적 간극을 초월하여 받아들일 수 있는 이성적인 결과물로 여겼다는 진술은 옳다.
오답 해설	② 로마법은 크게 네 부분으로 이루어져 있다. 제시문에서는 "그 가운데 특히 「학설휘찬(Digesta)」 부분이 학자들의 관심을 끌었다."고 되어 있다. 따라서 『로마법대전』과 「학설휘찬」이 서로 다른 성격의 책인 양 서술된 ②번 선택지는 옳지 않다.
	③ 제시문에서는 로마법 연구의 전통을 기반으로 법학이 발달하였다는 사실이 서술되고 있다. 특히 "18세기 이후에는 로마법 연구의 전통을 기반으로 하여 새로운 이론과 법체계를 성립시키는 발전이 이어진다."고 마무리한다. 따라서 17세기부터 로마법 연구를 버렸다는 진술은 옳지 않다.

④ 제시문에서는 로마법에 대한 비판이 금기시되던 경향은 로마법 연구 초기에 나타난 현상이라 서술하고 있다. 그리고 "16세기에 들어서면서부터는 「학설휘찬」에 대한 맹신에서 벗어나, 그것을 역사적 사료로 보면서 주석서의 해석에 얽매이지 않고 새롭게 접근하는 시도가 나타났으며, 이후에는 이런 경향이 낯설지 않게 되었다."고 말한다. 따라서 라이프니츠가 활동하던 17, 18세기에 「학설휘찬」과 같은 로마법 자료에 대한 비판이 금기시되었다고는 볼 수 없다. 더구나 라이프니츠는 이 자료에 대해 비판적으로 접근하고 있으며, 특히 "파울루스가 현자라는 사실이 의심된다는 익살까지 부린다."

⑤ 선택지 ④에 대한 해설에 따라 라이프니츠가 로마법을 역사적 사료로 보지 않았다거나, 시공을 뛰어넘어 적용할 수 있는 보편적인 법전으로 보았다는 진술은 옳지 않다.

34.

[가]에 대한 추론으로 적절하지 <u>않은</u> 것은?

① B와 C 사이의 소송에서 B는 자신이 C보다 먼저 저당권을 설정하였기 때문에 자신이 선순위자라고 주장하였을 것이다.

② B와 C 사이의 소송에서 C는 A가 B보다 먼저 저당권을 설정하였다는 것을 기초로 하여 자신이 B보다 선순위자라고 주장하였을 것이다.

③ ㉠은 C의 순위가 A에 우선한다는 판결이 B에게는 효력이 없다는 입장이다.

④ ㉡은 A와 C 사이에 내려진 판결이 A, B, C 모두의 순위를 바꾸는 것으로 판결한 것은 아니라는 입장이다.

⑤ ㉠과 ㉡ 모두 A와 C 사이에 내려진 판결의 효력은 인정해야 한다고 전제한다.

문항 성격	문항유형 : 정보의 추론과 해석
	내용영역 : 법·규범
평가 목표	로마법의 가장 중요한 자료인 「학설휘찬」에 실린 파울루스의 한 학설에 대하여 제대로 이해하고 있는지, 나아가 학설의 숨어 있는 의미를 추론하고 해석할 수 있는지를 평가한다.
문제 풀이	정답 : ③

로마법의 가장 중요한 자료인 「학설휘찬」에 실린 파울루스의 글에 등장하는 저당권 순위 관련 소송의 내용을 정확히 이해하고, 나아가 소송 당사자들, 파울루스, 그리고 파울루스와 다른 견해를 가진 사람들의 입장을 추론을 통해 정확히 파악하여야 한다.

정답 해설 ③ 인용문에서 ㉠은 C가 B보다 우선한다는 입장이다. "펠릭스가 자신의 농장에 대해 에우티치아나(A), 투르보(B), 티티우스(C)에게 순차적으로 저당권을 설정해 준 것이 실질적 법률관계이다."라고 하였는데, C는 A보다 앞선다는 판결을 받았다. C가 B보다 앞선다고 하기 위해서는, 이 판결의 결과를 들어 A보다 선순위라 주장하면서, 또한 자신의 후순위인 A는 B보다 앞서므로, 결과적으로 자신도 또한 B보다 앞선다고 해야 할 것이다. 따라서 C의 순위가 A에 우선한다는 판결이 B와의 소송에서 효력을 인정받지 못한다면, C가 B보다 우선한다는 결과를 도출시킬 수 없다. 이 선택지는 적절하지 않은 진술이다.

오답 해설 ① 인용문에서 "펠릭스가 자신의 농장에 대해 에우티치아나(A), 투르보(B), 티티우스(C)에게 순차적으로 저당권을 설정해 준 것이 실질적 법률관계이다."라고 하였다. 그리고 라이프니츠의 작업에 대한 설명에서 "저당권은 설정한 순서에 따라 우선권이 주어지는 것이 로마법의 원칙"이라 하고 있다. 따라서 B가 C보다 앞선다고 주장할 수 있는 근거는 저당권을 C보다 먼저 설정하였다는 데 있다고 볼 수 있다. 따라서 선택지 ①은 적절하다.

② 인용문에서 "펠릭스가 자신의 농장에 대해 에우티치아나(A), 투르보(B), 티티우스(C)에게 순차적으로 저당권을 설정해 준 것이 실질적 법률관계이다."라고 하였다. 하지만 C는 A보다 앞선다는 판결을 받았다. 라이프니츠의 작업에 대한 설명에서 "판결로 확정된 법률관계는 그것이 진실한 것으로 취급될 수밖에 없"다는 진술이 있다. 따라서 C는 이 판결의 결과를 들어 A보다 선순위라 주장할 것이다. 그런데 C가 B에 대해서도 선순위라고 주장하기 위해서는, 이 판결의 효력에 따라 자신의 후순위에 있는 A가 B보다 앞선다는 주장을 해야 할 것이다. 따라서 C는 A가 B보다 먼저 저당권을 설정하였다는 것을 기초로 하여 자신이 B보다 선순위자라고 주장하였을 것이라는 선택지 ②는 적절하다.

④ ㉡은 "제3순위자는 제1순위자를 배제시켰다고 해서 자기가 제1순위자가 되는 것은 아니며, 당사자 사이의 판결은 그 소송에 관여하지 않은 이에게 유리하게도 불리하게도 작용하지 않는다."는 입장이다. 그리하여 B가 당사자로 참여하지 않은, A와 C 사이의 소송에서 내려진 판결은 제2순위자인 B에게 영향을 미치지 않는다고 본다. 따라서 "A, B, C 모두의 순위를 바꾸는 것으로 판결한 것은 아니라는" 선택지 ④는 적절하다.

⑤ ㉠과 ㉡ 모두 A와 C 사이에 내려진 판결의 효력은 인정하면서 그 소송에 참여하지 않은 B에게도 효력이 미치는 것으로 해석할 것인가에 대하여 견해의 대립을 보인다. 따라서 선택지 ⑤는 적절하다.

35.

ⓐ가 한 논증 과정에서 나타나지 <u>않은</u> 것은?

① 저당권의 순위는 B, C, A의 순으로 놓인다는 결론을 내렸다.
② 확정 판결의 효력이 실질적 법률관계에 우선한다는 점을 전제로 삼았다.
③ 저당권의 우선순위는 먼저 설정된 순서로 정해진다는 로마법의 원칙이 부당하다는 것을 확인하였다.
④ 파울루스가 논의한 사안을 정리한 결과, A가 제1순위라는 내용과 A가 제1순위가 아니라는 내용의 충돌이 일어나자 그 모순을 해결하였다.
⑤ 권리를 입증하지 못하여 패소한 이가 이후에 자신이 당사자가 아닌 소송의 판결 때문에 거듭 불이익을 받을 수 있다는 결론이 도출되지만, 그것이 부당하지 않다고 보았다.

문항 성격	문항유형 : 주제, 요지, 구조 파악
	내용영역 : 법 · 규범
평가 목표	저당권 우선 순위와 판결의 효력과 관련된 파울루스의 한 학설에 대하여 라이프니츠가 제기한 비판 논증의 내용과 논리적 구조를 정확히 파악하였는지 평가한다.
문제 풀이	정답 : ③

로마법의 가장 중요한 자료인 「학설휘찬」에 실린 파울루스의 한 학설에 대하여 라이프니츠가 어떠한 방식으로 논의를 진행시켜 나아갔는지, 그와 함께 파울루스의 주장과 차이를 보이는 점은 무엇인지, 이에 대하여 라이프니츠가 어떻게 비판하였는지 파악해야 한다.

정답 해설   ③ 제시문에서 라이프니츠는 "저당권은 설정한 순서에 따라 우선권이 주어"진다는 원칙과 "판결로 확정된 법률관계는 그것이 진실한 것으로 취급될 수밖에 없"다는 원칙, 이 두 원리를 파울루스가 제시한 사안에 적용시켜 나름의 논리적인 결론을 이끌어 내었다. 따라서 "저당권의 우선 순위는 먼저 설정된 순서로 정해진다는 로마법의 원칙이 부당하다는 것을 확인하였다."는 선택지 ③은 적절하지 않다.

① 제시문에서 라이프니츠는 A가 제1순위 저당권자라는 사실은 A와 C 사이에 내려진 판결로 말미암아 인정되지 못하며, 오히려 C가 A에 우선하며, 또한 이것이 B가 C보다 앞선다는 사실에 대하여는 영향을 미칠 수 없다고 생각하였기 때문에 "순위는 간단히 정리될 수 있다고 보았다." 이에 따르면, 저당권의 순위는 B, C, A의 순으로 놓인다. 따라서 선택지 ①은 적절하다.

② 라이프니츠는 "판결로 확정된 법률관계는 그것이 진실한 것으로 취급될 수밖에 없"다고 전제하면서, 이 때문에 파울루스의 글에서 제시된 실질적 법률관계를 그대로 인정할 수 없다는 결론을 내리고 있다. 따라서 "확정 판결의 효력이 실질적 법률관계에 우선한다는 점을 전제로 삼았다."고 하는 선택지 ②는 적절하다.

④ 파울루스가 제시한 사안에 대해 라이프니츠의 정리한 내용 가운데 "(1) 가장 먼저 설정된 A의 저당권이 그 다음에 설정된 B의 권리에 우선한다."는 사실과 "(3)판결로 확정된 법률관계는 그것이 진실한 것으로 취급될 수밖에 없으므로 C의 저당권은 A의 저당권에 우선한다."는 사실이 충돌한다. (1)에서 A는 제1순위자이지만 (3)에서는 그렇지 못하여, 이 두 사실은 서로 양립할 수 없다. 이에 대하여 라이프니츠는 "판결로 확정된 법률관계는 그것이 진실한 것으로 취급될 수밖에 없다."는 원칙 때문에 A가 제1순위 저당권자라는 사실은 A와 C 사이에 내려진 판결로 말미암아 인정될 수 없어서 (1)은 받아들일 수 없다고 논증하였다. 따라서 선택지 ④는 적절하다.

⑤ A와 C 사이에 벌어진 소송에서 A가 패소하였고, 그 논리적 귀결로서 저당권의 순위는 B, C, A의 순이 되었다. A는 제1순위자였던 것이 제3순위자로 된 것이다. 곧, 순위가 두 칸이나 밀리게 된 것이다. 이것은 한 번의 소송에서 패소한 결과로 일어난 상황이다. 이에 대하여 라이프니츠는 "소송을 잘못한 이에게 두 번 불이익을 주는 것이 잘못이 없는 이에게 한 번 불이익을 주는 것보다 낫기 때문"이라는 이유로 부당하지 않다고 한다. 따라서 선택지 ⑤는 적절하다.

법학적성시험
언어이해 영역

2013

2015학년도 언어이해 영역 출제 방향

1. 출제의 기본 방향

언어이해 영역은 법률가에게 요구되는 기본적인 언어 소양과 법학전문대학원 수학에 필요한 통합적 언어 능력을 평가하는 것을 기본 방향으로 삼았다. 특히 법학전문대학원에서 수학하는 사람이라면 대학에서의 전공과 상관없이 공적 가치 판단이 요구되는 다양한 전문 분야의 글들을 독해하고 평가할 수 있는 능력을 가지고 있어야 한다는 점을 중요하게 고려하였다. 구체적인 출제 원칙은 다음과 같다.

- 통합적이며 심층적인 독해 및 사고 능력을 평가한다.
- 철학, 사학, 문학, 예술, 정치, 경제, 사회, 과학, 기술, 법, 규범학 등의 다양한 분야에서 내용 및 표현 면에서 모범이 될 수 있는 제시문을 선정·개발한다.
- 제시문의 핵심 정보나 주요 세부 정보들을 파악하고, 정보들 간의 유기적 관련성을 분석·종합하며, 주어진 단서를 바탕으로 다양한 문제 상황에 대응할 수 있는 문제 해결 능력을 평가한다.
- 기본 독해 능력에 대해서는 동일한 유형의 문항을 활용하되, 제시문을 통해 획득한 단서를 바탕으로 새로운 상황에 적용하여 판단할 수 있게 하는 비판적·창의적 문제를 개발한다.

2. 출제 범위

언어이해 영역은 높은 수준의 독해 능력을 평가하기 위한 영역이다. 이 능력은 다양한 상황에서 폭넓은 유형 및 주제의 글을 접하게 되었을 때 이를 정확히 읽어 낼 뿐 아니라 글이 담고 있는 의미의 함축과 가치를 비판적으로 판단할 수 있는 능력까지 포함한다.

따라서 언어이해 영역에서는 다양한 전문 분야에서 제시문의 소재를 구하되, 중요한 공적 가치를 지닌 주제들을 우선적으로 선정하였고, 언어이해 영역의 여러 평가 목표를 균형 있게 다룰 수 있도록 제시문의 성격을 다양화하였다.

이번 시험에서 제시문 선정 시 고려한 사항은 다음과 같다.

첫째, 대학 교양 교육의 충실한 이수를 유도하기 위하여 여러 학문 분야에 두루 사용되는 기본적인 개념이나 범주들을 중심으로 제시문을 선정하였다.

둘째, 각 학문 분야의 최신 이론이나 시의성 있는 문제 상황을 반영하는 주제로 각 제시문들을 구체화하였으며, 특히 원리적 모델들을 함께 제시함으로써 여기서 사용된 개념이나 범주들을 적용, 평가할 수 있도록 하였다.

셋째, 법학의 배경 지식을 요구하는 제시문 대신 학제적 내용 분야와 각 주제를 연계시킨 제시문을 출제함으로써 통합적 사고력과 문제 해결 능력을 평가할 수 있게 하였다.

넷째, 다양한 내용 분야가 법적 문제들과 연관될 수 있음을 보여 주는 제시문을 선정함으로써 법의 이론적 · 현실적 연관성을 폭넓게 사고하게 하였다.

다섯째, 최근의 학문 동향을 반영하여 제시문 독해만으로도 교육적 효과를 얻을 수 있게 하였다.

3. 제시문 및 문항

언어이해 영역에서는 '인문', '사회', '과학기술', '법 · 규범'으로 분류된 4개 내용 영역에서 사학, 문학, 예술철학, 정치학, 경제학, 고고학, 지구과학, 공학, 윤리학, 법제사, 법학의 11개 분야를 선정하여 제시문을 기반으로 총 35문항을 출제하였다. 문항 세트는 제시문 특성에 따라 종합적인 독해 능력을 평가하거나 특정한 평가 기준을 적용하여 평가하도록 설계하였다.

'인문' 분야에서 사학은 아우슈비츠의 '일상사(日常史)'를 다룬 프리모 레비의 글을 언급하면서, 아우슈비츠에 관해 잘 알려지지 않았던 부분을 생존자의 증언을 통해 이해해 보도록 시도하고, 나아가 이러한 인류의 참상이 이분법적 구조로 접근하기 어려운 측면이 있음을 섬세하게 이해할 수 있는지를 묻는 문항으로 구성하였다. 문학에서는 김소월에 대한 김우창의 비평문 일부를 선택하여 큰 수정 없이 원문 그대로 제시문을 구성하였고, 이를 통해 김소월에 대한 이해와 그러한 시적 유형의 한계와 극복 방향까지 생각해 볼 수 있도록 출제하였다. 예술을 내용으로 한 철학 제시문을 의도하여 선택한 예술철학 분야에서는 까다로운 철학적 체계를 가진 헤겔의 예술철학을 주제로 선택하여 예술적 내용과 동시에 체계적 철학 이론으로서의 밀도 있는 제시문 내용을 파악할 수 있는지를 물었다.

'사회' 분야에서는 정치학, 경제학, 고고학 제시문을 다루었다. 정치학 제시문에서는 정치 과정에서 발생하는 '교착' 현상에 대한 설명을 다루면서 다양한 정치 체계 하에서 교착을 발생시키거나 완화시킬 수 있는 방법들을 파악하고 영향 관계들을 추론할 수 있는지를 물었다. 경제학 제시문에서는 '차선의 문제'의 내용과 이를 논증하는 사례들과 논변들을 이해할 수 있는지를 묻고, 이를 통해 경제적 요소들 간의 밀접한 연관 관계로 인해, 경제적 문제들을 단순하고 도식적으로 이해하는 데서 발생하는 위험을 생각해 볼 수 있도록 하였다. 고고학 제시문에서는 구별되는 두 개의 주요한 고고학 연구 방법론을 비교하고, 이들이 어떻게 적용되어 실제 연구가 진행되는지를 알려주는 내용을 다루었다.

'과학기술' 분야에서는 지구과학과 공학 제시문을 선택하였다. 지구과학은 남극 대륙 빙붕의 융해 문제를 다루면서 다양한 계수들과 측정법들을 구분할 수 있고, 이를 다시 적용할 수 있는지를 물었다. 공학 제시문은 컴퓨터 CPU의 원론적인 작동 원리에 관한 것으로, 컴퓨터가 '저장'을 한다는 것, 즉 입력된 정보를 시간적으로 가두어 두는 일이 어떠한 구조와 설계에 의해 일어나는지를 이해할 수 있는가를 물었다.

'법·규범'으로 명시된 영역에서는 윤리학과 법제사, 그리고 법·규범을 다루었다. 윤리학은 '죽임'과 관련된 도덕적 문제가 사람, 인격체, 동물 등의 다양한 주체에 따라 어떻게 달리 구성될 수 있는지, 이에 대해 공리주의, 자율성론 등 각기 다른 윤리 이론들이 구성한 서로 다른 논변들을 세밀하게 이해할 수 있는지를 물었다. 법제사는 부친의 복수를 한 자를 처벌할 것인지 아니면 예를 따른 것으로 존중해야 할지를 놓고 벌어졌던 중국 당나라 시대의 논쟁(진자앙의 건의에 대한 유종원의 반박문)을 주제로 논변의 구조와 근거를 파악할 수 있는지를 물었다. 법·규범에서는 경업금지법의 역사와 그 효력 해석과 관련된 쟁점을 다루면서 법의 취지와 적용을 이해할 수 있는지를 물었다.

4. 난이도

2015학년도 법학적성시험에서는 제시문의 심도가 다소 높고 정보량이 다소 많을 것으로 예상되는 내용을 가진 제시문들의 수를 지난해에 비해 다소 상향 조정함으로써 수험생들의 체감 난이도를 2014학년도보다 약간 어렵게 조정하였다. 4개 문항씩을 출제한 제시문을 2개 배치하여 수험생들의 독해 시간 부담이 다소 줄 수 있도록 한 것은 지난 해와 같다. 그러나 개별 문항의 난이도는 이전과 유사한 난이도를 유지하도록 하여 보다 효과적인 독해 능력 측정이 가능하도록 의도하였다. 정보량이 많은 제시문과 비교적 평이한 제시문을 함께 고려하여 다양한 성격의 제시문을 읽을 수 있는 능력을 측정하고자 하는 근본 취지는 예년과 마찬가지로 유지되었다. 또한 특정 전공의 배경 지식이 유리한 변인이 되지 않도록 조정한 것 역시 예년과 같다.

5. 문항 출제 시의 유의점 및 강조점

- 언어이해 영역에서 평가하고자 하는 능력이 주로 통합적 이해력과 심층 분석력에 있다는 점을 고려하여 제시문 분량과 제시문당 문항 수에 융통성을 두었다.
- 선지식에 의해 풀게 되거나 전공에 따른 유불리가 분명해지는 제시문의 선택과 문항의 출제를 지양하였다.
- 출제의 의도를 감추거나 오해하게 하는 질문을 피하고, 평가하고자 하는 능력을 정확히 평가할 수 있도록 간명한 형식을 취하였다.
- 문항 및 선택지 간의 간섭을 최소화하고, 선택지 선택에서 능력에 따른 변별이 이루어질 수 있도록 하였다.

[01~03] 다음 글을 읽고 물음에 답하시오.

　　신(臣) 유종원(柳宗元)이 엎드려 살펴보니 이런 일이 있었습니다. 측천무후 시절에 동주(同州)의 하규(下邽)에 서원경(徐元慶)이라는 사람이 있었는데, 아버지 상(爽)이 현의 관리인 조사온(趙師韞)에게 죽었다고 하여 마침내 아버지의 원수를 찔러 죽인 뒤 제 몸을 묶어 관에 자수하였습니다. 그때 진자앙(陳子昻)은 그를 사형에 처하되 정문(旌門)을 세워 주자고 건의하였으며, 또 그 내용을 법령에 넣어 항구적인 법으로 삼자고 청하였습니다. 하지만 신은 그것이 잘못되었다고 생각합니다.

　　신이 듣기를, 예(禮)의 근본은 무질서를 막고자 하는 것이니, 만약 예에서 해악을 저지르지 말라고 하는데 자식 된 이가 사람을 죽였다면 이는 용서할 수 없습니다. 또한 형(刑)의 근본도 무질서를 막고자 하는 것이니, 만약 형에서 해악을 저지르지 말라고 하는데 관리 된 이가 사람을 죽였다면 이는 용서할 수 없습니다. 결국 그 근본은 서로 합치하면서 그 작용이 이끌어지는 것이니, 정문과 사형은 결코 함께 할 수 없는 것입니다. 정문을 세워 줄 일을 사형에 처하는 것은 남용으로서 형을 지나치게 적용하는 것이 됩니다. 사형에 처할 일에 정문을 세워 주는 것은 참람으로서 예의 근본을 무너뜨리는 것이 됩니다. 과연 이것을 천하에 내보이고 후대에 전하여서 의를 좇는 이가 나아갈 곳을 모르게 하고 해를 피하려는 이가 설 곳을 알지 못하도록 해야 하겠습니까. 과연 이것이 법으로 삼아야 할 만한 일이겠습니까. 무릇 성인(聖人)의 제도에서 도리를 밝혀 상벌을 정하도록 한 것과 사실에 터 잡아 시비를 가리도록 한 것은 모두 하나로 통하는 것입니다. 이 사건에서도 진위를 가려내고 곡직을 바로 하여 근본을 따져본다면, 형과 예의 적용은 뚜렷이 밝혀집니다. 그 까닭은 이렇습니다.

　　만일 원경의 아버지가 공적인 죄를 지은 것이 아닌데도 사온이 죽였다면 이는 오직 사사로운 원한으로 관리의 기세를 떨쳐 무고한 이를 괴롭힌 게 됩니다. 더구나 고을 수령과 형관은 이를 알아볼 줄도 모르고 위아래로 모두 몽매하여 울부짖는 호소를 듣지 않았습니다. 그리하여 원경은 원수와 같은 하늘 아래서 사는 것을 몹시 부끄럽게 여기며 항상 칼을 품고 예를 실행하려는 마음을 지니다가 마침내 원수의 가슴을 찔렀으니, 이는 꿋꿋이 자신을 이겨낸 행위로서 그때 죽더라도 여한이 없었을 것입니다. 바로 예를 지키고 의를 실행한 것입니다. 그러니 담당 관리는 마땅히 부끄러운 빛을 띠고 그에게 감사하기에 바쁠진대 어찌 사형에 처한단 말입니까.

　　혹시 원경의 아버지가 면할 수 없는 죄를 지어 사온이 죽인 것이었다면 그것은 자의적으로 법을 집행한 것이 아닙니다. 이는 관리에게 죽은 것이 아니라 법에 의해 죽은 것입니다. 법을 원수로 삼을 수야 있겠습니까. 천자의 법을 원수 삼아 사법 관리를 죽였다면, 이는 패악하여 임금을 능멸한 것입니다. 이런 자는 잡아 죽여야 국법이 바로 설진대 어찌 정문을 세운다는 것입니까.

　　진자앙은 앞의 건의에서 "사람은 자식이 있고 자식은 반드시 어버이가 있으니, 어버이를 위한 복수가 이어진다면 그 무질서는 누가 구제하겠습니까."라고 하였습니다. 이는 예를 매우 잘못 이해한 것입니다. 예에서 이야기하는 복수는, 사무치는 억울함이 있는데도 호소할 곳이 없는 경우이지, 죄를 저질러 법에 저촉되어 사형에 처해지는 경우가 아닙니다. 그러므로 "네가 사람을 죽였으니 나도 널 죽이겠다."라고 말하는 것은 곡직을 따져보지도 않고서 힘없고 약한 이를 겁주는 것이 될 뿐이며, 또한 경전과 성인의 가르침에 심히 위배되는 것입니다.

『주례』에서 "조인(調人)이 뭇사람들의 복수 사건을 담당하여 조정한다. 살인이라도 의에 부합하는 경우에는 그에 대한 복수를 금지한다. 복수는 사형에 처한다. 이를 다시 보복 살해하면, 온 나라가 그를 복수할 것이다." 하였으니, 어찌 어버이를 위한 복수가 이어질 수 있겠습니까. 『춘추공양전』에서는 "아버지가 무고하게 죽었다면 아들은 복수할 수 있다. 아버지가 죄 때문에 죽었는데 아들이 복수한다면, 이는 무뢰배의 짓거리로서 복수의 폐해를 막지 못한다."라고 하였습니다. 이러한 관점으로 위의 사건을 판단해 보면 예에 합치합니다. 무릇 복수를 잊지 않는 것은 효이며, 죽음을 돌아보지 않는 것이 의입니다. 원경이 예를 저버리지 않고 효를 지켜 의롭게 죽으려 했으니, 이는 바로 이치를 깨치고 도를 들은 것입니다. 이치를 깨치고 도를 들은 사람에 대해 왕법(王法)이 어찌 보복 살인의 죄인으로 보겠습니까. 진자앙은 도리어 사형에 처해야 한다고 하니, 그것은 형의 남용이며 예의 훼손입니다. 법이 될 수 없다는 것은 뚜렷합니다.

신의 간언을 법령에 반영하시어 사법 관리로 하여금 앞의 건의에 따라 법을 집행하지 않도록 해 주시기를 청합니다. 삼가 아뢰었나이다.

– 유종원, 「복수에 대한 건의를 논박함」

01.

윗글의 내용에 부합하지 <u>않는</u> 것은?

① 진자앙은 서원경의 행위가 예를 어긴 것이라고 보았다.
② 호소할 곳 없는 백성에 대한 유종원의 염려가 나타난다.
③ 보복 살인의 악순환을 경계하는 진자앙의 고심이 엿보인다.
④ 유종원은 진자앙의 건의 내용이 갖는 자체 모순을 분석하였다.
⑤ 유종원은 서원경의 복수를 효의 실천으로 보아 높이 평가하였다.

문항유형 : 정보의 확인과 재구성

내용영역 : 법 · 규범

이 문항은 서원경의 복수 사건에 대한 진자앙의 주장을 비판하는 유종원의 글을 읽고, 두 입장의 중심 주장 및 세부 내용을 파악할 수 있는지 평가한다.

정답 : ①

제시문은 서원경의 복수 사건에 대하여 진자앙이 임금에게 올린 건의를 유종원이 비판하는 글이다. 글에 나타난 내용을 통해 진자앙의 주장과 취지를 파악하고, 글쓴이인 유종원의 주장과 취지도 파악해야 한다.

① 진자앙은 서원경의 복수가 예에 합당한 행동이지만 형에 저촉되는 행위라고 판단하여, 형에 따라 사형을 시키지 않을 수 없고 예를 실현한 것이므로 그의 무덤에 정문을 세워 기린다면 예와 형을 모두 추구할 수 있다고 생각했다. 즉 진자앙은 서원경의 행위가 예를 어긴 것이라고 보지 않았다. 따라서 ①은 윗글의 내용에 부합하지 않는다.

② "고을 수령과 형관은 이를 알아볼 줄도 모르고 위아래로 모두 몽매하여 울부짖는 호소를 듣지 않았습니다."라는 진술과 "곡직을 따져보지도 않고서 힘없고 약한 이를 겁주는 것이 될 뿐"이라는 진술에서 호소할 곳 없는 백성에 대한 유종원의 염려를 읽을 수 있다. 따라서 ②는 윗글의 내용에 부합한다.

③ 진자앙이 "사람은 자식이 있고 자식은 반드시 어버이가 있으니, 어버이를 위한 복수가 이어진다면 그 무질서는 누가 구제하겠습니까."라고 말하는 대목에서 그가 보복 살인의 악순환을 경계하고 있음을 알 수 있다. 더구나 이 대목을 들면서 유종원은 의를 실현한 행위에 대한 보복은 예에서도 금하고 있다는 논의를 이어가고 있다는 점을 볼 때, 진자앙의 발언 취지가 복수가 이어지는 데 대하여 고심하는 것임을 알 수 있다. 따라서 ③은 윗글의 내용에 부합한다.

④ 유종원은 예와 형의 근본과 사건의 진위와 곡직을 고려하면 하나의 사건에 대하여 예를 실현했으면서도 형을 위반했다고 동시에 주장할 수 없다는 취지의 논의를 통해 진자앙의 건의 내용을 비판한다. 따라서 ④는 윗글의 내용에 부합한다.

⑤ 유종원이 "무릇 복수를 잊지 않는 것은 효이며, 죽음을 돌아보지 않는 것이 의입니다. 원경이 예를 저버리지 않고 효를 지켜 의롭게 죽으려 했으니, 이는 바로 이치를 깨치고 도를 들은 것입니다."라고 말하는 대목에서 그가 서원경의 복수를 효의 실천으로 보았으며 이를 높이 평가하였음을 알 수 있다. 따라서 ⑤는 윗글의 내용에 부합한다.

02.

윗글에 비추어 볼 때 예와 형에 관한 서술로 적절하지 <u>않은</u> 것은?

① 예를 이해하고 적용하는 데는 성인의 가르침과 제도가 훌륭한 전거가 된다.
② 예는 의를 좇는 이가 나아갈 바이자, 도리를 밝혀 상벌을 정하는 기준이 된다.
③ 형은 해를 피하려는 이에게 의지가 되며, 사실을 기반으로 시비를 가리는 수단이 된다.
④ 형은 범죄 행위를 규정하고 그것을 강제력으로 금지하여 합당한 행위를 유도하는 규칙이 된다.
⑤ 예는 혼란을 방지하려는 목적이 있다는 점에서 처벌 법규인 형과는 서로 근본을 달리하는 규범이 된다.

문항 성격	문항유형 : 정보의 추론과 해석
	내용영역 : 법 · 규범
평가 목표	이 문항은 유종원의 입장이 주요 근거로 삼고 있는 예와 형에 관한 주장을 바르게 이해하고 있는지 평가한다.
문제 풀이	정답 : ⑤

유종원은 예와 형의 진정한 의미를 밝힘으로써 양자가 모순 없이 적용될 수 있다는 진자앙의 주장을 비판한다. 이러한 유종원의 입장을 이해하기 위해서는 예와 형의 의미를 정확하게 이해해야 한다.

정답 해설 ⑤ 제시문에서 "예(禮)의 근본은 무질서를 막고자 하는 것"이라고 말하고, "형(刑)의 근본도 무질서를 막고자 하는 것"이라 말하고, 예와 형은 "그 근본은 서로 합치"한다고 말한다. 따라서 ⑤는 예와 형에 관한 서술로 적절하지 않다.

오답 해설 ① 제시문에서 예에 관한 설명을 하면서 "성인(聖人)의 제도"를 전거로 들고 있고, 진자앙의 견해에 대해 예를 잘못 이해한 것이라 비판할 때에는 "경전과 성인의 가르침에 심히 위배"된다고 말한다. 특히 그 까닭에 대하여 『주례』, 『춘추공양전』의 내용을 인용하면서 설명하고 있다. 따라서 ①은 예와 형에 관한 서술로 적절하다.

② ③ 제시문의 두 번째 문단에서 아래의 표에서와 같이 예와 형을 서로 대비시키며 대구를 이루는 문장으로 예와 형의 관계에 대해 설명하고 있다. 그리고 이에 대한 내용은 이후의 설명에서도 확인되도록 하고 있다. 따라서 ②, ③은 예와 형에 관한 서술로 적절하다.

예	형
무질서를 막는 것	무질서를 막는 것
정문	사형
의를 좇는 이가 나아갈 바	해를 피하려는 이가 설 곳
도리를 밝혀 상벌을 정하도록 한 것	사실에 터 잡아 시비를 가리도록 한 것

④ 제시문에서 형을 무질서를 막기 위한 행위 규범으로 간주하고, 그 방식의 예로 써 범죄에 대하여 사형이라는 규제 수단을 제시한다. 따라서 ④는 예와 형에 관한 서술로 적절하다.

03.

윗글에 나타난 유종원의 견해로 진자앙의 입장과 대립하는 것은?

① 한 사건에서 죄에 대한 처벌과 예에 대한 포상을 동시에 할 수도 있다고 본다.
② 어떤 경우라도 부모의 죽음에 대해서는 복수해야 한다고 생각한다.
③ 예에 합당한 행위에 대하여 형을 부과할 수 없다고 본다.
④ 예와 형은 모두 존중되어야 할 규범이라고 생각한다.
⑤ 복수를 일반적으로 허용하는 것에 대해 찬성한다.

문항 성격 문항유형 : 의도, 관점, 입장 파악
　　　　　　내용영역 : 법 · 규범
평가 목표 이 문항은 서원경의 복수 사건에 대한 진자앙과 유종원의 상반되는 입장 사이의 핵심적인 차이점을 파악하고 있는지 평가한다.
문제 풀이 정답 : ③
진자앙은 서원경의 복수에 대하여 예에 합당한 행동이지만 형에 저촉되는 행위라고 판단하였다. 그리하여 형에 따라 사형을 시키지 않을 수 없고, 예를 실현한 것이기에 그의 무덤에 정문을 세워 기리게 되면 예와 형을 모두 살릴 수 있을 것이라 생각했다. 하지만 유종원은 예와 형의 근본이 같다는 점 등을 들어 이처럼 모순되는 조치는 있을 수 없다고 비판한다. 이러한 논의에서 두 입장 사이의 핵심적인 차이점을 찾아야 한다.

③ 진자앙은 서원경의 복수 사건에 대해 정문을 세우는 것과 사형에 처하는 것을 함께 시행할 수 있다고 주장하므로 예에 합당한 행위에 형을 부과할 수 있다고 보는 입장이다. 반면에 유종원은 예와 형은 근본이 일치하는 것으로서 정문을 세우는 것과 사형에 처하는 것을 함께 시행할 수 없다고 주장하므로 예에 합당한 행위에 형을 부과할 수 없다고 보는 입장이다. 따라서 ③은 옳다.

① 진자앙은 서원경의 복수 사건에 대해 정문을 세워 포상하는 것과 사형에 처해 처벌하는 것을 함께 시행할 수 있다고 주장하며 유종원은 이를 비판한다. 따라서 ①은 옳지 않다.

② 진자앙이 서원경의 복수에 대하여 정문을 세워주자고 주장한 것을 볼 때 그는 부모의 죽음에 대해서는 복수해야 하는 것이라 생각하는지 모른다. 하지만 유종원은 어버이에 대한 복수도 예와 의에 합치할 경우에만 효가 될 수 있다고 본다. 즉 ②는 유종원의 견해로 보기 어렵다. 따라서 ②는 옳지 않다.

④ 유종원이 예와 형의 근본이 무질서를 막는 것이고 예와 형이 금지하는 것을 한다면 용서할 수 없다고 말하였고 진자앙이 서원경의 복수에 대해 정문을 세우고 사형을 집행하자고 건의하였다는 점을 볼 때, 진자앙이나 유종원 둘다 예와 형은 모두 존중되어야 할 규범이라고 생각한다는 점을 알 수 있다. 다만, 그 시행 방식에 대하여 견해 차이를 보이는 것이다. 따라서 ④는 옳지 않다.

⑤ 유종원은 "예에서 이야기하는 복수는, 사무치는 억울함이 있는데도 호소할 곳이 없는 경우이지, 죄를 저질러 법에 저촉되어 사형에 처해지는 경우가 아닙니다."라고 말한다. 따라서 유종원이 사적 복수를 일반적으로 허용하는 것에 대해 찬성한다고 말할 수는 없다. 따라서 ⑤는 옳지 않다.

[04~06] 다음 글을 읽고 물음에 답하시오.

가장 효율적인 자원배분 상태, 즉 '파레토 최적' 상태를 달성하려면 모든 최적 조건들이 동시에 충족되어야 한다. 파레토 최적 상태를 달성하기 위해 n개의 조건이 충족되어야 하는데, 어떤 이유로 인하여 어떤 하나의 조건이 충족되지 않고 n-1개의 조건이 충족되는 상황이 발생한다면 이 상황이 n-2개의 조건이 충족되는 상황보다 낮다고 생각하기 쉽다. 그러나 **립시**와 **랭커스터**는 이러한 통념이 반드시 들어맞는 것은 아님을 보였다. 즉 하나 이상의 효율성 조건이 이미 파괴되어 있는 상태에서는 충족되는 효율성 조건의 수가 많아진다고 해서 경제 전체의 효율성이 더 향상된다는 보장이 없다는 것이다. 현실에서는 최적 조건의 일부는 충족되지만 나머지는 충족되지 않고 있는 경우가 일반적이다. 이 경우 경제 전체 차원에서 제기되는 문제는 현재 충족되고 있는 일부의 최적 조건들을 계속 유지하는 것이 과연 바람직한가 하는 것이다. 하나의 왜곡을 시정하는 과정에서 새로운 왜곡이 초래되는 것이 일반적 현실이기 때문에, 모든 최적 조건들을 충족시키려고 노력하는 것보다 오히려 최적 조건의 일부가 항상 충족되지 못함을 전제로 하여 그러한 상황에서 가장 바람직한 자원배분을 위한 새로운 조건을 찾아야 한다는 과제가 제시된다. 경제학에서는 이러한 문제를 차선(次善)의 문제 라고 부른다.

차선의 문제는 경제학 여러 분야의 논의에서 등장한다. 관세동맹 논의는 차선의 문제에 대한 중요한 사례를 제공하고 있다. 관세동맹이란 동맹국 사이에 모든 관세를 폐지하고 비동맹국의 상품에 대해서만 관세를 부과하기로 하는 협정이다. 자유무역을 주장하는 이들은 모든 국가에서 관세가 제거된 자유무역을 최적의 상황으로 보았고, 일부 국가들끼리 관세동맹을 맺을 경우는 관세동맹을 맺기 이전에 비해 자유무역의 상황에 근접하는 것이므로, 관세동맹은 항상 세계 경제의 효율성을 증대시킬 것이라고 주장해왔다. 그러나 ⓐ 바이너는 관세동맹이 세계 경제의 효율성을 떨어뜨릴 수 있음을 지적하였다. 그는 관세동맹의 효과를 무역창출과 무역전환으로 구분하고 있다. 전자는 동맹국 사이에 새롭게 교역이 창출되는 것을 말하고 후자는 비동맹국들과의 교역이 동맹국과의 교역으로 전환되는 것을 의미한다. 무역창출은 상품의 공급원을 생산비용이 높은 국가에서 생산비용이 낮은 국가로 바꾸는 것이기 때문에 효율이 증대되지만, 무역전환은 공급원을 생산비용이 낮은 국가에서 생산비용이 높은 국가로 바꾸는 것이므로 효율이 감소한다. 관세동맹이 세계 경제의 효율성을 증가시키는가의 여부는 무역창출 효과와 무역전환 효과 중 어느 것이 더 큰가에 달려 있다. 무역전환 효과가 더 크다면 일부 국가들 사이의 관세동맹은 세계 경제의 효율성을 떨어뜨리게 된다.

차선의 문제는 소득에 부과되는 직접세와 상품 소비에 부과되는 간접세의 상대적 장점에 대한 오랜 논쟁에서도 등장한다. 경제학에서는 세금이 시장의 교란을 야기하여 자원배분의 효율성을 떨어뜨린다는 생각이 일반적이다. 아무런 세금도 부과되지 않는 것이 파레토 최적 상태이지만, 세금 부과는 불가피하므로 세금을 부과하면서도 시장의 왜곡을 줄일 수 있는 방법을 찾고자 했다. 이와 관련해, 한 가지 상품에 간접세가 부과되었을 경우 그 상품과 다른 상품들 사이의 상대적 가격에 왜곡이 발생하므로, 이 상대적 가격에 영향을 미치지 않는 직접세가 더 나을 것이라고 주장하는 ㉠ 핸더슨과 같은 학자들이 있었다. 그러나 이는 직접세가 노동 시간과 여가에 영향을 미치지 않는다는 가정 아래서만 성립하는 것이라고 ㉡ 리틀은 주장하였다. 한 상품에 부과된 간접세는 그 상품과 다른 상품들 사이의 파레토 최적 조건의 달성을 방해하게 되지만, 직접세는 여가와 다른 상품들 사이의 파레토 최적 조건의 달성을 방해하게 되므로, 직접세가 더 효율적인지 간접세가 더 효율적인지를 판단할 수 없다는 것이다. 나아가 리틀은 여러 상품에 차등적 세율을 부과할 경우, 직접세만 부과하는 경우나 한 상품에만 간접세를 부과하는 경우보다 효율성을 더 높일 수 있는 가능성이 있음을 언급했지만 정확한 방법을 제시하지는 못했다. ⓒ 콜레트와 헤이그는 직접세를 동일한 액수의 간접세로 대체하면서도 개인들의 노동 시간과 소득을 늘릴 수 있는 조건을 찾아냈다. 그것은 여가와 보완관계가 높은 상품에 높은 세율을 부과하고 경쟁관계에 있는 상품에 낮은 세율을 부과하는 것이었다. 레저 용품처럼 여가와 보완관계에 있는 상품에 상대적으로 더 높은 세율을 부과하여 그 상품의 소비를 억제시킴으로써 여가의 소비도 줄이는 것이 가능해진다.

04.

[차선의 문제]에 대한 이해로 적절하지 <u>않은</u> 것은?

① 파레토 최적 조건들 중 하나가 충족되지 않을 때라면, 나머지 조건들이 충족된다고 하더라도 차선의 효율성이 보장되지 못한다.
② 전체 파레토 조건 중 일부가 충족되지 않은 상황에서 차선의 상황을 찾으려면 나머지 조건들의 재구성을 고려해야 한다.
③ 주어진 전체 경제상황을 개선하는 과정에서 기존에 최적 상태를 달성했던 부문의 효율성이 저하되기도 한다.
④ 차선의 문제가 제기되는 이유는 여러 경제부문들이 독립적이지 않고 서로 긴밀히 연결되어 있기 때문이다.
⑤ 경제개혁을 추진할 때 비합리적인 측면들이 많이 제거될수록 이에 비례하여 경제의 효율성도 제고된다.

문항 성격	문항유형 : 주제, 요지, 구조 파악
	내용영역 : 사회
평가 목표	이 문항은 글의 중심 제재인 차선의 문제를 정확하게 이해하고 있는지 평가한다.
문제 풀이	정답 : ⑤

이 문항은 첫 번째 문단에 나타난 차선의 문제에 대하여 정확하게 이해하고 있는지 묻고 있다. 제시문에서 설명된 내용을 통해 차선의 문제가 어떻게 정의되고 있는지, 왜 나타나고 있는지 등을 정확하게 파악해야 한다.

정답 해설 ⑤ 차선의 문제는 만족되는 효율성의 조건의 증가가 반드시 효율성의 증가로 이어지지 않는다는 것이다. 그렇다면, 경제개혁을 추진할 때 비합리적인 측면들이 더 많이 제거된다고 해서 이에 비례하여 경제의 효율성이 제고된다고 기대할 수 없다. 따라서 ⑤는 적절한 이해가 아니다.

오답 해설 ① "n-1개의 조건이 충족되는 상황이 발생한다면 이 상황이 n-2개의 조건이 충족되는 상황보다 낫다고 생각하기 쉽다. 그러나 립시와 랭커스터는 이러한 통념이 반드시 들어맞는 것은 아님을 보였다."라는 진술에서 ①은 적절한 이해임을 확인할 수 있다.

② "최적 조건의 일부가 항상 충족되지 못함을 전제로 하여 그러한 상황에서 가장 바람직한 [즉, 차선의] 자원배분을 위한 새로운 조건을 찾아야 한다."라는 진술에서 ②는 적절한 이해임을 확인할 수 있다.

③ "하나의 왜곡을 시정하는 과정에서 새로운 왜곡이 초래되는 것이 일반적 현실"이라는 진술에서 ③은 적절한 이해임을 확인할 수 있다.

④ 만약 경제 여러 부문이 독립적이라면, 그 부문의 문제만 해결함으로써 경제 전체의 효율성이 개선될 것이고, 차선의 문제가 일어나지 않을 것이다. 그렇다면 여러 경제부문들이 서로 독립적이지 않고 서로 긴밀하게 연결되어 있기 때문에 차선의 문제가 발생한다고 추론할 수 있다. 따라서 ④는 적절한 이해이다.

05.

A, B, C 세 국가만 있는 세계에서 A국과 B국 사이에 관세동맹이 체결되었다고 할 때, ⓐ의 입장을 지지하는 사례로 활용하기에 적절한 것은?

① 관세동맹 이전 A, B국은 X재를 생산하지 않고 C국에서 수입하고 있었다. 관세동맹 이후에도 A, B국은 X재를 C국에서 수입하고 있다.

② 관세동맹 이전 B국은 X재를 생산하고 있었고 A국은 최저비용 생산국인 C국에서 수입하고 있었다. 관세동맹 이후 A국은 B국에서 X재를 수입하게 되었다.

③ 관세동맹 이전 A, B국은 모두 X재를 생산하고 있었고 C국에 비해 생산비가 높았다. 관세동맹 이후 A국은 생산을 중단하고 B국에서 X재를 수입하게 되었다.

④ 관세동맹 이전 B국이 세 국가 중 최저비용으로 X재를 생산하고 있었고 A국은 X재를 B국에서 수입하고 있었다. 관세동맹 이후에도 A국은 B국에서 X재를 수입하고 있다.

⑤ 관세동맹 이전 A, B국 모두 X재를 생산하고 있었고 A국이 세 국가 중 최저비용으로 X재를 생산하는 국가이다. 관세동맹 이후 B국은 생산을 중단하고 A국에서 X재를 수입하게 되었다.

문항 성격   문항유형 : 정보의 평가와 적용
            내용영역 : 사회
평가 목표   이 문항은 관세동맹이 세계 경제의 효율성을 떨어뜨릴 수 있다는 바이너의 입장을 지지하기 위해 활용할 만한 사례를 올바르게 고를 수 있는지 평가한다.
문제 풀이   정답 : ②

제시문에 따르면 일부 국가들 사이에 관세동맹이 맺어질 때 관세동맹의 효과인 무역전환 효과와 무역창출 효과에서 전자가 후자보다 큰 경우에 세계 경제의 효율성이 떨어진다. 따라서 각 선택지에서 설정된 가상의 상황에서 무역전환 효과가 무역창출 효과보다 더 크게 나타난 경우 또는 무역전환 효과만 나타난 경우를 찾아야 한다.

정답 해설   ② 무역전환은 "비동맹국들과의 교역이 동맹국과의 교역으로 전환되는 것을 의미"하고 이 경우는 "공급원을 생산비용이 낮은 국가에서 생산비용이 높은 국가로 바꾸는 것이므로 효율이 감소한다."고 서술되어 있다. ②는 이 경우에 해당한다. 따라서 ②는 ⓐ의 입장을 지지하는 사례로 활용하기에 적절하다.

오답 해설   ① 관세동맹 이전과 이후의 상황이 바뀌지 않은 경우에 해당한다. 따라서 ①은 ⓐ의 입장을 지지하는 사례로 활용하기에 적절하지 않다.

③ 동맹국 사이에 새로운 무역이 창출된 경우에 해당한다. 따라서 ③은 ⓐ의 입장을 지지하는 사례로 활용하기에 적절하지 않다.

④ 관세동맹 이전과 이후의 상황이 바뀌지 않은 경우에 해당한다. 따라서 ④는 ⓐ의 입장을 지지하는 사례로 활용하기에 적절하지 않다.

⑤ 동맹국 사이에 새로운 무역이 창출된 경우에 해당한다. 따라서 ⑤는 ⓐ의 입장을 지지하는 사례로 활용하기에 적절하지 않다.

06.

〈보기〉의 상황에 대한 ⊙~ⓒ의 대응을 추론한 것으로 적절하지 <u>않은</u> 것은?

보기

　일반 상품을 X와 Y, 여가를 L이라고 하고, 두 항목 사이에 파레토 최적 조건이 성립한 경우를 '⇔', 성립하지 않은 경우를 '⇎'라는 기호로 표시하기로 하자.

㉮	㉯	㉰	㉱
세금이 부과되지 않은 상황	X에만 간접세가 부과된 상황	직접세가 부과된 상황	X, Y에 차등 세율의 간접세가 부과된 상황
X ⇔ Y	X ⇔ Y	X ⇔ Y	X ⇎ Y
X ⇔ L	X ⇎ L	X ⇎ L	X ⇎ L
Y ⇔ L	Y ⇔ L	Y ⇎ L	Y ⇎ L

① ⊙은 직접세가 여가에 미치는 효과를 고려하지 않고 ㉰가 ㉯보다 효율적이라고 본다.
② ⓒ은 ㉮와 ㉰의 효율성 차이를 보임으로써 립시와 랭커스터의 주장을 뒷받침한다.
③ ⓒ은 ㉯와 ㉰의 효율성을 비교할 수 없다는 점을 보임으로써 ⊙을 비판한다.
④ ⓒ은 ㉱가 ㉰보다 효율적일 수 있다는 것을 보임으로써 립시와 랭커스터의 주장을 뒷받침한다.
⑤ ⓒ은 ㉱가 ㉰보다 효율적일 수 있다는 것을 보임으로써 이를 간접세가 직접세보다 효율적인 사례로 제시한다.

문항 성격　문항유형 : 정보의 평가와 적용
　　　　　　　내용영역 : 사회

평가 목표　이 문항은 직접세와 간접세의 효과(상대적 장점)에 대한 이론가들의 주장을 〈보기〉의 가상적 상황에서 나타난 차선의 문제 상황에 올바르게 적용할 수 있는지 평가한다.

문제 풀이　정답 : ②

직접세와 간섭세의 효과(상대적 장점)에 대한 논쟁이 다루는 사례는 차선의 문제를 잘 보여 준다. 〈보기〉에 제시된 가상의 상황을 상정하고 여러 이론가들이 이 가상의 상황에 대해 어떻게 대응할지를 제시문의 내용을 바탕으로 추론해야 한다.

정답 해설　② ㉮는 파레토 최적 상황에 해당한다. 파레토 최적 상황이 가장 효율적이라는 것은 모든 학자들이 동의하고 있다. 그러므로 ⓛ은 ㉮와 ㉯의 효율성 차이를 보임으로써 차선의 문제를 언급한 립시와 랭커스터의 주장을 뒷받침한다고 볼 수 없다. 따라서 ②는 적절한 추론이 아니다.

오답 해설 ① ㉠은 직접세가 더 효율적이라고 주장한 학자로 등장하고 있다. ㉠은 직접세가 여가에 미치는 효과가 없다는 가정을 하고 있다고 ⓛ이 비판하고 있다는 점에서 ㉠이 직접세의 효과를 고려하지 않을 것이라고 추론할 수 있다. 따라서 ①은 적절한 추론이다.

③ ⓛ은 "한 상품에 부과된 간접세는 그 상품과 다른 상품들 사이의 파레토 최적 조건의 달성을 방해하게 되지만, 직접세는 여가와 다른 상품들 사이의 파레토 최적 조건의 달성을 방해하게 되므로, 직접세가 더 효율적인지 간접세가 더 효율적인지를 판단할 수 없다."고 본다. 그런데 ㉠은 직접세가 간접세보다 더 효율적이라고 주장한다. 따라서 ③은 적절한 추론이다.

④ ⓔ에 따르면, 차등 세율 간접세를 통해 동일한 세금을 거두면서 개인의 노동 시간과 소득을 늘릴 수 있는 조건은 여가와 보완관계가 더 높은 상품에 높은 세율을 부과하는 것이다. 이는 세 개의 조건이 모두 충족되지 않는 ㉺가 두 개의 조건이 충족되지 않는 ㉯보다 효율적인 상황을 제시한 것이므로 차선의 문제를 거론한 립시와 랭커스터의 주장에 부합한다. 따라서 ④는 적절한 추론이다.

⑤ ⓛ은 차등 세율의 간접세가 직접세보다 효율적일 수 있는 가능성을 이미 언급했고 ⓔ이 그 가능성을 좀 더 명확하게, 즉 여가와 보완관계에 있는 상품에 더 높은 세율을 부과하는 방식으로 보여 주고 있다. 따라서 ⑤는 적절한 추론이다.

[07~10] 다음 글을 읽고 물음에 답하시오.

예술사를 양식의 특수하고 자족적인 역사가 아니라 거시적 차원의 보편적 정신사 및 그 발전 법칙에 의거한다고 본 점에서 헤겔의 예술론은 구체적 작품들에 대한 풍부하고 수준 높은 진술을 포함하고 있음에도 전형적인 철학적 미학에 속한다. 그는 예술사를 '상징적', '고전적', '낭만적' 이라고 불리는 세 단계로 구분한다. 유의할 것은 이 단어들이 특정 예술 유파를 일컫는 일반적 용법과 사뭇 다르게 사용된다는 점이다. 즉 이 세 용어는 지역 개념을 수반하는 문명사적 개념으로서 일차적으로는 태고의 오리엔트, 고대 그리스, 중세부터의 유럽에 각각 대응하며, 좀 더 심층적인 차원에서는 '자연 종교', '예술 종교', '계시 종교'라는 종교의 유형적 단계에 각각 대응한다. 나아가 이러한 대응 관계의 단계적 설정은 신이라는 '내용'과 그것의 외적 구현인 '형식'의 일치 정도에 의거하며, 가장 근본적으로는 순수한 개념적 사유를 향해 점증적으로 발전하는 지성 일반의 발전 법칙에 의거한다. 게다가 이 세 범주는 장르들에도 적용되어, 첫째 건축, 둘째 조각, 셋째 회화 · 음악 · 시문학이 차례로 각 단계에 대응한다. 장르론과 결합된 예술사론을 통해 헤겔은 역사의 특정 단계에 여러 장르가 공존하는 것을 인정하면서도 각 단계에 대응하는 전형적 장르는 특정 장르로 한정한다.

'상징적' 단계는 인간 정신이 아직 절대자를 어떤 구체적 실체로서 의식하지 못한 채, 절대적인 '무엇'을 향한 막연한 욕구만 지닐 뿐인 상태를 가리킨다. 오리엔트 자연 종교로 대표되는 이 단계에는 '신적인 것의 구체적 상을 찾아 헤맴'만 있을 뿐이다. 감관을 압도하는 거대 구조물이 건립되지만 그것은 그저 신을 위한 공간의 구실만 하지, 정작 신이 놓일 자리에는 신의 특정한 덕목(예컨대 '강함')을 어렴풋이 표현할 수 있는 자연물(예컨대 사자)의 형상이 대신 놓인다. 미약한 내용을 거대한 형식이 압도함으로써 미의 실현에는 아직 미치지 못한 이 단계의 전형적 장르는 신전으로 대표되는 건축이다.

'고전적' 단계에서는 내용과 형식의 이러한 불일치가 극복된다. 고대 그리스 인들은 신들을 근본적으로 인간적 특질을 지닌 존재로 분명하게 의식했기 때문에, 이제 절대자는 어떤 생소한 자연물이 아니라 삼차원적 인체가 그대로 형상화되는 방식으로 제시되며, 이 단계를 대표하는 장르는 조각이다. 내용과 형식의 완전한 일치를 이룸으로써 그리스의 조각은 더 이상 재연될 수 없는 미의 극치로 평가된다. 나아가 예술 그 자체가 신성의 직접적 구현이기 때문에 이 단계의 예술은 그 자체가 이미 종교이며, 이에 따라 예술 종교라고 불린다.

그런데 인간의 지성은 이러한 미적 정점에 안주하지 않는다. 즉 지성은 절대자를 인간의 신체를 지닌 것으로 믿는 단계를 넘어 순수한 정신적 실체로 여기는 계시 종교로 나아가는데, 이로써 정신적 내면성이 감각적 외면성을 압도하는 '낭만적' 단계가 도래한다. 그리고 조각의 삼차원성을 탈피한 회화를 시작으로 음악과 시문학이 차례로 대표적 장르가 됨으로써, 예술 또한 감각적 요소가 아닌 정신적 요소에 의거하는 방향으로 발전한다. 이 때문에 내용과 형식의 부조화가 다시 일어나지만, 그럼에도 이 단계는 상징적 단계와는 질적으로 다르다. 상징적 단계에서는 제대로 된 정신적 내용이 아직 형성조차 되지 않았지만, 낭만적 단계에서는 감각적 형식으로는 담을 수 없을 정도의 고차적 내용이 지배하기 때문이다. 나아가 이 단계는 새로운 더 높은 단계가 존재하지 않는, 정신과 역사의 최종 지점이기 때문에, 이후에 벌어지는 국면들은 모두 '낭만적'이라고 불릴 수 있다.

주목할 것은 헤겔이 순수 미학적 차원에서는 출발–완성–하강의 순서로 진행되는 이행 모델을, 그리고 근본적인 정신사적 차원에서는 출발–상승–완성의 순서로 진행되는 이행 모델을 따른다는 점이다. 즉 세 단계의 순서적 배열은 전자의 차원에서는 예술미의 정점이 두 번째 단계에서 이루어지도록, 그리고 후자의 차원에서는 지성의 정점이 세 번째 단계에서 이루어지도록 구성된다. 나아가 일견 불일치를 보일 법한 이 두 모델을 절묘하게 조화시킨 그의 이론은 이중적 기능을 수행한다. 즉 정신사적 차원에서의 정점이 예술미의 차원에서는 오히려 퇴보를 의미하도록 구성된 이 이론은 한편으로는 '추(醜)'도 새로운 미적 가치로 인정되기 시작한 당시의 상황은 물론, '개념적'이라고까지 일컬어질 만큼 예술의 지성화가 진행된 오늘날의 상황까지 예견하여 설명할 수 있는 포섭력을 가지며, 다른 한편으로는 절대자의 제시라는 과제를 예술이 수행할 수 있는 가능성을 고대 그리스로 한정하고 철학이라는 최고의 지적 영역에 그 과제를 이관시키는, 곧 '예술의 종언' 명제라 불리는 미학적 결론에 이른다.

07.

윗글에 제시된 헤겔의 입장에 부합하는 것은?

① 예술은 내용과 형식의 합일이라는 구체적 방식으로 구현되므로, 작품의 해석에서 가장 중요한 것은 일반 개념에 앞선 개별 작품의 파악이다.
② 예술의 단계적 변천은 인간 정신의 보편적 발전에 의해 추동되므로, 작품들의 미적 수준의 차이는 그것들의 장르적 상이성과 무관하다.
③ 문명의 모든 단계적 이행은 인간 정신의 발전 논리에 따라 이루어지므로, 예술의 역사는 다른 영역의 역사와 연계되어 기술되어야 한다.
④ 예술은 인간 정신의 심층적 차원을 표출한 것이므로, 예술미의 성취 여부는 형식이 아니라 내용에 의해 판단되어야 한다.
⑤ 예술 양식 변화의 근원은 인간 내면의 보편적인 정신적 욕구에 있으므로, 모든 시대의 작품들은 동등한 가치를 지닌다.

문항 성격 문항유형 : 주제, 요지, 구조 파악
　　　　　　내용영역 : 인문
평가 목표 이 문항은 헤겔의 예술사론의 주요 내용을 정확하게 파악하고 있는지 평가한다.

정답 : ③

정신사로서의 예술사를 상위의 정신사의 발전 법칙에 따라 구성한 헤겔의 예술사론이 지니는 중요한 특징을 제시문에서 파악해야 한다.

정답 해설 ③ 제시문의 "거시적 차원의 보편적 정신사 및 그 발전 법칙"과 "예술사" 및 종교사를 포함한 "문명사"가 각각 선택지의 '인간 정신의 발전 논리'와 '문명의 모든 단계적 이행'에 대응한다. 그리고 정신사는 "거시적 차원"에 속할 뿐 아니라 "보편적"이므로 정신의 산물인 모든 문명사는 이 정신사에 의거해야 한다. 따라서 ③은 이러한 관계를 잘 드러내고 있으므로 헤겔의 입장에 부합한다.

오답 해설 ① '예술은 내용과 형식의 합일이라는 구체적 방식으로 구현'된다는 진술은 제시문의 내용에 의거하고 있다. 그러나 제시문에서 설명되는 헤겔의 예술사론은 예술사를 전체적 차원에서 설명하고 있으며, '개별 작품의 파악'을 주된 과제로 하고 있지 않다. 뿐만 아니라 헤겔의 예술사론은 '작품'이라는 개별적 대상에 대한 해석을 주제적으로 탐구하지도 않는다. 따라서 ①은 헤겔의 입장에 부합하지 않는다.

② '예술의 단계적 변천'이 '인간 정신의 보편적 발전에 의해 추동'된다는 진술은 제시문의 내용에 의거하고 있다. 그러나 작품의 '미적 수준의 차이'는 내용과 형식의 조화 여부에 달려 있고, 이 조화의 정도에 따라 나뉘는 상징적, 고전적, 낭만적이라는 세 범주는 장르론에도 그대로 적용되기 때문에, 이와는 반대되는 진술을 하는 ②는 헤겔의 입장에 부합하지 않는다.

④ 예술이 '인간 정신의 심층적 자원을 표출'힌다는 말이 지칫 매력적인 요소로 보일 수도 있다. 그러나 내용적인 측면이 형식과 무관하게 예술의 미를 결정한다는 말은, 내용과 형식의 조화가 곧 미라는 제시문의 설명과 어긋난다. 따라서 ④는 헤겔의 입장에 부합하지 않는다.

⑤ 예술 양식 변화의 근원이 '인간 내면의 보편적인 정신적 욕구'에 있다는 진술 때문에 이 선택지가 매력적으로 보일 수도 있다. 그러나 헤겔의 예술사론은 상징적, 고전적, 낭만적 단계에서 지성의 발전 정도와 미의 수준에서 차이가 있다는 점을 주제적으로 주장하고 있으므로, '모든 시대의 작품들은 동등한 가치를 지닌다.'라는 진술은 이러한 헤겔의 입장에 반한다. 따라서 ⑤는 헤겔의 입장에 부합하지 않는다.

08.

윗글에 따라 각 시대의 장르를 설명한 것으로 적절하지 <u>않은</u> 것은?

① 태고 오리엔트의 조각은 상징적 단계의 전형적인 예술이 아니다.
② 고대 그리스의 서사시는 고전적 단계의 전형적인 예술이 아니다.
③ 중세의 기독교 회화는 낭만적 단계의 전형적인 예술이 아니다.
④ 근대의 고전주의 음악은 낭만적 단계의 전형적인 예술이다.
⑤ 현대의 건축은 낭만적 단계의 전형적인 예술이 아니다.

문항 성격	문항유형 : 정보의 확인과 재구성
	내용영역 : 인문
평가 목표	이 문항은 예술사의 각 단계와 전형적 장르 사이의 대응 관계를 올바르게 파악하고 있는지 평가한다.
문제 풀이	정답 : ③

제시문에 의하면 '상징적', '고전적', '낭만적'이라고 불리는 예술사의 세 단계에 건축, 조각, 회화 · 음악 · 시문학이 차례로 대응한다. 첫 번째 문단의 마지막 부분에서 각 단계에 대응하는 전형적 장르는 특정 장르에 한정된다고 설명되어 있다. 선택지에 제시된 예술이 예술사의 각 단계의 전형적 예술인지 아닌지 판단해야 한다.

정답 해설 ③ '중세 기독교'는 낭만적 단계이고, 회화 역시 낭만적 장르이다. 따라서 이 시기의 회화는 낭만적 단계의 전형적 예술인데, 이 선택지는 이를 부정하고 있다. 따라서 ③은 적절하지 않다.

오답 해설 ① '태고 오리엔트'는 상징적 단계이고, 조각은 고전적 단계의 전형적 장르이다. 따라서 이 시기의 조각은 상징적 단계의 전형적 예술이 아니라는 이 선택지의 진술은 옳다.

② '고대 그리스'는 고전적 단계이고, 서사시는 시문학에 포함되므로 낭만적 장르이다. 따라서 이 시기의 서사시는 고전적 단계의 전형적 예술이 아니라는 이 선택지의 진술은 옳다.

④ '근대'는 낭만적 단계이고, 음악은 낭만적 장르이다. 따라서 이 시기의 음악이 낭만적 단계의 전형적 예술이라는 이 선택지의 진술은 옳다. 다만, '고전주의'라는 단어가 혼동을 유발한다고 여길 수도 있겠으나, 제시문에 의거하면 '고전적'이라는 단계는 '고전주의'와 동일시될 수 없으며, 어떤 음악이든 그것이 음

악이면 낭만적 장르이다.

⑤ '현대'는 "중세부터의" 시대이므로, 중세 이후의 모든 시대는 '현대'에 속한다. 제시문 네 번째 문단 마지막 부분에서 "이후에 벌어지는 모든 국면들은 모두 '낭만적'이라 불릴 수 있다."고 다시 한 번 확인되어 있다. 따라서 현대는 낭만적 단계이다. 조각은 낭만적 단계가 아니라 고전적 단계를 대표하는 장르이다. 따라서 이 시기의 조각이 낭만적 단계의 전형적 예술이 아니라는 이 선택지의 진술은 옳다.

09.

윗글을 바탕으로 추론할 수 있는 것으로 적절한 것은?

① 가장 앞 단계의 예술이 가장 아름다운 예술이다.
② 가장 뒷단계의 예술이 가장 아름다운 예술이다.
③ 가장 아름다우면서도 가장 지성적인 예술은 없다.
④ 가장 비지성적인 예술이 가장 아름다운 예술이다.
⑤ 가장 추한 예술이 오히려 가장 아름다운 예술이다.

문항 성격	문항유형 : 정보의 추론과 해석
	내용영역 : 인문
평가 목표	이 문항은 제시문의 주요 주장을 파악하고 이로부터 주요 개념어를 활용하여 타당한 진술을 추론할 수 있는지 평가한다.

정답 : ③

제시문에 따르면 상징적 단계는 가장 비지성적이고 미도 달성하지 못한 단계이고, 고전적 단계는 미를 달성했지만 지성의 완성을 이루지 못한 단계이며, 낭만적 단계는 미가 해체되어 추까지 허용되지만 지성의 차원에서는 최고로 발전된 단계이다. 이러한 내용을 바탕으로 예술의 미적 수준과 지성의 발전 정도 사이의 대응 관계를 올바르게 판단해야 한다.

정답 해설 ③ '가장 아름다운' 예술은 오로지 고전적 단계의 예술이지만, '가장 지성적인 예술'은 오로지 낭만적 단계의 예술이다. 따라서 이 둘의 양립 불가능성을 말하는 ③은 적절한 추론이다.

① 가장 앞 단계인 상징적 단계에 후속하는 고전적 단계의 예술이 가장 아름다운 예술이다. 따라서 ①은 적절한 추론이 아니다.

② 가장 뒷단계는 낭만적 단계로 예술미의 차원에서는 하강 단계에 속하므로, 이 단계의 예술은 가장 아름다운 예술이 아니다. 따라서 ②는 적절한 추론이 아니다.

④ 가장 비지성적인 예술은 상징적 단계에 속하고 고전적 단계의 예술이 가장 아름다운 예술이므로 가장 비지성적인 예술은 가장 아름다운 예술일 수 없다. 따라서 ④는 적절한 추론이 아니다.

⑤ 가장 추한 예술은 제시문에 의거하면 주로 낭만적 단계에서 미적인 것으로 인정되겠지만 상징적 단계에서도 미적인 것으로 인정될 가능성을 배제할 수 없다. 그러나 어느 쪽이든 이 두 단계는 미의 극치를 달성한 고전적 단계와는 상이하므로, 가장 추한 예술이 가장 아름다운 예술일 수 없다. 따라서 ⑤는 적절한 추론이 아니다.

10.

윗글에 나타난 헤겔의 예술론을 평가한 것으로 가장 적절한 것은?

① 개념에 주로 의존하는 전형적인 철학적 미학이기 때문에 논증적 수준은 높지만 실질적 사례를 언급한 경우는 많지 않다.

② 당대까지의 예술 현상에 대한 제한된 경험에 기초하기 때문에 이후 시대의 예술적 상황에 대해서는 설명력을 결여하고 있다.

③ 정신사적 차원에서의 설명과 종교사적 차원에서의 설명을 분리함으로써 양자 간에 발생한 결론상의 모순을 해결하지 못하였다.

④ 예술사의 시대 구분과 각 예술 장르에 대한 설명이 서로 무관한 논리와 개념에 의거하기 때문에 이론의 전체적 정합성이 떨어진다.

⑤ 당대 유럽 이외의 문화를 상대적으로 미성숙한 지성적 단계에 위치시킴으로써 이론적으로 근대 서구의 자기 우월적 태도를 드러내고 있다.

문항유형 : 정보의 평가와 적용

내용영역 : 인문

이 문항은 제시문에 나타난 내용을 바탕으로 헤겔의 예술론이 어떤 문제점이나 한계를 가질 수 있는지에 대해 비판적으로 평가할 수 있는지 평가한다.

정답 : ⑤

헤겔의 예술론은 개념과 논리의 엄밀성, 내용의 방대함 등 여러 장점을 지니고 있지만, 그 입장을 비판적으로 음미하면 부정적 평가를 받을 수 있는 소지도 지니고 있다. 이러한 시각에서 헤겔의 예술론이 가질 수 있는 문제점이나 한계를 찾아 보아야 한다.

정답 해설 ⑤ 상징적 단계에 속하는 태고의 오리엔트와 고전적 단계에 속하는 고대 그리스 모두가 낭만적 단계 이후 시대의 유럽에 비해 역사적으로는 열등한 전 단계에 속한다고 여기는 헤겔은 이를 더욱 근본적 차원에서 정신사의 발전 법칙을 통해 정당화하고 있다. 헤겔은 이러한 과정에서 태고 오리엔트는 물론 고대 그리스까지도 당대의 유럽보다는 하위 단계의 정신 문명으로 평가하는 자기 우월적 태도를 드러내고 있다고 볼 수 있다. 따라서 ⑤는 적절한 평가이다.

오답 해설 ① 헤겔의 예술론이 개념에 의거하는 전형적인 철학적 미학이라는 지적은 적절하겠지만, 제시문의 앞 부분에서 구체적 작품들에 대한 풍부한 진술을 포함하고 있다고 말한다. 따라서 ①은 적절한 평가가 아니다.

② 제시문의 내용이 헤겔의 예술론이 '당대까지의 예술 현상에 대한 제한된 경험에 기초'한다는 지적을 논리적으로 배제하지는 않는다. 그러나 제시문의 마지막 문단에서 헤겔의 이론이 현대에까지도 설명력을 지닌다는 언급이 나온다. 따라서 ②는 적절한 평가가 아니다.

③ 제시문에 따르면, 정신사적 차원에서의 설명과 종교사적 차원에서의 설명은 근본적으로는 지성 일반의 발전 법칙이라는 동일한 근거에 의거한다. 물론 이 선택지의 진술처럼 두 영역에서의 설명이 미시적으로는 다르다고 말할 수도 있겠으나, 가장 근본적으로는 거시적 차원의 보편적 정신사가 작용하고 있다. 그러므로 두 설명이 분리된다고 말하고 나아가 그 결론이 모순을 범한다고 말하는 ③은 적절한 평가가 아니다.

④ 제시문에 장르론과 시대 단계 구분에 사용되는 개념이 동일하다고 기술되어 있으며, 두 이론 사이의 일견 달라 보이는 이행 모델이 헤겔에 의해서는 절묘하게 조화된다고 기술되어 있다. 따라서 그 반대의 결론을 내리는 ④는 적절한 평가가 아니다.

[11~13] 다음 글을 읽고 물음에 답하시오.

남극 대륙에는 모두 녹을 경우 해수면을 57미터 높일 정도의 얼음이 쌓여 있다. 그 중에서 빙붕(ice shelf)이란 육지를 수 킬로미터 두께로 덮고 있는 얼음 덩어리인 빙상(ice sheet)이 중력에 의해 해안으로 밀려 내려가다가 육지에 걸친 채로 바다 위에 떠 있는 부분을 말한다. 남극 대륙에서 해안선의 약 75%가 빙붕으로 덮여 있는데, 그 두께는 100~1,000미터이다. 시간에 따른 빙붕 질량의 변화는 지구 온난화와 관련하여 기후학적으로 매우 중요한 요소이다. 빙붕에서 얼음의 양이 줄어드는 요인으로서 빙산으로 조각나 떨어져 나오는 얼음의 양은 비교적 잘 측정되고 있지만, 빙붕 바닥에서 따뜻한 해수의 영향으로 얼음이 얼마나 녹아 없어지는가는 그동안 잘 알려지지 않았다. 빙붕 아래쪽은 접근하기가 어려워 현장 조사가 제한적이기 때문이다. 더구나 최근에는 남극 대륙 주변의 바람의 방향이 바뀌면서 더 따뜻한 해수가 빙붕 아래로 들어오고 있어서 이에 대한 정확한 측정이 요구된다. 빙붕 바닥에서 얼음이 녹는 양은 해수면 상승에 영향을 미치기 때문이다.

육지에서 흘러내려와 빙붕이 되는 얼음의 질량(A)과 빙붕 위로 쌓이는 눈의 질량(B)은 빙붕의 얼음을 증가시키는 요인이 된다. 반면에 빙산으로 부서져 소멸되는 질량(C)과 빙붕의 바닥에서 녹는 질량(D)은 빙붕의 얼음을 감소시킨다. 이 네 가지 요인으로 인하여 빙붕 전체 질량의 변화량(E)이 결정된다. 남극 빙붕에서 생성되고 소멸되는 얼음의 질량에 대한 정확한 측정은 인공위성 관측 자료가 풍부해진 최근에야 가능하게 되었다.

A는 빙붕과 육지가 만나는 경계선에서 얼음의 유속과 두께를 측정하여 계산한다. 얼음의 유속은 일정한 시간 간격을 두고 인공위성 레이더로 촬영된 두 영상 자료의 차이를 이용하여 수 센티미터의 움직임까지 정확하게 구할 수 있다. 얼음의 두께는 먼저 인공위성 고도계를 통해 물 위에 떠 있는 얼음의 높이를 구하고, 해수와 얼음의 밀도 차에 따른 부력을 고려하여 계산한다. B는 빙붕 표면에서 시추하여 얻은 얼음 코어와 기후 예측 모델을 통해 구할 수 있는데, 그 정확도는 비교적 높다. C는 떨어져 나오는 빙산의 면적과 두께를 이용하여 측정할 수도 있으나, 빙산의 움직임이 빠를 경우 그 위치를 추적하기 어렵고 해수의 작용으로 빙산이 빠르게 녹기 때문에 이 방법으로는 정확한 측정이 쉽지 않다. 따라서 보다 정밀한 측정을 위해 빙붕의 끝 자락에서 육지 쪽으로 수 킬로미터 상부에 위치한 임의의 기준선에서 측정된 얼음의 유속과 두께를 통해 구하는 방식으로 장기적으로 신뢰할 만한 값을 구한다. E는 빙붕의 면적과 두께를 통해 구하며, 이 모든 요소를 고려하여 D를 계산한다.

연구 결과, 남극 대륙 전체의 빙붕들에서 1년 동안의 A는 2조 490억 톤, B는 4,440억 톤, C는 1조 3,210억 톤, D는 1조 4,540억 톤이며, E는 −2,820억 톤인 것으로 나타났다. 남극 대륙 빙붕의 질량 감소 요인 중에서 D가 차지하는 비율인 R 값을 살펴보면, 남극 대륙 전체의 평균은 52%이지만, 지역에 따라 10%에서 90%에 이르는 극명한 차이를 보인다. 남극 대륙 전체 해역을 경도에 따라 4등분할 때, 서남극에 위치한 파인 아일랜드 빙붕과 크로슨 빙붕 같은 소형 빙붕들에서 R 값의 평균은 74%를 보였고, 그 외 지역에서는 40% 내외였다. 특히 남극에서 빙산의 3분의 1을 생산해 내는 가장 큰 빙붕으로 북남극과 서남극에 걸친 필크너–론 빙붕, 남남극의 로스 빙붕에서 R 값은 17%밖에 되지 않았다.

남극 전체 빙붕의 91%의 면적을 차지하는 상위 10개의 대형 빙붕에서는 남극 전체 D 값 중 50% 정도밖에 발생하지 않으며, 나머지는 9% 면적을 차지하는 소형 빙붕들에서 발생한다. 이는 소형 빙붕들이 상대적으로 수온이 높은 서남극 해역에 많이 분포하고 있기 때문이다. 따라서 대형 빙붕들 위주로 조사한 데이터를 면적 비율에 따라 남극 전체에 확대 적용해 온 기존의 연구 결과에는 남극 전체의 D 값이 실제와 큰 ⊙ 오차가 있었을 것이다.

빙붕의 단위 면적당 D 값인 S 값을 살펴보면, 남극 전체에서 1년에 약 0.81미터 두께의 빙붕 바닥이 녹아서 없어지는 것으로 나타났으며, 지역적으로는 0.07~15.96미터로 편차가 컸다. 특히 서남극의 소형 빙붕에서는 매우 큰 값을 보여 주었으나, 다른 지역의 대형 빙붕은 작은 값을 보였다. 이는 빙붕 바닥에서 육지와 맞닿은 곳 근처에서는 얼음이 녹고, 육지에서 멀리 떨어진 곳에서는 해수의 결빙이 이루어지기 때문이다.

11.

A~E를 구하는 과정에 대한 설명으로 옳지 <u>않은</u> 것은?

① A는 수면 위의 빙붕의 높이에 관한 정보를 활용하여 구한다.
② B는 빙붕에서 직접 채취한 시료를 이용하여 추정한 값으로 구한다.
③ C는 떨어져 나온 빙산 양을 추적하는 방식으로는 정확하게 구하기 쉽지 않다.
④ D는 해수의 온도와 해수 속에서 녹는 얼음의 양을 직접 측정하여 구한다.
⑤ E는 빙붕의 두께 변화에 대한 정보를 얻어야 측정할 수 있다.

제시문에 A~E까지의 양을 어떻게 구하는지 설명되어 있다. 두 번째 문단과 세 번째 문단에 A~E의 양 사이의 관계는 A+B−C−D=E이고 각각의 양을 측정하는 방법이 진술되어 있다. 제시문에 나타난 빙붕의 질량의 변화에 관계된 변수들의 값을 구하는 방법을 정확하게 파악해야 한다.

정답 해설 ④ D는 해수의 온도와 해수 속에서 녹는 얼음의 양을 직접 측정하여 구하는 것이 아니라 A, B, C, E의 양을 구하여 A+B−C−D=E라는 방정식을 통해서 구한다. 따라서 ④는 옳지 않은 설명이다.

오답 해설 ① A는 "빙붕과 육지가 만나는 경계선에서 얼음의 유속과 두께를 측정하여 계산한다."라고 했고 두께를 구하기 위해서 "인공위성 고도계를 통해 물 위에 떠 있는 얼음의 높이"를 구한다고 했다. 따라서 ①은 옳은 설명이다.

② B는 "빙붕 표면에서 시추하여 얻은 얼음 코어와 기후 예측 모델을 통해" 구한다고 했다. 따라서 ②는 옳은 설명이다.

③ C는 "떨어져 나오는 빙산의 면적과 두께를 이용하여 측정할 수도 있으나, … 이 방법으로는 정확한 측정이 쉽지 않다."고 했다. 따라서 ③은 옳은 설명이다.

⑤ E는 남극 대륙의 빙붕 전체 질량의 변화량이며 "빙붕의 면적과 두께를 통해 구하며"라고 했으므로 빙붕의 두께 변화에 대한 정보를 얻어야 측정할 수 있다. 따라서 ⑤는 옳은 설명이다.

12.

㉠과 관련하여 추론한 것으로 적절하지 <u>않은</u> 것은?

① 남극 전체의 S 값이 실제 값보다 작게 파악되는 결과를 초래했다.
② 남극 전체의 R 값이 실제 값보다 작게 파악되는 결과를 초래했다.
③ 파인 아일랜드 빙붕의 R 값이 실제 값보다 작게 파악된 것과 같은 이유 때문에 발생했다.
④ 크로슨 빙붕의 S 값이 실제 값보다 작게 파악된 것과 같은 이유 때문에 발생했다.
⑤ 로스 빙붕의 R 값이 실제 값보다 작게 파악된 것과 같은 이유 때문에 발생했다.

문항유형 : 정보의 추론과 해석

내용영역 : 과학기술

이 문항은 최신 자료를 토대로 대형 빙붕 위주로 조사한 데이터를 남극 전체로 확대 적용한 기존의 연구에서 D 값을 추정할 때 발생했을 오차의 내용을 올바르게 추론할 수 있는지 평가한다.

정답 : ⑤

기존의 연구에서 D 값의 추정에서 발생한 오차가 S 값, R 값과 갖는 관계를 이해해야 한다. R 값은 "남극 대륙 빙붕의 질량 감소 요인 중에서 D가 차지하는 비율"이라고 했으므로 D/(C+D)로 구할 수 있다. S 값은 "빙붕의 단위 면적당 D 값"이라고 했으므로 1년 동안 빙붕 바닥에서 녹아 없어지는 얼음의 양 D를 해당 빙붕의 면적으로 나누어 구한다. 그러므로 R이나 S나 모두 D가 작아지면 작아지고 D가 커지면 커진다. 그런데 "대형 빙붕들 위주로 조사한 데이터를 면적 비율에 따라 남극 전체에 확대 적용해 온 기존의 연구 결과"라는 진술과 "남극 전체 빙붕의 91%의 면적을 차지하는 상위 10개의 대형 빙붕에서는 남극 전체 D 값 중 50% 정도밖에 발생하지 않으며, 나머지 9% 면적을 차지하는 소형 빙붕들에서 발생한다."라는 진술으로부터 대형 빙붕들에 국한하여 조사된 D 값으로부터 남극 전체 및 소형 빙붕들에 대한 D 값이 추정되었을 경우에 그 값은 실제 값보다 작게 추정되었을 것임을 알 수 있다.

⑤ 로스 빙붕은 대형 빙붕이므로 D는 직접 계산되었을 것이고 따라서 로스 빙붕의 R 값이 실제 값보다 작게 파악되지 않는다. 따라서 ⑤는 적절한 추론이 아니다.

① D 값이 실제 값보다 작게 계산되므로, 남극 전체의 S 값이 실제 값보다 작게 파악되는 결과가 초래된다. 따라서 ①은 적절한 추론이다.

② D 값이 실제 값보다 작게 계산되므로, 남극 전체의 R 값이 실제 값보다 작게 파악되는 결과가 초래된다. 따라서 ②는 적절한 추론이다.

③ 소형 빙붕인 파인 아일랜드 빙붕에서 D 값은 실제 값보다 작게 추정되어 R 값도 작게 파악되었을 것이다. 따라서 ③은 적절한 추론이다.

④ 소형 빙붕인 크로슨 빙붕에서 D 값은 실제 값보다 작게 추정되어 S 값도 작게 파악된다. 따라서 ④는 적절한 추론이다.

13.

윗글을 바탕으로 〈보기〉에 대해 논의한 것으로 옳은 것은?

보 기

최근의 한 연구에서 서남극에서 녹는 얼음이 몇 세기에 걸쳐 멈출 수 없는 해수면 상승을 일으킬 가능성이 높은 것으로 나타났다. 이 지역에는 모두 녹으면 해수면을 5미터 상승시킬 얼음이 분포한다. 이곳에 위치한 아문센 해는 해저 지형이 해수가 진입하기 좋게 형성되어 있어서 해수가 빙붕을 녹이는 데 용이한 조건을 구비하고 있다. 더구나 이곳에는 빙붕의 진행을 막아 줄 섬도 없어 미끄러져 내려오는 빙상을 저지하지 못하기 때문에 해수에 녹아 들어가는 빙붕의 양은 계속 많아질 전망이다.

① 아문센 해 인근의 해안에는 대형 빙붕들이 많이 분포할 것이다.

② 아문센 해에서는 빙붕의 두께가 줄어드는 속도가 남극 대륙의 평균값보다 클 것이다.

③ 아문센 해 인근의 빙붕의 바닥이 빠르게 녹으면서 인접한 빙상이 수년 내에 고갈될 것이다.

④ 서남극의 얼음 총량이 다른 남극 지역보다 더 많기 때문에 해수면 상승 효과가 더 클 것이다.

⑤ 서남극에서 빙상의 이동 속도가 증가하는 것은 떨어져 나가는 빙산의 양을 통해 알 수 있을 것이다.

문항 성격   문항유형 : 정보의 평가와 적용

              내용영역 : 과학기술

평가 목표   이 문항은 서남극과 그 지역에 위치한 아문센 해의 환경적 특성을 바탕으로 다른 환경적 특성이나 사건을 합리적으로 추정하거나 예측할 수 있는지 평가한다.

문제 풀이   정답 : ②

서남극은 소형 빙붕이 많이 분포하고 수온이 높고 빙붕 바닥에서 얼음이 많이 녹는 지역이라는 점으로부터 서남극에 위치한 아문센 해에서 얼음이 녹는 양이 많아질 가능성이 크다는 것을 알 수 있다. 아문센 해에 관한 언급은 곧 제시문의 서남극에 대한 진술임을 파악해야 한다.

   정답 해설   ② 아문센 해는 서남극에 분포한다. 남극 대륙 전체에서 R의 평균값은 52%이고, 서남극에서 R 값은 74%이고 나머지 지역에서는 40% 내외이므로 아문센 해에서는 빙붕의 두께가 줄어드는 속도가 남극 대륙의 평균값보다 크다. 따라서 ②

는 옳다.

① 아문센 해는 서남극에 분포하므로 대형 빙붕이 아니라 소형 빙붕이 많이 분포한다. 따라서 ①은 옳지 않다.

③ 첫 번째 문단에서 빙붕이 녹으면 인접한 빙상이 미끄러져 내려온다는 것을 알수 있고 〈보기〉에서도 "이곳에는 빙붕의 진행을 막아 줄 섬도 없어 미끄러져 내려오는 빙상을 저지하지 못하기 때문에 해수에 녹아 들어가는 빙붕의 양은 계속 많아질 전망"이라고 진술하고 있고 "서남극에서 녹는 얼음이 몇 세기에 걸쳐 멈출 수 없는 해수면 상승을 일으킬 가능성이 높"다고 말했으므로 아문센 해 인근의 빙상은 수 년 내로 고갈되지 않을 것이다. 빙상이 사라지면 빙붕도 사라져 더 이상 녹을 얼음도 존재하지 않게 된다. 따라서 ③은 옳지 않다.

④ 〈보기〉에서 서남극의 얼음의 총량에 대해 "해수면을 5미터 상승시킬 얼음이 분포"한다고 했고, 제시문에서 남극 전체의 얼음의 총량에 대해 "해수면을 57미터 높일 정도의 얼음이 쌓여 있다."고 했으므로 서남극의 얼음의 총량이 다른 남극 지역보다 더 많다고 할 수 없다. 따라서 ④는 옳지 않다.

⑤ 서남극에서 빙상의 이동 속도가 증가하는 것은 맞지만 그것은 떨어져 나가는 빙산의 양을 통해서 알 수 있는 것은 아니다. 빙붕이 빙산으로 떨어져 나가는 양은 C인데, 제시문에서 "정확한 측정이 쉽지 않다."고 말하고 있으므로 이 값에 기초해서 빙상의 이동 속도를 구할 수 없음을 알 수 있다. 따라서 ⑤는 옳지 않다.

[14~16] 다음 글을 읽고 물음에 답하시오.

우리는 정치 과정에서 정치 세력이 충돌하는 교착 상태를 종종 보게 된다. 교착이란 행정부(집행부)와 의회가 각각 정책 변화를 원함에도 불구하고 ㉠ 양자의 선호가 일치하지 않는 상태로 인해 입법에 실패하여 기존 정책이 그대로 유지되기까지의 정치 과정을 가리킨다. 교착이 일어나는 주요 원인으로는 통치형태의 주요 특징이 지적되었다.

대통령제에서 대통령과 의회가 따로 선출되고 고정된 임기 안에 서로 불신임의 대상이 되지 않는다는 점과 대통령이 내각 운영에서 전권을 발휘한다는 점은 대통령과 의회 간의 마찰을 유발하는 조건이 된다. 특히 법안발의권 등 대통령의 입법 권한이 강할수록 대통령이 의회와 마찰할 가능성이 커진다. 교착은 단점정부보다는 분점정부일 때, 즉 대통령의 소속 당이 의회에서 과반 의석을 얻지 못했을 때 많이 발생한다.

한편 의회 다수당이 내각을 구성하며 의회가 내각에 대한 불신임권을 가지는 내각제에서는 교착의 발생이 훨씬 줄어든다. 가령 다수당이 과반 의석을 얻지 못해도, 다른 소수당과 연립정부를 구성하여 의회의 과반을 형성하거나, 총리와 내각이 의회 다수파에 의해 교체되거나, 총리가 의회를 해산하고 조기 총선을 치러 새 내각을 구성한다면 교착을 피할 수 있다. 내각제가 제대로 작동하기 위해서는 연립정부 구성과 해체 등의 과정에서 대체로 정당 기율이 강할 것이 요구된다.

대통령제에서의 교착을 해소하기 위해 제도적 변형을 시도한 것으로 프랑스의 이원집정부제가 있다. 이원집정부제는 고정된 임기의 대통령을 직접 선거로 선출한다는 점에서 대통령제와 같지만, 대통령의 소속 당이 의회의 과반을 갖지 못하면 대통령은 의회에서 선출된 야당 대표를 총리로 임명하고 총리가 정국 운영을 주도한다는 점이 다르다. 동거정부라 불리는 이 경우에 정부는 내각제처럼 운영된다. 단, 대통령과 총리 사이의 권한을 둘러싼 분쟁으로 교착이 발생하기도 한다. 반대로 단점정부의 경우에는 대통령제와 유사하게 운영된다. 의회는 원내 양당제를 유도하는 결선투표제로 구성된다.

대통령제에서 정당 체계와 선거 제도는 교착에 영향을 준다. 정당 체계에서 비례대표제는 다당제를 유도하는데, 다당제는 의회 다수파 형성을 어렵게 한다. 양원제에서는 상원 다수당과 하원 다수당 중 하나가 대통령의 소속 당과 다를 때 분점정부가 나타난다. 정당의 기율을 강하게 하는 제도적 장치가 있거나 정당이 이념적으로 양극화될 때도 분점정부 상황에서는 대통령이 의회 과반의 지지를 확보하기 어려울 수 있다. 한편 의회와 대통령 선거를 동시에 실시하는 경우, 대통령 당선 유력 후보의 후광효과가 일어나 분점정부의 발생 가능성을 낮추는 효과가 생긴다. 아울러 분점정부라도 야당이 대통령의 거부권을 막을 수 있는 의석수를 확보하고 있다면 교착이 발생하지 않을 수 있다.

다양한 의회제도 또한 교착에 영향을 미친다. 의사진행을 촉진하는 의장의 권한이 강하다면, 분점정부 상황에서는 대통령의 거부권 행사 가능성으로 인해 교착이 발생할 수 있다. 그리고 교섭단체 제도처럼 원내 다수당과 소수당 간의 합의를 강조하는 제도가 있으면 심지어 단점정부 상황이라고 해도 교착이 생길 수 있다. 이는 다수당이 강행하려는 의제를 소수당이 지연시킬 수 있기 때문이다. 또 소수당이 입법 지연을 목적으로 활용하는 필리버스터(의사진행 방해 발언)도 교착을 발생시킬 수 있다. 필리버스터의 종결에 요구되는 의결정족수까지 높게 규정되어 있으면, 교착은 잘 해소되지 않는다. 그밖에 사회적 합의가 어려운 쟁점이 법안으로 다루어질 경우도 교착이 일어날 확률이 높다.

대통령제 아래 분점정부 상황의 교착을 완화하는 제도적 방안으로는 남미 국가들의 경험처럼 연립정부를 구성하는 것도 있다. 대통령제를 내각제처럼 운영하려는 이 대안은 소수파 대통령이 야당들과의 협상을 통해 공동 내각을 구성하여 의회 과반의 지지를 확보할 수 있다는 점에 착안한 것이다. 이 경우 정당의 기율이 강하다면 협상 과정에서 이탈자를 줄일 수 있으며, 대통령의 강한 권한도 연립정부의 유지에 긍정적 역할을 할 수 있다. 이 과정에서 비례대표제를 의회선거에, 결선투표제를 대통령선거에 각각 적용해 동시에 선거를 치르면, 연립정부 구성이 쉬워진다는 연구 결과도 있다. 두 선거를 같은 시기에 치르면 정당 난립을 억제하는 효과가 있고, 대통령선거가 결선투표로 갈 때 일차 선거와 결선투표 시기 사이에 연립내각을 구성하기 위한 정당 간 협상이 활발하게 일어날 수 있기 때문이다.

한편 교착 완화를 위해 미국처럼 대통령이 야당 의원들을 설득하여 법안마다 과반의 지지를 확보하는 방안도 있다. 이는 정당의 기율이 약하고 의회선거 제도가 단순다수 소선거구제일 때 주로 적용된다. 이런 경우에는 의회가 양당제로 구성되고 의원들의 정치적 자율성이 높으므로 대통령이 의원들을 설득하기 쉬워진다. 특히 대통령의 입법 권한이 약하기 때문에 대통령은 의회에 로비할 필요성을 더 느끼게 된다. 이 방법들은 대통령이 의회에서 새로운 과반의 지지를 얻는 데 목적이 있다.

14.

㉠을 해결하기 위한 시도로 적절하지 <u>않은</u> 것은?

① 대통령제에서 대통령이 의회 다수당과 연립정부를 구성하려는 경우
② 대통령제에서 대통령이 의회 과반의 지지를 얻으려고 의회에 로비를 하려는 경우
③ 내각제에서 총리가 소수당과 연립정부를 구성하려는 경우
④ 내각제에서 총리가 조기 총선을 요구해 새로운 내각을 구성하려는 경우
⑤ 이원집정부제에서 동거정부일 때 대통령이 정국을 주도하려는 경우

문항 성격	문항유형 : 주제, 요지, 구조 파악
	내용영역 : 사회
평가 목표	이 문항은 대통령제, 내각제, 이원집정부제에서 행정부(집행부)와 의회의 선호를 일치시켜 교착을 방지하거나 해소하는 정치적 행동이 무엇일지 판단할 수 있는지 평가한다.
문제 풀이	정답 : ⑤

교착 상태는 행정부(집행부)와 의회가 각각 정책 변화를 원함에도 불구하고 행정부(집행부)와 의

회의 선호가 일치하지 않는 상태로 인해 입법에 실패하여 기존 정책이 그대로 유지되기까지의 과정을 가리킨다. 제시문은 통치 형태의 주요 특징을 교착을 일으키는 주요 원인으로 간주하고, 구체적으로 대통령제, 의회제, 이원집정부제 하에서 교착이 발생하는 원인과 그 해결 방법을 검토하고 있다. 제시문에 나타난 구체적 정보들을 바탕으로 선택지 각각의 경우가 ㉠을 해결하기 위한 시도로 적절한지 판단해야 한다.

정답 해설 ⑤ 이원집정부제의 동거정부에서 정부는 내각제처럼 운영되지만 대통령과 총리 사이의 권한을 둘러싼 분쟁으로 교착이 발생할 수도 있다. 그렇다면 이러한 이원집정부제에서 동거정부일 때 대통령이 정국을 주도하려고 한다면, 분쟁이 발생할 가능성이 커질 것이고, 그에 따라 행정부(집행부)와 의회 사이의 선호가 일치하지 않음으로써 교착이 유지되거나 심화될 가능성이 커질 것이다. 따라서 ⑤는 적절하지 않다.

오답 해설 ① 제시문에 "대통령제 아래 분점정부 상황의 교착을 완화하는 제도적 방안"으로 "남미 국가들의 경험처럼 연립정부를 구성하는" 방안이 소개되고 있다. 이에 따르면, ㉠과 같은 상황에서 대통령이 의회의 야당과 연립정부를 구성한다면 행정부(집행부)와 의회의 선호가 일치하게 되는 가능성을 기대할 수 있을 것이다. 따라서 ①은 적절하다.

② 제시문에 "교착 완화를 위해 미국처럼 대통령이 야당 의원들을 설득하여 법안마다 과반의 지지를 확보하는 방안"이 소개되어 있다. 이에 따르면, ㉠과 같은 상황이 발생할 때 대통령이 의회를 설득해 과반의 지지를 모색함으로써 행정부(집행부)와 의회의 선호가 일치하게 되는 가능성을 기대할 수 있을 것이다. 따라서 ②는 적절하다.

③ 제시문에 "내각제에서는 교착의 발생이 훨씬 줄어든다. 가령 다수당이 과반 의석을 얻지 못해도, 다른 소수당과 연립정부를 구성하여 의회의 과반을 형성하거나, … 교착을 피할 수 있다."라는 진술을 통해 내각제 하에서 연립정부를 통해 교착을 피하려는 시도가 소개되어 있다. 이에 따르면, 내각제에서 총리가 소수당과 연립정부를 구성한다면 ㉠이 해결될 가능성을 기대할 수 있을 것이다. 따라서 ③은 적절하다.

④ 제시문에 "내각제에서는 … 가령 다수당이 과반 의석을 얻지 못해도, … 총리가 의회를 해산하고 조기 총선을 치러 새 내각을 구성한다면 교착을 피할 수 있다."라고 진술되어 있다. 즉 내각제에서 행정부(집행부)와 의회의 선호가 일치하지 않는 경우, 총리가 조기총선을 요구해 새로운 내각을 구성함으로써 ㉠이 해결될 가능성을 기대할 수 있을 것이다. 따라서 ④는 적절하다.

15.

윗글에 따라 대통령제에서 정치 환경의 변화를 추론한 것으로 적절한 것은?

① 다수당이지만 필리버스터를 종결할 만큼 의석을 차지하지 못한 야당에 소속된 의장이 갈등 법안을 본회의에 직권상정하면, 교착이 완화될 것이다.
② 비례대표제를 채택한 의회선거를 대통령선거와 동시에 치르면, 시기를 달리해 두 선거를 치를 때보다 분점정부가 발생할 확률이 낮아질 것이다.
③ 양원제 의회를 모두 비례대표제로 구성하면, 단순다수 소선거구제로 구성할 때보다 분점정부가 발생할 확률이 낮아질 것이다.
④ 야당이 대통령의 거부권 행사를 무력화할 만큼의 의석을 가진다면, 교착이 악화될 것이다.
⑤ 양극화된 정당 체계에서 교섭단체 간의 합의 요건을 강화하면, 교착이 완화될 것이다.

문항 성격	문항유형 : 정보의 추론과 해석
	내용영역 : 사회
평가 목표	이 문항은 제시문의 정보를 바탕으로 대통령제 아래 특정한 정치 제도나 정치적 상황이 분점정부 상태나 교착 상태에 어떤 영향을 미칠지 추론할 수 있는지 평가한다.
문제 풀이	정답 : ②

제시문에 따르면, 대통령제 아래 특정한 정치 제도나 정치적 상황이 분점정부 상태나 교착 상태에 영향을 미칠 수 있다. 제시문에 소개된 구체적 정보들을 바탕으로 선택지 각각이 추론될 수 있는지 판단해야 한다.

정답 해설 ② 제시문에 따르면, 비례대표제는 다수파 형성을 어렵게 만들지만 의회선거와 대통령선거를 동시에 실시하는 경우 분점정부의 발생 가능성이 낮아진다. 그렇다면 비례대표제를 채택한 의회선거를 대통령선거와 동시에 치르는 경우와 두 선거를 시기를 달리해 치르는 경우를 비교해 보면 전자의 경우가 후자의 경우보다 분점정부가 발생할 확률이 낮을 것이다. 따라서 ②는 적절한 추론이다.

오답 해설 ① 다섯 번째 문단의 설명에 따르면, 대통령제 아래에서 다수당이지만 필리버스터를 종결할 만큼 의석을 차지하지 못한 야당에 소속된 의장이 갈등 법안을 본회의에 직권상정한 경우에, 필리버스트가 발생한다면 교착이 완화되기는 어려울 것이고 대통령이 거부권을 행사한다면 오히려 교착이 유지될 가능성이 클 것이다. 따라서 ①은 적절한 추론이 아니다.

③ 제시문에 따르면, 양원제는 그렇지 않은 제도보다 분점정부가 발생할 가능성이 높지만, 비례대표제는 분점정부의 발생 가능성이 상당한 반면, 단순다수 소선거구제는 양당제를 유도하는 경향이 있다. 따라서 양원제 의회를 모두 비례대표제로 구성하면, 단순다수 소선거구제로 구성할 때보다 분점정부가 발생할 확률이 더 높을 것이다. 따라서 ③은 적절한 추론이 아니다.

④ 제시문에서 "아울러 분점정부라도 야당이 대통령의 거부권을 막을 수 있는 의석 수를 확보하고 있다면 교착이 발생하지 않을 수 있다."라고 진술하고 있다. 그렇다면 야당이 대통령의 거부권 행사를 무력화할 만큼의 의석을 가진다면, 교착이 완화되면 완화되었지 악화되지는 않을 것이다. 따라서 ④는 적절한 추론이 아니다.

⑤ 제시문에서 "교섭단체 제도처럼 원내 다수당과 소수당 간의 합의를 강조하는 제도가 있으면 심지어 단점정부 상황이라고 해도 교착이 생길 수 있다. … 필리버스터의 종결에 요구되는 의결정족수까지 높게 규정되어 있으면, 교착은 잘 해소되지 않는다."라고 진술하고 있다. 그렇다면 양극화된 정당 체계에서 교섭단체 간의 합의 요건을 강화하는 경우에, 소수당은 다수당이 선호하는 입법에 대해 여러 가지 방식으로 반대할 수 있을 것이고, 그러한 경우에 교착이 발생할 가능성이 높아지면 높아졌지 교착이 완화되지는 않을 것이다. 따라서 ⑤는 적절한 추론이 아니다.

16.

윗글을 바탕으로 〈보기〉에 대해 추론한 것으로 적절한 것은?

보 기

　행정부와 의회 간의 빈번한 교착으로 정치 불안이 심각한 상태인 A국의 정치학자 K가 ㉮~㉰의 제도를 설계하여 제안했다. 현재 대통령제 국가인 A국은 양당제로 분점정부 상태이다. 대통령은 법안발의권 등 강한 권한을 지니고 있다. 대통령은 결선투표제로 선출한다. 의회는 단순다수 소선거구제로 구성한다. 정당의 기율은 강하다.

	대통령의 입법 권한	의회선거 제도	정당 기율 관련 법제
㉮	축소	결선투표제로 변경	유지
㉯	유지	비례대표제로 변경	유지
㉰	유지	유지	약화

① K는 ㉮를 설계하면서 미국식 대통령제를 염두에 두었을 것이다.
② K는 ㉮를 설계하면서 프랑스식 이원집정부제를 염두에 두었을 것이다.
③ K는 ㉯를 설계하면서 미국식 대통령제를 염두에 두었을 것이다.
④ K는 ㉯를 설계하면서 남미식 대통령제를 염두에 두었을 것이다.
⑤ K는 ㉯를 설계하면서 프랑스식 이원집정부제를 염두에 두었을 것이다.

문항 성격	문항유형 : 정보의 평가와 적용
	내용영역 : 사회
평가 목표	이 문항은 〈보기〉의 교착 상황을 해결하기 위한 제안들이 제시문에 소개된 제도적 방안 중 어떤 것을 모형으로 삼아서 설계되었을지 판단할 수 있는지 평가한다.
문제 풀이	정답 : ②

교착 상황을 해결하기 위한 제도적 방안들로 소개된 프랑스식 이원집정부제, 남미식 대통령제, 그리고 미국식 대통령제에 대한 제시문의 정보를 바탕으로 〈보기〉의 세 가지 제안들이 각각 어떤 제도적 방안에 해당하는지 판단해야 한다. 세 제도적 방안들은 '대통령의 입법 권한', '의회선거 제도', '정당 기율 관련 법제'라는 세 측면에서 종합해서 보면 구별된다. 따라서 정치학자 K가 프랑스식 이원집정부제, 남미식 대통령제, 미국식 대통령제를 염두에 두었을 때 세 측면에서 A국의 제도를 어떻게 설계했을지 판단해야 한다.

〈보기〉 해설   A국의 제도를 정리해 보면, 대통령은 법안발의권 등 매우 강한 입법 권한을 가지며, 의회선기 제도는 단순다수 소선거구제이고, 정당 기율은 강하다.

– 프랑스식 이원집정부제: 이 제도는 대통령제에 내각제를 가미하는 제도이므로 A국의 대통령의 매우 강한 입법 권한은 상당히 축소될 것이다. 이 제도에서는 의회선거 제도가 양당제를 유도하는 결선투표제로 운영되므로, A국의 의회선거 제도 역시 결선투표제로 변경될 것이다. 이 제도에서는 내각제 요소가 잘 운용되기 위해서 정당 기율이 강할 것이 요구될 것이므로 A국의 정당 기율 관련 법제는 그대로 강하게 유지될 것이다. 〈보기〉에서 ㉮만 이에 해당한다.

– 남미식 대통령제 : 이 제도는 연립정부 유지에 긍정적 역할을 하는 대통령의 강한 권한을 인정하므로 A국의 대통령의 강한 입법 권한이 그대로 유지될 것이다. 이 제도에서는 의회가 비례대표제로 구성되므로 A국의 의회선거 제도는 비례대표제로 변경될 것이다. 이 제도에서는 공동내각 구성 협상과정에서 이탈을 방지하기 위해서 정당 기율이 강할 것이 요구되므로 A국의 정당 기율 관련 법제는 그대로 강한 것으로 유지될 것이다. 〈보기〉에서 ㉯만 이에 해당한다.

－ 미국식 대통령제 : 이 제도는 대통령의 입법 권한이 약하므로 A국의 대통령의 강한 입법 권한은 축소될 것이다. 이 제도는 의회제도가 단순다수 소선거구제일 때 주로 적용되므로 A국의 의회선거 제도는 그대로 유지될 것이다. 이 제도는 정당의 기율이 약할 때 주로 적용되므로 A국의 강한 정당 기율 관련 법제는 약화될 것이다. 〈보기〉에서 ㉰만이 이에 해당한다.

정답 해설 ㉮만이 프랑스식 이원집정부제에 해당하고, ㉯만이 남미식 대통령제에 해당하며, ㉰만이 미국식 대통령제에 해당한다. 선택지 ②가 이러한 관계를 올바르게 진술하고 있으며, 나머지 선택지들은 이러한 관계를 올바르게 진술하지 않는다. 따라서 정답은 ②이고 나머지 선택지들은 오답이다.

[17~20] 다음 글을 읽고 물음에 답하시오.

김소월은 낭만적인 슬픔을 소박하고 서정적인 시구로 가장 아름답게 노래한 시인이다. 그러나 김소월의 슬픔은 「불놀이」의 슬픔과 그 역학을 달리한다. 주요한의 「불놀이」에는 슬픔에 섞여 생(生)의 잠재적 가능성에 대한 갈망이 강력하게 표현되었다가 곧 사라지고 만다. 이러한 주요한의 슬픔이 실현되지 아니한 가능성의 슬픔이라면, 소월의 슬픔은 차단되어 버린 가능성을 깨닫는 데서 오는 슬픔이다. 그는 쓰고 있다.

살았대나 죽었대나 같은 말을 가지고 사람은 살아서 늙어서야 죽나니, 그러하면
그 역시 그럴 듯도 한 일을, 하필코 내 몸이라 그 무엇이 어째서 오늘도 산마루에 올라서서 우느냐.

김소월에서 우리는 생에 대한 깊은 허무주의를 발견한다. 이 허무주의는 소월이 보다 큰 시적 발전을 이루는 데 커다란 장애물이 된다. 허무주의는 그로 하여금 보다 넓은 데로 향하는 생의 에너지를 상실하게 하고, 그의 시로 하여금 한낱 자기 탐닉의 도구로 떨어지게 한다. 소월의 슬픔은 말하자면 자족적인 것이다. 그것은 그것 자체의 해결이 된다. 슬픔의 표현은 그대로 슬픔으로부터의 해방이 되는 것이다.

시에서의 부정적인 감정의 표현은 대개 이러한 일면을 갖는다. 문제는 그것의 정도와 근본적인 지향에 있다. 그것은 자기 연민의 감미로움과 체념의 평화로써 우리를 위로해 준다. 그렇다고 해서 모든 시가 멜로드라마의 대단원처럼 분명한 긍정을 제시해야 한다는 말은 아니다. 우리는 소

월의 경우보다 더 깊이 생의 어둠 속으로 내려간 인간들을 안다. 횔덜린이나 릴케의 경우가 그렇다. 이들에게 있어서 고통은 깊은 절망이 된 다음 난폭하게 다시 세상으로 튕겨져 나온다. 그리하여 절망은 절망을 만들어 내는 세계에 대한 맹렬한 반항이 된다. 이들이 밝음을 긍정했다면, 어둠을 거부하는 또는 어둠을 들추어내는 행위 그 이상의 것으로서 긍정한 것은 아니다. 앞에서 말한 바와 같이 소월의 부정적 감정주의의 잘못은 그것이 부정적이라는 사실보다 밖으로 향하는 에너지를 가지고 있지 않다는 데에 있다.

안으로 꼬여든 감정주의의 결과는 시적인 몽롱함이다. 밖에 있는 세계나 정신적인 실체의 세계는 분명한 현상으로 파악되지 아니한다. 모든 것은 감정의 안개 속에 흐릿한 모습을 띠게 된다. 앞에서 우리는 부정적인 감정주의가 밖으로 향하는 에너지를 마비시킨다는 사실을 언급하였는데, 이 밖으로 향하는 에너지란 '보려는' 에너지와 표리일체를 이룬다. 시에서 가장 중요한 것은 바르게 보는 것이며, 여기서 바르게 본다는 것은 가치의 질서 속에서 본다는 것이다. 그러니까 시는 거죽으로 그렇게 나타나지 않을 경우에 있어서도 인간에 대한 신념을 전제로 가지고 있다. 따라서 완전히 수동적인 허무주의가 시적 인식을 몽롱한 것이 되게 하는 것은 있을 수 있는 일인 것이다. 가령 랭보에게 있어서 어둠에로의 하강은 '보려는' 에너지와 불가분의 것이며, 이 에너지에 있어서 이미 수동적인 허무주의는 부정되어 있다고 할 수 있다.

소월의 경우를 좀 더 일반화하여 우리는 여기에서 ㉠ 한국 낭만주의의 매우 중요한 일면을 지적할 수 있다. 서구의 낭만 시인들이 감정으로 향해 갔을 때, 그들은 감정이 주는 위안을 찾고 있었다기보다는(그런 면이 없지 않아 있었지만), 리얼리티를 인식하는 새로운 수단을 찾고 있었던 것이다. 다시 말하여 그들에게는 이성이 아니라 감정과 직관이 진실을 아는 데 보다 적절한 수단으로 느껴졌던 것이다. 그러니까 ㉡ 서구 낭만주의의 가장 근원적인 충동의 하나는 영국의 영문학자 허버트 그리슨 경의 말을 빌면, 형이상학적 전율 이었다. 이 전율은 감정의 침례(浸禮)를, 보다 다양하고 새로운 가능성에 관한 직관으로 변용시킨다. 한국의 낭만주의가 결하고 있는 것은 이 전율, 곧 사물의 핵심에까지 꿰뚫어 보고야 말겠다는 형이상학적 충동이었다. 이 결여가 성급한 허무주의와 불가분의 관계에 있다는 것은 위에서 말한 바 있다.

그러면 소월의 허무주의의 밑바닥에 있는 것은 무엇인가? 시인의 개인적인 기질이나 자전적인 사실이 거기에 관여되었음을 생각할 수도 있다. 그러나 그 원인이 된 것은 무엇보다도 한국인의 정신적 지평에 장기(瘴氣)*처럼 서려 있어 그 모든 활동을 힘없고 병든 것이게 한 일제 점령의 중압감이었을 것이다. 소월은 산다는 것이 무엇을 위한 것인가 하고 되풀이하여 묻는다. 그러나 이 물음은 진정한 물음이 되지 못한다. 그는 이 물음을 진정한 탐구의 충동으로 변화시키지 못한다. 그는 이미 산다는 것은 죽는다는 것과 같다는 답을, "잘 살며 못 살며 할 일이 아니라 죽지 못해 산다 ……"(「어버이」) 답을 가지고 있다.

그러나 그는 또 한 번 물을 수가 있었을 것이다. 무엇이 "죽지 못해 사는" 인생의 원인인가 하고. 앞에서도 말한 바와 같이 그에게는 '보려는' 에너지, '물어보는' 에너지가 결여되어 있다. 그는 너무나 수동적으로 허무주의적인 것이다. 그러나 질문의 포기는 이해할 만한 것이다. "죽지 못해 사는" 인생의 첫째 원인은 누구나 알면서 말로 표현할 수 없는 것이기 때문이다. 소월이 그의 절망의 배경에 있는 것을 분명하게 이야기할 수 있을 때, 그의 시는 조금 선명해진다. 「바라건대는 우리에게 우리의 보습 대일 땅이 있었더면」은 그의 절망에 정치적인 답변을 준 드문 시 가운데 하나이다.

* 장기 : 축축하고 더운 땅에서 생기는 독한 기운

17.

윗글에 나타난 김소월 시에 대한 설명으로 적절한 것은?

① 어둠에 대한 합리적 인식을 통하여 삶의 의미를 탐구하고 있다.
② 시대상황 때문에 어둠의 세계 바깥으로 나가는 것을 포기하고 있다.
③ 자기 연민과 체념의 감미로움을 부정하고 어둠 자체를 지향하고 있다.
④ 어둠의 세계에 대한 깊은 절망을 생의 에너지로 전환하여 표출하고 있다.
⑤ 생의 잠재적 가능성을 통해 밝음이 사라진 세계의 슬픔을 극복하고 있다.

문항 성격	문항유형 : 주제, 요지, 구조 파악
	내용영역 : 인문
평가 목표	이 문항은 중심 제재인 김소월의 시에 관한 내용을 정확하게 이해하고 있는지 평가한다.
문제 풀이	정답 : ②

김소월의 시가 리얼리티에 대한 새로운 인식에 도달하지 못한 이유와 그로 인해 발생하는 여러 시적 현상들에 대한 제시문의 진술들을 확인하여 그 내용과 부합하는 선택지를 골라야 한다.

정답 해설 ② 제시문에서는 김소월의 시가 성급한 허무주의에 빠져든 이유가 "개인적인 기질이나 자전적인 사실"과 관련되어 있지만, 근본적인 원인은 "일제 점령의 중압감"이라고 지적하고 있다. 또한 김소월이 그러한 생의 어둠에 대한 "질문의 포기"를 보여 주고 있다고 언급하고 있다. 따라서 ②는 적절한 설명이다.

① 제시문에서는 김소월의 시가 "안으로 꼬여든 감정주의" 때문에 시적인 몽롱함을 보여 주고 있으며, "밖에 있는 세계나 정신적인 실체의 세계는 분명한 현상으로 파악되지 아니한다."라고 지적하고 있기 때문에 '어둠에 대한 합리적 인식'이라는 진술은 적절하지 않음을 알 수 있다. 따라서 ①은 적절한 설명이 아니다.

③ 제시문에서는 김소월의 시에 표현된 "부정적인 감정"이 "자기 연민의 감미로움과 체념의 평화로써 우리를 위로해 준다."라고 언급하고 있기에 '자기 연민과 체념의 감미로움을 부정'한다는 진술은 적절하지 않음을 알 수 있다. 따라서 ③은 적절한 설명이 아니다.

④ 제시문에서는 김소월의 시가 "'보려는' 에너지, '물어보는' 에너지가 결여되어 있다."는 점에서 "너무나 수동적으로 허무주의적"이라고 언급하고 있기에, '생의 에너지로 전환하여 표출'한다는 진술은 적절하지 않음을 알 수 있다. 따라서 ④는 적절한 설명이 아니다.

⑤ 제시문에서는 김소월의 시가 "차단되어 버린 가능성을 깨닫는 데서 오는 슬픔"이라고 언급하고 있기에, '밝음이 사라진 세계의 슬픔을 극복'하고 있다는 진술은 적절하지 않음을 알 수 있다. 따라서 ⑤는 적절한 설명이 아니다.

18.

㉠과 ㉡의 관계에 대한 설명으로 적절한 것은?

① ㉠과 ㉡은 모두 내적인 고통과 절망에서 벗어나지 못하고 있다.
② ㉠이 ㉡처럼 성공하지 못한 것은 목표를 향한 조급한 열정 때문이다.
③ ㉡은 ㉠과 달리 선명한 시적 인식에 도달하고 있다.
④ ㉡은 ㉠과 마찬가지로 허무주의에서 벗어날 수 있는 가능성을 포기하고 있다.
⑤ ㉠은 밖으로 향하는 에너지를 가지고 있고, ㉡은 보려는 에너지를 가지고 있다.

문항 성격 문항유형 : 정보의 확인과 재구성
내용영역 : 인문
평가 목표 이 문항은 글의 두 중심 주제인 한국 낭만주의와 서구 낭만주의에 대한 내용을 비교 및 대조할 수 있는지 평가한다.

정답 : ③

제시문에 소개된 한국 낭만주의와 서구 낭만주의에 대한 내용을 비교 및 대조하여 이에 부합하는 선택지를 골라야 한다.

③ 제시문에 따르면 김소월의 경우에서 잘 드러나듯이 한국 낭만주의는 "부정적인 감정주의", "안으로 꼬여든 감정주의" 때문에 "보려는 에너지"가 부족해서 시적인 몽롱함에 빠져든 반면, 서구 낭만주의는 "리얼리티를 인식하는 새로운 수단"을 찾는 과정에서 "이성이 아니라 감정과 직관이 진실을 아는 데 보다 적절한 수단"으로 받아들여 "새로운 가능성에 관한 직관" 내지는 "사물의 핵심에까지 꿰뚫어 보고야 말겠다는 형이상학적 충동"을 보여 준다. 한국 낭만주의는 서구 낭만주의가 지니고 있는 "형이상학적 충동"의 결여 때문에 성급한 허무주의에 빠져든 것이다. 따라서 시적인 몽롱함을 특징으로 하는 한국 낭만주의와 달리 서구 낭만주의가 선명한 시적 인식을 특징으로 한다는 진술은 적절하다.

① 한국 낭만주의가 성급한 허무주의에 빠져 있는 것과 달리 서구 낭만주의는 그 것으로부터 벗어나 있기에 이 진술은 적절하지 않다.

② 한국 낭만주의는 서구 낭만주의가 보여 주는 "형이상학적 충동"을 가지지 못한 까닭에 성급한 허무주의에 빠져들었기에 이 진술은 적절하지 않다.

④ 서구 낭만주의는 "형이상학적 충동"을 가지고 있었기 때문에 한국 낭만주의가 빠져든 성급한 허무주의로부터 벗어날 수 있었기에 이 진술은 적절하지 않다.

⑤ 한국 낭만주의는 표리일체의 관계를 가지고 있는 "밖으로 향하는 에너지"와 "보려는 에너지"를 가지고 있지 않았기에 이 진술은 적절하지 않다.

19.

형이상학적 전율 에 대한 진술로 적절하지 않은 것은?

① 이상세계에 대한 뚜렷한 전망을 제시한다.
② 리얼리티에 대한 새로운 인식을 지향한다.
③ 자기 밖으로 향하는 의지가 전제되어야 한다.
④ 가능성의 세계에 대한 직관적 통찰을 가능하게 한다.
⑤ 가치와 의미에 대한 진정한 탐구의 충동을 바탕으로 한다.

                내용영역 : 인문
    평가 목표   이 문항은 글쓴이가 글의 중심 개념인 "형이상학적 전율"을 어떻게 이해하고 있는지
               를 파악하고 있는지 평가한다.
    문제 풀이   정답 : ①
"형이상학적 전율"에 대해 언급된 제시문의 내용을 파악하여 이에 부합하지 않는 선택지를 골라
야 한다.

정답 해설   ① "형이상학적 전율"은 "감정의 침례"에 머물지 않고 "새로운 가능성에 관한 직관
          으로 변용"시키기는 하지만 '새로운 가능성'을 뚜렷한 형태로 제시하는 것은
          아니기에 이 진술은 적절하지 않다.

오답 해설   ② 서구 낭만주의는 "감정이 주는 위안을 찾기보다는 리얼리티를 인식하는 새로운
          수단을 찾"으면서 "이성이 아니라 감정과 직관"에 주목하는데, 서구 낭만주의를
          추동하는 힘은 "형이상학적 전율"이기에 이 진술은 적절하다.

        ③ 서구 낭만주의를 추동하는 "형이상학적 전율"은 자기 밖에 있는 "리얼리티를
          인식"하려는, 달리 말해 "보려는 에너지"를 가지고 있는데, "보려는 에너지"는
          "밖으로 향하는 에너지"와 "표리일체를 이루"고 있기에 이 진술은 적절하다.

        ④ "형이상학적 전율"은 감정을 "보다 다양하고 새로운 가능성에 관한 직관으로
          변용"시키기에 이 진술은 적절하다.

        ⑤ "형이상학적 전율"은 감정과 직관을 통해 "리얼리티를 인식"하는데, 이 "보려는
          에너지"는 "가치의 질서 속에 본다는 것"을 의미하기에 이 진술은 적절하다.

20.

필자가 지향하는 바에 가장 가까운 시는?

① 시각적 이미지를 통해 일상을 명징하게 표현한 시
② 세계에 대해 인식하고 정치적으로 반항하는 시
③ 한(恨)을 통해 직접적으로 감정을 위로하는 시
④ 현실의 진면모를 파악하려는 열의를 담은 시
⑤ 집단적 슬픔으로써 개인적 슬픔을 초월한 시

문항유형 : 정보의 추론과 해석

내용영역 : 인문

이 문항은 제시문을 바탕으로 글쓴이가 지향하는 시의 모습이 어떠할지를 추론할 수 있는지 평가한다.

정답 : ④

제시문에서 글쓴이가 여러 시인들에 대하여 어떠한 비평적 평가를 내리는지를 파악하여 글쓴이가 지향하는 시의 모습을 올바르게 제시한 선택지를 골라야 한다.

④ 글쓴이는 한국 낭만주의와 서구 낭만주의를 비교하면서 "사물의 핵심에까지 꿰뚫어 보고야 말겠다는" "형이상학적 충동"을 강조하는 한편, 김소월 시의 한계로 "성급한 허무주의"를 지적하면서 김소월이 "산다는 것이 무엇을 위한 것인가 하고 되풀이하여 묻"기는 하지만 그의 물음이 "진정한 물음" 내지 "진정한 탐구의 충동으로 변화"되지 못하고 "질문의 포기"에 그친다는 점을 강조하고 있기에 현실의 진면모를 파악하려는 열의를 담은 시를 가장 높이 평가하고 있음을 짐작할 수 있기에 이 진술은 타당하다.

① 글쓴이가 '시각적 이미지'를 중요시한다는 것을 알려주는 언급을 찾을 수 없기에 이 진술은 타당하지 않다.

② 글쓴이는 김소월이 인생의 의미에 대한 답("산다는 것은 죽는다는 것과 같다는 답")을 가지고 있을 뿐 그 원인에 대해 묻지 않음으로써 허무주의에 빠져 있었지만, 예외적으로 「바라건대는 우리에게 우리의 보습 대일 땅이 있었더면」과 같은 시에서 그 원인으로 정치적인 문제, 곧 식민지 치하의 시대상황을 제시하고 있다고 지적할 뿐이지 정치적인 반항까지 요구하고 있지 않기에 이 진술은 타당하지 않다.

③ 글쓴이는 부정적 감정주의에 사로잡혀 있는 경우 "자기 연민의 감미로움과 체념의 평화로써 우리를 위로해 준다."라고 말하긴 하지만, 그것이 "보다 큰 시적 발전을 이루는 데 커다란 장애물이 된다."라고 언급하고 있기에 이 진술은 타당하지 않다.

⑤ 글쓴이는 김소월 시가 "자기 탐닉의 도구"로 전락하고 있다는 점을 지적하고 있지만 그 한계를 넘어서는 방법으로 자기에서 벗어나 외부의 세계를 보려는 의지를 강조하고 있기에 이 진술은 타당하지 않다.

삶은 언제나, 어디서나 계속된다. 아우슈비츠에서도 일상은 있었다. 수감자들은 적어도 어떻게 살고 죽을 것인지 선택할 수 있었으며, 그 선택의 폭은 상당히 다양했다. 그곳에서도 인간은 행위 주체였던 것이다. 그들은 극한 상황을 그들 나름의 방식으로 경험했고, 전유했으며, 행동에 옮겼다. 따라서 얼핏 모순적으로 보이는 '아우슈비츠의 일상'은 존재했으며, '아우슈비츠의 일상사(日常史)' 또한 가능하다. 대체로 역사 서술의 주 대상은 사회 전체나 개인을 움직이는 구조와 힘이지만, 일상사의 관심은 사람이 어떻게 행동하는지, 사람들 사이의 상호 작용이 어떤 역사적 구체(具體)를 생산하고 변형하는지에 맞추어져 있기 때문이다. 아우슈비츠에서 살아남은 프리모 레비는 '극한 상황 속의 일상', 즉 '비상한 일상'에 관심을 가졌다. 그는 공격당하며 무너지고 파멸로 치달아 가는 인간성을, 또 어떻게 인간성이 살아남고 소생할 수 있는지를 낱낱이 기록하고 분석하였다.

레비는 '회색 지대'라는 용어를 사용하였다. 가해자와 피해자라는 이분법적 구분으로는 '비상한 일상' 속의 삶의 양태를 제대로 묘사할 수 없었기 때문이다. 그에 따르면, 대부분의 사람들이 택한 삶의 방식은 포기와 순응이었다. 그들 중 살아남은 이는 극소수였다. 그는 이들을 '끊임없이 교체되면서도 늘 똑같은, 침묵 속에 행진하고 힘들게 노동하는 익명의 군중/비인간'이라고 묘사했다. 그러면 살아남은 사람들의 대다수는 누구인가? 먼저 친위대의 선택을 받아 권한을 얻어 '특권층'이 된 사람들이 있다. 이 '특권층'은 수감자 중 소수였지만, 가장 높은 생존율을 보여 주었다. 기본적으로 배급량이 턱없이 부족한 상황에서 살아남기 위해서는 음식이 더 필요했고, 이를 위해 크든 작든 '특권'을 얻어야 했다. 그리고 특권은 그 성의상 특권을 방어하고 보호한다. 예들 들어 막 도착한 '신참'을 기다리는 것은 동료의 위로가 아니라, '특권층'의 고함과 욕설, 그리고 주먹이었다. 그는 '신참'을 길들이려 하고, 자신은 잃었지만 상대는 아직 간직하고 있을 존엄의 불씨를 꺼뜨리고자 했다. 또 다른 방식으로 살아남은 사람들도 있다. '특권층'이 아니면서도 생존 본능에 의지한 채 '정글'에 적응했던 사람들이다. 체면과 양심을 돌보지 않은 그들의 삶은 만인에 맞선 단독자의 고통스럽고 힘든 투쟁을 함축했고, 따라서 도덕률에 대한 적지 않은 일탈과 타협이 있을 수밖에 없었다.

이처럼 '회색 지대'는 가해자와 희생자, 주인과 노예가 갈라지면서도 모이는 곳, 우리의 판단을 그 자체로 혼란하게 할 가능성이 농후한 곳이다. 그리하여 '회색 지대'는 이분법적 사고 경향에 문제를 제기한다. 어떤 의미에서는 모호성이 '회색 지대'의 본질이라고 할 수 있다. 이 모호성의 원천은 다양하다. 먼저 악과 무고함이 뒤섞여 있다. 수감자들은 기본적으로 무고하다. 하지만 그들은 어느 정도 자발적으로 다른 이에게 악을 행할 수 있다. '회색인'의 행위는 무고하면서 무고하지 않다는 역설은 여기서 성립한다. 물론 그가 행하는 악과 나치가 행하는 악은 분명 차원이 다르다. 또 다른 원천은 행위자의 동기에 있다. 예컨대 구역장은 '특권층'으로 일정한 권한을 가진다. 겉으로는 협력하면서도 실은 저항 운동에 참여하는 소수는 이 권한을 이용하기도 했다. 그러나 그들은 저항 조직을 위해 또 다른 무고한 사람을 희생시키기도 했다.

그렇다면 무엇이 '회색 지대'를 만들었는가? 첫째, 나치는 인력의 부족 때문에 피억압자의 도움을 받아야 했다. 그 협력자들은 한때 적이었으므로, 이들을 장악하는 최선의 길은 그들을 더럽혀 공모의 유대를 확립하는 것이다. 둘째, 억압이 거셀수록 그만큼 피억압자 사이에서 기꺼이 협력하려는 경향이 늘어난다는 것이다. 엄혹한 상황 속에서 사람들은 다양한 동기로 '회색인'이 된다. 그런데 '회색 지대'의 이런 모호성은 심각한 혼란과 곡해의 원천이 되기도 한다. 가해자와 희생자가 뒤바뀌고 또 뒤섞이는 상황을 보며, 누구에게도 책임의 소재를 묻기 어렵다고 강변할 수 있는 것이다. 하지만 레비가 우리에게 던지는 화두는 다른 것이다. 그는 인간과 인간성에 대한 끊임없는 성찰을 요구한다. 가해자인 나치는 악하며 피해자인 수감자는 무고하다는 단순한 이분법은 아우슈비츠의 기억을 그저 수동적인 것으로, 통념이 된 화석으로만 만들기 때문이다. 중요한 것은 확실한 답변을 얻기 어려운 문제들을 끊임없이 되묻고 통념을 토대에서부터 문제시하는 데 있다. '괴물'의 얼굴을 정면으로 마주 보고 얼굴을 돌리지 않을 때, 비로소 사람은 괴물이 되지 않기 때문이다.

21.

윗글의 내용과 부합하지 <u>않는</u> 것은?

① 아우슈비츠에서 '신참'에 대한 가혹 행위는 상황에 적응하게 하려는 위악적 행동이었다.
② 아우슈비츠 수감자 중 일부는 일정한 특권을 가지면서 동시에 저항 운동을 하였다.
③ 생환자 중 일부는 생존이라는 목적을 위해 비윤리적 행동을 하는 것도 감수하였다.
④ 생존 투쟁을 포기한 사람들은 침묵하는 익명의 군중이 되어 거의 다 사망하였다.
⑤ 아우슈비츠 수감자 중 일부는 무고한 자이면서 가해자이기도 하였다.

문항 성격	문항유형 : 정보의 확인과 재구성
	내용영역 : 인문
평가 목표	이 문항은 레비의 눈을 통해 본 아우슈비츠의 상황을 정확히 파악하고 있는지 평가한다.
문제 풀이	정답 : ①

레비는 아우슈비츠 강제수용소에서의 경험을 기록하고 분석하며 '비일상 속의 일상'을 추적하였다. 그는 '회색 지대'라는 핵심 용어로 수용소에서 수감자들이 겪고 선택해야 했던 일상을 표현했다. 레비가 그리고 있는 아우슈비츠의 일상을 정확하게 파악하여 선택지의 내용이 이에 부합하는지 판단하여야 한다.

정답 해설 ① 제시문에 따르면 "예를 들어 막 도착한 '신참'을 기다리는 것은 동료의 위로가 아니라, '특권층'의 고함과 욕설, 그리고 주먹이었다. 그는 '신참'을 길들이려 하고, 자신은 잃었지만 상대는 아직 간직하고 있을 존엄의 불씨를 꺼뜨리고자 했다." 즉, '특권층'이 '신참'에게 한 행동은 상대의 기를 죽이고 인간으로서의 존엄성을 없애려는 악의에서 나온 행동이다. '위악'은 짐짓 악한 체하는 것이다. 따라서 ①은 윗글의 내용에 부합하지 않는다.

오답 해설 ② 제시문에 따르면 "예컨대 구역장은 '특권층'으로 일정한 권한을 가진다. 겉으로는 협력하면서도 실은 저항 운동에 참여하는 소수는 이 권한을 이용하기도 했다." 따라서 ②는 윗글의 내용에 부합한다.

③ 제시문에 따르면, "또 다른 방식으로 살아남은 사람들도 있다. '특권층'이 아니면서도 생존 본능에 의지한 채 '정글'에 적응했던 사람들이다. 체면과 양심을 돌보지 않은 그들의 삶은 만인에 맞선 단독자의 고통스럽고 힘든 투쟁을 함축했고, 따라서 도덕률에 대한 적지 않은 일탈과 타협이 있을 수밖에 없었다." 따라서 ③은 윗글의 내용에 부합한다.

④ 제시문에 따르면, "그에 따르면, 대부분의 사람들이 택한 삶의 방식은 포기와 순응이었다. 그들 중 살아남은 이는 극소수였다. 그는 이들을 '끊임없이 교체되면서도 늘 똑같은, 침묵 속에 행진하고 힘들게 노동하는 익명의 군중/비인간'이라고 묘사했다." 따라서 ④는 윗글의 내용에 부합한다.

⑤ 제시문에 따르면, "수감자들은 기본적으로 무고하다. 하지만 그들은 어느 정도 자발적으로 다른 이에게 악을 행할 수 있다. '회색인'의 행위는 무고하면서 무고하지 않다는 역설은 여기서 성립한다." 따라서 ⑤는 윗글의 내용에 부합한다.

22.

'회색 지대' 개념이 가지는 의의로 가장 적절한 것은?

① 통념에 의문을 제기하여 인간 존재와 본성에 대한 성찰을 유도한다.
② 억압자와 피억압자의 심리를 규명하여 책임의 소재를 분명하게 한다.
③ 피해자들 간에 공모의 유대가 있음을 드러내어 역사적 진실을 규명한다.
④ 역사적 구체들을 분석하고 정의하여 사회적 합의를 이끌어 내는 데 기여한다.
⑤ 이분법적 분류를 넘어서게 하여 적극적 협력자에 대한 능동적 단죄를 요청한다.

문항 성격	문항유형 : 주제, 요지, 구조 파악
	내용영역 : 인문
평가 목표	이 문항은 '회색 지대'라는 중심 개념이 가지는 의의가 무엇인지 파악하고 있는지 평가한다.
문제 풀이	정답 : ①

'회색 지대'는 아우슈비츠에서의 일상이 이루어지는 공간이다. 그곳에서는 수감자들이 피해자이면서 가해자로 변하기도 한다. 따라서 모순된 공간이며, 규정이 모호한 공간이기도 하다. 이러한 점을 드러냄으로써 통념을 다시 생각하게 하고, 인간성에 대해서도 재성찰을 하게 하는 것이 글쓴이가 '회색 지대' 개념을 통해서 궁극적으로 말하고자 하는 바라는 점을 파악해야 한다.

정답 해설 ① "'회색 지대'의 이런 모호성은 심각한 혼란과 곡해의 원천이 되기도 한다. … 레비가 우리에게 던지는 화두는 다른 것이다. 그는 인간과 인간성에 대한 끊임없는 성찰을 요구한다. … 중요한 것은 확실한 답변을 얻기 어려운 문제들을 끊임없이 되묻고 통념을 토대에서부터 문제시하는 데 있다."라는 진술을 볼 때 회색 지대' 개념이 가지는 의의는 '통념을 토대에서부터 문제시'할 것과 '인간과 인간성에 대한 끊임없는 성찰'을 요구한다는 것임을 알 수 있다. 이를 '통념에 의문을 제기하여 인간 존재와 본성에 대한 성찰을 유도한다.'와 같이 말할 수 있을 것이다.

오답 해설 ② "가해자와 희생자가 뒤바뀌고 또 뒤섞이는 상황을 보며, 누구에게도 책임의 소재를 묻기 어렵다고 강변할 수 있는 것이다. 하지만 레비가 우리에게 던지는 화두는 다른 것이다."라는 진술을 볼 때 ②는 '회색 지대'라는 개념이 갖는 의의라고 보기 어렵다.

③ "나치는 인력의 부족 때문에 피억압자의 도움을 받아야 했다. 그 협력자들은 한

때 적이었으므로, 이들을 장악하는 최선의 길은 그들을 더럽혀 공모의 유대를 확립하는 것이다."라는 진술을 볼 때 ③은 '회색 지대'가 갖는 의의라고 보기 어렵다.

④ "레비가 우리에게 던지는 화두는 다른 것이다. 그는 인간과 인간성에 대한 끊임없는 성찰을 요구한다."라는 진술을 볼 때 사회적 합의를 이끌어 내는 것이 레비의 의도는 아니다. 따라서 ④는 '회색 지대'라는 개념이 갖는 의의라고 보기 어렵다.

⑤ "중요한 것은 확실한 답변을 얻기 어려운 문제들을 끊임없이 되묻고 통념을 토대에서부터 문제시하는 데 있다."라는 진술을 볼 때 레비가 가해자들을 단죄할 것을 요구하고 있다기보다 통념에 대한 의문과 인간성에 대한 재성찰을 요구하고 있다고 볼 수 있으므로, ⑤는 '회색 지대'라는 개념이 갖는 의의라고 보기 어렵다.

23.

〈보기〉를 바탕으로 레비의 글에 대해 제기할 수 있는 비판으로 가장 적절한 것은?

보기

- 레비의 글은 아우슈비츠 문제의 본질을 왜곡했다는 이유로 이탈리아의 여러 출판사에서 출판이 거부되었다.
- 레비의 글을 읽은 학생들에게서 가장 많이 나온 질문은 "당신은 독일인들을 용서했나요?"였다.
- 아우슈비츠 생존자 중 하나인 비젤은 레비의 글에 대해 "레비는 생존자들에게 너무 많은 죄의식을 강요하고 있다."라고 평했다.

① 수용소 단위에서의 가혹 행위에만 집중함으로써 역사를 거시적으로 보지 못하게 한다.
② 극한 상황에서의 일상에만 집중하게 함으로써 일상사가 갖는 본연의 의미를 왜곡한다.
③ 다층적 차원에서 수감자들에 대해 분석함으로써 그들에 대한 역사적 평가를 유보하게 한다.
④ 피해자들 내부의 관계에만 주목하게 하여 가해자와 피해자의 관계를 부차적 문제로 만든다.
⑤ 관리자와 수감자의 관계로만 접근하여 유태인에 대한 유럽의 민족 감정 문제를 외면하게 한다.

문항 성격	문항유형 : 정보의 평가와 적용
	내용영역 : 인문
평가 목표	이 문항은 레비의 글에 대한 비판적인 시각들을 고려하여 레비의 글이 가진 문제점이나 한계를 적절하게 지적할 수 있는지 평가한다.
문제 풀이	정답 : ④

〈보기〉의 입장은 수감자들인 희생자들 내부를 중심으로 아우슈비츠의 일상사에 대해 접근한다면 그리고 가해자-피해자의 관계보다는 피해자들 내부 관계에만 집중하게 된다면 가해자인 독일인(나치 친위대)에 대한 문제가 희석되거나 무시될 수 있음을 지적하고 있다. 따라서 이러한 입장을 가질 경우 레비의 글에 대해 어떤 비판을 할 수 있는지 판단해야 한다.

정답 해설 ④ '회색 지대' 개념으로 인해 피해자 내부의 여러 가지 선택과 행동을 조명하므로 나치라는 가해자에 대한 단죄나 책임 규명을 요구하기 어려워질 수 있다는 것이 〈보기〉의 입장이다. 따라서 이러한 입장을 고려하여 ④와 같이 비판할 수 있을 것이다.

오답 해설 ① 〈보기〉의 입장은 레비의 글이 '회색 지대' 개념을 통해 피해자 내부의 여러 가지 선택과 행동을 조명하므로 나치라는 가해자에 대한 단죄나 책임 규명을 요구하기 어려워질 수 있다는 것이다. 그러므로 '역사를 거시적으로 보지 못하게 한다'는 주장은 〈보기〉의 입장에 부합하지 않는다. 또한 레비의 글이 가혹 행위에만 집중하고 있지도 않다. 따라서 ①은 적절한 비판이 아니다.

② 제시문에서 " '아우슈비츠의 일상사' 또한 가능하다."고 말했으며, "일상사의 관심은 사람이 어떻게 행동하는지, 사람들 사이의 상호 작용이 어떤 역사적 구체(具體)를 생산하고 변형하는지에 맞추어져 있기 때문"이라고 했으므로 '일상사가 갖는 본연의 의미를 왜곡한다'고 비판할 수 없다. 따라서 ②는 적절한 비판이 아니다.

③ 〈보기〉의 입장은 수감자들인 희생자들 내부를 중심으로 아우슈비츠의 일상사에 대해 접근한다면 가해자인 독일인(나치 친위대)에 대한 문제가 희석되거나 무시될 수 있으며 가해자에 대한 책임을 묻게 되는 가해자-피해자의 관계보다는 피해자들 내부 관계에만 집중하게 된다는 것에 대해 문제를 제기하고 있으므로, '그들[즉, 수감자들]에 대한 역사적 평가를 유보하게 한다'는 것은 〈보기〉의 입장으로 보기 어렵다. 따라서 ③은 적절한 비판이 아니다.

⑤ 레비는 관리자와 수감자의 관계로만 아우슈비츠 문제를 접근하지 않았으며 오히려 수감자 내부에서의 선택과 행동에 주목했다. 따라서 '관리자와 수감자의 관계로만 접근'했다는 주장은 사실에 부합하지도 않고, 〈보기〉의 문제 의식과도 일치하지 않는다. 따라서 ⑤는 적절한 비판이 아니다.

인격체는 인간이나 유인원과 같은 동물처럼 자기의식을 지닌 합리적 존재인데, 이들은 자율적 판단 능력을 가지고 있고 자신의 삶이 미래에도 지속될 것을 인식할 수 있다. 반면에 그러한 인격적 특성을 지니고 있지 않은 물고기와 같은 동물은 비인격체로서 자기의식이 없으며 단지 고통과 쾌락을 느낄 수 있는 감각적 능력만을 갖고 있다. 그렇다면 인격체를 죽이는 것이 비인격체를 죽이는 것보다 더 심각한 문제가 되는 이유는 무엇인가?

사람을 죽이는 행위를 나쁘다고 간주하는 이유들 중의 하나는 그것이 살해당하는 사람에게 고통을 주기 때문이다. 그런데 그 사람에게 전혀 고통을 주지 않고 그 사람을 죽이는 경우라고 해도 이를 나쁘다고 볼 수 있는 근거는 무엇인가? '고전적 공리주의'는 어떤 행위가 불러일으키는 쾌락과 고통의 양을 기준으로 그 행위에 대해 가치 평가를 내린다. 이 관점을 따를 경우에 그러한 살인은 그 사람에게 고통을 주지도 않고 고통과 쾌락을 느낄 주체 자체를 아예 없애기 때문에 이를 나쁘다고 볼 근거는 없다. 따라서 피살자가 겪게 되는 고통의 증가라는 '직접적 이유'를 내세워 그러한 형태의 살인을 비판하기는 어렵다. 고전적 공리주의의 관점에서는 피살자가 아니라 다른 사람들이 겪게 되는 고통의 증가라는 '간접적 이유'를 내세워 인격체에 대한 살생을 나쁘다고 비판할 수 있다. 살인 사건이 주변 사람들에게 알려지면 이를 알게 된 사람들은 비인격체와는 달리 자신도 언젠가 살해를 당할 수 있다는 불안과 공포를 느끼게 되고 이로 인해 고통이 증가하는 결과가 발생하므로 살인이 나쁘다는 것이다.

이에 비해 '선호 공리주의'는 인격체의 특성과 관련하여 그러한 살인을 나쁘다고 보는 직접적 이유를 제시한다. 이 관점은 어떤 행위에 의해 영향을 받는 선호들의 충족이나 좌절을 기준으로 그 행위에 대해 가치 평가를 내린다. 따라서 고통 없이 죽이는 경우라고 해도 계속 살기를 원하는 사람을 죽이는 것은 살려고 하는 선호를 좌절시켰다는 점에서 나쁜 것으로 볼 수 있다. 특히 인격체는 비인격체에 비해 대단히 미래 지향적이다. 그러므로 인격체를 죽이는 행위는 단지 하나의 선호를 좌절시키는 것이 아니라 그가 미래에 하려고 했던 여러 일들까지 좌절시키는 것이므로 비인격체를 죽이는 행위보다 더 나쁘다.

'자율성론'은 공리주의와는 다른 방식으로 이 문제에 접근하여 살인을 나쁘다고 비판하는 직접적 이유를 제시한다. 이 입장은 어떤 행위가 자율성을 침해하는지 그렇지 않은지를 기준으로 그 행위에 대해 가치 평가를 내린다. 인격체는 비인격체와는 달리 여러 가능성을 고려하면서 스스로 선택하고, 그 선택에 따라 행동하는 능력을 지닌 자율적 존재이며, 그러한 인격체의 자율성은 존중되어야 한다. 인격체는 삶과 죽음의 의미를 파악하여 그 중 하나를 스스로 선택할 수 있다. 이러한 선택은 가장 근본적인 선택인데, 죽지 않기를 선택한 사람을 죽이는 행위는 가장 심각한 자율성의 침해가 된다. 이와 관련하여 공리주의는 자율성의 존중 그 자체를 독립적인 가치나 근본적인 도덕 원칙으로 받아들이지는 않지만 자율성의 존중이 대체로 더 좋은 결과를 가져온다는 점에서 통상적으로 그것을 옹호할 가능성이 높다.

인격체의 살생과 관련된 이러한 논변들은 인간뿐만 아니라 유인원과 같은 동물에게도 적용되어야 한다. 다만 고전적 공리주의의 논변은 유인원과 같은 동물에게 적용하는 데 조금 어려움이 있을 수도 있다. 왜냐하면 인간에 비해 그런 동물은 멀리서 발생한 동료의 살생에 대해 알기 어렵기 때문이다. 여러 실험과 관찰을 통해 확인할 수 있듯이 침팬지와 같은 유인원은 자기의식을 지닌 합리적 존재로서 선호와 자율성을 지니고 있다. 따라서 이러한 인격적 특성을 지닌 존재를 단지 종이 다르다고 해서 차별적으로 대하는 것은 옳지 않으며, 그런 존재를 죽이는 것은 인간을 죽이는 것과 마찬가지로 나쁜 일이다. 인격체로서의 인간이 특별한 생명의 가치를 가진다면 인격체인 유인원과 같은 동물도 그러한 특별한 생명의 가치를 인정받아야 한다.

24.

윗글의 내용과 부합하지 <u>않는</u> 것은?

① 자율성의 존재 여부는 인간과 동물을 구분하는 중요한 기준이다.
② 모든 동물이 인간과 같은 정도의 미래 지향성을 갖는 것은 아니다.
③ 죽음과 관련하여 모든 동물의 생명이 같은 가치를 가지는 것은 아니다.
④ 자기 존재에 대한 의식은 인격체와 비인격체를 구분하는 중요한 기준이다.
⑤ 인격적 특성을 가진 동물의 생명은 인간의 생명과 비교하여 차별되어서는 안 된다.

문항 성격	문항유형 : 정보의 확인과 재구성
	내용영역 : 법·규범
평가 목표	이 문항은 인격체에 대한 살생의 문제를 다루고 있는 제시문에 나타난 내용을 정확하게 파악하고 있는지 평가한다.
문제 풀이	정답 : ①

제시문은 인격체와 비인격체를 구분하고 인격체를 죽이는 것이 비인격체를 죽이는 것보다 더 심각한 문제가 되는 이유에 대해 세 가지 윤리 이론, 즉 '고전적 공리주의', '선호 공리주의', '자율성론'의 관점에서 설명하고 있다. 그리고 자기의식을 지닌 합리적 존재인 인격체에는 단지 인간

만이 포함되는 것이 아니라 유인원과 같은 동물도 포함된다고 하면서 그러한 동물들도 인격적 특성을 갖고 있다면 인간과 마찬가지로 특별한 생명의 가치를 지닌 것으로 인정되어야 한다고 주장한다. 살인을 포함하여 인격체에 대한 살생의 문제를 다루고 있는 제시문의 내용과 선택지의 진술이 부합하는지 그렇지 않은지 판단해야 한다.

정답 해설 ① "인격체는 인간이나 유인원과 같은 동물처럼 자기의식을 지닌 합리적 존재인데, 이들은 자율적 판단 능력을 가지고 있고 … 반면에 그러한 인격적 특성을 지니고 있지 않은 물고기와 같은 동물은 비인격체로서"라는 내용과 "인격체는 비인격체와는 달리 여러 가능성을 고려하면서 스스로 선택하고, 그 선택에 따라 행동하는 능력을 지닌 자율적 존재"라는 내용에서 알 수 있듯이, 인격체는 자율성을 가지고 있지만 비인격체는 자율성을 가지고 있지 않다. 따라서 자율성의 존재 여부는 인격체와 비인격체를 구분하는 기준이 되기는 하지만 인간과 동물을 구분하는 기준은 되지 못한다. 동물들 중에서도 유인원과 같은 동물은 자율성을 지니고 있다. 따라서 ①은 제시문의 내용과 부합하지 않는다.

오답 해설 ② "인격체는 … 자신의 삶이 미래에도 지속될 것을 인식할 수 있다." 그리고 "특히 인격체는 비인격체에 비해 대단히 미래 지향적이다."라는 내용에서 알 수 있듯이, 인간이나 유인원과 같은 인격체는 미래 지향성이 강하지만 물고기와 같은 비인격체는 그렇지 못하다. 따라서 ②는 제시문의 내용과 부합한다.

③ 첫 번째 문단과 다섯 번째 문단에 나와 있듯이, 동물들 중에서도 유인원과 같은 동물은 인격체이므로 인간과 같은 특별한 생명의 가치를 인정받아야 하지만, 물고기와 같은 동물은 인격체가 아니므로 특별한 생명이 가치를 인정받는다고 할 수 없다. 따라서 ③은 제시문의 내용과 부합한다.

④ "인격체는 인간이나 유인원과 같은 동물처럼 자기의식을 지닌 합리적 존재인데, 이들은 자율적 판단 능력을 가지고 있고 … 반면에 그러한 인격적 특성을 지니고 있지 않은 물고기와 같은 동물은 비인격체로서"라는 내용에서 알 수 있듯이, 자기 존재 의식은 인격체와 비인격체를 구분하는 중요한 기준이다. 따라서 ④는 제시문의 내용과 부합한다.

⑤ 다섯 번째 문단에 유인원과 같은 동물은 인격적 특성을 갖고 있기 때문에 인간과 같은 인격체로서의 특별한 생명의 가치를 인정받아야 하며, 단지 종이 다르다고 해서 인간과 비교하여 차별을 받아서는 안 된다는 내용이 나와 있다. 따라서 ⑤는 제시문의 내용과 부합한다.

25.

윗글에서 추론한 것으로 적절하지 <u>않은</u> 것은?

① 어떠한 선호도 가지지 않는 존재를 죽이는 행위가 다른 존재에게 아무런 영향도 주지 않는다면, 선호 공리주의는 그 행위를 나쁘다고 비판하기 어렵다.

② 아무도 모르게 고통을 주지 않고 살인을 하는 경우라면 고전적 공리주의는 '간접적 이유'를 근거로 이를 비판하기 어렵다.

③ 아무런 고통을 느낄 수 없는 존재를 죽이는 행위에 대해 고전적 공리주의는 '직접적 이유'를 근거로 비판하기 어렵다.

④ 인격체 살생에 대한 찬반 문제에서 공리주의와 자율성론은 상반되는 입장을 취할 가능성이 높다.

⑤ 자율성론에서는 불치병에 걸린 환자가 죽기를 원하는 경우에 안락사가 허용될 수 있다.

문항 성격	문항유형 : 정보의 추론과 해석
	내용영역 : 법·규범
평가 목표	이 문항은 '고전적 공리주의', '선호 공리주의', '자율성론'의 입장으로부터 선택지의 진술이 논리적으로 추론되는지를 판단할 수 있는지 평가한다.
문제 풀이	정답 : ④

제시문은 인격체와 비인격체를 구분하고 인격체를 죽이는 것이 비인격체를 죽이는 것보다 더 심각한 문제가 되는 이유에 대해 세 가지 윤리 이론, 즉 '고전적 공리주의', '선호 공리주의', '자율성론'의 관점에서 설명하고 있다. 세 가지 윤리 이론의 기본 입장을 정확하게 이해하고 이를 바탕으로 어떠한 논리적 추론이 가능한지에 대해 판단해야 한다.

> **정답 해설**   ④ "'자율성론'은 공리주의와 다른 방식으로 이 문제에 접근하여 살인이 나쁘다고 비판하는 직접적 이유를 제시한다."라는 내용과 "공리주의는 자율성의 존중 그 자체를 독립적인 가치나 근본적인 도덕 원칙으로 받아들이지는 않지만 자율성의 존중이 대체로 더 좋은 결과를 가져온다는 점에서 통상적으로 그것을 옹호할 가능성이 높다."라는 내용에서 추론할 수 있듯이 공리주의와 자율성론은 인격체 살생의 찬반 문제에서 논거는 서로 다르지만 서로 유사한 입장을 취할 가능성이 높다. 즉, 공리주의와 자율성론은 모두 죽기를 원하지 않는 사람을 죽이는 행위를 나쁜 것으로 간주할 가능성이 높다. 그러므로 ④는 적절한 추론이 아니다.

① 세 번째 문단에서 알 수 있듯이, '선호 공리주의'는 어떤 행위에 의해 영향을 받는 선호들의 충족이나 좌절을 기준으로 그 행위에 대해 가치 평가를 내린다. 그런데 ①의 경우는 '어떠한 선호도 가지지 않는 존재를 죽이는 행위'이기 때문에 그 존재의 선호를 좌절시킨 것도 아니며, 또한 '다른 존재에게도 영향을 주지 않기' 때문에 다른 존재의 선호를 좌절시킨 것도 아니다. 따라서 ①의 경우에 어떤 존재를 죽이는 행위가 어떠한 선호도 좌절시킨 것이 아니기 때문에 선호 공리주의의 입장에서는 이를 나쁘다고 비판하기 어렵다고 추론할 수 있다. 따라서 ①은 적절한 추론이다.

② 두 번째 문단에서 '고전적 공리주의'가 피살자에게 고통을 주지 않는 살인을 비판하는 '간접적 이유'는 살인 사건이 다른 사람들에게 알려져 불안감을 주기 때문이다. 그런데 ②처럼 만약 '아무도 모르게 고통을 주지 않고 살인을 하는 경우라면' 다른 사람들은 그 살인 사건을 모르기 때문에 불안감을 갖지 않게 되므로 고전적 공리주의는 다른 사람들에게 불러일으키는 불안감이라는 '간접적 이유'를 내세워 살인 행위를 비판하기는 어렵다고 추론할 수 있다. 따라서 ②는 적절한 추론이다.

③ 두 번째 문단에서 알 수 있듯이, '고전적 공리주의'가 살인을 비판하는 '직접적 이유'는 살인이 피살자에게 고통을 준다는 것이다. 그런데 ③처럼 '아무런 고통을 느낄 수 없는 존재를 죽이는 행위'라면 이것은 피살자가 고통 자체를 느낄 수 없기 때문에 살인이 피살자에게 고통을 주지 않는다. 따라서 아무런 고통을 느낄 수 없는 존재를 죽이는 행위에 대해 고전적 공리주의가 '직접적 이유'를 내세워 비판하기는 어렵다고 추론할 수 있다. 따라서 ③은 적절한 추론이다.

⑤ 네 번째 문단에서 알 수 있듯이, '자율성론'은 어떤 행위가 자율성을 침해하는지 그렇지 않은지를 기준으로 그 행위에 대해 가치 평가를 내린다. 그런데 ⑤처럼 '불치병에 걸린 환자가 죽기를 원하는 경우'라면 이것은 환자가 스스로 죽음을 선택한 것이기 때문에 '자율성론'의 입장에서는 환자의 자율적 선택을 존중하여 안락사를 허용할 수 있다고 추론할 수 있다. 따라서 ⑤는 적절한 추론이다.

26.

〈보기〉의 갑과 을의 행위에 대한 아래의 평가 중 적절한 것만을 있는 대로 고른 것은?

보 기

- 갑은 미래에 대한 다양한 기대, 삶의 욕망 등을 갖고 행복하게 살던 고릴라를 약물을 사용하여 고통 없이 죽였다. 이 죽음은 다른 고릴라들에게 커다란 슬픔과 죽음의 공포를 주었으며, 그 이외의 영향은 없다.
- 을은 눈앞에 있는 먹이를 먹으려는 욕구만을 지닌 채 별 어려움 없이 살아가던 물고기를 고통을 주는 도구를 사용하여 죽였으며, 그 죽음에 의해 영향을 받는 존재는 없다.

ㄱ. 고전적 공리주의는 갑의 행위는 나쁘지만 을의 행위는 나쁘지 않다고 본다.
ㄴ. 선호 공리주의는 갑의 행위가 을의 행위에 비해 더 나쁘다고 본다.
ㄷ. 자율성론은 갑의 행위와 을의 행위가 모두 나쁘다고 본다.

① ㄱ   ② ㄴ   ③ ㄱ, ㄴ   ④ ㄱ, ㄷ   ⑤ ㄴ, ㄷ

문항 성격	문항유형 : 정보의 평가와 적용
	내용영역 : 법·규범
평가 목표	이 문항은 '고전적 공리주의', '선호 공리주의', '자율성론'의 관점을 〈보기〉의 두 가지 상황에 나타난 행위에 적용하여 적절한 가치 판단을 내릴 수 있는지 평가한다.
문제 풀이	정답 : ②

제시문은 인격체와 비인격체를 구분하고 인격체를 죽이는 것이 비인격체를 죽이는 것보다 더 심각한 문제가 되는 이유에 대해 세 가지 윤리 이론, 즉 '고전적 공리주의', '선호 공리주의', '자율성론'의 관점에서 설명하고 있다. 세 가지 윤리설의 기본 입장과 논리를 정확하게 파악한 후에 주어진 상황에 각 입장을 적용하여 적절한 가치 판단을 내려야 한다.

〈보기〉 해설   ㄱ. '고전적 공리주의'의 관점에서 볼 때, 〈보기〉의 갑의 행위는 행복하게 살던 고릴라를 고통 없이 죽였지만 다른 고릴라들에게 슬픔과 공포를 주었고 그 이외의 영향은 없기 때문에 그의 행위는 고통의 증가라는 점에서 나쁜 행위이다. 그리고 을의 행위도 별 어려움 없이 살던 물고기를 고통을 주는 도구를 사용하여 죽였으며 그 이외의 영향은 없기 때문에 그의 행위는 고통의 증가라는 점에서 나쁜 행위이다. 따라서 ㄱ은 적절한 평가가 아니다.

　　ㄴ. '선호 공리주의'의 관점에서 볼 때, 〈보기〉의 갑의 행위는 삶의 욕망을 포함하여 고릴라의 다양한 욕구를 좌절시켰으며 그 이외의 영향은 없기 때문에 그의 행위는 선호의 좌절이라는 점에서 나쁘며, 을의 행위도 먹이를 먹으려는 물고기의 욕구를 좌절시켰으며 그 이외의 영향은 없기 때문에 그의 행위는 선호의 좌절이라는 점에서 나쁘다. 그런데 제시문에도 나와 있듯이 인격체의 살생은 생존의 욕망과 더불어 인격체가 지닌 다른 여러 욕구들도 함께 좌절시키기 때문에 비인격체의 살생보다 더 나쁘다. 갑의 행위는 삶의 욕망을 지닌 고릴라를 죽였다는 점에서 인격체의 살생에 해당되며, 을의 행위는 단순한 욕망만을 지닌 물고기를 죽였다는 점에서 비인격체의 살생에 해당된다. 따라서 ㄴ은 적절한 평가이다.

　　ㄷ. '자율성론'의 관점에서 볼 때, 〈보기〉의 갑의 행위는 인격체로서 자율성을 지닌 고릴라가 삶을 선택했는데도 죽였기 때문에 그의 행위는 고릴라의 자율성을 침해했다는 점에서 나쁜 것이다. 을의 행위는 비인격체로서 자율성을 지니지 않는 물고기를 죽였기 때문에 특별히 자율성을 침해했다고 볼 수 없으며, 따라서 그의 행위를 나쁘다고 볼 수 없다. 따라서 ㄷ은 적절한 평가가 아니다.

정답 해설　② 갑, 을의 행위에 대한 평가들 중에서 적절한 것은 ㄴ이며, ㄱ과 ㄷ은 적절하지 않다. 따라서 정답은 ②이다.

[27~29] 다음 글을 읽고 물음에 답하시오.

　　컴퓨터의 CPU가 어떤 작업을 수행하는 것은 CPU의 '논리 상태'가 시간에 따라 바뀌는 것을 말한다. 가령, Z=X+Y의 연산을 수행하려면 CPU가 X와 Y에 어떤 값을 차례로 저장한 다음, 이것을 더하고 그 결과를 Z에 저장하는 각각의 기능을 순차적으로 진행해야 한다. CPU가 수행할 수 있는 기능은 특정한 CPU의 논리 상태와 일대일로 대응되어 있으며, 프로그램은 수행하고자 하는 작업의 진행에 맞도록 CPU의 논리 상태를 변경한다. 이를 위해 CPU는 현재 상태를 저장하고 이것에 따라 해당 기능을 수행할 수 있는 부가 회로도 갖추고 있다. 만약 CPU가 가지는 논리 상태의 개수가 많아지면 한 번에 처리할 수 있는 기능이 다양해진다. 따라서 처리할 데이터의 양이 같다면 이를 완료하는 데 걸리는 시간이 줄어든다.

　　논리 상태는 2진수로 표현되는데 논리 함수를 통해 다른 상태로 변환된다. 논리 소자가 연결된 조합 회로는 논리 함수의 기능을 가지는데, 조합 회로는 논리 연산은 가능하지만 논리 상태를 저장할 수는 없다. 어떤 논리 상태를 '저장'한다는 것은 2진수 정보의 시간적 유지를 의미하는데, 외부에서 입력이 유지되지 않더라도 입력된 정보를 논리 회로 속에 시간적으로 가둘 수 있어야 한다.

〈그림〉 순차 논리 회로

인버터는 입력이 0일 때 1을, 1일 때 0을 출력하는 논리 소자이다. 〈그림〉의 점선 내부에 표시된 '1비트 저장 회로'를 생각해보자. 이 회로에서 스위치 S_1은 연결하고 스위치 S_2는 끊은 채로 A에 정보를 입력한다. 그런 다음 S_2를 연결하면 S_1을 끊더라도 S_2를 통하는 ㉠ 피드백 회로에 의해 A에 입력된 정보와 반대되는 값이 지속적으로 B에 출력된다. 따라서 이 회로는 0과 1 중 1개의 논리 상태, 즉 1비트의 정보를 저장할 수 있다. 이러한 회로가 2개가 있다면 00, 01, 10, 11의 4가지 논리 상태, n개가 있다면 2^n가지의 논리 상태 중 1개를 저장할 수 있다.

그렇다면 논리 상태의 변화는 어떻게 일어날까? 이제 〈그림〉과 같이 1비트 저장 회로와 조합 회로로 구성되는 '순차 논리 회로'를 생각해보자. 이 회로에서 조합 회로는 외부 입력 C와 저장 회로의 출력 B를 다시 입력으로 되받아, 내장된 논리 함수를 통해 논리 상태를 변환하고, 이를 다시 저장 회로의 입력과 연결하는 ㉡ 피드백 회로를 구성한다. 예를 들어 조합 회로가 두 입력이 같을 때는 1을, 그렇지 않을 경우 0을 출력한다고 하자. 만일 B에서 1이 출력되고 있을 때 C에 1이 입력된다면 조합 회로는 1을 출력하게 된다. 이때 외부에서 어떤 신호를 주어 S_2가 열리자마자 S_1이 닫힌 다음 다시 S_2가 닫히고 S_1이 열리는 일련의 스위치 동작이 일어나도록 하면, 조합 회로의 출력은 저장 회로의 입력과 연결되어 있으므로 B에서 출력되는 값은 0으로 바뀐다. 그런 다음 C의 값을 0으로 바꾸어주면, 일련의 스위치 동작이 다시 일어나더라도 B의 값은 바뀌지 않는다. 하지만 C에 다시 1을 입력하고 일련의 스위치 동작이 일어나도록 하면 B의 출력은 1로 바뀐다. 따라서 C에 주는 입력에 의해 저장 회로가 출력하는 논리 상태를 임의로 바꿀 수 있다.

만일 이 회로에 2개의 1비트 저장 회로를 병렬로 두어 출력을 2비트로 확장하면 00~11의 4가지 논리 상태 중 1개를 출력할 수 있다. 조합 회로의 외부 입력도 2비트로 확장하면 조합 회로는 저장 회로의 현재 출력과 합친 4비트를 입력받게 된다. 이를 내장된 논리 함수에 의해 다시 2비트 출력을 만들어 저장 회로의 입력과 연결한다. 이와 같이 2비트로 확장된 순차 논리 회로에서 외부 입력을 주고 스위치 동작이 일어나도록 하면, 저장 회로의 출력은 2배로 늘어난 논리 상태 중 하나로 바뀐다.

이 회로에 일정한 시간 간격으로 외부 입력을 바꾸고 스위치 동작 신호를 주면, 주어지는 외부 입력에 따라 특정한 논리 상태가 순차적으로 출력에 나타나게 된다. ⓐ 이런 회로가 N비트로 확장된 대표적인 사례가 CPU이며 스위치를 동작시키는 신호가 CPU 클록이다. 회로 외부에서 입력되는 정보는 컴퓨터 프로그램의 '명령 코드'가 된다. 명령 코드를 CPU의 외부 입력으로 주고 클록 신호를 주면 CPU의 현재 논리 상태는 특정 논리 상태로 바뀐다. 이때 출력에 연결된 회로가 바뀐 상태에 해당하는 기능을 수행하게 된다. CPU 클록은 CPU의 상태 변경 속도, 즉 CPU의 처리 속도를 결정한다.

27.

윗글의 내용과 일치하지 <u>않는</u> 것은?

① CPU가 수행할 수 있는 기능과 그에 해당하는 논리 상태는 정해져 있다.
② 인버터는 입력되는 2진수 논리 값과 반대되는 값을 출력하는 논리 소자이다.
③ 순차 논리 회로에서 저장 회로의 출력은 조합 회로의 출력 상태와 동일하다.
④ CPU는 프로그램 명령 코드에 의한 논리 상태 변경을 통해 작업을 수행한다.
⑤ 조합 회로는 2진수 입력에 대해 내부에 구현된 논리 함수의 결과를 출력한다.

문항 성격	문항유형 : 정보의 확인과 재구성
	내용영역 : 과학기술
평가 목표	이 문항은 순차 논리 회로를 확장한 대표적 사례인 CPU가 원리적으로 어떻게 구성되고 작동하는지에 대한 제시문의 설명을 이해하고 있는지 평가한다.
문제 풀이	정답 : ③

제시문은 저장 회로, 조합 회로, 순차 논리 회로의 구조와 작동 방식에 대한 설명을 통해 CPU가 어떻게 구성되고 작동하는지를 원리적으로 설명하고 있다. CPU의 구조와 작동 방식에 대한 이러한 원리적 설명을 정확하게 파악해야 한다.

정답 해설 ③ 네 번째 문단에서 "이제 〈그림〉과 같이 1비트 저장 회로와 조합 회로로 구성되는 '순차 논리 회로'를 생각해보자. 이 회로에서 조합 회로는 외부 입력 C와 저장 회로의 출력 B를 다시 입력으로 되받아, 내장된 논리 함수를 통해 논리 상태를 변환하고, 이를 다시 저장 회로의 입력과 연결하는 피드백 회로를 구성한다."고 말했다. 그리고 세 번째 문단에서 "〈그림〉의 점선 내부에 표시된 '1비트 저장 회로'를 생각해보자. … A에 입력된 정보와 반대되는 값이 지속적으로 B에 출력된다."라고 말한다. 즉 조합 회로의 값은 저장 회로에 입력되어 인버터에 의해서 반대되는 값으로 변환되어 출력된다. 따라서 ③은 윗글의 내용과 일치하지 않는다.

오답 해설 ① 첫 번째 문단에서 "CPU가 수행할 수 있는 기능은 특정한 CPU의 논리 상태와 일대일로 대응되어 있으며, 프로그램은 수행하고자 하는 작업의 진행에 맞도록 CPU의 논리 상태를 변경한다."라고 말한다. 여기서 CPU가 수행할 수 있는 기능과 그에 해당하는 논리 상태는 정해져 있다는 것을 알 수 있다. 따라서 ①은 윗글의 내용과 일치한다.

② 세 번째 문단에서 "인버터는 입력이 0일 때 1을, 1일 때 0을 출력하는 논리 소자이다."라고 말한다. 여기서 인버터는 입력되는 2진수 논리 값과 반대되는 값을 출력하는 논리 소자라는 것을 알 수 있다. 따라서 ②는 윗글의 내용과 일치한다.

④ 첫 번째 문단에서 "컴퓨터의 CPU가 어떤 작업을 수행하는 것은 CPU의 '논리 상태'가 시간에 따라 바뀌는 것을 말한다. … 프로그램은 수행하고자 하는 작업의 진행에 맞도록 CPU의 논리 상태를 변경한다."라고 말한다. 그리고 마지막 문단에서 "회로 외부에서 입력되는 정보는 컴퓨터 프로그램의 '명령 코드'가 된다. 명령 코드를 CPU의 외부 입력으로 주고 클록 신호를 주면 CPU의 현재 논리 상태는 특정 논리 상태로 바뀐다."라고 말한다. 여기서 CPU는 프로그램 명령 코드에 의한 논리 상태 변경을 통해 작업을 수행한다는 것을 알 수 있다. 따라서 ④는 윗글의 내용과 일치한다.

⑤ 두 번째 문단에서 "논리 상태는 2진수로 표현되는데 논리 함수를 통해 다른 상태로 변환된다. 논리 소자가 연결된 조합 회로는 논리 함수의 기능을 가지는데, 조합 회로는 논리 연산은 가능하지만 논리 상태를 저장할 수는 없다."라고 말

한다. 여기서 조합 회로는 2진수 입력에 대해 내부에 구현된 논리 함수의 결과를 출력한다는 것을 알 수 있다. 따라서 ⑤는 윗글의 내용과 일치한다.

28.

㉠과 ㉡에 대한 이해로 적절한 것은?

① ㉠은 조합 회로를 통해서, ㉡은 인버터를 통해서 피드백 기능이 구현된다.
② ㉠과 ㉡의 각 회로에서 피드백 기능을 위해 입력하는 정보의 개수는 같다.
③ ㉠과 ㉡은 모두 외부에서 입력되는 논리 상태를 그대로 저장하는 기능이 있다.
④ ㉠은 정보를 저장하기 위한 구조이며, ㉡은 논리 상태를 변경하기 위한 구조이다.
⑤ ㉠은 스위치 S_1이 연결될 때, ㉡은 스위치 S_2가 연결될 때 피드백 기능이 동작한다.

문항 성격	문항유형 : 정보의 추론과 해석
	내용영역 : 과학기술
평가 목표	이 문항은 저장 회로의 피드백 회로와 순차 논리 회로의 피드백 회로 사이에 대한 정보를 바탕으로 각각의 구조적·기능적 특성을 추론하여 그 차이점을 비교할 수 있는지 평가한다.
문제 풀이	정답 : ④

순차 논리 회로에서 피드백 회로는 상태 변환을 목적으로 구성된 것이며, 순차 논리 회로의 한 부분인 저장 회로에서 피드백 회로는 정보 저장을 목적으로 구성된 것이다. 두 피드백 회로의 구성과 기능에 관한 정보를 정확히 파악하고 그 차이점을 비교해야 한다.

정답 해설 ④ "〈그림〉의 점선 내부에 표시된 '1비트 저장 회로'를 생각해보자. 이 회로에서 스위치 S_1은 연결하고 스위치 S_2는 끊은 채로 A에 정보를 입력한다. 그런 다음 S_2를 연결하면 S_1을 끊더라도 S_2를 통하는 ㉠ <u>피드백 회로</u>에 의해 A에 입력된 정보와 반대되는 값이 지속적으로 B에 출력된다. 따라서 이 회로는 0과 1 중 1개의 논리 상태, 즉 1비트의 정보를 저장할 수 있다."라는 진술을 통해 ㉠은 정보를 저장하는 기능이 있음을 알 수 있다. 그리고 "이 회로에서 조합 회로는 외부 입력 C와 저장 회로의 출력 B를 다시 입력으로 되받아, 내장된 논리 함수를 통해 논리 상태를 변환하고, 이를 다시 저장 회로의 입력과 연결하는 ㉡ <u>피드백 회</u>

로를 구성한다."라는 진술과 "하지만 C에 다시 1을 입력하고 일련의 스위치 동작이 일어나도록 하면 B의 출력은 1로 바뀐다. 따라서 C에 주는 입력에 의해 저장 회로가 출력하는 논리 상태를 임의로 바꿀 수 있다."라는 진술을 통해 ⓛ은 C의 입력에 의해 논리 상태를 변경할 수 있는 기능이 있음을 확인할 수 있다. 따라서 ④는 적절하다.

① "〈그림〉의 점선 내부에 표시된 '1비트 저장 회로'를 생각해보자. 이 회로에서 스위치 S_1은 연결하고 스위치 S_2는 끊은 채로 A에 정보를 입력한다. 그런 다음 S_2를 연결하면 S_1을 끊더라도 S_2를 통하는 ㉠ 피드백 회로에 의해 A에 입력된 정보와 반대되는 값이 지속적으로 B에 출력된다. 따라서 이 회로는 0과 1 중 1개의 논리 상태, 즉 1비트의 정보를 저장할 수 있다."라는 진술을 통해 ㉠은 인버터를 통해 피드백이 일어난다는 점을 알 수 있다. 그리고 "이 회로에서 조합 회로는 외부 입력 C와 저장 회로의 출력 B를 다시 입력으로 되받아, 내장된 논리 함수를 통해 논리 상태를 변환하고, 이를 다시 저장 회로의 입력과 연결하는 ㉡ 피드백 회로를 구성한다."라는 진술을 통해 ㉡은 조합 회로를 통해 피드백이 일어남을 알 수 있다. 따라서 ①은 적절하지 않다.

② "〈그림〉의 점선 내부에 표시된 '1비트 저장 회로'를 생각해보자. 이 회로에서 스위치 S_1은 연결하고 스위치 S_2는 끊은 채로 A에 정보를 입력한다. 그런 다음 S_2를 연결하면 S_1을 끊더라도 S_2를 통하는 ㉠ 피드백 회로에 의해 A에 입력된 정보와 반대되는 값이 지속적으로 B에 출력된다. 따라서 이 회로는 0과 1 중 1개의 논리 상태, 즉 1비트의 정보를 저장할 수 있다."라는 진술을 통해 ㉠의 입력은 출력이 그대로 연결된 상태이므로 1개라는 점을 알 수 있다. 그리고 "이 회로에서 조합 회로는 외부 입력 C와 저장 회로의 출력 B를 다시 입력으로 되받아, 내장된 논리 함수를 통해 논리 상태를 변환하고, 이를 다시 저장 회로의 입력과 연결하는 ㉡ 피드백 회로를 구성한다."라는 진술을 통해 ㉡의 입력은 현재 출력과 외부 입력으로, 2개임을 알 수 있다. 따라서 ②는 적절하지 않다.

③ "〈그림〉의 점선 내부에 표시된 '1비트 저장 회로'를 생각해보자. 이 회로에서 스위치 S_1은 연결하고 스위치 S_2는 끊은 채로 A에 정보를 입력한다. 그런 다음 S_2를 연결하면 S_1을 끊더라도 S_2를 통하는 ㉠ 피드백 회로에 의해 A에 입력된 정보와 반대되는 값이 지속적으로 B에 출력된다. 따라서 이 회로는 0과 1 중 1개의 논리 상태, 즉 1비트의 정보를 저장할 수 있다."라는 진술을 통해 ㉠은 외부 입력이 없는 상태이거나 또는 A를 입력으로 보더라도 입력되는 값의 반대값이 출력된다는 점을 알 수 있다. 그리고 "이 회로에서 조합 회로는 외부 입력 C와 저장 회로의 출력 B를 다시 입력으로 되받아, 내장된 논리 함수를 통해 논리 상

태를 변환하고, 이를 다시 저장 회로의 입력과 연결하는 ⓛ 피드백 회로를 구성한다."라는 진술을 통해 ⓛ은 조합 회로의 논리 함수를 통해 변환된 값의 역수가 출력됨을 알 수 있다. 따라서 ③은 적절하지 않다.

⑤ "〈그림〉의 점선 내부에 표시된 '1비트 저장 회로'를 생각해보자. 이 회로에서 스위치 S_1은 연결하고 스위치 S_2는 끊은 채로 A에 정보를 입력한다. 그런 다음 S_2를 연결하면 S_1을 끊더라도 S_2를 통하는 ㉠ 피드백 회로에 의해 A에 입력된 정보와 반대되는 값이 지속적으로 B에 출력된다. 따라서 이 회로는 0과 1 중 1개의 논리 상태, 즉 1비트의 정보를 저장할 수 있다."라는 진술을 통해 스위치 S_2가 연결될 때 기능이 나타남을 알 수 있다. 그리고 "이때 외부에서 어떤 신호를 주어 S_2가 열리자마자 S_1이 닫힌 다음 다시 S_2가 닫히고 S_1이 열리는 일련의 스위치 동작이 일어나도록 하면, 조합 회로의 출력은 저장 회로의 입력과 연결되어 있으므로 B에서 출력되는 값은 0으로 바뀐다."라는 진술을 통해 ⓛ은 스위치 S_1이 연결될 때 피드백이 일어남을 알 수 있다. 따라서 ⑤는 적절하지 않다.

29.

ⓐ에서 N을 증가시켰을 때의 변화를 이해한 것으로 적절하지 <u>않은</u> 것은?

① 프로그램에서 사용 가능한 명령 코드의 종류가 증가한다.
② 조합 회로가 출력하는 논리 상태의 가짓수가 증가한다.
③ CPU가 가질 수 있는 논리 상태의 가짓수가 증가한다.
④ CPU에서 진행되는 상태 변경의 속도가 증가한다.
⑤ 동일한 양의 데이터를 처리하는 속도가 증가한다.

문항 성격	문항유형 : 정보의 평가와 적용
	내용영역 : 과학기술
평가 목표	이 문항은 순차 논리 회로를 N비트로 확장하였을 때 관련 변항들이 어떻게 변할 것인지 예측할 수 있는지 평가한다.
문제 풀이	정답 : ④

CPU가 대표적 사례인 순차 논리 회로의 상태 변환이 일어나는 원리를 파악하고 이런 회로를 많은 수의 N비트로 확장한 CPU 회로에 적용할 때 논리 상태의 가짓수와 같은 관련 변항들이 어떻

게 변할 것인지 판단해야 한다.

정답 해설 ④ "이런 회로가 N비트로 확장된 대표적인 사례가 CPU이며 스위치를 동작시키는 신호가 CPU 클록이다."라는 진술과 "CPU 클록은 CPU의 상태 변경 속도, 즉 CPU의 처리 속도를 결정한다."라는 진술을 통해 상태 변경의 속도를 증가시키는 요인은 CPU 클록의 시간 주기이며 N의 증가와는 무관함을 알 수 있다. 따라서 ④는 적절하지 않다.

오답 해설 ① "CPU가 수행할 수 있는 기능은 특정한 CPU의 논리 상태와 일대일로 대응되어 있으며, 프로그램은 수행하고자 하는 작업의 진행에 맞도록 CPU의 논리 상태를 변경한다."라는 진술, "n개가 있다면 2^n가지의 논리 상태 중 1개를 저장할 수 있다."라는 진술, "만일 이 회로에 2개의 1비트 저장 회로를 병렬로 두어 출력을 2비트로 확장하면 00~11의 4가지 논리 상태 중 1개를 출력할 수 있다."라는 진술과 "회로 외부에서 입력되는 정보는 컴퓨터 프로그램의 '명령 코드'가 된다." 라는 진술로부터 N비트로 저장 회로가 확장되면 프로그램의 명령 코드 가짓수가 늘어남을 알 수 있다. 따라서 ①은 적절하다.

② "이 회로에 2개의 1비트 저장 회로를 병렬로 두어 출력을 2비트로 확장하면 00~11의 4가지 논리 상태 중 1개를 출력할 수 있다. 조합 회로의 외부 입력도 2비트로 확장하면 조합 회로는 저장 회로의 현재 출력과 합친 4비트를 입력받게 된다. 이를 내장된 논리 함수에 의해 다시 2비트 출력을 만들어 저장 회로의 입력과 연결한다."라는 진술로부터 N비트로 저장 회로가 확장되면 저장 회로의 입력은 조합 회로의 출력과 같아져야 하므로 조합 회로가 출력하는 논리 상태가 N비트로 확장되어야 하며 결국 조합 회로가 출력하는 논리 상태의 가짓수가 증가함을 알 수 있다. 따라서 ②는 적절하다.

③ "CPU가 수행할 수 있는 기능은 특정한 CPU의 논리 상태와 일대일로 대응되어 있으며, 프로그램은 수행하고자 하는 작업의 진행에 맞도록 CPU의 논리 상태를 변경한다."라는 진술과 "n개가 있다면 2^n가지의 논리 상태 중 1개를 저장할 수 있다."라는 진술 그리고 "이와 같이 2비트로 확장된 순차 논리 회로에서 외부 입력을 주고 스위치 동작이 일어나도록 하면, 저장 회로의 출력은 2배로 늘어난 논리 상태 중 하나로 바뀐다."라는 진술을 통해 N비트로 저장 회로가 확장되면 저장 회로의 출력이 바로 CPU의 논리 상태이므로 CPU가 가질 수 있는 논리 상태의 가짓수가 2의 N제곱으로 증가함을 알 수 있다. 따라서 ③은 적절하다.

⑤ 위의 ③에 대한 해설과 "만약 CPU가 가지는 논리 상태의 개수가 많아지면 한

번에 처리할 수 있는 기능이 다양해진다. 따라서 처리할 데이터의 양이 같다면 이를 완료하는 데 걸리는 시간이 줄어든다."라는 진술을 통해 동일한 양의 데이터에 대해 처리 속도가 증가함을 확인할 수 있다. 따라서 ⑤는 적절하다.

[30~32] 다음 글을 읽고 물음에 답하시오.

경업(競業)금지약정은 계약의 일방 당사자가 상대방과 경쟁관계에 있는 영업을 하지 못하게 하는 내용의 약정을 말한다. 그 전형적인 예는 근로관계에서의 경업금지약정이다. 근로자가 퇴사 후 사용자와 경쟁관계인 업체에 취업하거나 스스로 경쟁업체를 설립, 운영하는 등의 경쟁행위를 하지 않기로 약정하는 것이다.

경업금지약정의 효력은 지속적으로 논란이 되어온 문제였다. 산업화 초기에는 봉건적인 경쟁 제한을 철폐하고 영업의 자유 등 근대적인 경제적 자유를 확립하기 위해 경업금지약정을 일반적으로 무효로 보았다. 그러나 산업화가 본격적으로 진행되고 영업비밀과 같은 기업의 지식 재산 보호, 연구개발 촉진, 공정한 경쟁 등이 중요한 과제로 대두되면서 경업금지약정의 효력을 바라보는 관점도 변화하였다. 예를 들어 영업양도나 가맹계약(franchise)에서 경업금지의 필요성이 인정되었다. 영업의 가치를 이전하는 거래인 영업양도에서 양도인의 경업을 허용하는 것은 계약의 목적에 반할 수 있기 때문에, 심지어 당사자가 따로 약정을 하지 않아도 경업금지 의무가 있는 것으로 보게 되었다. 그리고 가맹계약에서도 권역별로 한 가맹점만 영업하는 내용의 경업금지약정이 필요한 것으로 인정되었다. 브랜드 내 경쟁을 제한함으로써 브랜드 간 경쟁을 촉진하고 가맹점주의 이익을 보호해야 했기 때문이다.

근로관계에 있어서도 경업금지약정의 효력이 인정되었다. 기업이 투자를 통해 확보한 영업비밀의 보호 등을 위해서는 근로자의 퇴사 후 일정 기간 경업을 금지할 필요가 있었던 것이다. 그러나 근로관계에서 경업금지약정이 직업선택의 자유 및 근로권을 제한하거나 자유로운 경쟁을 저해할 수 있다는 점도 꾸준히 지적되어 왔다. 나아가 첨단기술 분야에서는 경업금지약정의 효력을 제한하는 것이 오히려 노동의 자유로운 이동을 통해 지식의 생산과 혁신을 촉진하고 산업 발전과 소비자 이익에 기여할 수 있다는 주장도 활발히 제기되고 있다. 그리고 대부분의 국가에서 경업금지약정의 유효성을 판단할 때에는 경업금지의 합리적인 이유가 있어야 한다는 조건 외에 경업금지의 기간과 범위 등도 필요한 한도 내에 있어야 유효하다는 인식이 확산되었다.

우리나라의 판례도 직업선택의 자유와 근로권, 자유경쟁을 한쪽에, 영업비밀 등 정당한 기업이익을 다른 한쪽에 놓고 ⓐ 양자를 저울질하여 경업금지약정의 유효성 여부를 판단하고 있다. 구체적으로는 경업금지약정의 유효성에 대해 판단할 때 보호할 가치가 있는 사용자의 이익, 근로자의 퇴직 전 지위, 경업 제한의 기간·지역·대상 직종, 근로자에 대한 보상조치의 유무, 근로자의 퇴직 경위, 공공의 이익 및 기타 사정 등을 종합적으로 고려한다.

그런데 근로자에 대한 보상조치가 경업금지약정에 반드시 포함되어야 그 약정이 유효한가에 대해서는 논란이 있다. 이와 관련해서는 두 견해가 있다. ㉠ 첫 번째 견해는 경업금지의 문제에서는 직업의 자유 등 근로자의 권리와 기업의 재산권이 충돌하는데, 이 두 권리가 조화될 수 있도록 하려면 대가 제공 같은 보상조치가 반드시 필요하다고 본다. 이 견해는 대가가 경업하지 않는 것에 대한 반대급부의 성격을 띤다고 간주하여, 대가액은 쌍무관계를 인정하는 정도의 균형을 고려하여 산정되어야 한다고 하였다.

반면에 ㉡ 두 번째 견해는 대가가 주어지지 않는다 하더라도 기간과 장소가 비합리적으로 과도하지 않은 이상, 근로자가 경업금지의 제한을 감수할 수도 있다고 본다. 자신의 희생에 대하여 어느 정도의 대가를 받는 것이 적절한지는 근로자 자신의 결정에 맡겨져 있으므로 경업금지약정의 내용이 객관적으로 균형을 갖추지 못했다는 이유만으로는 무효로 볼 수 없다는 것이다. 그러면서도 이 견해는 당사자 간의 교섭력 차이나 기타 자기 결정 능력의 제약이라는 요건도 함께 고려해야 비로소 경업금지약정을 무효로 볼 수 있다고 주장한다. 곧 경제적 약자의 지위에 있는 근로자는 사용자에 비해 교섭력에 차이가 있기 때문에 근로자의 자기 결정이 실제로는 진정 원했던 바가 아닐 가능성이 있고, 나아가 퇴직 이후에 효력이 발생할 경업금지약정에 관하여 계약 당시에는 신중하고도 합리적으로 판단하기가 쉽지 않다는 점들이 고려되어야 한다는 것이다.

30.

윗글의 내용에 부합하지 <u>않는</u> 것은?

① 계약의 내용에 따라 경업금지약정의 효력에 대한 해석이 달라질 수 있다.
② 경업을 합법적으로 제한하기 위해서는 계약당사자 간의 경업금지약정이 있어야 한다.
③ 오늘날 경업금지약정은 지식 재산의 창출을 촉진하는 데 장애가 된다는 견해가 있다.
④ 경업금지약정의 효력은 기업의 정당한 이익을 보호할 필요성이 있다면 인정될 수 있다.
⑤ 산업화 초기에는 경제적 자유를 우선시함에 따라 경업금지약정의 효력을 인정하지 않았다.

| 문항 성격 | 문항유형 : 정보의 확인과 재구성 |

내용영역 : 법·규범

| 평가 목표 |
이 문항은 경업금지약정의 효력에 대해 서술된 제시문의 내용을 정확히 파악하고 있는지 평가한다.

| 문제 풀이 |
정답 : ②

시대마다 경업금지약정의 효력을 인정할 것인지에 대한 관점이 변화하여 왔으며, 오늘날 일반적으로 경업금지약정의 효력을 기업의 정당한 이익과 근로자의 권리, 자유경쟁 등을 종합적으로 고려하여 판단하고 있다는 등의 내용을 정확하게 파악해야 한다.

| 정답 해설 |
② "영업의 가치를 이전하는 거래인 영업양도에서 양도인의 경업을 허용하는 것은 계약의 목적에 반할 수 있기 때문에, 심지어 당사자가 따로 약정을 하지 않아도 경업금지 의무가 있는 것으로 보게 되었다."라는 진술을 볼 때, 경업을 합법적으로 제한하기 위해서 계약당사자 사이의 약정이 반드시 필요한 것은 아니라는 것을 알 수 있다. 따라서 ②는 윗글의 내용에 부합하지 않는다.

| 오답 해설 |
① "우리나라의 판례도 직업선택의 자유와 근로권, 자유경쟁을 한쪽에, 영업비밀 등 정당한 기업이익을 다른 한쪽에 놓고 ⓐ 양자를 저울질하여 경업금지약정의 유효성 여부를 판단하고 있다. 구체적으로는 경업금지약정의 유효성에 대해 판단할 때 보호할 가치가 있는 사용자의 이익, 근로자의 퇴직 전 지위, 경업 제한의 기간·지역·대상 직종, 근로자에 대한 보상조치의 유무, 근로자의 퇴직 경위, 공공의 이익 및 기타 사정 등을 종합적으로 고려한다."라는 진술에서 알 수 있듯이, 계약의 내용에 따라 경업금지약정의 효력에 대한 해석은 달라질 수 있다. 또한 "영업의 가치를 이전하는 거래인 영업양도에서 양도인의 경업을 허용하는 것은 계약의 목적에 반할 수 있기 때문에, 심지어 당사자가 따로 약정을 하지 않아도 경업금지 의무가 있는 것으로 보게 되었다."라는 진술을 볼 때, 경업금지약정이 영업양도에 따른 것인지 근로계약에 따른 것인지에 따라서도 그 효력에 대한 해석이 달라질 수 있다는 것을 알 수 있다. 따라서 ①은 윗글의 내용에 부합한다.

③ "나아가 첨단기술 분야에서는 경업금지약정의 효력을 제한하는 것이 오히려 노동의 자유로운 이동을 통해 지식의 생산과 혁신을 촉진하고 산업 발전과 소비자 이익에 기여할 수 있다는 주장도 활발히 제기되고 있다."라는 진술에서 오늘날 경업금지약정은 지식 재산의 창출을 촉진하는 데 장애가 된다는 견해가 있다는 것을 알 수 있다. 따라서 ③은 윗글의 내용에 부합한다.

④ "대부분의 국가에서 경업금지약정의 유효성을 판단할 때에는 경업금지의 합리

적인 이유가 있어야 한다는 조건 외에 경업금지의 기간과 범위 등도 필요한 한
도 내에 있어야 유효하다는 인식이 확산되었다. 우리나라의 판례도 직업선택의
자유와 근로권, 자유경쟁을 한쪽에, 영업비밀 등 정당한 기업이익을 다른 한쪽
에 놓고 ⓐ 양자를 저울질하여 경업금지약정의 유효성 여부를 판단하고 있다."
라는 진술에서 경업금지약정의 효력은 기업의 정당한 이익을 보호할 필요성이
있다면 인정될 수 있다는 것을 확인할 수 있다. 따라서 ④는 윗글의 내용에 부
합한다.

⑤ "산업화 초기에는 봉건적인 경쟁제한을 철폐하고 영업의 자유 등 근대적인 경
제적 자유를 확립하기 위해 경업금지약정을 일반적으로 무효로 보았다."라는
진술에서 산업화 초기에는 경제적 자유를 우선시함에 따라 경업금지약정의 효
력을 인정하지 않았다는 것을 알 수 있다. 따라서 ⑤는 윗글의 내용에 부합한다.

31.

ⓐ를 수행할 때, 경업금지약정의 효력에 부정적인 영향을 주는 경우로 가장 적절
한 것은?

① 근로자가 회사의 일방적인 구조조정으로 인해 부득이하게 퇴직한 경우
② 경업금지의 기간이 경쟁 회사의 기술 개발에 소요되는 시간보다 짧게 설정된 경우
③ 근로자가 업무에 필요한 기술 정보를 습득하는 데에 회사가 많은 비용과 노력을 투입
한 경우
④ 새로 취업한 경쟁 회사에서 근로자가 수행하게 된 업무가 퇴직 전에 근무하던 회사에
서의 업무와 상당히 유사한 경우
⑤ 해당 분야에서 별다른 실적이 없던 경쟁 회사가 퇴직 근로자의 전직을 계기로 그 근로
자가 근무했던 회사와 유사한 수준의 기술적 성과를 단기간에 이룬 경우

문항 성격 문항유형 : 정보의 평가와 적용

내용영역 : 법 · 규범

평가 목표 이 문항은 제시문의 내용을 바탕으로 구체적인 상황에서 경업금지약정의 유효성을 판
단할 수 있는지 평가한다.

정답 : ①

제시문의 전반적인 내용과 특히, "우리나라의 판례도 직업선택의 자유와 근로권, 자유경쟁을 한 쪽에, 영업비밀 등 정당한 기업이익을 다른 한쪽에 놓고 ⓐ 양자를 저울질하여 경업금지약정의 유효성 여부를 판단하고 있다. 구체적으로는 경업금지약정의 유효성에 대해 판단할 때 보호할 가치가 있는 사용자의 이익, 근로자의 퇴직 전 지위, 경업 제한의 기간·지역·대상 직종, 근로자에 대한 보상조치의 유무, 근로자의 퇴직 경위, 공공의 이익 및 기타 사정 등을 종합적으로 고려한다."라는 진술을 바탕으로 각 선택지의 내용이 경업금지약정의 효력에 긍정적 또는 부정적인 영향을 주는지를 판단해야 한다.

정답 해설 ① 근로자의 의사에 반하여 '근로자가 회사의 일방적인 구조조정으로 인해 부득이하게 퇴직한 경우'에까지 경업금지약정의 효력을 인정하는 것은 근로자의 직업선택의 자유와 근로권 등 근로자 이익을 과도하게 침해할 수 있으므로, 이 경우는 그 효력에 부정적인 영향을 미칠 것이다. 따라서 ①은 적절하다.

오답 해설 ② 경업금지약정의 효력 인정 여부에 있어 기업의 정당한 이익을 고려하는 한 이유는 경쟁 회사가 해당 기업의 경영비밀을 이용하여 기술 개발 등의 시간을 단축하고 이를 통해 경쟁에 있어 부당하게 유리한 위치에 서는 것을 저지하는 데 있을 것이다. 따라서 '경업금지약정의 기간이 경쟁 회사의 기술 개발에 소요되는 시간보다 짧게 설정된 경우'에는 경업금지약정의 효력에 긍정적인 영향을 미친다. 반면에 경업금지약정의 기간이 그러한 기간을 넘어설 경우에는 경쟁 회사의 독자적인 기술 개발을 통한 자유경쟁에 부정적인 영향을 미치고, 더 나아기 근로자의 직업선택의 자유와 근로권을 과도하게 침해할 수 있다는 점에서 그 효력에 부정적인 영향을 미칠 것이다. 따라서 ②는 적절하지 않다.

③ '근로자가 업무에 필요한 기술 정보를 습득하는 데에 회사가 많은 비용과 노력을 투입한 경우'는 정당한 기업이익, 즉 "보호할 가치가 있는 사용자의 이익"이 존재하는 것으로 볼 수 있어 경업금지약정의 효력에 긍정적인 영향을 미칠 것이다. 반면에 해당 정보나 기술이 동종업계에 널리 알려져 있거나 비용과 노력을 별로 들이지 않고 쉽게 획득할 수 있는 경우는 "보호할 가치가 있는 사용자의 이익"이 존재하지 않는 것이며, 이러한 경우에 경업을 제한하는 것은 직업선택의 자유와 근로권, 자유경쟁을 과도하게 제한하는 것으로 경업금지약정에 부정적인 영향을 미칠 것이다. 따라서 ③은 적절하지 않다.

④ 새로 취업한 경쟁 회사에서 근로자가 수행하게 된 업무가 퇴직 전에 근무하던 회사에서의 업무와 다른 경우에는 퇴직 전에 근무하던 회사의 경영비밀을 보호해야 할 이유가 없을 것이다. 그럼에도 불구하고 이러한 경우에 경업을 제한하

는 것은 직업선택의 자유와 근로권을 부당하게 제한하는 것으로 경업금지약정의 효력에 부정적인 영향을 미칠 것이다. 반면에 '새로 취업한 경쟁 회사에서 근로자가 수행하게 된 업무가 퇴직 전에 근무하던 회사에서의 업무와 상당히 유사한 경우'에는 경영비밀의 유출 위험이 있기 때문에 기업의 정당한 이익 내지 "보호할 가치가 있는 사용자의 이익"이 인정될 수 있어 경업금지약정의 효력에 긍정적인 영향을 미칠 수 있다. 따라서 ④는 적절하지 않다.

⑤ '해당 분야에서 별다른 실적이 없던 경쟁 회사가 퇴직 근로자의 전직을 계기로 그 근로자가 근무했던 회사와 유사한 수준의 기술적 성과를 단기간에 이룬 경우'는 경쟁 회사가 퇴직 근로자를 사용하여 그 근로자가 근무했던 회사의 경영비밀을 부당하게 활용하여 그러한 수준의 기술적 성과를 이룬 것으로 볼 수 있는 상황이기 때문에, 이는 퇴직 근로자가 근무했던 회사의 정당한 이익을 침해하는 것으로 볼 수 있는 상황이므로 경업금지약정의 효력에 긍정적인 영향을 미칠 수 있다. 따라서 ⑤는 적절하지 않다.

32.

㉠과 ㉡에 관련된 설명으로 옳지 <u>않은</u> 것은?

① ㉠은 계약 자유의 원칙에 따라 근로자와 회사가 체결한 경업금지약정은 존중되어야 한다고 본다.

② ㉠은 회사의 이익을 위해 퇴사 후 근로자의 취업을 제한하려면 회사는 그에 상응하는 대가를 제공해야 한다고 본다.

③ ㉡은 경업금지약정 체결에서 근로자의 자기 결정 능력이 제한되지 않으면 그 유효성이 인정될 가능성이 높아진다고 본다.

④ ㉡에 따르면, 경업금지약정이 체결된 시점이 퇴직 시인지 아니면 입사 시나 재직 중인지에 따라 그 효력 여부가 달라질 수 있다.

⑤ ㉡에 따르면, 근로자가 경업금지약정의 체결을 거부하였는데도 회사 측이 강하게 주장하여 체결하게 된 경우에는 경업금지약정의 효력이 부정될 수 있다.

문항유형 : 정보의 추론과 해석

내용영역 : 법·규범

평가 목표 이 문항은 경업금지약정이 유효하기 위해서 근로자에 대한 보상조치가 반드시 포함되어야 하는지 여부에 대한 두 견해가 가지는 함의를 파악할 수 있는지 평가한다.

문제 풀이 정답 : ①

근로자에 대한 보상조치가 경업금지약정에 반드시 포함되어야 그 약정이 유효한지에 대해, ㉠은 경업금지약정의 성질상 쌍무관계를 인정하는 정도의 균형이 있는 대가 제공과 같은 보상조치가 반드시 필요하다고 보고, ㉡은 대가가 주어지지 않는다 하더라도 기간과 장소가 비합리적으로 과도하지 않는 이상, 근로자가 경업금지의 제한을 감수할 수도 있으며, 자신의 희생에 대하여 어느 정도의 대가를 받는 것이 적절한지는 근로자 자신의 결정에 맡겨져 있으므로 경업금지약정의 내용이 객관적으로 균형을 갖추지 못했다는 이유만으로는 무효로 볼 수 없고, 이에 더하여 당사자 간의 교섭력 차이나 기타 자기 결정 능력의 제약이라는 요건도 함께 고려해야 비로소 무효로 볼 수 있다고 주장한다. 이러한 두 견해에 대한 정확한 이해를 바탕으로 그 함의를 파악해야 한다.

정답 해설 ① "㉠ 첫 번째 견해는 경업금지의 문제에서는 직업의 자유 등 근로자의 권리와 기업의 재산권이 충돌하는데, 이 두 권리가 조화될 수 있도록 하려면 대가 제공 같은 보상조치가 필요하다고 본다. 이 견해는 대가가 경업하지 않는 것에 대한 반대급부의 성격을 띤다고 간주하여, 대가액은 쌍무관계를 인정하는 정도의 균형을 고려하여 산정되어야 한다."라는 제시문의 진술에 따르면, ㉠은 계약당사자가 자유로이 경업금지약정을 체결하더라도 그 약정에 객관적으로 보아 적정한 대가가 포함되어 있지 않으면 계약의 효력을 인정할 수 없다는 입장이므로, '계약 자유의 원칙에 따라 근로자와 사용자가 체결한 경업금지약정은 존중되어야 한다고 본다.'는 것은 ㉠에 부합하지 않는다. 따라서 ①은 옳은 설명이 아니다.

오답 해설 ② "㉠ 첫 번째 견해는 경업금지의 문제에서는 직업의 자유 등 근로자의 권리와 기업의 재산권이 충돌하는데, 이 두 권리가 조화될 수 있도록 하려면 대가 제공 같은 보상조치가 필요하다고 본다. 이 견해는 대가가 경업하지 않는 것에 대한 반대급부의 성격을 띤다고 간주하여, 대가액은 쌍무관계를 인정하는 정도의 균형을 고려하여 산정되어야 한다."라는 제시문의 진술에 따르면, ㉠은 '회사의 이익을 위해 퇴사 후 근로자의 취업을 제한하려면 회사는 그에 상응하는 대가를 제공해야 한다'고 보고 있다. 따라서 ②는 옳은 설명이다.

③ "㉡ 두 번째 견해는 대가가 주어지지 않는다 하더라도 기간과 장소가 비합리적으로 과도하지 않는 이상, 근로자가 경업금지의 제한을 감수할 수도 있다고 본다. 자신의 희생에 대하여 어느 정도의 대가를 받는 것이 적절한지는 근로자 자

신의 결정에 맡겨져 있으므로 경업금지약정의 내용이 객관적으로 균형을 갖추지 못했다는 이유만으로는 무효로 볼 수 없다는 것이다. 그러면서도 이 견해는 당사자 간의 교섭력 차이나 기타 자기 결정 능력의 제약이라는 요건도 함께 고려해야 비로소 무효로 볼 수 있다고 주장한다."라는 제시문의 진술에 따르면, 'ⓛ은 경업금지약정 체결에 근로자의 자기 결정 능력이 제한되지 않았으면, 그 유효성이 인정될 가능성이 높아진다고 본다.'라고 말하는 ③은 옳은 설명이다.

④ "ⓛ 두 번째 견해는 당사자 간의 교섭력 차이나 기타 자기 결정 능력의 제약이라는 요건도 함께 고려해야 비로소 무효로 볼 수 있다고 주장한다. 곧 경제적 약자의 지위에 있는 근로자는 사용자에 비해 교섭력에 차이가 있기 때문에 근로자의 자기 결정이 실제로는 진정 원했던 바가 아닐 가능성이 있고, 나아가 퇴직 이후에 효력이 발생할 경업금지약정에 관하여 계약 당시로는 신중하고도 합리적으로 판단하기가 쉽지 않다는 점들이 고려되어야 한다."라는 제시문의 진술에 따르면, 입사 시나 재직 중에는 퇴사 시보다도 사용자에 대한 근로자의 구속성이 강하여 교섭력이 약할 수밖에 없으며 경업금지약정의 효력이 퇴직 이후에 발생하기 때문에 신중하고 합리적인 판단이 쉽지 않을 것이라는 점에서, 'ⓛ에 따르면, 경업금지약정이 체결된 시점이 퇴직 시인지 아니면 입사 시나 재직 중인지에 따라 그 효력 여부가 달라질 수 있다.'라고 말하는 ④는 옳은 설명이다.

⑤ "ⓛ 두 번째 견해는 당사자 간의 교섭력 차이나 기타 자기 결정 능력의 제약이라는 요건도 함께 고려해야 비로소 무효로 볼 수 있다고 주장한다. 곧 경제적 약자의 지위에 있는 근로자는 사용자에 비해 교섭력에 차이가 있기 때문에 근로자의 자기 결정이 실제로는 진정 원했던 바가 아닐 가능성이 있고, 나아가 퇴직 이후에 효력이 발생할 경업금지약정에 관하여 계약 당시로는 신중하고도 합리적으로 판단하기가 쉽지 않다는 점들이 고려되어야 한다."라는 제시문의 진술을 볼 때, 'ⓛ에 따르면, 근로자가 경업금지약정의 체결을 거부하였는 데도 회사 측이 강하게 주장하여 체결하게 된 경우에는' 근로자의 동의가 있었다 하더라도 실제로는 진정 원했던 바가 아닐 가능성이 있으므로, '경업금지약정의 효력이 부정될 수 있다.'라고 말하는 ⑤는 옳은 설명이다.

[33~35] 다음 글을 읽고 물음에 답하시오.

　　근대적 의미의 고고학이 시작된 이래, 고고학자들은 수집과 발굴 조사를 거쳐 유물들을 분류하고, 유물들 사이의 시공간적 관계와 그 변화 과정을 추정하여, 이를 과거 인간의 행위와 관련지어 해석하려 했다. 이때, 유물 분류를 바라보는 시각은 크게 보아 '유형론'과 '개체군론'으로 나눌 수 있다.

　　초기 고고학 연구를 주도하며 기본적인 분류 체계를 세운 이들은 유형론자들이다. 이들은 분류를 위해 먼저 유물이 가지고 있는 인지 가능한 형태적 특질을 검토하여 그룹을 짓는다. '형식'이라는 용어로 개념화되는 본질적이고 형태적인 특징, 혹은 중심적 경향을 찾으면 이를 바탕으로 하나의 '유형'이 만들어진다. 이 작업은 특정한 하나의 형식을 공통적으로 가진 여러 유물 가운데, 원형이 되는 유물을 확인하고 이 유물을 이상적인 기준으로 삼아 다른 유물들과 비교하는 과정을 거쳐 이루어진다. 각각의 유형 안에는 개별 유물 간의 차이, 즉 '변이'가 있기 마련이지만 그것이 새 유형을 설정할 수 있을 정도로 본질적이라고 판단되지 않는 한, 유형론자들은 그것을 편차 정도로만 인식하여 설명할 가치가 없다고 본다. 그러므로 이들은 유물의 모든 변화를 한 유형에서 다른 유형으로 바뀌는 '변환'이라고 인식한다. 이러한 관점은 유형의 구분, 유형 사이의 경계 설정 및 순서 지움을 통해 시간적 연쇄나 뚜렷한 문화적·공간적 경계를 가진 집단을 구별할 수 있는 근거를 마련하는 데 결정적으로 기여하였다. 그렇지만 실제 관찰되는 개별 유물의 형태 변화는 연속적인 경우가 많다. 또한 유형론자들은 유형의 변화를 단속적이라고 파악하여 자체적이고 내부적인 진화의 과정에 대한 고려를 배제한 채, 외부로부터의 유입이나 새로운 발명 등의 요인으로만 설명하려고 하였다. 더구나 유형론적 접근 방식을 취할 경우 발굴 소사된 유물들 사이의 상사성과 상이성만을 단순 비교할 수밖에 없다는 단점도 있었다.

　　이러한 문제점들 때문에 고고학자들은 또 다른 시각에서 유물 분류를 시도하였다. 이것이 개체군론적 사고에 의한 방식이다. 개체군론자들은 유물의 본질적 특징이란 실재하는 것이 아니며, 중심적인 경향 또한 경험적 관찰의 결과일 뿐이라고 주장한다. 이들은 특히 중심적인 경향은 유물의 수와 기준에 따라 언제든지 바뀔 수 있다고 본다. 따라서 이들은 유형이 유물 자체에 고유한 본질에 따라 존재하는 것이 아니라, 관찰을 통해 추론된 것이며 연구자가 자신의 연구 목적에 따라 고안한 도구일 뿐이라고 주장한다. 존재하는 것은 사물의 상태를 의미하는 현상과 변이뿐이라는 것이다. 개체군론자들에 따르면 특정한 유형 내에서 그 유형을 대표할 수 있는 형식의 유물, 즉 원형은 실재하지 않는다. 따라서 이들은 변이에 관심을 집중한다. 이 변이는 다양하게 나타나는데, 최초로 등장한 이후 점차적으로 많아지다가 서서히 소멸해간다. 그들은 이런 식으로 변화가 연속적으로 일어난다고 파악한다. 즉 변이의 빈도는 시공간에 따라 다르게 나타나며, 변화는 변이들이 시공간에 따라 얼마나 분포되어 있는지에 의해 결정된다고 보아 그러한 변이들의 빈도 변화와 특정 변이들의 차별적인 지속을 강조한다. 개체군론자들은 이러한 변이의 빈도 변화와 차별적인 지속을 '유동성'과 '선택'이라는 개념으로 설명한다. 유동성은 하나의 유물군 내에서 예측 불가능한 변이들을 가진 유물들이 지속적으로 등장하면서 변이들의 빈도에서 무작위적 변화가 일어나게 되는 현상을 의미한다. 선택은 그러한 변이들 가운데 특정 환경에 잘 적응한 변이들이 그렇지 못한 변이들에 비해 양적으로 증가하는 것이다.

이러한 시각의 차이가 실제 조사 과정에서 어떻게 적용되는지 살펴보면 흥미로운 사실을 발견할 수 있다. 일반적으로 고고학자들은 새로운 유물들이 발견되었을 경우, 그 중 일부에 대한 직접적 관찰을 통해 형태적 특징을 파악하고 기존의 사례를 검토하여 유형의 배정이나 설정에 필요한 중요 속성들을 선별한다. 이를 바탕으로 모든 유물들이 그러한 중요 속성을 가지고 있는지를 다시 관찰하여 속성의 유무에 따라 분류하고 이에 따라 유형을 배정 또는 설정한다. 이때 유형이 둘 이상이라면, 확인된 복수의 유형들을 일단 시공간적으로 배열하여 그 의미의 해석을 시도한다. 여기서 만약 연구자가 대상 유물들의 시간적 선후 관계나 사용 집단의 차이를 확인하고 싶다면 유형의 설정과 배열에 주목한다. 반면에 각 유형 간의 변화 과정을 구체적으로 확인하고 싶다면, 이렇게 시공간 상에 배열된 유형 내 변이들에 주목하여 그 변이들의 빈도와 그 빈도들 사이의 상대적인 비율을 측정하고, 여러 변이들 가운데 어떤 변이들이 선택되어 지속적으로 사용되는지에 주목한다. 고고학자는 유물의 분류에 대한 입장의 차이에도 불구하고 이처럼 실제로는 자신들이 해결하고자 하는 문제에 따라 양자의 방식 중 어느 하나를 선택하거나 적절히 혼용하여 사용한다.

33.

윗글의 내용과 부합하지 <u>않는</u> 것은?

① 유형론적 사고에서는 유형이 본질적이라고 생각한다.
② 유형론적 사고에서는 변화를 본질이 바뀌는 것으로 파악한다.
③ 유형론적 사고에서 편차는 유형을 설정할 때 중요시되지 않는다.
④ 개체군론적 사고는 실재하는 형식을 발견해 내고자 노력한다.
⑤ 개체군론적 사고에서 '선택'은 특정한 변이의 빈도수 증가를 의미한다.

| 문항 성격 | 문항유형 : 정보의 확인과 재구성 |

내용영역 : 사회

평가 목표 | 이 문항은 글의 중심 제재인 유형론과 개체군론에 대한 설명을 정확하게 파악하고 있는지 평가한다.

문제 풀이 | 정답 : ④

고고학 분류에서 중요한 개념인 유형, 형식, 편차, 빈도 등의 개념을 중심으로 유형론과 개체군론의 입장과 그 차이점을 정확하게 파악해야 한다.

정답 해설 | ④ 유형론적 사고에서는 형식을 유물에 내재하는 본질적인 요소이며 연구자가 발견해야 하는 것으로 보지만 개체군론적 사고에서는 실재하는 것이 아닌 경험적 관찰의 결과이자 연구자가 연구 목적에 따라 고안하는 것이라고 본다. ④는 개체군론적 사고가 아니라 유형론적 사고의 입장을 나타내고 있다. 따라서 ④는 윗글의 내용과 부합하지 않는다.

오답 해설 | ① "'형식'이라는 용어로 개념화되는 본질적이고 형태적인 특징, 혹은 중심적 경향을 찾으면 이를 바탕으로 하나의 '유형'이 만들어진다."라는 진술과 "새 유형을 설정할 수 있을 정도로 본질적이라고 판단되지 않는 한, 유형론자들은 그것을 편차 정도로만 인식하여 설명할 가치가 없다고 본다."라는 진술에서 유형론적 사고에서는 유형이 본질적이라고 생각한다는 점을 알 수 있다. 따라서 ①은 윗글의 내용과 부합한다.

② 위의 ①에 대한 해설과 "이들은 유물의 모든 변화를 한 유형에서 다른 유형으로 바뀌는 '변환'이라고 인식한다."리는 진술에서 유형론적 사고에서는 유물의 변화 과정을 본질이 바뀌는 것으로 파악한다는 점을 알 수 있다. 따라서 ②는 윗글의 내용과 부합한다.

③ "각각의 유형 안에는 개별 유물 간의 차이, 즉 '변이'가 있기 마련이지만 그것이 새 유형을 설정할 수 있을 정도로 본질적이라고 판단되지 않는 한, 유형론자들은 그것을 편차 정도로만 인식하여 설명할 가치가 없다고 본다."라는 진술에서 유형론적 사고에서는 본질적이지 않은 변이를 편차로 보고 유형의 설정에서 고려할 가치가 없는 것으로 판단한다는 점을 알 수 있다. 따라서 ③은 윗글의 내용에 부합한다.

⑤ "개체군론자들은 이러한 변이의 빈도 변화와 차별적인 지속을 '유동성'과 '선택'이라는 개념으로 설명한다. 유동성은 하나의 유물군 내에서 예측 불가능한 변이들을 가진 유물들이 지속적으로 등장하면서 변이들의 빈도에서 무작위적 변화가 일어나게 되는 현상을 의미한다. 선택은 그러한 변이들 가운데 특정 환

경에 잘 적응한 변이들이 그렇지 못한 변이들에 비해 양적으로 증가하는 것이다."라는 진술에서 개체군론적 사고에서는 '선택'을 무작위적으로 등장하는 변이들 가운데 특정 환경에 잘 적응한 어느 변이의 빈도수가 증가하는 것으로 본다는 점을 알 수 있다. 따라서 ⑤는 윗글의 내용에 부합한다.

34.

윗글의 글쓴이가 동의할 만한 것은?

① 유형론적 사고는 개체군론적 사고보다 경험적 증거를 더 중시하는 이론이다.
② 실제 조사 과정에서는 유형론적 기준과 개체군론적 기준이 상보적으로 활용되고 있다.
③ 개체군론적 사고의 등장에도 불구하고 유형론적 사고는 여전히 지배적인 연구 태도이다.
④ 유물 분류에 있어서 개체군론자의 기준이 유형론자의 기준을 포괄하도록 보완되어야 한다.
⑤ 유물의 시간적 선후관계를 보여주기 위해서는 개체군론적 사고 대신 유형론적 사고를 적용해야 한다.

문항 성격	문항유형 : 의도, 관점, 입장 파악
	내용영역 : 사회
평가 목표	이 문항은 유형론과 개체군론 사이의 입장의 차이와 실제 조사 과정에서 적용되는 방식에 대한 글쓴이의 입장이나 관점을 파악하고 있는지 평가한다.
문제 풀이	정답 : ②

글쓴이는 유형론과 개체군론이 이론적인 입장에서는 차이가 있지만 실제 조사 과정에서는 해결하고자 하는 문제에 따라 어느 하나가 선택되거나 혼용된다고 말한다. 이러한 글쓴이의 주장과 제시문의 내용을 바탕으로 선택지에서 제시한 진술들에 대해 글쓴이가 동의할 만한지, 그렇지 않은지를 판단해야 한다.

정답 해설 ② "고고학자는 유물의 분류에 대한 입장의 차이에도 불구하고 이처럼 실제로는 자신들이 해결하고자 하는 문제에 따라 양자의 방식 중 어느 하나를 선택하거나 적절히 혼용하여 사용한다."라는 글의 맨 마지막 진술을 볼 때, 글쓴이가 '실제 조사 과정에서는 유형론적 기준과 개체군론적 기준이 상보적으로 활용되고 있다.'는 점에 대해 동의할 것임을 알 수 있다.

오답 해설 ① 유형론적 사고에서는 유형 설정에서 관찰을 통한 본질적 형식을 발견하는 것이 중요한 대신 개체군론적 사고에서는 관찰을 통해 변이를 직접적으로 측정하는 것이 중요하므로 양자에서 모두 경험적 증거를 중시한다고 볼 수 있다. 하지만 유형론적 사고에서는 변이를 무시하기도 하지만 개체군론적 사고에서는 모든 변이를 중시한다는 점에서 유형론적 사고보다 개체군론적 사고가 경험적 증거를 더욱 중요시한다고 볼 수 있다. 따라서 글쓴이는 ①에 대해 동의하지 않을 것이다.

③ 글쓴이는 개체군론이 유형론을 비판하면서 등장하였고 현재는 양자가 연구 목적에 따라 각각 혹은 혼용하여 사용되고 있음을 지적하였을 뿐이지 유형론적 사고가 아직도 지배적 태도라는 입장을 표명하고 있지 않다. 따라서 글쓴이는 ③에 대해 동의하지 않을 것이다.

④ 글쓴이는 유형론적 사고와 개체군론적 사고는 본질적으로 서로 다른 관점의 입장이며 오히려 실제 조사 과정에서는 연구 목적에 따라 서로 혼용하여 사용된다는 점을 지적하고 있다. 따라서 글쓴이는 ④에 대해 동의하지 않을 것이다.

⑤ 글쓴이는 유형론이나 개체군론 모두 유형의 설정과 배열을 통해 시간적 선후관계를 보여줄 수 있는데, 다만 그 자체에 만족한다면 유형론적 사고를, 거기에서 더 나아서 유물의 진화 과정을 추정하려면 개체군론적 사고를 적용한다고 설명한다. 따라서 글쓴이는 ⑤에 대해 동의하지 않을 것이다.

35.

윗글을 바탕으로 〈보기〉에 대해 추론한 것으로 적절하지 <u>않은</u> 것은?

보 기

특정 지역에서 발견된 토기들은 입구의 형태와 손잡이의 유무에 따라 A유형과 B유형으로 구분되고, A유형에서 B유형으로 변화했다는 것이 현재까지의 통설이다. A유형 토기는 각진 입구에 손잡이가 없고 바닥이 편평하며, B유형 토기는 둥근 입구에 두 개의 손잡이가 있고 바닥이 뾰족하다. 그런데 그 지역에서 각진 입구에 손잡이 한 개가 있고 바닥이 둥근 토기들이 새로 발견되고 있다.

① 어떤 유형론자는 새로 발견된 토기의 각진 입구에 주목하여 A유형 토기로 분류하거나 손잡이가 있는 것에 주목하여 B유형 토기로 분류할 것이다.
② 어떤 유형론자는 새로 발견된 토기의 바닥 형태에 주목하여 새로운 유형의 설정을 고려할 것이다.
③ 어떤 유형론자는 새로 발견된 토기의 특이성에 주목하여 외부에서 들어온 이주민들이 썼던 것이라고 추정할 것이다.
④ 어떤 개체군론자는 새로 발견된 토기를 A유형에서 B유형으로의 점진적인 변이를 보여주는 사례들로 판단할 것이다.
⑤ 어떤 개체군론자는 새로운 토기의 발견 빈도수가 충분히 많지 않다면 중요한 의미가 없다고 보아 새로운 토기를 A유형과 B유형 중 한쪽으로 분류할 것이다.

문항 성격	문항유형 : 정보의 평가와 적용
	내용영역 : 사회
평가 목표	이 문항은 유형론과 개체군론이 '변이'를 다루는 방식을 파악하여 각 입장에서 〈보기〉의 가상적 사례에 대해 어떤 태도를 보일지를 판단할 수 있는지 평가한다.
문제 풀이	정답 : ⑤

제시문에 따르면, 유형론과 개체군론은 변이의 개념을 어떻게 이해하는지에 따라 구분된다. 따라서 각각의 입장에서 실제 연구를 진행할 때, 변이를 어떻게 이해하고 이를 유형 설정에 어떻게 적용하는지를 제시문의 내용을 바탕으로 추정하여 〈보기〉의 사례에 올바르게 적용해야 한다.

정답 해설	⑤ 개체론자들은 새로운 토기가 발견되면 '유동성' 개념을 바탕으로 그 빈도수를 파악하여 그 빈도수의 차이와 변화를 '선택'으로 해석하고자 시도하므로 '새로운 토기의 발견 빈도수가 많지 않다면 중요한 의미가 없다고 보'지는 않을 것이다. 따라서 ⑤는 적절한 판단이 아니다.
오답 해설	① 유형론자는 새로운 변이, 즉 〈보기〉의 사례에서 토기 입구 형태의 변이가 나타나면 이 변이가 본질적인 것인지 아닌지를 판단하여 본질적인 것이 아니라고 판단하면 지금까지의 기준에 따라 기존의 유형에 포함시킬 것이다. 따라서 ①은 적절한 판단이다.
	② 유형론자는 새로운 변이, 즉 〈보기〉의 사례에서 토기 바닥 형태의 변이가 나타나면 이 변이가 본질적인 것인지 아닌지를 판단하여 본질적인 것이라고 판단하면 기존의 유형과 다른 새로운 유형을 설정할 것이다. 따라서 ②는 적절한 판단이다.

③ 유형론자의 경우, 이 토기가 종래의 유형에 속하지 않았던 유형이라는 판단 아래 기존의 유형에 속한 토기와 비교하여 이를 다른 지역에서 이주 등에 의해 유입된 것으로 판단할 수 있다. 따라서 ③은 적절한 판단이다.

④ 개체군론자의 경우, 유물과 유물, 그리고 유형과 유형 사이의 형태 변화를 통한 진화적 관계를 추정하는 것이 기본적인 연구 목적이므로 새로 발견된 토기를 A유형에서 B유형으로의 점진적인 변이를 보여주는 사례들로 판단할 수 있다. 따라서 ④는 적절한 판단이다.

법학적성시험
언어이해 영역

2014

1. 기본 방향

언어이해 영역은 법률가에게 요구되는 기본적인 언어 소양과 법학전문대학원 교육을 이수하는 데 필요한 통합적 언어 능력을 평가하는 것을 기본 방향으로 삼았다. 특히 법학전문대학원에서 수학하는 사람이라면 대학에서의 전공과 상관없이 공적 가치 판단이 요구되는 다양한 전문 분야의 글들을 독해하고 평가하는 능력을 가지고 있어야 한다는 점을 중요하게 고려하였다. 구체적인 출제 원칙은 다음과 같다.

- 통합적이며 심층적인 독해 및 사고 능력을 평가한다.
- 철학, 사학, 문학, 예술, 정치학, 경제학, 사회학, 과학, 기술, 법학, 규범학 등의 다양한 분야에서 내용 및 표현 면에서 모범이 될 수 있는 제시문을 선정·개발한다.
- 제시문의 핵심 정보나 주요 세부 정보들을 파악하고, 정보들 간의 유기적 관련성을 분석·종합하며, 주어진 단서를 바탕으로 다양한 문제 상황에 대응하는 문제 해결 능력을 평가한다.
- 기본 독해 능력에 대해서는 동일한 유형의 문항을 활용하되, 제시문을 통해 획득한 단서를 바탕으로 새로운 상황에 적용하여 판단하는 능력을 평가하는 비판적·창의적 문제를 개발한다.

2. 출제 범위

언어이해 영역은 높은 수준의 독해 능력을 평가하기 위한 영역이다. 이 능력은 다양한 상황에서 폭넓은 유형과 주제의 글을 접하게 되었을 때 그 내용을 정확히 읽어낼 뿐 아니라 글이 담고 있는 의미의 함축과 가치를 비판적으로 판단하는 능력까지 포함한다.

따라서 언어이해 영역에서는 다양한 전문 분야에서 제시문의 소재를 구하되, 중요한 공적 가치를 지닌 주제들을 우선적으로 선정하였고, 언어이해 영역의 여러 평가 목표를 균형 있게 다룰 수 있도록 제시문의 성격을 다양화하였다.

이번 시험에서 제시문 선정 시 고려한 사항은 다음과 같다.

첫째, 대학 교양 교육의 충실한 이수를 유도하기 위하여 여러 학문 분야에 두루 사용되는 기본적인 개념이나 범주들을 중심으로 제시문을 선정하였다.

둘째, 각 학문 분야의 최신 이론이나 시의성 있는 문제 상황을 반영하는 주제로 각 제시문들을 구체화하였으며, 특히 원리적 모델들을 함께 제시함으로써 여기서 사용된 개념이나 범주들을 적용, 평가할 수 있도록 하였다.

셋째, 법학의 배경 지식을 요구하는 제시문 대신 학제적 내용 분야와 각 주제를 연계시킨 제시문을 출제함으로써 통합적 사고력과 문제 해결 능력을 평가할 수 있게 하였다.

넷째, 다양한 내용 분야가 법적 문제들과 연관될 수 있음을 보여 주는 제시문을 선정함으로써 법의 이론적 · 현실적 연관성을 폭넓게 사고하게 하였다.

다섯째, 최근의 학문 동향을 반영하여 제시문 독해만으로도 교육적 효과를 얻을 수 있게 하였다.

3. 제시문 및 문항

언어이해 영역에서는 '인문', '사회', '과학기술', '법 · 규범'으로 분류된 4개 범주에서 철학, 사학, 문학, 예술, 정치학, 경제학, 인류학, 물리학, 기술공학, 법철학, 법학의 11개 분야를 선정하여 제시문을 기반으로 총 35문항을 출제하였다. 문항 세트는 제시문 특성에 따라 종합적인 독해 능력을 평가하거나 특정한 평가 기준을 적용하여 평가하도록 설계하였다.

'인문' 분야에서 철학은 법학과 긴밀하게 연관된 분야인 윤리학을 선정하였는데, 윤리 이론과 가치 이론으로서의 쾌락주의를 공리주의와 관련시켜 다루었다. 사학에서는 서구 중심의 역사주의적 세계관에 대한 비판과 극복을 주장하는 '탈근대주의'

적 입장의 글의 독해를 통해 기존의 익숙한 세계관이 가진 맹점에 주목할 수 있는지를 물었다. 문학에서는 박형서의 작품 「아르판」을 선택하였는데, 작품에 묘사된 인간 심리와 작품의 도덕적 함의를 읽어 낼 수 있는지를 물었다. 예술은 음악의 재현 가능성에 관한 예술철학적 담론을 다루면서 입장들 간의 논리적 관계와 근거들, 다양한 사례들이 논지에 기여하는 역할을 분석해 낼 수 있는지를 물었다.

'사회' 분야에서는 정치학, 경제학, 인류학 제시문을 다루었다. 정치학 제시문에서는 민주주의에서 발생하는 '권한의 위임' 현상에 대한 두 종류의 설명을 다루면서 '정치적 거래 비용' 에 주목한 설명 방식을 제시하였고, 그 구조를 파악하여 현실 정치의 다양한 위임 현상에 적용하여 이해할 수 있는지를 물었다. 경제학 제시문에서는 서브프라임 모기지 사태의 원인에 대한 두 종류의 분석을 다루면서 현실의 경제 문제와 관련한 다양한 변수들을 분석하고 해석하며 적용할 수 있는지 물었다. 인류학 제시문에서는 '빈곤 산업' 이라는 개념을 등장시켜 현재 진행 중인 전 지구적 규모의 '빈민 구제 활동' 에 대한 새로운 인식과 근본적인 시각 변화의 가능성을 물었다.

'과학기술' 분야에서는 물리학과 기술공학 제시문을 다루었는데 두 제시문 모두 과학기술적 내용에 사회정책적 측면을 접목시키는 내용으로 선택하였다. 물리학은 상전이(相轉移)라는 물리 현상에서 등장하는 '이력 특성' 을 설명한 후, 이에 착안한 설명 모델을 범죄율이나 출산율 같은 사회적 현상에 적용한 경우를 이해하고 판단할 수 있는지를 물었다. 기술 제시문은 전파의 특성에 관한 기본적 지식을 제공하고 이를 바탕으로 모바일 통신 등 현대 생활에서의 전파의 활용과 나아가 이에 대한 정책 결정에 이르기까지 기술의 적용을 판단해 볼 수 있는 문항들을 구성하였다.

'법·규범' 으로 명시된 영역에서는 법철학과 법학을 다루었다. 법철학은 계약에 대한 근대적 이해의 특징을 '의사주의' 와 '표시주의' 를 대비시키며 물었고 그러한 이해의 개념적 측면을 파악할 수 있는지를 평가하고자 하였다. 법학에서는 카르텔 규제법을 다루면서 미국에서 발전되어 온 관련 법리와 우리나라의 현황을 비교하여 파악하고 법의 취지와 적용을 이해할 수 있는지를 물었다.

4. 난이도

2014학년도 법학적성시험에서는 수험생들에게 익숙할 것으로 예상되는 내용을 가진 제시문들의 수를 지난해에 비해 다소 상향 조정함으로써 수험생들의 체감 난이도를 2013학년도보다 약간 쉽게 갖도록 조정하였다. 또한 4개 문항씩을 출제한 제시문을 2개 배치하여 수험생들의 독해 시간 부담이 다소 줄 수 있도록 하였다. 그러나 개별 문항의 난이도는 이전과 유사하게 유지하도록 하여 보다 효과적인 독해 능력 측정이 가능하도록 의도하였다. 정보량이 많은 제시문과 비교적 평이한 제시문을 함께 고려하여 다양한 성격의 제시문을 읽을 수 있는 능력을 측정하고자 하는 근본 취지는 예년과 마찬가지로 유지되었다. 또한 특정 전공의 배경 지식이 유리한 변인이 되지 않도록 조정한 것 역시 예년과 같다.

5. 문항 출제 시의 유의점 및 강조점

- 언어이해 영역에서 평가하고자 하는 능력이 주로 통합적 이해력과 심층 분석력에 있다는 점을 고려하여 제시문 분량과 제시문당 문항 수에 융통성을 두었다.
- 선지식에 의해 풀게 되거나 전공에 따른 유불리가 분명해지는 제시문의 선택과 문항의 출제를 지양하였다.
- 출제의 의도를 감추거나 오해하게 하는 질문을 피하고, 평가하고자 하는 능력을 정확히 평가할 수 있도록 간명한 형식을 취하였다.
- 문항 및 선택지 간의 간섭을 최소화하고, 선택지 선택에서 능력에 따른 변별이 이루어질 수 있도록 하였다.

[01~03] 다음 글을 읽고 물음에 답하시오.

　　지난 2008년의 미국발 금융 위기와 관련해 '증권화'의 역할이 재조명되었다. 증권화란 대출채권이나 부동산과 같이 현금화가 쉽지 않은 자산을 시장성이 높은 유가증권으로 전환하는 행위이다. 당시 미국의 주택담보 대출기관, 곧 모기지 대출기관들은 대출채권을 유동화해 이를 투자은행, 헤지펀드, 연기금, 보험사 등에 매각하고 있었다. 이들은 이렇게 만들어진 모기지 유동화 증권을 통해 오랜 기간에 걸쳐 나누어 들어올 현금을 미리 확보할 수 있었고, 원리금을 돌려받지 못할 위험도 광범위한 투자자들에게 전가할 수 있었다. 증권화는 위기 이전까지만 해도 경제 전반의 리스크를 줄이고 새로운 투자 기회를 제공하며 금융시장의 효율성을 높여주는 금융 혁신으로 높게 평가되었다.

　　하지만 금융 위기가 일어나면서 증권화의 부정적 측면이 부각되었다. 당시 모기지 대출기관들은 대출채권을 만기 때까지 보유해야 한다는 제약으로부터 벗어남에 따라 대출 기준을 완화했다. 이 과정에서 신용 등급이 아주 낮은 사람들을 대상으로 했거나 집값 대비 대출금액이 높았던 비우량 (subprime) 모기지 대출이 늘어났는데, 그동안 계속 상승해 왔던 부동산 가격이 폭락하고 채무 불이행 사태가 본격화되면서 서브프라임 모기지 사태가 발생했다. 이때 비우량 모기지의 규모 자체는 크지 않았지만 이로부터 파생된 신종 유가증권들이 대형 투자은행 등 다양한 투자자들에 의해 광범위하게 보유·유통되었다는 점에 특히 주목할 필요가 있다. 이들은 증권화로 인해 보다 안전해졌다는 과신 속에서 과도한 차입을 통해 투자를 크게 늘렸는데, 서브프라임 모기지 사태를 기점으로 유가증권들의 가격이 폭락함에 따라 금융기관들의 연쇄 도산 사태가 일어났던 것이다.

　　이에 따라 증권화를 확대한 금융기관과 이를 허용한 감독당국에 비판이 집중되었다. 하지만 일각에서는 금융 위기의 원인이 증권화가 아니라 정부의 잘못된 개입에 있나는 상반된 주장도 제기되었다. 시장의 자기 조정 능력을 긍정하는 이 '정부 주범론'은 소득 분배의 불평등 심화 문제를 포퓰리즘으로 해결하려던 것이 금융 위기를 낳았다고 주장한다. 이들에 따르면, 불평등 심화의 근본 원인은 기술 변화와 세계화이므로 그 해법 또한 저소득층의 교육 기회 확대 등의 정책에서 찾아야 했다. 그럼에도 정치권은 저소득층의 불만을 무마하기 위해 저소득층이 빚을 늘려 집을 보유할 수 있게 해주는 미봉책을 펼쳤는데, 그로 인해 주택 가격 거품이 발생했고 마침내는 금융 위기로 연결되었다는 것이다. 이 문제와 관련해 대표적인 정책 실패로 거론된 것이 바로 지역재투자법이다.

　　지역재투자법이란 저소득층의 금융 이용 기회를 확대할 목적으로 은행들로 하여금 낙후 지역에 대한 대출이나 투자를 늘리도록 유도하는 제도이다. '정부 주범론'은 이 법으로 인해 은행들이 상환 능력이 떨어지는 저소득층들에게로까지 주택 자금 대출을 늘려야 했고, 이것이 결국 서브프라임 모기지 사태로 이어졌다고 주장한다. '정부 주범론'은 여기에 더해 지역재투자법의 추가적인 파급 효과에도 주목한다. 금융기관들은 지역재투자법에 따라 저소득층에 대한 대출을 늘리는 과정에서 심사 관련 기강이 느슨해졌고 지역재투자법과 무관한 대출에 대해서까지도 대출 기준을 전반적으로 완화함으로써 주택 가격 거품을 키우게 되었다는 것이다.

　최근 미국에서는 '정부 주범론'의 목소리가 높아지면서 이 주장이 현실에 얼마나 부합하는지에 대한 많은 연구가 진행되었다. 이 과정에서 ⓘ '정부 주범론'을 반박하는 다양한 논거들이 '규제 실패론'의 이름으로 제시되었고, '정부 주범론'의 정치적 맥락도 새롭게 조명되었다. '규제 실패론'은 금융기관들의 무분별한 차입 및 증권화가 이들의 적극적인 로비에 따른 결과임을 강조하며, 이러한 흐름이 실물 경제의 안정적 성장도 저해했다고 주장한다. '규제 실패론'은 또한 지난 삼십 년 동안 소득 분배가 계속 불평등해지는 과정에서 보다 많은 소득을 얻게 된 부유층이 특히 금융에 대한 투자와 감세를 통해 부를 한층 키워 왔던 구조적 특징과 이들의 정치적 영향력에도 주목한다. 저소득층의 부채란 정치권의 온정주의가 아니라 부유층과 금융권이 자신들의 이익을 극대화하는 과정에서 늘어났던 것이라는 이 지적은 불평등의 심화와 금융 위기 사이의 관계에 대한 새로운 시각을 제시한다.

01.

위 글에 나타난 입장들에 관한 진술 중 타당하지 <u>않은</u> 것은?

① '정부 주범론'은 정부의 시장 개입이 경제 주체들의 판단을 오도했다고 본다.
② '정부 주범론'은 정치권이 지역재투자법으로 저소득층의 표를 얻으려 했다고 본다.
③ '규제 실패론'은 금융과 정치권의 유착 관계를 비판한다.
④ '규제 실패론'은 가계 부채 증가가 고소득층의 투자 기회 확대와 관련이 있다고 본다.
⑤ '정부 주범론'과 '규제 실패론'은 소득 불평등 문제를 해결하려는 과정에서 금융 위기가 발생했다는 점에 대해서는 의견을 같이 한다.

문항 성격	문항유형 : 의도, 관점, 입장 파악
	내용영역 : 사회
평가 목표	이 문항은 미국발 금융 위기의 원인에 대한 상반된 두 입장의 공통점과 차이점을 파악하는 능력을 평가한다.
문제 풀이	정답 : ⑤

'정부 주범론'은 자유로운 시장이 스스로 문제를 해결해 갈 수 있으며 정부의 잘못된 개입이 시장의 정상적인 작동을 방해함은 물론 경제 주체들에게 잘못된 결정을 내리도록 할 수 있다는 입장이다. '정부 주범론'은 미국발 금융위기의 근본적인 원인이 소득 불평등 문제를 저소득층의 빚을 늘려 주택을 구매할 수 있도록 하는 방식으로 해결하려 한 데 있으며, 특히 이러한 개입이 금융기관의 대출 기준을 완화시킨 결정적 원인이었다고 본다. 반면 '규제 실패론'은 금융기관의 대출 기준 완화가 금융기관들의 로비에 따른 결과라고 주장하며, 고소득층의 소득 및 부의 확대가 이와 관련됨을 강조하고 있다.

정답 해설 ⑤ 두 입장은 금융 위기를 소득 불평등 문제와 관련하여 해명하려 한다는 점에서는 공통점이 있지만, 소득 불평등이 금융 위기에 미쳤던 영향의 맥락에 대해서는 의견을 달리한다. '정부 주범론'은 지역재투자법과 같은 정부 개입을 통해 저소득층의 주택 보유를 늘림으로써 소득 불평등 문제를 해결하려는 과정에서 금융 위기가 발생했다고 주장한다. 그러나 '규제 실패론'은 금융 위기의 원인을 금융기관 및 고소득층의 정치적 영향력 확대 속에서 금융에 대한 규제가 소홀하게 된 것에서 찾고 있다. 그러므로 '규제 실패론'의 경우에는 소득 불평등 문제를 해결하는 과정에서 금융 위기가 발생했다는 진술은 옳지 않다.

오답 해설 ① 저소득층의 경제적 처지의 개선은 교육 기회 확대 등을 통해 가능한 것인데, 정부는 저소득층의 주택 보유 확대 유도를 추구했다는 세 번째 문단의 내용, 지역재투자법으로 인해 금융기관들의 심사 관련 기강이 느슨해졌고 대출 기준이 전반적으로 완화되었다는 네 번째 문단의 내용을 보면, '정부 주범론'의 경우 정부의 시장 개입이 경제 주체들의 판단을 오도했다고 보고 있음을 확인할 수 있다.

② 정치권은 지역재투자법을 통해 저소득층의 불만을 무마하려 했다는 세 번째 문단의 내용과 유권자의 표를 얻으려는 것이 정치권의 중요한 행위 동기라는 판단을 결합하면, '정부 주범론'의 경우 정치권이 지역재투자법으로 저소득층의 표를 얻으려 했다고 보고 있음을 확인할 수 있다.

③ 금융기관들의 무분별한 차입 및 증권화가 이들의 정치권에 대한 적극적인 로비에 따른 결과라는 마지막 문단의 내용을 보면, '규제 실패론'의 경우 금융과 정치권의 유착 관계를 비판하고 있음을 확인할 수 있다.

④ 부유층이 금융에 대한 투자를 통해 부를 키워 왔으며, 저소득층의 부채는 부유층과 금융권 자신들의 이익을 극대화하는 과정에서 일어났다는 마지막 문단의 내용을 보면, '규제 실패론'의 경우 가계 부채 증가가 고소득층의 투자 기회 확대와 관련이 있다고 보고 있음을 확인할 수 있다.

02.

'증권화'와 관련한 다음의 추론 중 타당하지 <u>않은</u> 것은?

① 증권화에서 서브프라임 모기지에 연계된 증권의 투자자는 고수익을 추구하는 일부 투자자에 한정되었을 것이다.
② 증권화는 개별 금융기관의 위험을 낮추어 주는 혁신처럼 보였지만 실제로는 전체 금융권의 위험을 높였을 것이다.
③ 모기지 채권의 증권화는 보다 많은 자금이 주택시장에 유입되도록 함으로써 주택 가격의 거품을 키웠을 것이다.
④ 부동산 시장과 유동화 증권의 현금화 가능성에 대한 투자자들의 낙관적 전망으로 인해 증권화가 확대되었을 것이다.
⑤ 증권화에 대한 규제를 강화해야 할지 판단하기 위해서는 금융 위기를 발생시켰던 대출기준 완화의 원인을 규명하는 것이 중요하다.

문항 성격	문항유형 : 정보의 추론과 해석
	내용영역 : 사회
평가 목표	이 문항은 제시문에 소개된 내용을 바탕으로 '증권화'에 대한 정보들을 추론하는 능력을 평가한다.
문제 풀이	정답 : ①

'증권화'란 현금화가 쉽지 않은 자산을 시장성이 높은 유가증권으로 전환하는 행위이다. 증권화로 인해 모기지 대출기관들은 현금을 확보해 사업을 확대할 수 있었고 원리금을 돌려받지 못할 위험도 투자자들에게 전가할 수 있게 되었고, 이에 따라 고위험 비우량 모기지 대출을 늘리게 되었다. 이 과정에서 주택 부문으로 보다 많은 자금이 유입됨으로써 주택 가격 거품을 키웠고, 비우량 모기지 대출로부터 파생된 신종 유가증권들이 다양한 투자자들에 의해 광범위하게 보유되고 유통됨으로써 전체 금융권의 위험은 높아졌다.

정답 해설	① 비우량 모기지 증권으로부터 파생된 신종 유가증권들이 다양한 투자자들에 의해 광범위하게 보유·유통되었다는 두 번째 문단의 내용으로부터, 서브프라임 모기지에 연계된 증권의 투자자는 고수익을 추구하는 일부 투자자에 한정되었을 것이라는 진술이 옳지 않음을 확인할 수 있다.
오답 해설	② 증권화로 인해 보다 안전해졌다는 과신 속에서 과도한 차입을 통해 투자를 크게 늘렸다는 두 번째 문단의 내용과 고위험 모기지 연계 증권에 과도하게 빚을

늘려 투자를 할 경우 금융기관들의 위험은 커질 수밖에 없을 것이라는 추론을 더하면, 증권화가 개별 금융기관의 위험을 낮춰 주는 혁신처럼 보였지만 실제로는 전체 금융권의 위험을 높였을 것이라는 진술이 옳음을 확인할 수 있다.

③ 모기지 대출기관들이 대출 기준을 완화하는 과정에서 비우량 모기지 대출이 늘어났고 이 과정에서 부동산 가격이 상승해 왔다는 두 번째 문단의 내용으로부터, 모기지 채권의 증권화는 보다 많은 자금이 주택 시장에 유입되도록 함으로써 주택 가격의 거품을 키웠을 것이라는 추론이 가능하다.

④ 증권화가 원리금을 돌려받지 못할 위험을 광범위한 투자자들에게 전가할 수 있다는 첫 번째 문단의 내용과 현금화가 어려운 자산을 시장성이 높은 유가증권으로 전환해 준다는 첫 번째 문단의 내용을 결합하면, 부동산 시장과 유동화 증권의 현금화 가능성에 대한 투자자들의 낙관적 전망으로 인해 증권화가 확대되었을 것이라는 추론이 가능하다.

⑤ '정부 주범론'에 따르면, 지역재투자법에 의한 대출 기준 완화, 그리고 '규제 실패론'에 따르면, 부유층과 금융권의 로비에 의한 규제 완화가 금융 위기의 원인이다. 따라서 증권화에 대한 규제를 강화해야 할지 판단하기 위해서는 이러한 규제 완화의 원인이 과연 합리적이고 공정한 판단에 의한 것이었는지 아니면 비합리적이거나 사익에 의해 좌우된 불공정한 판단에 의한 것이었는지 규명할 필요가 있다.

03.

㉠에 포함되는 것으로 보기 어려운 것은?

① 지역재투자법에는 저소득층에 대해 다른 계층보다 집값 대비 대출 한도를 더 높게 설정하도록 유도하는 내용이 있다.

② 서브프라임 모기지 대출의 연체율은 지역의 소득 수준에 상관없이 일반 대출의 연체율보다 높았다.

③ 부동산 가격 거품을 가져온 주된 요인은 주택 가격의 상승보다는 상업용 부동산 가격의 상승이었다.

④ 지역재투자법의 적용을 받는 대출들 중 서브프라임 모기지 대출의 비중은 낮았다.

⑤ 지역재투자법과 유사한 규제가 없는 나라에서도 금융 위기가 발생하였다.

지역재투자법이 금융 위기를 가져왔다는 '정부 주범론'의 주장은 지역재투자법 ⇒ 저소득층 대상 주택담보 대출 확대 ⇒ 전체 금융기관의 대출 기준 완화 ⇒ 주택 가격 거품 ⇒ 부동산 가격 거품 ⇒ 부동산 가격 거품 폭발 ⇒ 금융 위기로 분해될 수 있다. 이 문제는 이러한 연결고리를 전제로 각각의 진술이 '정부 주범론'의 주장을 강화 또는 약화하는지 여부를 판단할 것을 요구한다.

정답 해설 ① 저소득층에 대해 다른 계층보다 집값 대비 대출 한도를 더 높게 설정하도록 유도하는 조항은 저소득층 대상 주택담보 대출을 늘리는 힘으로 작용할 것이므로, '정부 주범론'의 주장은 강화된다. 그러므로 이 선택지는 '정부 주범론'을 반박하는 논거라고 할 수 없다.

오답 해설 ② 두 번째 문단에서 서브프라임 모기지 대출이란 신용 등급이 아주 낮은 사람들을 대상으로 했거나 집값 대비 대출금액이 높아서 원리금 상환 위험이 큰 대출로 정의되었다. 또한 네 번째 문단에서 지역재투자법은 낙후 지역을 대상으로 적용되는 제도라고 정의되었다. 지역의 소득 수준에 상관 없이 서브프라임 모기지 대출의 연체율이 일반 대출의 연체율보다 높았다는 것은 대출받은 계층의 소득 수준이나 지역재투자법 적용 여부와 무관하게 서브프라임 대출이 일반 대출에 비해 더 위험했고 그로 인해 연체율도 높았음을 의미하는 것이므로, 저소득층 대상 주택담보 대출 확대 ⇒ 전체 금융기관의 대출 기준 완화의 연결고리가 약화되며 '정부 주범론'의 주장도 약화된다.

③ 부동산 가격 거품이 주택 가격의 상승보다 상업용 부동산 가격의 상승에 의한 것이라면, 주택 가격 거품 ⇒ 부동산 가격 거품의 연결고리가 약화되며 '정부 주범론'의 주장도 약화된다.

④ 지역재투자법의 적용을 받는 대출들 중 서브프라임 모기지 대출의 비중이 낮았다면, 지역재투자법이 서브프라임 모기지 사태에 대하여 책임이 있다는 주장은 약화될 것이다.

⑤ 지역재투자법과 유사한 규제가 없는 나라에서도 금융 위기가 발생했다면, 지역재투자법 ⇒ 저소득층 대상 주택담보 대출 확대 ⇒ 금융 위기의 연결고리가 약화되며, '정부 주범론'의 주장도 약화된다.

상전이(相轉移)는 아주 많은 수의 입자로 구성된 물리계에서 흔하게 나타나는 현상이다. 물 같은 액체 상태의 물질에 열을 가하면, 그 물질은 밀도가 천천히 감소하다가 어느 단계에 이르면 갑자기 기체 상태로 변하기 시작하면서 밀도가 급격히 감소한다. 이처럼 특정 조건에서 계의 상태가 급격하게 변하는 현상이 상전이다. 1기압하의 물이 0℃에서 얼고 100℃에서 끓듯이 상전이는 특정한 조건에서, 즉 전이점에서 일어난다. 그런데 불순물이 전혀 없는 순수한 물은 1기압에서 온도가 0℃ 아래로 내려가도 얼지 않고 계속 액체 상태에 머무르는 경우가 있다. 응결핵 구실을 할 불순물이 없는 경우 물이 어는점 아래에서도 어느 온도까지는 얼지 않고 이른바 과냉각 상태로 존재할 수 있는 것이다.

더 흥미로운 것은 어는점보다 훨씬 높은 온도에서까지 고체 상태가 유지되는 경우다. 우뭇가사리를 끓여서 만든 우무는 실제로 어는점과 녹는점이 뚜렷이 다르다. 액체 상태의 우무는 1기압에서 온도가 대략 40℃ 이하로 내려가면 응고하기 시작하는 반면, 고체 상태의 우무는 80℃가 되어야 녹는다. 우무 같은 물질의 이런 성질을 '이력 특성'이라고 부른다. 직전에 어떤 상태에 있었는가 하는 '이력'이 현재 상태에 영향을 준다는 의미에서 붙인 이름이다. 어는점과 녹는점이 사실상 똑같이 0℃인 물의 경우는 이에 해당하지 않지만, 많은 물질의 상전이 현상에서 이력 특성이 나타난다.

경제학자인 캠벨과 오머로드는 물리학 이론인 상전이 이론을 적용하여 범죄율의 변화 같은 사회 현상을 설명하는 모형을 제시했다. 이 모형은 일종의 유비적 사고를 보여 준다. 그런데 사회가 수많은 개체들과 그것들 간의 상호 작용으로 구성된 계라는 점에서 수많은 입자들과 그것들 간의 상호 작용으로 구성된 물질계와 유사한 구조를 지녔음을 고려한다면, 그것은 임의적인 유비가 아니라 의미 있는 결론을 낳을 만한 시도이다.

두 경제학자는 물질의 상태가 일반적으로 온도와 압력에 의해 영향을 받듯이 한 사회의 범죄율이 대개 그 사회의 궁핍의 정도와 범죄 제재의 강도라는 두 요소에 의해 좌우된다고 가정한다. 재산도 직장도 없는 빈곤한 구성원의 비율이 높을수록 범죄율이 높아지는 반면, 사회가 범죄를 엄중하게 제재할수록 범죄율이 낮아진다는 것이다. 그런데 여러 연구 조사에 따르면 사회적, 경제적 궁핍의 정도가 완화되거나 범죄에 대한 제재가 강화된다고 해서 그 사회의 범죄율이 곧장 감소하지는 않는다. 캠벨과 오머로드는 이와 같은 사실을 설명하기 위해, 물질이 고체, 액체, 기체 같은 특정한 상태에 있을 수 있는 것처럼 사회도 높은 범죄율 상태와 낮은 범죄율 상태에 있을 수 있다고 가정한다.

〈그림 1〉　　　　　　　　　　　　　〈그림 2〉

　　〈그림 1〉과 〈그림 2〉에서 각각 아래쪽의 실선은 낮은 범죄율 상태를 나타내고 위쪽의 실선은 높은 범죄율 상태를 나타낸다. 예를 들어 〈그림 1〉에서 사회가 점 A에 해당하는 상태에 있다면 이 사회는 낮은 범죄율 상태에 있는 것이고, 이 경우 사회의 궁핍도가 어느 정도 더 커져도 범죄율은 별로 증가하지 않는다. 하지만 궁핍이 더 심해져 B 지점에 이르면 궁핍이 조금만 더 심화되어도 범죄율의 급격한 상승, 즉 그림의 점선 부분에 해당하는 상전이가 일어나게 된다. 또 사회가 C처럼 높은 범죄율 상태에 있을 경우 궁핍의 정도가 완화되어도 범죄율은 완만하게 감소할 뿐이지만, D 지점에 도달해 있는 경우 궁핍의 정도가 조금만 줄어도 범죄율이 급격히 감소하는 또 한 번의 상전이가 일어나게 된다. 이와 같은 범죄율의 변화는 이력 특성을 보여준다. 다시 말해, 사회의 궁핍도에 대한 정보만으로는 범죄율을 추정할 수 없고, 그것이 직전에 높은 범죄율 상태였는지 낮은 범죄율 상태였는지에 대한 정보가 필요하다.

　　중요한 것은 이들이 제시한 모형이 실제 통계 자료에 나타난 사회 현상을 잘 설명해 준다는 점이다. 이는 한 사회의 범죄 제재 강도와 범죄율의 상관관계에 대해서도 마찬가지다. 사회의 궁핍도를 비롯한 다른 조건이 동일한 상황에서, 범죄에 대한 사회적 제재의 강도가 변하는 경우 범죄율은 〈그림 2〉와 같은 형태로 이력 특성을 포함한 상전이의 패턴을 나타낸다.

04.

위 글의 견해가 <u>아닌</u> 것은?

① 한 사회의 특성은 특정 조건에서는 다른 조건에서와 달리 급격하게 변화한다.
② 물리적 현상을 설명하는 이론을 응용하여 사회 현상을 설명하는 것이 가능하다.
③ 유비적 사고의 타당성은 유비를 통해 연결되는 두 대상의 구조가 서로 유사할 때 강화

된다.

④ 한 계의 상태가 어떤 조건에서 급격한 변화를 나타낼 것인지는 계를 구성하는 요소의 종류와 무관하게 결정된다.

⑤ 하나의 계가 드러내는 특성은 현재 그것을 제약하는 변수들만으로 결정되지 않고 그것이 지나온 역사적 경로에 의해서 좌우될 때가 많다.

<table>
<tr><td>문항 성격</td><td>문항유형 : 정보의 확인과 재구성</td></tr>
<tr><td></td><td>내용영역 : 과학기술</td></tr>
<tr><td>평가 목표</td><td>이 문항은 제시문 전체의 대의와 세부 내용을 파악하는 능력을 평가한다.</td></tr>
<tr><td>문제 풀이</td><td>정답 : ④</td></tr>
</table>

제시문은 상전이(相轉移, phase transition)라는 물리적 현상을 사회 현상에 유비적으로 적용하고, '이력 특성'과 같은 상전이 이론의 특정 요소를 역시 사회 현상을 설명하는 데 응용하는 시도를 서술하고 있다. 제시문에 서술된바, 상전이는 한 계의 상태가 특정한 조건에서 급격한 양상으로 변화하여 다른 상(相, phase)으로 전이하는 변화를 뜻한다. 물리계에서 대표적인 예는 물이 1기압하 0℃에서 얼고 100℃에서 끓는 것이다. 제시문에 나타난 다른 예는 우무(혹은 한천)가 40℃ 부근에서 얼고 80℃ 부근에서 녹는 것이다. 어는 것과 녹는 것은 동일한 사태를 단지 상반된 방향에서 기술하는 것처럼 생각될 수 있지만, 우무의 경우는 액체 상태의 우무가 고체 상태로 상전이하는 조건(40℃)과 고체 상태의 우무가 액체 상태로 상전이하는 조건(80℃)이 뚜렷이 다를 수 있음을 보여준다. 이것은 예컨대 50℃ 조건의 우무가 고체인지 액체인지 현재의 온도만으로는 알 수 없고 그것이 직전에 어떤 상태에 있었는가 하는 이른바 '이력'에 따라 결정된다는 '이력 특성'의 한 예가 된다.

정답 해설 ④ 제시문에서 이와 같은 의미를 담은 서술은 찾아볼 수 없을 뿐만 아니라 이 선택지의 내용은 제시문의 내용과 상충한다. 한 계가 어떤 조건에서 급격한 상태 변화, 즉 상전이를 나타낼 것인지는 "계를 구성하는 요소의 종류와 무관하게"가 아니라 그 계가 어떤 요소들로 구성되어 있는가에 따라 결정된다. 이는 제시문에 나타난 대표적인 예인 물과 우무 두 가지만 비교해 보더라도 분명히 드러난다.

오답 해설 ① 제시문은 상전이에 대한 이론을 사회 현상에 적용하는 캠벨-오머로드 모형이 실제 현상에 대한 설명력을 지닌 유의미한 시도라고 주장하고 있다. 이 모형에서 한 사회의 범죄율은 궁핍도의 '특정한 지점에서' 급격히 상승하며, 이는 '다른 조건이 아니라 특정 조건에서 급격한 변화가 나타나는' 상전이의 핵심적인 특징이다.

② 위의 선택지 ①에 대한 해설에 서술된 것처럼 제시문은 물리적 현상을 설명하는 이론인 상전이 이론을 응용하여 사회 현상을 설명하는 캠벨-오머로드의 시도가 실질적인 설명력을 지녔다고 서술한다. 특히 마지막 문단의 "이들이 제시한 모형이 실제 통계 자료에 나타난 사회 현상을 잘 설명해 준다."에서 확인할 수 있다.

③ 세 번째 문단에서 제시문은 "이 모형은 일종의 유비적 사고를 보여준다. 그런데 사회가 수많은 개체들과 그것들 간의 상호 작용으로 구성된 계라는 점에서 수많은 입자들과 그것들 간의 상호 작용으로 구성된 물질계와 유사한 구조를 지녔음을 고려한다면, 그것은 임의적인 유비가 아니라 의미 있는 결론을 낳을 만한 시도이다."라고 말함으로써 한 종류의 대상에 대한 이론을 그것과 다른 종류의 대상에 적용하는 유비적 사고가 항상 타당한 것이 아니라 '두 대상 영역 간의 구조적 유사성'이라는 조건이 갖춰질 때 유의미한 것이 된다는 생각을 명시한다.

⑤ "하나의 계가 드러내는 특성은 현재 그것을 제약하는 변수들만으로 결정되지 않고 그것이 지나온 역사적 경로에 의해서 좌우된다."라는 것은 이력 특성의 정의에 해당한다. 제시문은 물질계와 사회에서 이런 이력 특성이 실제로 나타나는 경우들을 예시하고 있다.

05.
위 글에서 알 수 있는 것만을 〈보기〉에서 있는 대로 고른 것은?

보 기

ㄱ. 상전이에서 이력 특성이 나타나지 않는 물질이 과냉각 상태의 액체로 존재할 수 있다.

ㄴ. 이력 특성을 갖는 물질은 온도와 압력을 알아도 그 물질의 상태를 알 수 없는 경우가 있다.

ㄷ. 불순물이 전혀 포함되지 않은 순수한 물에서는 온도 변화에 따른 상전이 현상이 일어나지 않는다.

① ㄴ   ② ㄷ   ③ ㄱ, ㄴ   ④ ㄱ, ㄷ   ⑤ ㄱ, ㄴ, ㄷ

문항 성격	문항유형 : 정보의 확인과 재구성
	내용영역 : 과학기술
평가 목표	이 문항은 제시문에 나타난 세부 내용을 파악하는 능력을 평가한다.
문제 풀이	정답 : ③

〈보기〉 해설   ㄱ. 제시문의 첫 번째 문단에서 '과냉각' 상태는 물이 1기압에서 그것의 어는점인
0℃보다 낮은 온도에서도 얼지 않고 액체 상태를 유지하는 경우를 들어 예시
되었다. 그리고 두 번째 문단은 물이 "어는점과 녹는점이 사실상 똑같은" 경우
로 이력 특성를 보이지 않는다고 말하고 있다. 따라서 제시문의 핵심 사례 중
하나인 물은 바로 "상전이에서 이력 특성이 나타나지 않는 물질이 과냉각 상태
의 액체로 존재"하는 경우에 해당한다.

ㄴ. 이는 제시문이 서술하고 있는 핵심 개념 가운데 하나인 '이력 특성'의 의미에
해당한다. 예를 들어 이력 특성을 나타내는 우무의 경우 1기압, 50℃라는 조건
이 알려져도 그것이 액체 상태인지 고체 상태인지 알 수 없다. 그 직전 상태에
대한 정보가 주어져 있지 않기 때문이다.

ㄷ. 제시문에서 물은 고체, 액체, 기체 상태를 넘나드는 상전이 현상의 기본 사례로
소개되었다. 제시문에 서술된 것은 불순물이 포함되지 않은 물이 어는점 아래
에서도 "어느 온도까지는" 과냉각 상태로 존재할 수 있다는 것이지 "온도 변화
에 따른 상전이 현상이 일어나지 않는다"는 것, 즉 "얼지도 끓지도 않는다"는
것이 아니다.

06.
〈그림 2〉에 대한 분석으로 옳지 않은 것은?

① E 상태에서 범죄에 대한 제재가 어느 정도 강화되더라도 범죄율의 변화는 미미할 것
이다.
② F 상태에서 범죄에 대한 제재를 조금 더 강화하면 범죄율은 급감할 것이다.
③ G 상태에서 범죄에 대한 제재가 조금 더 약해질 경우 범죄율이 급증할 소지가 있다.
④ α는 높은 범죄율 사회를 낮은 범죄율 사회로 변화시킬 수 있는 제재의 강도에 해당한다.
⑤ 범죄에 보다 더 강한 제재가 가해지는 사회에서 범죄율은 낮은 상태를 유지할 것이다.

문항 성격	문항유형 : 정보의 확인과 재구성
	내용영역 : 과학기술
평가 목표	이 문항은 제시문의 예시와 설명을 토대로 유사한 형태의 다른 그래프를 분석하는 능력을 평가한다.
문제 풀이	정답 : ④

제시문은 〈그림 1〉을 바탕으로 사회의 궁핍도와 범죄율의 관계를 서술한 뒤에 범죄 제재의 강도와 범죄율 간에도 "이력 특성을 포함한 상전이의 패턴"이 나타난다고 말한다. 〈그림 2〉에 〈그림 1〉의 패턴을 적용하여 읽어 보자. 단, 궁핍도와 제재 강도는 범죄율에 상반된 방향의 영향을 미치는 변수이므로 두 그래프 사이에는 일종의 대칭 관계가 성립한다. 즉, 높은 범죄율 사회의 범죄율은 제재 강도의 변화에 따라 완만한 변화를 나타내다가 제재 강도가 특정한 수준(그림에서 β보다 조금 낮은 수준)에 도달하면 비로소 급격히 감소하여 낮은 범죄율 사회로 전이하고, 반대로 낮은 범죄율 사회의 범죄율은 제재 강도가 웬만큼 감소하여도 완만하게 상승하는 데 그치다가 G점을 지나게 되면 급격하게 상승하여 높은 범죄율 사회로 전환된다.

그래프에서 보자면 그래프 왼쪽 G 부근의 점선에서 사회는 '낮은 범죄율 사회에서 높은 범죄율 사회로' 상전이하는 반면, 오른쪽 F 부근의 점선에서는 '높은 범죄율 사회에서 낮은 범죄율 사회로' 상전이하며, 거꾸로의 변화는 일어나지 않는다.

정답 해설	④ 높은 범죄율 사회 상태는 F 지점에 이를 때까지 범죄 제재 강도가 증가하여도 낮은 범죄율 상태로 전이하지 않는다. 즉 α 정도의 범죄 제재로는 낮은 범죄율 사회로의 전이가 일어나지 않는다.
오답 해설	① E 상태에서 범죄에 대한 제재가 어느 정도 강화되더라도 범죄율은 아주 조금만 떨어진다.
	② F는 전이가 일어나기 직전의 지점에 해당한다.
	③ G는 낮은 범죄율 상태에서 높은 범죄율 상태로 전이하기 직전의 지점에 해당한다.
	⑤ F에서 범죄 제재 강도가 더 강화되면 사회는 낮은 범죄율 상태로 전이하고, 이런 상태는 범죄 제재 강도가 α 부근 수준으로 약화되지 않는 한 유지될 것이다.

07.

〈보기〉의 ⓐ를 반박할 근거 자료로 가장 적절한 것은?

보 기

A : 캠벨과 오머로드의 모형으로 범죄율의 변화를 설명할 수 있다고 해서 다른 사회 현상
도 비슷한 방식으로 설명되리라고 생각할 이유는 없어. 예를 들어 출산율만 해도 범죄
율과는 전혀 다른 문제지.

B : 아니, 출산율의 변화도 이 모형으로 설명할 수 있어. 자녀 양육 수당이나 다자녀 세금
감면 같은 경제적 유인이 출산율을 증가시키는 반면, 교육비 부담 같은 경제적 압박의
심화는 출산율을 감소시키지. 중요한 것은, ⓐ출산율의 이런 변화에서도 이력 특성이
나타난다는 점이야.

① 실제로 어느 고출산율 사회에서 정부가 육아 지원을 30%나 축소했음에도 불구하고
출산율의 변화는 미미하였다.

② 저출산율 사회를 탈피하게 하는 육아 지원의 규모가 고출산율 사회에서 저출산율 사
회로 이행하는 시점의 육아 지원 규모와 일치하였다.

③ 정부의 육아 보조금 같은 긍정적 요인보다 양육비와 교육비의 증가 같은 부담 요인이
출산율에 훨씬 더 뚜렷한 영향을 미치는 것으로 드러났다.

④ 자녀 양육 수당의 증액은 출산율 변화에 눈에 띄는 영향을 미쳤던 데 반하여 다자녀
세금 감면 혜택의 강화는 출산율에 거의 영향을 미치지 않았다.

⑤ 자녀 교육에 드는 비용의 증대가 출산율의 급격한 변화를 야기한 것으로 나타났지만
그러한 변화를 야기한 교육비 수준은 명확한 금액으로 제시하기 어려웠다.

문항 성격 　문항유형 : 정보의 평가와 적용

　　　　　　　내용영역 : 과학기술

평가 목표 　이 문항은 제시문 내용의 핵심 개념인 '이력 특성'에 대한 이해를 토대로 한 추론 능
　　　　　　　력과 비판 능력을 종합적으로 평가한다.

문제 풀이 　정답 : ②

　출산율의 변화에 이력 특성이 나타난다는 주장을 반박하는 일은 이력 특성과 상충하는 현상을 예
시함으로써 가능하다.

　　우무의 경우를 예로 들어 말하자면 어는점과 녹는점이 다르기 때문에 같은 온도 조건(예를 들
어 50℃)이라 해도 그것이 직전에 고체 상태였다면 고체 상태일 것인 반면, 만일 직전 상태가 액

체였다면 액체 상태일 것이라는 데서 이력 특성이 확인된다.

범죄율과 궁핍도의 관계를 나타낸 그래프에서 보자면, 이력 특성은 범죄율의 급격한 감소를 나타내는 왼쪽 점선과 급격한 증가를 나타내는 오른쪽의 점선이 한참 떨어져 있다는 것으로 나타났다. 만일 두 점선의 위치가 일치한다면 그것은 물질의 경우 어는점과 녹는점이 일치한다는 것, 혹은 범죄율−궁핍도 관계의 경우 현재의 궁핍도를 알면 직전 상태에 대한 정보 없이도 범죄율을 알 수 있다는 것을 의미한다. 그것은 달리 말하자면 이력 특성이 나타나지 않는다는 것이다.

| 정답 해설 | ② 만일 이와 같다면, 육아 지원의 규모에 대한 정보만으로 그 사회가 고출산율 사회일지 저출산율 사회일지 알 수 있게 된다. 즉 이 사회의 출산율 추이는 육아 지원 규모와의 관계에서 이력 특성을 나타내지 않는 것이다. 따라서 이런 증거는 ⓐ의 주장을 반박하는 근거가 된다.

| 오답 해설 | ① 축소된 육아 지원의 수준이 상전이의 조건과 일치하지 않음을 뜻할 뿐, 다른 함의는 없다.
③ 이력 특성과 무관한 서술이다.
④ 이력 특성과 무관한 서술이다.
⑤ 상전이가 나타나는 조건, 즉 전이점을 명확히 정의하기 어려웠다는 것일 뿐 이력 특성의 존재 여부와는 무관한 서술이다.

[08~10] 다음 글을 읽고 물음에 답하시오.

쾌락주의는 모든 쾌락이 그 자체로서 가치가 있으며 쾌락의 증가와 고통의 감소를 통해 최대의 쾌락을 산출하는 행위를 올바른 것으로 간주하는 윤리설이다. 쾌락주의에 따르면 쾌락만이 내재적 가치를 지니며, 모든 것은 이러한 쾌락을 기준으로 가치 평가되어야 한다. 쾌락주의는 고대의 에피쿠로스에 의해서는 개인의 쾌락을 중시하는 이기적 쾌락주의로, 근대의 벤담과 밀에 의해서는 사회 전체의 쾌락을 중시하는 ㉠ 쾌락주의적 공리주의로 체계화되었다.

그런데 쾌락주의자는 단기적이고 말초적인 쾌락만을 추구함으로써 결국 고통에 빠지게 된다는 오해를 받기도 한다. 하지만 쾌락주의적 삶을 순간적이고 감각적인 쾌락만을 추구하는 방탕한 삶과 동일시하는 것은 옳지 않다. 쾌락주의는 일시적인 쾌락의 극대화가 아니라 장기적인 쾌락의 극대화를 목적으로 하므로 단기적, 말초적 쾌락만을 추구하는 것은 아니다. 예를 들어 사회적 성취가 장기적으로 더 큰 쾌락을 가져다준다면 쾌락주의자는 단기적 쾌락보다는 사회적 성취를 우선적으로 추구한다.

또한 쾌락주의는 쾌락 이외의 것은 모두 무가치한 것으로 본다는 오해를 받기도 한다. 하지만 쾌락주의가 쾌락만을 가치 있는 것으로 보는 것은 아니다. 세상에는 쾌락 말고도 가치 있는 것들이 있으며, 심지어 고통조차도 가치 있는 것으로 볼 수 있다. 발이 불구덩이에 빠져서 통증을 느껴 곧바로 발을 빼낸 상황을 생각해 보자. 이때의 고통은 분명히 좋은 것임에 틀림없다. 만약 고통을 느끼지 못했다면, 불구덩이에 빠진 발을 꺼낼 생각을 하지 못해서 큰 부상을 당했을 수도 있기 때문이다. 물론 이때 고통이 가치 있다는 것은 도구적인 의미에서 그런 것이지 그 자체가 목적이라는 의미는 아니다.

쾌락주의는 고통을 도구가 아닌 목적으로 추구하는 것을 이해할 수 없다고 본다. 금욕주의자가 기꺼이 감내하는 고통조차도 종교적 · 도덕적 성취와 만족을 추구하기 위한 도구인 것이지 고통 그 자체가 목적인 것은 아니기 때문이다. 대부분의 세속적 금욕주의자들은 재화나 명예와 같은 사회적 성취를 위해 당장의 쾌락을 포기하며, 종교적 금욕주의자들은 내세의 성취를 위해 현세의 쾌락을 포기하는데, 그것이 사회적 성취이든 내세적 성취이든지 간에 모두 광의의 쾌락을 추구하고 있는 것이다.

쾌락주의가 여러 오해로 인해 부당한 비판을 받고 있는 것은 사실이지만 그렇다고 쾌락주의가 어떠한 비판으로부터도 자유로운 것은 아니다. 쾌락주의는 쾌락의 정의나 쾌락의 계산 등과 관련하여 문제점을 갖고 있다. 쾌락의 원천은 다양한데, 과연 서로 다른 쾌락을 같은 것으로 볼 수 있는가? 가령 식욕의 충족에서 비롯된 쾌락과 사회적 명예의 획득에서 비롯된 쾌락은 같은 것인가? 이에 대해 벤담은 이 쾌락들이 질적으로 동일하며 양적으로 다를 뿐이라고 대답함으로써 쾌락주의의 입장을 일관되게 유지할 수 있었으나, 저급한 돼지의 쾌락과 고차원적인 인간의 쾌락을 동일시하여 결국 돼지와 인간을 동등한 존재로 간주하였다는 점에서 비쾌락주의자로부터 '돼지의 철학'이라고 비판받았다. 밀은 만족한 돼지보다 불만족한 인간이 더 낫고, 만족한 바보보다는 불만족한 소크라테스가 더 낫다고 주장하면서 쾌락의 질적 차이를 인정했다. 그런데 이 입장을 취하게 되면, 이질적인 쾌락을 어떻게 서로 비교할 수 있는가 하는 계산의 문제가 발생한다. 밀은 이질적인 쾌락이라고 해도 양자를 모두 경험한 다수의 사람이 선호하는 쾌락을 고급 쾌락이라고 하면서 저급 쾌락과 고급 쾌락을 구분하였다. 인간은 자유롭고 존엄한 삶을 추구하는 존재인데, 이러한 자유와 존엄성의 실현에 기여하는 고급 쾌락이 더 바람직하다는 것이다. 하지만 이와 관련하여 후대의 다른 쾌락주의자들은 ⓒ 밀이 쾌락주의의 입장을 저버렸다는 비판을 하기도 하였다.

08.

위 글에 나타난 쾌락주의의 입장이 <u>아닌</u> 것은?

① 고통은 그 자체로서 목적적 가치를 지닌 것은 아니다.
② 단기적이고 말초적인 쾌락은 내재적 가치를 지니지 않는다.
③ 쾌락이 아닌 다른 것도 도구적 의미에서 가치를 지닐 수 있다.
④ 금욕주의자가 고통을 감내하는 것도 결국은 쾌락을 위한 것이다.
⑤ 두 행위 중 결과적으로 더 큰 쾌락을 산출하는 행위가 옳은 것이다.

문항 성격	문항유형 : 정보의 확인과 재구성
	내용영역 : 인문
평가 목표	이 문항은 제시문에 나타난 쾌락주의에 관한 세부 내용을 파악하는 능력을 평가한다.
문제 풀이	정답 : ②

제시문의 전체 내용을 읽고 거기에 나타난 쾌락주의의 입장을 세부적으로 파악한 후에 선택지에서 쾌락주의의 입장이 아닌 것을 고르면 된다.

정답 해설 ② 쾌락주의는 모든 쾌락이 내재적 가치를 지닌다고 본다. 따라서 단기적이고 말초적인 쾌락도 내재적 가치를 가진다는 입장이다.

오답 해설 ①과 ③ "고통이 가치 있다는 것은 도구적인 의미에서 그런 것이지 그 자체가 목적이라는 의미는 아니다."라는 진술 등에서 고통은 도구적 의미여서 가치를 가지는 것이지 그 자체로서 목적적 가치를 가진 것이 아니라는 입장을 확인할 수 있다.

④ 금욕주의자가 추구하는 쾌락이 "그것이 사회적 성취이든 내세적 성취이든지 간에 모두 광의의 쾌락을 추구하고 있는 것이다."라는 진술에서 금욕주의자가 감내하는 고통도 결국은 쾌락을 위한 것이라고 해석하고 있음을 확인할 수 있다.

⑤ 쾌락주의는 "최대의 쾌락을 산출하는 행위를 올바른 것으로 간주하는 윤리설이다."고 했으므로 쾌락주의자는 두 행위 중 어떤 행위가 결과적으로 더 큰 쾌락을 산출한다면 그것이 옳은 행위라고 볼 것이다.

09.

㉠의 입장에서 〈보기〉에 대해 제시할 수 있는 견해로 가장 적절한 것은?

보 기

쾌락주의는 사디스트가 쾌락을 얻기 위해 가학적 행위를 하는 것도 옳다고 보기 때문에 문제가 있다.

① 사디스트의 가학적 행위는 그 동기가 나쁘기 때문에 그른 것이다.
② 사디스트의 가학적 행위는 그 자신의 쾌락을 증진해 주기 때문에 옳은 것이다.
③ 사디스트의 가학적 행위는 그로 인한 피해의 발생 여부와 관계없이 그 자체로 그른 것이다.
④ 사디스트가 가학적 행위로 얻는 쾌락은 타인에게 고통을 주기 때문에 그 자체로서 가치를 지닌 것이 아니다.
⑤ 사디스트가 가학적 행위로 얻는 쾌락보다 그로 인한 희생자의 고통이 더 클 경우에 가학적 행위는 그른 것이다.

문항 성격　문항유형 : 의도, 관점, 입장 파악
　　　　　　　내용영역 : 인문

평가 목표　이 문항은 제시문에 나타난 쾌락주의적 공리주의의 입장에서 이에 반대하는 입장에 대해 어떤 태도를 취할 수 있는지 판단하는 능력을 평가한다.

문제 풀이　정답 : ⑤

제시문에 나타난 쾌락주의적 공리주의의 입장을 파악한 후에 그 입장에서 〈보기〉의 주장에 대해 제시할 수 있는 견해로 적절한 것을 고르면 된다.

　정답 해설　⑤ 첫 번째 문단에서 알 수 있듯이 '쾌락주의적 공리주의'는 사회 전체의 최대 쾌락을 중시하는 윤리적 입장이다. 따라서 쾌락주의적 공리주의는 사디스트가 가학적 행위를 통해 얻는 쾌락뿐만 아니라 가학적 행위의 희생자가 얻게 되는 고통도 함께 고려하여 쾌락과 고통 중에서 고통이 더 크다면 가학적 행위를 그른 것으로 볼 것이다. 그러므로 ⑤는 쾌락주의적 공리주의의 견해로 적절하다.

　오답 해설　① 쾌락주의적 공리주의는 사디스트의 가학적 행위를 평가할 때 그 행위의 동기를 기준으로 옳은가 그른가를 따지는 것이 아니라, 그 행위가 산출하는 결과를 기준으로 옳은가 그른가를 따진다. 즉, 쾌락주의적 공리주의는 동기주의가 아니라

결과주의의 입장을 취한다. 따라서 ①번은 쾌락주의적 공리주의의 견해로 적절하지 않다.

② 쾌락주의적 공리주의는 이기주의와는 달리 자신의 쾌락이 아니라 사회 전체의 쾌락을 기준으로 옳은가 그른가를 따진다. 그런데 ②번은 자신의 쾌락을 기준으로 가치 평가를 내리고 있기 때문에 쾌락주의적 공리주의의 견해로 적절하지 않다.

③ 쾌락주의적 공리주의는 어떤 행위가 산출하는 쾌락과 고통을 모두 고려하여 그 행위에 대한 도덕적 가치 평가를 내린다. 그런데 ③번은 피해의 발생 여부를 따지지 않고 가치 평가를 내리기 때문에 쾌락주의적 공리주의의 견해로는 적절하지 않다.

④ 쾌락주의적 공리주의는 모든 쾌락이 내재적 가치를 지닌다고 본다. 따라서 가학적 행위를 통해서 얻은 쾌락이라고 할지라도 쾌락 그 자체는 가치가 있다고 본다. 따라서 ④번은 쾌락주의적 공리주의의 견해로 적절하지 않다.

10.

위 글의 내용으로 미루어 볼 때, ⓛ의 이유로 가장 적절한 것은?

① 밀은 쾌락이 도구적 가치를 지닌다는 입장을 포기하였다.
② 밀은 도덕적 가치 평가에서 쾌락 이외의 다른 기준을 도입하였다.
③ 밀은 쾌락의 원천이 단일하지 않고 다양하다는 점을 인정하였다.
④ 밀은 모든 쾌락을 하나의 기준으로 환원하여 계산할 수 있다고 보았다.
⑤ 밀은 질적 차이가 있는 쾌락을 서로 비교하여 평가할 수 없다고 보았다.

문항 성격	문항유형 : 정보의 평가와 적용
	내용영역 : 인문
평가 목표	이 문항은 쾌락주의를 표방하는 밀에 대하여 쾌락주의를 저버렸다는 비판을 정당화하기 위한 근거를 제시하는 능력을 평가한다.
문제 풀이	정답 : ②

다른 쾌락주의자들이 밀에 대해서 밀이 쾌락주의를 저버렸다고 비판하는데, 그 이유가 무엇인지

를 제시문의 내용을 바탕으로 추론하면 된다.

정답 해설 ② 첫 번째 문단의 "모든 것은 이러한 쾌락을 기준으로 가치 평가되어야 한다."에 나와 있듯이 쾌락주의는 모든 가치 평가의 기준을 '쾌락'으로 삼는 입장이다. 그런데 다섯 번째 문단의 "이러한 자유와 존엄성의 실현에 기여하는 고급 쾌락이 더 바람직하다는 것이다."에서 알 수 있듯이 밀은 '자유'와 '존엄성'이라는 또 다른 가치를 기준으로 저급 쾌락과 고급 쾌락을 구분하면서 고급 쾌락이 더 바람직하다고 도덕적 가치 평가를 내리고 있다. 즉, 밀은 쾌락 이외의 또 다른 기준을 도입하여 도덕적 가치 평가를 내리고 있는 것이다. 그래서 ⓛ의 내용처럼 후대의 다른 쾌락주의자들이 밀을 쾌락주의의 입장을 저버렸다고 비판하는 것이다. 따라서 ⓛ의 이유로 가장 적절한 것은 ②이다.

오답 해설 ① 제시문에서 밀은 쾌락이 도구적 가치를 지닌다는 주장을 한 적도 없기 때문에 밀이 그러한 입장을 포기하였다는 ①의 진술은 제시문의 내용과 일치하지 않는다. 따라서 ①은 밀이 쾌락주의의 입장을 저버렸다는 비판의 근거로 적절하지 않다.

③ 제시문에서 밀이 쾌락의 원천은 단일하지 않고 다양하다는 점을 인정한 것은 사실이지만 그렇다고 해서 이것을 쾌락주의의 입장을 포기했다고 볼 수는 없다. 쾌락의 원천의 다양성을 인정한 것과 쾌락주의의 입장은 양립 가능하다. 따라서 ③의 내용은 밀이 쾌락주의의 입장을 저버렸다는 비판의 근거로 적절하지 않다.

④ 제시문에서 모든 쾌락을 하나의 기준으로 환원하여 계산할 수 있다고 주장한 사람은 벤담이지 밀이 아니다. 밀은 쾌락의 질적 차이를 인정했기 때문에 모든 쾌락을 하나의 기준으로 환원하여 계산할 수 없다고 보았다. 그리고 설사 모든 쾌락의 양적 환원을 통한 계산 가능성을 주장했다고 할지라도 이것은 쾌락주의의 입장을 강화하는 것이지 그것을 저버리는 것은 아니다. 따라서 ④의 내용은 밀이 쾌락주의의 입장을 저버렸다는 비판의 근거로 적절하지 않다.

⑤ 다섯 번째 문단의 "밀은 이질적인 쾌락이라고 해도 양자를 모두 경험한 다수의 사람이 선호하는 쾌락을 고급 쾌락이라고 하면서 저급 쾌락과 고급 쾌락을 구분하였다."에서 알 수 있듯이 밀은 쾌락을 비교하여 평가할 수 있다고 하였으므로 ⑤는 제시문의 내용과 일치하지 않는다. 따라서 ⑤는 밀이 쾌락주의의 입장을 저버렸다는 비판의 근거로 적절하지 않다.

우리나라 「독점규제 및 공정거래에 관한 법률」 (이하 '공정거래법')상의 '부당한 공동행위'는 카르텔 혹은 담합이라고 불리는데, 공정거래법에서 가장 핵심적으로 규제하는 행위이다. 경쟁 사업자들이 가격이나 품질 면에서 경쟁하기보다는 담합하여 부당하게 가격을 올릴 경우 시장 기능의 정상적인 작동을 방해하고 소비자의 이익을 저해하기 때문이다. 공정거래법상의 '부당한 공동행위' 규제 제도는 미국의 카르텔 규제 제도의 영향을 주로 받아 왔다.

미국에서 판례법으로 형성된 카르텔 규제 법리는 '당연 위법의 원칙'과 '합리성의 원칙'으로 나뉜다. '당연 위법의 원칙'은 가격 합의와 같이 부당하게 경쟁을 제한하는 거래 제한 행위가 발생했을 때, 그 목적이나 경제적인 효과에 대한 면밀한 분석 없이 그 자체로 위법하다고 판단하는 원칙이다. 전통적으로 가격 담합, 물량 담합, 입찰 담합, 시장 분할 등이 '당연 위법의 원칙'이 적용되는 행위로 인정되어 왔다. 반면, '합리성의 원칙'은 거래 제한의 목적이나 의도, 경쟁에 미치는 긍정적 효과나 부정적 효과 등을 면밀히 검토한 다음 이를 종합적으로 고려하여 개별적으로 위법 여부를 판단하는 원칙이다. '합리성의 원칙'은 그 자체만으로는 부당성 여부를 판단하기 어려운 합작 투자 협정이나 공동 연구 개발 협정과 같은 행위에 적용될 수 있다.

어떤 행위에 대해 '당연 위법의 원칙'을 적용한다면, 법을 집행하는 정부나 거래 제한으로 인해 피해를 입은 당사자인 원고가 경쟁에 미치는 부정적인 효과를 입증하거나 시장 점유율 등의 시장 지배력을 입증할 필요가 없어, 사법적 자원이 절약될 수 있다. 정부나 원고는 '당연 위법의 원칙'이 적용되지 않는 나머지 유형의 행위에 대해서만 '합리성의 원칙'을 적용하여 그 위법성을 엄밀히 입증하면 된다. 이와 같은 이분법적 구분은 거래 제한의 부당성에 대한 심사 방식을 유형화함으로써 위법성 판단에 대한 뚜렷한 기준을 제시해 주므로 법 집행의 효율성과 예측 가능성을 높여준다.

'당연 위법의 원칙'은 판례법주의를 취하고 있는 미국에서 법적 판단의 기본이 되는 '합리성의 원칙'에 근거한 법 집행 과정을 거치면서 귀납적으로 발전해 나온 것이다. 일정한 유형의 행위들은 거의 예외 없이 위법한 것으로 판단되기 때문에 복잡한 심사 없이 당연히 위법한 것으로 취급하는 것이 바람직하다고 본 것이다. 이 과정에서 예외적인 판단의 오류가 있을 수 있으나, 이는 '합리성의 원칙'에 따라 모든 행위를 분석하는 데 소요되는 막대한 비용을 감안할 때 충분히 감수할 수 있는 것으로 보았다.

성문법주의를 취하고 있는 우리나라는 공정거래법에서, 사업자는 계약·협정·결의 기타 어떠한 방법으로도 다른 사업자와 공동으로 '부당하게 경쟁을 제한'하는 가격의 결정·유지 또는 변경 등과 같은 일정한 행위를 할 것을 합의('부당한 공동행위')해서는 안 되는 것으로 규정하고 있다. 이 경우, 공정거래법 규정의 해석을 통해 미국에서처럼 특정 행위에 대해 '당연 위법의 원칙'을 적용하여 면밀한 검증 없이도 그 위법성을 판단하는 것이 가능한지의 문제가 발생한다. 우리나라의 법 실무에서는 사업자들의 어떤 공동 행위가 '부당한 공동행위'에 해당하는지 여부를 판단할 때 '부당하게 경쟁을 제한하는'이라는 법률요건에 따라 경쟁 제한성을 가지는지 여부를 개별적으로 판단하고 있다. 이는 공정거래법의 규정상 불가피한 것으로 볼 수 있다.

그렇다면 우리나라에서는 미국의 이원적 심사 방식의 장점을 취할 여지가 없는가? 우리나라에서도 사업자들의 공동 행위를 가격 담합 등 명백히 경쟁 제한 효과만을 발생시키는 경성(硬性) 공동 행위와 시장의 경제적 효율성 증대 효과와 경쟁 제한 효과를 동시에 발생시키는 연성(軟性) 공동 행위의 두 유형을 구분하기도 한다. 법 실무에서 공정거래법을 적용할 때, 경성 공동 행위에 대해서는 시장 점유율 분석과 같은 간단한 입증 방식만으로 경쟁 제한성을 판단하지만, 연성 공동 행위에 대해서는 보다 복잡한 분석을 통한 엄격한 입증 방식을 채택하는 경향이 있다. 따라서 우리나라에서도 입증의 엄밀성을 달리하는 두 가지 유형의 공동 행위를 구분한다는 점에서 미국식 카르텔 규제의 이원적 심사 방식을 어느 정도 변형하여 수용하는 것으로 볼 수 있다.

11.

위 글에 제시된 미국의 카르텔 규제 법리의 특성으로 옳지 <u>않은</u> 것은?

① 법 집행의 예측 가능성을 높여준다.
② 이원적 심사 방식으로 구성되어 있다.
③ 판례법주의에 기초한 귀납적 결과물이다.
④ 법 집행 시 전체적으로 비용의 소요가 많아진다.
⑤ 정부는 위법성에 대한 입증 책임을 상대적으로 적게 진다.

문항 성격	문항유형 : 정보의 확인과 재구성
	내용영역 : 법·규범
평가 목표	이 문항은 제시문에 소개된 주요 내용에 대한 이해 능력을 평가한다.
문제 풀이	정답 : ④

제시문에서 소개하고 있는 미국의 카르텔 규제 법리의 유래, 내용 및 특징에 대해 세부적인 내용

을 정확하게 파악하는 것이 관건이다.

정답 해설 ④ 미국의 카르텔 규제 법리는 '당연 위법의 원칙'의 경우에 특정 행위 유형에 대해 별도의 분석 없이 그 자체로 위법으로 평가하므로 해당 행위의 분석에 소요되는 비용을 줄일 수 있는 등의 법 집행의 효율성을 높여준다고 볼 수 있다.

오답 해설 ① 제시문에서 "이와 같은 이분법적 구분은 거래 제한의 부당성에 대한 심사 방식을 유형화함으로써 위법성 판단에 대한 뚜렷한 기준을 제시해 주므로 법 집행의 효율성과 예측 가능성을 높여준다."고 서술하고 있다.

② 제시문에서 "미국에서 판례법으로 형성된 카르텔 규제 법리는 '당연 위법의 원칙'과 '합리성의 원칙'으로 나뉜다."고 서술하고 있듯이 이원적 심사 방식으로 구성되어 있다.

③ 제시문에서 "'당연 위법의 원칙'은 판례법주의를 취하고 있는 미국에서 법적 판단의 기본이 되는 '합리성의 원칙'에 근거한 법 집행 과정을 거치면서 귀납적으로 발전해 나온 것이다."고 서술하고 있다.

⑤ 제시문에서 "어떤 행위에 대해 '당연 위법의 원칙'을 적용한다면, 법을 집행하는 정부나 거래 제한으로 인해 피해를 입은 당사자인 원고가 경쟁에 미치는 부정적인 효과를 입증하거나 시장 점유율 등의 시장 지배력을 입증할 필요가 없어, 사법적 자원이 절약될 수 있다."고 서술하고 있다.

12.

위 글을 바탕으로 추론한 것으로 적절하지 <u>않은</u> 것은?

① '당연 위법의 원칙'은 '합리성의 원칙'보다 시장 경제의 효율성을 더 고려한다.
② '당연 위법의 원칙'의 적용은 법 집행 기관의 자의적 판단의 가능성을 줄여 준다.
③ '당연 위법의 원칙'은 '합리성의 원칙'보다 경제적 환경 변화에 따른 유연성이 부족하다.
④ '당연 위법의 원칙'은 '합리성의 원칙'에서라면 합법으로 판단할 행위를 위법으로 판단할 우려가 있다.
⑤ '당연 위법의 원칙'의 배경에는, 일반적으로 가격 담합 같은 행위가 합작 투자 협정 같은 경우보다 시장에 미치는 해악 여부가 분명히 드러난다는 판단이 깔려 있다.

문항유형 : 정보의 추론과 해석

내용영역 : 법·규범

이 문항은 제시문에서 소개하고 있는 주요 내용과 개념으로부터 새로운 정보를 추론하는 능력을 평가한다.

정답 : ①

'당연 위법의 원칙'은 특정 행위 유형에 대해 그 자체로 위법한 것으로 판단한다는 점을 중심으로 제시문의 정보들을 종합적으로 활용하여 추론을 해야 한다.

① 제시문에서 보듯이 "'당연 위법의 원칙'은 가격 합의와 같이 부당하게 경쟁을 제한하는 거래 제한 행위가 발생했을 때, 그 목적이나 경제적인 효과에 대한 면밀한 분석 없이 그 자체로 위법하다고 판단하는 원칙"이며, "'합리성의 원칙'은 거래 제한의 목적이나 의도, 경쟁에 미치는 긍정적 효과나 부정적 효과 등을 면밀히 검토한 다음 이를 종합적으로 고려하여 개별적으로 위법 여부를 판단하는 원칙"이다. 따라서 '당연 위법의 원칙'보다 '합리성의 원칙'에서 시장 경제의 효율성을 더 고려한다. 설령 '당연 위법의 원칙' 자체가 시장 경제의 효율성을 고려한 것으로 보더라도 '합리성의 원칙'보다 더 이를 고려한 것이라고 볼 수는 없다.

② '당연 위법의 원칙'은 특정 행위에 대해 그 자체로서 위법으로 하고 있으므로 '합리성의 원칙'과 같이 다양한 요소들에 대해 복잡한 심사 과정에서 발생할 수 있는 법 집행 기관의 자의적 판단의 가능성을 줄여 준다.

③ '당연 위법의 원칙'은 특정 행위에 대해 그 자체로서 위법으로 하고 있고, '합리성의 원칙'은 거래 제한의 목적이나 의도, 경쟁에 미치는 긍정적 효과나 부정적 효과 등을 면밀히 검토한 다음 이를 종합적으로 고려하여 개별적으로 위법 여부를 판단하고 있다는 대목에서 알 수 있듯이, '당연 위법의 원칙'은 일률적으로 판단함에 따라 경제적 환경 변화에 따른 유연성이 여러 사정들을 종합적으로 고려하여 개별적으로 판단하는 '합리성의 원칙'보다 부족하다.

④ '당연 위법의 원칙'은 일정한 유형의 행위에 해당할 경우에 그 자체로서 위법한 것으로 보기 때문에, 개별 사안마다 다양한 요소들에 대한 면밀한 심사를 거친 후에 이를 종합적으로 고려하여 개별적으로 위법 여부를 판단하는 '합리성의 원칙'에서 합법으로 판단할 수도 있는 행위를 위법으로 판단할 우려가 있다. 제시문에서도 "일정한 유형의 행위들은 거의 예외 없이 위법한 것으로 판단되기 때문에 복잡한 심사 없이 당연히 위법한 것으로 취급하는 것이 바람직하다고 본 것이다. 이 과정에서 예외적인 판단의 오류가 있을 수 있으나"라고 하여 이

에 대해 서술하고 있다.

⑤ 카르텔 규제 법리는 시장 기능의 정상적인 작동을 방해하는 행위를 규제하는 법리인데, '당연 위법의 원칙'의 형성 과정에 대해 제시문에서 "일정한 유형의 행위들은 거의 예외 없이 위법한 것으로 판단되기 때문에 복잡한 심사 없이 당연히 위법한 것으로 취급하는 것이 바람직하다고 본 것이다."라는 서술을 볼 때 '당연 위법의 원칙'의 적용을 받는 가격 담합과 같은 행위는 합작 투자 협정과 같은 '합리성의 원칙'의 적용을 받는 경우보다 시장에 미치는 해악 여부가 분명히 드러난다는 판단이 '당연 위법의 원칙'의 배경에 깔려 있다.

13.

위 글을 바탕으로 〈보기〉에 대해 판단한 것으로 타당한 것은?

보기

(가) 자체 저유 시설을 갖추지 못한 소형 정유사들이 정유하는 즉시 시장에 석유를 내다 팔 수밖에 없는 상황으로 인해 공급 초과 현상이 나타났고, 3개의 대형 정유사들은 유가 하락을 방지하기 위해 연합하여 소형 정유사의 잉여 석유를 사들였다.

(나) 자동차 부품 개발 사업자들은 과잉 경쟁으로 인한 저가 입찰이 품질의 저하를 초래하고 기술 개발을 방해하여 업계의 경쟁력 향상과 경제적 발전을 저해하게 되자, 프로젝트 수주 시 가격 경쟁을 하지 않기로 결정하고, 이를 실행하였다.

① 미국에서 (가)에 '당연 위법의 원칙'이 적용된다면, 대형 정유사들은 자신들의 시장 점유율이 낮아 경쟁에 영향을 미치지 않았으므로 위법하지 않다고 주장할 수 있게 된다.

② 한국에서 (가)에 경제적 효율성을 증대하는 효과가 없다고 판단되면, 대형 정유사들의 공동 행위는 그 자체로 위법하게 된다.

③ 미국에서 (나)에 '합리성의 원칙'이 적용된다면, 사업자들은 자신들의 행위에 경쟁을 제한할 의도가 없었으므로 위법하지 않다고 주장할 수 있게 된다.

④ 한국에서 (나)의 위법성 여부를 판단한다면, 사업자들의 시장 점유율을 고려하는 것만으로 충분하다.

⑤ 한국에서 (가)는 개별 심사의 대상이 되지 않지만 (나)는 개별 심사의 대상으로 분류된다.

문항 성격	문항유형 : 정보의 평가와 적용
	내용영역 : 법·규범
평가 목표	이 문항은 제시문의 주요 내용과 개념을 사례에 적절하게 적용하는 능력을 평가한다.
문제 풀이	정답 : ③

미국과 한국에서의 부당한 공동행위에 대한 판단 방식의 특징과 차이점을 정확하게 파악하여 제시된 사례들에 적절하게 적용할 수 있어야 한다.

정답 해설 ③ 미국에서 "'합리성의 원칙'은 거래 제한의 목적이나 의도, 경쟁에 미치는 긍정적 효과나 부정적 효과 등을 면밀히 검토한 다음 이를 종합적으로 고려하여 개별적으로 위법 여부를 판단하는 원칙"이므로, (나)에 '합리성의 원칙'을 적용하면, 사업자들은 자신들의 행위에 경쟁을 제한할 의도가 없었으므로 위법하지 않다고 주장할 수 있게 된다.

오답 해설 ① '당연 위법의 원칙'을 적용하면 해당 행위는 그 자체로서 위법한 것으로 평가받기 때문에 당사자는 경쟁에 미치는 영향이 없음을 이유로 자신들의 행위가 위법하지 않다고 주장할 수 없게 된다.

② 한국에서 시장의 경제적 효율성 증대 효과가 없이 명백히 경쟁 제한 효과만을 발생시키는 경성(硬性) 공동 행위에 해당하는 경우에도 그 자체로서 위법으로 판단하지는 않으며, 다만 시장 점유율 분석과 같은 간단한 입증을 통해 위법 여부를 판단한다.

④ 한국에서 시장의 경제적 효율성 증대 효과와 경쟁 제한 효과를 동시에 발생시키는 연성(軟性) 공동 행위에 해당하는 경우에 시장 점유율을 포함하여 복잡한 분석을 통한 엄격한 입증을 거쳐 위법 여부를 판단한다.

⑤ 한국에서는 공정거래법에서 '부당하게 경쟁을 제한하는' 행위를 위법으로 보고 있으므로 어떤 행위가 '부당한 공동 행위'에 해당하는지 여부를 판단할 때 '부당하게 경쟁을 제한하는'이라는 법률요건에 따라 경쟁 제한성 여부를 개별적으로 판단하고 있다.

재현적 회화란 사물의 외관을 실제 대상과 닮게 묘사하여 보는 이가 그림을 보고 그것이 어떤 대상을 그린 것인지 알아 볼 수 있는 그림을 말한다. 음악은 어떨까? 회화가 재현적이 되기 위한 조건들을 음악도 가져야 재현적 음악이 될 수 있다면, 본질적으로 추상적인 모든 음악은 결코 대상을 재현할 수 없다고 해야 하는가?

흔히 논의되는 회화적 재현의 핵심적 조건은 그림의 지각 경험과 그림에 재현된 대상을 실제로 지각할 때의 경험 사이에 닮음이 존재해야 한다는 것이다. 음악이 이 요건을 만족시키지 못한다는 주장은 음악 작품의 이른바 순수하게 음악적인 부분이 재현 대상에 대한 즉각적인 인식을 불러일으키지 못한다는 데에 주목한다. 예를 들어 사과를 재현한 회화에서 재현된 대상인 사과는 작품의 제목이 무엇이든 상관없이 그림 속에서 인식이 가능한데, 음악의 경우는 그럴 수 없기 때문에 음악은 재현적일 수 없다는 것이다. 바다를 재현했다고 하는 드뷔시의 〈바다〉의 경우라도, 표제적 제목을 참조하지 않는다면 감상자는 이 곡을 바다의 재현으로 듣지 못한다는 것이다. 하지만 이러한 주장은 일반화되기 어렵다. 모래 해안의 일부를 극사실주의적으로 묘사한 그림은 재현적 회화이지만 그 제목을 모르면 비재현적으로 보이기 십상일 것이다. 몬드리안의 〈브로드웨이 부기우기〉의 경우, 제목을 알 때 감상자는 그림에 그어진 선과 칠해진 면을 뉴욕 거리를 내려다 본 평면도로 볼 수 있지만 제목을 모를 때는 추상화로 보게 될 것이다.

그러나 이에 대해, 회화적 재현에서 〈브로드웨이 부기우기〉와 같은 사례는 비전형적인 반면 음악의 경우에는 이것이 전형적이라는 점을 지적하는 학자들이 있다. 물론 음악에서는 제목에 대한 참조 없이도 명백히 재현으로 지각되는 사례, 예를 들어 베토벤의 〈전원 교향곡〉의 새소리 같은 경우가 드문 것이 사실이다. 하지만 이것이 음악의 재현 가능성을 부정해야 할 이유가 될까? 작품에서 제목이 담당하는 역할을 고려해 보면 반드시 그렇지만은 않다.

오늘날 많은 학자들은 음악 작품의 가사는 물론 작품의 제목이나 작품의 모티브가 되는 표제까지도 작품의 일부로 본다. ㉠이 입장을 근거로 할 때, 작품의 내용이 제목의 도움 없이도 인식 가능해야만 재현이라는 것은 지나친 주장이다. 제목이 작품의 일부인 한, 예술 작품의 재현성은 제목을 포함하는 전체로서의 작품을 대상으로 판단해야 하기 때문이다. 슈베르트의 〈물레질하는 그레첸〉의 주기적으로 반복되는 단순한 반주 음형은 제목과 더불어 감상될 때 물레의 반복적 움직임을 효과적으로 묘사한 것으로 들린다.

음악이 재현의 조건을 만족시키지 못한다고 생각하는 학자들은 작품 이해와 관련된 또 다른 문제를 제기한다. 재현적 그림의 특징 중 하나는 재현된 대상에 대한 인식이 작품의 이해를 위해 필수적이라는 점이다. 그러나 재현적이라 일컬어지는 음악 작품은 이러한 특징을 가지지 않는다는 것이 ⓛ 이들의 입장이다. 감상자는 작품이 재현하고자 하는 것이 무엇인지 몰라도 그 음악을 충분히 이해할 수 있다는 것이다. 예를 들어 감상자는 〈바다〉가 바다의 재현으로서 의도되었다는 사실을 모르고도 이 곡을 이루는 음의 조합과 구조를 파악할 수 있는데, 이것이 곧 〈바다〉를 음악적으로 이해한 것이 된다는 것이다.

　　그러나 ⓒ 이에 대한 반대의 입장도 제시될 수 있다. 작품의 제목이나 표제가 무시된 채 순수한 음악적 측면만이 고려된다면 작품의 완전한 이해가 불가능한 경우가 있기 때문이다. 표제적 제목과 주제를 알지 못하는 감상자는 차이콥스키의 〈1812년 서곡〉에서 왜 '프랑스 국가'가 갑작스럽게 출현하는지, 베를리오즈의 〈환상 교향곡〉의 말미에 왜 '단두대로의 행진'이 등장하는지 이해할 수 없을 것이다. 실로 이들 작품에서 그러한 요소들의 출현을 설명해 줄 순수하게 음악적인 근거란 없으며, 그것은 오직 음악이 재현하고자 하는 이야기에 의해서만 해명될 수 있다.

14.

위 글의 내용과 일치하지 <u>않는</u> 것은?

① 〈바다〉는 표제적 제목 없이는 재현으로 볼 수 없다.
② 〈브로드웨이 부기우기〉는 제목과 함께 고려할 때 재현으로 볼 수 있다.
③ 〈전원 교향곡〉에서 자연의 소리를 닮은 부분은 제목과 함께 고려해야만 재현으로 볼 수 있다.
④ 〈물레질하는 그레첸〉의 주기적으로 반복되는 반주 음형은 제목과 함께 고려할 때 재현으로 볼 수 있다.
⑤ 〈1812년 서곡〉에 포함된 '프랑스 국가'는 순수하게 음악적인 관점에서는 그 등장을 이해할 수 없는 부분이다.

문항 성격	문항유형 : 정보의 확인과 재구성
	내용영역 : 인문
평가 목표	이 문항은 제시문의 핵심 내용을 파악하는 능력을 평가한다.
문제 풀이	정답 : ③

제시문은 음악적 재현의 가능성을 옹호하는 논증으로, 음악적 재현이 불가능하다는 두 가지 주요

한 논거에 대한 반론과 비판을 담고 있다. 두 진영 모두 사례들을 동원하여 자신들의 논점에 설득력을 더하려 하고 있으므로 그러한 사례들의 역할과 그에 대한 글쓴이의 평가를 파악하는 것은 글의 흐름과 핵심 논지를 파악하는 데 필수적이다.

정답 해설 ③ 〈전원교향곡〉에 등장하는 새소리는 음악에서도 제목의 고려 없이 재현으로 인식될 수 있는 드문 경우라고 제시문의 필자가 인정하고 있다("물론 음악에서는 제목에 대한 참조 없이도 명백히 재현으로 지각되는 사례, 예를 들어 베토벤의 〈전원 교향곡〉의 새소리 같은 경우가 드문 것이 사실이다"). 따라서 이를 "제목과 함께 고려해야만 재현으로 볼 수 있다."는 진술은 내용과 일치하지 않는다.

오답 해설 ① 제시문에서 〈바다〉는 음악적 재현의 불가능성을 주장하는 사람들에 의해 "표제적 제목을 참조하지 않는다면, 감상자는 이 곡을 바다의 재현으로서 듣지 못한다는 것"으로 제시되었고, 이 사실은 제목과 함께 고려하면 재현이 될 수 있다는 이 글의 필자 역시 부정하지 않고 있는 사실이다. 또한 음악적 재현의 불가능성을 주장하는 사람들은 "〈바다〉가 바다의 재현으로서 의도되었다는 사실을 모르고서도" 음악적으로 〈바다〉를 충분히 이해할 수 있다는 것으로 제시되었는데, 이 역시 부정되지 않고 있다. 이에 대한 제시문의 논의를 추론하면 〈바다〉는 제목과 함께 고려될 때 재현으로 간주될 수 있지만 제목 없이는 재현으로 보기 어렵다는 것이다. 따라서 ①은 내용과 일치하는 진술이다.

② "몬드리안의 〈브로드웨이 부기우기〉의 경우, 제목을 알 때 감상자는 그림에 그어진 선과 칠해진 면을 뉴욕 거리를 내려다 본 평면도로 볼 수 있지만 제목을 모를 때는 추상화로 보게 될 것이다."라는 부분에서 확인할 수 있는 내용이다.

④ "〈물레질하는 그레첸〉의 주기적으로 반복되는 단순한 반주 음형은 제목과 더불어 감상될 때 곧 물레의 반복적 움직임을 효과적으로 묘사한 것"에서 확인할 수 있다.

⑤ 마지막 문단의 "작품의 제목이나 표제가 무시된 채 순수한 음악적 측면만이 고려된다면 작품의 완전한 이해가 불가능한 경우가 있기 때문이다. 표제적 제목과 주제를 알지 못하는 감상자는 차이콥스키의 〈1812년 서곡〉에서 왜 '프랑스 국가'가 갑작스럽게 출현하는지, 베를리오즈의 〈환상 교향곡〉의 말미에 왜 '단두대로의 행진'이 등장하는지 이해할 수 없을 것이다."라는 부분에서 확인할 수 있다.

15.

글쓴이의 견해와 일치하는 것은?

① 순수한 음악적 측면만으로 재현 대상에 대한 인식을 불러일으킬 수 있는 음악 작품이 흔히 존재한다.

② 음악의 재현 가능성을 옹호하려면 회화적 재현을 판단하는 기준을 대신할 별도의 기준이 마련되어야 한다.

③ 제목의 도움 없이는 재현 여부를 알 수 없다는 점이 음악과 전형적인 회화에서 공통적으로 발견되는 특성이다.

④ 음악적 재현이 가능하기 위해서는 음악 작품의 의도를 전혀 모르는 감상자가 작품을 충분히 이해하는 경우가 전형적이라야 한다.

⑤ 재현에 대한 지각적 경험과 재현 대상에 대한 지각적 경험 사이에 닮음이 존재해야 한다는 조건을 만족시키는 음악 작품이 존재한다.

문항 성격　문항유형 : 의도, 관점, 입장 파악

　　　　　　내용영역 : 인문

평가 목표　이 문항은 글쓴이의 입장과 논증의 결론을 파악하는 능력을 평가한다.

문제 풀이　정답 : ⑤

제시문의 유지는 회화에서의 재현과 같은 조건(닮음의 기준)으로 음악의 재현을 평가하더라도, 최근의 제목의 중요성에 대한 논의를 감안하면, 즉 제목을 작품의 일부로 보기만 한다면, 음악에서도 재현이 가능하다는 것이다. 〈바다〉, 〈물레질하는 그레첸〉, 〈1812년 서곡〉 등등을 모두 재현적인 음악이라고 볼 수 있다고 한다.

정답 해설　⑤ 제시문 요지에 부합하는 진술이다.

오답 해설　① "물론 음악에서는 제목에 대한 참조 없이도 명백히 재현으로 지각되는 사례, 예를 들어 베토벤의 〈전원 교향곡〉의 새소리 같은 경우가 드문 것이 사실이다."를 보면 제목 없이 순수한 음악적 측면에서 재현으로 인식되는, 즉 대상에 대한 인식을 불러일으키는 음악 작품은 흔치 않다.

　　　　　② 제시문의 입장은 계속해서 회화적 조건을 그대로 이용하더라도 음악적 재현이 가능함을 이야기하고 있고, 그 때의 회화적 재현 조건이란 "닮음"이다. 음악적 재현, 제목과 함께 고려된다면, 이 닮음의 조건을 달성한다는 것이 제시문의 주장이지, 닮음 이외의 별도의 기준이 필요하다는 주장은 아니다. '제목을 고려

함'은 재현의 기준이 아니며, 따라서 "회화적 재현을 판단하는 기준"을 대신할
별도의 기준도 아니다.

③ "제목의 도움 없이는 재현 여부를 알 수 없다."는 것은 음악에서는 사실이지만
전형적인 회화의 경우 사실이 아니다.

④ 음악적 재현은 제목이나 표제와 함께 고려되면 재현이 될 수 있는 작품이 있기
만 하면 그 가능성이 인정되는 것이지 "음악 작품의 의도를 전혀 알지 못하는
감상자가 작품을 충분히 이해하는 경우가 전형적"일 필요는 없다.

16.

〈보기〉에 대한 ㉠~㉢의 견해를 추론한 것으로 옳지 <u>않은</u> 것은?

슈만은 멘델스존의 교향곡 〈스코틀랜드〉를 들으면서 멘델스존의 다른 교향곡 〈이탈리아〉
를 듣고 있다고 착각한 적이 있었다. 이탈리아의 풍경을 떠올리며 〈스코틀랜드〉를 들었을
슈만은 아마도 듣고 있는 곡의 2악장의 주제에 왜 파, 솔, 라, 도, 레의 다섯 음만이 사용되
었는지 이해할 수 없었을 것이다. 멘델스존의 의도는 스코틀랜드 전통 음악의 5음 음계를
제시하려는 것이었다.

① ㉠은 이것을 예술 작품의 일부로서 제목이 갖는 중요성을 입증하는 사례로 이용할 수
있다고 할 것이다.

② ㉡은 슈만이 자신이 듣고 있는 곡의 재현 대상을 몰랐더라도 곡의 전체적인 조합만큼
은 이해할 수 있었다고 할 것이다.

③ ㉡은 5음 음계가 사용된 이유에 대한 정보가 그 곡이 교향곡으로서 지니는 순수한 음
악적 구조를 이해하는 데에 꼭 필요한 것은 아니라고 할 것이다.

④ ㉢은 슈만이 자신이 듣고 있는 곡의 제목을 잘못 알았기 때문에 그 음악을 완전히 이
해하지는 못했다고 할 것이다.

⑤ ㉢은 이탈리아 풍경과는 이질적인 5음 음계로 인해 슈만이 자신이 듣고 있는 곡의 음
악적 구조 파악에 실패했다고 할 것이다.

음악에서 제목의 역할에 대한 논의는 제시문의 후반부에서 음악 이해와 관련되어 제시되는데, ㉠은 작품의 제목이 작품의 일부라는 입장, ㉡은 제목을 몰라도 작품의 순수하게 음악적인 부분은 이해할 수 있다는 입장, ㉢은 제목을 모르면 작품의 충분한(완전한) 이해가 불가능하다는 입장이다. 〈보기〉는 제목을 착각하여 작품에 등장하는 음악적 요소를 이해하지 못한 경우를 보여준다.

정답 해설 ⑤ ㉢은 제목이 작품의 완전한 이해를 위해 필요하다는 입장이지만 순수하게 음악적 구조를 파악하는 것은 제목 없이도 가능하다는 입장을 굳이 부정하지는 않고, 부정할 필요도 없다. 음악적 구조의 이해와 작품의 종합적(완전한, 충분한) 이해는 구별된다.

오답 해설 ① ㉠은 제목이 작품의 일부라고 주장하므로 이러한 사례를 이용하여 자신들의 주장을 강화할 수 있다.

②, ③ ㉡은 제목 없이도 음악의 구조와 조합을 파악할 수 있다는 입장이므로 진술된 추론 내용에 부합한다.

④ ㉢은 제목이나 표제가 작품의 완전한 이해를 위해 필요하다는 입장이므로 이와 같이 진술할 것이다.

[17~19] 다음 글을 읽고 물음에 답하시오.

제국주의는 식민지의 영토만이 아니라 서구 중심주의적 이데올로기들을 통해 식민지의 문화와 정신까지 수탈했다. 그 이데올로기들은 식민 지배의 과정에서 '과학적인' 지식의 형태로 전파되었다. 역사학 분야도 예외는 아니어서 '근대 역사학' 또한 식민 지배 정당화의 도구 역할을 하였다. 근대 역사학은 서구의 역사적 경험을 토대로 생산된 담론들을 식민지의 근대적 교육 기관을 통해 유포했으며, 이를 바탕으로 식민지의 역사를 구성하여 역사에 관한 식민지인의 사유 방식까지 지배했다.

하지만 제국주의가 남긴 정신적 상흔들에 대한 비판이 제기된 결과, 이제 서구의 역사 역시 세계사의 '중심'이 아니라, 한 부분에 불과하다는 인식이 공유되고 있다. 비서구 문명도 서구 문명과 동등한 가치를 지니며, 서구 문명의 여러 요소는 오히려 비서구 지역에서 전파되었다는 점 등이 새로이 강조되고 있는 것이다. 그렇지만 이로써 서구 중심주의가 근본적으로 극복되었는지에 대해서는 의문의 여지가 있다. 그런 점에서 문명 담론에 대해, 그리고 그 담론에 수반하는 '근대성'과 '진보'라는 개념을 중심으로 한 역사적 사유 방식에 대해 근원적 재성찰을 할 필요가 있다.

근대 역사학의 핵심에는 역사주의적 사유 방식이 깔려 있다. 역사주의의 핵심은 '진보'라는 개념, 그리고 진보의 과정에 일정한 시간이 필요하다는 인식이다. 즉 역사는 시간과 함께 진보한다는 것이다. 그러므로 역사주의적 사유에 따르면, 시간은 늘 역사적 진보로 채워지기를 기다리고 있는 '동질적이고 비어 있는 시간'이다. 그리하여 근대 역사학은 '공간의 시간화' 전략을 사용하여 이질적인 지역의 다양한 역사적 현상들에 대한 연구를 동질적인 시간상의 위치 측정 기술로 만들었다. 그리고 '이전'의 시간(전근대)과 '지금'의 시간(근대)을 '진보'라는 개념으로 연속시키면서 각각의 시간에 비서구의 역사와 서구의 역사를 배치했다. 즉 서구 사회가 비서구 사회를 문명 상태로 전환할 사명을 가진다는 제국주의 '문명화 사명' 주장의 바탕에는 서구와 비서구 모두 단선적 시간 위에서 동일한 역사적 진보 과정을 밟는다는 역사주의적 사유 방식이 깔려 있는 것이다.

그리고 역사적 시간의 이 위계적 구조로 인해 서구와 비서구 사이에서만이 아니라, 각 국가와 사회 내부에서 물리적으로 동일한 '지금'의 시간을 살아가는 사회 집단들 간에 '발전의 불균등'이 재생산되었다. 즉 한 사회 내부에서도 이른바 근대적인 발전에 뒤처져 있다고 규정된 집단—예를 들어 제국주의 시대의 식민지 농민—은 여전히 전근대를 살아가는 후진적 존재로 간주되면서 주변화되고 배제되지만, 다른 한편으로는 끊임없이 근대적인 시간 안으로 편입될 것을 강제당해 왔던 것이다.

그러면 서구 중심주의적 근대 역사학을 어떻게 극복해야 하는가? 단순히 비서구적 공간도 문화적 고유성을 갖고 있음을 강조하거나, 사회적, 경제적 측면에서 서구와 동일한 역사적 진보 과정을 밟아 나갈 수 있음을 강조하는 것은 본질적 대책이 되지 못한다. 중요한 것은 상이하고 이질적이며 '환원 불가능한' 역사적 시간들이 '지금 그리고 같이' 존재한다는 것을 인식하는 것이다. '지금 그리고 같이' 존재하는 역사들은 근대의 서사와 권력 관계에 편입되지 않는 역사들을 의미한다. 따라서 근대적 시간으로 포섭할 수 없는 '이질성'이 역사적으로 현존함을 인정하고, 근대가 갖는 보편성이나 동질성을 균열시킬 수 있는 그 이질성을 적극적으로 끌어안아야 한다.

17.

위 글의 내용과 부합하는 것은?

① 근대 역사학의 한계를 극복하려는 시도는 한 사회 내부의 전근대적 계층을 주변화하고 배제하는 결과를 가져왔다.
② 근대 역사학의 '공간의 시간화' 전략은 서로 다른 지역의 역사적 사건들을 단선적으로 비교한다.
③ 근대 역사학은 일반적으로 통용되는 객관적 합리성이라는 특징이 있기에 이데올로기와 무관하다.
④ 역사주의적 사유는 공간의 차이와 시간의 추이를 환원 불가능한 별개의 것으로 상정한다.
⑤ 역사적 시간을 위계적으로 보는 시각에 대한 반성으로 '문명화 사명' 이론이 등장하였다.

문항 성격 문항유형 : 정보의 확인과 재구성
내용영역 : 인문

평가 목표 이 문항은 제시문에 나타난 주요 내용에 대한 이해 능력을 평가한다.

문제 풀이 정답 : ②

이 문항은 제시문에서 언급하고 있는 '근대 역사학', '역사주의적 사유', '문명화 사명'에 대해 바르게 이해하고 있는지를 묻는다.

정답 해설 ② 제시문에서는 "근대 역사학은 '공간의 시간화 전략'을 사용하여 이질적인 지역의 다양한 역사적 현상들에 관한 연구를 동질적인 시간상의 위치 측정 기술로 만들었다."고 언급하고 있다. 즉 여러 지역의 현상을 동질적이고 단선적인 시간의 기준으로 파악하고 비교한다는 뜻이다.

오답 해설 ① 제시문에서 "역사적 시간의 이 위계적 구조", 즉 역사주의적 사유로 인해 "한 사회 내부에서 … 사회 집단들 간에 '발전의 불균등'이 재생산"되어 근대적인 발전에 뒤처져 있다고 규정된 집단이 "주변화되고 배제"되었다고 언급하고 있으므로 근대 역사학의 한계를 극복하려는 시도가 그러한 결과를 가져온 것이 아니라, 근대 역사학의 역사주의적 사유가 그러한 결과를 가져왔다고 말할 수 있다.
③ 제시문에서 "근대 역사학 또한 식민 지배 정당화의 도구 역할을 하였다."고 언급하므로 옳지 않다.

④ 제시문에서 "근대 역사학은 '공간의 시간화 전략'을 사용하여 이질적인 지역의 다양한 역사적 현상들에 관한 연구를 동질적인 시간상의 위치 측정 기술로 만들었다."고 언급하고 있다는 부분과 "서구와 비서구 모두 단선적 시간 위에서 동일한 역사적 진보 과정을 밟는다는 역사주의적 사유"라는 부분을 보면 옳지 않음을 알 수 있다.

⑤ 제시문에서 "서구 사회가 비서구 사회를 문명 상태로 전환할 사명을 가진다는 제국주의의 '문명화 사명' 주장의 바탕에는 서구와 비서구 모두 단선적 시간 위에서 동일한 역사적 진보 과정을 밟는다는 역사주의적 사유 방식이 깔려 있는 것이다."고 되어 있어 '문명화 사명'의 탄생 배경에 역사주의적 사고가 있다고 하였으므로 선택지의 진술은 옳지 않다.

18.

위 글로 미루어 볼 때, 〈보기〉의 ⓐ의 이유로 가장 적절한 것은?

인도의 차토파댜이는 타자에 의해 전유되거나 강탈당한 과거를 거부하고 인도인에 의한 과거의 재현을 강조함으로써 인도 민족주의 역사학의 디딤돌을 놓았다. 그는 조상의 영광스러운 과거를 '과학적으로' 연구할 필요성을 제기하였다. 아울러 인도는 서구적 합리성이 결여되어 식민지가 되었으나, 후진적 문화를 변형하여 진보의 길로 나아갈 힘도 있다고 주장하였다. 차토파댜이 이후 민족을 능동적 역사 주체로 내세운 인도의 민족주의 역사학은 인도 역사가 인류의 보편적 진보의 과정을 따라왔지만 식민 지배가 이 과정의 완성을 가로막고 있다고 보았다. 그리고 독립이 된다면 즉시 자력으로 근대화할 수 있다고 주장하며 식민 지배의 정당화 논리를 비판하려 했다. 이 같은 주장은 정치적으로는 식민 정부에 맞서는 것이었지만, ⓐ 역사주의적 사유를 극복하는 데에는 성공적이지 않았다.

① 인도 역사에 대한 과학적 연구를 구체화하지 못했기 때문이다.
② 인도 민족을 변혁하기 위해 과거의 재구성을 내세웠기 때문이다.
③ 인도가 추구할 역사적 미래는 근대화에 있다고 간주했기 때문이다.
④ 인도의 정신적 자주성을 강조하기 위해 서구 문명과 인도 문명이 다름을 주장했기 때문이다.
⑤ 인도 문화의 비합리성을 부정하고 자체적 문제 해결이 가능하다고 주장했기 때문이다.

문항유형 : 정보의 평가와 적용

내용영역 : 인문

이 문항은 인도의 민족주의적 역사를 예로 들어 제국주의 침탈에 대응하는 사례를 소개하고, 그 과정이 과연 역사주의적 사유를 극복하는 데 성공하였는지를 평가하는 〈보기〉를 통해 제시문의 내용을 파악하여 구체적 사례에 적용할 수 있는지를 평가한다.

정답 : ③

〈보기〉에 나타난 차토파댜이를 비롯한 인도 민족주의 역사학자들은 영국에 의한 식민 지배에 대항하면서도 인도는 서구적 합리성이 결여되었고, 인류의 보편적 역사과정을 따라왔다고 함으로써 역사주의적 사유의 기본적인 입장을 긍정하고 승인하였다. 따라서 그들은 역사주의적 사유를 극복하는 데 실패했다는 것이 〈보기〉의 요지이다.

③ 위 글에서 주장하는 바, 역사주의적 사유를 극복하기 위해서는 다른 지역의 역사들이 동일한 시간 축 위에서 판단되는 것을 인정하지 말아야 한다는 부분과 정반대이다. 즉 인도가 가야 할 길은 서구적 근대화에 있다고 하여 역사주의적 '공간의 시간화 전략'을 승인하였으므로 역사주의적 사유 극복에 성공하지 못한 원인이 된다.

① 〈보기〉에서 과학적으로 연구할 필요성을 제기하였다고 하여, 실제로 어떻게 진행되었는지 확인할 수 없다. 또 중요한 것은 역사주의적 사유를 극복하는 것인데 과학적 연구가 성공했건, 실패했건 그것은 역사주의적 사유 극복의 핵심은 아니다.

② 〈보기〉에시 과기의 제헌을 강조히고, 민족을 역사의 능동적 주체로 놓았다고 하였으므로 "인도 민족을 변혁하기 위해 과거의 재구성을 내세웠다."는 진술은 〈보기〉의 사실과 맞지 않다.

④ 〈보기〉에서 인도 역사도 인류의 보편적 과정을 따라왔다고 주장하여 근본적으로 서구 문명과 같다고 주장하므로 진술 자체가 맞지 않는다. 따라서 역사주의적 사유를 극복하는 데 실패했다고 평가할 자료가 되지 못한다.

⑤ 〈보기〉에서 인도가 서구적 합리성이 결여되었다는 것을 인정하기에, 진술 자체가 맞지 않는다. 따라서 역사주의적 사유를 극복하는 데 실패했다고 평가할 자료가 되지 못한다.

19.

글쓴이의 주장으로 적절한 것만을 〈보기〉에서 있는 대로 고른 것은?

보 기

ㄱ. 비서구 지역에 대해 근대성 담론이 강요하는 강압적 획일화를 받아들이지 말아야
   한다.
ㄴ. 전근대적이라고 간주되었던 역사 주체들을 기반으로 하는 역사적 시간을 승인해야
   한다.
ㄷ. 보편적 기준을 바탕으로 이질적인 역사적 시간들을 치환하여 객관적으로 제시해야
   한다.

① ㄱ   ② ㄷ   ③ ㄱ, ㄴ   ④ ㄴ, ㄷ   ⑤ ㄱ, ㄴ, ㄷ

문항 성격   문항유형 : 주제, 요지, 구조 파악

              내용영역 : 인문

평가 목표   이 문항은 글쓴이의 주장과 들어맞는 것을 찾게 함으로써 위 글의 주제, 대의를 파악
              하는 능력을 평가한다.

문제 풀이   정답 : ③

〈보기〉 해설   ㄱ. 제시문에서 "역사적 시간의 이 위계적 구조로 인해 서구와 비서구 사이에서만
                이 아니라, 각 국가와 사회 내부에서 물리적으로 동일한 '지금'의 시간을 살아
                가는 사회 집단들 간에 '발전의 불균등'이 재생산되었다. 즉 한 사회 내부에서
                도 이른바 근대적인 발전에 뒤처져 있다고 규정된 집단—예를 들어 제국주의
                시대의 식민지 농민—은 여전히 전근대를 살아가는 후진적 존재로 간주되면서
                주변화되고 배제되지만, 다른 한편으로는 끊임없이 근대적인 시간 안으로 편입
                될 것을 강제당해 왔던 것이다."라고 하므로 적절한 주장이다.

             ㄴ. 제시문에서 글쓴이는 "한 사회 내부에서도 이른바 근대적인 발전에 뒤처져 있
                다고 규정된 집단—예를 들어 제국주의 시대의 식민지 농민—은 여전히 전근
                대를 살아가는 후진적 존재로 간주되면서 주변화되고 배제"되고 있으므로, "중
                요한 것은 상이하고 이질적이며 '환원 불가능한' 역사적 시간들이 '지금 그리
                고 같이' 존재한다는 것을 인식하는 것이다. 근대적 시간으로 포섭할 수 없는
                '이질성'이 역사적으로 현존함을 인정하고, 근대가 갖는 보편성이나 동질성을

균열시킬 수 있는 그 이질성을 적극적으로 끌어안아야 한다."라고 주장하고 있으므로, 〈보기〉 ㄴ의 주장은 필자의 주장에 들어맞는다.

ㄷ. 제시문에서 나오는 "서구 사회가 비서구 사회를 문명 상태로 전환할 사명을 가진다는 제국주의의 '문명화 사명' 주장의 바탕에는 서구와 비서구 모두 단선적 시간 위에서 동일한 역사적 진보 과정을 밟는다는 역사주의적 사유 방식"이 깔려 있는 것이라는 주장을 보았을 때, 〈보기〉 ㄷ은 필자가 비판하는 역사주의적 사유 방식이다.

[20~22] 다음 글을 읽고 물음에 답하시오.

대부분의 서구 열강 식민지들이 독립한 20세기 중반 이후, 빈곤에 대한 국제적 개입은 주로 '개발'이라는 패러다임하에 진행되어 왔다. 식민본국과 식민지의 관계가 선진국과 저개발국의 관계로 재편되면서, 전자가 개발 원조를 통해 후자를 돕는 방식이 주를 이루었던 것이다. 그러나 냉전 체제가 종식되고 시장의 '글로벌'화가 급속히 진행되면서, 빈곤에 대한 대응 역시 '글로벌'화하고 있다. 빈곤에 대한 개입은 정부 차원을 넘어 다국적 기업, 국제기구, NGO와 대학, 종교 단체가 참여하는 전 지구적 교류의 장이 되었고, 그 목표도 세계 각지의 빈곤을 개선하려는 전 지구적 프로젝트로 확장되고 있다. 또한 인터넷을 통한 국제적 모금 활동도 활발해지면서 빈곤에 대한 대중의 관심도 '글로벌'화하고 있다.

빈곤에 대한 전 지구적 대응은 규모의 확대 혹은 활동 주체의 다양성을 놓고 볼 때 정부 차원에 치우친 기존 방식보다 진일보한 것처럼 보인다. 그러나 이러한 개입 방식에도 받는 자의 입장을 고려하지 않는 억압적 증여 관계를 낳는다는 문제가 여전히 남아 있다. '주는 자' 중심으로 만들어진 일방적 증여 관계에서 과연 양자 간의 수평적 연대가 가능할까? 되갚을 능력 없이 일방적 증여 관계에 편입된 '받는 자'가 갖게 되는 부담감과 무력감은 빈곤 퇴치 활동의 주 무대가 된 저개발 지역 주민들 사이에서 쉽게 발견된다. 문제는 이러한 고충에도 불구하고 해당 지역민들은 비대칭적 증여 관계를 단절시킬 수 없다는 것이다. 당장의 생활을 걱정해야 하는 지역민들이 대규모 원조를 단번에 뿌리치는 것은 결코 쉽지 않다.

한편 비대칭적 증여 관계를 단절할 수 없는 것은 빈곤에 대한 개입을 구체적으로 담당하는 실무자들도 마찬가지이다. 빈곤에 대한 개입의 빈도와 규모가 커지면서 복잡한 실무 과정을 담당하는 이들의 역할이 교류의 필수불가결한 부분이 되었으며, 이는 '빈곤 산업'(poverty industry)을 대두시키는 결과를 낳았다. 그러나 문제는 빈곤 산업이 그 종사자들의 생활을 일정 수준 이상 유지해 주고, 마치 그들을 위해 존재하는 것 같은 양상을 띠게 되었다는 점이다. 애초의 빈민 구제라는 순수한 목적을 실현하기 위한 수단으로 성립되었던 국제적 네트워크나 조직 등이 그 자체의 유지나 확장을 위해 빈민 구제를 내세우는 본말 전도의 형국을 드러내게 된 것이다. 그렇기에 이미 '주는' 역할이 직업이 된 '빈곤 산업'의 실무자가 거대한 '빈곤 산업'의 그물을 스스로 잘라내는 것은 어려운 일일 수밖에 없다.

  그런데 이와 같은 빈곤 개입의 문제에 대한 학계와 정부 기관, 민간 단체의 비판은 '빈곤 산업'의 무분별한 확대보다는 '받는 자'의 '원조 의존성'에 중점을 두고 있다. 이를 잘 보여 주는 것이 '임파워먼트'(empowerment)를 둘러싼 최근의 논의들이다. 이러한 논의들은 서구 사회가 지난 50년 동안 2조 3천억 달러의 해외 원조를 제공하고도 빈곤의 문제를 해결하지 못한 것에 대한 반성을 담고 있다. 스스로 사회경제적, 정치적 역량을 강화함으로써 빈곤을 해결할 가능성이 있는 빈곤 지역을 선별하여 원조하거나 좀 더 효율적인 역량 강화를 위해 각 빈곤 지역의 문화적 특성에 걸맞은 원조 방식을 개발하는 데 초점이 맞추어져야 한다는 것이다. ㉠ 이러한 원조 방식은 흔한 비유대로 '물고기 잡는 방법'을 가르치겠다는 취지에서 나온 것이다. 장기적으로는 빈곤 지역에서 자체적으로 빈곤 문제를 해결할 수 있도록 외부 원조의 역할을 부수적인 것으로 국한해야 한다는 것이다.

  그러나 이러한 논의에 앞서 '주는 자'가 주도하는 '빈곤 산업'의 무분별한 확대를 가져온 구조적 문제에 의문을 제기하는 것이 더 필요할 것으로 보인다. 빈민들이 잡을 물고기가 과연 남아 있기나 한가? 자기 어장을 뺏긴 사람들에게 낚싯대를 쥐어 주는 것이 과연 어떤 의미가 있는가? 이 의문은 '주는 자'와 '받는 자'라는 일방적 증여 관계가 고착된 전 지구적 차원의 정치경제적 구조와 국제정치적 편제 구조에 대한 좀 더 근본적인 문제 제기라고 할 수 있다. 이 관점에서 보면 '빈곤 산업'은 빈민들이 끊임없이 양산되는 구조적이고 근원적인 문제를 은폐하거나 고착한다는 또다른 차원의 문제를 보여 준다.

20.

위 글의 내용과 일치하지 <u>않는</u> 것은?

① 오늘날 매체의 발달에 따라 빈곤에 대한 대응 양상도 변화하고 있다.
② 전지구화에 따라 빈곤에 대한 국제적 대응의 규모는 확대되는 경향이 있다.

③ 식민본국과 식민지의 관계는 개발 원조에서 '주는 자'와 '받는 자'의 관계로 이어졌다.

④ '임파워먼트'에 대한 논의는 원조 의존성의 해결책을 강구하기 위하여 시작되었다.

⑤ 빈곤에 대한 개입이 다각화되면서 '주는 자'와 '받는 자'의 비대칭적 증여 관계는 점차 줄어들고 있다.

문항 성격	문항유형 : 정보의 확인과 재구성
	내용영역 : 사회
평가 목표	이 문항은 제시문의 주요 내용에 대한 이해 능력을 평가한다.
문제 풀이	정답 : ⑤

제시문의 내용을 제대로 파악하고 있는지를 묻는 문항으로 제시문 곳곳에서 확인할 수 있는 정보를 서로 연결해서 파악하는 데 주안점을 두어야 한다.

정답 해설 ⑤ 빈곤에 대한 개입이 다각화되고 있다는 점은 첫 번째 문단에서 확인할 수 있으나 '주는 자'와 '받는 자'의 비대칭적 증여 관계가 점차 줄어들고 있다는 진술은 확인할 수 없고, 빈곤 산업의 등장을 언급한 세 번째 문단의 내용으로 미루어 볼 때, 비대칭적 증여 관계는 이전보다 더 늘어났다는 점을 암시하는 것으로 독해할 수 있다.

오답 해설 ① 첫 번째 문단 마지막 부분의 인터넷을 통한 국제적 모금 활동도 활발해지고, 빈곤에 대한 대중의 관심도 '글로벌화'하고 있다는 부분에서 확인할 수 있다.

② 첫 번째 문단 가운데 부분부터 뒷부분까지 전 지구적 교류가 장이 되었고 전 지구적 프로젝트로 확장되었다는 진술에서 확인할 수 있다.

③ 첫 번째 문단 앞부분의 "식민본국과 식민지의 관계가 선진국과 저개발국의 관계로 재편되면서 전자가 개발 원조를 통해 후자를 돕는 방식이 주를 이루었던 것이다."라고 언급한 부분에서 확인할 수 있다.

④ 네 번째 문단 앞부분의 원조 의존성 해결에 초점을 맞추는 대표적 논의로 '임파워먼트'를 둘러싼 논의를 들고 있다는 부분에서 확인할 수 있다.

21.

글쓴이의 문제의식으로 적절하지 <u>않은</u> 것은?

① 빈곤이 일어나는 사회 구조에 대한 근본적인 문제 제기가 이루어지지 않는다면 빈곤의 양산과 고착화 문제를 해결하기 어렵다.

② 현재 전 지구적 차원으로 진행되고 있는 빈곤 퇴치 활동이 산업화되어 가는 것 자체가 새로운 문제를 일으킨다는 것을 직시해야 한다.

③ 빈곤 퇴치 활동의 대상이 되는 저개발 지역 주민들과 원조 제공자 사이의 억압적 증여 관계를 개선하는 것이 긴요하다는 것을 인식해야 한다.

④ 전 지구적 차원의 빈민 구제 사업이 펼쳐질 수밖에 없는 데 대한 원인과 책임은 부유한 '주는 자'와 빈곤한 '받는 자' 모두에게 비슷한 수준으로 있다.

⑤ 전 지구적 차원의 반(反)빈곤 활동을 제대로 평가하기 위한 출발점은 '받는 자'의 자생력을 키울 기반을 '주는 자'가 이미 빼앗았다는 것을 인식하는 데서 시작해야 한다.

문항 성격　문항유형 : 주제, 요지, 구조 파악

　　　　　　내용영역 : 사회

평가 목표　이 문항은 제시문 전체를 관통하고 있는 글쓴이의 문제 의식을 파악하는 능력을 평가한다.

문제 풀이　정답 : ④

글쓴이의 의도와 시각의 초점이 무엇인가를 파악하고 있는지를 묻는 문항이다. 전지구화 시대의 빈곤 문제의 해결 방안에 대한 필자의 견해를 제시문의 정보로 읽어낼 수 있는가가 질문의 핵심이다.

정답 해설　④ 억압적 증여 관계가 만들어지고 있다는 두 번째 문단의 내용과 빈곤 산업의 무분별한 확대가 빈곤 문제의 핵심이라고 지적하고 있는 마지막 문단의 내용을 연결시켜 보면, '주는 자'에게 빈곤 문제의 원인과 책임이 더 많다는 것을 읽어낼 수 있기 때문에 제시문의 내용에 부합하지 않는 주장이라는 것을 파악할 수 있다.

오답 해설　① 마지막 문단의 끝부분에서 확인할 수 있는 주장이다.

　　　　　　② 문제 의식은 세 번째 문단의 빈곤 산업의 구조와 무분별한 확대에 대한 언급, 그리고 마지막 문단 앞부분의 진술을 통해 확인할 수 있다.

　　　　　　③ 빈곤 산업의 본말 전도의 형국에 대한 세 번째 문단의 언급과 네 번째 문단의

임파워먼트에 대한 논의 그리고 마지막 문단의 일방적 증여 관계가 고착된 전 지구적 차원의 정치경제적 구조에 대한 문제 제기를 통해 확인할 수 있다.

⑤ 마지막 문단의 '어장'의 비유와 그 이하의 내용을 통해 확인할 수 있다.

22.

㉠에 해당하는 사례로 가장 거리가 <u>먼</u> 것은?

① 중앙아프리카 지역 주민들에게 주식인 옥수수보다 수확량이 더 많은 밀을 재배하도록 홍보하고 개량된 다수확 밀 품종을 보급한다.

② 빈곤 퇴치를 위해 적극적 노력을 기울이지 않는 짐바브웨보다 광물 자원의 판매 수입을 사회적 인프라에 투자하는 보츠와나에 원조를 집중한다.

③ 빈민 구제 활동을 자생적으로 펼쳐 온 태국의 사원(寺院)을 국제 원조 기구가 지원하여 빈민을 대상으로 직업 교육 및 아동 교육 프로그램을 운영한다.

④ 책임감이 강한 사람들을 선별하여 돈을 빌려줌으로써 지속 가능한 서민 금융으로 자리 잡은 방글라데시의 소액 대출 사업을 유지하고 확산하기 위한 프로그램을 지원한다.

⑤ 빈민이 일방적 수혜자가 아니라 기업가 정신을 지닌 적극적인 경제 활동 주체가 될 가능성을 보여 준 인도의 저소득층 시장 개발 사업을 지원하고 필요한 경제 교육을 실시한다.

문항 성격 문항유형 : 정보의 평가와 적용
내용영역 : 사회

평가 목표 이 문항은 제시문에 나타난 논의를 다른 사례에 적용하는 능력을 평가한다.

문제 풀이 정답 : ①

임파워먼트의 논의를 풀어서 설명하면서, '자생적인 자구 노력이 있는 빈곤 지역을 선별적으로 원조한다는 것'과 '효율적 역량 강화를 위해 빈곤 지역의 문화를 고려한다는 것'을 실제 사례에 적용할 수 있는가가 질문의 핵심이다.

정답 해설 ① 지역 주민의 능동성, 자생력을 강조하는 것이 아니라 일방적 원조를 통해 지속적으로 외부의 힘에 의존할 수밖에 없도록 만드는 것이라는 점에서 잘못된 적용이다.

오답 해설 ② 선별적 지원이 자구 노력을 펼치는 빈민 지역 중심으로 이루어진다는 제시문 내용과 일치한다.

③ 지역의 문화적 특성에 걸맞은 원조 방식을 개발하는 전형적인 사례라고 할 수 있다.

④와 ⑤ 사례는 자생적이고 능동적으로 빈곤 문제를 해결하고자 하는 맹아를 지닌 지역을 선별하여 그 지역의 특성에 맞게 지원을 집중한다는 점에서 제시문의 내용과 일치하는 전형적인 사례라고 할 수 있다.

[23~25] 다음 글을 읽고 물음에 답하시오.

대의 민주주의는 유권자가 대표자에게 주권의 일부를 위임하고, 선출된 대표자는 관료 또는 기타 독립 기구에 권한의 일부를 다시 위임하는 연쇄적인 권한의 위임에 기초하여 작동한다. 그런데 후자의 위임은 선출되지 않은 권력을 창출한다는 점에서 대의 민주주의와 충돌할 소지가 있다. 그렇다면 왜 후자와 같은 위임 행위가 발생하는가?

이에 대해 기능주의 이론은 주인–대리인 모델에 의거하여 답한다. 주인, 즉 정치 행위자들이 대리인에게 권한을 위임하는 것을, 정보의 불완전성과 집합 행동의 딜레마로부터 발생하는 거래 비용을 절감하려는 합리적 선택으로 설명하는 것이다. 거래 비용에 정보 비용과 신뢰 비용이 포함된다는 점에서 이 이론은 둘로 나뉜다. 위임을 전문 지식과 정보 부족을 해결하기 위한 선택으로 이해하는 ㉠ 정보의 논리와, 위임을 주인들의 집합 행동의 딜레마, 즉 주인들이 상호 불신으로 인해 전체의 합의에 따른 공동의 장기적 이익 대신 자신의 단기적 이익을 추구하기 위해 합의를 이행하지 않게 되는 문제를 해결하기 위한 대안으로 이해하는 ㉡ 신뢰의 논리가 그것이다.

그런데 권한 위임에는 대리인이 주인의 이익에 반해 행동할 위험이 있다. 이 때문에 위임의 문제는 대리인에게 기대하는 효용을 극대화하고 대리인의 배반을 최소화하기 위한 제도를 설계하는 문제로 압축된다. 이때 두 논리의 해법은 상이하다. 정보의 논리는 대리인이 더 많은 전문 지식과 정보를 가질수록, 또 주인과 대리인의 선호가 일치할수록 대리인에게 보다 많은 권한을 위임하는 방향으로 제도를 설계한다고 본다. 반면 신뢰의 논리는 주인들로부터 독립된 선호를 가진 대리인에게 보다 많은 권한을 위임하는 것이 바람직하다고 본다. 이때 위임은 주인들의 집합 행동 문제를 해결하기 위한 수단으로 이해된다.

하지만 이 두 논리에 대해 다음과 같은 비판이 가능하다. 정보의 논리는 대리인의 선호와 배반이 사후적으로만 관찰된다는 점에서 위임의 설계 단계에서 적용하기 어렵고, 신뢰의 논리는 주인들이 단기적 선호를 포기하고 대리인을 임명할 수 있다고 보는데, 그렇다면 집합 행동 문제는 애초에 존재하지 않았던 것이 된다. 따라서 위임의 문제를 제대로 다루기 위해서는 기능주의 이론이 아니라 정치적 거래 비용 이론의 관점에서 접근해야 한다.

정치적 거래 비용 이론은 위임의 설계 과정에서 일어나는 경쟁과 갈등에 주목하면서 위임을 정치적 불확실성과 분배의 갈등에 기초한 정치적 경쟁의 산물로 이해한다. 민주주의의 특징은 어떤 정치 행위자도 공공 정책을 수립하고 집행하는 권한을 안정적으로 갖지 않는다는 데 있다. 이러한 정치적 불확실성으로 인해 현재 정책이 미래의 정치 권력에 의해 합법적으로 바뀔 수 있다. 정치적 불확실성하에서 정책의 지속성을 보장하는 방안은 해당 정책을 정치 행위자들의 간섭과 각축에서 분리, 독립시키는 것이다. 위임은 이러한 목적으로 이루어지며, 그 과정에서 새로운 형태의 거래 비용, 즉 '정치적 거래 비용'이 창출된다. 정치적 거래 비용이란 대리인에게 위임된 정책의 방향이나 내용을 변경하거나 대리인을 감시하는 데 소요되는 모든 비용을 일컫는데, 이 비용이 커질수록 대리인은 정치적 간섭으로부터 자유로워지고 정책이 역전될 가능성은 줄어든다.

정치적 거래 비용을 매개로 한 위임의 제도적 설계는 정치 행위자들에게 정책의 안정성과 대리인에 대한 통제 가능성 간의 맞교환을 요구한다. 위임을 설계하는 세력은 대리인에 대한 정치적 간섭을 배제하고 정책 안정성을 보장할 수 있도록 하면서 정치적 거래 비용의 증가를 발생시킴으로 인해 대리인에 대한 통제 가능성을 스스로 봉쇄하게 된다. 정치 권력을 중심으로 각축하는 정치 세력들 사이의 정책 선호의 차이가 현저할수록, 그리고 정치 권력 교체가 빈번하거나 경합을 벌이는 정치 세력이 다수일수록, 정책이 바뀔 가능성은 높아지고 정책의 안정성을 위해 정치적 거래 비용이 증가할 수밖에 없다. 정치적 거래 비용 이론은 위임을 정치 행위자들의 간섭과 통제로부터 분리하여 정책의 안정성을 얻는 행위로 이해함으로써 정책 결정을 추동하는 조건과 그로부터 야기되는 새로운 문제들에 대한 이론적 분석을 가능하게 하였다.

23.

'위임'에 대한 위 글의 주장으로 적절하지 <u>않은</u> 것은?

① 위임은 정치적 경쟁 구조의 산물이다.
② 위임은 정치적 불확실성으로부터 발생한다.

③ 위임을 주인-대리인 모델로 설명하는 데에는 한계가 있다.

④ 위임은 정치적 거래 비용의 절감을 위한 합리적 선택의 결과이다.

⑤ 위임은 대의 민주주의의 기본 작동 방식이지만 그 원리와 충돌할 소지가 있다.

문항 성격	문항유형 : 주제, 요지, 구조 파악
	내용영역 : 사회
평가 목표	이 문항은 위임에 대해 서술하고 있는 제시문에 나타난 글쓴이의 주장, 특히 '위임'에 대한 주장과 관련된 다양한 내용을 정확하게 파악할 수 있는지를 평가한다.
문제 풀이	정답 : ④

이 문항은 제시문 전체에 있는 글쓴이의 주장을 잘 이해하고 있는지를 묻고 있다. 이 글은 대의 민주주의의 중요한 요소 중의 하나인 2차 위임이 어떻게 형성되는지에 대한 기능주의 이론의 설명을 비판하고 그 대안으로 정치적 거래 비용의 이론을 통해 위임제도의 형성에 대해 설명하고 있다. 이 문항은 이러한 이 글의 중심적인 내용인 '위임'에 대해 글쓴이가 주장하고 있는 내용이 무엇인지를 묻고 있다.

정답 해설	④ 글쓴이의 주장과는 배치된다. 우선 글쓴이는 위임이 발생하는 과정에서 정치적 거래 비용이 증가할 수밖에 없음을 말하고 있다. 즉 위임 제도를 만들면서 대리인의 권한이 증가하면서 대리인을 감시하는 데 소요되는 비용, 즉 정치적 거래 비용은 증가된다. 따라서 ④는 적절하지 않다.
오답 해설	① 제시문에서 글쓴이는 "정치적 거래 비용은 위임의 설계과정에서 일어나는 경쟁과 갈등에 주목하면서 위임을 정치적 불확실성과 분배의 갈등에 기초한 정치적 경쟁의 산물로 이해한다."고 말하고 있다.
	② 제시문에서 글쓴이는 "정치적 불확실성하에서 정책의 지속성을 보장하는 방안은 해당 정책을 정치 행위자들의 간섭과 각축에서 분리, 독립시키는 것이다."라고 말하면서 위임이 정치적 불확실성에서 출현함을 주장하고 있다.
	③ 제시문에서 글쓴이는 위임을 '주인-대리인 모델'로 설명하는 기능주의 이론이 논리적으로 문제가 있으며 설명력을 갖지 못하고 있다고 주장한다. 특히 "이 두 논리에 대해 다음과 같은 비판이 가능하다. 정보의 논리는 대리인의 선호와 배반이 사후적으로만 관찰된다는 점에서 위임의 설계 단계에서 적용하기 어렵고, 신뢰의 논리는 주인들이 단기적 선호를 포기하고 대리인을 임명할 수 있다고 보는데, 그렇다면 집합 행동 문제는 애초에 존재하지 않았던 것이 된다. 따라서 위임의 문제를 제대로 다루기 위해서는 기능주의 이론이 아니라 정치적 거래

비용 이론의 관점에서 접근해야 한다."라고 말하고 있다.

⑤ 제시문에서 글쓴이는 "후자의 위임은 선출되지 않은 권력을 창출한다는 점에서 대의 민주주의와 충돌할 소지가 있다."라고 말하고 있다.

24.

㉠과 ㉡에 대한 설명으로 타당하지 <u>않은</u> 것은?

① ㉠은 선호하는 결과를 낳기 위한 주인들의 전문 지식이 부족할수록 대리인에게 많은 권한이 위임된다고 본다.

② ㉡은 주인들 각자의 단기적 이익과 공동의 장기적 이익 사이에서 발생하는 딜레마를 해결하기 위해 권한을 위임한다고 본다.

③ ㉠과 ㉡ 모두 합리성과 효율성의 관점에 기초하지만, 거래 비용의 상이한 측면에 주목한다.

④ ㉠과 ㉡ 모두 위임 제도 설계 단계에서 정치적 경쟁 속에 있는 정치 행위자들의 관계를 고려하지 못하고 있다.

⑤ ㉠에서 발생하는 대리인의 배반과 ㉡에서 발생하는 집합 행동의 딜레마는 위임 설계 후에 확인된다.

문항 성격 문항유형 : 정보의 확인과 재구성
내용영역 : 사회

평가 목표 이 문항은 이 글에서 비판하고 있는 위임에 대한 기능주의 이론의 두 논리에 관한 내용을 정확하게 파악하고 있는지를 평가한다.

문제 풀이 정답 : ⑤

정보의 논리와 신뢰의 논리가 어떠한 내용으로 이루어져 있는지에 관해 정밀하게 독해해야 한다.

정답 해설 ⑤ 제시문에서 글쓴이는 집합행동의 딜레마를 해결하기 위한 대안으로 제시된 "신뢰의 논리는 주인들이 단기적 선호를 포기하고 대리인을 임명할 수 있다고 보는데, 그렇다면 집합 행동 문제는 애초에 존재하지 않았던 것이 된다."라고 진단한다. 따라서 "신뢰의 논리에서 발생하는 집합 행동의 딜레마는 위임 설계 후에 확인된다."라는 설명은 맞다고 볼 수 없다.

① "정보의 논리는 대리인이 더 많은 전문 지식과 정보를 가질수록, 또 주인과 대리인의 선호가 일치할수록 대리인에게 보다 많은 권한을 위임하는 방향으로 제도를 설계한다고 본다."는 제시문의 진술에 비추어 올바른 설명이다.

② "위임을 주인들의 집합 행동의 딜레마, 즉 주인들이 상호 불신으로 인해 전체의 합의에 따른 공동의 장기적 이익 대신 자신의 단기적 이익을 추구하기 위해 합의를 이행하지 않게 되는 문제를 해결하기 위한 대안으로 이해하는 ⓒ 신뢰의 논리가 그것이다."라는 제시문의 진술에 비추어 올바른 설명이다.

③ "정치 행위자들이 대리인에게 권한을 위임하는 것을, 정보의 불완전성과 집합 행동의 딜레마로부터 발생하는 거래 비용을 절감하려는 합리적 선택으로 설명하는 것이다."라는 진술에 비추어 기능주의 이론의 두 논리는 합리성에 근거하고 있으며, 또한 "위임의 문제는 대리인에게 기대하는 효용을 극대화하고 대리인의 배반을 최소화하기 위한 제도를 설계하는 문제로 압축된다."라는 진술에 비추어 기능주의 이론의 두 논리는 효율성에 근거한다는 점을 알 수 있다. 그리고 "거래 비용에 정보 비용과 신뢰 비용이 포함된다는 점에서 이 이론은 둘로 나뉜다. 위임을 전문 지식과 정보 부족을 해결하기 위한 선택으로 이해하는 정보의 논리와 위임을 주인들의 집합 행동의 딜레마 … 문제를 해결하기 위한 대안으로 이해하는 신뢰의 논리가 그것이다."라는 진술에 비추어 비용의 상이한 측면에 주목한다는 점을 알 수 있다.

④ "정치 권력을 중심으로 각축하는 정치 세력들 사이의 정책 선호의 차이가 현저할수록, 그리고 정치 권력 교체가 빈번하거나 경합을 벌이는 정치 세력이 다수일수록, … "과 같은 진술에서 보이듯이 정치적 거래 비용 이론이 정치 행위자들의 정치적 경쟁에 주목하고 있음을 알 수 있다.

25.

정치적 거래 비용 이론 을 적용한 설명으로 보기 어려운 것은?

① 정치인들은 독립적인 중앙은행으로 통화 정책의 권한을 위임한다. 이는 그들이 긴축적인 통화 정책이 갖는 장기적인 효용에 대해 모두 동의함에도 불구하고 급격한 통화 팽창을 통해 단기적으로 정치적 이익을 극대화하려는 유혹에 빠지는 것을 막기 위해서이다.

② 각국의 정치 행위자들이 특정 사안에 대한 초국가적 기구를 만들어 그 기구에 정책 결정 및 집행의 권한을 많이 위임하는 현상이 발생한다. 이는 그들 간의 정책적 선호의 차이가 큰데도 불구하고 정책의 안정성과 지속성을 확보하기 위한 것이다.

③ 미국 행정부는 의회로부터 위임된 일정한 재량권을 항상 확보하고 있다. 이는 의회와 행정부 간의 정책 선호의 불일치가 증가할 가능성에도 불구하고 위임의 설계 단계에서 의회 내 세력 변화 가능성이라는 요인이 작동하기 때문이다.

④ 유럽중앙은행은 유럽연합의 통화 정책의 결정 및 집행에 있어 거의 전권을 행사한다. 이는 그 과정에서 민주주의의 결핍을 야기할 위험에도 불구하고 각 회원국 정치 행위자들의 간섭을 봉쇄하기 위한 정치적 행위의 결과이다.

⑤ 국제 협력을 위한 초국가적 기구를 구성할 때는 국내 반대자들에 대한 보상 방안도 협상 의제에 포함한다. 이는 국내 반대자들의 반론으로 인한 논란을 예방하여 국제 협력의 안정성을 제고하기 위한 것이다.

문항 성격 문항유형 : 정보의 평가와 적용

내용영역 : 사회

평가 목표 이 문항은 제시문의 핵심적인 주장인 정치적 거래 비용 이론을 구체적인 현실 정치 상황에 적용할 수 있는지를 평가한다.

문제 풀이 정답 : ①

제시문의 "정치적 거래 비용이란 대리인에게 위임된 정책의 방향이나 내용을 변경하거나 대리인을 감시하는 데 소요되는 모든 비용을 일컫는데, 이 비용이 커질수록 대리인은 정치적 간섭으로부터 자유로워지고 정책이 역전될 가능성은 줄어든다."라는 정치적 거래 비용 이론에 대한 진술을 이해하고 위임이 발생하는 상황을 정치적 거래 비용 이론에 따라 설명하는 경우를 찾아야 한다.

정답 해설 ① 위임의 발생을 제시문에 나타난 '신뢰의 논리'에 의해 설명하고 있다. 올바른 적용이 아니다.

오답 해설 ② "이는 그들 간의 정책적 선호의 차이가 큰데도 불구하고 정책의 안정성과 지속성을 확보하기 위한 것이다."라는 부분이 정치적 거래 비용 이론에 의한 설명으로 간주될 수 있다.

③ '행정부의 정책 선호의 불일치가 증가'함에도 불구하고 '일정한 재량권'의 위임이 지속한다는 것은 행정부의 정책 방향이나 내용을 변경하기 어려움을 말하고 있는데, 이것이 바로 '정치적 거래 비용'이 증가됨을 말하고 있다.

④ 유럽중앙은행의 권한을 강화함으로써 국내 정치 행위자들의 간섭을 봉쇄하는 위임이 발생하고 있다고 설명하는 것은 정치적 거래 비용 이론에 의한 설명으로 간주될 수 있다.

⑤ "이는 국내 반대자들의 반론으로 인한 논란을 예방하여 국제 협력의 안정성을 제고하기 위한 것이다."라는 부분 국내 행위자들로부터의 통제 가능성을 어렵게 만들어 정치적 거래 비용을 증가시켜 국제 협력의 안정성을 제고한다는 설명으로 정치적 거래 비용 이론에 따른 설명이다.

[26~29] 다음 글을 읽고 물음에 답하시오.

책장의 가장 밝은 곳에 꽂혀 있던 아르판의 책을 꺼내어 한국어로 번역하기로 마음먹은 건 그처럼 암담한 시기를 지나는 중이었다. 내게도 뛰어난 이야기를 알아볼 눈이 있다는 걸 증명하고 싶었다. ㉠ 요리는 못해도 미각은 있다는 점을 증명하고 싶었다. 그 증명에서 시작해, 나 자신에 대한 신뢰부터 되찾고 싶었다. 나는 와카어의 지식을 되짚어가며 정성껏 번역했다. 극심한 가난과 조울증의 고통 속에서 그 작업은 한 해 넘게 계속되었다.

자세를 똑바로 잡았다. 등을 등받이에 밀착시키고 꼬았던 다리를 펴 내렸다. 감정을 최대한 지운 목소리로 말했다.

"아르판, 지금 이 노래 들리지요?"

이번엔 여자 가수가 떼로 출동해 저를 떠나지 말라며 악을 쓰고 있었다. 아르판은 아무런 대답을 하지 않았다. 고개를 끄덕이거나 젓지도 않았다. 그건 내 예상과 아주 많이 다른 것이었다. 정적이 흘렀다. 견디기 힘들었다. 나는 차라리 그가 벌떡 일어나 화를 내기를, 울부짖거나 원망하기를, 혹은 주먹을 들어 ㉡ 내 굶은 영혼에 매질을 해 주기를 바랐다. 하지만 그는 가만히 나를 노려보기만 했다. 아니, 소름끼치는 눈으로 찬찬히 관찰했다. 표정을 읽어낼 수 없어 답답했다. 나는 힘겹게 말을 이었다.

"한국에서 요즘 유행하는 노래입니다. 그런데 사실 이건 번안곡이에요. 원래는 삼사 년 전에 일본, 아, 그런 나라가 있습니다. 아무튼, 그 일본에서 만들어진 곡이거든요. 그러나 알고 보면 일본 것도 아니지요. 선진 문명을 받아들이던 시절에 일본이 흠모하던 영국의 동요가 그 뿌리니까요. 하지만 영국 이전에는 네덜란드의 서민 음악이었고, 그 음악은 17세기 중국 광동 지방으로부터 흘러나온 전통 리듬에 뿌리를 두고 있답니다. 자, 그렇다면 중국 광동 지방의 어느 중국인이 이 노래의 원작자일까요?"

아르판은 대답하지 않았다. 속내를 짐작할 수 없는 시커먼 눈동자가 무서웠다. 답답했다. 나는 부탁하고 싶었다. 무슨 생각을 하는지 알려 달라고 부탁하고 싶었다. 하지만 그렇게 말하지 않았다. 다르게 말했다. 그렇지 않아요, 하고 나는 쫓기듯 말했다.

"그렇지 않아요. 비록 광동의 리듬을 차용했지만, 이 곡에는 자신이 거쳐 온 네덜란드나 영국, 일본, 그리고 우리 한국의 고유한 향수가 모두 담겨 있습니다. 게다가 알려진 게 그 정도라 그렇지, 더 깊이 파고들다 보면 전혀 다른 지역으로까지 소급해야 될지도 모릅니다. 그러나 이 복잡한 노래의 마디마디에서 원작자를 찾는 건 불가능할 뿐 아니라 옳지도 않습니다. 더 자세히 얘기해 봅시다. 이 음악은 칠음계를 사용하고 있군요. 또 리듬의 중심엔 일렉트릭 베이스가 있네요. 그렇다면 칠음계의 수학적 원리를 고안한 피타고라스, 베이스 기타의 발명자인 폴 툿말크를 불러다 이 음악에 관한 창조의 권리를 부여해야 할까요? 그건 어리석은 짓입니다. 피타고라스가 숫자를 발명했나요? 툿말크가 소리를 발명했어요? 그렇지 않아요. 인간의 예술은 단 한 번도 순수했던 적이 없습니다. 우리가 벌이는 모든 창조는 기존의 견해에 대한 각주와 수정을 통해 나옵니다. 그렇게 차곡차곡 쌓이는 겁니다."

나는 아르판이 모를 게 분명한 온갖 장르와 지역과 사람의 이름을 난잡하게 혼용함으로써 문화와 예술의 차이를 구분하지 않은 내 논리의 허점을 감추려 노력했다. 높이 쌓는 행위가 문화라면 아르판이 써 나간 건 예술이다. 하지만 나는 그 차이를 일부러 무시했다. 무시하고, 어떻게든 동일시하기 위해 애썼다.

(중략)

나는 거의 화를 내고 있었다. 바락바락 대드는 심정으로 말했다.

"네, 나는 당신 것을 훔쳤습니다. 하지만 난 그 이야기의 주인공들에게 한국의 문화를 덧칠함으로써 더욱 멋지게 살려냈습니다. 내가 훔치지 않았더라도 당신 이야기가 살아남을 수 있었을까요? 세상에 드러났을까요? 아닙니다. 내가 훔치지 않았다면 그 이야기는 머지않아 당신과 함께 영원히 묻혀 버릴 겁니다. 그렇다면 어느 쪽입니까? 불멸하는 것과 영원히 묻히는 것, 어느 쪽을 원합니까? 당신은 당신이 창조해 낸 인물들을 사랑합니까, 아니면 필경 수 년 내에 쓰러져 묻힐 ⓒ <u>저 갸우뚱한 오두막에서의 명예를 사랑합니까?</u>"

옳지 않은 것을 설득하기란 어려운 일이다. 하지만 전혀 불가능한 것도 아니다. 그에게 윽박지른 논리는 ② <u>내가 발명할 수 있는 최선의 것</u>이었다. 말을 끝낸 뒤, 묘하게 고정되어 있는 아르판의 까만 눈을 피해 곱창볶음만 바라보았다. 부끄럽다기보다는 겁이 났다. 와카의 땅에서라면 이런 짓을 한 나는 그의 거친 손에 붙잡혀 죽었을지 모른다. 그리하여 ⑩ <u>취향도 뭣도 아닌 대중성으로</u> <u>요란히 장식된 한국산 기성복</u>과 함께 화장터에서 불살라졌을지 모른다. 하지만 이곳은 문명 세계고 나는 이곳의 주민이어서, 어느 순간 아르판의 눈빛이 맥없이 풀리리라는 것을, 제 피조물과 이야기를 영원히 살리는 쪽으로 동의하리라는 것을, 내가 이기리라는 것을 알고 있다. 과연 아르판이 눈을 몇 번 깜박이더니, 그윽하게 감는 것이었다. 스피커에서는 떠나지 말라며 악을 쓰는 목소리가 쉬지 않고 흘러나왔다. 나는 차라리 모든 것이 떠나가 주면 좋겠다고 생각했다. 말없는 아르판도, 나를 가난과 질병의 고통으로부터 구해 준 저 책도, 불멸을 향한 아찔한 기만도, 저주받을 욕망과 열정도, 죄의식에 억눌려 살아가야 할 앞으로의 나날도 모두, 모두.

조금 지나 아르판이 눈을 떴다. 맑고 굵은 눈에 형언할 수 없는 복잡한 빛이 어려 있었다. 잠시 나를 보더니, 천천히 일어났다. 일어나고 일어났다. 다 일어났다고 생각한 뒤에도 한참을 더 일어났다. 고급 승용차의 자동 안테나처럼 위로 쭉쭉 올라갔다. 그는 이제까지와는 달리 갸우뚱하게 서 있지 않았다. 엄청난 신장을 과시하듯, 자신이 얼마나 더 커질 수 있는지 아냐고 묻는 듯 똑바로 기립했다. 그 상태로 나를 내려다보았다. 부드럽게 미소 지으며 입을 열었다.

"이만 돌아가 쉬어야겠군요. 여러 가지로 수고해 주셔서 고맙습니다."

그렇게 말하는 아르판의 얼굴에는 놀랍게도 아무런 분노나 절망을 찾아볼 수 없었다. 아니, 겉으로만 보자면 오히려 정말로 고마워하는 것 같았다. 뜻밖의 반응에 당황한 나는 무릎으로 의자를 밀치고 일어났다. 어정쩡하게 작별의 인사를 건넸다.

— 박형서, 「아르판」 —

26.

위 글에 대한 설명으로 적절한 것은?

① 인물이 처한 상황과 심리가 인물 자신의 시각을 통해 전달되고 있다.
② 현실로부터 소외된 인물을 통해 사건의 상징적 의미를 강조하고 있다.
③ 배경 공간을 객관적이고도 치밀하게 묘사함으로써 사실성을 높이고 있다.
④ 인물의 성격 변화를 극적으로 제시함으로써 이야기의 긴장감을 조성하고 있다.
⑤ 사건들을 원래 발생 순서와 다르게 제시하여 사건들 간의 인과성을 드러내고 있다.

문항유형 : 주제, 요지, 구조 파악

내용영역 : 인문

이 문항은 소설 텍스트의 기본적 설정을 파악하는 능력을 평가한다. 소설 텍스트와 같은 텍스트를 읽을 때 텍스트에 설정된 기본적인 사항을 파악할 수 있는 능력이 있는지 확인하는 문제이다. 소설의 기본적인 설정은 인물, 배경, 사건, 시점, 표현 등으로 대별할 수 있다. 이 문항은 제시된 텍스트의 기본적인 설정을 파악할 수 있는지 묻는 문제로, 이러한 조건을 파악할 능력이 있어야 소설을 제대로 읽을 수 있다. 제시된 텍스트는 박형서의 「아르판」의 한 부분이다.

정답 : ①

이 문제의 선택지들은 인물, 배경, 사건, 구성, 시점, 표현에 대해 파악하고 있는지 확인하는 방식으로 구성되었다. ①은 시점, ②는 사건, ③은 배경과 표현, ④는 인물, ⑤는 구성을 각각 묻고 있다. 이 가운데, ①은 이 소설이 1인칭 주인공 시점을 취하고 있다는 점에서 적절한 선택지이다. 1인칭 시점은 등장인물 스스로가 자신이 처한 상황과 그에 대한 심리를 서술하는 방식이기 때문이다.

① 이 소설이 1인칭 주인공 시점을 취하고 있다는 점에서 적절한 선택지이다. 1인칭 주인공 시점은 등장인물 스스로가 자신이 처한 상황과 그에 대한 심리를 주로 서술하는 방식이기 때문이다. 반면 1인칭 관찰자 시점은 자신보다 관찰 대상 인물의 상황이나 심리를 주로 서술한다.

② 이 소설의 '나'와 아르판을 현실로부터 소외된 인물로 볼 수 없으며, 더군다나 이 소설에 제시된 사건이 따로 상징적 이미를 지니지 않는다는 점에서 오답이다. 상징은 표현된 바와 다른 숨은 뜻을 지니기 마련인데, 이 소설의 주요 사건인 표절은 표현된 바와 다른 상징적 의미를 지니지 않는다.

③ 배경 공간인 곱창볶음 집에 대한 객관적이거나 치밀한 묘사는 보이지 않는다는 점에서 오답이다.

④ '나'와 아르판의 성격은 변화하지 않으며, 처음 그대로 끝까지 유지되고 있다. 아르판의 경우는 생각의 변화로 볼 여지는 있으나 사고방식과 같은 성격의 변화로는 볼 수 없다.

⑤ 제시문에서 사건들은 발생 순서에 따라 제시되고 있다. 원래 작품에는 회상을 기본으로 하는 1인칭 시점의 특성상 시간의 역전적 구성으로 서술된 부분들이 있으나 제시문에서는 그러한 부분이 없다.

27.

㉠~㉢의 문맥상 의미를 설명한 것으로 적절하지 <u>않은</u> 것은?

① ㉠은 창작 능력은 없어도 좋은 작품을 판별하는 감식안이 있다는 것을 의미한다.
② ㉡은 우리 사회의 부정적 현실을 직시하지 못하고 그에 타협하는 부도덕을 의미한다.
③ ㉢은 훌륭하지만 세상에 널리 알려지지 않은 채 인정받지 못하는 상태를 가리킨다.
④ ㉣은 자신의 행위를 변명하기 위해 심혈을 기울여 애써 만들어낸 궤변을 뜻한다.
⑤ ㉤은 대중이 애호하는 것들로 구성되었지만 실상 별 가치가 없는 상품을 뜻한다.

문항 성격 문항유형 : 정보의 확인과 재구성
내용영역 : 인문

평가 목표 이 문항은 소설 표현의 문맥상 의미를 파악하는 능력을 평가한다. 소설의 전반적 의미
는 세부적인 표현의 의미가 집적되어 형성된다. 사건 전체의 전개 과정이나 인물의 성
격에 비추어 세부적인 표현의 의미를 파악할 수 있어야 소설 텍스트의 의미를 정확하
게 이해하고 감상할 수 있다. 이 문제는 문맥에 따른 표현의 구체적인 의미를 파악할
수 있는지 묻는 문제이다.

문제 풀이 정답 : ②

이 문제의 선택지들은 암시적인 의미를 지니고 있는 표현들의 의미를 제대로 파악할 수 있는지
확인하는 방식으로 구성되었다. 이 가운데 ㉡은 표절 행위로 얻은 명예와 부를 놓지 못하고 아르
판이 자신의 표절을 인정해 주기를, 그리하여 고통과 불안도 사라지기를 원하는 자신의 심리를
자기 풍자적으로 표현한 것이라는 점에서 이 표현을 잘못 파악한 선택지 ②가 정답이다.

> **정답 해설** ② ㉡은 아르판이 자신의 행위를 인정해 주기를, 그리하여 더 이상 마음의 불안이
> 나 죄책감을 느끼지 않기를 바라는 '나'의 심리 상태를 자기 풍자적으로 표현한
> 것이라는 점에서 ②는 잘못된 해석이다. 설혹 '나'의 행위가 '우리 사회의 부정
> 적 현실'에 속하므로 제대로 해석한 것이 아닌가 하고 반문한다고 해도, '나'는
> 자신의 행위의 잘못이 무엇인지 정확히 파악하고 있다는 점에서 ②의 '직시하
> 지 못하고'라는 부분도 잘못된 진술이다.

> **오답 해설** ① ㉠에서 '요리'는 창작을, '미각'은 좋은 작품을 알아보는 눈을 뜻하므로 타당한
> 해석이다.
> ③ ㉢의 의미를 이해하려면 그 앞의 표현들, 곧 "내가 훔치지 않았다면 그 이야기
> 는 머지않아 당신과 함께 영원히 묻혀 버릴 겁니다. 그렇다면 어느 쪽입니까?

불멸하는 것과 영원히 묻히는 것, 어느 쪽을 원합니까?"를 참조해야 한다. 두 가지 중 택일하라는 이 말에서 ⓒ은 후자, 곧 영원히 묻히는 것과 관련지어 해석해야 한다. ⓒ에서 '오두막'은 정황상 아르판이 살고 있는 와카의 집으로, '명예'는 아르판의 작품이 지니는 가치로부터 비롯한 것을 뜻한다. 따라서 ⓒ은 훌륭한 아르판의 작품이 세상에 알려지지 않은 채 인정받지 못하고 묻혀버리는 것을 뜻하는 것이 되므로 타당한 해석이다.

④ ②은 아르판에게 자신의 행위를 합리화하는 말이 실상은 타당한 것이 아니라 표절을 변명하기 위해 '최선'의 노력을 다해 애써 만들어낸('발명한') 것임을 뜻하므로 타당한 해석이다.

⑤ ⑩에서 '취향도 뭣도 아닌 대중성'이란 대중들이 좋아하지만 실상 개개인의 취향과도 맞지 않는 가치 없는 것임을 뜻하므로 타당한 해석이다. '한국산 기성복'은 '상품'으로 보아 무리가 없다.

28.

'나'와 '아르판'의 대화 상황에 대한 해석으로 적절하지 <u>않은</u> 것은?

① '나'와 아르판이 만날 때 들리는 음악은 아르판이 '나'의 논리에 승복하는 데 중요한 근거가 된다.
② '나'가 아르판의 반응에 계속 신경 쓰는 것은 실상 자신이 먼저 괴로움을 깊이 느끼고 있기 때문이다.
③ '나'를 향한 아르판의 시선 변화는 그가 사태를 관찰하고 생각하며 결심하는 과정을 암시하고 있다.
④ '나'는 아르판이 자신의 고향이 아닌 한국에서는 '나'의 행위를 인정할 수밖에 없을 것으로 기대한다.
⑤ '나'에게 아르판이 일어나는 동작이 길고 크게 보인 것은 불안과 자책을 불러일으킨 그에게 압도되었기 때문이다.

문항유형 : 정보의 추론과 해석

내용영역 : 인문

이 문항은 소설 속에 등장하는 인물들의 심리와 행동을 해석하는 능력을 평가한다. 작 중 상황에서 인물들이 드러내는 심리와 행동을 사건 전개에 맞추어 해석할 수 있는 능 력이 있는지 확인하는 문제이다. '나'와 아르판이 대화 상황에서 보여주는 다양한 반 응을 맥락에 맞게 파악하는 것은 실제 상황에서도 의사소통에 필요한 중요한 능력 이다.

정답 : ①

이 문제의 선택지들은 '나'와 아르판의 대화 내용이 아니라 대화 상황 및 그와 관계된 사항을 정 확히 파악하고 있는지 확인하는 것으로 구성되었다. ①은 대화의 상황의 단초가 된 음악을, ②는 '나'의 반응을, ③은 아르판의 반응을, ④는 대화에 임하는 나의 기본적 태도를, ⑤는 대화 중의 상황 변화에 대한 '나'의 반응을 각각 묻고 있다. 이 가운데 ①에서 주목한 음악은 '나'가 아르판 에게 자신의 궤변을 제시하기 위한 단초로 쓰이고 있다는 점에서 틀린 해석이다.

① 음악은 예술에 근본적으로 창조적인 것은 없다는 것을 유추하는 단초로 쓰였을 뿐, 그 자체가 '나'의 논리의 중요한 부분이 되는 것은 아니다. 더욱이 아르판이 '나'의 논리에 승복했는지 여부는 제시문만으로는 불확정적이고, 나아가 아르 판이 알지 못하는 낯선 음악에 대한 이야기가 이해될 수 없었다는 점에서, 설혹 그가 '나'에게 승복했다고 해도, 음악 자체가 그에게는 중요한 근거가 될 수는 없다는 점에서 ①은 틀린 해석이므로 정답이다.

② '나'가 자신의 말을 궤변으로 생각하고 그 말을 하는 것 자체에 불안과 괴로움 을 느끼고 있으며, 그 때문에 아르판의 반응에 예민하게 반응하는 것은, 아르판 이 침묵하자 "견디기 힘들었다. 나는 차라리 그가 벌떡 일어나 화를 내기를, 울 부짖거나 원망하기를, 혹은 주먹을 들어 내 곪은 영혼에 매질을 해 주기를 바랐 다."는 부분이나, "아르판은 대답하지 않았다. 속내를 짐작할 수 없는 시커먼 눈 동자가 무서웠다. 답답했다."는 부분에서 확인할 수 있으므로, 타당한 해석이다.

③ 아르판이 '나'의 말을 들으면서 처음에 시선을 내 얼굴에 고정시킨 채 찬찬히 관찰하다가, "눈을 몇 번 깜박이더니, 그윽하게 감"고, 다시 눈을 뜨는 반응을 보인다. 이는 처음에 '나'가 왜 그런 말을 하는지 파악하고, 생각에 잠기다가, '나'의 행위에 대한 자신의 생각을 굳히는 과정을 드러낸 것이라는 점에서 타당 한 해석이다.

④ "이곳은 문명 세계고 나는 이곳의 주민이어서, 어느 순간 아르판의 눈빛이 맥없 이 풀리리라는 것을, 제 피조물과 이야기를 영원히 살리는 쪽으로 동의하리라는

것을, 내가 이기리라는 것을 알고 있다."는 부분으로 뒷받침되므로, 타당한 해석
이다.

⑤ "나를 보더니, 천천히 일어났다. 일어나고 일어났다. 다 일어났다고 생각한 뒤에
도 한참을 더 일어났다. 고급 승용차의 자동 안테나처럼 위로 쭉쭉 올라갔다. 그
는 이제까지와는 달리 갸우뚱하게 서 있지 않았다. 엄청난 신장을 과시하듯, 자
신이 얼마나 더 커질 수 있는지 아냐고 묻는 듯 똑바로 기립했다."는 부분에서
알 수 있듯이, '나'에게 아르판이 압도적인 존재로 다가오는 부분인데, 아직 아
르판이 결심한 내용은 알 수 없는 상태에서 '나'의 행위에 뚜렷이 부정적 반응
을 보이지 않자, 자신의 불안과 자책으로 인해 그가 더욱 큰 존재로 보이게 된
다는 점에서 타당한 해석이다.

29.

'나'가 자신의 행위를 기만 으로 생각한 이유로 가장 적절한 것은?

① 다른 문화권 예술에 대한 표절은 자기 문화의 발전을 저해한다는 것을 무시했기 때문
이다.

② 문화 도입 과정에서 생기는 창조적 요소가 새로운 예술의 원천임을 간과했기 때문이다.

③ 예술을 포함한 모든 문화에 고유성이 필수적 요건이라는 것을 고려하지 않았기 때문
이다.

④ 일반적인 문화와 달리 예술은 창조성을 고유한 본질로 삼는다는 것을 도외시했기 때
문이다.

⑤ 외견상 달리 보이는 작품도 실제로는 기원이 동일한 경우가 있다는 것을 외면했기 때
문이다.

문항 성격	문항유형 : 정보의 평가와 적용
	내용영역 : 인문
평가 목표	이 문항은 인물의 심리와 행동을 비판적으로 볼 수 있는지를 평가한다. 인물이 펼치는

이 문항은 인물의 심리와 행동을 비판적으로 볼 수 있는지를 평가한다. 인물이 펼치는
논리를 객관적으로 판단하여 올바르게 비판하고 평가하는 능력을 확인하는 문제이다.
소설에서 부정적 인물이 주인공이 되는 작품이 많지만, 통상 주인공의 시선과 생각을
따라가는 서술로 인해 제대로 된 비판을 할 수 없는 경우도 흔하다. 따라서 인물에 무

조건 동의하기보다 거리를 두고 판단하는 능력이 소설 감상 및 실제 생활에서도 매우 중요하다.

문제 풀이 정답 : ④

이 문제의 선택지들은 '나'가 아르판에게 펼치는 논리의 문제점과 그 이유를 제대로 파악했는지 확인하기 위하여 구성되었다. '나'가 자신의 행위를 '기만'으로 생각한 것은 '나'의 말이 지니는 허점이 창조성을 본질로 삼는 예술의 성질을 외면했다는 데 있음을 이미 알고 있지만, 자신은 문화 일반을 내세워 그것을 무시하고 '기만'을 저지르고 있다고 자각하고 있기 때문이므로, ④가 정답이다.

정답 해설 ④ "나는 아르판이 모를 게 분명한 온갖 장르와 지역과 사람의 이름을 난잡하게 혼용함으로써 문화와 예술의 차이를 구분하지 않은 내 논리의 허점을 감추려 노력했다. 높이 쌓는 행위가 문화라면 아르판이 써 나간 건 예술이다. 하지만 나는 그 차이를 일부러 무시했다."는 부분을 참조할 때, '나'가 자신의 행위를 '기만'으로 생각한 이유는 예술의 창조성을 애써 무시했다는 데 있다고 생각하고 있음을 알 수 있으므로 정답이다.

오답 해설 ① '나'가 자신의 표절 행위로 인해 우리나라 문화의 발전이 저해된다는 생각까지는 하지 않으므로 정답이 아니다.

② '나'가 외래 문화의 도입에서 창조적 요소가 생긴다고 스스로 말하고 있으므로 자신의 행위를 기만으로 본 이유가 될 수 없기에 정답이 아니다.

③ '나'가 예술과 일반 문화를 날카롭게 구분하고 있으므로 정답이 아니다.

⑤ '나'가 외견상 달리 보이는 작품도 기원이 동일한 경우가 있다고 스스로 말하고 있으므로 자신의 행위를 기만으로 본 이유가 될 수 없기에 정답이 아니다.

[30~32] 다음 글을 읽고 물음에 답하시오.

계약의 본질을 당사자들의 자유로운 의사의 합치로 보는 사비니 이래의 근대적인 계약 이해 방식에 따르면 특정한 내용의 계약을 체결한 당사자들이 그 계약을 준수해야 하는 까닭은 바로 스스로가 그 계약 내용의 실현을 원했기 때문이다. 그렇다면 가령 계약 당사자들이 민법의 규정을 무시하고 선량한 풍속에 위반하는 사항의 실현을 자발적으로 원했을 경우에는 어떻게 할 것인가? 여전히 당사자들 사이에 자유로운 의사의 합치가 있었음을 이유로 그와 같은 계약도 그들을 구속한다고 보아야 할 것인가? 아니면 아무리 당사자들이 원했다 하더라도 법률이 정하고 있는

458

바에 어긋나는 내용의 계약은 당사자들을 구속할 수 없다고 봄으로써 근대적인 계약 이해 방식을 포기해야 할 것인가?

많은 경우 법률가들은 계약을 당사자들 사이의 자유로운 의사의 합치로 이해하면서도, 다른 한편으로는 선량한 풍속에 위반하는 내용의 계약이 무효인 까닭은 법률이 그렇게 정하고 있기 때문이라는 설명에 만족한다. 그러나 이러한 태도는 딜레마를 이루는 두 축을 동시에 붙들고 있는 것이라 할 수 있다. 이 지점에서 근대적인 계약 이해 방식에 대한 근본적인 문제 제기가 이루어진다.

의사표시 이론의 논쟁과 관련해서도 비슷한 문제를 생각해 볼 수 있다. 전통적인 '의사주의적 관점'은 계약의 핵심을 어디까지나 의사의 합치에서 찾으려 한다. 이에 따르면 내심의 의사 내용과 외부로 표시된 내용이 일치하지 않는 경우에는 전자에 따른 법적 효과를 인정해야 한다. 하지만 이렇게 할 경우 표시된 내용만을 믿고 거래에 응한 상대방은 예기치 못한 손해를 입을 수 있다. 이 점을 고려하여 내심의 의사 내용보다는 외부로 표시된 내용을 기준으로 법적 효과를 인정해야 한다는 '표시주의적 관점'이 등장하게 되었는데, 이는 계약 당사자들 사이의 신뢰와 거래질서의 안정성을 보호하려는 법적 추세와 일맥상통하는 것이었다. 이 관점에 따르면 계약을 준수해야 하는 이유 역시 '표시된 바에 의할 때' 당사자들이 그 내용의 실현을 원했다는 점에서 찾게 된다.

이러한 논란은 결국 당사자들이 진정 무엇을 원했는가보다는 법이 무엇을 승인했는가가 더 중요하다는 사고로 이어짐으로써, 계약을 이해하는 기존의 방식 자체에 문제가 있음을 인정하고, 계약에 따른 책임의 본질을 의사의 내용에 기초한 책임(약정 책임)이 아니라 궁극적으로 법률의 규정에 기초한 책임(법정 책임)일 뿐이라고 보려는 '급진적 관점'의 도래를 예정하게 된다. 예를 들어 불법행위를 저지른 사람이 피해자에게 배상하고 싶지 않다고 해서 면책될 수 없는 것과 마찬가지로, 자신의 의사와 다른 내용의 계약을 체결하거나 이행해야 할 경우가 있다는 것이다. 일부 학자들이 이른바 '계약의 죽음'을 이야기하는 이유도 바로 이러한 맥락에서 이해될 수 있을 것이다.

계약을 이해하는 방식의 이와 같은 변화는 자본주의적 경제 체제의 발달과 맞물려 있는 것으로 평가되고 있다. 근대적 법제는 중세의 신분적 제약을 타파하고 만인이 자유롭고 평등한 존재로서 자신이 처하게 될 법률 관계를 스스로 결정할 수 있음을 선언했지만, 얼마 지나지 않아 인간의 자유와 평등은 단지 형식적인 전제로 머물러서는 안 되며 실질적인 목표가 되어야 한다는 실천적 반성을 불러일으키게 되었다. '계약 당사자들 사이의 자발적인 의사의 합치'는 취약한 사회·경제적 지위를 갖는 한쪽 당사자의 의사를 자유와 평등의 이름으로 상대방의 의사에 종속시키는 결과를 초래했기 때문이다. 이러한 상황에서 사회 정의와 공정성을 확보하기 위해 출현한 각종 규제 입법들은 결국 계약의 당사자들이 표면적으로 동의했던 바에 구속력을 인정하지 않을 수도 있고, 그들이 미처 생각지도 못했던 바를 강제할 수도 있다는 점을 수용하고 있는 것이다.

30.

위 글의 내용과 부합하지 <u>않는</u> 것은?

① 의사주의적 관점은 모든 사람이 자유로운 의사 결정의 권리를 가지고 있음을 전제한다.
② 의사주의적 관점은 의사표시의 주체에게 자신의 의사와 일치된 표시를 할 부담을 부과한다.
③ 표시주의적 관점은 의사표시의 주체보다는 그 의사표시를 신뢰한 상대방을 보호하고자 한다.
④ 표시주의적 관점은 의사주의적 관점이 야기할 수 있는 문제점을 해결하는 과정에서 등장하였다.
⑤ 급진적 관점은 계약상 채무의 불이행으로 인한 책임을 법정 책임의 일종으로 보고자 한다.

문항 성격	문항유형 : 정보의 확인과 재구성
	내용영역 : 법·규범
평가 목표	이 문항은 근대적 계약 이해 방식과 그에 대한 비판으로 등장한 급진적 관점에 대해 기술한 제시문으로부터 전자에 속하는 의사주의적 관점과 표시주의적 관점의 특징 및 차이점을 제대로 파악하고 있는지, 후자의 핵심적 입장이 무엇인지 이해하고 있는지 평가한다.
문제 풀이	정답 : ②

근대적 계약 이해 방식으로 제시된 의사주의적 관점과 표시주의적 관점 각각에 관한 진술들을 확인하고, 그것에 대한 대안으로 모색되고 있는 급진적 관점의 내용을 확인하여 선택지 선택을 해야 한다.

> **정답 해설** ② 제시문의 "전통적인 '의사주의적 관점'은 계약의 핵심을 어디까지나 의사의 합치에서 찾으려 한다. 이에 따르면 내심의 의사 내용과 외부로 표시된 내용이 일치하지 않는 경우에는 전자에 따른 법적 효과를 인정해야 한다."라는 부분을 볼 때, 의사주의적 관점은 의사와 표시의 불일치가 발생했을 때, 표시가 아닌 내심의 의사를 기준으로 그 법적 효과를 판단하므로 표시를 자신의 의사와 일치시킬 부담을 표의자에게 부과한다고 할 수 없으며, 오히려 외부로 드러난 표시에도 불구하고 드러나지 않는 내심의 의사를 중시한다는 점에서 의사표시의 상대

방에게 계약이 무효로 돌아갈 수 있다는 부담을 지우고 있는 것으로 이해할 수 있다.

오답 해설 ① 제시문의 "계약의 본질을 당사자들의 자유로운 의사의 합치로 보는 사비니 이래의 근대적인 계약 이해 방식에 따르면 특정한 내용의 계약을 체결한 당사자들이 그 계약을 준수해야 하는 까닭은 바로 스스로가 그 계약 내용의 실현을 원했기 때문이다."라는 부분, "전통적인 '의사주의적 관점'은 계약의 핵심을 어디까지나 의사의 합치에서 찾으려 한다."라는 부분, 그리고 "근대적 법제는 중세의 신분적 제약을 타파하고 만인이 자유롭고 평등한 존재로서 자신이 처하게 될 법률 관계를 스스로 결정할 수 있음을 선언했지만"이라는 부분을 보면, 근대적 계약 이해 방식 중 하나인 의사주의적 관점은 당연히 모든 사람이 자유로운 의사 결정의 권리를 가지고 있음을 전제하고 있음을 알 수 있다.

③ 제시문의 "하지만 이렇게 할 경우 표시된 내용만을 믿고 거래에 응한 상대방은 예기치 못한 손해를 입을 수 있다. 이 점을 고려하여 내심의 의사 내용보다는 외부로 표시된 내용을 기준으로 법적 효과를 인정해야 한다는 '표시주의적 관점'이 등장하게 되었는데, 이는 계약 당사자들 사이의 신뢰와 거래질서의 안정성을 보호하려는 법적 추세와 일맥상통하는 것이었다."라는 부분을 볼 때, 의사와 표시가 일치하지 않을 경우 내심의 의사를 중시하여 그와 다른 표시의 법적 효과를 부인하는 의사주의에 비해, 표시를 기준으로 그 법적 효과를 판단함으로써 의사표시의 상대방의 신뢰를 보호하려는 것이 표시주의적 관점임을 알 수 있다.

④ 제시문의 "하지만 이렇게 할 경우 표시된 내용만을 믿고 거래에 응한 상대방은 예기치 못한 손해를 입을 수 있다. 이 섬늘 고려하여 내심의 의사 내용보다는 외부로 표시된 내용을 기준으로 법적 효과를 인정해야 한다는 '표시주의적 관점'이 등장하게 되었는데, 이는 계약 당사자들 사이의 신뢰와 거래질서의 안정성을 보호하려는 법적 추세와 일맥상통하는 것이었다."라는 부분을 볼 때, 표시주의적 관점은 종래의 의사주의적 관점이 의사표시의 상대방보다는 의사표시의 주체를 더 두텁게 보호함으로써 야기될 수 있는 거래의 위축과 거래의 불안정성이라는 문제점을 해결하는 과정에서 등장하였다는 점을 알 수 있다.

⑤ 제시문의 "이러한 논란은 결국 당사자들이 진정 무엇을 원했는가보다는 법이 무엇을 승인했는가가 더 중요하다는 사고로 이어짐으로써, 계약을 이해하는 기존의 방식 자체에 문제가 있음을 인정하고, 계약에 따른 책임의 본질을 의사의 내용에 기초한 책임(약정 책임)이 아니라 궁극적으로 법률의 규정에 기초한 책임(법정 책임)일 뿐이라고 보려는 '급진적 관점'의 도래를 예정하게 된다. 예를 들어 불법행위를 저지른 사람이 피해자에게 배상하고 싶지 않다고 해서 면책될

수 없는 것과 마찬가지로, 자신의 의사와 다른 내용의 계약을 체결하거나 이행해야 할 경우가 있다는 것이다. 일부 학자들이 이른바 '계약의 죽음'을 이야기하는 이유도 바로 이러한 맥락에서 이해될 수 있을 것이다."라는 부분을 볼 때, 급진적 관점은 계약을 이행하지 않았을 때 부담하게 되는 책임이 의사의 내용에 기초한 것, 즉 약정 책임이라는 근대적 계약 이해 방식의 전제를 비판하며, 그러한 책임이 궁극적으로 법률의 규정에 기초한 것이라는 법정 책임론을 제시하고 있음을 알 수 있다.

31.

□근대적인 계약 이해 방식□의 문제점을 지적한 것으로 옳은 것만을 〈보기〉에서 있는 대로 고른 것은?

보 기

ㄱ. 의사와 표시가 일치하지 않는 것이 당연하다는 전제에서 출발하고 있다.
ㄴ. 계약의 자유라는 문제에 비해 계약의 공정성이라는 문제를 소홀히 하고 있다.
ㄷ. 규제 입법을 통해 계약의 자유를 제한해야 할 경우가 있음에도 불구하고 이런 개입을 정당화하기 어렵다.

① ㄱ   ② ㄴ   ③ ㄱ, ㄷ   ④ ㄴ, ㄷ   ⑤ ㄱ, ㄴ, ㄷ

문항 성격	문항유형 : 정보의 평가와 적용
	내용영역 : 법·규범
평가 목표	이 문항은 제시문이 가장 중점적으로 다루고 있는 내용인 근대적인 계약 이해 방식과 그에 대한 대안으로 등장하고 있는 급진적 관점 사이의 논리적 관계, 구체적으로 말하자면, 전자가 어떠한 문제점을 지녔기 때문에 후자가 새로운 관점으로 등장하고 있는 것인지를 올바르게 판단할 수 있는지 평가한다.
문제 풀이	정답 : ④

근대적인 계약 이해 방식이 지니는 문제점이 근본적인 이론적 정합성 차원에서 다루어지고 있는 첫 두 문단 부분과 의사표시 이론의 논쟁이라는 측면에서 다루어지고 있는 세 번째 및 네 번째 문

단 부분을 참조하여 〈보기〉의 내용에 접근해야 한다.

〈보기〉 해설 ㄱ. "전통적인 '의사주의적 관점'은 계약의 핵심을 어디까지나 의사의 합치에서 찾으려 한다. 이에 따르면 내심의 의사 내용과 외부로 표시된 내용이 일치하지 않는 경우에는 전자에 따른 법적 효과를 인정해야 한다. 하지만 이렇게 할 경우 표시된 내용만을 믿고 거래에 응한 상대방은 예기치 못한 손해를 입을 수 있다. 이 점을 고려하여 내심의 의사 내용보다는 외부로 표시된 내용을 기준으로 법적 효과를 인정해야 한다는 '표시주의적 관점'이 등장하게 되었는데, 이는 계약 당사자들 사이의 신뢰와 거래질서의 안정성을 보호하려는 법적 추세와 일맥상통하는 것이었다. 이 관점에 따르면 계약을 준수해야 하는 이유 역시 '표시된 바에 의할 때' 당사자들이 그 내용의 실현을 원했다는 점에서 찾게 된다."는 제시문의 부분을 통해 추론해 볼 때 근대적 계약 이해 방식도 의사와 표시의 불일치 가능성을 인정하고 있지만 그러한 불일치가 항상 발생할 것이라고 전제하는 것이 아니라는 점을 이해할 수 있다. 제시문은 그러한 불일치가 예외적으로 발생했을 때 생기는 손해를 누가 부담할 것인지에 대해 의사주의와 표시주의 사이의 견해 대립이 있었음을 보여주고 있기 때문이다. 만일 그러한 불일치가 항상 발생하는 것이라 한다면 "예기치 않은 손해"라는 말은 할 수 없을 것이다. 나아가 "의사와 표시가 일치하지 않는 것이 당연하다."는 표현을 단순히 불일치 가능성만을 의미하는 것으로 본다 하더라도 그러한 인식 자체는 문제점에 해당하는 것이라기보다는 올바른 인식이라고 보아야 하기 때문에 "근대적인 계약 이해 방식의 문제점"을 지적한 것을 고르라는 질문의 답이 될 수 없다.

ㄴ. "'계약 당사자들 사이의 자발적인 의사의 합치'는 취약한 사회·경제적 지위를 갖는 한쪽 당사자의 의사를 자유와 평등의 이름으로 상대방의 의사에 종속시키는 결과를 초래했기 때문이다."라는 제시문의 진술을 통해 자유로운 계약의 강조가 실제로는 편파적인 계약의 만연에 이르렀음을 알 수 있고, "이러한 상황에서 사회 정의와 공정성을 확보하기 위해 출현한 각종 규제 입법들은 결국 계약의 당사자들이 표면적으로 동의했던 바에 구속력을 인정하지 않을 수도 있고, 그들이 미처 생각지도 못했던 바를 강제할 수도 있다는 점을 수용하고 있는 것이다."라는 제시문의 진술을 통해 계약의 공정성을 확보하고자 하는 노력은 근대적인 계약 이해 방식에 대한 반성으로 나온 것임을 추론할 수 있다.

ㄷ. "많은 경우 법률가들은 계약을 당사자들 사이의 자유로운 의사의 합치로 이해하면서도, 다른 한편으로는 선량한 풍속에 위반하는 내용의 계약이 무효인 까닭은 법률이 그렇게 정하고 있기 때문이라는 설명에 만족한다. 그러나 이러한

태도는 딜레마를 이루는 두 축을 동시에 붙들고 있는 것이라 할 수 있다. 이 지점에서 근대적인 계약 이해 방식에 대한 근본적인 문제 제기가 이루어진다."라는 제시문의 진술을 통해 근대적 계약 이해 방식의 문제가 계약의 본질 내지 구속력에 대한 설명과 입법을 통해 당사자가 원하지 않는 내용의 계약을 강제하거나 좌절시키는 등의 법적 통제에 대한 설명을 양립시킬 수 있는 하나의 정합적인 이론을 제공할 수 없다는 것임을 추론할 수 있다.

32.

위 글을 바탕으로 〈보기〉의 주장 A~E를 평가한 것으로 적절하지 <u>않은</u> 것은?

보기

갑은 자기 소유의 토지를 시세에 따라 m²당 10만원에 팔고자 하였으나, 을과 매매 계약을 체결할 당시 평당 10만원에 팔고자 한다고 말하였다(1평은 3.3m²). 을은 평당 10만원의 가격이 합당하다고 생각하여 갑과 매매 계약을 체결하였다.

A : 갑은 평당 10만원에 팔고자 하는 의사를 가지고 있지 않았을 것이므로, 평당 10만원에 토지를 넘겨줄 의무는 없다.

B : 을은 갑이 평당 10만원에 팔고자 한다는 말을 신뢰하여 계약을 체결한 것이므로, m²당 10만원에 해당하는 대금을 지급할 의무가 없다.

C : 갑은 평당 10만원에 팔고자 하는 의사를 가지고 있지 않았을 것이지만, 스스로 그렇게 말했으므로 그 가격에 팔아야 한다.

D : 갑이 평당 10만원에 팔고자 하는 의사를 가지고 있지 않았다는 사실을 스스로 입증한다면, 그 가격에 토지를 넘기지 않아도 된다.

E : 을은 평당 10만원의 가격이 합당하다고 생각하여 계약을 체결한 것이므로, 폭리 취득을 금지하는 규정의 유무와 상관없이 그 대금만 지급하면 된다.

① A는 의사주의적 관점에 부합한다.
② B는 표시주의적 관점에 부합한다.
③ C는 표시주의적 관점에 부합한다.
④ D는 의사주의적 관점에 부합한다.
⑤ E는 급진적 관점에 부합한다.

평가 목표   이 문항은 제시문에 소개된 계약에 대한 관점들을 파악하여 현실 상황의 대화에서 나
타나는 구체적인 주장들이 이러한 관점들 중 어떤 것과 부합하는지, 그리고 부합하지
않는지 올바르게 판단할 수 있는지 평가한다.

문제 풀이   정답 : ⑤

의사와 표시의 불일치 문제에 대해 판단할 경우 고려해야 할 부분인 의사표시의 주체 기준, 의사
표시의 상대방 기준, 외관 현출의 책임이나 신뢰 보호의 측면을 이해해야 하며, 급진적 관점에서
강조하는 법정 책임설에 대해 제대로 이해하고 있어야 한다.

정답 해설   ⑤ "이러한 논란은 결국 당사자들이 진정 무엇을 원했는가보다는 법이 무엇을 승
인했는가가 더 중요하다는 사고로 이어짐으로써, 계약을 이해하는 기존의 방식
자체에 문제가 있음을 인정하고, 계약에 따른 책임의 본질을 의사의 내용에 기
초한 책임(약정 책임)이 아니라 궁극적으로 법률의 규정에 기초한 책임(법정 책
임)일 뿐이라고 보려는 '급진적 관점'의 도래를 예정하게 된다."라는 제시문의
내용에 따르면 급진적 관점은 결국 법이 어떠한 규정을 지니고 있는지에 따라,
그에 부합하는 내용의 계약에 대해서는 그 내용대로 효력을 인정하고, 부합하지
않는 내용의 계약에 대해서는 그 효력을 부인할 것으로 보는 관점이라 할 수 있
다. 따라서 "E : 을은 평당 10만원의 가격이 합당하다고 생각하여 계약을 체결
한 것이므로, 폭리 취득을 금지하는 규정의 유무와 상관없이 그 대금만 지급하
면 된다."는 주장은 법의 규정이 어떻게 되어 있는지를 고려하지 않아도 된다는
내용을 담고 있어서 급진적 관점에 부합하지 않는다.

오답 해설   ① "전통적인 '의사주의적 관점'은 계약의 핵심을 어디까지나 의사의 합치에서 찾
으려 한다. 이에 따르면 내심의 의사 내용과 외부로 표시된 내용이 일치하지 않
는 경우에는 전자에 따른 법적 효과를 인정해야 한다."라는 제시문의 내용에 따
르면 의사주의적 관점은 의사와 표시가 불일치하는 경우에도 의사표시자의 진
정한 의사가 무엇이었는지를 고려하여 그에 따른 법적 효과를 인정해야 한다는
관점임을 알 수 있다. 따라서 "A : 갑은 평당 10만원에 팔고자 하는 의사를 가지
고 있지 않았을 것이므로, 평당 10만원에 토지를 넘겨줄 의무는 없다."는 주장
은 갑의 진정한 의사에 따른 법적 효과를 추구하고 있다는 점에서 의사주의적
관점에 부합한다.

② "하지만 이렇게 할 경우 표시된 내용만을 믿고 거래에 응한 상대방은 예기치 못
한 손해를 입을 수 있다. 이 점을 고려하여 내심의 의사 내용보다는 외부로 표
시된 내용을 기준으로 법적 효과를 인정해야 한다는 '표시주의적 관점'이 등장

하게 되었는데, 이는 계약 당사자들 사이의 신뢰와 거래질서의 안정성을 보호하려는 법적 추세와 일맥상통하는 것이었다."라는 제시문의 내용에 따르면 의사와 표시가 불일치할 경우 표시주의적 관점은 의사표시의 상대방을 보호하기 위해 외부로 표시된 내용을 기준으로 법적 효과를 인정해야 한다고 주장하기 때문에 "B: 을은 갑이 평당 10만원에 팔고자 한다는 말을 신뢰하여 계약을 체결한 것이므로, m²당 10만원에 해당하는 대금을 지급할 의무가 없다."는 주장은 의사표시자가 외부로 표시한 바에 해당하는 갑의 말을 기준으로 삼고 있다는 점에서 표시주의적 관점에 부합한다.

③ "하지만 이렇게 할 경우 표시된 내용만을 믿고 거래에 응한 상대방은 예기치 못한 손해를 입을 수 있다. 이 점을 고려하여 내심의 의사 내용보다는 외부로 표시된 내용을 기준으로 법적 효과를 인정해야 한다는 '표시주의적 관점'이 등장하게 되었는데, 이는 계약 당사자들 사이의 신뢰와 거래질서의 안정성을 보호하려는 법적 추세와 일맥상통하는 것이었다."라는 제시문의 내용에 따르면 표시주의적 관점은 의사표시의 상대방을 더 두텁게 보호하고자 한다. 이러한 전제에는 의사표시의 주체 자신이 객관적으로 이해할 수 있는 방식으로 자신의 의사를 외부에 표시해야 할 책임이 있다는 점을 깔고 있는 것이라 할 수 있다. 따라서 "C: 갑은 평당 10만원에 팔고자 하는 의사를 가지고 있지 않았을 것이지만, 스스로 그렇게 말했으므로 그 가격에 팔아야 한다."는 주장은 여전히 갑이 외부로 표시한 바를 기준으로 판단하고 있다는 점에서 표시주의적 관점에 부합한다.

④ "전통적인 '의사주의적 관점'은 계약의 핵심을 어디까지나 의사의 합치에서 찾으려 한다. 이에 따르면 내심의 의사 내용과 외부로 표시된 내용이 일치하지 않는 경우에는 전자에 따른 법적 효과를 인정해야 한다."라는 제시문 내용에 따를 때 의사주의적 관점은 외부로 표시된 바가 자신의 내심의 의사와 다름을 들어 표시된 바대로의 계약 이행을 거부할 수 있음을 알 수 있다. 그러나 내심의 의사란 그 자체로는 외부에서 알 수 없는 것이어서 그것을 추단할 수 있는 증거나 단서를 제시할 것이 요구될 것임을 추론할 수 있다. 즉, 의사주의적 관점에 따르면 의사와 표시의 불일치를 주장함으로써 표시된 대로의 법적 효과가 발생하는 것을 부인하고자 하는 의사표시 주체에게 입증의 기회를 주게 될 것이며, 이 점은 표시주의적 관점과 구별되는 의사주의적 관점의 특징이 된다고 할 수 있다. 따라서 "D: 갑이 평당 10만원에 팔고자 하는 의사를 가지고 있지 않았다는 사실을 스스로 입증한다면, 그 가격에 토지를 넘기지 않아도 된다."는 주장은 의사표시의 주체에게 자신의 진정한 의사에 따른 계약의 성립에 이를 수 있는 기회를 보장하고 있다는 점에서 의사주의적 관점에 부합한다.

　스마트폰이 등장하면서 모바일 무선 통신은 우리의 삶에서 없어선 안 될 문명의 이기가 되었다. 모바일 무선 통신에 사용되는 전파는 눈에 보이지 않아 실감하기 어렵지만, 가시광선과 X선이 속하는 전자기파의 일종이다. 전파는 대기 중에서 초속 30만km로 전해지는데, 이는 빛의 속도(c)와 정확히 일치한다. 전파란 일반적으로 '1초에 약 3천~3조 회 진동하는 전자기파'를 말한다. 1초 동안의 진동수를 '주파수(f)'라 하며, 1초에 1회 진동하는 것을 1Hz라고 한다. 따라서 전파는 3kHz에서 3THz의 주파수를 갖는다. 주파수는 파동 한 개의 길이를 의미하는 '파장(λ)'과 반비례 관계에 있다. 즉, 주파수가 높을수록 파장은 짧아지며, 낮을수록 파장은 길어진다. 전자기파의 주파수와 파장을 곱한 수치($c=f\lambda$)는 일정하며, 빛의 속도와 같다.

　모바일 무선 통신에서 가시광선이나 X선보다 주파수가 낮은 전파를 쓰는 이유는 정보의 원거리 전달에 용이하기 때문이다. 주파수가 높은 전자기파일수록 직진성이 강해져 대기 중의 먼지나 수증기에 의해 흡수되거나 산란되어 감쇠되기 쉽다. 반면, 주파수가 낮은 전파는 회절성과 투과성이 뛰어나 장애물을 만나면 휘어져 나가고 얇은 벽을 만나면 투과하여 멀리 퍼져 나갈 수 있다. 3kHz~3GHz 대역의 주파수를 갖는 전파 중 0.3MHz 이하의 초장파, 장파 등은 매우 먼 거리까지 전달될 수 있으므로 해상 통신, 표지 통신, 선박이나 항공기의 유도 등과 같은 공공적 용도에 주로 사용된다. 0.3~800MHz 대역의 주파수는 단파 방송, 국제 방송, FM 라디오, 지상파 아날로그 TV 방송 등에 사용된다. 800MHz~3GHz 대역인 극초단파가 모바일 무선 통신에 주로 사용되며 '800~900MHz 대', '1.8GHz 대', '2.1GHz 대', '2.3GHz 대'의 네 가지 대역으로 나뉜다. 스마트폰 시대에 들어서면서 극초단파 대역의 효율적인 주파수 관리의 숭요성이 너욱 거시고 있다. 3GHz 이상 대역의 전파는 직진성이 매우 강해져 인공위성이나 우주 통신 등과 같이 중간에 장애물이 없는 특별한 경우에 사용된다.

　모바일 무선 통신에서 극초단파를 사용하는 이유는 0.3~800MHz 대역에 비해 단시간에 더 많은 정보의 전송이 가능하기 때문이다. 예로 1 비트의 자료를 전송하는 데 4개의 파동이 필요하다고 하자. 1kHz의 초장파는 초당 1,000개의 파동을 발생시키기 때문에 매초 250 비트의 정보만을 전송할 수 있지만, 800MHz 초단파의 경우 초당 8억 개의 파동을 발생시키므로 매초 2억 비트의 정보를, 1.8GHz 극초단파는 초당 4.5억 비트에 해당하는 대량의 정보를 전송할 수 있다. 극초단파의 원거리 정보 전송 능력의 취약성을 극복하기 위해 모바일 무선 통신에서는 반경 2~5km 정도의 좁은 지역의 전파만을 송수신하는 무선 기지국들을 가능한 한 많이 설치하고, 이 무선 기지국들을 다시 유선으로 연결하여 릴레이 형식으로 정보를 전송함으로써 통화 사각지대를 최소화한다. 모바일 무선 통신과 더불어 극초단파를 사용하는 지상파 디지털 TV 방송에서도 가능한 한 높은 위치에 전파 송신탑을 세워 전파 진행 경로상의 장애물을 최소화하려고 노력한다.

　　모바일 무선 통신에서 극초단파를 사용함으로써 통신 기기의 휴대 편의성도 획기적으로 개선되었다. 전파의 효율적 수신을 위한 안테나의 유효 길이는 수신하는 전파 파장의 $\frac{1}{2} \sim \frac{1}{4}$ 정도인데, 극초단파와 같은 높은 주파수를 사용하면서 손바닥 크기보다 작은 길이의 안테나만으로도 효율적인 전파의 송수신이 가능해졌기 때문이다.

*1THz=1,000GHz, 1GHz=1,000MHz, 1MHz=1,000kHz, 1kHz=1,000Hz

33.

위 글에 따를 때, 옳지 <u>않은</u> 것은?

① 전파의 파장이 길수록 주파수가 낮다.
② 극초단파는 가시광선보다 주파수가 낮다.
③ 직진성이 약한 전파일수록 단위 시간당 정보 전송량은 많아진다.
④ 800MHz 대의 안테나 유효 길이는 2.3GHz 대 것의 약 3배에 해당한다.
⑤ 1.8GHz 대 전파는 800~900MHz 대 전파보다 회절성과 투과성이 약하다.

문항 성격	문항유형 : 정보의 확인과 재구성
	내용영역 : 과학기술
평가 목표	이 문항은 과학기술 관련 내용 중 최근에 가장 관심과 주목을 받고 있는 모바일 무선 통신과 관련한 원리에 대해 기술한 내용의 제시문을 읽고 그 내용을 이해하는 능력을 평가한다.
문제 풀이	정답 : ③

제시문을 통해 전파의 파장과 진동수 간의 반비례 관계, 가시광선, X선, 전파 각각의 주파수 대역, 극초단파가 전파 중 고주파수 대역의 전자기파임을 이해하고, 모바일 무선 통신에서 극초단파를 사용하는 이유와 휴대폰 기기의 크기를 소형화할 수 있었던 이유를 연계하여 이해하는 것이 중요하다.

정답 해설　③ 제시문의 내용과 일치하지 않는다. 직진성이 약한 전파는 파장이 긴 장파나 초장파 0.3~800MHz 대역의 전파들로서 극초단파에 비해 상대적으로 전달하는 정보의 양이 적으므로 틀린 진술이다. 두 번째 문단 상반부와 세 번째 문단 상반부가 이 부분을 직접 언급하고 있다.

오답 해설 ① 첫 번째 문단에서 전파의 파장과 주파수는 반비례 관계에 있음을 명시하고 있다.

② 두 번째 문단 첫 번째 줄에서 극초단파를 포함하는 전파가 가시광선보다 낮은 대역의 주파수를 갖는다는 것을 언급하고 있다.

④ 첫 번째 문단에서 주파수는 파장의 길이에 반비례하는데, 800MHz는 2.3GHz 대보다 약 3배 낮은 주파수를 가지며, 다시 3배 긴 파장을 갖는다는 것을 역으로 추산할 수 있다. 마지막 문단에서 휴대폰의 안테나 유효 길이는 파장의 $\frac{1}{2}$~$\frac{1}{4}$ 이라고 되어 있으므로, 따라서 800MHz 대의 안테나 유효 길이가 2.3GHz 대의 약 3배라고 하는 진술은 옳은 진술이다.

⑤ 첫 번째 문단 상반부를 참조하면, 1.8GHz 대의 전파는 800~900MHz 대의 전파보다 주파수가 높으므로 그 파장은 상대적으로 짧아 직진성은 강하나 회절성이나 투과성은 약하다는 것을 확인할 수 있다.

34.

위 글을 바탕으로 전파의 활용에 대해 진술한 것으로 옳은 것만을 〈보기〉에서 있는 대로 고른 것은?

보 기

ㄱ. 3GHz 이상 대역은 정보의 원거리 전송 능력이 커서 우주 통신에 이용된다.

ㄴ. 모바일 무선 통신에서 낮은 주파수를 사용할수록 더 많은 기지국이 필요하다.

ㄷ. 지상파 디지털 TV 방송은 지상파 아날로그 TV 방송보다 높은 주파수 대역을 사용한다.

① ㄴ   ② ㄷ   ③ ㄱ, ㄴ   ④ ㄱ, ㄷ   ⑤ ㄱ, ㄴ, ㄷ

문항 성격	문항유형 : 정보의 추론과 해석
	내용영역 : 과학기술
평가 목표	이 문항은 제시문을 읽고 얻은 정보를 바탕으로 추론을 통해, 실생활에서의 적용 사례들의 원리를 알아낼 수 있는지를 평가한다.
문제 풀이	정답 : ②

제시문을 바탕으로 전파가 실생활에 활용되는 사례들과 그 원리를 타당하게 추론하여 제시한 진술을 〈보기〉에서 고르는 문항으로 제시문의 내용을 통해 전파의 원리를 이해하면 어렵지 않게 해결할 수 있는 문항이다.

〈보기〉 해설	ㄱ. 두 번째 문단 하단부에 제시된 것처럼, 우주 통신에 3GHz 이상 대역이 사용되는 이유는 특별한 장애물이 없기 때문에 매우 예외적으로 사용할 수 있는 것이지, 정보의 원거리 전송 능력이 커서가 아니다. 정보의 원거리 전송능력이 큰 것은 회절성이나 투과성이 강한 낮은 주파수를 갖는 전파(장파나 초장파 등)이다.
	ㄴ. 세 번째 문단 하단부에 제시했듯이, 모바일 무선 통신은 전파 중에서도 고주파에 속하는 극초단파를 사용하므로 더 많은 기지국이 필요하다는 내용이 적시되어 있다. 낮은 주파수일수록 기지국이 적어도 통신이 가능하다.
	ㄷ. 세 번째 문단 하단부에서 소개되고 있는 지상파 디지털 TV 방송은 모바일 무선 통신과 더불어 극초단파 대역을 사용하기 때문에 0.3~800MHz 대역을 사용하는 지상파 아날로그 TV 방송(두 번째 문단 중반부)보다 높은 주파수 대역을 사용한다.

35.

위 글을 바탕으로 〈보기〉를 읽고 판단한 것으로 적절하지 <u>않은</u> 것은?

보 기

○ '황금 주파수' 대역의 변화

초기 모바일 무선 통신 시대에는 800~900MHz 대역의 주파수가 황금 주파수였으나, 모바일 무선 통신 기술의 발달과 더불어 오늘날의 4세대 스마트폰 시대에는 1.8GHz 대와 2.1GHz 대가 황금 주파수로 자리 잡게 되었다.

○ 주파수 관리 방식

－정부 주도 방식 : 주파수의 분배와 할당에 있어서 경제적 효율성만으로 평가할 수 없는

표현의 자유, 민주적 가치, 공익 보호 등을 고려하여 전적으로 시장에 일임하지 않고 정부가 직접 관리하는 방식.

　– 시장 기반 방식 : 주파수의 효율적 이용에 적합하도록 시장 기능을 통해, 예를 들어 경매와 같은 방식으로 주파수를 분배하고 할당하는 방식.

① 황금 주파수 대역의 변화는 모바일 무선 통신 기술의 발달뿐 아니라, 4세대 스마트폰 시대에 전송해야 하는 정보량의 급격한 증가와도 관계가 있을 것이다.

② 모바일 무선 통신 기술의 지속적인 발달과 함께 소형화된 통신 기기에 대한 소비자의 욕구가 커질수록 황금 주파수는 더 높은 대역으로 옮겨갈 것이다.

③ 0.3MHz 이하 대역은 공익 보호의 목적보다는 경제적 효율성의 가치가 더 중요하므로 정부 주도 방식이 아닌 시장 기반 방식으로 관리될 것이다.

④ 1.8GHz 대와 2.1GHz 대의 주파수를 차지하기 위한 경쟁이 심화되어 이에 대한 주파수 관리의 중요성이 부각될 것이다.

⑤ 방송의 공공성을 고려한다면, 0.3~800MHz 대역의 주파수 관리에는 정부 주도 방식이 적합할 것이다.

문항 성격　문항유형 : 정보의 평가와 적용

내용영역 : 과학기술

평가 목표　이 문항은 제시문을 읽고 얻은 정보와 〈보기〉로 주어진 추가 정보를 종합적으로 비교 분석하여, 다양한 상황 속에서 올바른 판단과 전망을 할 수 있는지를 평가한다.

문제 풀이　정답 : ③

제시문을 바탕으로 〈보기〉를 읽고 전송할 정보량의 증가와 통신 기기의 소형화 등과 더불어 통신 기술의 발달이 황금 주파수 대역을 더욱 높은 대역으로 옮기게 하고 있음을 파악하고, 치열한 주파수 확보 전쟁 속에서 주파수 관리 방식의 중요성이 대두될 것임을 파악할 수 있어야 한다. 이를 통해 주파수 대역 대에 따라 어떤 방식의 주파수 관리 방식이 보다 효율적일지를 판단할 수 있어야 한다.

정답 해설　③ 제시문 두 번째 문단 중반부에 0.3MHz 이하 대역은 공공적인 목적으로 사용된다는 내용이 있으므로 시장 기능에 일임하는 방식은 옳지 않다.

오답 해설　① 주파수가 높을 경우 단위 시간당 더 많은 정보를 전송할 수 있음을 제시문에서 파악할 수 있고, 특히 세 번째 문단에서 모바일 무선 통신에서 황금 주파수 대역의 이동과 정보 전송량의 상관성을 알 수 있다.

② 제시문의 마지막 문단에서 고주파를 사용할수록 파장이 짧아져 통신 기기의 안테나 길이를 줄일 수 있음을 파악할 수 있어, 통신 기기의 소형화에 대한 소비자의 요구가 황금 주파수 대역이 더 높아질 수 있음을 추론할 수 있다.

④ 두 번째 문단의 "스마트폰 시대에 들어서면서 극초단파 대역의 효율적인 주파수 관리의 중요성이 더욱 커지고 있다."라는 진술에서 직접적으로 확인할 수 있다.

⑤ 두 번째 문단의 "0.3~800MHz 대역의 주파수는 단파 방송, 국제 방송, FM 라디오, 지상파 아날로그 TV 방송 등에 사용된다."에서 알 수 있듯이 0.3~800MHz 대역의 주파수는 방송에 주로 사용됨을 알 수 있고, 〈보기〉에서 "표현의 자유, 민주적 가치, 공익 보호 등을 고려하여 전적으로 시장에 일임하지 않고 정부가 직접 관리하는 방식"이 정부 주도 방식이라는 기술로부터 추론할 수 있는 진술이다.

2019학년도 논술 영역 출제 방향

1. 출제의 기본 방향

2019학년도 법학적성시험 논술 영역은 이미 공지된 개선 방안에 따라 출제하였다. 첫째, 2개 문항 모두 사례형으로 출제하였고, 둘째, 평가의 방향도 제시문에 대한 깊이 있는 이해와 분석 능력 측정 중심에서 논증적 글쓰기 능력 측정 중심으로 바뀌었다.

2. 출제 범위

법조인의 주된 임무 중 하나가 사안을 정확하게 분석하여 논리에 맞는 해결책을 설득력 있게 제시하는 것인 만큼, 논술 영역에서도 그와 같은 능력을 평가하는 데 적합한 문제를 출제하였다. 또한 대학 교육을 이수하였다면 전공에 상관없이 풀 수 있는 문제로서 특별한 법적 지식을 요하지 않는 문제를 선정하였다.

3. 문항

1번 문항에는 두 개의 사례와 두 개의 관점이 주어져 있고, 답안은 관점을 반영하여 작성하도록 하였다. 첫 번째 사례는 의사인 승객이 탄 택시에서 기사가 의식을 잃은 것이고, 두 번째 사례는 대리 기사를 요청한 회사원 승객이 의식을 잃은 것이다.

문제는 주어진 네 가지의 질문에 대해 순서대로 답하는 것이다. 첫째, 두 사례의 유사점과 차이점을 찾아내도록 하고, 둘째, 두 사례에 대한 규범적 판단이 동일해야 한다고 가정할 경우와 셋째, 상이해야 한다고 가정할 경우, 어떤 답변을 제시할 것인지를 정하고, 그 답변에 대한 근거를 제시하도록 하였다. 마지막으로 앞선 논의를 바탕으로 자신의 입장을 정하고, 자신의 입장을 정당화하도록 하였다.

2번 문항에는 사례와 현행 정관의 내용이 주어져 있다. 사례는 재정 적자가 지속되어 위기 상황에 처한 협동조합 형태의 기업에서 조합원들이 정관 개정안을 둘러싸고 찬성 입장과 반대 입장으로 나뉘어 대립하는 상황에 관한 것이다.

답안 작성은 찬성과 반대의 입장 중 하나를 선택하여, 선택한 입장에 대하여는 지지하는 논거를, 선택하지 않은 입장에 대하여는 반박하는 논거를 제시하도록 하였다. 다만, 정관을 활용하여 논변할 것을 요구하였다.

4. 난이도

2019학년도 논술 시험의 목적은 논증적 글쓰기 능력의 측정에 있기 때문에, 문제를 이해하고 분석하는 데 소요되는 시간을 줄이고자 하였다. 수험생은 이를 통해 확보되는 시간을 답안을 잘 구성하여 논증하는 데 적절히 사용하여, 만족할 만한 답안을 작성하도록 해야 할 것이다. 문제 이해에 드는 시간이 줄었으므로 예년의 시험에 비해 어렵지 않다고 느낄 수 있지만, 평가의 초점이 바뀌었다는 점을 잘 이해해야 할 것이다.

5. 유의점 및 강조점

- 1, 2번 문항의 배점을 동일하게 50점으로 배분하였다.
- 수험생은 문제의 취지를 정확하게 파악하고, 체계적이고 조리 있는 답안을 작성하는 데 더욱 힘을 써야 할 것이다.

2019학년도 법학적성시험 논술 영역

01.

〈사례 1〉, 〈사례 2〉를 읽고 〈관점〉을 반영하여 〈질문〉의 순서에 따라 글을 작성하시오. (단, 실정법적 판단은 제외할 것) (900~1200자, 50점)

―――――― 〈질문〉 ――――――

(1) 〈사례 1〉과 〈사례 2〉의 유사점과 차이점은 무엇인가?

(2) A와 C에 대한 규범적 판단이 동일해야 한다면 그 근거는 무엇인가?

(3) A와 C에 대한 규범적 판단이 상이해야 한다면 그 근거는 무엇인가?

(4) 본인의 견해는 (2)와 (3) 중 어느 것이고, 그 근거는 무엇인가?

―――――― 〈사례〉 ――――――

〈사례 1〉

의사인 A는 해외학회 참석을 위하여 공항으로 가려고 콜택시를 요청하였다. 잠시 후 도착한 택시 운전사 B는 A를 태우고 공항으로 출발하였다. A는 네비게이션이 안내하는 길대로 가자고 하였지만, B는 자신이 빠른 길을 더 잘 안다고 네비게이션을 켜지 않았다. 길은 막혔고, 택시가 도로에 멈춰 있던 중에 B는 의식을 잃었다. A는 B를 깨워 보려 하였지만, B는 의식을 회복하지 못하였다. 비행기 출발 시각이 가까워져 다급해진 A는 B를 그대로 둔 채 다른 택시를 타고 다시 공항으로 향하였다. A는 사람들의 왕래가 많은 지역이어서 B가 곧 구조될 것이라고 생각하였다. B는 A의 기대와 달리 의식을 회복하지 못하고 사망하였다.

〈사례 2〉

회사원 D는 동료들과 회식 후 귀가하기 위하여 대리 기사를 요청하였다. 잠시 후 도착한 대리 기사 C는 D의 집으로 출발하였다. 만취한 D는 자신이 사는 아파트의 정확한 동·호수를 알려 주지는 못한 채 운전하는 C에게 욕설을 퍼부었다. 아파트 근처에 도착할 무렵 D는 차 안에서 의식을 잃었다. C는 D를 깨워 보려 하였지만, D는 의식을 회복하지 못하였다. D가 사는 곳을 정확히 알 수 없었던 C는 다른 대리 호출을 받고 아파트 주차장에 D의 차를 주차하고 떠났다. C는 D를 차 안에 홀로 남겨놓았지만, 시간이 지나 술에서 깨면 괜찮을 것이라고 생각하였다. D는 C의 기대와 달리 의식을 회복하지 못하고 사망하였다.

─── 〈관점〉 ───

갑 : 어떤 상황에서 어떤 행동이 올바른지를 고민하는 것은 바람직한 일이야. 하지만 현실에서는 개인이 어떤 행동을 선택하든 행동의 자유가 있어. 위급한 상황에 처한 사람을 내가 구할 수 있다고 해도 그 사람과 내가 특별한 관계가 없다면 구하지 않았다고 해서 비난할 수는 없어. 선한 행동을 하는 것이 그 사람이나 다른 사람에게 유익할 뿐 아니라 전체 공동체를 위해서 바람직하다고 해도 강제할 수는 없어.

을 : 행동의 자유를 누리는 것도 좋지만 생명이나 안전을 전적으로 개인의 선택에 맡기는 것은 절대 바람직하지 않아. 공동체의 유익을 증진시키기 위해서는 다른 사람을 구할 수 있는데도 그렇게 하지 않은 사람에 대해서는 제재를 가할 필요가 있어. 물론 동등하거나 우월한 가치가 있는 일을 하기 위해 부득이한 경우라면 예외로 해야겠지. 하지만 사람의 생명을 구하는 것보다 더 가치 있는 일이 어디 있겠어.

02.

〈사례〉를 읽고 〈조건〉에 따라 논술하시오. (900~1200자, 50점)

─────────────── 〈조건〉 ───────────────

1. 두 입장 중 하나를 선택하고 이유를 제시할 것
2. 자신이 선택하지 않은 입장을 반박할 것
3. 〈정관〉을 활용하여 논변할 것
4. 〈정관〉을 활용할 때는 '정관-가', '정관-나'와 같은 방식으로 명시할 것

─────────────── 〈사례〉 ───────────────

A는 지속 가능한 사회적 이익을 추구하는 협동조합* 형태의 기업이다. A는 이러한 목표를 실현하기 위한 여러 규칙과 절차를 협동조합 정관에 규정하고 있다.

그런데 최근 기업 환경이 급변하고 이러한 변화에 A가 제때에 대응하지 못함으로써 재정 적자가 지속되는 문제가 발생하였다. 다수의 조합원들은 이에 대응하고자 정관 개정안을 발의하였다. 정관 개정안은 A의 목표로 이윤 추구의 원리를 새롭게 추가하고, 긴급한 사유가 있는 경우 경영진에게 정관이 정한 규칙 및 절차 준수 의무를 면제할 수 있도록 하였다. 또한 기업 환경에 적극 대응할 수 있도록 이사장의 권한을 강화하고 감사의 권한은 대폭 축소하였다.

그러나 소수의 조합원들은 이러한 정관 개정안은 A의 존재 이유를 부정하는 것일 뿐만 아니라, A가 지속 가능하게 발전하는 데 필요한 규칙 및 절차를 훼손하는 것이기에 허용될 수 없다고 반대한다. 또한 정관 개정안은 권한 배분의 취지를 약화시켜 이사장의 전횡을 막을 수 없다고 한다.

이에 정관 개정을 지지하는 다수의 조합원들은 A 역시 기업으로서 수익을 창출해야 한다고 반박한다. 또한 협동조합의 운영은 다수결 원리에 따라 이루어지는 것이므로, 다수의 조합원들이 정관을 개정하여 권한 배분의 취지를 완화하고자 한다면 이는 허용될 수밖에 없다고 한다.

*협동조합 : 재화 또는 용역의 구매·생산·판매·제공 등을 협동으로 영위함으로써 조합원의 권익을 향상하고 지역 사회에 공헌하고자 하는 사업조직.

─────────────── 〈정관 : 현 정관의 주요 내용〉 ───────────────

가) A는 조합원의 권익을 향상하고 지역 사회에 공헌하는 것을 목적으로 한다.
나) A는 모든 조합원의 자유롭고 평등한 민주적 참여와 결정으로 운영된다.
다) A의 의사결정 방식은 다수결 원리를 따른다.
라) A의 운영은 정관이 정한 규칙 및 절차에 구속된다.

마) 조합원은 정관 개정안을 직접 발의하여 이를 조합원 투표에 부칠 수 있다.

바) A의 조합원총회, 이사회, 감사의 기능과 권한은 분리된다.

사) A의 중요 사항을 결정하기 위하여 조합원총회를 소집할 수 있다. 조합원총회 소집은 총회 7
일 전까지 서면으로 통지한다.

아) 이사회는 A의 경영을 담당한다. 이사회에는 이사장을 둔다. 이사장은 A를 대표한다.

자) 감사는 이사회의 결정에 대해 사전 및 사후 감사를 할 수 있다. 특별한 경우 감사는 조합원총
회에 이사 또는 이사장의 해임을 건의할 수 있다.

차) 지속 가능하고 투명한 경영 실현을 위하여 감사의 독립성과 신분은 보장된다.

1. 출제의 기본 방향

논술 영역에서는 장차 법률가로서 갖춰야 할 분석적·비판적·종합적 사고력과 논리적이고 창의적인 글쓰기 능력을 평가하고자 하였다. 법률가에게 합리적 판단을 위한 법적 추론의 능력과 그것을 설득력 있게 표현하는 능력은 필수적이다. 논술 문항은 이런 능력들을 검증하기 위해 인문·사회 분야의 텍스트를 제시문으로 선정하여 해석 능력을 점검하고, 그 해석을 바탕으로 제한된 시간과 분량 내에서 자신의 생각을 글로 작성하는 능력을 평가할 수 있도록 출제하였다.

2. 출제 범위

법학적성 평가를 위해 적절하다고 판단되는 논제를 제시하고 그에 따른 인문·사회 분야 제시문을 선정하되, 대학 교육을 받은 사람이라면 누구나 이해할 수 있는 수준이 되도록 하였다. 법에 관심을 가지고 있는 법학전문대학원 지망생의 특성을 고려하여 법과 관련된 내용도 포함시켰지만 법학 지식이 필요한 것은 아니며, 글을 읽고 이를 바탕으로 사고하는 인문학적 소양과 상식을 갖춘 학생이면 누구나 접근할 수 있도록 출제하였다.

3. 문항

2018학년도 법학적성시험 논술 영역은 두 문항으로 구성하였다.

1번 문항은 〈보기〉에서 의료 빅데이터의 활용에 대한 정부와 시민단체의 입장 대립을 제시하고, 수험생으로 하여금 그 중에 어느 하나의 입장을 선택하고, 〈자료〉를 모두 활용하여 자신의 입장을 강화하고 선택하지 않는 입장을 반박하도록 하였다. 수험생은 반드시 어느 하나의 입장을 취해야 하고 모든 자료를 찬반의 논거로 활용해야 한다. 적절한 자료를 기초로 규칙을 적용하는 능력과 일관된 입장에서 논리적으로 추론하고 비판하는 능력이 중요한 평가지표가 될 것이다.

2번 문항은 세대 간의 갈등을 최소화하는 방안을 제시하는 사례형 문제이다. 〈사례)는 복지 재원의 분배를 둘러싸고 세대 간 갈등 상황을 보여주고 있으며, 세 개의 〈제시문〉은 이 문제를 해결할 다수결원칙, 정의의 원칙, 경제적 불평등에 대한 사회 구조적 시각을 보여주고 있다. 수험생은 제시문의 의미를 파악하고 제시문의 통찰을 활용 발전시켜 세대 간의 갈등을 최소화할 수 있는 방안을 제시하도록 하였다. 쟁점 파악, 대안 제시 및 대안에 대한 근거 제시와 관련된 종합적 사고능력이 중요한 평가 지표가 될 것이다.

4. 난이도

2018학년도 법학적성시험에서는 2017학년도와 비슷하게 난이도를 유지하였다. 법학에 대한 선지식이 답안 작성에 미치는 영향을 최소화하면서도 응시자들에게 큰 부담을 주지 않는 범위 내에서 적절한 변별력을 가지도록 문항을 구성하였다.

5. 유의점 및 강조점

- 문제 유형과 답안 분량을 고려하여 1, 2번 문항의 배점을 각각 40점, 60점으로 차등 배분하였다.
- 과제수행상의 오해가 발생하지 않도록 질문과 조건을 명확하게 표현하였다.
- 제시문은 출제 의도를 좀 더 잘 구현하고 가독성을 높일 수 있도록 원자료를 적절히 재구성하고 윤문하였다.

01.

〈보기〉에 나타난 두 입장 중 하나를 선택하고, 자신이 선택한 입장을 〈조건〉에 따라 논변하시오. (900~1200자, 40점)

───── 〈조건〉 ─────

1. 자신이 선택하지 않은 입장을 반박할 것.
2. 자료를 모두 논거로 활용할 것.
3. 자료를 활용할 때 '자료 ①', '자료 ②'와 같은 방식으로 명시할 것.

───── 〈보기〉 ─────

현대 정보화 사회에서는 큰 규모의 데이터를 이용해 작은 규모에서 불가능했던 새로운 통찰이나 가치를 찾아내고 이 과정에서 사회 전 분야에 걸쳐 변화를 가져오고 있다. 정부는 제4차 산업 혁명에 대응하기 위해 의료 빅데이터를 적극 활용하기로 하였다. 의료 빅데이터의 활용은 암이나 에이즈와 같은 난치병을 해결할 수 있는 치료법과 의약품을 개발하는 데 도움을 줄 것이다. 이를 위해 정부는 개인의 의료 정보를 수집·관리·공유하겠다고 발표하였다. 그러나 시민 단체들은 정부의 계획대로 의료 빅데이터를 구축하면, 개인의 의료 정보가 심각하게 침해될 뿐만 아니라 새로운 사회적 문제를 야기할 것이라고 우려한다.

───── 〈자료〉 ─────

① 몇 년 전 구글의 연구원은 『네이처』에 흥미로운 논문을 발표했다. 논문의 내용은 구글이 겨울철 미국에서 독감의 확산을 예측할 수 있다는 것이었다. 전국적 규모에서뿐만 아니라 어느 지역에서 유행할지도 예측할 수 있다고 하였다. 이를 위해 구글이 사용한 방법은 사람들이 인터넷에서 검색한 내용을 살피는 것이었다. 전 세계적으로 구글에 보내는 검색 질문은 매일 30억 개 이상이었으므로 이용 가능한 데이터는 충분했다.

② 미국 샌프란시스코 시 당국은 외식을 하는 사람들에게 비위생적인 음식점에 관한 정보를 제공하기 위해 생활 정보 서비스 업체와 협력하여 음식점 이용 후기 데이터를 위생 점검 데이터와 연계하는 실험을 하였다. 이를 통해 각 음식점에 대한 위생 평가 점수를 만들어 고객에게 공개하고 있다. 사람들은 관련 홈페이지의 정보를 검색하는 것만으로도 어느 음식점이 더 위생적인지 알 수 있게 되었다.

③ 스티븐 스필버그가 감독한 영화 『마이너리티 리포트』는 매우 인상적인 사회를 그려 낸다. 이 사회에서는 세 명의 예언자가 범죄를 정확하게 예측한다. 이를 토대로 경찰은 아직 범죄를 저지르지 않은 사람을 그가 장래에 범죄를 저지른다는 이유로 사회로부터 격리한다.

④ 혁신적인 과학기술은 때로 새로운 산업혁명의 원동력이 된다. 그러나 과학자가 본래부터 새로운 산업혁명을 의도하고 과학기술을 개발한 것은 아니다. 현재의 제4차 산업혁명 역시 과학자가 의도했던 것은 아니다. 과학기술이 사회에서 어떻게 활용될 것인지, 인간의 삶을 어떻게 바꿀 것인지를 정확하게 예측하는 것은 어렵다. 따라서 과학기술 자체에 대해 가치판단을 하는 것은 피해야 한다.

⑤ 미국의 유통업체 '타깃'은 고객들의 구매 패턴 데이터를 수집·분석하여 고객들에게 유용한 맞춤형 광고 전단지를 제공한다. 이 과정에서 '타깃'은 10대 여학생의 구매 패턴 데이터를 분석함으로써 그녀가 임신했다는 사실을 예측하고 아기 용품 쿠폰이 첨부된 광고 전단지를 우편으로 보내기도 하였다.

⑥ 일정 직급 이상 공무원들의 병역 면제 사유인 질병명을 관보와 인터넷을 통해 공개하도록 하는 것은 허용되지 않는다. 왜냐하면 그러한 질병명은 내밀한 사적 영역에 근접하는 민감한 개인정보로서, 특별한 사정이 없는 한 타인에 의해 지득되거나 외부로 공개되지 않고 개인의 내밀한 영역 내에 유보되어야 하는 정보이기 때문이다.

02.

〈사례〉에 나타난 세대 간의 갈등을 최소화할 수 있는 방안을 〈조건〉에 따라 제시하시오. (1300~1600자, 60점)

─────── 〈조건〉 ───────

1. 제시문 (가), (나), (다) 모두에 대한 평가를 포함할 것.
2. 제시문을 활용하여 자신의 주장을 강화할 것.

─────── 〈보기〉 ───────

우리나라에서 저출산·고령화의 파급 효과는 21세기에 들어와 본격적으로 문제 되기 시작했으며, 인구 구성비의 불균형으로 인한 다양한 경제적·사회적 문제들이 점차 세대 간의 갈등으로 번지고 있다. 정치적으로는 고령 인구의 비율 증가에 따른 보수화 경향이 짙어지는 가운데, 경제 활동 인구의 감소, 사회복지 부담의 증가 등으로 인하여 경제 성장도 둔화되고 있다. 그 결과 복지 재원이 축소되어 사회적 약자들 사이에서도 재원 배분의 우선순위를 둘러싼 갈등이 심화되고 있다. 한정된 재원의 투입에서 고령 인구를 위한 국민연금 및 건강보험의 강화를 우선할 것인지, 젊은 세대를 위한 교육 투자 및 실업 대책에 더 많은 재원을 사용할 것인지에 대하여 견해가 대립하고 있다.

─────── 〈제시문〉 ───────

(가) 가장 대표적인 민주적 의사 결정 방식으로 다수결을 지칭하는 경우가 많다. 이는 다수결이 민주주의의 이념인 자유와 평등을 가장 잘 실현할 수 있다고 믿기 때문이다. 다수결의 정당성을 위한 전제로는 두 가지가 중요하다. 하나는 결정의 대상이 되는 사안이 다수결로 결정하기에 적합해야 한다는 것이다. 예컨대 학문적 진리를 다수결로 결정할 수 없으며, 유사한 맥락에서 고도의 전문성을 갖는 사안에 대해서는 비전문가의 다수결이 정당하지 않다. 다른 하나는 다수와 소수가 바뀔 수 있어야 한다는 것이다. 다수결의 한계로는 소수자가 납득할 수 있는 범위의 결정일 것, 즉 다수와 소수가 합의한 공동의 기초, 근본 가치를 침해하지 않는 것이 중요하다. 다수결이 다수의 횡포, 다수의 독재가 되어 소수자들의 극단적 저항을 불가피하게 만드는 경우에는 다수결의 정당성 또한 인정되기 어렵다.

(나) 세대 간의 문제는 정의의 문제이다. 후속 세대가 선행 세대로부터 과중한 부담을 떠안은 경우는 정의롭지 않다고 말할 수 있다. 세대 간의 문제를 정의의 관점에서 접근할 때 사회의 모든 구성원들은 선행 세대로부터 받아야 할 적정한 몫과 후속 세대를 위해 이행해야 할 본분과 관

련해서 합당한 원칙을 채택할 수밖에 없다. 그렇게 되면 서로 다른 세대에 속하는 사람들이 마치 같은 세대의 사람들처럼 서로에 대해 책무를 지게 된다. 현 세대는 미래 세대까지도 가상적인 협상 주체로 고려하여 정의로운 저축 원칙에 도달할 것이다. 물론 정의로운 저축의 비율은 고정불변이 아니라 사회의 발전 단계에 따라 달라진다. 빈곤한 사회라면 높은 저축률이 필요한데도 저축률이 낮을 수밖에 없고, 부유한 사회라면 더 높은 저축률이 기대된다. 완전히 정의로운 사회에 근접하고 시민의 권리가 충실하게 실현된다면 요구되는 저축은 영(零)에 가깝게 될 것이다.

(다) 청년 세대가 직면하고 있는 취업과 경제적 어려움의 원인을 '세대 간 불평등'에서 찾는 시각이 있다. 이러한 시각은 청년 문제의 사회 구조적 측면을 가볍게 취급한다는 데에 문제가 있다. 본래 세대 간 갈등은 히피문화, X세대, Y세대와 같은 청년 문화와 기성 문화의 충돌과 관련된 사회 문화적 맥락에서 등장하였다. 그런데 사회 문화적인 범주에 속하는 세대 간 갈등 개념을 경제적 범주로 끌어들여 무비판적으로 사용하고 있다. 현재 우리 사회가 겪는 갈등의 대부분은 사회 문화적인 측면보다는 사회 구조적 모순에서 그 원인을 찾을 수 있다. 청년 세대에 속한다고 해서 다 가난한 것도, 장년 세대에 속한다고 해서 다 부유한 것도 아니다. 그러므로 우리 사회의 구조적 문제를 풀기 위해서는 세대 간 갈등보다는 오히려 부의 불평등에 관심을 기울여야 한다.

2017학년도 논술 영역 출제 방향

1. 출제의 기본 방향

논술 영역에서는 미래의 법률가가 갖추어야 할 분석적, 비판적, 종합적 사고력과 논리적이면서도 창의적인 글쓰기 능력을 평가하고자 하였다. 법률가에게는 합리적 판단을 위한 법적 추론의 능력과 그것을 설득력 있게 표현하는 능력이 요구된다. 논술 문항은 이런 능력들을 검증하기 위해 인문·사회 분야의 텍스트를 제시문으로 선정하여 해석 능력을 점검하고, 그 해석을 바탕으로 제한된 시간과 분량 내에서 자신의 생각을 글로 작성하는 능력을 평가할 수 있도록 출제하였다.

2. 출제 범위

법학적성 평가를 위해 적절하다고 판단되는 논제를 제시하고 그에 따른 인문·사회 분야 제시문을 선정하되, 대학 교육을 받은 사람이라면 누구나 이해할 수 있는 수준이 되도록 하였다. 법학에 관심을 가지고 있는 법학전문대학원 지망생의 특성을 고려하여 사회 규범과 관련된 내용도 포함시켰지만 법학 지식이 필요한 것은 아니며, 글을 읽고 이를 바탕으로 사고하는 인문학적 소양과 상식을 갖춘 학생이면 누구나 접근할 수 있도록 출제하였다.

3. 문항

2017학년도 법학적성시험 논술 영역은 두 문항으로 구성하였다.

1번 문항은 〈보기〉에서 가상현실을 구현하는 상호작용적 매체에 대한 규제를 쟁점으로 제기한 다음, 〈규칙〉에서 규제의 요건을 밝히고 있는 두 개의 규칙을 주었으며, 〈자료〉에서 규칙을 적용할 때 활용할 수 있는 자료를 주었다. 수험생은 두 규칙을 적용할 때 이 규제에 대하여 찬반 중 어떤 입장을 취해야 하는지 판단하여야 하며, 이때 적합한 자료를 3~4개 활용하여 판단 근거로 제시해야 한다. 적절한 자료를 기초로 규칙을 적용하는 능력과 일관된 입장에서 논리적으로 추론하고 비판하는 능력이 중요한 평가지표가 될 것이다

　2번 문항은 우선 〈사례〉에서 계층 분화 현상, 분배 관행의 문제, 정치적 평등과 심의민주주의의 문제 등을 함축하고 있는 가상 사례를 구성하여 주고, 가장 중요한 문제점을 선택하여 왜 가장 중요한지 설명하게 하였다. 이어서 해결 방안을 제시하게 한 다음, 〈제시문〉의 한 입장을 중심으로 이 방안의 타당성을 논증하게 하였다. 수험생은 문제점들을 비교하여 가장 중요한 문제점을 선택한 이유를 설득력 있게 제시하여야 하며, 제시문 검토를 바탕으로 자신이 제시한 해결책이 왜 타당한지 근거를 들어야 한다. 쟁점 파악, 대안 제시 및 대안에 대한 근거 제시와 관련된 종합적 사고능력이 중요한 평가지표가 될 것이다.

4. 난이도

　2017학년도 법학적성시험에서는 2016학년도의 난이도와 비슷하게 유지하였다. 법학에 대한 선지식이 답안 작성에 미치는 영향을 최소화하면서도 응시자들에게 큰 부담을 주지 않는 범위 내에서 적절한 변별력을 가지도록 문항을 구성하였다.

5. 문항 출제 시의 유의점 및 강조점

- 문제 유형과 답안 분량을 고려하여 1, 2번 문항의 배점을 각각 40점, 60점으로 차등 배분하였다.
- 해석상의 오해가 발생하지 않도록 질문과 조건을 명확하게 표현하였다.
- 제시문은 출제 의도를 좀 더 잘 구현하고 가독성을 높일 수 있도록 원 자료를 적절히 재구성하고 윤문하였다.

01.

〈보기〉의 쟁점에 대하여 두 규칙을 모두 적용하여 찬성 또는 반대 중 하나의 입장을 밝히시오. 단, 두 규칙을 적용할 때 모두 합하여 3~4개의 자료를 판단 근거로 활용하시오. [자료의 출처를 '자료 ①', '자료 ②'와 같은 방식으로 명시할 것] (900~1,200자, 40점)

───〈제시문〉───

　최근 가상현실(Virtual Reality: VR)을 구현하는 상호작용 매체에 대한 규제가 쟁점으로 부각되고 있다. 이는 VR 매체가 긍정적인 면과 부정적인 면을 동시에 갖고 있기 때문이다. VR 매체 활용 산업은 부가가치가 크고, VR 매체가 모의 조종 훈련이나 모의 올림픽 경기 대비 훈련에 매우 유용하다는 점을 고려할 때 관련 산업을 육성할 필요가 있다는 의견이 있다. 한편, 사회 일각에서 청소년을 포함한 VR 매체 이용자의 매체 중독, 현실과 가상의 혼동 등 부작용에 대한 우려도 제기된다.

───〈규칙〉───

• 규칙 1 : 정부는 폭력이나 위법한 행위를 단순히 옹호하는 표현을 규제할 수 없다. 단, 어떤 표현이 불법적 행동을 즉각적으로 야기할 것을 의도하고, 실제로 그 의도가 실현될 개연성이 있는 경우에는 예외적으로 규제할 수 있다.

• 규칙 2 : 기술적 진보가 표현 매체의 특성에 근본적 변화를 가져오는 경우에는 새로운 매체에 대한 규제가 필요하다.

───〈자료〉───

① 상호작용 매체를 포함한 다양한 표현 매체의 이용 동기는 사회환경 학습 및 감시 동기, 사회관계 통제 동기, 오락 및 여가 추구 동기, 자기 현시 및 표현 동기 등으로 파악되었는데, 이는

피트만 등이 제시했던 매체에 대한 전통적인 이용 동기, 즉 자아실현 동기, 통제 동기 및 사회적 동기 등과 크게 다르지 않다.

② 기존의 영화나 인쇄 매체의 이용자에 대해서는 물리적 접근을 차단하는 기술로 특정한 매체에 대한 접근을 제한할 수 있다. 그러나 사이버 네트워킹을 통해 폭력적이고 음란한 가상세계를 구현하는 VR 매체에 대한 접근 수단이 다양하여 물리적 · 기술적으로 완전히 차단하는 것은 매우 어렵거나 비현실적이다.

③ 범죄 원인에 관한 보도에 따르면, 폭력적이고 잔인한 범죄를 저지른 사람 중에는 폭력성이 강한 미디어 콘텐츠를 반복적으로 이용한 경우가 많았다. 특히 VR 매체 콘텐츠 제작자가 제공한 폭력적인 콘텐츠를 청소년과 같은 감수성이 큰 이용자가 사용하는 경우, 폭력적이고 잔인한 행위를 현실화할 가능성이 더욱 커질 것이라고 보도하였다.

④ 상호작용 매체의 영향에 대한 양적인 연구 조사 결과는 VR 매체가 사람에 따라 매우 다른 영향을 미친다는 점을 보여준다. 그런데 그러한 영향에 의해 개인이 더 공격적으로 된다거나 현실과 게임 상황을 혼동하는지에 대해서는 확실한 판단 근거를 제시하지 못한다.

⑤ 인지 기능 향상과 관련한 연구에 따르면 고전적 비디오 게임은 인지 기능에 영향을 주며, 특히 지각 과정에 영향을 준다. 인지심리학자 드류는 61~78세의 노인 13명에게 「Crystal Castles」라는 게임을 매주 1시간씩 두 달 동안 하게 하고 인지 검사를 시행한 결과, 게임 후 노인들의 인지 기능이 향상되었다고 보고하였다.

⑥ 미디어 연구자 거슨은 VR 매체 게임의 특성을 '완전하게 몰입되는 환상 경험'으로 묘사한다. 이러한 특성은 실시간 상호작용성과 가상공간의 현실감을 극대화하여 실제 상황과 게임의 차이를 분간하지 못하게 하며, 궁극적으로 게임을 하고 있다는 것을 잊고 현실세계와 가상세계의 구분을 불가능하게 한다.

02.

〈사례〉의 A섬 해안 주민이 직면하고 있는 가장 중요한 문제점을 밝히고, 그것이 왜 가장 중요한지 설명한 다음, 문제점을 해결할 수 있는 방안을 〈조건〉에 맞추어 제시하시오. (1,300~1,600자, 60점)

─────────── 〈조건〉 ───────────

• 〈제시문〉의 세 입장을 검토하고 그중 하나의 입장을 중심으로 해결 방안의 타당성에 대해 논증할 것.

─────────── 〈사례〉 ───────────

A섬의 주민은 해안과 내륙으로 나뉘어 살고 있다. 해안 주민은 어로 활동을 하며, 내륙 주민은 감자를 재배한다. 해안 주민은 어선들을 공동으로 소유하였다. 어선을 이용한 어로 작업에서 얻은 어획물은 동등하게 분배되었지만, 어로 작업에 참여하지 않은 주민에게는 어획물을 분배하지 않았다. 해안 주민은 이런 관행을 통해 경제 생활의 질서를 유지했다.

세월이 지남에 따라 공동 소유 어선은 노후하여 사용할 수 없게 되었고, 그 사이에 내륙 주민과 거래를 통해 부를 축적한 해안 주민은 개별적으로 선박을 제작하였다. 그리하여 해안 주민은 어선 소유자와 어선을 소유하지 않은 자로 계층이 분화되었다. 양자는 일종의 어로 작업조를 구성하여 공동으로 작업하고, 작업을 완료한 후에는 어선 소유자가 주도하여 조원에게 어획물을 분배하였다. 그리고 어로 작업에 참여하지 않은 주민에게는 여전히 어획물을 분배하지 않았다. 그러나 이런 상황이 지속되면서 어선을 소유하지 않은 자들의 생계가 점점 어려워졌다. 이를 안타깝게 생각한 섬의 원로들은 해안 주민 모두가 모이는 회의를 개최하여 이 어려움을 극복하자고 제안하였다. 하지만 어선을 소유하지 않은 자들이 어선 소유자의 눈치를 보게 되어, 회의는 적절한 결론을 내지 못하고 표류하고 있다.

─────────── 〈제시문〉 ───────────

(가) 내면적인 입장에서 볼 때 가장 도덕적인 행위는 이타적 동기에서 나온 것이다. 외적인 관찰자는 이기주의에서 선을 찾을지 모른다. 이런 사람은 인간 본성에 비추어 이기주의가 더 자연스러운 것이고 사회에서도 이기주의가 필요하다고 판단할 것이다. 하지만 행위 주체의 입장에서는 이타성이 도덕의 최고 기준이어야 함에 변함이 없다. 왜냐하면 행위 주체만이 사회적으로 승인받은 행위조차 이기심에 의해 얼마나 타락하게 되는지를 잘 알기 때문이다. 다른 한편으로 사

회는 이타심보다 정의를 최고의 도덕적 이념으로 삼는다. 사회의 목적은 모든 사람들에게 균등한 기회를 부여하는 것이다. 만일 이런 평등과 정의가 이웃의 권익을 침해하는 사람들의 이기심을 억제함으로써만 달성될 수 있다면 사회는 이기심에 대한 제재를 승인할 수밖에 없다.

(나) 그리스어 이소노미아(isonomia)라는 용어는 법 영역 내에서의 평등을 의미하며, 이는 단순히 조건의 평등이 아니라 공동체를 구성하는 시민들의 평등이었다. 이소노미아가 평등을 보장한 것은 모든 인간이 평등하게 태어나거나 창조되어서가 아니라 도리어 본질적으로 평등하지 않으므로 법(nomos)을 통해 자신들을 평등하게 만들어 주는 인위적인 제도, 즉 폴리스가 필요했기 때문이었다. 평등은 이와 같이 특별한 정치 영역에만 존재했다. 사람들은 이 영역에서 사적 인간이 아니라 공적 시민으로서 서로를 만났다. 폴리스의 이소노미아, 즉 폴리스의 평등은 폴리스의 속성이었지, 사람들의 속성은 아니었다. 당시 사람들은 출생이 아니라 시민권을 통해 평등을 획득했다. 이 평등은 자연이 주거나 스스로 확대된 것이 아니었다. 반대로 관습적이고 인위적인 것, 즉 인간적 노력의 산물이며 인위적 세계의 특성이었다.

(다) 인간은 배척을 무엇보다 두려워한다. 집단 안에서 자기 자리를 확인하고 존재감을 한껏 누릴 때 가장 보편적인 기쁨과 만족을 느낀다. 우리는 도덕적 이상에 따라 타인을 돌보기도 하고 무기를 손에 들기도 한다. 인간은 기본적으로 타인을 모방하는 존재이다. 우리는 늘 교제에 목말라 있고 타인의 욕구에 민감하게 반응한다. 우리가 추구하는 소속감, 지식, 안정감에 대한 최종 답변이 사회가 아니라면, 이처럼 보편적이고 공유된 방식으로 타인들과 어울려 살아가지는 못할 것이다. '니가 옳다고 생각하는 것'이 항상 '나한테 유리한 것'과 동일하지는 않다. 왜냐하면 '내가 옳다고 생각하는 것'은 나에게 중요하고 가까운 이들의 생각을 반영하여 구성될 것이기 때문이다. 법과 질서에 대한 존중은 이런 여러 가지 개인적 경험, 특히 다양한 집단에 참여한 경험에 의해 더 넓은 시각으로 확장된다.

2016학년도 논술 영역 출제 방향

1. 출제의 기본 방향

논술 영역에서는 미래의 법률가가 갖춰야 할 분석적·비판적·종합적 사고력과 논리적이면서도 창의적인 글쓰기 능력을 평가하고자 하였다. 법률가에게는 합리적 판단을 위한 법적 추론의 능력과 그것을 설득력 있게 표현하는 능력이 요구된다. 논술 문항은 이런 능력들을 검증하기 위해 인문·사회 분야의 텍스트를 제시문으로 선정하여 해석 능력을 점검하고, 그 해석을 바탕으로 제한된 시간과 분량 내에서 자신의 생각을 글로 작성하는 능력을 평가할 수 있도록 출제하였다.

2. 출제 범위

법학적성 평가를 위해 적절하다고 판단되는 논제를 제시하고 그에 따른 인문·사회 분야 제시문을 선정하되, 대학 교육을 받은 사람이라면 누구나 이해할 수 있는 수준이 되도록 하였다. 법에 관심을 가지고 있는 법학전문대학원 지망생의 특성을 고려하여 법과 관련된 내용도 포함시켰지만 법학 지식이 필요한 것은 아니며, 글을 읽고 이를 바탕으로 사고하는 인문학적 소양과 상식을 갖춘 학생이면 누구나 접근할 수 있도록 출제하였다.

3. 문항

2016학년도 법학적성시험 논술 영역은 두 문항으로 구성하였다.

1번 문항은 〈제시문〉에서 애국가 사례에 대한 소개에 이어 공적 이용이 중요한 저작물에 관해 제기될 수 있는 세 입장을 제시한 다음, 〈보기〉에서 2개의 논제를 주었다. 수험생은 〈보기〉의 논제들에 대해 '저작권 인정론'과 '저작권 부정론'이 제기할 수 있는 주장을 정리한 다음 '수용·보상론'의 입장에서 두 입장을 반박하는 방식으로 답안을 작성해야 한다. 논제에 함축된 의미를 파악하는 능력과 일관된 입장에서 논리적으로 추론하고 비판하는 능력이 중요한 평가지표가 될 것이다.

　2번 문항은 '분배 정의'에 관해 상이한 관점을 보여 주는 세 제시문 각각의 입장에서 가장 선호할 개선안을 〈보기〉에서 찾아 설명한 다음, 제시문 중 어느 입장이 〈사례〉의 문제를 해결하기에 가장 적절할지에 대해 다른 두 입장과 비교하면서 자신의 견해를 논술하게 하였다. 제시문으로는 평등주의적 입장, 능력주의적 입장, 양자를 조화시키려는 입장의 글을 주었다. 수험생은 세 제시문의 논지를 정확히 파악한 후, 〈보기〉의 개선안과의 호응관계를 잘 파악하여 설명해야 한다. 그 다음 제시문의 입장 중 〈사례〉의 문제를 해결하기에 가장 적절한 것을 선택하고, 왜 그것이 가장 적절한지에 대해 다른 두 입장을 비판하면서 자신의 생각을 논리적으로 전개해야 한다.

4. 난이도

　2016학년도 법학적성시험에서는 2015학년도와 비슷하게 난이도를 유지하였다. 법학에 대한 선지식이 답안 작성에 미치는 영향을 최소화하면서도 응시자들에게 큰 부담을 주지 않는 범위 내에서 적절한 변별력을 가지도록 문항을 구성하였다.

5. 문항 출제 시의 유의점 및 강조점

- 문제 유형과 답안 분량을 고려하여 1, 2번 문항의 배점을 각각 40점, 60점으로 차등 배분하였다.
- 해석상의 오해가 발생하지 않도록 질문과 조건을 명확하게 표현하였다.
- 제시문은 출제 의도를 좀 더 잘 구현하고 가독성을 높일 수 있도록 원자료를 적절히 재구성하고 윤문하였다.

01.

다음 〈제시문〉을 읽고 C의 입장에서 A, B 두 입장을 모두 반박하는 글을 작성하시오. 이 때, 두 입장이 〈보기〉의 두 논제에 관하여 각각 어떤 주장을 제시할지 밝히고 이를 비판하는 순서로 작성하시오. (900~1,200자, 40점)

──────── 〈제시문〉 ────────

　현재의 애국가는 1936년 안익태가 작곡하였다. 가사는 윤치호가 지었다는 설이 있으나, '애국가작사자 조사위원회'는 1955년 작사자 미상으로 결론지었다. 안익태에게 작곡자로서의 음악 저작권이 있는 애국가는 1948년 대한민국 정부 수립 이후 국가로 사용되었는데, 1965년 안익태가 스페인에서 사망한 이후로는 그곳에 남아 있는 유족들이 저작권을 보유하게 되었다. 유족들은 한국음악저작권협회에 애국가에 대한 저작권 관리를 위탁하였고, 이 협회를 통해 저작권료를 지급받고 있었다. 그러나 대부분의 국민들은 안익태가 애국가를 작곡했다는 것은 알고 있어도 애국가가 저작권의 대상이라는 것과 안익태의 유족들에게 저작권료를 지급하고 있다는 사실은 잘 알지 못하고 있었다. 2003년 한국음악저작권협회가 저작권료를 지불하지 않고 경기장에서 애국가를 연주하였다는 이유로 국내 축구 구단들을 고소하면서 애국가의 저작권 문제가 비로소 세상에 알려지게 되었다. 당시의 국내 법령에 의하면 저작재산권 보호 기간은 저작자가 사망한 후 50년까지였고, 따라서 2015년까지는 유족에게 저작권이 보장된 상태였다. 그러나 2002년 한·일 월드컵을 경험한 국민들은 온 국민이 사랑하고 공식적인 행사에서 제창하는 애국가에 과연 저작권을 인정해야 하는지에 대해 진지하게 고민하기 시작하였고, 일각에서는 국가를 바꾸어야 한다는 극단적인 주장까지 제기하였다. 이 문제는 안익태의 유족들이 애국가의 저작권을 대한민국과 국민에게 무상 기증하는 것으로 일단락되었다.

　그러나 당시 이 문제와 관련하여 원칙적인 해법을 모색해야 한다는 주장도 강하게 대두되었다. 애국가와 같이 공공의 사용이 중요한 저작물에 관해 개인에게 저작권을 인정하는 것이 정당한지에 대해서는 다음 세 입장이 제기될 수 있다. 첫째, 저작물의 성격을 불문하고 저작권을 제한 없이 인정해야 한다는 입장(A 입장), 둘째, 저작물의 성격과 관계없이 아예 저작권 자체를 부정하는 입장(B 입장), 셋째, 수용 및 보상을 통해 저작권 문제를 해결해야 한다는 입장(C 입장)이다.

――――――〈보기〉――――――

• 논제 1 : 창작자의 노고를 어떻게 인정할 것인가?
• 논제 2 : 문화의 향상 발전에 어떻게 기여할 것인가?

02.

〈제시문〉(가), (나), (다) 각각의 입장에서 〈보기〉의 개선안 중 어느 것을 가장 선호할지 설명하고, 〈제시문〉 중 어느 입장이 〈사례〉의 문제를 해결하는 데 적절할지 다른 입장들과 비교를 통하여 논술하시오. (1,300~1,600자, 60점)

――――――〈사례〉――――――

　A국 공공기관은 채용 시험을 통해 성적순으로 합격자를 선발하며, 대체로 매년 응시자의 3%만이 합격한다. 채용 시험의 합격은 직업적·경제적 안정을 보장하므로, 능력과 노력에 따른 합당한 보상으로 여겨졌다. 그런데 최근 10년간 응시자들의 사회적 배경, 즉 부모의 직업·수입·학력과 당사자의 출신 지역 등을 계량화하여 분석·비교한 연구 결과가 발표되었다. 이에 따르면 대다수 합격자의 '사회적 배경 지수'가 불합격자의 평균적인 사회적 배경 지수를 훨씬 상회하였고, 또 이러한 격차는 계속 확대되어 왔다. 그 때문에 이런 채용 방식에 대한 부정적 여론이 들끓게 되자, A국 정부는 '공정사회 구현을 위한 공공기관 채용 제도 개선안'을 모색하는 공청회를 열었다. 공청회에서는 〈보기〉의 안들이 제시되었다.

――――――〈보기〉――――――

[1안] 모집 인원 전체를 채용 시험 성적순으로 채용하되, 사회적 하위 계층*의 지원자에게 사회적 격차를 보정할 수 있는 수준의 가산점을 부여한다.
[2안] 모집 인원의 80%는 채용 시험 성적순으로 채용하고, 나머지 20%는 채용 시험 성적, 최종 학력, 학교 성적, 봉사 실적, 자기소개서 등을 종합 고려한 심사를 통하여 채용한다.
[3안] 모집 인원의 80%는 채용 시험 성적순으로 채용하고, 나머지 20%는 사회적 하위 계층 지원자 중 최소한의 직무 수행 기본능력을 고려하고 봉사활동 경력 등에 나타나

는 공공적 지향과 태도를 평가하여 선발한다.

*사회적 하위 계층＝사회적 배경 지수 하위 30% 이내.

<hr/>

──────── 〈제시문〉 ────────

(가) 아무런 사회적 규제가 없는 자연 경쟁 체제에서, 사회의 분배 제도는 재능 있는 사람은 누구나 출세할 수 있다는 관념에 의해 규제될 것이다. 여기서 최초의 자산 분배는 자연적·사회적 우연에 의해 강력한 영향을 받게 된다. 그리고 현재의 소득과 부의 분배는 타고난 자산, 곧 자질과 능력의 선행적 분배의 효과가 누적된 결과다. 다시 말해 타고난 자산의 선행적 분배가 사람들에게 일정 기간 동안 어떻게 유리하게 또는 불리하게 사용되었는가에 따른 결과다. 이런 경쟁 체제가 정의롭지 못하다는 것은 직관적으로 명백하다. 무엇보다도 그 체제에서는 도덕적 관점에서 아무런 본질적 중요성을 갖지 않는 요인들 때문에 배분의 몫이 부당하게 좌우된다.

그렇기 때문에 어떤 사람들은 재능이 있으면 출세할 수 있다는 요구 조건에 실질적 기회 균등이라는 조건을 부가함으로써 이러한 부정의를 시정하자고 한다. 직위는 단지 형식적 의미에서만 개방되어서는 안 되고 모든 사람이 그것을 획득할 수 있는 실질적 기회를 가져야만 한다는 것이다. 다시 말해 유사한 능력과 재능을 가진 사람들은 유사한 삶의 전망을 가져야 한다.

그러나 이런 실질적 기회 균등의 체제는 사회 속에서 우연적 요인의 작용을 줄이는 장점은 있어도 여전히 천부적인 재능과 능력에 따라 부나 소득의 분배가 결정되도록 내버려 둔다는 단점이 있다. 그래서 이러한 체제도 도덕적 관점에서 마찬가지로 정당화되기 어렵다. 소득과 부의 분배가 역사적·사회적 행운에 의하여 이루어지는 것을 허용할 이유가 없는 것과 마찬가지로, 그 분배가 천부적 자산에 따라 이루어지는 것을 용인할 이유도 없다. 천부적 재능의 불평등도 부당하며, 이러한 불평등 역시 어떤 식으로든 교정되어야 한다. 그래서 사회는 더 불리한 사회적 지위를 갖고 태어난 사람은 물론 천부적 자질을 더 적게 가진 사람에게도 마땅히 더 많은 관심을 가져야 한다.

(나) 순자(荀子)는 말했다. "대체로 양편이 모두 귀한 사람이면 서로 섬길 수가 없고, 양편이 모두 천하면 서로 부릴 수가 없는데, 이것은 하늘의 섭리이다. 세력과 지위가 같으면서 바라는 것과 싫어하는 것도 같으면, 물건이 충분할 수가 없을 것이므로 반드시 다투게 된다. 다투면 반드시 어지러워지고, 어지러워지면 반드시 궁해질 것이다. 옛 임금들은 그러한 혼란을 싫어했기 때문에 예(禮)의 제도로써 이들을 구별해 주어, 가난하고 부하며, 귀하고 천한 등급이 있게 하여 서로 아울러 다스리기 편하게 하였다. 이것이 천하의 백성들을 기르는 근본이 되는 것이다." 그는 또 말했다. "덕이 있고 없음을 검토하여 서열을 결정하고, 능력을 헤아려 벼슬을 주어 모든 사람

들로 하여금 그의 할 일을 수행하며 각각 모두가 그의 합당한 자리를 차지하게 하는 것, 이것이 사람들을 잘 등용하는 것이다."

불평등의 긍정적 측면에 대한 순자의 이런 통찰은 오늘날의 민주주의 사회에서도 유효하다. 우리는 어떤 불평등은 도덕적으로 정당할 뿐만 아니라 또한 좋은 사회를 위해 중요한 역할을 수행한다는 점을 인식해야만 한다. 어떤 사회 체제에서든 '성층화(成層化)'는 불가피하다. 불평등(성층화)은 꼭 필요하지만 꺼리는 직업을 사람들이 수행하도록 하며 선호하는 직업에서도 더 열심히 일하도록 자극한다. 더 나아가 부의 불평등은 사람들이 경제적으로 더 나은 상태에 도달하기 위해 노력하도록 자극을 준다. 다시 말해 다른 사람들보다 더 잘살고 싶도록, 또는 자신이 느끼는 결핍 상태를 극복하도록 동기를 부여한다. 이런 불평등을 인위적으로 완화하려 하면, 사회는 활력을 잃고 혼란에 빠지고 말 것이다.

정의에 대한 상식적 관념에 비추어 보더라도 사람들이 누려야 할 응분의 몫은 다를 수밖에 없다. 특히 능력은 그 응분의 몫을 결정할 수 있는 가장 중요한 잣대다. 평등이 추구할 만한 좋은 가치이기는 하지만, 어떤 불평등은 불가피하고 정당하며 사회 전체에 대해 이롭다.

(다) 바람직한 민주주의 사회는 두 가지 원칙의 지배를 받아야 한다. 첫째, 인간은 성공적인 삶을 살기 원하며, 이런 지향은 누구에게나 똑같이 중요한 것으로 여겨져야 한다는 원칙이다. 둘째, 각자의 삶의 성공 여부에 대해서는 궁극적으로 오직 그 삶의 주인만이 책임을 져야 한다는 원칙이다.

첫 번째 원칙은 인간이 모든 점에서 동일하다거나 평등하다고 주장하지는 않는다. 여기서의 평등은 사람의 속성에 관한 것이 아니라 누구든 삶을 낭비하지 않고 가치 있게 살 수 있어야 한다는 의미다. 이 원칙에 따르면 시민에게 법에 충성하고 복종할 것을 요구하는 정치 공동체는 그들 모두에 대해서 공평한 태도를 취해야 한다. 정부는 시민이라는 점 이외의 다른 속성들, 예를 들어 경제적 배경, 성, 인종, 특별한 재능이나 장애 등에 의해 시민들의 운명이 가급적 좌우되지 않도록 법과 정책을 채택하여 그런 요인들에 따른 사회적 불평등을 가능한 한 최대한으로 교정해야 한다.

두 번째 원칙은 형이상학적이거나 사회학적인 것으로 이해하면 안 된다. 각자의 삶을 선택한 데에는 다양한 이유들이 있을 수 있다. 심리학적이거나 생물학적인 이유가 있을 수도 있으며, 더불어 문화나 교육이나 물질적 여건도 영향을 끼쳤을 수 있다. 그러나 자원과 문화에 의해 허용된 선택의 범위가 어떻든지 자기가 어떤 삶을 살지 스스로 선택하는 한, 그 선택에 대한 책임도 스스로 져야 한다는 것이 이 원칙의 핵심이다. 예를 들어 소비하기보다는 투자하기로 선택한 사람들이나 여가를 즐기기보다는 자기 계발을 위해 노력한 사람들은 이런 결정에서 나름의 이득을 누리는 것이 허용되어야 하고, 그 반대의 경우도 마찬가지다.

우리는 명백히 상반되는 이 두 원칙을 조화할 수 있는 길을 찾아야 한다. 사회적 불평등의 교정이라는 목적을 좇느라 개인적 책임의 중요성을 간과해서도 안 되지만, 개인의 포부를 이루기 위한 노력을 보상한다고 그에 따른 불평등이 지나치게 커지도록 내버려 두어서도 안 된다.

2015학년도 논술 영역 출제 방향

1. 출제의 기본 방향

　논술 영역에서는 미래의 법률가가 갖춰야 할 분석적, 비판적, 종합적 사고력과 논리적이면서도 창의적인 글쓰기 능력을 평가하고자 하였다. 법률가에게는 합리적 판단을 위한 법적 추론의 능력과 그것을 설득력 있게 표현하는 능력이 요구된다. 논술 문항은 이런 능력들을 검증하기 위해 인문·사회 분야의 텍스트를 제시문으로 선정하여 해석 능력을 점검하고, 그 해석을 바탕으로 제한된 시간과 분량 내에서 자신의 생각을 글로 작성하는 능력을 평가할 수 있도록 출제하였다.

2. 출제 범위

　법학적성 평가를 위해 적절하다고 판단되는 논제를 제시하고 그에 따른 인문·사회 분야 제시문을 선정하되, 대학 교육을 받은 사람이라면 누구나 이해할 수 있는 수준이 되도록 하였다. 법에 관심을 가지고 있는 법학전문대학원 지망생의 특성을 고려하여 법을 소재로 하는 내용도 포함시켰지만 법학 지식이 필요한 것은 아니며, 글을 읽고 이를 바탕으로 사고하는 인문학적 소양을 갖춘 학생이면 누구나 접근할 수 있도록 출제하였다.

3. 문항

　2015학년도 법학적성시험 논술 영역은 두 문항으로 구성하였다.

　1번 문항은 〈서론〉에서 법적 규제에 대한 세 견해를 제시한 다음, 〈자료〉에서는 기호용 대마초 사용의 법적 제한을 지지하는 정보, 반대하는 정보, 중립적인 정보를 제시하였다. 수험생은 〈서론〉에 이어 자신의 주장을 제시하고 그 주장을 정당화하는 글을 작성하되, 〈자료〉에서 자신의 주장을 강화하는 정보와 약화하는 정보를 각각 2~3개 찾아 활용해야 한다. 이때 강화하는 정보를 주장의 지지 근거로 잘 활용하는 것도 중요하지만, 약화하는 정보를 얼마나 설득력 있게 반박할 수 있는지도 이에 못지않게 중요할 것이다.

2번 문항은 '법률의 해석방법'에 관해 상이한 관점을 보여 주는 세 제시문 각각의 입장에서 〈사례〉에 대한 법원의 판단을 추론하게 한 다음, 그중 어느 것이 가장 적절한 판단인지에 대해 자신의 견해를 논술하도록 하였다. 제시문으로는 역사적·목적적 해석방법, 문리적·체계적 해석방법, 현실적·동태적 해석방법을 주장하는 글을 주었다. 수험생은 세 제시문의 논지를 정확히 파악한 후, 〈사례〉에 주어진 정보를 적절히 활용하여 각 제시문의 입장에 따를 때 법원이 어떻게 판단할지 설명해야 한다. 그 다음 세 판단 중 가장 적절한 것을 선택하고, 왜 그것이 가장 적절한지에 대해, 다른 판단들을 비판하면서, 자신의 생각을 논리적으로 전개해야 한다.

4. 난이도

2015학년도 법학적성시험에서는 2014학년도와 비슷하게 난이도를 유지하였다. 법학에 대한 선지식이 답안 작성에 미치는 영향을 최소화하면서도 응시자들에게 큰 부담을 주지 않는 범위 내에서 적절한 변별력을 가지도록 문항을 구성하였다.

5. 문항 출제 시의 유의점 및 강조점

- 문제 유형과 답안 분량을 고려하여 1, 2번 문항의 배점을 각각 40점, 60점으로 차등 배분하였다.
- 해석상의 오해가 발생하지 않도록 질문과 조건을 명확하게 표현하였다.
- 제시문의 원 자료가 외국어 문헌일 경우 저자의 논지에 충실하게 번역하되, 출제 의도를 좀 더 잘 구현하고 가독성을 높일 수 있도록 적절히 재구성하고 윤문하였다.

01.

〈서론〉에 이어 자신의 주장을 제시하고 그 주장을 정당화하는 글을 [조건]에 따라
완성하시오. (900~1,200자, 40점)

[조건]

- 자신의 주장을 강화하는 정보와 약화하는 정보를 〈자료〉에서 각각 2~3개 찾아 활용할 것.
- 정보의 출처를 '자료①', '자료②'와 같은 방식으로 명시할 것.

〈서론〉

　어떤 행위를 법으로 제한하는 것이 정당화되는 대표적인 경우는 타인을 구타하는 것처럼 그 행위가 다른 사람에게 직접적으로 해(害)를 끼칠 때이다. 또 다른 경우로 다른 사람에게 직접적으로 해를 끼치지는 않지만 자기 자신에게 해가 될 때를 들 수 있다. 오토바이 안전모 미착용을 단속하는 것이 그 예이다. 그렇다고 자신에게 해가 되는 모든 행위를 법으로 제한하는 것은 아니다. 그 예로 음주 행위를 단속하지 않는 것을 들 수 있다. 그렇다면 기호용 대마초 사용을 법으로 제한하는 것은 정당할까?

〈자료〉

① 대마초는 대마의 잎과 꽃에서 얻어지는 물질로서 60종의 카나비노이드를 비롯한 400여 종 이상의 화학성분을 포함하고 있다. 대마초를 피우면 기분이 좋아지고 긴장이 풀리며 식욕이 증가하는 반면, 입이 마르고 눈이 충혈되기도 한다. 장기간 대마초에 노출되면 단기 기억력이 떨어지고, 운동감각이 둔해지는 등의 부작용이 생긴다.

② 담배를 피든 대마초를 피든 흡연은 누구에게나 건강에 좋지 않다. 대마초와 폐암 간의 인과관계에 대한 증거는 뒤섞여 있다. 역학 조사로 인과관계를 밝히기란 어렵다. 왜냐하면 평소에 대마초를 피는 사람들은 대개 담배도 핀 적이 있기 때문이다. 서구의 대마초 사용자들은 대부분 흡연보다는 대마초에 열을 가해 증기로 만드는 훈증기를 이용한다. 이 경우 타르와 같은 많은

발암물질이 제거된다.

③ 여성이 대마초를 피는 경우, 난자가 생산되지 않거나 미성숙한 난자가 생산되며 월경주기가 불규칙해진다. 임신 중 대마초를 사용할 경우 카나비노이드 등의 화학성분이 태아에 영향을 미쳐 미숙아가 태어날 수 있다.

④ 대마초에서 향정신성 효과가 가장 큰 성분인 'THC(tetra hydro cannabinol)'는 수백 마이크로그램만으로도 몽환적 도취감, 색채의 선명함, 형태의 일그러짐, 청각·촉각의 이상 등을 유발할 수 있다. 또 뇌하수체에 작용하여 남성호르몬 생산을 억제해 정자의 수를 감소시킨다. 그 외에 여러 가지 정신 증상이나 감정 변화가 나타나지만 개인차가 크다. 신체적 의존성이나 금단증상은 없으나, 정신적 의존성은 존재한다.

⑤ 목숨이 위태로울 정도는 아니지만 대마초 과용은 때때로 공황발작이나 심지어 응급실행을 요하는 정신병적 증상을 유발하기도 한다. 중증 중독자에게서는 정신병 증상이나 무의욕증후군이 나타나기도 한다. 담배와 비교하자면 대마초는 건강에는 덜 위험하다. 그러나 담배와 다른 방식으로 위험하다. 담배는 환각에 의한 행동을 낳지는 않는다.

⑥ 의학적 기준에 따르면 대마초 사용자의 약 9% 정도가 의존성을 보이는데, 청소년기에 시작할 경우 이 비율은 더 올라간다. 그러나 대마초 중독은 술이나 헤로인 중독만큼 심각하지는 않다.

⑦ 대마초 사용의 합법화가 더 강한 약물의 사용을 증가시킬 것이라는 우려에 대해서는 전문가들 사이에서도 의견이 엇갈린다. 대마초 사용자들, 특히 어린 나이에 시작한 사람들이 그렇지 않은 사람들보다 강한 약물을 사용하는 경향이 짙다는 점은 양쪽 모두 인정하지만, 대마초 사용이 더 강한 약물 사용의 원인이냐에 대해서는 의견을 달리한다. 어쨌든 대마초 사용 여부가 강한 약물에 빠지기 쉬운 성향의 차이를 보여주는 지표임은 분명하다.

⑧ 대마초 사용이 합법화되면 그 가격은 급격하게 떨어질 것이다. 물론 세금이 얼마가 부과되느냐에 따라 가격은 유동적일 것이다. 또한 고급화를 차별화 전략으로 삼는 판매자로 인해 가격대는 넓게 형성될 것이다.

⑨ 병원에서 대마초는 AIDS로 인한 고통, 화학요법으로 인한 메스꺼움과 구토, 뇌전증으로 인한 발작 등을 다스리는 데 사용된다.

⑩ 현재 미국에서는 워싱턴 D.C.를 포함해 20개 주에서 의료용 대마초를 허용하고 있다. 이 중 콜로라도 주와 워싱턴 주는 기호용 대마초도 합법화했다. 현재 매년 약 3천만 명의 미국인이 대마초를 사용하고 있다. '미국시민자유연맹'에 따르면 대마초 단속을 위한 법 집행 비용은 매년 36억 달러 이상이다.

⑪ 『2012년 인권감시보고서』에 따르면 대마초 소지로 체포된 뉴욕시민 중 과거에 어떤 범죄로도 기소된 적 없는 3만 명을 추적 조사한 결과, 90%는 이후에 어떤 범죄로도 기소되지 않았으

며, 3.1%만이 폭력 범죄로 기소되었다.

⑫ 미국의 경우 흑인과 백인의 대마초 사용 비율은 거의 같다. 그러나 '미국시민자유연맹'의
2013년 보고서에 따르면 대마초 소지죄로 체포된 사람 중 흑인은 백인의 3.7배이다. 특히 아
이오와 주에서는 8.3배, 워싱턴 D.C.에서는 8배, 뉴욕 주에서는 4.5배에 달한다.

02.

법률의 해석방법에 관한 제시문 (가), (나), (다)의 입장에 따를 때 〈사례〉에 대해
법원은 각각 어떻게 판단해야 하는지 설명하고, 그중 어느 판단이 가장 적절한지
자신의 견해를 밝히시오. (1,300~1,600자, 60점)

─── 〈사례〉 ───

A국의 약사법에 의하면 의약품은 질병의 치료 등을 직접 목적으로 하는 것 외에 넓게는
사람의 신체에 약리적 기능을 미치는 것까지 포함하며, 일반 상점에서의 의약품 판매는
금지되고 있다. 최근 A국 의회는 "모든 약국은 오후 10시에 폐점해야 한다."라는 조항을
신설하는 약사법 개정안을 의결했다. 법 개정 직전 일반 상점에서도 일부 의약품 판매를
허용하자는 입법제안이 있었으나 약사회의 반대로 무산되었다. 약사회 측은 약국 분포상
의약품 구매에 불편이 없고 의약품 오·남용을 막을 필요가 있다는 이유를 내세웠다. 원
래 개정안에는 "오전 10시에 개점하고"라는 문구가 포함되어 있었지만 의회 논의과정에
서 삭제되었다. 개정안 가결 당시의 의회 회의록에는 "의약품 구매에 불편이 없어야 한
다."라는 발언과 "직업수행의 자유가 침해되어서는 안 된다."라는 발언이 기록되어 있다.
개정된 약사법은 폐점시간 위반에 대해 5일의 영업정지처분을 내리도록 하면서, 일요일
과 공휴일에도 폐점시간 규정을 예외 없이 적용하도록 했다. A국 법률을 보면 일반 상점
에 대해서는 24시(자정)를 폐점시간으로 정해 놓고 있다. 개정 약사법 시행 후 수면유도제
과다 복용으로 심야에 돌연사한 사례가 빈번히 보고되었다. 또한 변경된 약사면허제도의
영향으로 개정법 시행 후 약사 수가 늘어나 약국 간의 과당경쟁도 심각한 사회문제로 떠
올랐다.

약사들은 개정 법조문을 "모든 약국이 오후 10시까지는 개점해 있어야 한다."라는 의미
로 받아들여, 오후 10시를 넘겨 영업해도 무방하다고 이해했다. 반면 보건당국은 이를 "어
떤 약국도 오후 10시 이후에는 개점해 있어서는 안 된다."라는 의미로 받아들여, 오후 10
시 이후에도 영업하는 약국들을 단속했다. 그 결과 영업정지처분을 받게 된 약사들은 법
원에 그 처분의 취소를 청구하는 소송을 제기했다.

(가) 법률을 만드는 입법부의 권한과 만들어진 법률을 해석하는 사법부의 권한은 동등하지 않으므로 사법권의 행사는 입법부의 의지에 따라야 한다. 루소가 『사회계약론』에서 비유한 바처럼, 두뇌의 명령 없이 사지가 움직일 수 없는 이치와 같다. 민주적 정당성이 결여된 사법권은 자신의 고유한 의지를 가질 수 없으므로, 법관은 '법을 말하는 무생명의 입'으로서 입법자의 의지를 확인하는 데 머물러야 한다.

그러나 전능한 입법자라 하더라도 의도한 바를 법률로써 완벽하게 전달하기란 불가능하며, 넓든 좁든 그의 의도에 대한 해석의 여지를 법관에게 남겨둘 수밖에 없다. 법조문에 사용한 문구의 '일반적인 의미'만으로도 입법자의 의도가 충분히 드러난다는 생각은 너무 단순한 발상이다. 법조문의 문구는 대개 다양한 의미를 지니기 때문에 정확한 의미는 문맥에 의존할 수밖에 없고, 그 문맥의 핵심을 이루는 것은 결국 법률이 추구하는 목적이다. 어떤 법률도 목적 없이 존재하지 않는다.

따라서 법률의 해석자로서 법원의 근본적인 역할은 그 법률에 어떠한 목적이 부여되었는지를 판단하는 일이다. 모름지기 법관은 입법자가 자신의 입장에 있었다면 법 규정을 어떻게 적용했을지 생각해 보고 그에 따라야 한다. 즉, 스토리 대법관이 적절히 표현했듯이 모든 법률 문서를 해석하는 제1의 원칙은 작성자의 의도에 따른다는 것이다. 법조문의 '원래 의도'는 시간이 흘러도 변하지 않으며, 법관은 이를 가능한 한 중립적인 해석을 통해 발견하고 실현해야 한다.

(나) 법률이란 다양한 이익집단 사이의 대립과 타협을 반영한 결과이므로 '하나의 일관된' 입법목적이란 있을 수 없다. 입법자는 각기 다른 욕구와 기대를 대변하겠지만, 다수결 민주주의의 과정에서 그것들을 합산해내기란 불가능하다. 입법부 전체에게는 법조문으로 명백히 표현되는 단일한 법률 문구만 있을 뿐이다. 시민들이 이해하는 '일반적인 의미'에 따르는 해석방법이 민주주의의 이상에도 부합한다.

사건에 파묻힌 법관에게 입법의 시대적 배경까지 세세히 알아내도록 요구하기란 어렵다. 무모한 법관은 자신이 원하는 바에 따라 입법자의 의도를 왜곡할 것이고, 무지한 법관은 탐지해낼 수 없는 입법자의 의도를 오해할 것이다. 법조문에 없는 어떤 목적을 찾아내어 입법자가 채택한 수단을 평가한다면 이는 이스터브루크 판사의 경고대로 사법부의 자의적인 추측으로 귀결될 뿐이다. 입법과정에서의 사익추구를 통제한다는 명분으로 사법부가 법조문의 의미를 마음대로 재단한다면 이익집단의 개입은 오히려 비합법적인 경로로 음성화되어 버릴 것이다.

아울러 우리는 웬즐리데일 대법관이 언명한 법해석의 '황금률'을 받아들여야 한다. 즉, 법률 조문은 특정 부분을 떼어내어 그 부분만 고립적으로 해석해서는 안 되고, 법률 전체를 종합적으로 고려하여 개개 조문들을 해석해야 한다는 것이다. 법률 조문의 어떤 부분에 대한 '문자 그대로의 해석'이 법률 전체로 보아 불합리하거나 모순되는 결과를 초래할 경우, 그 부분은 전체 법률의 체계와 조화되는 범위 내에서 달리 해석될 수 있다.

(다) 소시지와 법은 한 가지 공통점이 있는데, 만들어지는 과정을 보아서는 안 된다는 것이다. 오늘날 다수결 민주주의에서 다양한 이익집단의 개입은 공익실현의 장이어야 할 입법절차를 사익추구의 통로로 타락시키고 있다. '공공선택이론'은 이러한 입법 현실을 정교하게 분석해낸다. 가령, 어떤 법안의 이익은 특정 계층에 집중되고 비용은 국민 전체에 분산되는 경우, 그런 법안은 용이하게 가결되는 경향이 있다고 한다. 이익을 누리는 집단의 로비가 작용해 입법이 왜곡되기 때문이다. 반대로 이익과 비용이 각각 다른 계층에 집중되는 경우, 이익집단 사이의 대립과 충돌로 말미암아 법안의 가결은 지연되는 경향이 있다고 한다.

이러한 문제의식에서 에스크리지 교수는 동태적 해석을 통한 사법적 수정의 가능성을 적극적으로 모색한다. 그는 바람직한 법해석이란 법률 문구에 어떤 내용이 담겨있는가를 밝히는 것만도 아니고, 과거의 사건이나 기대 또는 입법자들 간의 타협 내용을 재창출하는 것만도 아니라고 한다. 법조문 자체의 의미가 불명확한데다 입법 이후 환경이 변화하여 원래 의도가 별다른 의의를 가질 수 없다면, 현재의 사회적·경제적·정치적 상황에 대한 고려가 법해석에 중요한 역할을 해야 한다는 것이다. 즉, 입법을 둘러싼 사익 측면을 가급적 배제하고 공익 측면을 강조함으로써 변화된 상황에 맞추어 법이 성장, 발전하도록 적극적으로 해석하자는 것이다. 이러한 동태적 해석론은 법률 문구나 역사적 배경보다 법 자체의 진화를 중시하는 입장으로 볼 수 있다.

2014학년도 논술 영역 출제 방향

1. 문항 유형

2014학년도 법학적성시험 논술 영역은 두 문항으로 구성하였다.

1번 문항은 〈사례〉에서 당사자 사이에 어떠한 사실이 있는지 없는지가 다투어질 수 있는 상황을 제시하고, 〈지침〉에서는 적절한 논거를 발견하는 방법과 변론에서 사용할 수 있는 관용표현들, 변론문 구성방법을 제시하였다. 수험생은 〈사례〉에 등장한 A의 혐의를 부인할 수 있는 적절한 논거를 〈지침〉 중 '1. 논거의 발견'의 내용을 토대로 발견해 내고, 〈지침〉 중 '2. 변론문의 구성'의 내용에 맞게 설득력 있는 변론문을 작성하여야 한다.

2번 문항은 '법의 지배'에 관한 상이한 관점을 보여 주는 세 제시문의 논지를 분석·비교하고, 이를 〈보기〉의 사례에 적용한 다음, 이를 바탕으로 법의 지배에 대한 적절한 관념을 제시하면서 〈보기〉에 대한 자기 견해를 논술하도록 하였다. 제시문에는 자유주의와 형식적 규칙에 의한 법의 지배를 주장하는 관점, 사회경제적 권리까지 법의 지배의 내용으로 파악하는 관점, 법의 지배를 소극적·수단적 가치로 파악하고 다른 가치와의 충돌 가능성과 형량의 필요성을 주장하는 관점의 글을 주었다. 수험생은 세 제시문의 논지를 제대로 파악하여 적절히 비교하고, 〈보기〉에 대해 각 제시문의 관점에서 어떤 평가가 내려질지 설명한 다음, 이 논의를 발전시켜 자신이 타당하다고 평가한 관점을 선택하거나 혹은 제시되지 않은 제4의 관점을 토대로 〈보기〉에 대한 자신의 생각을 논리적으로 전개해야 한다.

2. 난이도

2014학년도 법학적성시험에서는 2013학년도와 비슷하게 난이도를 유지하였다. 법학에 대한 선지식이 답안 작성에 미치는 영향을 최소화하면서도 응시자들에게 큰 부담을 주지 않는 범위 내에서 적절한 변별력을 가지도록 문항을 출제하였다.

3. 문항 출제 시의 유의점 및 강조점

- 문제 유형과 답안 분량을 고려하여 1, 2번 문항의 배점을 각각 40점, 60점으로 차등 배분하였다.
- 해석상의 오해가 발생하지 않도록 문두와 조건을 명확하게 표현하였다.
- 제시문은 외국어 원문인 경우 출제 의도를 좀 더 잘 구현하고 가독성을 높일 수 있도록 적절히 윤문 · 재구성하였다.

01.

〈사례〉에서 로마인 A는 매우 위험한 상황에 처하게 되었다. 당시에 작성된 〈변론을 위한 지침〉을 적절히 참고하여 A의 혐의를 부인하는 변론문을 작성하시오. (단, 사례에 명시된 사실에 기초하여 작성할 것) (900~1,200자, 40점)

〈사 례〉

A는 여행 중 많은 사업 자금을 지닌 B와 동행하게 되었다. A와 B는 가까운 친구가 되어 여정을 함께하기로 하였다. 이들은 큰길을 따라 걷다 여관에 도착하여 함께 저녁 식사를 하고 같은 방에 묵게 되었다. B로부터 식대 및 숙박료로 금화를 받은 여관 주인이 한밤중에 방으로 들어와 이들이 깊이 잠든 것을 보고, 침대 옆에 놓인 A의 칼을 빼서 B를 죽이고 그의 돈을 꺼내 가진 다음, 피 묻은 칼을 칼집에 도로 넣어 두고 자기 방으로 돌아갔다. 동이 트기 전 이른 새벽에 잠에서 깨어난 A가 B를 깨우려고 몇 번 불렀지만 대답이 없자 깊이 잠든 탓이라 생각하고, 자기 칼이 범행에 사용된 것을 알지 못한 채 칼과 짐을 챙겨 홀로 길을 떠났다. 얼마 지나지 않아 여관 주인이 "살인자다!" 하고 소리를 질렀고, 다른 몇 사람의 투숙객들과 함께 추격에 나서서 길을 가던 A를 붙잡았다. 그의 칼집에서 칼을 빼 보니 피가 묻어 있었다. A는 살인 혐의로 기소되었다.

〈변론을 위한 지침〉

1. 논거의 발견

당사자들이 어떤 사실이 있었는지를 두고 다툴 때 이를 '추정의 쟁점'이라 부른다. 추정의 쟁점에서는 더 진실이라 할 만한 것을 보여 주는 쪽이 승리하게 된다. 이를 위하여 개연성, 비교, 간접사실, 정황증거, 후속행동 등에서 유리한 점을 찾아야 한다.

개연성 기소인은 범죄가 피고인에게 이익이 되는 점을 증명해야 한다. 여기에는 세부 쟁점으로 동기가 있다. 동기는 피고인을 범행으로 이끈 요인이 무엇인가 하는 것으로, 피고인이 범죄로부터 명예, 금전 등의 이익을 추구하였는가 또는 피고인이 원한, 나쁜 평판, 고통, 처벌과 같은 불이익을 회피하려고 하였는가가 쟁점이 된다. 기소인은 피고인의 열망이 무엇이었는지 또는 무엇을 회피하려 하였는지를 분명히 제시해야 한다. 반면 변호인은 가능하다면 동기가 있었다는 사실을 부인하고, 완전히 부인할 수 없다면 최소한 그 중요성을 가볍게 만들어야 한다. 개연성의 차원에서 피고인이 범인이라는 것이 너무도 명백하더라도 목격증인이나 직접적 물증이 없는 한, 변호인은 범인으로 의심받을 것이 명백해 보이는 상황에서 피고인이 과연 범행을 감행할 수 있었겠는지 반문해야 한다.

비교 기소인은 피고인 외에 누구도 그 범죄로 인한 이익을 얻을 수 없었음을 보여 주거나, 피고인 외에 누구도 그런 행위를 범할 수 없었음을 보여 주어야 한다. 이에 맞서 변호인은 범죄가 다른 사람에게도 이익이 된다거나 다른 사람도 피고인에게 혐의가 부과된 행위를 할 수 있었다는 것을 보여 주어야 한다. 그런 다음 변호인은 누구든 범행으로부터 이익을 얻기 마련인 그런 일에 대해 피고인에게 혐의를 두는 것은 옳지 않다고 말해야 한다.

간접사실 여기에는 장소, 시점, 소요 시간, 기회, 성공 가망성에 대한 예상, 범행 발각을 피할 가망성에 대한 예상 등의 세부 쟁점들이 있다. 인적이 많은 곳이었는가 아니면 외딴 곳이었는가, 피고인과 피해자가 함께 사람들 눈에 목격될 수 있는 곳이었는가?(장소) 피고인이 범했을 것이라 주장되는 행위가 있었던 때는 언제였는가, 왜 그때였는가?(시점) 범행을 완성하는 데 충분한 시간이 있었는가?(소요 시간) 그때가 범행에 착수하는 데 유리한 때였는가 아니면 오래지 않아 더 나은 기회가 있었는가?(기회) 체력, 돈, 훌륭한 판단 능력, 예견 능력, 사전 준비 등의 사정과 허약함, 궁핍, 우둔함, 예견 능력 부족, 사전 준비 부족 등의 사정 중 어느 것이 우세한가?(성공 가망성에 대한 예상) 곰모자가 있거나 달리 도움을 받을 방법이 있었는가?(범행 발각을 피할 가망성에 대한 예상)

정황증거 여기에는 시간대에 따라 범행에 선행하는 것, 동반되는 것, 뒤따르는 것이 있다. 피고인이 어디서 누구와 함께 목격되었는지, 어떤 사전 준비 행위를 하였는지, 누구를 만나 어떤 말을 하였는지, 공모자나 다른 도움이 되는 수단을 가졌는지 등을 살펴야 한다.(범행에 선행하는 것) 피고인이 범행 중에 목격되었는지, 누군가 어떤 소리나 비명을 듣는 등 감각 작용을 통해 피고인의 범행을 의심할 수 있었는지 살펴보아야 한다.(범행에 동반되는 것) 범행이 완성된 후에 누구에 의해 저질러졌는지를 보여 주는 어떤 것들이 발견되는지 살펴보아야 한다. 예를 들면 무기 또는 피해 물품이 현장에 남겨져 있거나 피고인에게서 발견되는 경우, 피고인의 손이나 의복에 피가 묻어 있는 경우 등이 있다.(범행에 뒤따르는 것)

후속행동 법정에 나타난 피고인이 얼굴이 상기되어 있거나 창백하거나 더듬거리거나 분명하게 제대로 말을 하지 못하거나 넘어지거나 하였다면, 기소인은 그것이 죄책감의 증거가 되는 것들이지 무고함의 증거가 되지는 않는다고 말해야 한다. 이에 맞서 변호인은 피고인이 두려움을 보인 것은 죄책감 때문이 아니라 그가 처한 위험의 엄중함 때문에 감정적으로 동요된 것이라고 말해야 한다. 만약 피고인이 두려움을 보이지 않았다면 변호인은 피고인이 스스로 무죄인 것을 잘 알고 있었던 이상 감정적으로 동요될 이유가 전혀 없었다고 말해야 한다.

2. 변론문의 구성

변론문은 논제 제시, 근거 제시, 논증, 마무리의 네 부분으로 구성한다. 논제 제시 부분에서는 앞으로 할 말, 즉 논증하려는 것이 무엇인지 간략하게 제시한다. 근거 제시 부분에서는 논제의 근거를 간단히 제시한다. 논증 부분에서는 논거를 적절한 순서에 따라 하나씩 소개하면서 설명을 덧붙인다. 마무리 부분에서는 논증한 내용을 간략히 정리하고 어떤 결정이 내려져야 할 것인지를 말한다.

02.

'법의 지배' 에 관한 제시문 (가)~(다)의 견해를 비교하고, 각각에 따를 때 〈보기〉의 사례가 어떻게 평가될지 설명한 다음, 이를 활용하여 이 사례에 대한 자신의 견해를 논술하시오. (1,300~1,600자, 60점)

〈보 기〉

국회는 중소 유통업체의 존속과 발전을 도모하고 근로자의 건강권을 보장하기 위하여, 일정 규모 이상의 대형 마트에 지방자치단체장이 재량으로 영업시간을 제한하거나 의무 휴업을 명할 수 있게 하는 법률을 제정하였다.

(가) 자유로운 나라가 자의적 지배를 받는 나라와 가장 다른 점은 법의 지배라는 위대한 원칙에 따른다는 데 있다. 법의 지배란 정부의 모든 행위가 사전에 선포된 고정적 규칙들에 구속되는 것을 의미하는데, 그 규칙들은 일정한 상황에서 정부가 강제력을 어떻게 행사할지를 확실하게 예측할 수 있게 하고, 개인이 그런 지식에 기초해서 자신의 일을 계획할 수 있게 한다. 법은 사람들이 자신의 목표를 추구하기 위해 사용할 수 있는 수단을 변화시키므로 개인의 자유를 어느 정도 제한하기 마련이다. 그러나 법의 지배 아래에서는 정부가 자의적 행위로 개인들의 노력을 망칠 수 없게 된다.

법의 지배 아래에서 정부는 사회의 자원을 이용하는 규칙을 정할 뿐이고, 그 자원을 어떤 목적에 이용할지는 개인에게 맡겨 둔다. 그 규칙은 특정한 사람들의 욕망과 필요를 충족시키기 위한 것이 아니라 누구에게라도 적용될 수 있는 형식적인 것으로서, 개인들이 다양한 목적을 추구하는 데 쓰이는 수단일 뿐이라고 할 수 있다. 반면에 자의적 정부는 특정한 목적에 생산 수단을 사용하라고 지시한다. 그래서 법의 지배와 자의적 지배의 차이는 도로 통행에 대한 규칙을 정하는 것과 사람들에게 어디로 갈지를 명령하는 것의 차이와 비슷하다고 할 수 있다.

이렇게 법의 지배는 모든 사람에게 똑같이 적용될 수 있는 형식적 규칙을 요구하고, 정부가 사람들을 임의로 차별하는 것을 금지한다. 그런 임의적 차별의 대표적 예로 시장에 대한 정부의 간섭을 들 수 있다. 시장이 아니라 정부가 물건의 생산량이나 가격을 결정한다면 사람들에 대한 자의적 차별이 생기게 된다. 그리고 이는 개인들이 스스로 목적을 선택해서 추구할 수 있는 존재로서 존중받아야 한다는 자유의 기본 원리를 침해하는 것이기도 하다.

(나) 법의 지배 아래에 있는 자유로운 사회에서 입법부의 기능은 한 개인으로서 인간의 존엄성을 떠받쳐 줄 조건들을 만들어 내고 유지하는 것이다. 이러한 존엄성은 개인의 시민적, 정치적 권리뿐 아니라 그의 개성을 최대로 신장하는 데 필수적인 사회적, 경제적, 교육적, 문화적 조건의 확립을 요구한다. 이러한 개인의 경제적, 사회적, 문화적 권리에는 일할 권리, 직장을 자유롭게 선택할 권리, 실업으로부터 보호받을 권리, 노동과 보수에 대한 정당하고 우호적인 조건에 대한 권리, 안전과 사회적 보호에 대한 권리, 지적 능력과 문화적 능력을 충족하고 고양할 권리가 포함된다.

이에 따른 요구 사항으로 다음과 같은 것을 예로 들 수 있다. ① 출생이나 재산에서 비롯된 기회의 불평등과 인종적, 종교적, 언어적, 지역적 또는 공동체적인 요소에서 비롯된 차별을 극복하는 것이 법의 지배를 토대로 경제적, 사회적 발전을 이루는 데 핵심적이다. ② 일반적으로, 특히 개발도상국가에서는, 국민의 더 큰 경제적, 사회적 이익을 위해서 재산권에 간섭하는 조치가 필요할 수 있다. 하지만 그런 간섭은 공익을 위하여 꼭 필요한 수준을 넘어서는 안 되며, 법의 지배가 제공하는 안전장치에 따라야 한다. ③ 건전한 경제 계획은 국가의 사회적, 경제적 발전에 필수적이다. 하지만 법의 지배는 그런 계획에 들어 있는 목표와 수단이 국민의 생각과 필요, 염원을 원천으로 삼고, 반영할 것을 요구한다. ④ 민주적으로 선출된 정부가 공익에 필요할 때 사기업을 국유화하는 것은 법의 지배에 반하지 않는다. 그러나 그런 국유화는 입법부가 정한 원칙에 따라서, 그리고 법의 지배에 부합하는 방식으로 이루어져야 하며, 여기에는 독립적인 기구가 정하는 공정하고 합리적인 보상이 포함된다.

(다) '법의 지배'와 '좋은 법의 지배'는 구별되어야 한다. 법의 지배는 어떤 법체계에 결여될 수도 있고, 더 또는 덜 구현될 수도 있는 정치 이념의 하나일 뿐이다. 거기에 민주주의, 정의, 평

등, 인권 등 좋은 사회와 정부에 대한 다른 이념들을 담게 되면 혼란만 생긴다.

법의 지배는 사람들이 법에 의해 지배되고 그에 복종해야 한다는 것, 그리고 사람들을 인도할 수 있게 법이 만들어져야 한다는 것을 의미한다. 그것은 법이 소급적이지 않고, 공개되고, 명확하고, 비교적 안정적일 것, 법에 따라 재판이 이루어질 것, 특정한 사람이나 사건에만 적용되는 법을 만들지 말 것 등을 요구함으로써 자의적 권력을 제약하는 데 기여한다. 이렇게 법의 지배는 법에 수반될 수 있는 대단히 큰 위험인 자의적 권력을 최소화하기 위해서 요구되는 것이기 때문에, 본질적으로 무엇을 적극적으로 만들어 내려는 것이 아니라, 어떤 것을 막기 위한 소극적 가치이다. 법의 지배는 그 자체로 궁극적 목적이 아니라, 어떤 목적을 달성하는 데 법이 좋은 도구가 될 수 있도록 이바지하는 것이다. 즉, 그것은 '칼의 날카로움'과 마찬가지로, 목적에 상관 없이 법이 효과적으로 기능할 수 있도록 하는 도덕적으로 중립적인 덕목이다.

여기서 법의 지배가 가지는 힘과 한계가 드러난다. 어떤 목적을 추구하는 것이 법의 지배와 도저히 양립할 수 없다면 그런 목적을 법으로 추구해서는 안 된다. 하지만 법의 지배를 근거로 어떤 중요한 사회적 목적을 법으로 추구하면 안 된다고 성급하게 결론 내려서도 안 된다. 법의 지배는 어떤 법체계가 갖출 수 있는 여러 훌륭한 가치들 중 하나일 뿐이며, 법이 추구하는 다른 가치들과 경쟁하거나 충돌할 수 있다. 그러할 때 우리는 적절한 균형을 찾아야 하고, 때로 법의 지배에는 덜 부합하더라도 다른 가치들을 더 잘 실현할 수 있는 길을 선택하기도 한다. 법의 지배라고 하는 제단에 너무도 많은 사회적 목적을 희생시킨다면 법은 메마르고 공허하게 될 것이다.